国家社科基金
后期资助项目
GUOJIA SHEKE JIJIN HOUQI ZIZHU XIANGMU

百年中国乡村经济地理：
乡村经济地理的要素流变
与谱系优化（1921—2021）

China's Rural Economic Geography in the Past Century:
The Element Rheology and Pedigree Optimization of
Rural Economic Geography （1921－2021）

邢 俊 著

上海远东出版社

图书在版编目(CIP)数据

百年中国乡村经济地理：乡村经济地理的要素流变与谱系优化：
1921—2021/邢俊著. —上海：上海远东出版社，2021
ISBN 978-7-5476-1774-8

Ⅰ.①百… Ⅱ.①邢… Ⅲ.①乡村-经济地理-研究-中国-
1921-2021 Ⅳ.①F129.9

中国版本图书馆 CIP 数据核字(2021)第249710号

责任编辑　祁东城
封面设计　李　廉

百年中国乡村经济地理：乡村经济地理的要素流变与谱系优化(1921—2021)

邢　俊　著

出　　版　**上海远东出版社**
　　　　　　(201101　上海市闵行区号景路 159 弄 C 座)
发　　行　上海人民出版社发行中心
印　　刷　浙江临安曙光印务有限公司
开　　本　710×1000　　1/16
印　　张　33.5
插　　页　1
字　　数　580,000
版　　次　2022 年 11 月第 1 版
印　　次　2022 年 11 月第 1 次印刷
ISBN 978-7-5476-1774-8/F·684
定　　价　158.00 元

前　言

　　作为乡村经济和经济地理的"嵌套","乡村经济地理"（Rural Economic Geography，REG）以经济地理学基本理论为支撑，以乡村聚落、人口、土地、产业、交通、城乡、制度与组织等组成的地域系统为中心内容，对乡村经济活动的区位、空间组合类型和发展过程进行分析、解读与研判，是乡村问题研究的新领域。本书以党的十九大精神和乡村振兴战略为指引，对 1921—2021 年乡村经济地理的要素流变与谱系优化问题进行了综合研究。全书分为上、中、下三篇，每篇六章，计十八章。其中，上篇为"乡村经济地理的理论基础"，中篇为"乡村经济地理的要素流变"，下篇为"乡村经济地理的谱系优化"。主要内容包括以下几方面。

　　上篇：乡村经济地理的理论基础。第一，阐述乡村与乡村经济的概念、类型和特征，对中国共产党成立以来有关乡村经济走向的早期论争进行了探讨，分析了乡村经济建设思想中合作改革派、中国农村派等主要流派，通过对乡村经济与经济地理"嵌套"的解读，初步界定了"乡村经济地理"的概念、内涵和内容。第二，对乡村聚落与乡村经济地理的关系进行深度梳理。阐述了聚落与乡村聚落空间的概念，从多个层面探讨了乡村聚落的理论基础与组成要素，然后在对国内外有关乡村聚落的研究与实践进行分析的基础上，探讨了聚落空间下乡村经济地理的几个关键问题——地理连接、地理结构和地理格局，并分别在城乡一体化、工业化进程、社会转型、区域差异的视角上，进一步分析了乡村聚落体系优化与演变、乡村聚落重构与分异等问题。第三，探讨乡村经济与乡村经济地理的关系问题。从乡村土地关系、乡村手工业、农业经营及生产、乡村工业等层面对早期乡村经济地理中的"乡村经济"关注点进行解读，从乡村社区、城乡关系、乡村规划、乡村社会等层面对近期乡村经济地理中的"乡村经济"关注点进行解读，然后以中国共产党成立为起点，梳理了乡村经济地理的兴衰之辩、多次变迁、格局优化、深度变革、全面创新等。第四，深入探讨经济地理与乡村经济地理的关系问题。在对经济地理学及相关概念进行解读的基础上，重点阐述了克鲁格曼新经济地理学与乡村经济地理的关系，分析了基于新经济地理学的乡村经济地理指标选择问题，并分别从"中心-外围理论"和"空间集聚理论"出发，对新经济地理向乡村经济地理的"渗透"进行了研究。第五，在研究乡村经济地理问题时，"胡焕庸线"是避无可避的。因此，在梳理了"胡焕庸线"源起、内涵、论争和理论支撑之后，分析了基于"胡焕庸线"的乡村人口迁移与乡村经济地理集聚问题，针对乡村人口流动对乡村经济地理的影响进行了进一步研究。第六，新经济地理学也被部分学者称为空间经济学，因此在研究乡村经济地理问题时，势必要考察空间集聚与乡村经济地理的关系问题。在解读乡村空间概念和基本理论的基础上，从狭义农业的视角分析了乡村经济地理空间格局演变和空间集聚视域下乡村经济地理分异等问题。

中篇：乡村经济地理的要素流变。首先以"乡村经济地理的基础理论"为起点，对乡村人口迁移规模分布和迁移流分布的顽健性进行了深度分析，以"胡焕庸线"为背景，探讨了我国东南半壁、西北半壁乡村人口迁移路径与格局分异问题，通过实例对中国共产党成立以来乡村人口迁移的空心化"衡而不均""均而不衡"等问题进行了探讨。第二，以乡村经济发展为视角，探讨了乡村产业集聚与产业转移问题，解读了新经济地理视角下乡村产业转移的动力机制、作用机理和空间效率，并从乡村经济地理基本要素的比对出发，对苏南-苏北乡村产业发展成效进行了研究。第三，对乡村耕地空间分布与格局演化问题进行了研究。在以国际视角对全球耕地时空变化与基本格局进行解读之后，借助空间差异分析、空间自相关分析等方法和工具，重点研究了乡村耕地复种空间格局与演化、新增乡村耕地与空间分布、乡村耕地变化的空间格局、乡村耕地低效转化与空间特征等问题。第四，以空间正义为视角，对城乡空间格局变动与地理演化问题进行了研究。分别从空间拓展、空间转型、空间互动层面对城乡空间正义缺失问题进行了分析，然后通过定量分析推导出城乡经济时空格局的演变路径。第五，对乡村交通地理分布与空间格局变迁问题进行了研究。在探讨了近代交通与乡村经济城市化、乡村经济地理变迁之间的关系后，深度解读了交通体系发展与乡村经济地理优化问题。第六，对乡村经济制度变迁与组织演化问题进行了研究。阐述了乡村经济制度变迁的历程，给出了优化路线，阐述了乡村经济组织变迁的历程，给出了优化路线，并通过珠三角地区乡村经济组织变迁对乡村经济地理格局调整进行了解读。

下篇：乡村经济地理的谱系优化。首先，为了形成"乡村经济地理的要素流变与谱系优化"的完整研究框架，以乡村振兴为视角，阐述了乡村经济地理谱系优化的总体目标和总体方向,给出了乡村经济地理谱系优化的总体原则,并从要素合作的视角给出了乡村经济地理谱系优化的总体方法。第二,针对传统效率分析方法无法突破决策单元具有"可比性"的限制和无法依据任意参考面提供评价信息的弱点,建立了带有约束锥的评价"乡村经济地理要素流变"效率的广义样本数据包络分析模型($PU-C^2WH$),分析了该模型刻画的有效性及弱有效性与相应的多目标规划非支配解之间的关系,探讨了被评价对象在样本可能集中的投影性质和无效单元效率改进的途径和尺度,确定了要素流变效率的度量方法和评价步骤,并给出了乡村经济地理要素流变的优化路径。第三,以要素合作为视角,对乡村经济地理谱系优化问题进行了研究。通过建立要素合作视角下乡村经济地理谱系变迁评价模型和指标体系,给出了乡村经济地理谱系优化效率的整体度量及评价步骤,并分别从乡村经济地理主体多元化、多维度释放乡村经济地理要素价值、适时适当推进乡村经济组织建设、构建乡村经济地理多元协作机制的视角,给出了乡村经济地理谱系优化的创新路径。第四,以乡村聚落为视角,研究了乡村经济地理微观谱系优化问题。明确了乡村聚落演变及驱动机制,阐述了乡村聚落空间演化的影响因素与类型,给出了乡村聚落重构的模式与走向。第五,以格局重塑为视角,研究了乡村经济地理中观谱系优化问题。在乡村振兴和乡村治理的大背景下,阐述了乡村经济地理格局重塑的时代要求,重点对要素转移与区域协调问题进行了探讨,并在城镇化、乡村经济发展、全新乡村塑造、异质互动等层面上给出了乡村经济地理格局优化的内容与方法。第六,以空间治理为视角,研究了乡村经济地理宏观谱系优化问题。对乡村经济协调发展的新常态与新内涵进行了解读,给出了乡村经济地理的空间治理范式,分别以"一带一路"倡议和"胡焕庸线"曲化为视角,探讨了乡村经济地理空间优化和乡村经济空间治理问题,并以乡村经济地理资源优化为依托,研究了乡村经济资源的空间治理趋势、乡村经济资源均衡分配的未来路径,以及空间正义视角下乡村经济地理的治理策略、基于乡村经济地理空间重塑的新市镇建设等问题。

　　本书的中心思想有以下几点。第一,通过"乡村经济"与"经济地理"的"嵌套",提出"乡村经济地理"这一概念,确定了基于"理论基础-要素流变-谱系优化"的研究框架,为乡村问题研究提供了新的视角。第二,充分借助多种方法,按照中国社会的发展脉络与演化逻辑,对1921—2021年间中国乡村经济地理的要素流变与谱系优化问题进行了研究,基本厘清了100年来中国乡村经济取得的诸多成绩,让未来中国乡村经济治理的路径变得更加清晰。第三,借助多种方法和工具,对1921—2021年间中国乡村经济地理中人口、产业、土地、城乡关系、交通、制度与组织等关键要素的流变进行了定量分析,得出了一些有针对性的结论。这些工作不但能为乡村经济发展提供可以借鉴的理论信息,还能为乡村治理目标的最终实现带来有价值的现实启示。

通过研究,形成了以下结论。第一,乡村经济地理基础理论是促进乡村发展的重要依托。20世纪20年代至今,中国共产党在乡村尤其是乡村经济问题上倾注了大量心血,积累了丰富经验。在实现乡村振兴的过程中,除了要按照既定模式稳步推进乡村社会发展、全面建成小康社会,还应按照新经济地理学的主张,对乡村经济地理的基础理论进行深入挖掘,对影响乡村振兴的乡村聚落、乡村经济、经济地理、空间集聚等要素予以高度关注。这些问题不但关乎乡村经济地理的要素流变与谱系优化,还是促进乡村发展的重要依托。第二,乡村经济地理要素流变是开展乡村治理的重要参照。乡村人口流动、乡村产业集聚与转移、耕地空间结构、城乡空间格局变动、交通地理分布、经济制度变迁与组织演化等都会对今后的乡村经济社会发展造成深远影响。因此,按照乡村发展的要求,对乡村经济地理要素流变路径、方向、尺度进行分析和研判,能够为乡村治理工作的开展提供重要参考依据。第三,乡村经济地理谱系优化是实现乡村振兴的重要任务。在实现中华民族伟大复兴的"中国梦"和"两个一百年"奋斗目标的过程中,既要对乡村经济地理与乡村经济发展的关系进行解读,对乡村经济地理的要素流变效率进行评价,还要积极寻找乡村经济地理谱系优化的方向和内容,"助力"乡村经济地理的谱系优化。这不但是提升乡村经济发展质量的现实要求,更是实现乡村振兴的重要任务。

本书的面世得益于国家社科基金后期资助项目"乡村经济地理的要素流变与谱系优化(1921—2021)"(项目批准号:19FJYB021)的资助和上海远东出版社的协助。全书由长春财经学院邢俊教授和高敏教授共同撰写。其中,邢俊教授负责书稿的上篇"乡村经济地理的理论基础"(第一章至第六章)和中篇"乡村经济地理的要素流变"中第七章至第九章,高敏教授负责书稿的中篇"乡村经济地理的要素流变"中第十章至第十二章和下篇"乡村经济地理的谱系优化"(第十三章至第十八章)。书稿出版过程中,得到了上海远东出版社编辑们的诸多帮助,他们工匠般的专业素养和工作精神,令我钦佩也让我心存感激!同时感谢长春财经学院李树峰董事长对作者以及合作者的一贯鼓励和支持。

限于作者水平,书中难免疏漏,恳请读者不吝赐教和指正!

目　录

上篇　乡村经济地理的理论基础

中篇　乡村经济地理的要素流变

下篇 乡村经济地理的谱系优化

上篇

乡村经济地理的理论基础

第一章　乡村经济地理源起

至 2021 年,中国共产党走过了 100 年的伟大历程。回顾百年来我国乡村经济地理的变迁,有利于我们更加清晰地评估当前中国乡村经济的发展现状,为乡村经济地理的要素流变与谱系优化提供认识基础。在西方发达国家,乡村经济地理已经历了数个世纪的发展历程,已经形成了符合自身特色的乡村经济地理格局。在我国,自 1921 年中国共产党成立以来,乡村社会历经了百年的发展。其间,在中国共产党的领导下,不但顺应了乡村经济发展的实际,为我国乡村经济地理要素流变与谱系优化提供了坚实的保障,还极大丰富了中国特色社会主义治理理论与治理体系[1]。如今,乡村振兴战略的提出和全面实施,一方面为乡村经济地理谱系优化提供了前所未有的难得机遇,也带来全新的挑战。这是因为,"乡村经济地理"是现代国家自上而下对乡村经济进行宏观管理与传统乡村自下而上进行自我改造相融合的乡村经济地理模式。所以,针对乡村经济地理的诸多问题进行研究和探讨,既有助于维护乡村社会的稳定、和谐,还可以在乡村善治方面发挥关键性作用。在这一过程中,需要认识到乡村经济地理能否得到优化,这在很大程度上关系到国家治理体系与治理能力现代化的进程[2]。更为重要的是,从已有的研究看[3,4],乡村振兴战略的最终实现与"三农"问题的最终解决,要求对"中国历史的实质"——乡村经济演进史——形成正确理解。只有正确理解了中国乡村经济地理演进史,才能深入理解中国社会的性质,才能实现乡村经济地理要素流变与谱系优化。因此,在当前乃至以后,需要在坚持农业农村优先发展的原则下,依据"产业兴旺、生态宜居、乡风文明、治理有效、生活富裕"的现实要求,构建和健全城乡融合发展的体制与机制,并通过政策体系的重塑,加快促进农业农村现代化进程,以便在推进乡村经济地理优化的过程中取得更多成绩[5]。在这一过程中,要不断"健全自治、法治、德治相结合的乡村治理体系",以实现"治理有效"

的目标①。基于这样的背景，将"乡村经济"与"经济地理"进行"嵌套"，以"乡村经济"为背景，以"经济地理"为依托，对自中国共产党成立以来"乡村经济地理"的要素流变与谱系优化进行梳理、分析和探索，能够为乡村经济发展、乡村社会进步、乡村振兴战略目标的顺利实现，提供可以借鉴的信息。接下来，就以"乡村经济"为出发点，对乡村经济地理的源起、相关概念与基础理论进行梳理和阐释。

第一节　乡村与乡村经济

乡村，一般泛指城市以外的地区。对乡村经济而言，在宏观方面，指的是行政村域各类经济组织尤其是实体经济组织及其经济活动之有机体，属于行政村域经济或者小范围区域经济的范畴；在微观方面，通常意义上的村域社区性集体所有制经济组织被视作行政村域的基本所有制经济组织，所以乡村经济具有农业集体所有制经济的属性，甚至属于企业经济的范畴[6]。而无论在何种层面，实现经济增长都是我国乡村社会发展的重要任务，都需要着力推动。自中国共产党成立以来，我国乡村经济实现了极大发展，取得了举世瞩目的成绩。但是时至今日，在多种因素的影响下，乡村经济增长却面临许多亟待解决的问题，唯有通过农业产业化改革、增加金融投资等多种手段"齐头并进"才能提升其经济效益，实现乡村经济的"有效治理"[7]。

1.1　乡村的概念

在我国，乡村属于地域概念的范畴，是一个"完整的社会"。在字面上，"乡村"和"农村"看似不存在明显差别，均能够表示和"城市(或城镇)"相对的地域特征。可是，实际情况是，由于生成过程和发展历程不同，"乡村"和"农村"之间却具有明显不同的涵义。其中，"乡村"是社会学领域的概念，表示"在特定地域范围里，发生特定社会关系与社会活动，形成特定生活方

---

① 2020年2月5日发布的"中央一号"文件指出，要坚持以习近平新时代中国特色社会主义思想为指导，全面贯彻党的十九大和十九届二中、三中、四中全会精神，贯彻落实中央经济工作会议精神，对标对表全面建成小康社会目标，强化举措、狠抓落实，集中力量完成打赢脱贫攻坚战和补上全面小康"三农"领域突出短板两大重点任务，持续抓好农业稳产保供和农民增收，推进农业高质量发展，保持农村社会和谐稳定，提升农民群众获得感、幸福感、安全感，确保脱贫攻坚战圆满收官，确保农村同步全面建成小康社会。

式与文化心理,并带有成员归属感的特定人群构成的相对独立和相对稳定的社会实体"。与此不同的是,"农村"属于经济学概念的范畴,它偏重、强调的是和城市不一样的生产生活方式。此外,为了更好地开展后续的研究,需要对"乡(镇)""行政村""村"的概念予以界定和区分。其中,"乡(镇)"被视作我国当前行政体系之"末梢神经",处在国家行政单位最基层的位置。在《中华人民共和国宪法》第 107 条中,对"乡(镇)"的功能给出了明确规定,即执行本级人民代表大会的决议与上级国家行政机关的决定、命令,管理本行政区域内的行政工作。行政村和自然村之间也不相同,它们是有着明显区别的两个概念。一般而言,行政村指的是国家在乡(镇)之下设立的一类行政单位;自然村指的是农民(村民)在生产生活实践中自发组建的群体。此外,自然村没有行政属性,行政村虽然具有行政属性却不属于任何一级行政建制。"村"是存在于社会生活中的一个普遍称呼,在通常情况下,与行政村、自然村无异。经过了上面的区分,就可以对"乡村经济"的概念进行相对清晰的表述:乡村经济是带有明确边界的、国家的政治和行政权力介入其中的基层区域经济,包括乡(镇)域经济和村域经济,通常指两者的合称。

1.2 乡村经济及其投入产出

在中华人民共和国成立之后,经过了集体化运动与社会主义改造的中国乡村经济,无论是汉族为主的地区还是少数民族为主的地区,都呈现出十分鲜明的特色,尤其在乡村经济投入和产出方面,表现得更为明显。

1.2.1 乡村经济的投入

基于微观经济学的视角,任何经济增长或者产出增加都是投入增长的结果。因此,投入也必然是我国乡村经济增长的基本动力[8]。通常情况下,乡村经济的投入表现在以下几个层面。

(1)地方政府和各类社会组织对乡村经济的投资。在我国乡村地区,无论是农田水利基本设施建设,还是农林牧渔项目的推进,都需要大量资金的注入。其间,单纯依靠乡村的自给自足是无法达到目标的,也是不可能、不现实的。因此,为了确保乡村经济体系健康运行,地方政府和相关社会组织就需要对乡村经济体系内的基础性和公共性项目给予投资,通过资金的增加提升乡村经济的产出。当然,为了降低中央财政、地方财政压力,适当激发乡村活力,一些特殊项目的投资也会从政府之外取得。比如,致富项目的附属工程投资以及后续投资等,可以通过乡村集体筹资完成,也可以让农民家庭部分负担[9]。在此过程中,中央和地方政府会不断完善对乡村经济的投资模式,规范投资方向。比如,为了达到更为理想的乡村经济投入和产出效果,会对乡村经济体系内部分基本建设项目给予鼓励性财政补贴和贷款贴息,这也是政府投资乡村经济的一种特殊方式。

(2)借助经济手段,引导乡村信用资金的走向。在我国广大乡村地区,信用合作社被视为农民群众的"银行"。因此,对信用社的信用资金流向进行引导,对关乎乡村经济发展的部分项目提供政策优惠,能够很好地激发乡村信用合作社的支农意愿,让资金流向三农领域。而为了达到更为理想的效果,地方政府和上一级金融监管机构会加强对农业信用资金的流向监督,防止乡村信用资金背离乡村、流入城市地区;同时,为了更好地支持乡村经济发展,会在政策的引导下,让更多城镇地区的信贷资金流入乡村经济体系内。这样一来,不但提高了对乡村经济的资本注入,解决了乡村经济投入不足的问题,还进一步完善了乡村金融生态,这对乡村经济地理的要素流变与谱系优化是大有裨益的。

(3)乡村集体经济组织与农民家庭经营实体对乡村经济的资源投入。一般情况下,农民家庭经营实体针对乡村经济体系内的第二产业和第三产业投入,都是通过创办乡镇企业、村办企业的形式进行的。这是因为,农民家庭经营实体创办乡镇企业、村办企业的过程,便是农民家庭经营实体投资乡村第二产业、第三产业的过程。其间,为了让此类乡村经济投入绩效更优、产出水平更高,当地政府会努力改善投入环境,以便为农民家庭经营实体和创办的乡镇企业提供更多保障。同时,还要不断降低乡镇企业、村办企业的负担,采取切实可行的政策与措施,让农民家庭经营实体能够顺利创办乡镇企业、村办企业。当然,为了取得更为理想的成效,通常的做法包括积极引导农民家庭经营实体加大对乡村农业的投入比重。而为了实现这一点,就需要长期坚持与稳定农民家庭承包经营体制,并以此为基础,引导乡村农业土地进行规模化经营,通过探索土地规模化经营的新形式,最大限度地提升乡村经济地理要素流变与谱系优化绩效[10]。

(4)在提升乡村经济投资效益的问题上,需要以提升对乡村经济的投入水平为前提。在此过程中,除了要在数量上保证投入外,还应营造良好乡村经济环境。比如,为了激发农民和相关企业的积极性,当地政府或者集体经济组织出让部分利益,以此吸引乡村之外的资本力量和各类资源,这被认为是当前提升乡村经济投入或者强化乡镇企业、村办企业吸引力的重要措施。当然,需要注意的是,在吸引乡村之外资本投入乡村经济时,需要对投资回报率予以关注——唯有投入乡村经济的资本回报率达到了较高水平,乡村经济引资才能成功。所以,无论过去、现在还是将来,都要不断改善乡村经济环境,构建良好的乡村市场秩序,拓展市场空间。唯有这样,才能通过投入规模的增加和投入质量的提升推动乡村经济的增长。

1.2.2 乡村经济的产出

在乡村经济体系运行过程中,提升乡村经济产出水平,不但可以弥补乡村经济投入不足的缺陷,还能更好地促进乡村经济的发展,具有重要的双重意义。

(1) 以特色产出激发乡村经济后发优势。在我国,不同乡村地区拥有的人口、综合素质都不尽相同,加之我国乡村经济地理分布离散,不同地区的自然资源禀赋与经济发展状况差别较大,导致不同乡村经济具有不同的优势。比如,靠近城市或者主要交通沿线的乡村地区,一般都具有明显的区位优势,可以借此发展乡村旅游和农产品物流,以此促进乡村经济发展;劳动力数量较高、素质较高的乡村地区,一般都具有劳动力资源优势,可以借此发展农产品精加工甚至农业电子商务等,以此提升乡村经济发展绩效;拥有较大塘库水面和优质水源的乡村,可以在渔业生产方面发挥资源优势,通过发展特色养殖提升农民收入进而提升乡村经济的产出。而之所以如此,是因为在一般条件下,经济优势都能够转化成经济效益。所以,自中华人民共和国成立以来,我国以乡村经济的实际情况为出发点,开始了长达 30 年的乡村种养殖历程,最终解决了全国人民的吃饭问题。到了改革开放之后,在具有中国特色的市场经济的推动下,越来越多的乡村地区不断激发乡村经济后发优势,通过调整和优化种养殖结构,不断降低成本,提升农副产品的市场占有率,让乡村经济的产出达到了前所未有的水平。

(2) 通过构建和社会主义市场经济相吻合的经济体制,促进乡村经济增长方式自粗放型向集约型转变。在中国共产党成立之后的 100 年中,全国各族人民,为了提升乡村经济产出,不断创新乡村经济运行模式,让乡村经济统分结合的双层经营体制更具活力。当然,为了让乡村经济增长方式实现历史性转变,在我国广大的乡村地区不断进行着先进科学技术、先进技术设备的推广和应用[11],在充分激发乡村经济经营体制创新的同时,不断探索适应我国乡村经济运行的新机制、新路径,实现了乡村经济的大发展和大繁荣。当然,在这一过程中,为了提升乡村经济产出,我国十分注重乡村劳动力素质的培养和提高。其间,通过加大对乡村教育的投入和办好乡村教育,让乡村劳动力的综合素质得到显著提升,并借此提高了乡村经济的产出水平(这从中国共产党成立之后尤其是十一届三中全会之后我国连续多年的粮食增产增收就可见一斑)，促进了乡村经济增长。

1.3　乡村经济类型划分

在乡村经济地理和乡村经济学的研究体系内，类型研究都属于极其重要的内容。自中华人民共和国成立以来，我国乡村经济逐渐呈现出多元化的发展态势，非农产业比例逐年提高，之前的农业地域类型划分和农业区域划分已经难以适应乡村经济发展的诉求，乡村经济类型亟待重新界定。实际上，乡村经济类型指的是乡村社会中的自然、经济、技术等彼此联系、彼此作用而构成的综合体，是对乡村产业结构类型和发展程度相对一致的乡村经济体的深度抽象。因此，对乡村经济进行类型划分可以更为完整地展现我国乡村经济的多样性特征，还能为分析诊断乡村经济发展范式、引导乡村经济发展方向提供关键依据。按照目前国内外的研究成果，乡村经济类型的划分一般要考虑以下尺度。(1)微观尺度。通常把乡村区域范围界定在乡级行政单位，针对不同乡域经济的发展实际情况，确定特定的划分标准。在我国，对经济强村进行类型划分当属此类。(2)宏观尺度。通常定位于土地面积较大的地理区域内，由于关联尺度和范围较大，类型相对复杂，一般要按照研究者的"偏好"对划分指标进行确定。在我国，按照收入标准对贫困型乡村和非贫困型乡村的划分当属此类。(3)中观尺度。通常把区域范围定位在中等面积国家，或者面积较大的国家内部某个自然区、乡级或地区级的行政区等。类型划分的出发点是在相对一致性中抽取差异性，参照的标准一般是经济发展水平、产业特征、优势产业等[12]。在我国，很多特色乡镇的划分当属此类。接下来，综合上述三个尺度，以生产活动为基本标准，将我国乡村经济划分成以下几个类型。

1.3.1　非集约耕猎或耕牧结合型乡村经济

在这一类型的乡村经济类型中，劳动力以从事非集约耕猎活动或者耕牧结合的生产活动为主。一般而言，出于环境条件的约束，以及生产力水平长期处于低位的历史传承的制约，此类乡村经济十分典型的特征便是无法对土地开展劳动或者技术密集化的集约经营。对居民而言，粮食种植虽然也被视作重要的或者主要的生产活动，确无法完全满足他们基本的生活和生存需要。所以，居民一般会在此基础上开展家庭养殖、狩猎或者采集植物果实的活动。这样一来，即便此类乡村经济中会出现一定程度的商品性生产经营或者商业活动，但都不是主流，在个别地区即便有也十分罕见。在地理区位上，这类乡村经济类型通常分布在以少数民族居民为主体的偏远山区,我国中南、西南、东南和东北等区域的少数民族乡村经济一般属于这种类型,各自不同的地方在于,其生产力发展水平有着十分明显的差异。其中,相对传统的要数采集与渔猎结合的刀耕火种经济类型,这一类乡村经济通常分布在藏东南、滇西北和滇东南等地区。与此不同的是,分布于我国云贵高原中部地区,东部、华南丘陵地区和长江、珠江部分地区,尤其是南岭、武夷山地区的苗族、瑶族、畲族等,其生产力水平一般较高,属于耕猎结合经济类型。可以说,在上述地区,采集、狩猎以及刀耕火种还具有十分重要的意义。当然,当地居民也使用锄类农具对山田进行开垦和耕种,并通过栽培水稻、玉米、小麦、红薯、大豆等作物获得基本的生活资料。此外,分布在我国东北地区尤其是大小兴安岭森林区域,特别是黑龙江、松花江和乌苏里江沿岸地区的赫哲族、鄂伦春族、部分鄂温克族,他们的生产生活方式还相对传统,以传统渔猎采集为主。所以,他们的经济活动内容很少涉及植物栽培和动物饲养,一般通过搜集生态系统于循环代谢之中产生的剩余能量维系生产生活。比如,在现代枪械传入之前,他们的生产工具以弓箭、鱼叉等为主。耕牧结合类的乡村经济一般分布于青藏高原地区,以东南斜坡和雅鲁藏布江谷地以及云贵高原中西部山区为主。在这一乡村经济类型中,少数民族是主角,并以羌族、纳西族、彝族、白族以及部分藏族、傈僳族(居住在澜沧江东岸地区)等为主。当地居民习惯于在山区进行旱作经营,也饲养牛、羊、猪和鸡等家禽家畜。但是,与其他地区不同的是,他们的牛、羊等牲畜一般都放牧于村舍附近的山坡之上,鸡、鸭等也缺少真正意义上的棚圈[13]。所以说,上述非集约化的耕猎或者耕牧结合的乡村经济类型,在外部环境激烈变化的过程中,并未受到严重影响,经济活动的变化十分缓慢。更为重要的是,在传统思想观念和行为范式的影响下,这类乡村经济类型的变化一般都无法自发出现,非外力推动不能实现。

1.3.2 畜牧经济或牧农结合型乡村经济

在这一类型的乡村经济类型中,劳动力以从事畜牧业和牧农结合的生产劳动为主,通常分布于内蒙古自治区、新疆维吾尔自治区、青海和西藏等地,上述多地为草原牧区。可以说,在草原放牧属于此类乡村经济活动的主要内容,特别是在一些偏远地区,逐水草而居的生产生活模式直到中国共产党成立之后才得以部分改变,有些地区的居民还继续以此为生,牛、马、羊、骆驼等牲畜是其最为基本的生产和生活工具。在这类乡村经济中,涉及的民族都为少数民族——蒙古族、哈萨克族、塔吉克族、藏族和一些鄂温克族、达斡尔族等。如果继续对该乡村经济类型进行细分,能够分出以下四个不同的类别。它们分别是以一些鄂温克族为典型代表的苔原畜牧型乡村经济，以蒙古族为代表的戈壁草原游牧型乡村经济，以哈萨克族为代表的盆地草原游牧型乡村经济，以藏族为代表的高山草场畜牧型乡村经济。在上述四种类型中，畜牧型乡村经济的一个关键特征为产品单一也难以储存，所以当地人就对和农耕经济相关的贸易活动有十分强烈的需求。此外，牧农结合也存在其他形式，比如，一些农耕民族特别是汉族进入牧区之后就开始发展种植业和养殖业。当然，需要承认的是，此类结合在很多情况下只表现在空间层面，这是因为居民的经济活动依旧相对独立——农民种地，牧民放牧。对种地的农民和放牧的牧民来说，他们有可能均处在同一嘎查或者苏木，因此对嘎查或者苏木而言，这依旧属于农牧结合的经济类型。在中国共产党成立之后的 100 年中，我国畜牧型乡村经济进一步演化，主要表现在以下方面。第一，当地居民开始对牧区经济结构进行调整，通过创办和发展乡镇企业，让乡村地区的第二、第三产业同步繁荣，实现了自给自足的传统农牧经济朝市场导向的现代农牧经济过渡；第二，出于对生态恶化压力的对抗，上述地区的退耕还草、退耕还林工作得到持续、广泛推进，使得农作物的种植面积显著减少。这样一来，农作物种植业就不得不从传统的粗放经营向集约化经营转变，人们开始越来越爱惜农业资源，通过最大限度地开发宜农土地、提高投入、调整生产结构，在很大程度上提升了土地等农业资源的生产率、利用率和经济效益；第三，对草场、林地等农业资源进行战略规划，逐渐形成了较大规模的打草场和放牧场，并通过构建草库伦和建立圈养舍饲，在很大程度上优化了以游牧为主的生产生活模式，在保护自然生态的过程中让乡村经济显著进步。

1.3.3　集约农耕或种养结合型乡村经济

在这一类型的乡村经济类型中，劳动力以进行集约农耕或者种养结合的生产经营为主。其中，集约农耕已经被视为一类较为成熟的农业类别，其特点包括在小面积耕地上进行集约化生产，借助劳动力和技术"密度"提升产品规模。也正是由于劳动力、技术的投入非常密集，在我国很多地区都已经发展成为十分典型的乡村经济类型。在地理区位上，此类乡村经济一般分布在贵州、四川盆地和广西、云南中部等地区，在我国西北的干旱、半干旱地区，也以人工灌溉为基础，在河西走廊、内蒙古自治区、新疆维吾尔自治区等地开展绿洲农业。时至今日，这些以集约农业为主的乡村经济已经成为当地居民（尤其是少数民族居民）的主要经济活动。当然，这一乡村经济类型在我国塔里木盆地、准噶尔盆地的边缘地区，以及从河西走廊至宁夏、青藏高原东北坡地区(尤其是河湟地区)都有分布,以回族、俄罗斯族、维吾尔族、乌孜别克族、塔塔尔族,以及一些裕固族、达斡尔族、锡伯族为主要居民。他们在绿洲之上,借助人工灌溉,通过开发和搭建农业系统种植小麦、水稻等农作物。此外,在这一乡村经济类型中,带有普遍的甚至是浓厚的畜牧氛围,几乎所有畜产品都会在当地居民的生产生活中占有不可替代的位置。当然,在受改革开放的影响之后,这类乡村经济中的商业活动、经商传统等开始变得越来越活跃。到了今天,这类经济活动已经成为当地居民生产生活的优势,并得到进一步发扬。需要注意的是,作为此类乡村经济的特殊补充,该类型中还存在着发展得越来越好的养殖业,自改革开放以来,特别是在 20 世纪末期之后,虽然经济模式发生了明显变化,但演变过程尤其是经济结构的演化变得越来越多样化,这在很大程度上促进了乡村经济的发展和乡村社会的整体进步。

1.3.4　农工商复合型乡村经济

在这一类型的乡村经济类型中,劳动力就业十分多样。而之所以如此,是因为这类乡村经济由改革开放推动,属于崭新的乡村经济类型。按照历史传承、社会生态以及人文条件,此类乡村经济在形式上能够表现出农牧业和工业相结合的态势,也能够表现出农牧业和商业结合的态势,在有些地区,工业和商业的结合也十分常见,甚至会出现农工商结合的情况。截至目前,此类复合型经济类型已经在我国大地上遍地开花,变得越来越多,在不远的将来,甚至有可能发展成为乡村经济的主流。按照这一思路,在发展和壮大复合型乡村经济的过程中,无论是对之前的乡村经济系统,还是对接下来可能出现的新的乡村经济类型,都具有以下几个方面的现实意义:第一,在很大程度上,有可能在市场经济的推动下将我国传统自然畜牧业和相对脆弱的农本畜牧业卷入更大区域的商品流通和商业循环中,最终出现的势必是畜牧业的商品经济化;第二,现代的乡村经济已经出现了越来越明显的商品经济趋势,已经不局限在传统乡村市场活动中对资源余缺的调剂方面,更多的时候要实现乡村经济的增长和居民收入的增加;第三,农工商复合型乡村经济类型及其经济活动已经超出了乡(镇)域和村域的范畴,正在通过突破各种主观和客观的屏障,进入更加宽泛的乡村经济循环体系之中。

当然,需要注意的是,在对乡村经济类型进行划分时,除了要对当前的乡村经济态势于地域空间层面进行细分,充分反映其中的差异性,还要借此准确地反映经济、社会和科技进步的内在特征,反映乡村经济的地域属性与物质诉求,这是乡村经济地域分异的核心内容,也是乡村经济类型划分的重要依据,决定着乡村经济发展的进程和水平。

1.4　乡村经济的共同特征

在通常情况下,人们习惯把乡村视为与城镇相对应的人类活动空间。这样一来,在经济社会结构二元化的进程中,我国乡村开始被城镇迅速同质化;与此同时,在大部分地区,乡村和城镇之间的固有联系逐渐被阻断,它们无论是在经济结构还是经济形态方面的差异都越来越明显。可以说,时至今日,带有浓烈传统色彩的乡村经济与带有明显现代化痕迹的城镇经济构成了鲜明对照。如此一来,基于城乡二元经济结构的事实,我国乡村经济逐渐具有了特殊的内容和形式,也因此形成了以下共同特征。

1.4.1　有边界的区域经济

较长一段时间以来,在划分区域经济边界时,一个重要的环节就是确定其行政辖区的空间范畴。在我国,不但是乡(镇)存在明确的辖区范畴,行政村同样具有正式的辖区范畴。居民的很多重要的经济行为和生活行为,均要在这类空间范畴内开展。而之所以会出现这样的情况,是因为在此类边界形成的诸多因素中,既有历史传承的作用,也得益于国家力量的推动。其中,历史传承的作用指的是,这类乡域或者村域边界在某种程度上能够反映居民之间的关系,这种关系需要在历史进程中形成,在其共同生活的空间范围内形成。例如,在很多情况下,我国当前的行政村都以历史地形成的村落共同体为基础形成建制,部分行政村也会涉及多个自然村落,但是即便如此,这类自然村落也并非相互独立,在历史上,它们之间一般都存在某种紧密的关联,或者由于文化,或者由于血缘。此外,当前的带有行政功能的乡(镇)、村等,在某种程度上体现了国家意志及其对乡村经济活动空间的统筹。这种统筹或者安排一方面可以表现在对历史地形成的共同生活区域的行政认可,另一方面也表现在国家权力对此类共同活动区域的调整和优化。在整体上,此类状态存续的时间较长,一直到 20 世纪 70 年代末期才有所改变。这是因为,从 20 世纪 70 年代末期开始,我国进行了一次规模宏大的乡村经济体制改革,对上述状态的影响越来越明显,效果越来越显著。其间,乡村地区的人民公社被撤销,乡(镇)政府与村民委员会得以建立,让我国乡村经济体系出现了全新的格局,许多标志乡村经济基本特征的传统经济行为和模式以及乡村经济的多样性逐渐被恢复。

1.4.2　经济主体共同享有乡村资源

我国是一个传统的农业大国,这一点是毋庸置疑的,作为农业关键载体的乡村在国家发展进程中的地位是不可替代也是不可或缺的。在中国共产党成立之初,当时的中国就试着推行"乡-村政权"这一带有"共存形态"的乡村治理模式。可以说,在这一"小乡制"时期,我国的乡、行政村是我国最基层的政权和管理单元。在人民公社阶段,国家注重对公共资源的集中供给和调配,这种"政社合一"、带有"全能主义"的治理范式让国家基层政权与乡村社会经济组织得以通过人民公社这一载体进行整合。改革开放之后,在国家基层政权体系中设立乡镇一级,在乡镇之下开始推行村民自治,以此激励农民的生产主体性和积极性,这就是一直延续到今天的"乡政村治"模式,收效十分明显。从整体发展形态来看,乡村经济主体对基本资源拥有共享权利,民间力量参与乡村治理的力度则是几经起落,目前呈回升之势。在这一问题上,家庭承包责任制的出现能够进行很好的诠释——在资源共享的基础上,在区域成员内部对包括土地、牧场、水面以及林场等使用权(或者资源)进行均衡配置。其中,在牧区还需对原本隶属于集体的牲畜进行均衡分配,部分生产工具与生活资料在作价之后就卖给了农民或者牧民[14, 15]。按照这一思路,乡村经济也就包含了"同一区域的居民具有同等利益"的意味。当然,该区域之外的居民就无法分享此类资源。更为重要的是,这一资源共享性或者利益共同性,对于乡村经济这一基层经济区域来说起到了极为重要的作用——到了改革开放之后,乡村经济逐渐发展成为相对独立的经济单元,而上述"资源共享性"或者"利益共同性"就是其基础所在①。

1.4.3　乡村经济拥有共同经济单位

倘若依据特定的组织化程度加以区分,在乡村经济范畴内普遍存在的经济活动单位一般有以下三类:家庭、代表乡村共同体的集体组织、乡(镇)政府(最为基层的政府组织)。其中,家庭作为以血缘与婚姻为纽带组建起来的初级社会单元,在当前的中国乡村社会中是最为基础的存在,也是最基本的经济活动单位,绝大多数的个体经济行为和群体经济活动,均是以家庭这一经济单元为基础相对自主地开展的。同时,这些经济行为或者经济活动的目的就是为了实现家庭的繁荣和进步,体现的是对共同利益的追求。村级集体组织作为乡村共同体这一整体的利益表达组织,通常"掌控"

---

① 　近年来,在邻近乡村这类经济共同体中间市场发生的利益冲突或者文化摩擦,就能够从某个侧面说明这类利益共同体存在的真实性。

着村域范围内几乎所有公共资源的所有权，同时要实现对此类资源及其使用权在村民中的配置，借此改善村域的公共福利水平；此外，村集体组织要维护农（牧）户和基层地方政府也就是乡（镇）政府之间的关系，以"中介"的身份出现，以此协助乡（镇）政府完成相关工作任务。所以，村级集体组织既可以被视为乡村共同体的自治组织，也可以被视为一个特殊的"准政府"。当然，由于多种原因，村级集体组织在扮演这一多重角色的过程中，需要"因地制宜"，在不同地方要表现出不同的特征。对乡（镇）政府来说，可以将其视为一级政府，因为它要行使特定的国家权力，也可以将其视为乡（镇）域共同利益的代表，因为它带有十分明显的地方性，不但要努力推动区域经济社会的发展和进步，还要直接参与辖区内的各类经济活动，为当地提供公共产品，以此履行作为一级政府的职责。当然，除上述三类经济活动单位，在一些地方的乡村经济体系内，还出现了第四类经济活动单位——乡镇企业。作为一类纯粹的经济组织，乡镇企业（现在更多时候称其为"民营企业"）在乡村经济发展和乡村振兴中的作用越来越明显①。

1.4.4　乡村经济以第一产业为主

在乡村经济体系内，最为主要的经济活动当属农业活动。在产业结构方面，很多乡村都是以第一产业为主，唯有部分乡（镇）域经济或者村域经济将第二产业或第三产业视为主业②。在过去，如果去掉外出务工的乡村劳动力，借助区域内乡村非农经济的发展形成的非农就业规模，其在乡村劳动力中的比重就会小很多，而这或许就是我国乡村经济中的农业和非农业的基本格局，也可以将其视为乡村经济发展相对滞后于发达地区的主要表现。当然，即便不去关心乡村经济的产业结构和就业结构，单纯从我国乡村经济实际生产经营内容方面看，其中就存在十分显著的差异。部分地区以种养和畜牧为主，部分地区以采集、渔猎等依托自然资源的生产方式为主，部分地区以商业经营和道路运输为主，所有这些都要以当地的历史传承为依据，以其行为创新的程度和方向为尺度。需要看到，今天的中国乡村经济（除部分深度贫困、重度贫困地区外）已经不再是单纯的农业经济，它已经开启了多元化发展和产业融合发展的进程，无论是产业结构、就

---

①　从当前情况看，并非全国所有乡村经济体系内都有这类经济组织，相反，相当一部分乡村存在乡镇企业空白。但是，乡镇企业的经济活动空间广阔，已经在很大程度上突破了村落或乡（镇）辖区的范围限制，以新时代"民营企业"的身份呈现出来，在劳动就业增加、公共福利改进领域的作用越来越显著。

②　通常将其统称为"非农产业"。近年来，在党的十九大精神和乡村振兴战略的指引下，越来越多的乡村区域开启了向"非农产业"进军的步伐，通过乡村旅游等形式为乡村经济不断注入新的活力。

业结构还是生态结构,都不同于以往。与之相适应的是,今天中国的乡村经济活动基本告别了传统社会"自给自足"的价值取向,在很大程度上,其经济活动、生产活动都朝着市场取向演化。比如,牧业的生产规模扩张和产业链重构、种植业的结构调整、第二三产业方面的劳动力外出经商和回乡创业等。其中一个突出表现就是,乡村居民正在成为一种关键的经济力量,其中的部分个体或者群体已经将注意力放在了发展公共设施和提供公共产品方面,希望借此为乡村经济的发展提供更多、更好的软、硬环境基础;还有一些乡村居民努力寻找并开发当地人文、生态等资源,以此促进乡村经济的可持续发展。可以说,诸如此类,均不同程度地推动了乡村经济发展和乡村产业进步。

第二节 有关乡村经济走向的早期论争

在近现代,中国有关乡村经济的真正探索,出现在五四运动时期。可以说,由于五四运动的特殊意义,肇始之时的乡村经济研究与中国现代化进程始终存在紧密关联。虽然历史上中国社会的大量仁人志士都在努力让中国这样一个农业国转变为工业国,自晚清以来,这类努力就始终没有停歇过。可以说,在近代中国,由于受到诸多牵制,中国有关乡村经济的研究始终没有得到有效开展,长期处在"内卷化"危机当中。对于这一问题,到了1921年,中国共产党的成立及其在中国大地的生根发芽,最终让上述努力得到回报。其中最为典型的做法就包括具有划时代意义的土地革命。可以说,在中国共产党的领导下,通过武装斗争完成了国家建设,然后在国家力量的推动下,让乡村重新进入经济社会发展的关键行列。而就在中国共产党成立之时,与此相关的议题、论争不断涌现,乡村经济建设(包括乡村经济治理和乡村经济地理等)也正式由此开启,时间节点为20世纪的20—30年代。

2.1 以"以农立国"与"以工立国"的论争为起点

在现代之中国,与乡村经济有关的研究,通常能够向前追溯到五四运动之后。当时,出现了"以农立国"和"以工立国"之间的论争,持续了数年时间(1921—1927年)。其间,以梁漱溟为代表的"以农立国"派,坚定地认为中国乡村经济发展需要进行深刻的变革。这种变革的目标是建立以中国文化为基础的,能够与西方资本主义国家相"媲美"的新型工业化国家,而实现这一理想的最重要依托就是建设"新农村"、改造"旧乡村"，实现乡村经济的历史性飞跃。而在"以工立国"论方面，杨明斋等被视为杰出代表，他们认为，无论是中国乡村还是城镇，均应在坚持走工业化道路的问题上下定决心，将工业化置于首位，但对于如何发展工业，相关论述却十分寥寥。当然，在中国共产党成立最初的几年中，与之相关的论争虽然没有取得一致意见，却真正达成了一个共识，即只有坚持走中国化的工业化道路，组建一个工业国家，才能让中国乡村走出贫困。但对于如何建、怎样建等问题，却没有给出真正的解决办法。到了 20 世纪 30 年代，才开始出现了部分解决方案，这些解决方案大多集中于 1933 年到 1935 年之间。其间，很多学者和社会工作者开启了大量细致、周密、详细的乡村调查，然后以此为基础，针对乡村经济问题，在中华大地上，再一次出现了有关"农业要往何处去"的争论，争论的主题依旧是"以农立国"还是"以工立国"。和上一次的论争不同，此次认为应该"以农立国"的学者们，都倾向于梁漱溟提出的乡村经济建设主张，也就是说，他们认为要通过引入工商业建立起一个工业化国家，在此基础上发展中国乡村社会，晏阳初和高践四等学者都持这一看法。此外，主张"以农立国"的学者和社会工作者已经完成了"理论研究"，开始了积极的乡村经济建设。在相关实践中，无论是持"以农立国"观点的学者，还是持"以工立国"观点的学者，他们大体都"同意"通过发展城市工业完成对乡村经济的"救济"。也正是因为如此，当时的论争极大促进了我国乡村经济的变革，在一定程度上促进了我国乡村经济朝着"理想化"的方向进步。需要指出的是，发生在 20 世纪 20 年代到 30 年代之间的有关乡村经济发展的论争，都与五四运动的整体性社会变革需求直接相关。在当时，包括乡村经济发展在内的中国社会发展体系，都关乎中国的出路问题。最终，中国共产党将其间的各种论争（还包括其间发生的中西文化论战和科学、玄学之间的论战等）都收归到了自身体系之内①。而与前述做法不同的是，中国共产党依靠农民运动发展起来，此类运动的逻辑不是到乡村地区获取资源，而是要通过建设乡村经济、助力乡村社会发展，为全社会提供资源（后来的工业对农业的反哺说明了这一点）。即便是在

①　正是在这场论战的洗礼之下，才有了 20 世纪 30 年代"以农立国"与"以工立国"论争的新气象。如果我们细心观察 30 年代"以农立国"与"以工立国"的论争，在"以农立国"与"以工立国"之外已经开始出现第三种声音。这种声音反对"以工立国"的都市路线，同样主张建设乡村，但提出了另一条与乡村建设运动颇为不同的道路，即通过"组织民众教育民众"，"彻底消灭帝国主义者及封建残余之势力"，其着眼点在于"生产关系"的变革。这显然与上述两场论战中各家的主张颇为不同。

中国共产党成立最初,都全面发动群众和动员农民开展土地革命和进行武装斗争。到了中国共产党夺取政权之后,依旧在建设国家的同时,让更多资源、政策、力量回到乡村地区,推行乡村经济建设。至此,有关中国乡村经济走向的问题大致有了一个定论,即在回答"中国到底是什么社会""中国要走向何处"的问题时,找到了一个根本的出发点,或者说是一切工作的起点,即乡村经济,只有不断发展乡村经济、优化乡村经济地理,才能让中国社会最终走向进步、走向繁荣。

2.2   以破解乡村经济危机为焦点

在有关乡村经济问题的早期论争中,最终都回到了乡村经济发展问题上。也正是因为这场论争,中国共产党对当时的中国作出了客观、真实的认定——半殖民地半封建社会。也正是因为如此,在中国共产党的领导下,制定并实施了土地革命的指导方针。而之所以如此,是因为在传统中国社会,土地问题(尤其是乡村土地问题)一直属于整体性政治制度范畴,而恰恰当时中国社会出现了严重的乡村危机,身处危机中的人们,将目光和注意力投向了土地。需要指出的是,除中国共产党外,在 20 世纪 30 年代的整体性危机中,很多学者如梁漱溟等(还包括其他非马克思主义者),都将目光锁定在既往的视线中,对反帝反封建运动无动于衷,他们只是以十分积极的态度投身乡村经济建设之中①。因此,从这个角度看,梁漱溟等人在把中国乡约传统中恢复"礼教"的目的进行置换之后,以建设现代国家为出发点开启了中国乡村社会的"团体建设",这种针对"乡村经济建设"的主张和"恢复宗法社会"紧密相关,也和之前孙中山先生提出来的"天下为公"十分吻合。因此,可以说,梁漱溟的乡村经济建设以及相关运动,是我国传统社会中直接生发出来的"改良"力量。当然,在后来,梁漱溟的行为与取得政权的国民党政府取得了联系,尤其在意识形态方面更是变得"保守",最终演变成了和国民党政府主张的乡村自救运动一脉相承的主张。但即便如此,对当时的中国来说,在整体性社会动员没有完成之时,"乡村自救"不过是一种暂缓之计,于事无补。当然,也有声音说,梁漱溟有关乡村经济建设的主张,和国民党的保守意识形态存在较大距离,二者之间的关系并不紧密,对于这一点,相关研究给出了"自圆其说"的证据。值

---

① 需要着重指出的是,梁漱溟乡村建设的做法扎根于宋代《吕氏乡约》开启的乡约传统。这一乡约传统在中国源远流长,我们甚至可以将其溯源至汉代的循吏。在汉末,循吏的"教化"已经与"乡村自治"联系了起来。在宋代,乡约之所以兴起并成为一时之风气,是因为儒学士们"寓封建于郡县"的主张最终落实在了乡约这一乡村自治的实践中。

得肯定的是，其乡村经济建设思想，源于对中国乡村发展的期许，源自对中国乡村经济体系的支撑，与委曲求全、苟且偷生并无关联。而到了1935年，一个年轻的社会学家开展了一次有关中国乡村经济发展和未来走向的研究。当时，费孝通从清华大学研究院毕业之后，在第二年暑期，于吴江县庙岗乡开弦弓村开展了具有划时代意义的乡村社会调查。在此次调查之后，他前往英国继续读书，得到了当时著名人类学家马林诺夫斯基的指导，并依据其前面调查的过程和结论撰写了博士学位论文。到了1939年，以中国开弦弓村调查资料为基础的专著，即费孝通的博士论文《江村经济》于英国出版发行。时至今日，即便已经过去了约80年，该书依旧是社会学和人类学领域的经典著作。我们之所以将费孝通视为致力于社会学本土化的学者和燕京社会学派的代表人物，其中一个重要原因是，《江村经济》充分结合了人类学田野调查的方法，具有宏大的社会学视野，全面而系统地将研究对象和中国传统社会（尤其是乡村经济社会）结合在一起，这种做法至今令人称道，甚至依旧是很多社会学专业研究生从事专业调查的"必选项"。在《江村经济》一书中，费孝通先生认为，在传统中国，乡村经济结构属于典型的"农工混合经济"。而在发现江村的问题之后，费孝通给出了"恢复农村企业"这一在当时看来有些前卫，在今天看来极具前瞻性的答案。很明显，这样的一条道路，和传统中国的乡约传统存在显著差别。但是，即便如此，也唯有基于中国社会传统政治去团结一切力量，继而建立起统一的政权，才能抵御资本主义国家的经济冲击。也只有借助国家的力量，才能让江村"寻求工业发展的道路"。而这大致就是其后中国乡村要走和已经走了的道路。即便费孝通先生在当时没有意识到支持乡村经济建设的政治力量与传统中国的"天下为公"的暗流高度融合，但这种暗流在中国共产党的推动下，借助土地革命等一系列"动作"得以喷涌而出，并在中华人民共和国成立之后的较长时间内，都以不可阻挡的态势风行在中华大地。由此可见，与梁漱溟不同的是，费孝通从经济视角为中国乡村发展进行"诊断"，梁漱溟沿着"文化—政治"的主线对中国乡村经济发展进行审视。前者考虑到乡村经济中存在的危机，并把解决之道寄托于政治力量。而梁漱溟在初始阶段一直抓着"文化—政治"这一纽带，直到最后也没有思考如何借助"建设团体"的力量的问题。按照这一逻辑，在对中国乡村经济危机进行考察时，这种原发于中国乡村的第一层危机，直接冲击了"文化—政治"体系①。甚至在当时，资本逻辑已经开始发力，试图侵蚀乡村经济的"伦理

---

① 梁漱溟称之为"极严重的文化失调"。

本位"。对当时的中国乡村社会而言,虽然宗法原则始终保育着乡村社会,但在当时却已经出现了分崩离析的兆头,很多士绅成为了土地兼并者(这一点与我国历朝历代社会特殊阶层对土地的强行占有十分相似)。

2.3 以乡村资源分配公平为愿景

在传统中国乡村社会中,因伦理本位带来了职业分途,但阶级对立并不存在。这是因为,在传统中国乡村社会中,"天下为公"的道统始终对私权加以约束(当然这并非证明中国传统社会中没有私权。因为从古至今的很多斗争中,都有因"阶级"而出现的私权,和因私权而产生的"阶级",虽然这种"阶级"与今天我们所说的阶级有本质上的差别)。因此,在20世纪30年代,陈翰笙等人就与调查组一同开始了对乡村资源分配公平的调查。他在调查的开始阶段就产生了十分鲜明的问题意识,并将这一意识贯穿调查的始终。其间,社会学组主要在江苏、河北、广东等省开展调查。这三个省在当时的工业化水平最高。在每省内,选取农业发展最繁盛且工商业最为发达的县城作为数据采集点,其间,要在该县进行初步经济调查。同时,在其他区域内,也要选取部分乡村作为代表。这样做的目的有二,一个是当时"工业资本的侵入"在一定程度上"动摇乡村经济基础"。另一个是要针对乡村资源分配公平问题进行系统分析。因此,在后续的调查中,调查组分别继续选取了无锡、保定、番禺等地开展预定调查,并把调查重点置于生产关系方面。通过这次调查,陈翰笙及其团队得到了一些重要结论:第一,中国乡村经济社会的发展存在地权分配不均和耕地分散等问题;第二,在20世纪30年代,调查地区的几乎全部农作物均具有了商品化形式,这些"商品"进入市场之后,其他农民的农作物就失去了竞争力。而一旦出现了繁重的捐税问题(问题的产生还因为士绅把本应自己负担的成本转嫁给农民群体)和田租问题,就会导致农民的生活只能维持在温饱线。对于这样的结论,我们似乎可以回顾一下费孝通先生给出的调查结论——在中国乡村打破一个缺口,并由此出发,借助"政治力量"动员农民群体,以此建立现代化的乡村社会。也正是基于这种"开展一场民族解放运动"的必要性,和"取消殖民剥削与封建剥削"的重要性,在中国共产党的领导下,"人民"已在来的路上。当然,针对上述问题,后来的学者(比如温铁军)提出了不同的看法,他们认为当时旧中国的土地上并不存在所谓的"乡村资源分配不公"的问题。在当时,人多地少是中国的一个基本特征,土地资源分配具有合理性。并且,当时乡村社会中真正意义上的地主十分少见,大部分土地都由中农(自耕农)、富农(半自耕农)占有。那些不进行耕种的地主,其土地使用权都以租佃关系交给了富农与中农，而这就确保了土地资源的有效利用和公平分配。当然，资源分配涉及方方面面，单纯的土地有效利用与资源合理分配并不等同。即使在当时出现了不计其数的土地占有者，但"复合产权"的存在，在很大程度上确保了大部分农民都可以维持生计。而真正让农民身心俱疲的是"复合产权"的崩溃，和日益增加的源自国家的赋税。其结果是，当时的很多地主都放弃了土地，转而到城市生活，出现了城乡二元结构下的"一田两主制"。而由于城市虹吸效应的存在，让越来越多地主、富农与国家政权联系在一起，摇身一变成为了控制农民的收租人、商人、盘剥重利者和行政官吏等[①]。

第三节　乡村经济建设思想的主要流派

从已有的历史经验看，如果制约乡绅阶层的宗法原则，以及源自国家层面的公权被切断，乡绅就会从"保护性经纪人"转变为"营利性经纪人"，在这一过程中，乡村经济的发展模式就会受到极大影响。而在对世界工业化进程进行分析后得知，在工业化早期，经济社会的发展通常会对乡村经济造成严重冲击，甚至会让乡村经济出现衰败的迹象。可以说，工业文明的"曙光初现"通常与农业文明的"日落西山"同时出现，这种现象也出现在20世纪20—30年代的中国。在当时，国民政府定都南京之后，中国从早期的工业化、城市化阶段，以较快的速度进入"黄金时代"，经济社会至少在表面上呈现出"欣欣向荣"的迹象。但与此同时，随着工业化与城市化的推进，中国乡村经济却逐渐走向了萧条甚至衰败。在当时，乡村经济发展滞后的现实，引起了社会各界的关注，尤其在学术界，人们从农业、农村、农民等切入点出发，对乡村经济发展和乡村经济建设开展了十分细致、周详、系统的讨论与探索，并最终形成了乡村经济建设的合作改革派——以章元善、寿勉成等为代表；乡村改良学派——以晏阳初、梁漱溟等为代表；中国农村派——以陈翰笙、千家驹等为代表。

3.1　合作改革派的乡村经济建设思想

有关乡村经济"合作建设"的思想最早出现在民国时期。当时的部分

---

① "商业资本绝大部分源自资本主义的压榨，田租由土地的占有而来，捐税则与政权的内卷化有关（潜在的与资本主义侵略有关）。"引自陈翰笙：《广东的农村生产关系与农村生产力》。

留学欧美、日本的学生开始通过翻译、编写书籍等方式,向中国民众介绍西方国家的合作思想。尤其在 1921 年之后的 10 年间(有关学者将其视为恢复国民经济的"黄金十年"),与之相关的、探讨乡村经济合作建设的思想不断涌现,内容越来越丰富。其中,具有代表性和影响力的包括中国合作学社的薛方舟、寿勉成等,以及华洋义赈会的章元善和于树德等人,他们的主要观点涉及以下几个方面。

3.1.1 政府在乡村经济组织中的地位

政府在乡村经济合作组织中的地位,一直是一个敏感的问题。在 20 世纪的 20 年代到 30 年代,主要出现了两种不同的倾向。一种倾向是,乡村经济建设要由政府主导,借助行政力量推行,以提升合作的效果。比如,当时的中国合作学社就指出,中国乡村经济建设中的合作运动,需要考虑到民众的组织能力薄弱的事实,如果要通过合作运动的形式,就需要倡导其自由发展,而从当时乡村社会的经济情况看,有"缓不济急之感"。因此,只有借助政治力量才能实现这一目标。这种寄希望于政府的乡村经济建设思想,十分贴合当时中国乡村社会的发展实际,也不违背合作精神和合作原理。另一种倾向是,乡村经济合作组织的建设需要发挥农民的积极性,由其自己承办,政府的作用在于,给予其立法方面的指导与组织层面的协调。在当时,华洋义赈会的章元善就指出,在合作建设乡村经济和开展乡村运动时,参与主体不需要做很多事情,而是应该"越做事情越少",只有"引导人民自动",才能让建设工作取得更大成效。在当时,乡村经济建设工作已经十分必要,甚至可以说十分紧迫,对任何负责任的政府来说,都要参与其中,而非袖手旁观,听之任之。只有采取了有效方法,才能推动这项运动持续向前,只有采取鼓励、激励的办法,才能最大限度发挥农民群体的积极性。因此,需要重点发挥政府的功能,通过多种形式"尽力提倡",以"保持合作之本质"。综上可知,在政府主导下的乡村经济合作事业,已经到了强制性的制度变迁层面,而这最容易产生良好的效果,虽然有部分做法和主张难以为农民群体接受,但在政府引导下的乡村经济合作建设还是具有诱致性特点。因此,在当时大约 10 年的时间里,这种乡村经济建设制度的变迁在很大程度上保持了乡村合作组织的独立性。当然,需要指出的是,由于受到当时农民群体参与变革的意愿的影响,这种乡村经济合作建设工作需要持续较长时间——以 10 年为限,成效可想而知。

3.1.2 乡村经济建设的内容与形式

在 20 世纪 20 年代,很多学者对创办乡村经济合作组织都持不同意见。在当时，寿勉成等就主张成立消费合作社。在他看来，农民与其他社会成员一样，都属于消费者，他们所有的经济行为，发展到最后，其目的都是消费，只不过消费的形式、规模和类别"独具特色"罢了。因此，他认为有必要在乡村地区设立消费合作社，然后按照轻重缓急顺序，继续开办其他形式的乡村合作组织。与此同时，一些质疑的声音也出现了，有学者认为，在乡村地区开展消费合作无法解决乡村经济发展问题。这是因为，我国一直是一个农业社会，农民群众中只有极少数脱离了土地，从事其他形式的生产活动，剩下的绝大部分，都属于自由生产者。因此，基于信用建立运销合作社似乎更符合农民群体的需要。同样值得注意的是，在广大的乡村地区，农业生产者与消费者的身份都集中在农民身上，这种身份的"二重属性"让农民群体无法与市民群体相隔离。在理论上，千百年来的中国农民大多缺少个人积蓄，消费也大多处在初级阶段。因此，发展基于农业生产的合作社而非基于消费的合作社能够获得更多理解和支持。在随后的10年间（即20世纪30年代），基于农业生产的乡村合作社出现了（以信用合作社为主）。在推行了一段时间之后，人们发现，这种类型的合作社具有较多效用，它不但能为农民群体提供便捷的储蓄方式，使之养成勤劳致富、适度储蓄的习惯，还能提升其个人信用，在相互保证中获得长远利益；更为重要的是，这种合作形式能为农民提供低息资金，而这直接导致了乡村地区贷款利率的下降。当然，有赞成的声音就有反对的声音。董时进就对此表达了不同意见，在他看来，基于信用的乡村合作社并不切合中国的实际情况，也无法全面复兴乡村经济。他指出，在发现乡村经济问题上，首先要做的并不是建立合作社以及类似的组织，而是要在很多事情没有完全成熟之前，首先加强对农民的教育。单就这一点，就已经具有了乡村经济治理现代化的意义了。此外，其他学者受到启发，开始对土地问题提出原始的看法。他们主张建立土地合作社，因为中国土地（尤其是耕地）通过分家制度将大农变成小农，各种设备也十分分散，规模经济效应无法体现出来。虽然此类观点在当时社会未能获得很多人的支持和认可，但在现代社会中，不得不说该观点具有极强的科学性和前瞻性。

3.2　中国农村派的乡村经济建设思想

在中国农村派看来，前述一切形式的所谓对乡村经济建设的改良——无论是合作建设还是其他形式的改革，都部分掩盖了中国乡村社会长期存在的阶级矛盾，尤其忽视了帝国主义对中国乡村进行侵略、封建残余对中国乡村进行剥削的实质。以此为视角，中国农村派提出了"土地革命"的思想,意在通过改变中国乡村土地的所有制关系,为乡村经济发展破冰,其主要思想包括以下几点。

(1)对合作事业的质疑和批判。中国农村派认为,在 20 世纪 20—30 年代,部分学者高估了乡村合作建设的价值。比如,在当时,上海银行家们通过多种形式对内陆地区信用合作社进行投资,寄希望于乡村金融的松动,让农业生产得以恢复和前进,最终达到以合作社统制农产品和生产过程的目的。这种做法带有复兴乡村经济的设想,但对乡村经济建设的帮助十分有限。同时,基于合作社的乡村经济发展方式只是金融资本集中之后,对农民经营的掠夺,即便在当时之中国,农民群体中存在着大量的资金、充裕的市场以及先进的生产力,但只要旧的社会关系得不到改变,所有努力都是枉然。

(2)对改良主义的批判。在中国农村派眼中,改良主义者们没有认识到中国在帝国主义的压迫下,受尽屈辱的社会现实。所以,只要这一大的背景不改变,他们所作的任何努力,都最多是"恢复并巩固了已经被破坏的社会秩序",从结果来说也会事与愿违。对于梁漱溟等人提出的所谓的"乡村乡学"——将农民视为无差别、无等级的人群,有学者也认为这不过是表面上的平等或者表面上的"追求平等",在当时中国乡村内部,早就存在大量不可调和的矛盾与冲突,即使在名义上,人们能够出于乡村利益而开展合作,但所得收益,最终只能归少数乡绅与地主所有。因此可以说,乡村改良主义者们试图通过改良种子、改良生产工具的形式,促进乡村地区的资金流通,这种"受局限的"挽救乡村经济的做法并无实际益处。其中的原因在于,中国的农民千百年来都依靠土地,也缺少土地,单纯改良种子或者工具的做法"治标不治本",改良结果收效甚微也就可想而知了。

(3)中国农村派的观点。与其他乡村经济建设思想不同,中国农村派认为中国乡村长期受到帝国主义与封建主义的压迫,农民的诉求在于土地、生产力的发展在于土地、乡村社会的稳定在于土地,症结就是土地问题。与此同时,在提高生产力的过程中,还应该继续优化生产关系。正如千家驹所言,今日中国之乡村问题,严重之因错综复杂,尤以土地分配不均为最。也正是因为土地分配不均,出现了延续多年的高息佃租,而这就直接导致很多农户破产。因此,需要破除阻碍乡村经济发展与技术改良的要素,对帝国主义侵略予以还击,对封建残余势力予以清除。唯此,才能在乡村经济建设中,不断创造新方法、引领新途径、获得新成绩。值得注意的是,也就是在这一时期,部分先进人士开始接受马克思主义,认同和践行马克思主义,在其影响下,希望以阶级斗争的形式,对封建土地所有制进行重构,通过土地重新分配,谋求乡村经济的发展和壮大。

第四节 乡村经济与经济地理的"嵌套"

历经了长期的发展之后,中国乡村经济逐渐从单一化的经济增长过渡到多维振兴,由此形成了具有中国特色的社会主义乡村振兴路径。在我国,乡村是国家治理的关键区域,对中国这样一个乡村人口众多且疆土广阔的国家而言尤其如此。在漫漫的历史长河中,中国既积累了治理乡村社会的制度和秩序传统,也进行了向现代国家转型过程中如何治理乡村的曲折探索。其间,乡村社会承载着我国两千多年的历史底蕴,它不但关乎传统和现代的对立,还孕育着传统向现代演化的内在驱动力。所以说,在乡村社会的演化当中,经济因素和利益导向始终发挥着重要作用。甚至可以说,经济力量(或者说经济要素)早已"嵌入"至乡村社会的"肌体"中,在很多维度、很大范围内都影响和主导着乡村治理主体、结构、内容与方式。接下来,就在空间经济学和经济嵌入理论的基础上,探讨乡村经济与经济地理的"嵌套"问题。

4.1 基于空间的经济地理活动

空间和时间一直是事物存在的两个方面,也是两种最为基本的形态。很长一段时间以来,主流经济学从时间维度出发,构建起了一般均衡框架,但在空间方面,却将其抽象为一个单点(没有维度)。如此一来,一切人类社会的经济活动都处在空间之外,都被视作是外生的。在经济空间中,竞争是完全的、报酬是不变的、运输成本是不计的。但这样一来,就出现了一个十分"理想化"的结果,即区域之间要素价格会朝着均等化的方向发展,经济活动也会逐渐分散开来,区域发展也会从不平衡逐渐走向平衡,甚至会收敛到一个特定的"出清点"——而这种结论很明显无法对现实经济作出强有力的、靠得住的解释。而之所以如此,是因为空间对经济活动具有特殊意义,并主要体现在客观距离与空间异质性方面。即便人类的生产技术发展到较高水平,经济活动也无法摆脱空间对活动、行为的制约。其中一个重要原因是,任何经济活动都不会被完全分割,而一旦出现了距离,位移就会产生,而位移要由时间、速度等指标进行度量,速度变量受到工具、动力等因素的影响,当技术进步或者退步时,位移成本就会发生变化,继而改变经济活动的成本。空间异质性,指的是不同空间存在着资源禀赋和自然条件差异,这就预示着并不是所有资源都可以完全流动,也不能做到生产力的绝对均等,对任何地方、任何气候、任何生态环境,都有适合生存于其中的人、事、物,这也就能够证明经济活动无法做到均匀分布。比如山川、河流、草地等地理特征,在过去形成并累积了遗传基因,并因此影响了文化(假设产生了文化形态),时至今日,在人类活动的影响下,就出现了运输成本,这种成本也会由于地理空间的改变而改变。即便在一国范围内,不同地理区位之间的贸易活动,会由于成本变化而影响贸易量。因此,有一种观点认为,基于地理空间特征的相关因素会对经济活动产生直接或者间接影响。

近半个世纪以来,地理空间对经济活动的影响,不但没有在主流经济学的长期忽视中逐渐被削弱,反而通过学科交叉和知识融合,越来越多空间地理因素受到了关注,在被突出、被强调当中,与乡村经济地理有关的议题越来越多,相关研究成果不断涌现,被政策制定者视为重要的参考依据。而实际上,在经济学思想中,地理空间是一直存在的,即便在主流经济学中,作为最为重要组成部分的传统贸易理论,也会充分考虑地理空间要素,虽然它从未对其进行真正意义上的研究。而在新古典一般均衡框架下,首先假设规模报酬不变、市场完全竞争以及运输成本为零,同时假设在任一单位土地上,人口规模相同,生产力无异,生产活动组合相似,规模报酬不变。这样的假设就引出了一个看似十分合理,也十分鼓舞人心的结果,即在任意规模水平上开展的生产活动均是有效率的,任何区域均能够做到自给自足——而这是不现实的,任何经济活动都需要运输,都要产生成本,不同经济活动之间似乎可以被分割,但一项经济活动的不同要素之间却难以被完全分割。否则就会出现竞争均衡的"严重后果"——各自生活在自给自足的经济空间内。更为重要的是,按照地理第一法则,任何事物之间均存在关联,那些邻近事物之间的关系较之于远距离事物的关系更为紧密,彼此作用也更强。在国家间贸易问题上,贸易量往往与距离成反比的事实就能够证明这一点。在这一问题上,最早采用空间地理学知识的要数古典区位理论,在当时,德国学者冯·杜能提出了"杜能圈"理论,十分形象地向人们展示了城市运输距离的增加,会导致运费逐渐上升的事实。在乡村地区,追求最大利益的农民群体也会从空间的视角对非此即彼的事物进行权衡。比如,他们会充分考虑距离平衡问题,选择不同农作物和不同的种植区位,由此形成围绕中心城市的带状农业分布。与此同时,同为德国经济学家的阿尔弗雷德·韦伯,也指出厂商会在运费、工资、集聚效应之间,寻找成本最低的区位开展工业布局。随后，由瓦尔特·克里斯塔勒构建的"中心地理论"出现了。该理论带有强烈的几何色彩，系统概括了城镇体系的形成和规则。综上，虽然古典区位理论对均质空间、完全竞争、规模报酬等进行了假定，但难以真正解释经济活动的空间集聚现象，但它为新经济地理学的出现和"经济嵌入式理论"的萌芽奠定了基础。

4.2　经济嵌入性理论

对于乡村地理中出现的经济问题，波兰尼提出的"嵌入"思想具有很好的启发意义。在波兰尼的经典著作《巨变》中，他提出了著名的"嵌入理论"。该理论指出，人类社会几乎全部经济活动均"嵌含"在社会中，且难以"脱嵌"。可以说，波兰尼对于自由市场开展的批判历时很久，在学术领域并不鲜见，其中所蕴含的"嵌入"以及"脱嵌"的主张和观点，对于理解历史发展过程中出现的经济与社会之间关联是大有裨益的，能够为研究者和实践者提供广阔的视野。比如，弗雷德·布洛克就在《巨变》一书的序言中指出，在深入了解波兰尼思想的过程中，首先也是最好的做法就是理解其"嵌入"概念。在他看来，该思想被视为波兰尼和社会思想领域最主要的贡献之一。这是因为，波兰尼提出的"嵌入"思想，指出了经济"嵌含"在社会中，且经济行为一定会受到社会结构、社会规则和社会关系的制约与影响。该理论指出，虽然经济学给出了"理性人""经济人"假设，但由于对人的社会属性"视而不见"，全面简化了人类的行为动机与制约要素，因此是一个典型的乌托邦构想。与此不同的是，"嵌入性指的是经济情境中决策的社会、文化、政治和认知的结构，它指出了行动者与其所处社会环境之间不可分割的联系"。他认为，一般而言，人类的经济是附属于其社会关系之下的，不会因要取得物质财物以保障个人利益而行动，其行动是要保障他的社会地位、社会权力及社会资产。只有当这些物质财物能为他的目的服务时人们才会重视它。也可以说，经济制度无非是社会组织机能的一种，它"隐伏在一般社会关系当中"，因为人们认为历史的常态就是经济"嵌入"社会。当然，在 19 世纪进入工业社会之后，经济（尤其是市场经济）对社会造成的影响越来越明显，甚至已经反过来主导社会体制，这种"嵌入"主客体地位颠倒的形态持续了一段时间，让社会"嵌入"经济与市场当中。对于这一现象，波兰尼认为应该借助国家干预的形式，对"自律性市场经济"的经济与政治危机加以对抗。此外，对于欧洲社会工业化时代至工业化社会时代的变迁，波兰尼指出，在这一"大转型"的过程中，无论是政治、经济还是文化思想都要进行深度转变，都要以"嵌入"思想对经济和社会、国家和市场之

间的关系进行审视,唯此才能客观观察并解读欧洲社会乃至全世界出现的
各类变革和转型。虽然,我国社会的发展和 19 世纪前后的欧洲存在十分
显著的差别,但有一点是相似的——都需要面临经济力量、经济逻辑对现
存社会结构和社会系统的冲击。所以,在这个意义上,借助波兰尼的"嵌
入"思想或者"嵌入理论"对我国乡村地理问题进行诠释和解读,对正确理
解我国乡村经济与乡村经济地理之间的关联,具有重要的启发意义。

综上,"嵌入性理论"原属于新经济社会学体系内的核心理论,在波兰
尼之后,先后又经历了格兰诺维特时期与新发展时期,在这三个前后承接
的阶段之后,"嵌入理论"逐渐发展成为相对完整的理论体系。在 20 世纪
80 年代,在美国社会学家马克·格兰诺维特的研究和实践中,对"嵌入"概
念进行了重塑,他指出,在"对人类行为进行完整分析的过程中,需要最
大限度地避免过度和低度社会化等孤立问题……(因为)他们带有特定
目的的行动(企图)原本是嵌在真实的和正在运作的社会关系当中的"。
可以说,格兰诺维特给出的"嵌入性理论"很好地指出了人类经济行为和
社会结构、社会规范以及共同价值之间的多元联系,他将嵌入性研究带
入一个全新的阶段。到了 20 世纪 90 年代,"嵌入性理论"开始引入社会
网络分析方法,研究者认为几乎所有的人类经济活动都和多种因素之间
存在网络化的复杂关联,甚至不同层面、不同领域都呈现出不同的表现
形式。至此,因为"嵌入性理论"在诠释社会现象、解读经济问题方面的实
用性较强,在很大程度上促进了新经济社会学科的发展,甚至开始延伸、扩
展到了社会分工、区域治理、组织管理等领域。进入 21 世纪之后,随着研
究与实践的逐渐深入,该理论得到了持续的修正与完善。在分析框架上,
"嵌入性理论"已经形成了集结构嵌入性、关系嵌入性于一体的研究框架,
并将结构、认知、文化以及政治等元素嵌入社会学的分析框架,借此形成了
业务嵌入性与技术嵌入性的分析框架、上游嵌入性与下游嵌入性分析框
架、内嵌入与外嵌入分析框架、实嵌入与虚嵌入分析框架,如此等等,不胜
枚举。

4.3 经济地理中的经典"嵌套"模式

近年来,在我国经济社会发展的很多领域,兴起了对嵌入性理论的研
究与应用,取得了很多有价值的成果。其中,在乡村地理领域,人们注意
到,乡村社会的公共资源涉及社会风俗习惯、政治经济体制、自然资源禀
赋、政府机构组建、财政服务能力等方面,为了确保乡村社会的高效运行、
社会权利的平等分配以及经济主体的和谐共处,需要在乡村地理体系内

"嵌套"经济元素。而事实上，包括中国在内，在过去近百年的时间里，世界上很多国家的乡村地理要素流变的实践，均有意无意在实践中充分考虑了经济元素，为我国乡村经济发展和乡村社会的整体进步提供了很多可以参考的信息。

4.3.1　集约经济"嵌套"

集约经济"嵌套"模式是指在国土面积较小、乡村资源较为匮乏的国家，借助整合现有乡村资源，最大限度地发挥区位优势，促进乡村社会和谐发展的模式，荷兰的农地整理就是其中的典型代表。荷兰的国土面积仅为4万多平方千米，却成为仅次于美国的世界第二大农业出口国，这样的成就和荷兰乡村实行的精简集约型的农地整理模式是密切相关的。早在20世纪50年代，荷兰政府就颁布实行了《土地整理法》，明确了政府在乡村治理中的各项职责和乡村发展的基本策略。在此之后通过的《空间规划法》对乡村的农地整理进行了详细的规定，明确乡村的每一块土地使用都必须符合法案条文。1970年以后，荷兰政府重新审视了农地整理的目标，通过更加科学合理地规划和管理，避免和减少农地利用的碎片化现象，实现农地经营的规模化和完整性。从荷兰农地整理推行的发展方向来看，政府已经改变了过去单方面只强调农业发展的单一路径，而转向多目标体系的乡村建设。比如，推进可持续发展的农业，提高自然环境景观的质量；合法规划农地利用，推进乡村旅游和服务业的发展；改变乡村生活质量，满足地方需求，等等。通过农地整理，荷兰的乡村不仅环境良好、景观美丽，而且农业经济发达，农民的生活条件也日益优越。可见，集约经济"嵌套"模式是国家在乡村资源相对有限的情形下，通过对乡村土地的精耕细作、多重精简利用，实现规模化和专业化，提高经济社会效益。在集约经济"嵌套"模式运作下，一方面促进了乡村经济的发展，保护了乡村地区的自然生态环境；另一方面也达到了村庄城市化、可持续性发展的目的。

4.3.2　商业经济"嵌套"

商业经济"嵌套"模式指的是以满足乡村现代化诉求为出发点，借助乡村建设的集中化、专业化和商业化，促进乡村社会的综合进步，法国的乡村改革就是其中的典型代表。法国作为经济高度发达的资本主义国家，既是一个工业强国，又是一个农业富国。法国只用了20多年时间就实现了乡村现代化建设，这主要是缘于法国政府采取了适宜的发展策略，积极有效地推进乡村改革。法国乡村改革主要包括两方面内容，其一是发展"一体化农业"。所谓"一体化农业"，就是在生产专业化和协调基础上，由工商业资本家与农场主通过控股或缔结合同等形式,利用现代科学技术和现代企业管理方式,把农业与同农业相关的工业、商业、运输、信贷等部门结合起来,组成利益共同体。实行"一体化农业"能将农业和其余相关部门集合起来,通过其他部门和机构提供资金和技术指导带动农业建设,实现对农业的支持和反哺。其二是开展领土整治,通过国家相关法律法规帮助和支持经济欠发达地区的乡村,实现乡村社会资源的优化配置,以此加快乡村社会的现代化建设。法国在进行农业一体化改革和开展领土整治的过程中,政府都非常强调应用财政扶持、技术保障以及教育培训等综合方式来支持乡村建设,助推乡村社会的善治。这些措施最终能加快乡村地区的发展,使得城市和乡村地区的发展速度、经济水平和预期目标趋于平衡。可见,商业经济"嵌套"模式是在国家整体规划和科学指导的精神下,通过商业协同的方式,加强了各部门之间的联系,很好地整合了社会中各个部门的优势资源,使其共同致力于推动乡村社会的发展。商业经济"嵌套"模式非常强调完善的合作机制,以融合和互促的手段建设利益共同体,形成工农共同发展的良性经济循环,加快了农业商业化的步伐。

4.3.3　城市经济"嵌套"

城市经济"嵌套"模式视城乡互惠共生为基本原则,借助城市实现城乡一体化发展,并借此推动乡村社会的整体进步,最终形成工业和农业、城市和乡村协同发展的双赢格局,美国乡村小城镇建设就是其中的典型代表。美国是世界上城市化水平最高的国家,在乡村治理过程中,非常推崇通过小城镇建设来实现乡村社会的发展。20 世纪初,美国城市人口不断增加,城市中心过度拥挤,导致许多中产阶级向城市郊区迁移,极大地推动了小城镇的发展。再加上汽车等交通工具的普及、小城镇功能设施的齐全以及自然环境的优越,进一步助推了小城镇的成长和发展。美国小城镇的发展与政府推行的小城镇建设政策也有着密不可分的关系。1960 年,美国推行的"示范城市"试验计划的实质就是通过对大城市的人口分流来推进中小城镇的发展。在小城镇的建设上,美国政府特别强调城镇的个性化功能,结合区位优势和地区特色,注重生活环境和休闲旅游等多重目标。小城镇有着良好的管理体制和规章制度,能够对全镇的经济社会发展进行统筹监管,保证小城镇发展的有序与稳定。由于美国城乡一体化已经基本形成,因此,美国小城镇建设能够很好地带动乡村的发展。由此可见,城市经济"嵌套"模式产生于特殊的社会人文环境中,多见于经济发展程度较高的发达国家,以乡村完善的公共服务体系和发达的城乡交通条件为基础,能够全面提升国家的现代化水平。在城市经济"嵌套"模式下，政府在追求乡村经济目标的同时，更加重视乡村生态、文化、生活的多元化发展。

4.3.4 合作经济"嵌套"

合作经济"嵌套"模式指的是在彼此交流与充分沟通的前提下，借助跨部门的协商、合作建成战略伙伴关系，其目的在于共同实现乡村善治，加拿大的乡村计划就是其中的典型代表。加拿大虽然是世界上最发达的国家之一，但也存在着城乡之间贫富分化的情况。为了扭转这一现象，提升乡村社会的活力，加拿大政府于 1998 年颁布实施了《加拿大乡村协作伙伴计划》，加强对乡村基础设施建设、公共事务治理以及村民的就业教育问题的解决力度。这种乡村治理模式主要体现在五个方面：第一，通过建立跨部门的乡村工作小组支持和解决乡村问题，提高工作效率，降低政府行政成本；第二，建立乡村对话机制，定期举办乡村会议、交流学习、在线讨论等活动，及时掌握社情民意，为民众排忧解难；第三，构建乡村透镜机制，使各级政府部门官员站在村民立场上，时刻牢记为人民服务的宗旨；第四，推动和组织不同主题的乡村项目，激发企业和个人到乡村创业的激情；第五，在欠发达的乡村地区建立信息服务系统和电子政务网站，为村民提供信息咨询服务和专家指导建议。通过乡村协作计划的实行，政府成了维护村民利益、提高村民生活水平的好伙伴，极大地推动了乡村地区的发展和社会的繁荣。可见，合作经济"嵌套"模式改变了以往政府高高在上的形象，政府通过协调各部门之间的关系，与村民形成了新型的合作伙伴关系，积极帮助村民改善生活，促进乡村现代化的快速实现。合作经济"嵌套"型乡村治理模式的主要价值在于实现城乡的统筹协调发展，通过平衡城市与乡村的经济社会发展水平，提高乡村社会的整体效益。

4.3.5 中国特色社会主义市场经济"嵌套"

中国特色社会主义市场经济"嵌套"模式指的是在客观分析社会主义国家国情、社情的前提下，在乡村地理中适时引入市场经济元素，通过经济要素和乡村社会的融合，实现乡村善治。自中国共产党成立之后，历届党中央领导集体均十分重视乡村地理的优化工作。在党的第一代领导核心中，毛泽东同志对乡村治理提出了科学论断，这在很大程度上巩固和深化了初创时期的社会主义政权，为我国社会主义乡村治理思想的最终形成奠定了基础，提供了坚实的理论保障。到了改革开放时期，党中央将重点放在了经济建设方面，并高度重视乡村治理当中的经济问题。比如，在改革开放之初,邓小平同志肯定了家庭联产承包责任制,并在推行的过程中极大解放并发展了乡村生产力,由此推动我国乡村建设进入全新阶段,改革开放也由此开启新的篇章。在中国共产党的第三代领导集体中,江泽民同志再一次丰富并发展了中国特色社会主义乡村治理思想,他高度重视乡村基层民主工作,多次强调要在乡村基层民主选举和决策中实施管理和监督,以此体现乡村治理的公平和公正。进入 21 世纪之后,胡锦涛同志同时继承和发扬了党中央有关乡村治理的思想,并以此为基础提出了很多新的论断,进行了很多新的尝试和实践。自党的十八大之后,习近平同志以高瞻远瞩的视角对中国特色社会主义乡村治理思想进行了丰富和发展。他在党的十九大报告中指出:"实施乡村振兴战略。农业农村农民问题是关系国计民生的根本性问题,必须始终把解决好'三农'问题作为全党工作重中之重。要坚持农业农村优先发展,按照产业兴旺、生态宜居、乡风文明、治理有效、生活富裕的总要求,建立健全城乡融合发展体制机制和政策体系,加快推进农业农村现代化。"可见,中国特色社会主义市场经济"嵌套"模式对乡村治理实践来说既是理论基石,也是实践的"试金石",具有十分重要的理论价值和实践价值。

第五节　乡村经济地理的内涵与内容

乡村经济地理包括"一核两翼"。其中,"一核"指的是乡村经济地理的理论基础,包括新经济地理、聚落、空间集聚、"胡焕庸线"曲化等;"两翼"指的是两个基本内涵——乡村经济地理的要素流变与乡村经济地理的谱系优化。因此,在当今时代,准确把握与理解我国乡村经济地理独有的问题,有助于明确认识当前乡村经济地理发展面临的内生发展乏力、外生发展空间缩小等困境,对于充分掌握乡村经济发展的时代诉求,继而形成系统的乡村经济地理体系具有重要的现实意义。

5.1　乡村经济地理的内涵解析

在历史上,中国一直以来都是一个农业文明国家,在乡村经济发展方面做出了很多努力也积累了很多宝贵经验[16]。自中国共产党成立以来,乡村经济在我国国家治理体系内的战略地位得到了重新确立,无论是乡村经济社会的稳定性还是乡村经济的发展能力,都和乡村经济地理的要素流变和谱系优化直接相关。而在对乡村经济地理的参与要素进行分析之后发现,在原有乡村经济地理模式不断化解社会矛盾与冲突的过程中,经济要素发挥着十分重要的、不可或缺的作用。尤其随着经济社会的发展,我国乡村社会内部出现了职业分化、贫富分化、利益分化的情况,乡村经济地理维度也因此变得更加多元——除了要确保乡村经济地理在政府的主导下走向多元共治的格局,继而推动乡村社会实现善治外,还应通过全新的经济治理对乡村经济地理进行重新构建。这样一来,不但有利于理顺乡村社会内外诸多方面的关系,让更多经济力量更加充分地发挥作用,还能借此完善和优化中国乡村经济治理体系,使之沿着现代化路径行进,实现乡村社会的有序、高效、快速、健康发展。为此,按照"嵌入性理论",对乡村经济、经济地理进行"嵌套",由此形成以经济为研究对象,以其他相关要素为辅助研究对象的乡村经济地理体系。该体系的建立和对该体系的研究与实践,不但有助于加强乡村经济服务与管理,助力乡村振兴战略的最终实现,还能为下一步我国乡村经济工作的开展指明方向,为乡村社会进步提供理论和实践的重要指导。一般来说,乡村经济地理涉及以下三个重要元素——乡村经济地理基础理论、乡村经济地理的要素流变和乡村经济地理的谱系优化。在本书中,将上述框架界定为"一核两翼"。

其中,上篇的"乡村经济地理基础理论"部分是本书的重要支撑,在重点对乡村与乡村经济、乡村经济建设思想进行阐述之后,从空间经济学、经济地理学、群落生态学等理论出发,搭建起乡村经济地理研究的理论框架,上述理论直接关系到乡村经济地理各要素的分布、规模、流变。因此,在完成了基础理论的搭建之后,继而转向乡村经济地理的要素流变(即本书的中篇)部分。如此一来,借助空间经济学、经济地理学、群落生态学中的"中心-外围理论"和"空间集聚理论"等分支理论,可以继续针对乡村人口迁移问题、乡村产业集聚与产业转移问题、乡村耕地空间分布与格局演化问题、城乡空间格局变动问题、乡村交通地理分布与空间格局变迁问题、乡村经济制度变迁与组织演化问题等进行客观审视和综合判断,以此为乡村经济地理的谱系优化做好微观准备。在下篇中,本书通过定量分析和定性分析的结合,首先对乡村经济地理与乡村经济增长进行关联分析,建立带有约束锥的评价乡村经济地理要素流变效率的广义样本数据包络分析模型,以确定乡村经济地理要素流变效率的度量方法和评价步骤。然后以要素合作为视角,对乡村经济地理谱系优化问题进行进一步分析。最后分别在乡村聚落(微观)、格局重塑(中观)、空间治理(宏观)视角上,研究乡村经济地理的谱系优化问题,以此建立起相对完整的"理论基础—要素流变—谱系优化"的研究脉络和乡村经济地理的研究框架。

　　需要说明的是,在乡村经济地理视阈下,"流变"一词指的是变迁、变化。在清代阮元《文韵说》中,有"是以声韵流变,而成四六,亦祇论章句中之平仄,不复有押脚韵也。"在陈毅《湖海诗社开征引》中,有"封建为基础,流变益疡溃"。据此,要素流变则指的是要素的变迁或者变化,"乡村经济地理要素流变"部分重点对乡村地理的关键要素——人口、产业、耕地、城乡关系、交通、制度、组织——一个世纪以来的变迁和变化进行分析、研判、探讨,为乡村经济地理谱系优化奠定微观基础。而之所以选取上述关键要素作为本书中篇的研究重点,是因为乡村经济地理是乡村经济和经济地理的"嵌套",而按照经济地理学的研究范式,其研究内容主要为以生产为主体的人类经济活动,包括生产、交换、分配和消费的整个过程,是由物质流、商品流、人口流和信息流把乡村和城镇居民点、交通运输站点、商业服务设施以及金融等经济中心连接在一起而组成的一个经济活动系统。因此,在选取关键要素的问题上,充分考虑了乡村经济的特点和经济地理学的研究要点,继而形成了本书中篇的研究内容。

　　说到谱系,在社会学上指的是"家谱上的记录",比如《隋书·经籍志二》记载:"今录其见存者,以为谱系篇。"在生物学上,指的是"物种变化的系统",比如来源于同一祖宗的生物往往具有相同的抗原抗体特异性。在本书中,对"谱系"一词进行了引申,用以表述乡村经济地理发展渊源的关系。而所谓的乡村经济地理谱系优化,则指的是以客观视角审视"现在的历史"和"真实的历史",在对乡村经济地理进行"解剖"之后,以宏观视角发现乡村经济地理要素流变的差异,并寻求优化谱系的方法、途径和尺度。而之所以选取了"定量+定性"的分析方法,是因为按照中国社会的发展脉络与演化逻辑,需要厘清 100 年来中国共产党领导下的中国乡村经济取得的诸多成绩和存在的问题,然后借助 ArcGIS、星座图、知识图谱等工具,对1921—2021 年间中国乡村经济地理中人口、产业、土地、城乡关系、交通、制度与组织等关键要素的流变进行定量分析,让未来中国乡村治理的路径变得更加清晰。此外,在本书的最后三章,分别从微观、中观、宏观三个层面探讨了中国乡村经济地理的谱系优化问题,之所以选取这样的研究视角,是因为中国乡村经济有着极为悠久的历史渊源,任何以单一视角、从单一层面开展的研究和论证工作都无法窥视中国乡村经济地理的全貌,只有以系统论思想为指导,按照"微观—中观—宏观"递进程序展开研究,才能更好把握中国乡村经济地理的未来走向。更为重要的是,在本书中,分别选取了"乡村聚落""格局重塑""空间治理"三个关键词作为谱系优化的焦点,这是因为,乡村聚落优化是乡村经济地理格局重塑的基础和保障,在完成了格局重塑之后，才能更好地开展空间治理工作，才能通过空间治理体系与治理能力现代化建设，实现乡村经济地理谱系的全面、系统、深度优化。

5.2　乡村经济地理的研究内容

自古以来，在中国的朝代更迭和政权演化中，农业始终发挥着关键作用[17]。应该说，在中华民族繁衍生息的几千年中，乡村经济地理的发展变化均与农业物质文明的发展水平直接相关，并深刻影响中华文明的发展历程。而在纷繁复杂的农业发展历程中，最为重要的问题之一就是乡村经济地理问题。和生产力与生产关系之间的矛盾类似，乡村经济地理范式和乡村经济发展之间存在着辩证发展的关系。其中，先进的乡村经济地理范式能够适应和实现乡村经济的快速发展；滞后的乡村经济地理范式影响并限制乡村经济发展甚至会遭到淘汰。从中国共产党建立到中华人民共和国成立，再到改革开放之后，我国在多个历史阶段都制定和实施了内容不同、形式多样的乡村经济地理要素流变和谱系优化范式。在宏观层面，这对维护和梳理乡村经济秩序发挥了非常关键的作用。可是，伴随着我国乡村经济社会的快速发展，之前形成的乡村经济地理范式的缺点开始显露出来。因此，通过何种方式优化乡村经济地理要素流变模式，丰富和更新乡村经济地理内容，使其更好地适应乡村振兴战略，正在成为实践界、学术界广泛关注的问题①。在这个意义上，不断创新乡村经济地理发展模式，以"嵌套"的视角对乡村经济和经济地理问题进行分析和研判，不但是适应乡村社会巨大变化的内在要求，还是创新与完善乡村治理机制、实现乡村经济地理未来规划美好愿景的外在要求。按照这一思路，本书重点针对以下内容开展研究工作。第一，对乡村经济、经济地理、乡村经济发展等相关概念进行阐述，对乡村经济地理的"嵌套"理论进行解读，给出乡村经济地理发展的历史诉求、乡村经济地理的内容和内涵。同时，探讨中国共产党成立以来中国乡村经济的发展历史、总体脉络和乡村经济地理变迁的路径、原因，对乡村发展中积淀的问题进行分析，对亟待突破的瓶颈进行研判。然后，从人、财、物的视角对乡村经济地理的关键要素——产业、人口、土地、政策、组织、城乡关系等——分别进行探讨，并参照国际经验，分析我国在乡村经济地理优化方面已经选择的路径和取得的成绩。第二，从乡村经济

---

①　2018年"中央一号"文件指出："乡村振兴，治理有效是基础。"因此，在未来几年内，应建立健全党委领导、政府负责、社会协同、公众参与、法治保障的现代乡村社会治理体制，坚持自治、法治、德治相结合，确保乡村社会充满活力、和谐有序。

地理基础理论出发,对其中关键要素流变的方向、内在逻辑、历史形态进行深度阐述,探讨社会变迁与乡村经济地理关键要素的动态耦合问题。然后,对中国乡村经济地理关键要素遭遇的主要矛盾进行深度剖析,其中重点涉及结构矛盾、供需矛盾等内容,为新时代乡村经济地理的谱系优化提供必要支撑。第三,以"乡村经济地理要素流变"为起点,首先通过定量分析的形式对中国共产党成立以来乡村经济地理要素流变的绩效、谱系优化的途径和尺度进行解读,厘清乡村经济地理谱系的优化模式。然后,对定量分析结果进行进一步分析,寻找乡村经济地理谱系优化的路径与应对策略。最后,借助 ArcGIS、星座图、知识图谱等工具对乡村经济地理的创新路径——协调发展和格局重塑——进行深度分析,为乡村经济地理谱系优化提供直接、科学、有效的依据。

为了确保本研究结构紧凑、重点突出,在充分考虑了过去一百年间,中国乡村、乡村经济的发展脉络、发展实际和发展成效,以及中国特色社会主义农村工作的焦点问题之后,选取人口、产业、土地、城乡关系、交通、制度、组织为关键词,并对此类要素的流变进行分析。而之所以选取上述要素进行重点分析,主要出于以下原因:第一,中国乡村人口迁移规模分布和迁移流分布与"胡焕庸线"十分契合,东南半壁、西北半壁乡村人口迁移存在路径与格局分异问题;第二,中国乡村产业地理存在空间外部性和集聚效应,只有对乡村产业转移的动力机制、作用机理和空间效率进行分析,才能了解乡村经济地理变迁的动力来源;第三,乡村耕地空间分布与格局演化直接关系到乡村经济社会发展水平,一直以来,乡村耕地复种空间格局与演化、新增乡村耕地与空间分布、乡村耕地变化的空间格局、乡村耕地低效转化与空间特征等都是国家重点关注的问题;第四,城市化进程和乡村经济发展密不可分,分析城乡经济时空格局及其演变路径有助于界定乡村经济地理的"物理界限";第五,乡村交通能够反映乡村经济地理的空间分布,尤其是对一百年来中国乡村交通格局变迁的梳理,能为乡村经济地理优化提供参考依据;第六,乡村经济制度变迁、组织演化与乡村经济地理格局调整直接相关,对该问题予以研究,能将乡村经济地理要素流变和谱系优化问题上升到战略高度。

本章小结

自中国共产党成立以来,在长达百年的历史进程中,中国乡村社会发生了前所未有的巨变。其间，乡村经济、乡村经济地理得到持续优化，乡村居民生产生活得到极大改善，农业、农村、农民对经济社会发展的作用和功能得到充分释放，特别是在推进工业化、现代化方面，通过城乡融合，实现了社会资源的重新分配。另一方面，由于社会发展和治理工作之间存在"时滞效应"，导致乡村经济发展依旧存在诸多亟待解决的问题，其中之一就是如何通过乡村经济的善治，实现乡村经济、国民经济的健康可持续发展，并在调整传统城乡二元分割历史格局的过程中，最大限度地提升乡村经济地理要素流变与谱系优化效率，促进乡村社会更好发展。基于这样的思考，本章首先定义了乡村的概念，阐述了何为乡村经济及其投入产出问题，通过国内外已有经验，对乡村经济类型进行了划分，探讨了乡村经济的共同特征。为了更好地说明乡村经济地理的起源及其相关思想的发展脉络，对有关乡村经济走向的早期论争进行了阐述，以"以农立国"与"以工立国"的论争为起点，分析了破解乡村经济危机的焦点问题，然后在实现乡村资源分配公平这一愿景的指导下，梳理了乡村经济建设思想的主要流派——合作改革派和中国农村派的乡村经济建设思想。最后，从乡村经济与经济地理的"嵌套"出发，基于空间的经济地理活动，结合经济嵌入性理论，探讨了经济地理中的几种经典"嵌套"模式，并借此给出了乡村经济地理的内涵与内容。之所以做了上述工作，其中的一个重要原因是，对乡村经济地理问题进行研究，除了要深入分析过去一百年中，中国乡村经济发展实际情况和主要思想，借此解构乡村经济发展模式与各种关系外，还应理顺我国乡村经济地理的发展脉络。唯此，才能有的放矢地制定乡村经济发展的制度、政策，才能有针对性地创新乡村经济地理范式，使之朝着治理主体多元化、过程民主化、服务功能个性化的方向发展，为乡村经济发展和社会进步提供更多理论和实践支撑。在接下来的几章里，就分别针对中国共产党成立以来，乡村聚落、乡村经济、经济地理、"胡焕庸线"、空间集聚与乡村经济地理之间的关系问题进行解读，并借此分析乡村经济地理进程中出现的问题、历史诉求等，意在得到更多有价值的信息，指导乡村经济地理关键要素朝着预定的可行方向发展和流变。

参考文献

［1］邹进文，王芸.国民政府时期乡村经济建设思潮研究[J].中南财经政法大学学报，2006(4)：110-114.

［2］费孝通.乡土中国[M].北京：北京大学出版社，1998：6.

［3］王松德.中华人民共和国成立以来我国城乡关系的历史演变与现实启示[J].学习

论坛,2014(10):90-92.

[4] 习近平.决胜全面建成小康社会,夺取新时代中国特色社会主义伟大胜利——在
中国共产党第十九次全国代表大会上的报告[M].北京:人民出版社,2017:32.

[5] 周毅,叶会.农业产业化发展的融资困境与金融支持体系建设探索[J].中国农学
通报,2014(13):438-442.

[6] 刘玉忠.“互联网+农业”现代农业发展研究[J].农业经济,2015(3):90-93.

[7] 李卫江,吴永兴,茅国芳.基于 Web GIS 与模型的农业经济监测与评价系统的建
立[J].农业工程学报,2015(5):213-219.

[8] 潘华顺等.关于农村土地双重所有制的理论探讨[J].中国软科学,2015(7)33-37.

[9] 朱建华,洪必纲.试论农业产业化与农村金融改革的良性互动[J].财经问题研究,
2015(7):122-125.

[10] 周亚莉,袁晓玲.现代农业发展水平评价及其金融支持——以陕西省为例[J].西
安交通大学学报(社会科学版),2016(3):33-36.

[11] 王思斌.社会韧性与经济韧性的关系建构[J].探索与争鸣,2016(3):4-8.

[12] 谢平,徐忠.公共财政、金融支农与农村金融改革——基于贵州省及其样本县的调
查分析[J].经济研究,2016(3):19-21.

[13] 邵彦敏.马克思土地产权理论的逻辑内涵及当代价值[J].马克思主义与现实(双
月刊),2016(3):222-226.

[14] 程世勇,李伟群.农村建设用地流转和土地产权制度变迁[J].经济研究,2016(7):
29-34.

[15] 张红宇.中国农村土地产权政策持续创新——对农地使用制度变革的中心评判
[J].管理世界,2017(6):89-92.

[16] 张文广.资源、产业与乡村经济——以阳城县三庄经济变迁为例[J].经济问题,
2018(8):125-128.

[17] 蔡丽君,潘京.以乡村经济多元化发展推进乡村振兴战略实施[J].农业经济,2018
(4):41,88.

第二章　乡村聚落与乡村经济地理

　　乡村经济地理是经济地理学者研究乡村地区的主要分支学科，乡村聚落被视作乡村经济地理的基本单元。伍兹在《国际人文地理学百科全书》中指出，乡村地理学是指研究乡村地区的人口、区位、景观等地理现象，以及塑造这些地理现象的社会和经济过程[1]。长期以来，乡村聚落一直是乡村经济地理关注的焦点。目前，国外乡村地理学研究开始关注贫困与社会福利、政府与政治、乡村文化与媒介以及涉及其他群体的"被忽视的乡村现象"问题的研究。因此，乡村聚落逐渐发展成为乡村经济地理的主要分支。伴随着乡村经济地理的发展转型，有关乡村聚落的研究重点得以不断扩张。尤其在我国，乡村地域广大，乡村人口规模庞大，在多种因素的影响下，乡村聚落处于快速变迁之中，对乡村经济地理也造成了直接或者间接的影响。比如，随着城镇化进程的加速推进，我国乡村经济发展进入新的阶段。在此过程中，出现了乡村居民点的无序扩张、聚落的空废化、土地闲置以及不合理利用等现象，乡村聚落空间面临着分化的风险和重组的新机遇。在我国，有关乡村聚落的研究兴起于 20 世纪 20—30 年代，即中国共产党成立之初，在当时，乡村聚落的研究对象多为乡村经济活动和乡村社会活动，然后在中国共产党的领导下，乡村经济社会出现了转型，使得乡村经济地理也发生了巨大变化，无论是乡村聚落体系、乡村聚落运行模式、乡村聚落形态与类型等，都有了较大发展，相关研究不断涌现出来。从 20 世纪末期开始，中国涌现了一股全新的、强劲的城市化热潮，这成为影响乡村聚落发展和乡村经济地理的重要因素，与之相关的研究内容也进一步扩展至乡村城镇化、乡村聚落空间结构、乡村聚落用地扩展和城乡一体化、乡村聚落演化、乡村动力机制等领域。进入 21 世纪，受到城乡统筹和社会主义新农村建设的推动，以及越来越多的新观念、新理念、新思维的指引，乡村聚落与乡村经济地理之间的关联越来越密切，研究内容越来越丰富。《乡村振兴战略规划（2018—2022 年）》指出，按照到 2020 年实现全面建成小康社会和分两个阶段实现第二个百年奋斗目标的战略部署，2018 年至

2022年这5年间,既要在农村实现全面小康,又要为基本实现农业农村现代化开好局、起好步、打好基础。因此,在未来几年,除上述内容外,还要重点关注乡村聚落空间分异、乡村聚落生态、乡村社区、乡村聚落景观、乡村聚落空心化、乡村聚落规划组织等内容。比如,通过对乡村聚落空间格局和影响因子的分析,就能够发现不同阶段、不同时间点、不同地区的人地之间的互动关系,这对优化乡村经济地理是大有裨益的。接下来,本章就在梳理国外乡村聚落地理研究历程与研究内容的基础上,探讨聚落与乡村聚落空间的概念,给出乡村聚落研究的理论基础与乡村聚落的组成要素,从有关乡村聚落的研究与实践出发,分析聚落空间下乡村经济地理的关键问题,比如地理连接问题、地理结构问题、地理格局问题等,最后分别从城乡一体化、工业化进程、社会转型、区域差异的视角,探讨乡村聚落与乡村经济地理的发展趋向问题,以期为我国乡村经济地理的研究提供有益的参考。

第一节　聚落与乡村聚落空间

乡村聚落地理是研究乡村经济地理的形成、发展、分布、形态变化规律等与乡村经济地理之间的相互关系的学科,是人地关系地域体系研究的主要关注点。在国际上,针对乡村聚落问题的系统研究肇始于19世纪末、20世纪初,到20世纪中期得到快速发展;特别是进入21世纪后,对聚落、乡村聚落、乡村聚落空间的研究进入了全新发展阶段。

1.1　聚落的概念

在我国,"聚落"一词早在2 000多年前就已经出现了。在《汉书》中,记载了这样一段话:"或久无害,稍筑室宅,遂成聚落。"这被视为我国乃至全世界最早把人们聚居的地方称作聚落的注解。由此可知,早期的聚落特指普通居民区,与城邦的居民聚集区大不相同[2]。到了今天,聚落的涵义有所扩大,可以指人类生活地域内的一切村落、城镇、城市中的居民区,等等。聚落被视为于特定社会文化经济背景中,人和地理气候环境彼此作用产生的结果,属于典型的空间系统。在过去的几十年中,不同学者的研究视角不同,对聚落所下的定义也存在差异。在建筑学领域,吴良镛对聚落所下的定义是"由多房屋组成的集落"(这被很多建筑学家和艺术家视为房屋建造的前提条件);在生态学领域,学者们将聚落视为有机体,更是由社会要素、自然要素和人工要素等相互融合之后形成的复合生态系统；在地理学领域，对聚落所下的定义是"在地域、职能方面，和农业密切相关的人口聚居地"。比较"独特"的是社会学上的定义，即"聚落"对应"社区"。按照上述定义，对于乡村聚落，就可将其定义成"在乡村地区，人类以各种形式居住的场所"。作为聚落的关键分支，乡村聚落被视为聚落的最主要组成部分。这种人类生产与生活的主要活动场所或者居民点，依据人口规模、用地性质等，能够将其分成城市聚落与乡村聚落等不同类型。在这方面，聚落地理学作为地理学研究的重要内容，已经在国内外进行了较长时间的研究，特别是在城市聚落方面的研究成果较多，且初具规模，但关于乡村聚落的研究相对较晚。这也就是一些学者认为聚落地理学等同于乡村聚落地理学的原因。近年来，我国城市化进程越来越快，针对城市聚落、乡村聚落的研究成果不断增加，研究内容开始扩展到乡村聚落空间分布、聚落景观特征、聚落演化和驱动力、聚落机制构建、聚落和交通的关系、聚落发展基因、聚落转型和重构等方面。

1.2　乡村聚落与聚落空间

近年来，我国学者针对乡村聚落进行的研究主要集中在中国西南省份的喀斯特山区、黄土高原区以及江苏、海南等地，通常借助 RS（Remote Sense，遥感）、GIS（Geographic Information System，地理信息系统）等方法进行综合研究，也有部分学者将景观指数分析、地理建模、田野调查等方法应用其中，都取得了很多值得借鉴的研究成果。在中华民族传统文化中，人们所认识的乡村聚落指的是在不同时期、由不同生产力发展水平产生和决定的特殊空间，体现的是人类生产、生活和周围环境的和谐统一。对乡村聚落空间分布、区位地理、规模形态、结构层次、作用功能等进行分析，不但可以了解乡村经济地理的分异情况、格局演化情况，还可以揭示不同阶段、不同时期、不同地区的人地互动轨迹。而乡村聚落空间则是对乡村聚落体系及其地域空间属性的特征表达，主要涉及乡村聚落的规模［包括人口、用地（耕地和居住用地等）］与空间分布特征。值得注意的是，乡村聚落空间会在不同地域空间尺度上呈现出不同形态，比如城乡结合区域的乡村聚落空间结构、新农村建设中的乡村聚落单元以及与之有关的空间分布特征等。当然，乡村聚落空间还涉及当地的建筑实体空间等[3]。因此，在可预见的将来，我国会有大量农民继续留在乡村地区，即便随着中国新农村建设的持续推进，会有越来越多农民变成市民，但加强对乡村聚落地理的研究，依旧具有十分重要的现实意义，这不但是人文地理学发展的需要,更是实现中国城乡统筹发展的需要。

在现代意义上,乡村聚落是乡村人口聚集定居的场所,可分为乡集镇、屯、村与基层村。而聚落包括城镇聚落和乡村聚落两方面内容,其中城镇聚落指建制镇、县及县级市的城镇人口聚居的场所,包括县、县级市和镇各级政府的所在地,乡村聚落指建制镇及以下级别的乡村人口聚居场所,村庄是主要的存在形式。随着城镇化的加速推进,我国乡村发展正进入新的阶段,在此过程中出现了乡村居民点的无序扩张、聚落的空废化、土地闲置和不合理利用等现象,乡村聚落空间面临着分化重组的危机。

值得一提的是,在对乡村聚落问题进行研究的过程中,乡村聚落空间格局具有广泛的内涵与外延。乡村聚落空间格局通常指乡村聚落内部的空间结构。因此,乡村聚落空间分布体现了在不同生产力水平下,社会生产、人类生活和外部环境之间的关系。而除了受规模大小、动态迁移等因素影响外,乡村聚落空间格局还受到社会经济发展水平、历史渊源、文化习俗和突发事件(如战争、灾害、公共卫生事件)的影响。当然,在大量制约影响因素中,对其产生长期、稳定影响的,依旧是自然环境条件与经济发展水平。反向思考的结果是,任何稳定的乡村聚落空间格局都要具备如下条件:具有稳定的居住、生产管理等核心功能;有良好的水源条件,能够确保居民饮水安全以及满足生产生活的需要;通常具有相对便利的交通设施和相对适宜的居住环境;不常发生自然灾害或者居民可以有效应对自然灾害。此外,恰当的地理区位也是聚落发展的重要条件,也被视为组成其空间结构的关键要素。对乡村聚落空间结构来说,它包括乡村的形态和乡村内部要素的相互作用,然后以特定的组织形式、规则等,把乡村形态和相关子系统有效连接在一起,使之成为一个乡村聚落系统。在广义上,乡村聚落的空间格局包括聚落的内部空间格局,也包含聚落体系的外部空间结构(比如特定地区的村镇体系空间结构或者城镇体系空间结构等)和乡村聚落社会空间格局等内容。在这方面,德国学者施吕特尔通过研究发现,对乡村聚落网络进行研究,较之于对单个城镇、村庄进行研究,无论是研究形式、研究结论都显得意义更大。在我国,针对乡村聚落空间结构的研究兴盛于 1990 年之后,在过去的 30 年中,中国乡村聚落空间结构研究成果不断涌现出来,极大丰富了乡村经济地理体系。通过对相关研究成果的分析可知,截至目前,我国乡村聚落空间结构大体可以分为区域、群体、单体三个不同层次,随着乡村聚落地理位置的变更,聚落内部不同用地类型,及其区位指数等都会遵循特定的规律发展。在此期间,"乡村聚落感应空间"的概念被提出。借此,可以通过乡村聚落和外界之间的密切联系,充分发掘乡村聚落的经济、文化空间,并将其打造成具有传统聚落特征和现代乡村聚落特色的感应空间。自党的十八大以来,乡村振兴上升到了国家战略层面,先后发出乡村旅游、精准扶贫等号召。借此契机,有学者指出,要对乡村聚落公共开放空间进行开发,将乡村聚落这一农民参与乡村文化建设的重要场所进行重构,以此建设社会主义新农村,助力全面小康社会的最终建成。至此,从以静态模式研究乡村经济地理的视角出发,越来越多的研究和实践指向了乡村聚落空间的重构。乡村聚落与乡村经济地理之间的联系越来越紧密,人们越来越开始关注乡村聚落重组和自然环境、土地利用之间的关系,并借此着手研究城市化进程中,乡村聚落空间系统中的空间结构优化、社会空间特征分析、乡村聚落重组演变等问题,并尝试将乡村聚落和乡村经济发展、制度改变、文化演替等因素结合在一起,通过行政区划的重新调整、土地户籍制度的深度改革、重点项目的整体推进等,优化乡村聚落空间结构、助力乡村经济发展。

第二节　乡村聚落的理论基础与组成要素

进入 21 世纪以来,中国乡村全面历经着城镇化、工业化、全球化、信息化的多重冲击,大量来自乡村外部的要素对乡村经济地理进行了综合扰动,在很大程度上影响了乡村聚落的正常功能与乡村经济地理的要素流变。在此过程中,受到自身应对外部干扰能力的制约,中国乡村聚落呈现出了不同程度的发展分异。一些极具韧性的乡村聚落以前瞻性眼光抓住机遇,在聚落重构中开启了新的征程,走向了新的发展阶段。但不可否认的是,很大一部分乡村聚落开始走向衰落甚至消亡[4]。纵观一百年来中国乡村聚落的发展脉络,如何保证其在应对各种外界扰动的过程中,始终能够提升自身韧性、强化存续能力继而实现乡村聚落的可持续发展,已经成为当前中国乡村振兴战略顺利实施和乡村聚落健康发展的迫切要求。在对这一问题进行研究的过程中,学术界广泛探讨的区位集聚理论对培育面向未来不确定风险和探索系统主动适应外界干扰的乡村聚落具有重要理论指导意义。与此同时,要在发展乡村聚落继而优化乡村经济地理谱系的过程中,明确乡村聚落的组成要素,以便有针对性地培育可以适应外部环境变化,甚至和干扰要素共生的乡村聚落,为"2022 年乡村振兴战略"目标的最终实现提供必要的基础性支撑。

2.1 乡村聚落的区位集聚理论

"区位"一词被 W·高次首次提出之后,受到了人们的普遍关注,在过去的近 200 年的时间里,区位的含义主要指人类活动或者人类行为所占有的场所。区位理论以及后来出现的区位集聚理论都是关于人类活动的空间分布和空间内要素相互关系的理论。具体而言,是研究人类经济行为的空间区位选择问题和空间区内经济活动优化组合问题的理论。乡村聚落区位集聚理论指出,在以乡村为内在中心,由内向外呈现同心圆状分布的乡村地带,因同心圆和乡村聚落的距离不同,会产生生产基础与利润收入的区域差别。该理论的创立者德国经济学家冯·杜能在 1826 年通过一部农业区位论专著——《孤立国同农业和国民经济的关系》,向世人介绍了区位集聚理论。这一可以称得上是"古典名著"的著作,为后来的乡村聚落区位集聚理论的发展奠定了基础。杜能以抽象的方法,首先假定存在一个与世隔绝的"孤立城",以此研究农业发展问题,即如何在每一单位面积土地上获得最大利润。杜能指出,在农产品市场上,农产品销售价格决定了农业经营的产品种类和经销模式,农产品的生产成本与运输成本都属于销售成本,运输费用同时能够决定农产品的总成本。这样一来,农业经营者能不能在单位面积土地上得到最大利润(P),主要受到农产品市场价格(V)、农业生产成本(E)、农产品运输费用(T)等因素的影响,上述四个变量之间的关系为

$$P = V - (E + T)。$$

与此同时,依据区位经济分析与区位地租理论,杜能在其《孤立国同农业和国民经济的关系》一书中,继续向人们介绍了六种不同的乡村耕作制度。其中的任何一种耕作制度都构成一个区域,在每个区域上,都有一个中心,从中心展开的同心圆分布,即为"杜能圈"。这样一来,杜能就对乡村经济地理的位置、地租、资源配置等问题作出了相对合理的解释。在此之后,布林克曼、怀贝尔、阿隆索等学者继续以区位集聚理论为基础,开展了很多创造性的劳动和杰出的研究。

鉴于此,以区位集聚理论和产业布局演变之一般规律,对中国乡村聚落和乡村经济地理进行科学规划布局,可以为社会主义新农村建设、农民增收、农业现代化提供现实指导[5]。尤其在乡村聚落空间格局方面,可以按照经济学家们对农业区位论的研究成果,对乡村聚落的空间布局、乡村位置进行优化。比如,可以将宏观经济理论与厂址选择理论等微观经济理

论应用到乡村聚落研究中，对产生乡村聚落的前提条件——运输成本等——进行分析和调整，最大限度发挥乡村聚落的自然资源禀赋优势。当然，需要考虑的是，很多乡村聚落生产的产品的运输成本比其他乡村地区的成本要高很多，加之这些农产品一般易腐坏，需要进行冷链运输，这就显著提升了运输成本。所以，按照区位集聚理论，有必要对农产品加工业的区位进行优化，使之围绕农业生产地（乡村聚落）集聚，通过发挥"聚集因素"的作用，实现农业产业集聚和乡村经济地理的优化。

2.2　乡村聚落的组成要素

乡村聚落作为乡村地域中人类和自然环境彼此作用、相互影响关系最为密切的地域，承载着人类通过各类行动改变自然环境的期望，并将这些改变所产生的影响反馈至人类本身。乡村聚落在人类与自然环境相互作用与影响的过程中，表现为自然生态、人类经济生产、社会生活三个子系统，这些子系统之间互为一体，并在外部干扰要素的作用下，共同组建了乡村聚落系统。

（1）自然生态子系统。乡村聚落的自然生态子系统主要涉及水、土地、植被、空气等自然界赋予人类的自然资源，以及农田、水系、林地等生态环境，自然生态子系统能为经济生产、社会生活子系统带来必要的物质基础与发展空间，同时能够造就乡村聚落特有的农业生产方式与社会生活组织方式。

（2）社会生活子系统。乡村聚落的社会生活子系统主要涉及农民、非农居民、游客、各类社会团体等，也可以对其进行概括，视之为人力资源与社会组织。其中，人力资源指的是具备劳动能力的人口，一般以劳动力数量、劳动力质量这两类因子进行体现（劳动力质量能够体现在劳动力的受教育水平、乡村聚落中的"能人"数量、村集体的领导能力等方面）；社会组织指的是为了实现既定的乡村聚落发展目标，发挥其特定社会功能，在主观上组合起来的社会群体。该子系统以人类生活为载体，通过消耗自然资源和侵占生态空间，能够改变或者优化自然生态系统以及生态景观；此外，在劳动力配置和社会制度、社会组织演变中，也能够影响经济生产子系统及相关的经济活动。

（3）经济生产子系统。乡村聚落的经济生产子系统一般涉及农业、林业、服务业等大量经济活动[6-9]。在我国的乡村聚落中，通常将其分成两大类：一类是种植业、畜牧业、林业、渔业、副业等农业活动，另一类是手工业、乡村工业、旅游业、服务业等非农经济活动。在经济生产子系统中，借助农业、非农业活动,能够改变生态系统的生物多样性与空间多样性,生产出来的产品、服务等,能够直接服务于社会生活子系统。近年来的经验可以看出,随着城市化进程的不断加快,蕴藏其中的"推力"对乡村聚落的经济生产子系统造成了显著影响。比如,在城市化进程中,乡村聚落开始朝着非农产业的方向转变,乡村聚落空间集聚也呈现出了新的特点。而在农村集体产权制度改革和土地流转制度优化的过程中,乡村聚落(以及其他乡村地区)出现了越来越多的剩余劳动力,如果不对这部分劳动力进行合理配置,势必会出现对经济利益的最大化追求与农业、非农业产业之间的失衡,而这对乡村聚落的发展和乡村经济地理的优化都是没有益处的。

(4)系统外干扰要素。乡村聚落的发展会同时受到乡村地域外部的干扰,这极有可能导致乡村聚落社会生态系统的失衡,也可能让自然生态、社会生活、经济生产等子系统的发展相互掣肘。因此,需要从系统优化的角度出发,对乡村聚落内部要素进行重组,以达到系统的再平衡和螺旋式上升发展[10]。需要注意的是,不同外部干扰要素会对系统产生不同影响,突发性的自然因素有火灾、洪水、地震等,慢性非自然的社会经济政治事件干扰要素包括城市化、工业化、全球化、信息化等。

第三节　有关乡村聚落的研究与实践

乡村聚落发展通常被划分成快速发展、平稳发展、衰败、重构等不同阶段。如果乡村聚落具有良好的发展韧性,会快速度过衰败阶段而进入重构阶段,也可能在完成重构之后进入新一轮的快速发展阶段,并由此呈现出螺旋式上升的发展态势;如果乡村聚落的发展韧性缺失,就有可能止步于衰败阶段,无法完成系统重构,并最终走向衰亡。通过对国内外有关专家的研究进行分析后发现,我国目前很多乡村聚落都存在面临衰败的境况,当地的劳动力流失、农业地位下降、乡村聚落空间衰败已经是不争的事实,需要通过乡村聚落的韧性发展实现乡村振兴,是个亟待解决的问题。接下来,就针对国内外有关乡村聚落的研究与实践,对乡村聚落的发展历程进行梳理,为乡村聚落的韧性发展提供可以借鉴的信息。

3.1　国外乡村聚落研究与实践

3.1.1　乡村聚落的历史阶段梳理

从已有研究成果和实践成效看,只有充分适应了乡村聚落外部的影响,全面把控了乡村地域内部的发展要素,才能够实现对乡村聚落发展要素的优化配置与有效调控,才会在重构乡村聚落社会经济形态、优化生态和地域空间格局的过程中,促进乡村聚落内在结构的调整和综合功能的提升。在国外,有关乡村聚落的研究起步较早,研究成果也较为系统,相关研究大体分为以下几个阶段。

（1）萌芽起步阶段。19 世纪至 20 世纪 20 年代（对应着中国共产党成立初期）,乡村聚落地理的研究开始起步。研究主要集中于聚落和地理环境,特别是和自然地理环境之间的关系层面,研究范围有限,研究方法以描述性表述为主。这一时期的重要代表人物是德国地理学家科尔,1841年,他出版了《交通殖民地与地形之关系》一书,第一次对聚落形成予以了相对系统的分析,同时对大都市、集镇、村落等不同类型的聚落开展了比较研究,阐述了聚落分布和地形、地理环境、交通网络的关系,重点分析了地形差异对村落区位的影响。到了 1895 年,梅村对德国北部地区的农业聚落开展了实地考察,系统分析了聚落形态、聚落形成要素、聚落发展进程、聚落蜕变条件等问题,第一次系统提出了聚落地理研究的理论基础。至 1902 年,路杰安通过《万莱州聚落研究》一书,对村落区位和地形、日光等环境要素之间的关系开展了深入研究。到了 1921 年,法国地理学家白兰士、白吕纳,以历史方法对乡村聚落的类型、分布、演变进行了研究,探讨了乡村聚落和农业系统之间的关系,指出了乡村居民点布局受制于整个区域的自然条件,而聚落的形状、位置等都要受到所处地理环境的影响。

（2）初步发展阶段。20 世纪 20—60 年代,与乡村聚落有关的研究不断兴起,研究内容得到了进一步扩展,大体集中在乡村聚落的形成、发展、类型、职能、规划等层面。值得一提的是,由于二战之后乡村格局的重建,以及经济发展引发的城市化浪潮,极大促进了乡村聚落地理学研究的高涨。在此过程中,乡村聚落地理得到了极大推动。其间,对乡村聚落研究作出重大贡献的要数德国地理学家克里斯塔勒。他对德国南部地区的乡村聚落进行了研究,重点分析了乡村市场中心与服务范围内的经济活动,并由此创立了中心地理论,促进了乡村聚落的理论研究,对乡村中心建设与乡村聚落空间体系规划,产生了重要的理论指导作用。到了 1939 年,阿·德芒戎通过《乡村聚落的类型》一文,对法国乡村的居住形式和农业职能以及二者之间的关系进行了解读,确定了乡村聚落的类型——长型、块型、星型、趋向分散等四种不同类型（很显然,这种划分方法是基于几何学的原理进行的划分,与社会学、经济学之间并无任何关联）。同时,作者分析了不同乡村聚落类型的形成缘由,重点探讨了乡村聚落和自然、社会、人口、农业等条件之间的关系。由此可知,该阶段有关乡村聚落的研究,大体集中在对乡村聚落的原始形态、村落分布、区位条件等方面,以小区域的实地考察为主。但即便如此,上述研究依旧对后来的研究,尤其是乡村聚落地理方面的研究产生了示范作用,具有重要的指导意义,代表的是当时乡村聚落研究的全新高度和最高水平。

(3)拓展变革阶段。20世纪60—80年代,在"计量革命""行为革命"等诸多思潮的影响下,有关乡村聚落的研究,至少在方法上出现了新的变革——开始走向了定量分析和定性分析相结合的道路。该时期的乡村聚落研究论著越来越多,层次越来越高,论述的方法越来越前沿。其中就包括邦斯撰写的《都市世界的乡村聚落》、基士姆撰写的《乡村聚落和土地利用》、哈德森撰写的《聚落地理学》,等等。尤其在1970年,道温斯提出了人文地理学领域要进行"行为革命"的口号,认为乡村经济地理学的关键任务是研究"空间的行为"和"空间的感应"。至此,行为地理学得以迅速发展,并最终得到了学术界的认可,乡村聚落地理的研究也因此广泛借鉴行为科学的研究成果。其中一个最为重要的特征是,乡村聚落研究把心理因素引入研究体系和实践,通过分析人与环境的平衡及反馈原理,强调人类的决策行为能够对聚落分布、形态、结构产生直接或者间接作用。20世纪70年代以后,全世界的环境压力都不断增长,可持续发展理念得到了重视,针对乡村聚落可持续发展的研究持续升温,在西方国家,甚至出现了乡村经济地理的"再生"现象,研究范围大大拓展,几乎涉及乡村经济地理的各个领域。

(4)转型重构阶段。20世纪80年代至21世纪初,乡村聚落地理的研究步入一个新的发展阶段,研究内容更为丰富。20世纪90年代,随着"文化转向"的提出,极大推动了乡村聚落理论的发展。其间,由于引入了后结构主义的理论,由此引发了对乡村不同社会群体及其乡村生活多样性的思考。更为重要的是,快速发展的乡村城市化与乡村工业化趋势,让人群的居住更加集中,一些新的乡村聚落规模不断扩大。但几乎与此同时,不计其数的乡村聚落废弃并逐渐消失——虽然乡村聚落的结构没有出现根本性改变,但其发展模式、演变路径、乡村冲突、乡村交通、聚落政策、乡村规划、地方政府、乡村话语权等,都不同以往,有关乡村聚落的研究开始呈现出多元化的态势。

(5)升级优化阶段。21世纪以来,国外学者针对乡村聚落的研究越来越集中,并逐渐和多个学科融合在一起,关注更多的领域是乡村聚落出现的新问题、新变化等。研究内容也扩展至人口密度对乡村聚落系统的影响、乡村社区类型和居民居住区域的关系、乡村聚落和乡村经济发展、基于GIS方法的乡村聚落景观分析、乡村聚落类型和土地利用可视化、城郊乡村变迁和社区重构等方面。尤其在最近几年，有关乡村聚落重构的研究变得越来越深入、越来越具体，尤其在经济社会转型期，乡村聚落重构问题受到了学者的关注，研究范式也具有了人文社会学的趋向。

3.1.2　乡村聚落的地理学研究体系

自19世纪法国地理学家对乡村聚落进行研究开始，有关乡村聚落的研究依次展开，研究内容涉及土地利用、农业活动和乡村文化景观等问题，并由此创立了聚落景观论，为乡村聚落和乡村经济地理学的发展奠定了基础。在当时的法国，地理学家们着重从社会、自然综合观点研究乡村聚落，尤其重视社会经济对乡村聚落的影响。与此同时，英国地理学家也对聚落历史地理、区位选择作出了较大贡献。美国地理学家们针对人们的未来居住地域选择问题，重点对乡村聚落地理与区位问题展开了实际调查和深入研究。在研究视角上，他们以自然要素向经济社会要素转变为出发点，在研究内容方面，考虑了乡村聚落物质实体为主向人类生存环境、社会问题综合研究的转变，在研究方法方面，注重定性方法和定量方法的结合，试图通过多学科综合研究，实现向社会、人文方向的转变。可以说，有关乡村聚落的地理学研究体系的构建大致经历了一个从简单到复杂、从单一到综合的阶梯式过程，在该体系中，主要涉及以下几方面的内容。

（1）乡村聚落地理的关键要素。乡村聚落形成、分布和发展的影响因素，经历了从单要素至多要素，从注重自然因素至综合考虑社会、经济、自然等因素的发展历程。通过前文的分析可知，在乡村聚落研究的萌芽起步时期，乡村聚落布局影响因素的研究焦点在于自然条件。霍斯金斯的研究结论指出，乡村聚落的空间分布状态会受制于土地的富饶程度、先前居民点的类型。艾默森在对大不列颠地区圈地运动中土地利用类型和生产方式变化等进行分析之后发现，乡村聚落居民点的分布与上述因素之间存在紧密关联。此外，乡村聚落居民点分布状态还会受到经济发展水平、当地政府对所在地区村落规划的影响。在我国，这种情况同样出现过。在晚清到民国时期，政府通过发展当地集镇带动居民点发展，以地方专门化发展的形式形成了很多中心村庄，也通过政策限制个别地区发展，或者通过政策扶持、支持乡村聚落发展等。此外，相关研究也深入到非洲地区。彼得分析了南非地区居民点分布对乡村聚落基础设施、服务、发展机遇的影响，得出居民点分布形态是影响乡村聚落基础设施可达性的关键因素。之后，乡村聚落布局影响因素逐步扩展至人文社会领域，涉及政府政策、人口迁移、人类决策行为、乡村交通、人口密度和社会文化等层面。

（2）乡村聚落类型和形态。国外学者针对乡村聚落类型与分类标准进行了大量研究，提出了很多有关乡村聚落类型划分的指标体系。在乡村聚落的类型和形态研究方面，有学者将乡村聚落类型分为不规则的群集村庄与规则的群集村庄。其中，规则的群集村庄又分为街道村庄、线形村庄、庄园村庄等类型。而按照乡村聚落的形状、规则度和开阔地的有无等，有学者提出了乡村分类计划。在国际社会中，国际地理联合会提出了涉及功能、形态位置、起源、未来发展等标准的乡村聚落一般类型及其划分方法，让乡村聚落分类研究理念获得了突破性进展，弥补了传统乡村聚落分类指标体系设计的缺陷。在20世纪早期，帕乔内等对乡村聚落形态与聚落类型的分布予以了详细阐述，将其归纳为规则型、随机型、集聚型、线型、低密度型、高密度型等多种不同的空间分布类型。在美国，有关乡村聚落地理的研究借助了行为科学的研究方法，指出人类决策会改变聚落分布、形态和结构等。整体上，国外乡村聚落分类经历了一般描述、统计描述、统计分类的过程。

（3）乡村聚落用地。20世纪80年代以来，以美国、加拿大等为代表的西方国家，基本走完了人口迅速增长、土地价格快速上升的"非常时期"，大量农用地转成居民点等建设用地，由此引发了对乡村聚落用地的研究。在乡村聚落用地问题上，研究内容主要集中在乡村聚落的变化特点、演化机制、影响因素和合理调控土地利用以保护景观、生态环境以及保护耕地等层面。在过去的几十年中，多位学者对此进行了深入而细致的研究。比如，弗瑞德（1990）关注了多伦多周边的小城镇外围的居民点的变化特征和演进机制。维奥莉特与巴奇瓦洛夫（2001）研究了中东欧乡村居民点用地变化问题，发现了一个事实：随着经济社会的发展，部分乡村居民点逐渐衰退，而其他乡村居民点却在继续成长，扮演着乡村中心的角色。韦斯特比与克鲁帕（2004）对美国乡村居民点用地问题进行了追踪，指出乡村居民点用地不但增长，且乡村居民点用地已经发展为城市居民点用地的两倍。鉴于此，海恩斯（2005）给出了控制乡村居民点扩张的四项措施，包括管理乡村居民点用地发展的最大规模、购买发展权、转移发展权与划定保护区等，然后针对相关措施的运行和优缺点等予以了评析，指出划定保护区为最理想的控制乡村居民点用地扩张的措施。

3.1.3 国外乡村聚落的实践

综上所述,国外有关乡村聚落地理的研究大致经历了萌芽、起步、发展、转型与重构阶段,研究视角、研究方法都日益社会化、多元化。

(1)研究视角的社会化。从 20 世纪 60—70 年代开始,就有学者主张采用更为"社会学的视角"研究乡村居住地和景观,有关乡村聚落地理的社会化研究因此得到加强。研究内容开始包括乡村聚落政策、乡村发展问题等。到了 20 世纪末,有关乡村聚落的研究进入了后现代时期,主要表现为对乡村"被忽略方面"的探索,研究内容包括乡村社区、乡村景观、城乡关系与乡村社会问题。可以说这一时期的研究内容更加广泛、具体、深入,重点指向了乡村聚落的变化、乡村的经济发展、人口迁移和不确定性、乡村聚落危机和变迁、乡村多样化和乡村聚落经济转型,也包括社会经济转型期的乡村聚落重构、乡村社区类型和老年人居住区域的关系、乡村经济转型与乡村居民的社会迁移、乡村聚落人口密度对乡村社区的社会和人口方面的影响等[1]。

(2)研究方法的多元化。近年来,乡村聚落重构受到越来越多的关注,开始涉及乡村聚落的重构、乡村社会经济重构、乡村空间重构等。有学者在分析乡村聚落重构的社会、政治基础时指出,乡村聚落研究从空间转向社会文化具有重要意义,并通过生产消费关系、社会关系、社会行动、机构与权力的社会建设等对研究过程进行概括,由此形成了更为有效的重建乡村聚落的科学研究。此外,有学者认为,受到当地职能和资源质量的影响,乡村聚落居民的构成、基础设施的供给、地理环境与居民点的面积等,都会对乡村聚落重构产生影响。值得注意的是,地方因素对乡村聚落重构的影响变得越来越明显。霍加特与帕尼瓜(2007)在相关研究成果的基础上,通过对历史变迁的研究与对乡村变化的梳理,在过程、途径、资本主义市场关系、政府作用、平民社会等层面对乡村聚落重构进行了研究,指出了移民、科技发展等都会导致乡村聚落的时空转换、人地关系的变化,也会影响到乡村聚落就业结构等方面。

通过以上梳理可知,国外有关乡村聚落的研究十分注重和社会学、行为科学相结合,重点在乡村聚落的微观层面,比如乡村社会组织、社会形

---

[1] 这些印证了菲利普斯的观点,即乡村经济地理学要逾越其本身与文化地理的界限,也逾越地理学科同艺术、历史学、媒介研究之间的界限,还要同哲学变化有明确的联系,尤其是文化同某些哲学——如后结构主义、后殖民主义,特别是后现代主义不断扩大的影响紧密相连,"后现代乡村地理学"可以定义"乡村是什么"并探索"哪些人可以成为乡村人",这种"后乡村化"同以往与乡村有关的定义存在很大差别。

态、社会问题等,同时也对乡村聚落发展和农业转型、城乡关系等方面出现的新问题进行了解读,并将政治经济学、社会学等领域的方法和理论应用其中,对相关问题进行了解析。但问题是定量评价相对较少,在这方面和国内研究差异较大。尤其在指向未来的乡村聚落和乡村经济地理研究中,更应该将其视为一类应用性的学科,通过理论研究和现实世界的结合,提升研究成果的实用性。

3.2 国内乡村聚落研究与实践

3.2.1 乡村聚落研究源起

20 世纪 20—30 年代,受西方学术思想的影响,中国部分学者开始着手研究乡村聚落地理问题[11-15]。1938 年,林超在《地理》杂志上发表了《聚落分类之讨论》一文,论述了乡村聚落和乡村土地之间的密切关系,介绍了聚落分类的概况。1939 年严钦尚在《地理学报》发表了论文《西康居住地理》,对西康地区各类村落的房屋形式、建筑材料、位置与自然条件及耕地的关系,民族习惯对房屋的影响等进行了阐述。到了 1943 年,陈述彭、杨利普在《地理学报》上发表了《遵义附近之聚落》的文章,指出多种地理因素、社会经济条件及社会民族特性等对房屋的分布均有影响。中华人民共和国成立之后,尤其是在 20 世纪 50 年代到 60 年代中期,中国地理学者结合生产实际,对聚落地理开展了大量的研究,理论和方法均取得了一定进展。1950 年吴传钧发表论文《怎样做市镇调查》,划分了聚落等级,认为市镇是介于乡村和城市之间的类型,提出并使用"市镇度"概念衡量聚落是否已达到市镇发展程度。1959 年南京大学张同铸、宋家泰发表了论文《农村人民公社经济规划的基本经验》,提出了居民点布局的 3 个原则:与公社的整体规划密切结合,有利于发展生产;适应河网化的状况;充分考虑各种自然条件的影响、原来居民点的建设基础、主要交通线路及其与居民点之间的关系等。1979 年以后,乡村聚落地理与城市地理学都得到迅速发展。叶舜赞、李旭旦等学者针对中国乡村聚落发展的实际问题展开卓有成效的研究,对乡村聚落的理论和方法的发展起到了巨大的推动作用。1988 年金其铭出版了《农村聚落地理》一书,对农村聚落地理的理论基础和方法、农村聚落的形成与发展、农村聚落与自然环境之间的关系、农村聚落的分类、集镇与农村城镇化等问题进行了系统研究;次年,由金其铭撰写的《中国农村聚落地理》一书出版,书中系统地阐述了中国典型地区农村聚落的形成、区域差异及其分布特点。到 20 世纪 90 年代,学术界不断采用新的研究方法和技术,定性与定量研究相结合,涌现出了大量的研究成果。进入 21 世纪之后,我国地理学者们在前人研究的基础上,进行了更为深入的探讨,研究领域不断拓宽,取得大量研究成果。例如,李全林等(2004)通过建立传统聚落景观基因识别指标体系,从传统聚落的建筑特征、选址布局和文化图腾基因的角度总结湖南省传统乡村聚落景观基因的空间特征;王传胜等(2008)从不同时间段、不同地区梳理自 20 世纪初以来西部山区乡村聚落空间分布规律及其影响因素,从生态系统等角度对西部山区乡村聚落空间演化的过程及其成因机制进行分析。

3.2.2　国内乡村聚落的研究内容

近代以来,中国城市建成区面积不断扩张,广大近郊乡村地区被征用到城市建成区内,城市社区、城市边缘区聚落和“城中村”等新型聚落开始出现,所有这些逐渐成为学界讨论的重点,学者们着力探析新型聚落的演化与发展机制,开展对乡村聚落空心化、乡村土地利用与空间变化等问题的研究,主要内容涉及以下方面。

(1)乡村聚落的区域研究。区域是地理学稳定的研究对象之一。我国对乡村聚落的区域研究早在中华人民共和国成立之前就已经开始。在当时,相关成果已经相继出现,比如朱炳海的“西康山地村落之分布”,严饮尚的“西康居住地理”,周廷儒的“环青海湖区之山牧季移”等,至今其学术价值依旧不衰。中华人民共和国成立后,学者们开始了对某一区域乡村聚落的研究,有的包含在区域地理研究中,也有独立成文者。比如,金其铭就针对“太湖东西山聚落类型及其发展演化”等问题进行了研究。学者们从影响乡村聚落分布的因素、乡村聚落特点分类及发展趋势等方面,对乡村聚落进行了区域分析,在理论和乡村聚落合理发展、改造实践等方面都有一定意义。因为每一区域的乡村聚落都有其不同特点、影响因素及发展历史,对其进行研究具有十分直接的应用价值。

(2)乡村聚落类型与体系研究。在中国社会中,任一村落、集镇均非孤立存在,它们彼此之间,以及与高一级的行政中心之间,都相互联系、相互作用,共同构成了一个有机整休。作为乡村聚落理论研究的新趋向,乡村聚落体系的研究越来越受到重视。时至今日,相关研究范围与内容不断扩展,比如金其铭的“集镇人口规模的预测”,侯锋的“农村集市的地理研究”,刘盛和的“我国周期性集市与乡村发展研究”,以及其他有关县域城镇体系的研究等。这类研究在我国乡村商品经济与乡镇企业迅速发展的形势下,为合理建设乡村聚落体系提供了理论基础。

（3）乡村聚落空间特征研究。乡村聚落空间特征研究的主要目的在于，对乡村聚落体系的地域空间特征和内在规律进行分析，它主要涉及乡村聚落的规模（人口、用地）、空间结构、空间形态、空间分布等方面。比如，黄渤（2014）以云南省昭通市为研究对象，运用 GIS 方法详尽探讨了坡地聚落的空间总体特征，从区域发展视角分析了坡地聚落空间特征的成因机制，认为昭通市由于受自然地理条件、不合理发展方式影响，造成了严重的生态问题和长期的贫困，应借助全国主体功能区划和生态屏障建设的契机，促进聚落体系有序、和谐发展。再如，惠怡安（2017）等通过实地调研，分析了乡村聚落功能体系，通过分析不同公共服务布置的"经济门槛"，探讨了聚落适宜规模的确定方法，并认为城乡聚落功能的完备程度是城乡差别最突出的表现，聚落功能的完善和聚落适宜规模间存在着客观联系。而在空间结构研究方面，范少言等（2019）认为目前乡村聚落空间结构研究的重点应揭示乡村聚落体系的演变规律，其主要内容可概括为乡村聚落的规模与腹地、等级体系与形态、地点与位置、功能与用地组织等方向。

（4）乡村聚落空间演变研究。乡村聚落空间演变的过程及其驱动因子研究是乡村聚落空间演变研究的主要内容。范少言（2018）认为，导致乡村聚落空间结构变化的根本原因是农业生产新技术、新方法的应用和乡村居民对生活质量的追求，并对乡村聚落空间结构形态演变基本模式进行了阐述。尹怀庭等（2018）对陕西三大地区传统的农业乡村聚落的形成及发展的空间类型、原因作了比较研究，并总结乡村聚落的空间演变趋势。城市化进程的推进过程中对乡村聚落空间产生了一定程度的影响和冲击。通过以上分析可知，我国自 20 世纪 20 年代以来，乡村聚落空间的演变一直受到用地、人口、产业、设施和观念等多方面因素变化的影响，为了有效应对上述影响和可能产生的各类冲击，我国很多地方（比如吉林省）都在着手建设乡村聚落地名数据库，复原了当地乡村聚落空间格局的演变历程，寻找影响乡村聚落空间演变的主要因素——自然地理条件、移民、驻防以及政府施行的政策等。

第四节 聚落空间下乡村经济地理关键问题

据《国家人口发展规划（2016—2030 年）》预估，至 2030 年中国常住人口城镇化率将达到 70%，这意味着届时会有更多乡村人口离开乡村，乡村聚落必将面临一定程度的衰退。城镇化进程下的乡村衰退是一个客观趋势，但是乡村聚落作为一种人居形式本身不应该消失，在城乡发展的任何时期，乡村聚落都担负着承载农业生产生活以及调节城乡社会文化与生态的重要作用。在乡村聚落普遍衰退的背景下，如何保持乡村聚落整体的可持续发展，显得尤为重要。总体来说，乡村聚落发展包含产业发展、就业方式、生活方式、消费结构以及社会结构等方面，其发展过程中受到外源性、内源性两方面因素的影响和作用。外源性因素有宏观经济环境、专业技术和政府政策等，内源性因素有乡村经济地理区位、历史经济、经济基础、社会资本、人力资本等。同时，要以此为基础，重点关注和着手解决聚落空间下乡村经济地理关键问题——地理连接问题、地理结构问题、地理格局问题。

4.1　地理连接问题

聚落（包括乡村聚落）与外界如何连接，也即人类社会如何与外部世界互动一直是人类学关注的核心话题之一。概括来说，聚落与外界连接的方式包括但不限于交换、贸易、宗教、信仰、婚姻与战争等。早期人类学学者（主要是结构功能主义学者）的研究大都围绕这些命题展开。对相关研究成果的结论进行梳理后发现，乡村聚落及其经济活动大多发生在不同聚落间贸易和交换方面，有些乡村聚落经济行为会受到当地人的社会组织和宗教信仰的影响。但也有例外，比如，在非洲的部分地区，乡村聚落的经济多与部落间的世仇、战争与政治组织等直接相关。近年来，尽管自人类学诞生伊始，乡村聚落与外界的连接就备受研究者关注，但其关注的重点在于聚落与外界交往的形式与内容，对于聚落与外界连接的基本前提和客观载体——交通网络——却并不关注。但交通确实对人类社会的发展至关重要。通常情况下，交通系统的完备程度决定着社会组织的规模和社会结构的形式。交通的发展水平又决定了社会生产的发达程度。原材料的运输、劳动力的组织以及产品的流通，都不能离开交通的作用。而生产技术的革新、生产工具的改良以及生产组织管理方式的进步，通过交通条件又可以成千成万倍地扩大影响，收取效益，从而推动乡村聚落的演进。相反，在交通落后、相互隔绝的情况下，乡村聚落的发展往往受阻。因此，交通的发展程度，在某种程度上可以说全面决定了一个乡村聚落的内部结构。作为生产力决定论者的马克思、恩格斯也曾表达过类似的观点，他们认为，不仅一个民族和其他民族的关系，而且一个民族本身的整个内部结构，都取决于它的生产以及内部和外部的交往的发展程度（其中的"交往"又译作"交通"）。在现代社会中，各种类型的交通工具和交通方式可谓层出不穷，乡村聚落与外界的连接一方面能够促进人流、物流、信息流的交换，为乡村居民的生产生活带来诸多便利,但另一方面便捷的交通、频繁的贸易也意味着聚落自主防御能力的下降,一旦外部环境发生变化,乡村聚落就很容易受到波及。这一点从中国福建省、广东省历史上流传下来的土楼、围屋就可见一斑。

4.2 地理结构问题

考古资料证明,世界上最早的乡村聚落(主要为农业聚落)大约出现在10 000年前的西亚约旦河谷,中国最早的乡村聚落大约出现在距今8 000年以前的黄河中下游地区。一般而言,平原地区最适宜农业发展,农产品剩余较多,对外交换与贸易的需求非常迫切,加上平坦的地形便于道路的修筑,平原地区的乡村聚落对外联系的交通网络往往最为发达。在此类地带,交通网络主要有两种形态,一是以陆路为主的交通网络。例如在中国的华北平原,地表河流很少,修建道路非常方便,乡村聚落对外联系的通道可以不受限制,当地的道路网络往往呈"十"字或"米"字放射状向外展开。二是以水路为主的交通网络。比如长江中下游地区的水网平原,由于商品化程度较高,需要有高效快捷的对外联系通道,当地的乡村聚落通常通过航船与外界进行联系。在山地丘陵地区,乡村聚落的生计方式相比平原地区更为多元化,自给自足的程度很高,与外界交换、贸易的需求相对较小,因而防御性往往是聚落的首要考量。例如赣南、闽西和粤北山区的客家人聚落往往坐落于山间的盆地或谷地,依山傍水,与主干道隔出一段距离,并且为了更好地突出防御,社区内的建筑常常被修筑成极具封闭性的、体量庞大的土楼或围屋。在草原地区,以放牧为主的生计方式效率远低于农业,需要大面积牧场才能支持一个较小的聚落,因此草原上的聚落规模普遍较小,并且相距较远。在草原,马是最主要的交通工具,依靠这种传统社会时期速度最快的交通方式,草原地区的聚落可以很容易地进行长距离对外贸易。此外,在中国乡村市场体系中,传统社会的乡村聚落与城镇之间存在着一种六边形的空间结构,在将中国的乡村与城镇按照市场层级划分为小市、基层市场、中间市场和中心市场之后发现,上述四者之间遵循一种层层嵌套的关系,中心村是周边自然村"中心地",集镇是周边自然村和中心村的"中心地",县城则是周边自然村、中心村和集镇的中心地,每两个层级之间通过相应等级的道路网络进行连接,形成一种"串联式的城乡结构"。

4.3 地理格局问题

费孝通在1945年指出,在农业经济占据主导地位的情况下,传统中国仍然是"被土地束缚着的中国"。自近代以来，随着火车、轮船、汽车等现代化交通工具的出现，各区域之间的时空距离被大大压缩，中国社会逐渐被卷入到全国性乃至全球性的市场体系之中。此外，现代军事科技的革新使得聚落外围的城墙、壕沟彻底失去了效力，工业社会的聚落不再为了对外防御的需要而有意牺牲对外交通的便利。中国近代的工业化、城市化的浪潮极大地动摇了中国"乡土社会"的基础，使得村落社会从相对封闭走向了完全开放。尤其是在改革开放以后，随着工业化、城市化的加速，中国的交通事业取得了历史性的进步，而覆盖全国的现代化、专业化交通网络体系的建成使得中国社会最偏远的村落也被纳入全国性统一市场之中，原有的自给自足状态被彻底打破。中国道路网络的快速发展，尤其是高速公路和高速铁路网络的井喷式发展对中国社会的城乡结构也产生了广泛而深刻的影响。首先，现代化的道路网络，尤其是高速公路和高速铁路网络带来了前所未有的高移动性，成倍地放大了道路的"时空张缩效应"，中国社会不同区域之间的时空距离被极大地压缩，社会交往的空间进一步扩大。其次，对移动速度的追求使得原来完全开放的道路网络开始走向封闭化，无论是高速公路还是高速铁路都是一个封闭系统。相对于其他开放性的道路，这种封闭的道路系统将道路两边区隔开来，只留下少数出口与外部连通。高速道路系统的这种特性带来了严重的"地理区隔效应"，给道路两边区域的交流造成一定的障碍。最后，高速道路系统还急剧放大了道路的"中间消除效应"。在当代社会，中国突飞猛进的"交通革命"使中国社会的时空距离被大大压缩，中国社会城乡结构的中间层级也出现了"扁平化"的趋向。一个明显的事实是，由于高速道路网络的快速发展，资源越来越集中于少数大城市，产生了强大的极化效应，大城市周边区域原有的串联格局往往会逐渐解体，形成以大城市为主导的并联式格局，乡村聚落的传统社会地位"岌岌可危"。

第五节　乡村聚落视角下乡村经济地理的发展趋向

乡村聚落是中国乡村经济地理的重要组成部分，是人类在乡村地域上生产生活的基本空间单元和重要场所，也是人类与自然相互影响和作用的复合社会生态系统。乡村聚落在维持农业发展、乡村资源可持续管理、乡村生态多样性保护和乡村文化传承等方面具有重要价值，无论是乡村振兴还是乡村可持续发展，都需要依托于健康发展的乡村聚落。乡村聚落的发展也是一项系统工程,涉及的内容广泛、内涵丰富,包括经济、社会、文化、生态环境以及乡村聚落空间形态的发展等诸多内容。为了推进乡村聚落的良好发展,必须对乡村聚落的系统特征进行深层次分析和把握。乡村聚落作为乡村地域人类聚居生产生活活动的承载空间,可以看成是一个包含经济、社会和生态子系统在内的复合经济社会生态系统,其发展受到乡村自然环境如地形地貌、水资源以及土壤等条件的影响,也受到区域内乡村整体经济、社会以及制度变迁的影响。在未来,在乡村聚落视角下,乡村经济地理会受到多种因素的影响,并可能朝着不同方向发展和行进。

5.1　基于城乡一体化的乡村聚落体系优化

城乡聚落体系结构的不断优化调整,对中国这个以乡村居民为主体的国家有着重要意义。乡村聚落体系与职能作为乡村聚落地理研究的一个基本内容,相比城市聚落体系的相关研究,目前国内对乡村聚落体系的研究仍较少,在研究中常被忽视。随着国内城镇化水平不断提高,乡村人口不断减少,乡村聚落出现的空心化和扩张无序,以及乡村聚落体系的不合理问题等,已逐渐显现[16]。尽管部分学者针对问题进行了一些乡村聚落体系规划的实践工作,但多数仅限于利用中心地理论指导聚落体系的规划,缺乏一定理论创新。科学合理的城乡聚落体系有利于区域整体发展效率的提升,在当今新型城镇化、城乡一体化和新农村建设背景下,未来的工作应从城乡结合的综合视角,将乡村聚落当作城乡聚落体系中的重要组成部分去统筹考虑其变化发展,将城乡聚落视为一个体系,积极开展符合我国国情的乡村聚落体系和职能的理论和实践研究,建构合理有序的城乡聚落体系结构,促进城乡聚落的统筹发展,为新型城镇化建设与新农村建设提供有力支撑。

5.2　基于工业化进程的乡村聚落演变趋势

从已有的研究发现,受内外部各种因素影响,乡村聚落演变的过程和机理较为复杂,就目前研究现状而言,国内对乡村聚落空间演变机理机制研究仍较少,缺少工业化与乡村聚落之间的互动机制研究。而实际上,工业化深刻影响着乡村聚落。在工业化快速推进过程中,乡村人口减少、农业多功能性等给乡村聚落形态、功能结构等带来较大改变,同时面对国家出台的各项政策与措施,如新农村建设、乡村居民点整理、乡村土地流转、新型乡村社区建设、户籍改革、城乡统筹等,都对乡村聚落产生了各种影响。因此,继续重视分析工业化阶段乡村聚落演变的研究与实践,对未来乡村聚落的发展演变趋势进行预测和开展前瞻性分析，使乡村聚落发展能够与社会经济发展和国家政策要求相适应，是乡村聚落研究需要重点解决和高度重视的一个课题。在未来，一是要针对国家对乡村发展的各项改革和政策，针对乡村工业化发展过程中各种要素的互动加强和城乡相互影响不断增强的现实，从城乡互动和区域一体化视角，做好乡村聚落演变过程、阶段、动力机制、驱动因子以及演变趋势的预测，通过研究乡村聚落的演变规律特征，探索乡村聚落未来的演变方向和发展趋势，以建构聚落调控与发展对策体系，促进城乡聚落有序发展。二是重视基于农户等微观视角的乡村聚落演变研究。随着工业化对农户经济和社会行为的影响加深，农户等微观主体对乡村聚落的影响越发重要，基于"农户""家庭"等视角，研究工业化对乡村聚落演变的相关影响，这将是未来新的研究和实践方向。

5.3 基于社会转型的乡村聚落重构

近年来，在乡村城镇化、工业化、政府调控等外部因素和乡村聚落自身社会经济文化等内部因素的影响下，我国乡村聚落进入功能转型和空间加速重构的关键期，同时我国又是一个自然灾害频发和大型工程建设较多的国家，灾害重建工作、工程移民以及生态移民也在重构着新的乡村聚落。在此背景下，乡村聚落重构将成为今后国内乡村聚落地理研究的主要内容。聚落重构将面临着新的人地关系协调、社区重组、聚落生态等问题，在"工业反哺农业"、新型城镇化、新农村建设以及美丽乡村建设等背景下，如何因地制宜地重构乡村聚落，完善乡村聚落的公共服务体系、生产、生活、生态、交通等聚落功能，重构合理的乡村聚落生产、生活和生态空间，以实现城乡一体化发展和美丽乡村建设，将是未来乡村聚落转型重构的现实要求。因此，在宏观尺度方面，应加强区域乡村聚落体系的重构和聚落空间组织的重构研究，注重区域聚落体系的协调和空间布局重构的科学规划。而在微观尺度上，应关注乡村聚落的景观生态环境和社会重构等问题。此外，农户行为和地方因素对乡村重构的影响也会越来越明显，在研究和实践中，也要关注聚落居民的态度、村域产业、资源禀赋、地方政策等对聚落重构的影响，在国家、地方和农户的综合视角上，关注社会转型期乡村聚落重构及其乡村经济治理等问题。

5.4 基于区域差异的乡村聚落分异

重视区域差异与尺度差异，是地理学研究提倡的理念。目前，我国处在经济社会发展的转型期，乡村聚落研究呈现出的问题复杂多样，处在不同社会经济发展水平的区域、具有不同价值尺度的地域、不同地域类型的区域,其乡村聚落的自然地理环境、发展阶段、空间特征、等级体系及其演变都具有区域性和阶段性特点。同时,因其自然环境、土地利用方式、生产力水平、交通通达性、聚落规模和密度、社会化组织与文化观念的不同,它们之间演化规律存在较大差异。因此,应针对我国社会发展和地理环境的较大区域差异性,基于不同经济区、自然区、政策区和不同研究尺度,根据具体情况重视对不同发展水平、不同尺度和不同地域类型的乡村聚落进行研究和实践,积极探寻不同类型乡村聚落变化中的内部规律及其形成机理,并提出相应的发展调控模式。同时,要加强不同尺度和类型区域乡村聚落研究的横向和纵向分析比较,采取有效方法、依靠基本原则、选取关键指标,对乡村聚落分异进行归纳总结,加强乡村聚落发展的普适性研究,以完善和丰富乡村聚落体系。

本章小结

乡村聚落作为人类聚居的空间载体,本身就是一种空间现象,因此乡村聚落的空间问题研究一直是乡村经济地理的重要关注点。其中,乡村聚落空间研究是对乡村聚落的地域空间属性特征的表达与规律的探寻,其内容包括乡村聚落的空间功能、空间过程、空间结构、空间尺度等方面。自中国共产党成立以来,针对乡村聚落的研究就一直没有停歇,中华人民共和国建立之后,经济社会各项工作相继展开,乡村聚落因此进入一个全新的发展时期。随后,伴随着中国新型城镇化与新农村建设战略的推进,乡村经济与社会面临着急剧转型,未来形势下,什么样的乡村聚落空间组织形式才能更好地发挥聚落职能、乡村聚落空间的有机更新应当如何进行等问题都亟待解决。鉴于此,本章从聚落与乡村聚落空间的概念出发,依据乡村群落的区位集聚理论,分析了乡村聚落的组成要素,然后从国外和国内两个层面,探讨了有关乡村聚落的研究与实践问题,并针对聚落空间下乡村经济地理关键问题——地理连接问题、地理结构问题、地理格局问题——进行了阐述,最后分别基于城乡一体化、工业化进程、社会转型和区域差异,给出了几种乡村聚落视角下乡村经济地理的发展趋向。经过本章的梳理、研究和归纳之后发现,乡村聚落作为乡村经济地理的一个重要组成元素,和以人类活动为主导的"社会-经济-自然"复合空间系统,在中国经济社会发展过程中一直扮演着重要角色,农民则是中国乡村聚落的重要构成要素和主要调控者。在以人为本、以农民生活质量为导向的乡村聚落空间优化和乡村经济地理优化中，需要将乡村聚落置于涉及社会、经济、资源和环境等诸要素的复杂系统中，通过开展多学科交叉的综合研究，建立起综合性的分析框架。比如，可以将乡村聚落和区域经济发展结合在一起，充分考虑乡村聚落的产业发展和经济转型，综合运用新技术、新方法、新工具，探索新的、合理的针对乡村聚落优化和乡村经济地理的计量模型，对乡村聚落进行研究和实践，为新农村建设规划和乡村经济地理优化提供科学依据。

参考文献

［1］李红波，张小林.国外乡村聚落地理研究进展及近今趋势[J].人文地理,2012(4)：103-108.

［2］Nigel Thrift,Rob Kitchin. International Encyclopedia of Human Geography[M]. Elsevier Science & Technology,2009：429-441.

［3］雷振东.乡村聚落空废化概念及量化分析模型[J].西北大学学报(自然科学版)，2002,32(4)：421-424.

［4］陈宗兴,陈晓健.乡村聚落地理研究的国外动态与国内趋势[J].世界地理研究，1994(1)：72-79.

［5］Neil M Argent,Peter J Smailes,Trevor Griffin. Tracing the Density Impulse in Rural Settlement Systems：a Quantitative Analysis of the Factors Underlying Rural Population Density Across South-Eastern Australia［J］. Population & Environment,2005,27(2)：151-190.

［6］Marjanne Sevenant,Marc Antrop. Settlement Models,Land Use and Visibility in Rural Landscapes：Two Case Studies in Greece［J］. Landscape and Urban Planning,2007,80(4)：362-374.

［7］Michael S Carolan. Barriers to the Adoption of Sustainable Agriculture on Rented Land：an Examination of Contesting Social Fields[J]. Rural Sociology,2005,70(3)：387-413.

［8］Sergei Shubin. The Changing Nature of Rurality and Rural Studies in Russia[J]. Journal of Rural Studies,2006,22(4)：422-440.

［9］Vanessa Burholt,Dawn Naylor. The Relationship Between Rural Community Type and Attachment to Place for Older People Living in North Wales, UK［J］. European Journal of Ageing,2005,2(2)：109-119.

［10］Peter J Smailes,Neil Argent,Trevor L C Griffina. Rural Population Density：Its Impact on Social and Demographic Aspects of Rural Rommunities[J]. Journal of Rural Studies,2002,18 (4)：385-404.

［11］Aileen Stockdale. The Diverse Geographies of Rural Gentrification in Scotland［J］. Journal of Rural Studies,2010,26(1):31-40.

［12］Sanjay K Nepal. Tourism and Rural Settlements Nepal's Annapurna region［J］. Annals of Tourism Research,2007,34(4):855-875.

［13］何仁伟,陈国阶,刘邵权,郭仕利,刘运伟.中国乡村聚落地理研究进展及趋向［J］. 地理科学进展,2012(8):1055-1062.

［14］王露璐.若干经典理论对乡村经济伦理研究的资源意义［J］.伦理学研究,2007 (1):74-78.

［15］马仁锋,金邑霞,周宇.自然地理视角中国乡村聚落研究动态［J］.上海国土资源, 2019(1):6-12.

［16］朱晓翔,朱纪广,乔家君.国内乡村聚落研究进展与展望［J］.人文地理,2016(1): 33-41.

第三章　乡村经济与乡村经济地理

　　自中国共产党成立以来，即从 20 世纪 20 年代初开始，世界范围内的乡村空间布局就出现了明显的乡村产业集群和乡村经济地理集聚现象。随着农业规模化和集约化经营的发展，各种农作物生产的地理集聚趋势不断增强，并成为中国乡村经济空间布局的显著特征。由此可见，农业产业集群和乡村经济地理集聚的发展，是推进乡村经济结构战略性调整和优化升级的重要步骤，是提高乡村综合生产能力的重要路径，以及提高乡村经济资源配置效率和利用效率、发挥区域比较优势的重要举措[1]。自中国共产党成立到中华人民共和国建立的几十年中，政治目标"倒逼"乡村经济政策的选择，而国内外形势的变化则大大深化、修正了政策的内涵，使之更加适合乡村经济的发展实际；自中华人民共和国建立到改革开放时期，重工业发展战略"倒逼"了乡村经济政策的择取，自然在乡村经济政策的推行中偏好农产品向城市的集中，并通过"城乡二元性"阻隔农民进城（虽然是隐性的）；从改革开放到今天，民生工业化策略"倒逼"乡村经济政策的取舍，党和政府在乡村经济政策的走向上无形中选择对劳动力、资金、土地等要素向城市转移的策略；同时，和谐社会目标"倒逼"乡村经济政策的取向，使党和政府正视日益严峻的三农问题，提出了新农村建设目标，推行了"多予、少取、放活"的策略。由此可知，在过去的 100 年间，乡村经济政策取向十分注重乡村经济的可持续发展，意在通过增加农民收入、缩小城乡差距，加快城乡一体化进程。当然，这一进程并非一帆风顺，乡村经济地理也会受到各种各样因素的约束，仍然还会遇到传统政策择取思维的影响。接下来，就以此为视角，对乡村经济与乡村经济地理的关系问题进行分析和探讨。

第一节　早期乡村经济地理对"乡村经济"的关注点

　　乡村经济地理变迁一直是中国历史变迁的主体内容，乡村经济发展模式和经济行为从更深层次代表了中国历史的传统[2]。以此,将"乡村经济"问题置于乡村经济地理发展进程中加以审视,有助于厘清乡村经济社会发展的形势与演变的趋向,认清其时代特征。为此,有必要对早期的乡村经济地理进行必要的梳理分析,以了解和明确其关注点,为乡村经济地理要素流变和谱系优化提供可以借鉴的信息。

1.1　乡村土地关系

土地是乡村经济的基础,是农民生存发展的第一要素,也是近代乡村经济地理需要研究的核心问题,历来受到学术界关注。自近代以来,允许私有土地买卖一直是中国土地制度的特色之一。在土地是否自由买卖的问题上,在 1927—1937 年的农业恐慌中,全国各地的农产品价格下降严重,地价也随之下跌。当时,经济的不景气与沉重的赋税负担叠加,让农民不得不出卖土地以度日。但地主、商人等富户在当时同样不看好投资土地,地价下跌和土地买卖萧条并存,导致自耕农占地零细化与无地化程度越来越严重,加之中小地主普遍衰败甚至破产,大地主、城市地主开始急剧膨胀,致使全国地权出现了恶性集中的情况。其间,在恶劣的自然环境的冲击下,造成了人口的大量死亡,导致关中地区的人地关系持续恶化,也让当地较早出现了所谓的"自耕农社会"。一个基本的事实是,地权分配是土地问题中的核心问题,决定着乡村生产关系、利益关系以及社会关系的基本走向。长期以来,在学术界有这样一类估计似乎能够说明当时社会的状况,即占乡村人口不足 10%的地主富农阶层,占有 70%—80%的土地面积,而占乡村人口 90%以上的雇农、贫农、中农,只占有不到 30%的土地。因此,在后来的土地分配、土地革命、土地改革中,尤其是在中华人民共和国成立之后的多次针对乡村土地进行的各项改革和创新实践中,都针对相对分散的地权格局进行了"大刀阔斧"的改革,让地权分配处在了一个不断变化的动态过程之中。也正因为如此,土地越来越成为乡村经济以及乡村经济地理的关注焦点。

1.2　乡村手工业

乡村手工业是乡村经济的重要支柱。早在中国共产党成立之初,学界就强调外国商品倾销,会对我国乡村手工业造成破坏,希望借此证明帝国主义经济侵略的恶果,以及不得不重视的乡村经济危机问题。近年来,越来越多学者从不同方面对我国乡村经济体系中的手工业进行了不同层面的探讨[3-6]。一直以来,手工业与民族工业之间都存在着一种互补关系,并主要表现为以下几种形式：结构性互补、关联性互补、水平型互补、劳动性互补。通常认为，这种互补关系是近代手工业长期存在的关键因素。早在中国共产党成立初期，就已经形成了工业化进程中的机器工业和手工业并存的二元模式。在那之后，国民政府对手工业采取了鼓励、扶持等措施，产生了积极效果，当然，局限性也十分明显。在当时，依托上海的内外贸易枢纽港地位，江浙一带的乡村手工业在面临洋货倾销时，能够通过调整生产结构、优化流通渠道、调整市场取向等操作，较快实现生产转向——转而依附于直接和世界资本主义市场沟通的进出口贸易，这就避免了手工业(尤其是棉纺织业)的衰败。需要承认的是，在20世纪30年代初期，中国的乡村手工业处于兴盛和衰退并存的状态，一方面，乡村手工业在农民家庭经济中发挥着日益重要的作用，极大促进了农业生产的商品化、近代化；另一方面，此时的乡村手工业受到工业化发展的影响，经常被视为乡村经济危机和乡村经济破产的证据之一。对于这一问题，有关学者对当时浙江一带尤其是湖州地区的蚕丝业进行了研究，认为即便当时的生产力、生产关系都处在了动态调整之中，但该行业依旧保持着家庭副业和家庭手工业的"姿态"，并未发现手工业向机器工业转变的证据。在此期间，中国华北地区乡村手工业也快速发展和壮大，但结果是并未引发其中任何行业分工的发展，也没有引发生产目的、生产方式的变革，更没有为近代工业创造条件。但另一个事实是，中国乡村手工业在历经了20世纪20年代之后长达一百年的发展之后，在很大程度上推动了中国乡村经济的发展和进步，并优化了乡村经济地理结构。即便到了21世纪的今天，中国乡村手工业依旧成为助力乡村振兴、开展精准扶贫(以产业扶贫为主)、传承中华民族优秀传统文化、弘扬非物质文化遗产的重要抓手。

1.3 农业经营及生产

自近代以来，尤其是20世纪20年代初期以来的半个世纪中，在中国农业经营规模方面，主要分为小农经营与经营式农场两种类型。但是，受到现代范式的影响，很多学者和业界人士认为，小农经营是一种封建落后的生产方式，而经营式农场代表的是先进资本主义生产方式，对小农经济进行了"天然的批判"。到了改革开放之初，对这一问题的分歧讨论越来越激烈。实际上，在过去的一百年中，不是所谓农民主义阻碍了社会发展，而是具有发家致富本能的农民主体，由于长期被空想的平均主义所改造，制约了乡村经济的进步。与经营式农场相比，小农家庭生产的灵活性、积极性更高，更具主动性、多样性，也更能适应商品经济与市场化发展。而之所以会产生这样的后果,一个主要原因是人口压力较大,让土地逐渐呈现出了零细化的趋势,通过租佃制既可以整合土地也可以"整合人口"。在这一问题上,自中国共产党成立以来的苏南地区[文化意义上的"苏南"和经济意义上的"苏南"不同,本书特指后者,即苏州、无锡、常州、南京、镇江(南京、镇江属于江淮文化区)等地区,总面积 27 872 平方千米,占江苏省土地总面积的 27.17%,其中平原面积占苏南土地总面积的 50.45%,山丘面积占 28.40%,水域面积占 21.15%。该地区人均 GDP 接近发达国家水平,所有县(市)都进入全国综合实力百强县行列。江苏除"苏南"以外地区,在本书中同视为"苏北"],其乡村经济发展以粮为主,通过种植业或者种植经济作物的形式提升了当地乡村经济发展水平。同时,当地居民(尤其是农民)通过从事工业或手工业,让收入差异不断加大。其结果是,大量苏南乡村劳动力开始加速向其他行业转移。由此可见,单就苏南地区而言,当地农业经营规模越来越趋向分散,并非受到小规模经营优于大规模经营的影响,而是因为当时中国广大乡村地区,出现了农民人口、劳动力相对过剩的局面——在人多地少的情形下,小农经营具有了必然性和合理性。这也可以证明,即便到了 21 世纪的今天,中国传统小农经营依旧具有社会价值。当然,值得注意的是,这种乡村经济的特殊模式,正遭受规模化生产的冲击。其中的一个重要佐证因素是,小农经营属于人多地少条件下的农民被动选择,即便这种经营方式在当时社会条件下产生了较高土地出产率,也为维持大量人口生存作出了贡献,但也是劳动生产率较低的"不得已"的生产方式,这种生产方式一直与贫困相关联,同时会导致生态环境的恶化,其不合理的一面也不应回避。同时,这种生产模式并不代表先进生产力,也无法成为今后中国乡村经济的发展方向。尤其在乡村振兴战略、新农村建设的推动下,为了提升农业生产综合水平和粮食产量,需要通过农村集体所有制改革和土地流转等方式,盘活或者激活乡村经济活力,在优化乡村经济地理中的人口、产业、土地(耕地)、交通等要素的同时,全面提升乡村经济发展潜力和发展动力。

1.4 乡村工业

在中国共产党成立之初,即在 20 世纪 20—30 年代,中国的农业生产形势较好,粮食总产量有所增长,亩产也持续上升,大致恢复到了清盛世的水平,甚至还略有提高,但是人均粮食占有量却大幅趋减,乡村经济发展无疑是落后的。为了改变这一状况,部分先进人士(包括当时很多共产党员)对中国长期实施的以小农经济为主体的乡村经济模式进行了思考和实践。

一方面,他们充分考量了小农经济制度的基本特征,肯定了小块土地所有制生产对满足自家消费需求的作用,也主张在发展小农经济的过程中,借助已经高度发达的手工业,继续发展乡村工业。但这一主张的推行需要解决一个"棘手的问题"——中国乡村手工业在乡村经济中长期处在从属位置,农户中的主要劳动力往往配置在土地耕作方面,只有辅助劳动力才配置在乡村手工业方面。更为重要的是,在传统乡村手工业中,从业成员一般都是妇女、老人甚至儿童(在当时,受到特殊环境的制约,儿童参与手工业生产和销售并不受限)。但是到了20世纪30—40年代,中国小农经济体系商品化的速度明显加快,让商品化程度较之过去一段时间大大改观,中国的小农经济已经不再是封闭式的自然经济,正值当时乡村劳动力大量过剩,一些旧式商业资本可以雇佣廉价家庭农场劳动力,使之参与乡村工业生产。其间,商人耗去了一部分可能投入农业的资本,也占据了一大部分可以支撑现代工业的市场。如此一来,巨大的人口压力和牢固的传统社会结构结合在一起,在维护中国落后的小农家庭经营生产方式的同时,推动了乡村经济资本主义化的进程,一些规模化的、以工为主的乡村手工业者开始进入工业领域,现代乡村工业从零星出现到大规模出现,只经过不到十年的时间。但好景不长,在侵略者的打压下,我国很多现代工业企业,尤其是东南沿海一带的现代工业企业惨遭摧毁,在中国乡村社会中兴起并逐渐走向繁荣的现代机器工业,被复杂的政治、军事局面中断,传统乡村农耕结构被迫解体,自然经济向商品经济转化的势头被遏制,工业生产率也没有得到较大提升[但有分析认为,当时的手纺纱业(主要分布在江浙一带)生产却奇迹般地得以恢复]。

第二节　近期乡村经济地理对"乡村经济"的关注点

乡村社会学研究关注乡村社会变迁,乡村经济地理则注重从地域分布、空间分异等视角分析乡村经济问题[7]。随着乡村社会的演进和相关交叉学科的发展,针对乡村经济的研究内容出现了交叉重叠的现象,乡村经济地理就是针对乡村经济发展过程中出现的地理现象,以地理学视角对其进行分析——在时间上,以乡村经济变迁为主线,在空间上,以经济现象在乡村地理空间中的分布和分异规律为内容。在世界范围内,有关的乡村地理学的发展较早,在第二次世界大战结束之前,研究内容就已经涉及对乡村聚落的历史分析(包括乡村聚落的起源、结构与类型,这在第二章中已经进行了充分阐述)、土地利用等方面,同时也开启了对乡村经济现象的研究。其中,有对乡村社区、乡村土地利用形态、乡村道路网络的研究,也有对农舍、村落及各种农业活动的实践,更有对城乡关系、乡村规划及其引发的文化景观变迁、乡村经济空间格局重塑的探讨。到了 21 世纪的前20 年,随着研究和实践的深入,与之有关的内容逐步扩大到了包括乡村经济地理的许多方面,甚至包括乡村人口结构、人口迁移和就业、居住场所、城乡之间的相互作用等。

2.1 乡村社区

虽然针对乡村经济地理进行的研究涉及地理学与社会学的交叉地带,但最先研究乡村社区的是乡村社会学家。罗吉斯和拉伯尔(1967)认为"社区是一个群体,它由彼此联系具有共同利益或纽带、具有共同地域的一群人所组成",二人主要研究乡村社区变迁、类型、边界、权力机构及发展趋势[①]。在此之后,国外有关乡村社区地理的研究内容主要包括以下方面。

(1)乡村社区变迁及机制研究,这一直是乡村社会学的研究重点,而乡村经济地理善于从经济发展的角度寻求乡村的时空变化规律,近年来的此类研究不断增多。比如,瓦伦丁和凯特(2014)就在其论著中,对乡村社区变迁进行了描述,并试图寻求其内在机制。

(2)乡村社区空间分析,这是乡村社区地理的核心。莫尔蒙(1989)认为,乡村可以体验一种与城市生活截然不同的社会物质空间。而如果从乡村政治经济学中积累与消费的观点出发,就会发现乡村空间的多重作用,且非城市空间的存在对于乡村空间本身的再生产也是必要的。

(3)乡村社区可持续研究。在这方面,斯科特等(2012)基于在新西兰北部的调查,发现种族、阶级和职业结构的不断分化给"可持续的乡村社区"带来复杂性,并建议"可持续的乡村社区"应被划入民族范畴,而乡村经济地理中应采用更为宽泛的经济可持续发展能力指标,以此对乡村社区的发展水平进行衡量。英国学者麦克·肯奇(2014)对乡村社区和可持续性也进行了深入探讨,认为乡村经济发展是乡村社区的重要支撑,也是乡村经济地理优化的题中应有之义。

(4)社区文化与制度变迁研究。在以往的研究中,乡村社区文化经常

---

① 乡村社区是地理学研究社会的切入点,是乡村生活最重要的特征,它促进了乡村地理学的社会化。同时乡村由于存在不同层次的发展实体,因而能够较好地展示社区的演化系列,甚至可以"通过社区来寻找到乡村性"(里平斯,2008;利特尔,2009)。

被忽略，但近年来逐渐受到人们的关注。相关成果表明，不应让世俗社会代表乡村、法制社会代表城市，而是应将社会看成一个整体，乡村社区的大众文化在被城市化的过程中，有必要保持其原貌。

（5）乡村社区与产业的联系。在这方面，约瑟夫(2011)研究之后发现，新西兰两处地方农业与乡村社区之间存在联系，在乡村社区内部各阶层间和内部与外部之间都存在冲突，甚至存在贫困和与之相关的系列问题。因此，对乡村经济地理问题进行研究与实践，需要充分借助社会学和地理学的知识，在更广阔的社会学视角上，对其进行全面审视。

2.2　城乡关系

城乡关系涉及城市与乡村的诸多方面，其研究一直是乡村经济地理学（特别是在20世纪70—80年代）的研究重点之一[8-10]。在现代社会中，城市和乡村的对立现在已经逐渐成为过去，城乡之间的差异与界限日益模糊。尤其随着社会及经济的发展，出现了新的城乡关系，也促进了对新城乡关系的研究和实践。近年来，有关城乡关系的研究主要集中在城市对乡村的作用、乡村对城市的作用，以及城乡结合可能产生的效应等。具体主要表现在以下方面。

（1）城乡关系变迁与乡村连续体。在这方面，克洛克(2002)借助16个变量对城乡分界点问题进行研究，得出的结论是，在乡村经济地理要素流变中，不存在重要的自然分界点，这在很大程度上支持了"城乡连续体"的说法；而近一个世纪的乡村经济发展实践也表明，城乡之间由于存在相互依赖的工业化模式，使得乡村经济在城乡关系发生变化时，也进行着动态调整。

（2）城乡人口迁移。人口是乡村经济地理的关键要素（这在第五章"胡焕庸线与乡村经济地理"中会进行重点分析），因此城乡人口流动是始终贯穿城乡关系发展和乡村经济发展的主线。比如，奥达斯(1990)在对加拿大城乡人口迁移问题进行研究后发现，乡村移民的方式、迁移前后环境变化等都能够表明，乡村人口变动会对劳动力市场造成直接影响；而库克和克里斯托弗(2009)的研究则表明，以特定的量化指标对城乡间的人口迁移速度和发展进行考察，就会发现城乡关系协调和制度创新能够以一系列正式或者非正式的形式进行，但无论何种形式，都会最终协调城乡各主体之间的关系。

（3）城乡隔离及重构。在乡村经济地理要素流变中，很多国家（包括20世纪20年代之后30年的中国）都希望通过新的方式（比如新的人口流动政策等）对城乡之间的关系进行重构。事实上，城乡关系的改变与乡村经济发展之间长期存在紧密关联,这一点在后续章节会详细阐述。

2.3 乡村规划

乡村规划概念源自迈克哈格(1969)、西蒙兹(1978)和刘易斯(1998)提出的大地景观概念和规划。乡村景观规划指的是在综合大地景观和乡村人居环境理论的基础上,对乡村区域进行的综合景观规划设计。目前,乡村景观研究是景观科学和景观规划研究的一个前沿领域,往往综合景观规划学、景观地理学和景观生态学加以研究,主要包括以下方面。

(1)乡村景观演变的动力机制研究,无论对于生态学还是地理学,分析景观格局和动力机制是景观研究的一个主要目的。其中,经济、人口和环境是三个重要的驱动力,它们在三维组合、重构中能够构建新的乡村景观。其间,作用于区域的最重要的驱动力是移民,流动人口的力量能够转变区域的社会文化景观。同时,在对乡村景观格局进行分析之后能够发现,导致乡村景观发生变化的主要动力来自三方面:农业耕作的增强或废弃、城市化对景观构成的改变、地方保护政策的作用等。

(2)乡村景观规划——这是人类与环境之间关系的调节工具。在世界范围内,乡村景观规划研究始于20世纪50—60年代,开展较早的主要是欧洲一些国家,这些工作对世界农业与乡村景观规划起了很大推动作用。而之所以如此,是因为乡村景观规划不仅要提供一个健康的城市环境,也要提供一个受保护的乡村环境,但在经济社会快速发展的今天,乡村景观规划面临着文化景观发展带来的巨大挑战。

(3)乡村景观与人、文化、建筑等主体间的相互作用。文化景观是物质与精神的融合,针对乡村景观的感知处在文化维度上。因此,为了让乡村经济保持可持续发展,必须对乡村建筑区(比如乡村聚落中的传统建筑)进行保护,通过自然平衡或者和当地社区的联合、和当地历史传统的结合等操作,完成对乡村经济的引导和促进。

(4)不同国家、不同类型乡村景观的对比。在与乡村景观视觉质量有关的要素中,乡村产业、人口分布、交通状况等都会对其产生影响,同时,影响的层面主要有乡村景观的视觉(形态)、感知(内涵)和经验(功能)等。

2.4 乡村社会及其他

乡村经济发展的不同阶段伴随着不同的社会问题,国外不同学科学者对相关研究一直十分关注。地理学者对乡村经济问题的研究视角,主要集中在经济问题对乡村空间布局与演化的影响和所产生的问题等。(1)乡村区域各主体间的冲突，包括村内部各阶层间的冲突及乡村与外部进入者间的冲突。(2)贫困与就业，这是乡村最古老的话题。在乡村的贫困问题上存在一定争议，部分学者将乡村生活描述为田园诗画，一定程度掩盖了贫困农民的生存问题，因此，需要通过政策提高乡村经济体系的收益、增加农民收入等。(3)不可进入性。对于主流乡村地理学者和规划者来说，可达性被看作理解乡村经济发展的重要突破口，这种关注已在近来大量的著作中体现出来，主要分为"自然不可进入性"和"社会不可进入性"两种。(4)"特殊的"乡村经济发展问题，主要包括一些较少受人关注但需要引起人们关注的问题。在乡村社会中，人们的实际境况与乡村表面上平静的生活不一定相符，包括乡村住房、老龄化和社会保障等问题，都值得关注，所有问题都有待解决。在中国过去的一百年中，上述问题都一直存在着，虽然在不同地区存在较大差异，相关的研究和实践也有所不同①，但有一点是需要明确的，即伴随着21世纪经济地理学的再次转型，乡村经济地理会呈现出明显的文化和后现代转向，而这也是未来一定时期乡村经济地理需要重点关注的主流方向。

第三节　乡村经济地理变迁历程

"乡村经济地理与乡村经济发展"是地理学与经济科学研究具有显示度的重要领域之一。中国现代地理学的奠基人竺可桢先生曾强调，地理学要为国民经济建设服务，特别是要为农业生产服务[11, 12]。进入21世纪，吴传钧先生强调，随着形势的发展，地理学更应为农业、农村和农民服务。近半个多世纪以来，在老一辈地理学家周立三、黄秉维、吴传钧、邓静中等先生带领下，按照任务(项目)带学科的模式，促进了乡村经济与乡村地理学科的发展。近几年来，中国乡村经济地理与乡村经济发展研究在面向国家战略需求、研究解决三农问题方面，取得了很多有价值的科研成果。同时，这一领域的研究和实践也极大促进了中国农业和乡村经济地理的发展，提升了专业人才培养质量，也为国家经济建设、资源合理高效配置、新农村建设战略决策的顺利推行，作出了突出贡献。经过梳理，基于乡村经

---

① 除上述几方面的研究外，国外乡村地理工作者对于影响乡村发展的政策制度、热点问题及突发事件等也有相应的研究。如杜赞奇从国家政权建设的角度，探讨了随着国家政权力量的渗入，乡村社会权力结构的变迁，并提出了一个具有综合性的分析模式——文化网络；麦基也探讨了全球化与发展中国家的城乡关系，等等。

济发展的乡村经济地理变迁历程主要体现在以下方面。

3.1 中国共产党成立之初——近代乡村经济地理的兴衰之辩

20世纪20—30年代,正值中国近代史仍在行进之时,在"复兴乡村"和革命兴起的时代背景下,部分学者对中国乡村经济进行了大量调查和研究。在当时,最具影响力的主流意见是,认为中国近代乡村经济处在衰落和崩溃的边缘,农民生活入不敷出且日趋贫困,甚至认为中国乡村经济已经陷入极端严峻的危机之中。正如陈振汉所言:"今日乡村经济崩溃,与古代盛世恍若隔世。"陈翰笙也曾断言,中国沦为半封建半殖民地以后,农民的生活状况和经济地位还不如在纯封建制之下。在梁漱溟看来,自民国以来,中国乡村日趋破败,农民的日子大不如前。此外,部分学者以20世纪30年代为节点,来判断中国乡村经济的崩溃事实。千家驹指出:"近几年(中国)乡村的状况,一年不如一年,乡村经济日趋崩溃,农民生活日渐贫乏。"此外,其他学者也多发出了"中国乡村经济业已崩溃"的言论。而事实也确实如此,当时之中国乡村,荒地面积增加,农产收获减少,农民收入降低,所有这一切都表明中国乡村经济正在走向破产。可以肯定的是,以上学者尽管学术背景不同,但对同一问题的看法却基本一致。而所有这些看法,都是基于20世纪20—40年代中国乡村改革乃至革命的事实,这成为后来中国乡村经济发展和乡村经济地理的思想基础。虽然早在中国共产党成立之初,就已经在思想和行动上接受了马克思主义的指引,但在当时的学术话语中,受阶级意识惯性的影响,很多做法还有悖历史实际。所以,当时动荡的政治与社会环境,使得针对中国乡村经济地理的判断——无论是衰落说还是改善说——只能是基于中国近代乡村经济的短期现象所做出的判断,缺乏长时期的整体研究,这显然降低了探讨问题的深度。

3.2 中华人民共和国建立之初——乡村经济地理的首度变迁

在中华人民共和国成立之前的一段时间,有关乡村经济地理的研究集中在"两派",一派是农业技术派,持"传统"思想。另一派是分配派,影响更大,致力于马克思主义学术与中国乡村经济发展实际相结合的研究。后者与乡村技术派相对立,侧重从生产关系角度进行分析,认为帝国主义的侵略和中国封建势力的压迫剥削导致了中国乡村的破败。在中华人民共和国成立之后,1950—1970年,在反帝反封建的革命史观的指引之下,中国学界对乡村经济地理问题的研究,大体延续了20世纪20—30年代的主流意见,形成了很多规范性认识[13]。在这一时期,中国针对乡村经济发展的问题开始了思想的破冰之旅,学界逐渐冲决了传统的认识格局,对中国近代乡村经济的演变趋势进行了比较深入的讨论,主要形成四种意见。

第一种意见属悲观派,基本上承袭了一直居于统治地位的传统看法,也即中国乡村经济和农民生活继续处于衰落与恶化的趋势。如果说20世纪80年代之前,主要是受到政治意识形态的影响,而此后则除了政治理论宣传之外,更多是从学术角度坚持此说。近代史上生产的低落、逆转,是中国人民被侵略受剥削、动乱日剧的情势下不可避免的结果,这一点在中华人民共和国成立之后的几十年中得到了极大改善。第二种意见与第一种有些相似,但又有区别。中国近代农业总产量是增长的,但人均产量又是下降的。从整体趋势上看,从中华人民共和国成立一直到改革开放之前,基本上是一代强过一代,绝大多数农民的生活在不断向好。越来越多富裕户的生活继续上升,各个地区农民各阶层的生活都有不同程度的改善。某些地区的农业收成比较稳定,单位产量有了较大提高,农业生产有所发展。从全国范围看,大部分地区的农业生产都呈现出繁荣趋势,农业收成不断增加,农户贫困问题得到了一定程度的改善。第三种意见相对中庸,即中国近代乡村经济和农民生活处于发展与不发展之中。中华人民共和国成立之后,农业生产力得到了极大发展,发展速度极快,能够越来越好地适应人口增长的大环境。相关研究表明,当时华北地区粮食亩产量持续增加,除个别年份有所减少外,绝大部分年份都粮食供给充足且余粮越来越多。可以说,当时的乡村经济呈现出了过密型的增长态势,有增长而无停滞,人均粮食占有量和劳动生产率持续提升。单纯从这一点看,就与中国共产党成立到中华人民共和国建立这段时间的情形不同,后者的乡村经济发展是没有发展的增长和"没有增长的发展",前者与之截然不同。第四种意见属乐观派,认为中国改革开放之前几十年的乡村经济和农民生活已经具有了良好的发展和改善趋势。到20世纪70年代中后期,已经达到了较高的生活水平。在当时的华北地区,乡村经济取得了显著成就,中国农业产量的提高明显快于人口增长。人口的持续增长和农产量的上升,恰好使农户能够稳步提升他们的生活水平。其间,除了部分年份歉收外,在其他年份都一切正常,农民的乡村生活水平不降反增。

3.3　改革开放之初——乡村经济地理的再度变迁

中国乡村经济地理几经变迁,至改革开放之初,农民收入增长态势越来越强劲,农业产值的增长也呈现出边际报酬递增的趋势。但与此同时,尤其是在1980—1990年的10年间,环境压力和可持续发展理念的提出,导致乡村经济可持续发展成为国内外乡村经济地理学的焦点,并出现了一些标志性的事件。

(1) 农业经济地理丛书及农业地图的编著。在 1980 年前后,《中国农业地理总论》和 21 个省市区的农业地理分论陆续出版,再一次奠定了乡村经济地理研究的基础。这一包括总论、分论的"中国农业地理丛书",是第一套全面论述中国农业发展特点及区域分布规律的大型科学著作,它以"因地制宜、合理布局"为中心主题,系统评价了全国及各地的农业生产条件、特点、水平及潜力,揭示了农业发展过程中面临的主要问题,指出农业发展方向,为全国农业区划和乡村经济地理相关工作的开展奠定了坚实基础。到 20 世纪 80 年代末,中国科学院南京地理与湖泊研究所周立三在总结农学、地理学等研究成果基础上,编写了中国第一部大型的综合性农业科学地图集——《中华人民共和国国家农业地图集》,该图集重点反映了我国农业生产条件、特点与分异规律,以及农业最新科研成果,为合理开发、利用和保护农业自然资源、优化农业布局、制订农业发展规划等宏观决策提供了科学依据。

(2) 农业资源调查与农业区划。从 20 世纪 80 年代开始,在全国农业区划委员会领导下,我国完成了各项农业自然资源的调查工作,据此开展了新一轮的农业区划。到 1981 年,在中国自然区划系统中,将中国分为 3 个大区、14 个自然带、44 个区。之后,周立三先生主持和撰写了《中国综合农业区划》,将全国划分为 10 个一级区,34 个二级区。这一方案的提出,更多关注了中国农业资源合理利用、结构调整、商品生产基地选建及集约经营、生态平衡等问题,被视为有史以来规模最大、范围最广、内容最丰富的区划成果[14]。1989 年,全国农业区划委员会组织和编写了《中国农业自然资源和农业区划》,这一专著的出版进一步展现了各项农业区划的成果,包括农业自然资源区划和综合农业区划,以及各类作物、农业发展社会技术支撑条件区划。

(3) 农业类型与农业布局。根据经验,农业生产的多样化与其显著的地域性是划分农业生产类型的基础。其中,农业类型研究能够揭示农业生产地域差异规律,为农业生产区域专业化和产业空间组织提供科学依据。实际上,自 20 世纪 80 年代以来,我国大量学者开展了全国性的农业类型研究,建立了中国农业类型体系。其间,为促进农业发展并符合因地制宜的原则,地理学者们从自然、经济和生态等层面出发,分析和论证了农业生产空间规律,提出了优化乡村经济地理格局,为促进大农业发展提出了很多建议。比如,针对中国可能出现的粮食短缺问题,地理学者对粮食作物布局及商品粮基地建设给予了更多重视。20 世纪 80 年代的农业区划报告及全国和各地的农业地理专著中,均对粮食作物分布及粮食增产途径等进行了阐述。此外,中国学者们积极开展经济作物及林牧渔业生产布局研究。到了 20 世纪 80 年代中后期,中国农业多种经营模式得到了蓬勃发展。而为了更加合理地利用自然资源,发展畜牧业及渔业生产,专家学者还对中国南方山区草地资源及特定区域渔业发展和布局进行了深入研究,得出了很多有价值的结论。

(4)乡村土地利用研究。乡村经济地理主要研究乡村经济活动的地域差异、要素流变和谱系优化等问题,土地利用是其最明显的反映。土地利用一直是乡村经济地理研究的重点内容。20 世纪 80 年代,地理学者们提出了"地理学要为国土开发整治服务"的主张。在当时,吴传钧主持和编制了《中国 1∶100 万土地利用图》,这被视为世界上首本全国规模的土地利用图集,在分析土地利用图和实地调研基础上,吴传钧还撰写了一部专著——《中国土地利用》,该著作随后成为中国农业发展规划和国土资源管理的科学依据。在土地利用研究实践中,我们逐步形成了土地资源利用和保护需要同步进行的观点,对特定地区的土地资源利用与农业发展给出了具体策略。比如,对于山区农村经济建设问题,有学者指出,中国的山地占国土面积的三分之二,山区土地资源利用与保护理应受到重视。有学者从经济层面分析了山区农业特点,为全国山区土地利用方向和农业生产基地的建设提出了建设性意见。

(5)乡村聚落与乡村经济地理研究。1978 年以来,随着乡村经济形势的好转,农业现代化发展和乡村建房建厂热的兴起,乡村聚落与乡村经济地理研究的必要性被逐步认识并获得较快发展,一批经济地理学专业的专业学者结合典型地区实际情况进行了大量调查研究,其中就重点包括江苏省、河北省、云南省等,在广泛调查和深入研究之后发现,中国乡村经济地理具有区域性、综合性、动态性、边缘性和实践性等五大特点,相关研究内容需要包括乡村资源综合评价和开发利用、乡村经济结构和地域布局、乡村人口职业构成与劳动力转移规律、乡村聚落布局与乡村城镇化、乡村地域类型与功能分区、乡村景观与生态环境、乡村总体规划与国土整治 7 个方面。

3.4 20 世纪末期——乡村经济地理的格局优化

20 世纪 90 年代末期,随着地理学其他分支学科(如城市化、资源环境保护及旅游业等)的发展,以及全球可持续发展战略研究热点的兴起,国内不少地理研究单位和高校地理系转向研究这些热门课题,加上一些人事与机构改革等方面的原因,国内乡村经济地理研究、学科发展和人才队伍建设有所弱化。中国科学院地理研究所(1999 年中国科学院地理研究所与自然资源综合考察委员会合并为中国科学院地理科学与资源研究所,以下简称地理资源所)原农业与乡村发展研究机构在 20 世纪末成为历史,面向国家战略需求的大型专业成果产出越来越少。而这一时期中国三农问题日益严峻,对乡村经济地理的格局优化的需求日益迫切,相关研究与实践主要体现在以下几个方面。

(1)农业资源可持续利用。20 世纪 90 年代初,是对过去十多年全国农业自然资源调查和农业区划研究成果进行总结的关键时期,对农业持续发展与农业资源可持续性的理论剖析获得了新进展。其中,有关农业资源的可持续性评估,以及主要农业资源的利用效率、优化配置、调控模式、可行途径的专题研究,为全国农业资源利用决策提供了科学依据。

(2)可持续农业战略与模式。可持续农业是当时农业和乡村可持续发展重要的领域前沿课题(即便在今天,这一命题依然具有重要的现实意义),中国实施可持续发展战略,农业与乡村是基础和优先领域。在此期间,地理学以其综合性、区域性优势在可持续农业研究中发挥着日益重要的作用。值得一提的是,也正是在这一时期,生态农业作为中国可持续农业发展模式之一受到了前所未有的关注,相关工作的开展在生态农业模式、园区示范、技术推广等领域取得明显进展。

(3)乡村经济结构调整与农业产业化。乡村企业被认为是乡村产业化的载体,针对工厂化农业面临的障碍性问题,部分学者开始着手从主体创新、技术创新、市场创新、扩散创新等方面探讨加强地区创造活力,促进工厂化农业区域创新途径。在对不同地区农业发展的现状及潜力进行分析后,不但进一步完成了农业类型划分与区划,还提出了很多针对各地区农业产业化的发展模式。与此同时,针对农业产业化过程中出现的规模化经营、经济合作组织等模式,以及农业地域类型、地区农业优势产业的确定等,都进行了理论和实证分析,并以国内外贸工农一体化经营地域模式为参照,提出了针对中国乡村经济发展实际的、贸工农一体化的乡村经济发展模式和利益分配新机制。

3.5 21 世纪之初——乡村经济地理的深度变革

进入 21 世纪,中国乡村经济发展步入转型新阶段,面临加入 WTO 后的国际贸易竞争、产业结构转型、全面建设小康社会的巨大变革和挑战,国内的三农问题成为落实科学发展观和关系中国现代化建设全局的重大问题，并上升为全党工作的重中之重。从此，中国乡村经济地理与乡村发展研究再次走上恢复和振兴轨道。近年来，针对乡村经济地理的深度变革和有关乡村经济发展的综合性、前瞻性与系统性研究越来越多，受到了地理学界、经济学界的广泛重视。

（1）乡村工业化与城镇化。实现乡村工业化与城镇化是乡村发展的重要议题。在中国共产党成立之后的几十年中，我国乡村经济获得了快速发展，乡村工业化水平大大提高，同时促进了乡村地区的城镇化。部分地区对综合区位进行了充分考量，"试水"中国乡村经济发展的新模式，并在全国省级尺度内，对乡村经济演进规律和发展差异进行模拟，试图寻找更多、更有效的乡村经济地理优化途径。此外，地理学者对中国城乡结构、乡村城市化界定、乡村城市化机制及调控对策进行了研究，并开展典型地域实证分析，揭示乡村经济发展和城镇化之间的密切关系。值得一提的是，正是在这一时期，小城镇作为中国城镇化的重要类型，受到了人们的关注，很多乡村地区希望通过对中国城市化与非农化水平的相关分析，揭示中国城市化和非农就业水平之间的偏差，希望借此逐步缩小城乡差距。

（2）农业与乡村经济地理的耦合。在世纪之交，可持续农业和乡村发展(SARD)被视为21世纪中国农业和乡村发展的根本战略。在实施SARD计划的过程中，全国上下始终坚持对农业与乡村发展的内在联系性的科学认识。为此，地理学者们重点研究了乡村地区的综合发展问题，并针对当地农业与乡村发展面临的困难，提出了相应对策。其间，有学者针对中国乡村经济区划问题进行研究，出版了相关著作，在很大程度上指导了全国乡村地区的综合协调发展，也有很多乡村地区通过多种形式对乡村经济地理要素流变进行研究，并以乡村经济变迁为主线，开展了针对经济、社会、地理的综合研究和实践，探讨并找到了乡村经济地理空间结构模式和变化规律。近年来，相关工作持续推进，包括乡村居民购物消费、销售农产品空间等级结构、乡村聚落生态环境预警和建设、农户自主发展能力、农户持续增收等在内的各类问题被提上日程，在实践中极大优化了乡村经济发展类型和农户经济模式，调整了农业生产区位和疏通了乡村经济地理的形成演化机理，让乡村地区呈现出了区域乡村关于功能类型和地域空间的全新组织模式。

（3）乡村空心化与空心村整治。在城镇化(或者城市化)快速发展的历史时期，中国乡村地区以宅基地大量废弃闲置为特征的乡村空心化问题越来越突出，一度成为乡村经济社会发展的重要议题。在本质上，乡村空心化指的是乡村人口非农化转移造成的"人走屋空",或者新建住房向外围扩展导致的"外扩内空"的不良过程。在我国,虽然有学者针对空心村及其典型案例的机理进行了探讨与微观分析,也在宏观层面对其进行了研究,给出了相关对策,但与空心村有关的系统理论和实证研究依旧十分欠缺。而之所以如此,是因为乡村空心化并非单纯是由"人走屋空"造成的,它有着更为深刻的内在原因。关于这一点,在本书上篇、中篇的相关章节中会进行进一步的详细论述。

(4)新农村建设问题。随着中国新农村建设战略的提出与推进,相关研究和实践工作得到了政府及学术界的广泛关注,一些大型的国家级基金项目开始落地。比如,针对我国东部沿海地区新农村建设模式和可持续发展问题的研究,就选取了沿海地区新农村建设为研究对象,在调查分析的基础上,给出了实施乡村经济"三整合一提升"的整体发展思路,希望通过空间整合甚至是推行"迁村并点"来提升乡村土地利用效率(对于这一问题,2020年6月,何雪峰等三位学者针对山东省的类似做法发表了不同意见,认为"一刀切"式的撤村、并村不但不会增加乡村居民的获得感,还会降低当地经济发展水平,甚至会导致地方财政破产)。同时,从21世纪初一直到党的十八大之前,针对乡村经济地理进行的组织整合一直如火如荼地进行。一些地区通过建设中心村、乡村新社区的形式促进了乡村城镇化,也优化了现代乡村社区服务体系和管理模式;通过产业整合极大发展了现代农业和股份制企业,在壮大循环经济的同时切实提升了乡村生产力和竞争力。但不可否认的是,一直到十八大之前,制约中国新农村建设的因素还有很多,尤以乡村贫困、区域差异等为主。因此,在21世纪的最初十年中,针对乡村土地利用变化对新农村建设的影响和启示问题的研究与实践已经开启,工业化与城市化驱动下的乡村经济发展也初具雏形,针对乡村经济区域差异的研究越来越深入。

3.6 党的十八大之后——乡村经济地理的全面创新

在2012年之后,以新农村建设为基础,以新发展理念为指导,越来越多与国家战略、乡村内生发展有关的政策措施得以施行,社会主义新农村、农业产业化建设都得以进一步推进。在过去的近十年中,中国乡村经济区域化、基地化和乡村发展的城镇化、产业化倾向越来越明显,在落实科学发展观和"五个统筹"战略指导下,针对乡村经济地理与乡村发展,人们进行了全面而深入的理论创新和学术探索,取得了很多显著成效,为乡村经济地理要素流变提供了有力支撑[15]。面向国家战略需求,中国乡村经济地理与乡村发展领域的创新工作虽然面临诸多更加复杂、更加综合的科学命题，但有针对性的工作也在同步开展，且成效显著。

（1）乡村空心化机理与整治。在这一时期，针对中国乡村人口非农化与就业转移的时空特征的研究越来越多，相关实践也集中在如何解决不同类型区域乡村空心化"生命周期"的问题，通过科学制定空心村整治方案，合理确定了不同类型区域村庄规模、空间组织结构，然后在面向新农村建设、耕地保护和城乡土地统筹配置"三位一体"的长远目标中，开展了区域性空心村整治、并居与还田等创新工作，在运行机制、操作模式、优化路径方面取得了很多显著成效。

（2）乡村地域类型分异与重构。新时代的乡村经济地理与任何时期的情况都不相同，为此，在国家和地方各级政府、企事业单位和科研院所的共同努力下，揭示了新时代乡村经济的空间分异及其主控因素、互动作用机理等，甄别了乡村经济地域类型及其空间组织，研究了不同乡村地域类型主体功能，探寻到了基于主体功能导向的城乡地域系统耦合过程和机制，为重构乡村经济地理"三整合一提升"的空间格局奠定了基础。

（3）转型期乡村系统功能多样性。在中国经济社会处在转型期时，城乡关系也在转型发展。其间，在新农村建设、精准扶贫等相关战略的推进下，乡村经济地域空间分异及乡村生态、乡村文化、空间场所的功能得到了极大拓展，乡村发展也呈现出了系统功能多样性的特征，并在挖掘、发挥其自然资源、生态环境资源、乡村文化资源的过程中，让很多乡村获得了独特优势。

（4）区域农业地域类型新格局。在此期间，通过发挥乡村区域资源优势和主动适应经济全球化、乡村产业分工与城乡统筹的发展要求，中国农业优势区、产业带发展新格局得以初步成型，乡村经济地理要素流动和集聚的机制和规律被重新梳理，大量学者针对中国"北粮南调"等演进轨迹和综合效应等进行了分析评价，探索出了以"大国土、大食物、大农业"为特点的中国现代特色农业发展和乡村经济地理优化新格局。

（5）乡村要素非农化效应和价值得到了显著提升。在城乡均等化背景下，乡村经济地理的关键要素价值越来越显化，增值机制也越来越完善。在过去的几年间，开展乡村经济地理关键要素非农化，对村域、农户尺度下的可持续发展起到了良好效果。在此过程中，学者们对乡村经济地理要素强度和产生的效应进行了系统评估，得出了很多有参考价值的评价结论。

（6）城乡关系与空间结构重构。在新时代中，正确认识和客观评价平等的城乡关系、动态调整城乡关系，科学评判城市和乡村系统的互动机制,具有重要意义。在过去的十几年中,在国家层面上,以资源、环境、产业耦合的视角,通过多种途径对城乡空间进行重构,初步确立了城乡协调发展的整体观,探索出了城乡一体化发展的科学规划与机制创新路径。

(7)乡村发展的动力机制和竞争力的获取。在中国快速工业化、城镇化进程中,乡村经济转型发展正当其时。其间,我国通过推进乡村振兴、城乡协调发展战略,让乡村经济构建起了自组织机制——自我发展机制、反哺互动机制、和谐公平机制等。依据比较优势和市场需求原则,寻找到了一条适合中国区域农业发展、乡村经济发展能力提升的综合路径。

(8)新农村建设地域模式和环境创新。乡村经济是一个复杂的巨系统,只有实现了该系统与外部环境之间的合理的、高效的物质、能量和信息交换,才能实现乡村经济的可持续发展,才能对乡村经济地理空间进行优化和重构。在经济地理学视角上,我国通过新农村建设对乡村地域模式和乡村成长动力类型进行了模拟和实践,然后从乡村经济所处的环境背景出发,对特定区域的城乡互动格局、类型等进行了综合衡量,确定了可持续城镇化和新农村建设之间的互动机理,为乡村经济可持续发展提供了动力支撑,指明了科学发展途径,这些工作的开展,对推进新农村建设模式创新和乡村经济地理优化是大有裨益的。

第四节 乡村经济地理的"经济"走向
——基于 LT 村的案例

LT 村位于山西省北部,属于自然村兼行政村。截至 2019 年,全村户籍人口为 231 户,598 人,处于中等规模县城水平。LT 村的地形地貌符合山西省"表里山河"的特征,内有高山,外有大河,身处"千沟万壑"的黄土高原之中。LT 村的沟壑纵横,村庄位于相对平坦的黄土塬上,村庄内部有一条沟谷,村户之间通过沟谷的小路进行连通,这使得很多时候相邻的村户之间虽然看起来直线距离很近,但彼此之间的交通联系往往颇为不便。因此,对于这样一个地理区域来说,道路交通的重要性是不难想象的。LT 村所处的这片地区以山地丘陵地形为主。在 20 世纪 70 年代之前,这片地区只有一条小路与县城相连接,对外交通非常不便。受此影响,LT 村成为了一个相对封闭、独立的区域,是名副其实的山区。

4.1　LT 村概况

LT 村不仅位于山区，其命运也很坎坷。1938 年 9 月，侵华日军侵入 LT 村，在村内大肆抢掠，全村有三分之一的宅院被焚毁。1940 年 10 月和 1942 年 2 月，日军两次火烧绵山，焚毁了云峰寺、千佛殿、介公祠等寺院、庙宇 30 余处。可以说，LT 村在 20 世纪 30—40 年代备受"折磨"甚至满目疮痍。在中华人民共和国建立之后，随着土地改革的深入和社会生活方面的移风易俗运动的开展，LT 村的民间信仰活动受到严重冲击，甚至遭到取缔。尽管如此，LT 村继续衰落的趋势并没有得到遏制。由于交通条件落后所造成的相对封闭性，在很长一段时间内，LT 村仍然被视为山区的中心。1958 年，LT 公社成立，LT 村有史以来首次成为了村级以上行政单位的驻地。到了 1984 年 4 月，全县进行了县、乡(镇)两级选举。除城镇外，全县各公社均改为乡，LT 公社正式更名为 LT 乡，乡政府设立在 LT 村，管辖着包括 LT 村在内的 10 个村委会。至 1988 年，晋中地区共投资 77.5 万元对保和水库和董家庄坡地段进行了重点改造，全线达到四级路标准。到 1990 年，市里到 LT 村路段升级为县级公路，LT 村到绵山以及周边其他村落的道路也都得到了拓宽和硬化。道路的改造使得山区村落与县城之间的联系变得空前便捷。在 2000 年，市里还开通了县城与山区乡村的公交线路。从此，山区的任何一个村庄前往县城都只需不到半个小时的时间，山区与县城之间的时空距离被大大压缩了。然而，从区域城乡关系的角度看，交通条件的改善并没有让 LT 村的中心地位得到进一步的强化，反而是大大削弱了。LT 村所在的山区却正好处在贫煤地带上，周边乡镇工业化所产生的集聚效应(或者虹吸效应)吸引着 LT 村的人口大规模地外出务工。据 2019 年的数据，总人口 598 人的 LT 村，全面从业人员共有 376 人，从事农业生产的人数仅有 123 人，除去少数在本村从事批发零售的人员，外出务工人员大致为 230 人。至此，作为乡政府驻地的 LT 村不再能吸引周边的人流，地理位置显得越发尴尬了。

4.2　LT 村经济地理走向

2000 年以后，LT 村从一个中心村落回归到了普通村落。然而随着高速公路和高速铁路的修建，村里又迎来了短暂的繁荣。2001 年，山西省修筑祁县到临汾的高速公路，公路从 LT 村的西面经过，占用了村里 180 亩耕地。由于耕地归集体所有，LT 村集体得到了 169.2 万元的补偿款。在村集体的安排下，这笔资金没有分给村民，而是全部被用来建设村庄的公共设施,包括在村东和村西各打了一口机井以满足村民生产和生活用水需求,2005 年以后还免去了水费;硬化了村里的主干道,解决了村民出行不方便的问题;修建了新的村委大院,给了村干部们一个正常的办公场所,同时也给了村民们一个公共活动空间。这一系列建设让 LT 村的面貌顿时焕然一新。2009 年,大同到西安的高铁过境 LT 村,这次不止占用了村里的耕地,更是直接从村庄的核心部分穿过,占用了村里 86 户村民的住宅用地,这些村民得到了一笔可观的征地补偿。按照补偿标准计算这部分村民的拆迁补偿金额基本在十几万元左右。据村里统计,2019 年 LT 村民的人均纯收入只有不到 9 700 元,一次性得到十几万元的补偿款可以说是非常可观的了。持续多年的工程建设不仅给当地的村民提供了很多就业机会,也给处在低谷的 LT 村重新注入了活力。但是,高速和高铁的过境将 LT 村一分为三,改变了 LT 村以往完整的地理空间格局,村庄的完整性不复存在。尤其是为安置移民而建设的新村距离原来的村庄有 1 千米的路程,这个距离比邻村小靳村到 LT 村的距离远了一倍,新村与旧村居民之间的联系不再像以往那样密切了。此外,由于高速公路和高速铁路都只是在村里过境,并没有设置出入口或者站点,在高速道路网络带来的强大的虹吸效应下,资源越来越向城市集中,LT 村反而越来越被边缘化了。尽管高速道路的建设给村庄带来了一段时间的繁荣,但从整个区域来看,这种繁荣并非村落社会向心力作用的结果,只不过是外来资本造成的结果,因此这种繁荣是难以持续的,LT 村再也不能像中国共产党成立之初那样充当着周围村落的经济、文化和政治中心,反而由于高速道路的虹吸效应不可避免地被边缘化了。

4.3 LT 村经济地理优化路径

从 LT 村的历史变迁脉络中,我们明显可以看到村落在区域社会中所占有的地位与当地的道路网络之间存在的密切关系,用"因路而兴,因路而衰"这样的话语概括可以说是恰如其分的。

(1) 从封闭到开放。LT 村的崛起与当时闭塞的地理环境、落后的交通有着密切的关联。随着改革开放以后中国"交通革命"的飞速发展,LT 村所在区域的道路网络发生了翻天覆地的变化。LT 村的变化无疑是中国乡土社会转型的一个缩影,尽管 LT 村不像中国的珠三角地区那样显著地实现了就地的城市化,但是其改革开放以后的发展依然深受工业化、城市化进程的影响。在改革开放初期,LT 村因为缺少启动工业化所需的煤炭资源而成为周边乡镇企业的廉价劳动力输出地,而随着收入的增加,也有越来越多的村民进入城市追求更好的生活。在这样的背景下，只有开放和流动才能成为乡村经济的发展常态，也是其未来一段时间的必然选择。

（2）从"串联"到"并联"。20世纪70年代以后，随着道路网络优化、交通工具革新产生的"时空压缩"与虹吸效应，县城与绵山之间不再需要一个中转的节点，LT村作为集镇的职能也难以为继。在乡镇合并的浪潮中，LT村由集镇回归为村落，成为绵山镇的辖区。这就造成了一个很奇特的局面：自然村、中心村和集镇都直接面向县城，整个区域只有县城一个"中心地"，由此原来串联式的城乡结构转变为并联式的城乡结构。在这种区域格局里，无论是LT村还是绵山镇都失去了对山区村落的向心力，人流、物流、资金流跨越"中心村"与集镇的层级直接往县城流动，LT村的固定集市也就失去了存在的基础。因此，只有不断发掘LT村的自然资源禀赋，通过发展当地产业和聚焦地理位置优势，才能让村庄重新焕发生机与活力。

（3）从中心到边缘。规划学的理论告诉我们，道路上的不同节点存在明确的等级关系，重要的节点要在设计乡村道路时予以优先考虑，而两个城镇之间要经过哪些村落则可以变动。确定为道路节点的聚落由于交通更加便捷，往往能够发展成为区域的中心。改革开放以后，LT村区域中心地位的变化则向我们展示了道路与节点的另一种可能性。随着道路的拓宽与硬化、交通工具的革新与应用，关键节点之间的时空距离进一步压缩，由此造成中间节点中转功能的弱化。这种虹吸效应在封闭式的高速公路和高速铁路建成以后表现得更加显著，在高速路时代，人流、物流、信息流只向出入口集中，沿线的节点不复存在。在这种情况下，没有出入口的LT村从"中心"走向"边缘"也是可以预见的。为了改变这一状况，唯有为LT村在道路交通方面预留更多"接口"，让LT村与外界之间的连接更加紧密，才能让外部资源注入其中。

本章小结

农村、农业、农民始终是我们认识人类社会发展的重要基础。对中国来说，其经济发展史就是一部有关乡村经济发展的演变史。可以说，理解我国乡村经济的发展历程，就是对中国社会本质的了解过程。自中国共产党成立以来，在过去的一个世纪中，学界对乡村经济、乡村经济地理以及二者之间的关系进行了一系列积极探索，取得了很多研究成果，也指导了乡村经济发展实践。需要注意的是,在中国共产党成立之前,有关中国乡村经济的研究还处于起步阶段,深入系统的学术性论著十分欠缺。在中国共产党成立一直到中华人民共和国建立,在几十年的时间里,相关研究和实践得到了强力推进,尤其在中华人民共和国成立之后的70多年中,对乡村经济的深入研究越来越多,乡村经济发展实践全面展开,取得了十分显著的成效。特别是在党的十八大之后,有关乡村经济发展和乡村经济地理关键要素的研究进一步蓬勃发展起来,一大批有关乡村经济发展的资料陆续出版,很多具有总论性、专门性的论著陆续面世。基于这样的事实,本章首先针对早期乡村经济地理对"乡村经济"的关注点问题进行了阐述,其中涉及乡村土地关系、乡村手工业、农业经营及生产、乡村工业等;然后,针对近期乡村经济地理对"乡村经济"的关注点进行了解读,涉及乡村社区、城乡关系、乡村规划、乡村社会及其他等;然后,梳理了乡村经济地理变迁历程,内容包括中国共产党成立之初——近代乡村经济地理的兴衰之辩,中华人民共和国建立之初——乡村经济地理的首度变迁,改革开放之初——乡村经济地理的再度变迁,20世纪末期——乡村经济地理的格局优化,21世纪之初——乡村经济地理的深度变革,党的十八大之后——乡村经济地理的全面创新;最后,基于山西省LT村的案例,探讨了乡村经济地理的经济走向问题。通过上述工作,能够为乡村经济地理要素流变和谱系优化问题的深入研究提供可供参考的信息,也能够为后续工作的开展奠定事实基础。

参考文献

[1] 刘燕,张建.近十年来乡村经济史研究综述[J].甘肃联合大学学报(社会科学版),2007(4):115-119.

[2] 高兴民,李宗明.乡村经济结构演进与未来趋势研究[J].河南社会科学,2018(6):1-6.

[3] 吴传钧.中国农业与农村经济可持续发展问题:不同类型地区实证研究[M].北京:中国环境科学出版社,2011:20-45.

[4] 宋洪远,赵海,徐雪高.从积贫积弱到全面小康——百年以来中国农业农村发展回顾与展望[J].中国农村经济,2012(1):4-15.

[5] 俞凌欣.1949年以来中国农村发展回顾与展望[J].农业展望,2013(12):12-16.

[6] 郑有贵.1978—2012年中国农村发展变迁及其原因[J].中国农史,2016(4):115-123.

[7] 张富刚,刘彦随,张潇文.我国东部沿海地区农村发展态势评价与驱动力分析[J].自然资源学报,2015(2):177-184.

［8］熊剑平,余瑞林,刘承良,等.快速城市化背景下的城郊土地利用结构适宜性评价与协调发展：以武汉市汉南区为例[J].世界地理研究,2015(4)：80-86.

［9］端峰,刘国庆.社会主义新农村建设研究评述[J].贵州师范大学学报(社会科学版),2016(1)：28-33.

［10］刘彦随.中国新农村建设创新理念与模式研究进展[J].地理研究,2017(2)：479-480.

［11］鲁烨,金林南.新乡村经济：农村全面小康建设与政治生态重塑——关于大学生村官制度黏性与情感黏性的文本分析[J].北方论丛,2016(4)：135-139.

［12］彭有祥.新中国建立以来农村改革发展的三个里程碑[J].云南民族大学学报(哲学社会科学版),2017(9)：30-32.

［13］许永杰.中华人民共和国成立以来农村改革发展的历史进程——兼析党的农村政策的发展演变[J].中共福建省委党校学报,2017(6)：90-93.

［14］王静宜.乡村经济能人治理的运行逻辑——基于云南德宏S村的田野调查[J].学术探索,2018(3)：110-113.

［15］高世昌,周同.中国的土地整治与农村发展[J].农业经济,2017(2)：222-224.

第四章　经济地理与乡村经济地理

乡村是人类聚居的主要形式,传统意义上的乡村是以农业生产为主要生产形式,主要向社会提供农产品,其与城市的主要区别是人口密集度和数量比城市低,现代乡村经济社会的发展远远超出了其原有的单一的农业生产范围,工业和第三产业在乡村经济社会中起着十分重要的作用,乡村经济社会发展的途径呈现出多元化的趋势。对中国这样一个传统农业大国而言,其历史实质基本表现为乡村演进史。尤其在对近代乡村经济史进行梳理后发现,自中国共产党成立以来,中国乡村经济地理处在了长达一百年的变迁之中。这一时期是中国乡村社会发展的关键时期,也是中国乡村社会的一个典型缩影,既能够反映乡村经济的发展趋势,也能够反映其中存在的问题和未来努力的方向。所以,研究乡村经济及其发展模式具有非常特殊的学术价值[1]。值得注意的是,在对乡村经济地理要素流变和谱系优化问题进行研究的过程中,不可避免地要借助经济地理学的知识、工具、手段和方法,只有以乡村经济、经济地理为基础,才能在二者“嵌套”的过程中,组建起乡村经济地理的理论框架。实际上,早在20世纪20年代初期,社会各界就对此投入了极大的热忱,通过开展乡村社会调查研究等形式,引领了乡村经济地理的研究风气。至中华人民共和国建立之后,特别是改革开放以来,与此相关的学术研究越来越多,越来越多元化,有关经济地理、乡村经济的研究进入十分快速的发展阶段。但即便如此,通过梳理发现,关于中国乡村经济、经济地理的研究还远远没有达到无懈可击的地步,反而在一些重大问题上出现了激烈的论争[2-5]。这些论争大体集中在以下方面:乡村经济发展失调还是适度,人地之间的关系如何处置;乡村土地需要集中还是分散,如何解决土地分配关系;乡村社会关系紧张还是和谐,集体经济与市场经济哪个效率更高;乡村社会需要采取何种经营方式,是要对其进行解构还是重构;如何看待乡村家庭手工业、乡村工业、乡村旅游;如何为乡村经济发展注入商品化动力,在追求乡村经济发展的同时要不要保护生态;乡村经济行为是否与新时代的发展要求相适应,乡村经济如何演变、演化……如此种种激烈的论争，至少说明现有研究对中国乡村经济、经济地理的还原与呈现远远不够，其中还存在许多未明确的地方，还需要寻找更为恰当的视角、多元的理论方法，对此加以认识、解释和解读。在这一问题上，解决之道就是要明确和了解经济地理学的知识和工具，使之为乡村经济地理的要素流变和谱系优化提供理论支撑、手段支撑。

第一节　经济地理学及概念解析

1.1　经济地理学

经济地理学是地理学的重要分支，其分析问题的思想与方法均来源于地理学。因此，分析经济地理学的研究对象要从地理学研究对象的视角出发。在地理学中，其探讨内容往往聚集在两个方面：一个是从空间角度来看地理环境是怎样发生变动的，另一个是地理环境和人类行为间的关联问题。其中，地理环境涉及大气圈、水圈、岩石圈、生物圈 4 个圈层的地球表面或地球外壳。在地理环境中，人类的行为多种多样，生产、文化、经济，不一而足，同时也涉及人口规模的变动、密集程度、民族的分化等。上述行为都和地理环境存在或多或少的关联。而在社会持续向前发展的过程中，人类会越来越依靠、改变地理环境，让地理环境的形态出现变动，并在这一过程中进行适应力的自我强化。简而言之，自然地理学的研究对象是与人类活动紧密相关的自然地理环境。而经济地理学的研究对象围绕人类经济活动在地理空间上的布局、发展、变动规律以及经济地理、经济活动两者的关联。由此可知，经济地理实质上属于一种探究地理空间和经济行为相结合关系的学科。在这一问题上，尽管国内外学者关于经济地理研究对象的说法很多，但至今缺少公认的定义。两个代表性的定义分别是：惠勒以及穆勒两位学者在 20 世纪 80 年代于《经济地理学》对经济地理学作出的说明，指出经济地理学主要是对生产、消费的空间布局情况进行探讨；李(R. Lee)在《人文地理学词典》第二版(1986 年)给出了他对经济地理学的定义，指出经济地理学是和让人类得以存续的社会以及物质资源的使用、再生产有关的一种学科。这一定义更加重视人类所依赖的环境以及技术资源的生产和使用。由此可见，乡村经济地理学与地理学相对应，研究对象是经济活动在地理空间中的位置、强度和关系。其中，位置指的是在空间视角上经济主体所在的方位;强度指的是经济行为在空间上的广度以及对环境条件的使用程度,包括空间密度;关系指的是经济行为和地理环境两者的关联,后者涉及自然环境和社会经济环境。

1.2　新经济地理学

与传统的经济地理学不同,新经济地理学主要在微观层面对相关问题进行分析,在前述分析的基础上,加入了以下三个新经济地理学要素:规模报酬递增、运输成本和要素可流动性。与此同时,充分结合了微观经济学的一般均衡分析框架,在根本上解决了厂商层面规模报酬(即微观层面)不相容于一般均衡分析的问题。可以说,新经济地理学充分结合了新增长理论、新贸易理论和垄断竞争模型,把空间维度融入经济学分析中,在一定程度上解释了现实生活中经济活动空间集聚的产生与发展过程。

1.2.1　新经济地理学的产生背景

在新古典经济理论中,首先假定规模报酬是不变的,且国际贸易会受到比较优势的影响,经济增长水平会受到人口增长等相关方面因素的影响。但是,这一观点明显与二战之后的事实并不相符,也没有得到有效验证,甚至得到了完全相反的研究结果。与此同时,在经济学界,展开了针对不完全竞争、规模报酬递增的研究。到了 20 世纪 80 年代左右,在关于专业化和产业内贸易领域,新增长理论和新贸易理论等方面,都获得了较大发展,这进一步补充说明了增长理论和传统贸易理论的正确性,也为乡村经济地理的研究提供了新的启示。需要指出的是,在规模报酬递增分析框架下,对乡村经济地理中的产业集聚、人口集聚等问题进行研究,显得更为"顺理成章"。这是因为,在新贸易理论中,认为国家间的产业内贸易并没有受到国家间的要素禀赋、比较优势差异发展的过多影响,相反,却在经济活动中不断推进了专业化规模报酬递增。尤其在不完全竞争条件下,处于微观层次的生产技术需要满足更为专业化的要求。唯此,才能借助贸易模式的优化全面推进专业化国际经济发展。因此,在新经济地理学理论中,认为经济增长会受到经济系统内生因素的影响,尤其会受到经济地理因素的制约。当然,新增长、新贸易理论并非万能,其中存在很多难以解释的现象。比如,难以解释经济活动的循环累积和产业聚集现象,也没有提及要素可流动性和空间维度等问题。此外,也没有说明为什么身处同一地理区域的产业会出现集聚在一起的情况,虽然这可以引致区域专业化生产并推动当地经济进步。此外，新贸易理论与新增长理论没有把运输成本视为内生变量加以考量[6,7]。基于上述事实，到了 20 世纪 90 年代，在新贸易理论、新增长理论、斯蒂格利茨垄断竞争模型的共同推动下，新经济地理学应运而生并迅速发展。在这之后的若干年中，包括赫尔普曼、克鲁格曼（1985）发表的《场结构和对外贸易》、藤田昌久（1988）发表的《区域科学和城市经济学》、格罗斯曼（1991）发表的《世界经济中的创新》等在内的诸多作品，都让新经济地理学理论研究越发火热，越来越多经济学家对新经济地理学开展了大量、深入的研究，为乡村经济地理的要素流变和谱系优化作出了极大贡献。

1.2.2　新经济地理学的关键要素

从过去 30 年的理论发展和应用实践可以看出，新经济地理学主要涉及如下三个主要因素——规模报酬递增、运输成本、不完全竞争市场，具体内容和表现如下。

（1）规模报酬递增。马歇尔（1990）认为，能够将规模报酬递增现象分成两个部分：一个是内部经济，另一个是外部经济。马歇尔以厂商分析为视角，首先假设规模报酬递增，即在现有市场上不存在竞争均衡。以此为前提，他在确立规模报酬递增的过程中，并未考虑厂商层面的问题，而仅以产业内厂商间的关系为参照。而在外部经济方面，主要涉及以下几方面的内容：劳动力市场的共享、中间投入品价格的降低、技术的溢出效应。值得注意的是，在马歇尔以后，默德尔等经济学家针对规模报酬递增问题开展了极为深入的研究，取得了很多有价值的结论。

（2）不完全竞争市场和运输成本。在这方面，迪克西特-斯蒂格利茨垄断竞争模型是最重量级的理论模型。在该模型中，主要涉及多样化的消费者偏好、产品多元化的种类和规模经济等。因为厂商生产在特定时期内存在规模报酬递增的情况。因此，假设同一款产品通过两个厂商共同进行生产，其中的任意一家都可以选择扩大规模以控制生产成本，然后让产品价格降到更低水平，以稳住市场竞争优势。这就可以解释垄断的"真谛"——只能通过一个厂商生产差别化产品并占据竞争优势。当然，在这一过程中，需要充分考虑是否有其他厂商参与竞争的问题。如果利润趋近于零，就要在大量新厂商进入之后让市场"出清"。这一垄断竞争模型被成功运用到了新经济地理学领域。以克鲁格曼等为代表的新经济地理学家们，将这一思路和萨缪尔森（1952）建立的"冰山运输成本"结合在一起，对主流经济学进行了空间维度的扩展。至此，规模报酬递增和运输成本的存在、不完全竞争市场等,被正式纳入新经济地理学的研究范畴。

1.2.3　新经济地理学的理论基础

新经济地理学体系的理论基础极为坚实,主要涉及以下几个方面。

(1) 区位理论。克鲁格曼(1991)在垄断竞争模型的基础上,增加了经济开放条件与空间因素,指出了通过最小化运输成本的方式,能够优化区域选择和制造业分布,并且能够决定市场需求的规模。也就是说,增加了上述条件之后,经济地理的形成会受到规模经济、运输成本、制造业份额等因素的影响。与外部经济概念不同,克鲁格曼认为,在外部经济方面,并非仅存在某一产业,而应该放眼到一般性外部经济。所以,据此可以得出这样的结论,即并非只是单纯的技术外溢效应才能影响经济地理活动。在这之后,格斯巴赫等(1999)在深入分析区域内部外溢效应和产业外部作用的过程中,分析了不同条件可能对产业集聚、区域经济发展造成的影响。上述学者认为,收益递减有利于产业集聚和均衡产品创新。同时,充分发挥产业群内企业的合作和竞争的作用,对形成均衡博弈是大有裨益的。马丁(1999)研究了存在集聚经济条件序列区位竞争的结果,在模型演化之后发现,在初始集聚的过程中一旦获得了首次区位竞争,不但会强化区域竞争优势,还会吸引更多企业参与其中,而这势必为形成新的产业集群提供更多可能性。

(2) 贸易理论。在新经济地理学理论体系中,计算运输成本时引入了距离因素,解决了分析贸易活动时不考虑运输成本的问题,同时也解释了发生产业集聚现象的根本原因,甚至解答了传统理论在以下几方面没有解决的问题:距离增加降低贸易量的问题;在区域间价格存在较大差异,且距离越大差异性会越大的问题;不同国家要素回报率存在差异的问题;不同国家存在较大行业生产率差异的问题等。当然,在传统贸易理论中,并没有充分认识到经济地理位置这一关键解释变量的作用。

(3) 空间理论。在宏观经济学场域中,选择市场规模较大地区的厂商较之于选择市场规模较小地区的厂商,可以获得更高利润。在这一问题上,维纳布尔斯、李茂(1999)认为,在确定生产和贸易方式方面,要素密集度和要素禀赋并无绝对关系,不但如此,还应该充分考量运输成本和运输距离等区域、国家位置要素。在其他条件不变的情况下,距离增加会降低实际收入。也正是由于运输成本的存在,能够降低偏远地区的实际收入(这一点对乡村经济地理要素流变也同样适用)。当然,并非所有区域均可以通过控制运输成本获益。其间,极有可能出现的一个典型情况是,通过降低运输成本以增加偏远地区的经济收入，但与此同时，势必会降低其他地区的实际收入，这势必破坏了之前建立起来的"帕累托最优"状态。综上，和已有的活动密集程度相比，新贸易活动的区位选择对要素密集度、运输密集度的依赖性较大。在这方面，伊斯顿、科特姆（2000）的研究表明，新增加运输成本、经济地理、技术因素之后，任何国家、地区均能够从自由贸易中获益，甚至小国的受益较之于大国更多。

1.2.4　新经济地理学的主要模型

新经济地理学使用了大量的数学模型，以解释现实生活中的经济活动空间分布问题。典型的模型有核心-边缘模型、国际专业化模型、区域专业化模型。

（1）核心-边缘模型。克鲁格曼（1991）建立的"核心-边缘模型"展示了在两个原本具有同等外部条件的区域，受以下因素影响，而使其结构发生了变化，这些因素分别为规模报酬递增、人口流动、运输成本。模型中，首先假设了两区域、部门的规模报酬、规模报酬递增的情况，得出了工资层面上两个区域基本相同，但制造业存在较大差异的结论。此外，在规模报酬递增的实际情况下，认为运输成本会影响到区域生产结构。当运输成本处在中等水平时，无法保持经济的对称性发展。其中的制造业分布也会逐渐趋于"核心-边缘"结构。相比较而言，在核心区域内的全部制造业份额要远远高于边缘区域，在持续增加制造业规模报酬的同时，有可能让此类企业、国家、地区等，成为工业产品的净出口者。

（2）国际专业化模型。维纳布尔斯（1996）在研究中结合"投入-产出"指标，建立了专业化模型。模型假设国家之间可以自由贸易，但因为语言、国籍等障碍，劳动力无法自由流动，但不同国家都具有相同的禀赋和生产技术，也拥有农业和制造业等传统产业。其中，前者具有完全竞争性，后者具有不完全竞争性。那些拥有大规模制造业的区域，可以向社会提供更多价格较低的中间产品，并由此形成一种前向关联。但劳动力在国家之间的不可流动性，让前后向关联无法在同一国家集中出现，这就会导致制造业在一些国家呈现出专业化的趋势。这也能够说明一个事实，即在国际专业化模型中，存在着"倒U型"的关系。如果继续假设国际贸易成本高，为满足最终的需求，厂家通常会选择资源禀赋一致的区域；倘若其成本可以接受，就会选择更有利于开展专业化、差异化生产的区域；如果贸易成本较低，产业集聚会随着低工资区域产业份额的上升而呈现出分散的态势。

（3）区域专业化模型。克鲁格曼、维纳布尔斯（1996）共同建立了区域专业化模型,用以分析全球化对国家、地区产业结构可能产生的影响。模型假设,两个国家的生产部门都存在一致性需求,但其中只有一个生产要素——劳动。当假设产业在一国集聚时,就会出现生产均衡状态。如果产业间联系相较于产业内联系更大时,任何贸易成本均无法产生并维持产业集聚。其中的原因是,从厂商的层面看,本国厂商和外国厂商之间的联系,被视为它们最大的区位收益。如果产业内联系的紧密程度超过产业间联系水平,在贸易成本相对较高时,就不可能出现集聚性产业。也就是说,若要形成产业集聚,就需要满足一个特定条件——贸易成本相对较小。

第二节　克鲁格曼新经济地理学

20 世纪 90 年代,美国普林斯顿大学教授保罗·克鲁格曼在国际贸易新理论和新增长理论的研究中,发现"这些理论只有落实到空间上才能得到实证",进而激起了对"经济活动的空间区位"问题的研究兴趣,并对此进行了深入研究,先后发表了《报酬递增与经济地理》(1991)、《地理学与贸易》(1991)、《发展：地理学和经济学理论》(1995)、《空间经济学：城市、区域与国际贸易》(合著,1999)等经典论文,对经济活动的区位选择和经济空间发展过程进行了科学解释,并取得了显著成果。鉴于克鲁格曼在该领域以及此前在国际贸易方面研究的贡献,瑞典皇家科学院授予其 2008 年度诺贝尔经济学奖。这一荣誉既是对克鲁格曼个人研究成果的充分肯定,也赋予乡村经济地理新的发展动力。

2.1　克鲁格曼新经济地理学的内涵

克鲁格曼定义的新经济地理,指的是"生产的空间区位",其目标是设计出一种理论框架,以便清楚地理解经济活动的地理结构和空间分布的形成规律。正如瑞典皇家科学院在授予克鲁格曼诺贝尔奖颁奖词中所说,他"整合了此前经济学界在国际贸易和地理经济学方面的研究,在自由贸易、全球化以及推动世界范围内城市化进程的动因方面形成了一套理论。"克鲁格曼认为,传统经济地理理论只是基于理想的完全竞争市场结构,而没有明确地说明市场结构的现实性[8]。因此,他把新贸易理论和新增长理论关于不完全竞争和报酬递增研究的最新成果,引入空间区位理论中,建立起了分析模型,通过考察产业集聚、城市体系和国际贸易实践,形成了一个系统化的知识体系。在克鲁格曼新经济地理学中,贯穿着一条主线——经济发展的空间状态存在多重均衡。在传统经济学中，经济发展状态存在唯一确定的均衡解，这在报酬不变和报酬递减条件下，已经被证明是有效的，但无法解释报酬递增时可出现多种均衡状态的情况。克鲁格曼在经济区位研究中，引入了多重均衡思维，指出在报酬递增时，即便要素禀赋、技术、偏好等因素相同，现实经济的空间分布状态也会表现出不可预测性和多态均衡性。为了更清楚地分析经济发展的空间区位问题，克鲁格曼给出了四个命题。第一，运输成本。他认为运输成本在塑造国际贸易和区际贸易中发挥关键作用。第二，报酬递增。他认为经济上互相联系的产业和经济活动，由于在空间位置上的相互接近，可以带来产业成本的节约。第三，空间聚集。他认为产业或经济活动由于聚集所带来的成本节约，可以使产业或经济活动趋于集中。第四，路径依赖。他认为先发优势能够形成某种经济活动的长期聚集过程。同时，克鲁格曼引入了几类分析工具，以对相关问题和现象进行解释。其中，D-S垄断竞争模型具有代表性，这是关于产品差异化引起的垄断竞争理论在一般均衡理论中转变为简单的模型。以D-S模型为基础，克鲁格曼将市场结构分析方法引入新经济地理学。在此基础上，克鲁格曼又建立了三个空间区位模型，分别为"中心-外围"模型、城市体系模型与国际模型，这些模型分别模拟产业集聚、城市体系形成以及经济全球化与区域化等过程。其中的"中心-外围"模型和弗里德曼"中心-外围"模型描述的现象有些相似，但分析方法有很大差异。弗里德曼按照经验归纳预先划分"中心"和"外围"，然后应用实证方法研究经济要素在"中心"和"外围"之间的流动规律。但克鲁格曼却是在严格的假设条件下，以严密的数学推导过程，在制造业生产集聚的微观层面上，对制造业"中心"和农业"外围"宏观格局的形成机理进行解释。

2.2 新经济地理学与区位论研究框架比较

克鲁格曼的新经济地理学和区位论，都属于微观层面的区域分析理论，它们都从企业生产活动出发，研究经济活动的空间区位。不同的是，区位论早已为西方经济地理界所认可，并成为西方经济地理学的主要内容；但二者都基于主流经济学的空间均衡思想，并借鉴经济学的一些基本理论[①]。克鲁格曼新经济地理学吸收了经济学的新贸易、新增长理论及其思

---

① 区位论研究联系到"经济人"和"最大利润"等学说，认为具有经济动机的"经济人"的明确目标是追求最大利益，为此就要选择经济活动的最优区位、最佳的可达性、最少的运输开支、最好的土地利用方式、最少的地租开支，通过衡量多方面的因素，才能作出最佳决策。

想,在垄断竞争模型的基础上,综合考虑了多种影响因素——报酬递增、自组织理论、向心力、离心力等,并证明了低运输成本、高制造业比例、较大的规模,都有利于区域集聚的形成;二者均借鉴了主流经济学的分析方法,都在一定假设的前提下,建立起了严密的模型。比如,杜能建立了农业的圈层分布模型,韦伯提出了工业区位多边形,克鲁格曼新经济地理学建立了"中心-外围模型""城市层级体系演化模型"等。当然,克鲁格曼新经济地理学和区位论的理论假设并不相同,其中的原因在于二者的时代背景不同,区位论产生于19世纪初资本主义快速工业化时期,其目标是谋取商品生产中的最大利润,而克鲁格曼新经济地理学产生于20世纪90年代,当时正值经济快速全球化时期,其目标是从经济全球化的视野,考察经济活动的空间区位问题,以便为国际贸易理论提供更好的解释;此外,地理学、经济学、技术科学的新发展,为上述理论提供了更为先进的工具。区位论认为,在区域之间不存在基本差异的情况下,运输成本的存在会导致经济活动沿空间均匀散布,运输成本的变化会对厂商区位选择产生基于线性单调趋势的影响[①]。所以,对任何区域来说,产业集聚都是复杂的,无法笼统以"外部经济"这一说法解释集聚问题。另外,区位论研究经济集聚时,将其按照资源禀赋的差异进行了事先假定。因此,它只能通过外部基本特征方面的差异,对国家和区域之间存在的结构上的差异进行说明,但无法解释为什么存在这些差异,尤其是无法解释为什么原本非常相似的国家和地区,会出现截然不同的生产结构。与此不同的是,克鲁格曼的新经济地理学在研究经济集聚时,按照自我增殖的内在集聚力,就能够解释上述问题。

2.3 克鲁格曼新经济地理学在乡村经济发展中的运用

克鲁格曼新经济地理学能够解释多种空间尺度的经济现象。该理论认为,在经济全球化的背景下,发达国家之间制造品的贸易十分自由,每个国家都会发展自己的特色行业、特色产业,并出口优势产品,进口该国缺少的行业生产的产品[9]。因此,劳动力甚至资本在国家之间即使不能流动,也可以通过产品贸易的形式"重塑全球一体化的经济"。在报酬递增的条件下,经济全球化的初期表现是,产业向发达国家、地区逐步集聚(或者转移),但随着这些国家、地区产业规模的扩张,其要素、商品的成本和价格等

---

① 新经济地理学则认为,在报酬递增的条件下,运输成本对市场产生的分割效应是非线性的,运输成本的变化,通过影响产业联系所产生的向心力与运输成本或土地租金成本所导致的离心力之间的微妙平衡,导致多样化消费与报酬递增的两难冲突的微妙变化。

会继续上升,转而从其他区域进口生产要素和商品的倾向会越来越明显。当那些对生产特别重要的要素(如劳动力)无法流动时,或者某些对消费尤为重要的商品(如住房)无法进行贸易时,就会降低市场外部性的重要程度,那些不流动的商品和要素因为价格差异,会驱使企业转移投资并驱使劳动者转向别的国家和区域就业。这样一来,就启动了产业从核心发达国家和地区向周边不发达国家和地区扩散,这一行为势必会促进全球性的工业化进程。克鲁格曼把产业集聚与国际贸易因素紧密联系起来。他认为,产品的贸易活动实际上间接地发挥了生产要素贸易的作用,无论生产要素最初的分配状态怎样,只要通过贸易活动,就能够使某些产品的生产集中到某些关键工业区,从而证明了制造业(工业)活动倾向于空间集聚的一般性趋势。但是,倘若贸易壁垒存在,一国对某一产品的国内需求规模持续增大,那么这个国家就可以在国内组织生产,而随着生产规模的扩大,规模经济效益就会不断发挥作用,促使这个国家生产该产品的竞争力进一步提高,最终会减少进口。在极端情况下,可能会出现相关产品在世界市场上的垄断化生产,该国也会成为此类产品的主要生产地和出口国。按照上述逻辑,将克鲁格曼新经济地理学应用到乡村经济地理研究体系中,就可以将乡村视为一个经济体,而城市就成为被乡村腹地包围而成的制造业集聚地,当乡村这一经济体的人口达到一定程度时,城市的制造业就会向乡村迁移。如果乡村经济的发展足够快速,乡村规模与城市间的距离会在离心力、向心力的相对作用下,在较短时间内达到相对稳定状态,继而形成稳定的乡村经济地理层级。

第三节　基于新经济地理学的乡村经济地理指标

3.1　指标选取

新经济地理学对经济学界的最重要贡献在于将规模收益递增、运输成本和要素的流动性结合起来,并成功纳入经济模型的构建和分析[①]。2009 年,世界银行发布《2009 年世界发展报告：重塑世界经济地理》,在总

[①]　一个遗憾的事实是,现实的经济生活非常复杂,很难观察和测量到任何产业、市场或区域的规模报酬、运输成本和要素流动,因此无法对新经济地理学的这三大要素进行直接的实证检验。

结过去一个世纪世界各国乡村经济地理发展的特征以及大量学者关于经济地理学、新经济地理学的研究成果之后,提出将经济发展的地理变迁通过密度(Density)、距离(Distance)、分割(Division)三大乡村经济地理指标来界定,并据此建立了"经济地理3D分析框架"[10]。将这类指标应用到乡村经济地理要素流变和谱系优化中,同样具有现实指导意义。

(1)密度。密度指单位面积土地中涵盖的经济活动,衡量单位面积土地上经济活动的集聚程度。它是单位土地经济产出水平及收入的记录。因此,密度通常可以用单位面积国内生产总值来衡量。此外,由于人口密度通常和经济活动联系密切,且人作为经济活动中的生产者和消费者、购买者与销售者,因此密度也可以采用单位面积人数来衡量。更进一步,从生产的角度看,乡村经济活跃度(即单位面积上地上的经济活跃度)也是密度常用的衡量指标。西科尼和霍尔(1996)将人口密度作为衡量经济集聚水平的指标,因为与市场规模、城市规模相比,人口密度更适合用于衡量区域的经济集聚水平。而世界银行在《2009年世界发展报告:重塑世界经济地理》中采用了就业人口密度作为衡量经济密度的指标,这种做法在乡村经济地理要素流变和谱系优化的相关分析中同样适用(比如乡村农业从业人口、外出务工人口等,都可以作为就业指标对乡村经济的发展水平和发展潜力等进行衡量)。

(2)距离。新经济地理学中的距离概念不同于欧几里得几何学中的直线距离。在新经济地理学中,所谓的距离指的是"商品、服务、劳务、资本、信息和思想穿越空间的难易程度",是广义运输成本的概念。对商品和服务而言,距离包括时间成本和货币成本。这是因为,交通运输基础设施的位置、质量、到达市场的便捷程度都是影响地区之间经济距离的重要因素。世界银行在《2009年世界发展报告:重塑世界经济地理》中采用了一国的铁路里程数和每百人使用互联网的人数作为衡量其国内经济距离的指标,因为铁路里程数在一定程度上代表一国的交通基础设施建设水平,交通基础设施建设越发达,其商品和服务穿越地理空间越容易,而每百人使用互联网的人数代表了一国通信水平的高低,也是衡量一国信息流通通畅性的常用指标。在对乡村经济地理要素流变和谱系优化问题进行研究时,"距离"这一指标是"要素流变"研究的关键议题,也是重要选项,因为交通水平能够直接决定乡村经济的发展水平(这一点在"中篇"的第十一章"乡村交通地理分布与空间格局变迁"中有专门论述)。

(3)分割。这个词汇不同于地理学中地域边界的分割线。在经济学场域中,分割指的是一国或地区自我设置的影响商品、资本、人口、知识流动的因素，包括货币、关税、贸易保护和语言差异对经济活动造成的壁垒。降低壁垒有助于经济开放的增强和要素的流动，促进地区与地区之间的贸易，使得一国或地区从更通畅的国内市场、经济增长的溢出效应和生产的规模经济中获得更大收益。从国家层面来看，分割指的是一国设定的本国疆界的可穿透程度：从商品和服务流通角度来看，分割包括贸易壁垒、鼓励出口的程度、对外开放程度；从资本的流通角度来看，分割包括一国金融开放程度、资本项目开放程度等；从人员流动角度来看，分割主要包括对出于工作需求的移民的限制，允许本国公民出境和外国公民入境从事商业活动、观光活动的签证限制；从知识流通的角度来看，分割指对信息、技术、观念的自由获得的限制程度，包括语言隔阂等。而将"分割"一词应用到乡村经济地理要素流变和谱系优化中，同样具有十分重要的指导意义。比如，自中国共产党成立以来，在过去的 100 年间，中国乡村经济地理要素流变中的"人口"流变每时每刻都在发生，并且深刻影响着中国乡村经济的发展模式、发展态势、发展趋势。其中的一个典型事件就是"胡焕庸线"的发现，这一事件直接界定了中国乡村经济地理的空间分布（尤其是乡村人口的分布），对于这一问题，在第七章"乡村人口迁移——基于'胡焕庸线'的讨论"中会进行更加详细的说明。

3.2　指标可行性

在乡村经济地理要素流变和谱系优化研究中，将克鲁格曼新经济地理学中的密度（Density）、距离（Distance）、分割（Division）三大乡村经济地理指标应用其中，能够起到良好的效果。在乡村经济地理学范围内，可以借助纵向比较法和横向比较法，对乡村经济地理问题进行研究和实践。尤其对中国这样一个传统农业化国家，深入分析其乡村经济地理特征，借此从经济地理学和新经济地理学的角度对乡村经济增长问题进行剖析和研究，能够为国民经济增长和进步带来新的思路和新的视角[11]。所以，对我国乡村地区不同区域采用横向比较法和纵向比较法进行分析，以密度、距离、分割三大乡村经济地理指标对乡村经济地理进行衡量，可以十分清晰明了地描绘我国乡村经济地理变迁的发展脉络和现状，为从克鲁格曼新经济地理学视角分析我国乡村经济地理问题打下基础。

（1）面积维度。从面积上看，我国是世界上国土面积第三大国家，国内很多省份的面积与其他国家相当，例如云南的面积与日本接近，广西的面积相当于英国，山西、山东面积之和相当于意大利，等等。另一方面，我国国内省级行政区之间的面积差距较大，面积最大的新疆（166 万平方千米)是面积最小的上海(6 300 平方千米)的 263 倍。更为重要的是,我国的乡村面积也居于世界前列,对这一指标加以关注,有助于明确乡村经济地理要素的空间分布问题。

(2) 人口维度。从人口上看,我国是世界第一人口大国。人口总量大、分布不均是我国人口的最重要特点。从人口分布上看,东部沿海地区稠密,西部地区稀疏。在东部沿海以及中部省份,人口分布较为密集,人口超过 5 000 万的省份达到 10 个,其中河南、安徽、广东人口最多,有的甚至突破 1 亿。这 10 个省份的总人口达 7.81 亿,占全国总人口的 57%,而这 10 个省份的总面积只占我国国土面积的 20%。在新疆、西藏等地,人口密度十分稀疏,如新疆占我国国土面积的 17%,而人口为 2 000 万左右,只占中国总人口的 1.6%;西藏是我国面积第二人的省级行政区,约占我国国土面积的 12.5%,但人口为 318 万,占全国的 0.2%。与此同时,由于城镇化进程的持续推进,我国很多地区的"城市化率"正在悄然发生变化,一些省份、地区的城市化已经超过 70%甚至更高(比如深圳市的城市化率为100%),而这也恰好说明,还有很多人生活在乡村地区,"乡村化率"在不同省份、地区,都有所不同。

(3) 经济维度。从经济总量上看,我国国内不少省份的经济总量与某些欧洲发达国家的国内生产总值相当。但作为一个农业大国,我国乡村经济发展水平却落后于很多国家,尤其在经济发展潜力、经济发展基础等方面,都需要进一步加强,唯此才能提振乡村经济、助力乡村振兴。当然,无论是从面积、人口还是经济维度来看,我国都是一个多元化的大国,在对乡村经济地理问题进行研究的过程中,需要选择地区、国家、国际三个地理空间层次,以特定的乡村经济地理分析框架,对我国乡村经济变迁情况加以描述,以此深入剖析我国乡村经济地理的要素流变和谱系优化情况。

第四节　新经济地理向乡村经济地理的"渗透"

作为新经济地理理论的前身,经济地理学发端于冯·杜能(1826)关于城市外围和中心商务区的土地利用模式研究(中心-外围冯杜能环),但是这种解释简单地假定存在城市中心点。其后,韦伯(1909)将影响工业区位的因素分为两类(工业区位论):区域性因素和集聚因素。也就是说,工业如何布局于各个地区受区域性因素的影响;而厂商为什么集中于此地而非彼地,都会受到集聚因素的影响[12]。在一个完全竞争,规模报酬不变、无交易成本的世界里,经济活动最终会均匀地分布,即会产生一个"无城市的世界",各地区的经济增长会趋向于收敛,地理因素将不会对经济增长带来任何影响。当然,以今天的视角看,上述研究并没有考虑企业之间的集聚效应和本地市场效应,任何采用的静态分析方法并不能说明包含中心地在内的等级体系的演变过程。在此基础上,汉纳森等(2001)研究了地理与增长间的关系。他将"地理"定义为企业在空间上的集中,指出这种"经济地理"本身就能带动地方经济增长。同时,基于关于区位的古典分析依旧是理论分析热点的事实,以及对要素在空间上的分布形态与地理空间规模的关系问题的研究,汉纳森还研究解释了乡村经济地理和经济增长间的长期动态关系。这类研究及其研究成果解释了为什么空间区位、地理规模与经济增长从长期看保持着某种特定规律①。

4.1 基于"中心-外围理论"的乡村经济地理格局

1991年,克鲁格曼考虑存在收益递增的市场结构,按照迪克西特和斯蒂格利茨(1977)垄断竞争模型,借助萨谬尔森提出的"冰山成本",建立了一个包含两区域的一般均衡经济模型。克鲁格曼认为,在传统经济地理学的基础假定中,生产要素不能流动、商品可以贸易且运输成本为零等,都与现实存在较大差距[13]。随着经济全球化的发展,生产要素流动性日益增强,运输成本显著为正②。克鲁格曼的目标是设计出一种描述经济空间集聚的模型化机制,即在一般均衡条件下,经济体活动受到向心力和离心力的作用。两种作用力反映了经济体在给定地理结构下的作用过程,为经济体的行为机制提供了微观基础。目前,新经济地理学的研究主要集中在市场潜力和空间工资结构、集聚区、本地市场效应、循环累积和多重均衡等领域。藤田昌久、克鲁格曼(2005)在对新经济地理学的过去、现状和未来发展进行高度概括性总结之后指出,新经济地理学由垄断竞争模型、冰山成本、演化和计算机化模拟四个部分组成。其中的"中心-外围模型"讨论了规模报酬递增和运输成本的相互作用是如何作用于两个区域间的要素市场分配和资源流动的。当假定了要素(如劳动力)自由流动之后,如果一个

---

① 一般而言,人口集聚水平往往根据行政区划版图进行估计,但这样做有时会与现实人口空间集聚特征不相符。如果将地理空间网络化,则人口空间分布要显得多,也便于更好地理解其一般的分布规律。

② 在他建立的动态模型中,克鲁格曼强调历史对区位生产模式和增长的重要性,同时也暗示给予工业发展的初始刺激对一个国家或地区能够产生持久的竞争优势。同时,市场结构中存在多种均衡,因此历史上的偶然事件对一个地区的经济活动的均衡会产生重要的影响。

区域提供了更大规模的市场,这会刺激劳动力向该区域移动(这种移动与乡村经济地理的要素流变几乎如出一辙)。这种移动本身实际上扩大了目标区域的市场规模,减少迁出地的要素市场供给。在这种动力机制下,会逐渐出现要素、产品市场非对称的"中心-外围"结构,且会不断自我强化。如果要素并非完全自由流动或运输成本过高,就会出现生产行为在空间上的分散化。即存在两种力量决定了要素在空间上的流动,它们共同作用、彼此相互决定:一种是导致经济体空间集聚的向心力,一种是阻碍生产活动集中化的离心力。与要素市场的两种作用力量不同,国内市场产业间的联系主要体现为前向、后向联系(克鲁格曼,2005)。后向联系促使企业在更大的(需求)市场内集聚,前向联系促使劳动力向生产最终产品的产业集聚,它们共同促进了产业集聚的过程和方式。可见,在"中心-外围"模型的世界中,集聚是经济体在"自组织"和循环累计作用下的"自然结果"。

4.2 基于"空间集聚理论"的乡村经济地理优化

作为对早期克鲁格曼"中心-外围"模型的扩展,后期研究者在动态视角下重点讨论集聚经济和经济增长间的关系,如集聚经济的动态资本生成、劳动力(非)流动情形下的动态集聚以及资本中间品流动下的集聚动态模型等。随着新经济地理学实证研究的发展,大量研究从城市空间引力关系(市场潜能)、本地市场效应、产业内集聚和产业间共聚等外部性视角出发,分别考察了要素空间集聚(包括乡村地区)、企业区位选择、集聚组织形态等外部性机制与技术进步、规模收益递增、生产成本降低的关系[14]。

4.2.1 乡村经济潜能与地理结构

在微观经济学视域下,市场间的交互作用会吸引企业向拥有较大市场潜能,即拥有较好的接近消费者(需求或前向联系)和生产者(成本或后向联系)机会的地区集聚。较大市场潜能的地区可以使企业充分实现内部规模经济,避免垄断的形成,从而使当地企业的规模扩大、生产成本降低、城市生产率提高(维纳布尔斯,2011)。在与乡村经济地理有关的研究中,乡村地区较好的外部条件会吸收更多要素进入,从而提高当地的经济发展水平;而经济发展潜能较大的乡村地区往往具有更高的专业化水平,这会带来农业生产率的提高。同时,较大的经济发展潜能使地区内的居民收入水平提高,这可以被内生地看作其他地区收入或者工资的函数变量。按照汉森(1997)的观点,基于规模报酬递增的贸易理论对乡村经济而言有两个预期：人口在乡村中心地区集聚,地区名义收入随交通成本上升而下降。比如,乡村工业、手工业从业者的收入会随运输距离增大而减少,也会随乡村规模递增而递增。也就是说,乡村居民收入增长与乡村规模(人口)递增之间存在隐含的作用机制。而已有的事实表明,乡村人口规模、人口素质、人口迁移、劳动力年龄结构、就业岗位等,都对收入有显著影响。分行业看,相对高技能密度的乡村产业会出现明显的技能差异,也会对劳动力的收入产生影响。此外,在乡村经济地理研究中,县城内经济潜能还与人力资本结构、知识结构等直接相关。

4.2.2 乡村集聚与地理区位协调

在新经济地理学层面上,每一种产业的集聚只有在某个特定的距离之内才能产生;不同产业的空间聚集以及由于需求和生产的外部性会产生锁定效应[15];更多本地化产业倾向于聚集在非本地化集聚中心的周围,继而产生聚集的层级结构。对乡村经济活动来说,要素集聚或者流变来自向心力和离心力两种力量的作用。其中向心力包括乡村规模效应、密集的劳动力市场和纯外部经济,而离心力则由乡村经济地理要素的非流动性、地租和纯外部不经济所致。同时,随着乡村在地理空间上组织关系的强化,中心地区倾向于出现更高水平的要素集聚现象,而外围地区则会出现较多的专业化分工集聚。乡村及其要素的区位选择、变迁等,都会受到其他要素配置的影响:要素市场需求越大、流通水平越高,乡村越倾向于大规模集聚;要素市场需求的专业化水平越高、流通方向越集中,乡村越倾向于在要素相对成本更低的地区集聚。此外,当乡村社会的生产具有规模报酬递增性质时,就存在将生产集中于相对较少的区域的激励。因此,从空间上看,乡村经济地理空间优化要进行正确的区位选择,通过节省运输费用等操作,以较低成本获得区域外市场的产品和服务。同时,更大的市场规模能够激励劳动力专攻于某一特定工作,继而在该方面获得更加专业的技能。但是,单纯的规模经济解释无法区分乡村经济规模报酬递增的不同来源。即无论乡村大小,产业如何集聚,劳动力技能如何分工,空间集中都会对乡村生产率产生影响。

4.2.3 乡村资源集聚与经济发展效率

在试图建立乡村经济地理微观基础时,不同的作用机制会在实证层面无法得到一致和自洽的结论。而随着对经济地理因素理解的深入,人们已经不再把产业集聚和乡村集群视作自然优势原因造成的。已有的统计研究也发现,自然优势对乡村经济地理的贡献仅为产业集聚可被观测和解释来源的四分之一(埃里森和格拉斯特,1999)。乡村资源集聚有利于知识在乡村的扩散和外溢,进而扩大乡村经济体系的生产可能性边界,促使其生产效率进一步提高——这在克鲁格曼(1991)的模型中就已经给出了说明——集聚经济强调集聚收益来自地理邻近带来的运输成本降低。如果乡村经济地理要素供给方在区位上相互邻近时,此类乡村就会因为降低了运输成本而产生更高的生产率。也就是说,对集聚经济的理解要求对新经济地理分析视角进行有必要的区分。如果说乡村人口集聚由土地租金、房价和工资等货币外部性决定,那么给定乡村区位内产业集聚水平的高低,同样会受到知识、劳动、资源的溢出水平的影响[16]。此外,需要注意的是,乡村经济地理的核心思想是要素的流变经济,其基本假设认为要素在相邻和相似个体间存在溢出效应。"相邻"意味着空间上的邻近性,"相似"意味着乡村资源禀赋差异在经济行为上的相似性和互补性。随着个体间交流活动的加强,具有个人特征的人力资本会得到发展,新想法也会随之产生。当前,随着乡村振兴战略的推进,很多地区的乡村规模日益扩张,乡村社会发展也朝着扁平化的方向行进。值得注意的是,虽然运输成本显著下降,但乡村人口迁移的成本依然高昂,是个体行为决策中最重要的决定因素之一。所以,在给定空间内考察乡村人口是如何集聚、如何影响乡村生产率的,就具有十分重要的现实意义。此外,作为乡村经济的重要来源,除了劳动力及其技能分工外,还要考虑乡村经济地理规模的外部性、货币外部性等问题。倘若不同乡村彼此高度相似且劳动力可以无摩擦地在乡村和城市间流动,则当受到外生异质性影响越大时,其乡村经济收益也越大[17]。已有的实证结果可以证明,如果乡村人口较多,他们就会在地理上越倾向于集聚。

本章小结

受到理论框架、研究视角、分析对象和数据等诸多因素的影响,国内外对乡村经济地理的衡量存在巨大差异,所采用的经济指标包括区位熵、产业集中度、胡佛系数、地区集中度、空间基尼系数、空间分离指数、EG 指数等,不下 20 种。将上述方法和工具应用到我国乡村经济地理要素流变和谱系优化中,需要从新经济地理学的视角出发,对经济地理与乡村经济地理之间的关系进行全面梳理和重新解构。尤其随着生产力的发展,乡村的非农产业悄然兴起,非农化趋势日益增强,传统的乡村经济旧格局已经被打破和正被打破,乡村经济地理正在分化。其间,乡村经济也逐渐分化出了工业经济,农业劳动者中逐渐分化出了非农劳动者,完整意义上的乡村已经不复存在。但是,完整意义上的乡村概念却没有改变。这是因为,我国城乡分割的局面并没有被彻底打破,城乡一体化发展还没有实现。截至目前,甚至在可预见的将来,我国的乡村都不再是农村,乡村经济也不再是农业经济,包括一、二、三产业在内的立体经济体系正在形成,并构成了我国乡村经济发展的新格局。基于这样的思考,重点分析经济地理问题及其对乡村经济地理要素流变和谱系优化的影响,就显得十分重要。在本章中,首先,解读了经济地理学、新经济地理学的概念,重点分析了克鲁格曼新经济地理学的内涵,对新经济地理学与区位论研究框架进行了比较,并探讨了克鲁格曼新经济地理学在乡村经济发展中的运用;然后从指标选取、指标可行性方面,提出了基于新经济地理学的乡村经济地理指标问题;最后,分别针对基于"中心-外围理论"的乡村经济地理格局、基于"空间集聚理论"的乡村经济地理优化问题,探讨了新经济地理向乡村经济地理的"渗透"。本章的上述工作意在为乡村经济地理基本框架的建立和基础理论的搭建提供必要的支撑,并为后续的有关"'胡焕庸线'与乡村经济地理"(主要是乡村人口与乡村经济地理要素流变的关系)的研究做必要的铺垫。

参考文献

[1] 王丽华,俞金国,张小林.国外乡村社会地理研究综述[J].人文地理,2006(1):100-105.

[2] 李仁贵,张健生.国外乡村学派区域发展理论评介[J].经济评论,1996(3):67-71.

[3] Cater J, Jones T. Social Geography: an Introduction to Contemporary Issues[M]. London: Edward Arnold, 1989.194-221.

[4] John L Allen. Progress in Rural Geography[J]. The Professional Geographer, 1983, 36(1):124-125.

[5] Roche M. Rural Geography: a Stock Tally of 2002[J]. Progress in Human Geography, 2003,27(6):779-786.

[6] Valentine G. Social Geographies: Space and Society[M].New York: Prentice Hall, 2001.249-293.

[7] Grimes S. Rural Areas in the Information Society: Diminishing Distance or Increasing Learning Capacity? [J]. Journal of Rural Studies, 2000(12):13-21.

[8] Joseph A, Lidgard J, Bedford R. Dealing with Ambiguity: on the Interdependence of Change in Agricultural and Rural Communities [J].New Zealand Geographer, 2001,57:16-26.

［9］McGee T G. Globalization and Rural-urban Relations in the Developing World：in Globalization and the World of Large Cities［M］. F.-c. Lo, and Y.-m. Yeung, eds. Tokyo，New York，Paris：United Nations University Press，1998：471-496.

［10］王云才，刘滨谊.论中国乡村景观及乡村景观规划［J］.中国园林，2003(1)：55-58.

［11］MacKenzie A. On the Edge："Ccommunity" and "Sustainability" on the Isle of Harris，Outer Hebrides［J］. Scottish Geographical Journal，2002(9)：219-240.

［12］刘彦随，龙花楼.中国农业地理与乡村发展研究进展及展望——建国70周年农业与乡村地理研究回顾与前瞻［J］.地理科学进展，2011(4)：409-416.

［13］段学军，虞孝感，陆大道，Josef Nipper.克鲁格曼的新经济地理研究及其意义［J］.地理学报，2010(2)：131-138.

［14］Krugman P. Increasing Returns and Economic Geography［J］. Journal of Political Geography，1991(9)：183-199.

［15］Krugman P. Development，Geography and Economic Theory［M］.Cambridge：MIT Press，1995.

［16］Fujita M，Krugman P，Venables J. The Spatial Economy：Cities，Regions and International Trade［M］. Cambridge，Massachusetts：MIT Press. 1999.

［17］Krugman P. Complex Landscape in Economic Geography［J］.American Economic Review，1994,84(2)：412-415.

第五章　"胡焕庸线"与乡村经济地理

　　乡村经济是以农业为基础的，缺少了这个基础，任何片面发展均无法长久。而农业的基础是"人"，若没有了"人"的参与，也就没有农业的工业化、现代化。因此，自中国共产党成立以来，在过去的一个世纪中，中国乡村人口一直处在动态化的"迁移"之中。其中，东部地区凭借优越的交通区位和政策优势，吸引了大量的国外资金和技术，在人才、资金、技术等生产要素的相互作用下，乡村人口大规模向东部沿海地区集聚，并在空间上形成了若干个城市和人口密集区。应该看到，这种大规模的人口迁移和人口集聚，符合市场经济规律，具有一定的历史必然性。然而，乡村人口向东部地区集聚的进程中，二者存在严重的不协同现象，并由此造成了两个突出的"不协调"问题，即人口分布和就业岗位分布的不协调，人口、经济分布和资源环境承载能力的不协调[1]。这两个"不协调"造成了数以亿计的"两栖"乡村人口跨区域迁移、局部地区资源环境约束趋紧、能源与大宗商品的跨区域流动、不稳定因素和社会矛盾日益激化等突出问题。如何破解这两个"不协调"问题，是缩小中国东中西部发展差距、实现农民就地就近城镇化、缓解城乡资源环境压力的现实需要，也是中国优化乡村经济地理空间格局、推进新型城镇化的战略任务。同时应该看到，中国作为一个自然本底条件和资源禀赋区域差异十分显著的大国，人口和经济活动布局的空间不均衡具有客观必然性。在这一问题上，有必要从区域分析、区域规划的视角，综合运用区域经济学、人口经济学、社会学的知识，为乡村经济地理的要素流变和谱系优化奠定科学基础和决策依据。区域经济地理空间格局分析作为区域分析的重点内容，有助于全面、系统、正确地认识乡村经济地理空间格局，是构建科学的、好的乡村区域规划的核心基础，有助于廓清乡村经济地理的要素分布不平衡现象，也有助于乡村经济地理规划中的经济发展决策选择、经济空间布局及相关内容的规划策略制订[2]。通过对这一系列问题的研究，可以辨明我国乡村人口-经济地理分布在过去一百年中的发展特征与规律，为解释和解决我国日益扩大的乡村经济地理的要素流变问题,促进乡村人口有序流动与乡村经济合理布局提供科学依据[3]。而在解决这一问题时,不可避免地要谈到"胡焕庸线",这一起源于20世纪早期,至今依旧发挥作用的重要概念。

第一节 "胡焕庸线"源起、内涵与论争

在20世纪30年代初期,胡焕庸通过考察中国人口的地理分布,发现中国人口分布呈东南稠密、西北稀疏的特征,并从黑龙江瑷珲(现称黑河)向云南腾冲画一条直线,把中国分为东南、西北两大半壁[4]。按当时中国版图的特点,西北半壁(含蒙古国)的人口和面积分别约占全国的6%和64%,东南半壁的人口和面积分别约占全国的94%和36%。中华人民共和国成立以后,中国版图发生了一些变化,东南、西北两大半壁面积分别占43%和57%,2000年两大半壁的人口分别占94%和6%。对于这一比例,即便到了2020年,也几乎没有改变,由此可见中国人口分布的基本空间十分稳定,"胡焕庸线"仍然是体现中国人口分布地区差异的一条最基本的分界线[5-8]。

1.1 "胡焕庸线"源起与发展

1.1.1 关于"胡焕庸线"的早期论述

20世纪初,中国思想界已开始关注中国人口分布尤其是人口失衡问题。但限于当时人口、土地等方面的统计资料不足,难以准确计算出中国的人口密度,所有研究几乎都以定性分析为主。直到1935年,时任中央大学教授的胡焕庸于《地理学报》上发表了题为《中国人口之分布》的文章,历史性地提出了"瑷珲—腾冲线"。这条线蕴含着以下核心观点:在该线两侧,以东地区用占全国约36%的国土面积承载了约96%的人口,以西地区用占全国约64%的国土面积仅承载了约4%的人口,这条线在当时被称为中国人口地理的分界线。胡焕庸教授提出的"瑷珲—腾冲线",先后历经三个步骤才得以绘制完成。第一步要统计人口。胡焕庸通过对比清末、民初官方和学术界人口统计数据,发现不同版本统计或滞后多年,或遗漏很多,结果差距十分显著,综合分析的结果是上述数据均不足为信。然后,他以1933年全国28省为统计对象,通过各种公报杂志,搜取各省、县的最新人口统计数据。按照此次统计,中国人口总量是4.58亿。第二步要绘制人口图。在完成了人口统计之后,胡焕庸继续以县区为单位,分别绘制特定

的人口分布图和人口密度图。其中，人口分布图以全国具有省、县界限的地图为蓝本，参考实测地形图，按照山地、平原、河谷的特点，以"点子法"进行制作。要求每点代表 2 万人，共绘制了 22 900 个点，点的密疏程度代表人口之多寡。然后，对于人口密度图要按照点的密度、采用"等值线法"进行制作，前后分为八级，最高级达到了每平方千米 400 人，第八级则是每平方千米 1 人及以下。第三步要绘制人口密度分界线。这是十分关键的一步。当时，胡焕庸教授按照已经绘制完成的人口密度图，作了一直线，这条直线把大部分第八级区域和其他区域分开。结果是，该线从黑龙江瑷珲"出发"到达云南腾冲，故名"瑷珲—腾冲线"①。到了 1945 年，胡焕庸教授在参加美国地理学家联合会年会时，发表了题为"'瑷珲—腾冲'人口分界线"的演讲，得到了国际同行的一致赞誉。至 1956 年，由于"瑷珲"二字较为生僻，很多人难以辨认，故将"瑷珲县"改成"爱辉县"，"瑷珲—腾冲线"也因此更名为"爱辉—腾冲线"。到了 1973 年，美国俄亥俄州立大学的田心源教授，对"爱辉—腾冲线"进行了最后的"加工"和简化，将其命名为"胡焕庸线"。至此，"胡焕庸线"由此得名并一直为国内外学术界沿用至今。到了 1983 年 6 月，爱辉县并入黑龙江省黑河市，"爱辉—腾冲线"也改名为"黑河—腾冲线"(仅限在国内的称呼)。需要指出的是，即便早在多年前，"胡焕庸线"就已经闻名国内外地理学界，但胡焕庸教授本人在其所有的论述中，都没有使用过，也从未提过"胡焕庸线"这一名称。即便到了晚年，胡焕庸教授最常使用的还是"爱辉—腾冲线"。而在 2009 年，"胡焕庸线"被《中国国家地理》杂志社和中国地理学会再一次推到了人们视野之中——"胡焕庸线"被评为"中国地理百年大发现"之一，排名仅次于"珠峰测量"。

1.1.2 有关"胡焕庸线"的后续论述

中国共产党成立之后，中国人口总量从 1921 年的几亿人迅速增长。时至今日，全国人口已经突破 14 亿，人口分布也显现出新的特征。但即便如此，"胡焕庸线"的基本脉络在可预见的将来不会有太大改变。对于这一点，胡焕庸曾经多次对"胡焕庸线"假说进行阐述和说明，后续研究者(主要以人口学家、地理学家、经济学家为主)也对此发表过很多言论，有支持者，有反对者，但与"胡焕庸线"本身相关的论述主要体现在以下方面。

(1)"胡焕庸线"两侧人口分布特征。从"胡焕庸线"两侧人口分布的

---

① 《中国人口之分布》发表之后，中国首张人口分布图和"瑷珲—腾冲线"的具体内容不久即被美国 *Geographical Review* 杂志全文介绍，英国、德国地理刊物亦相继介绍，认为该文不仅开创了中国人口地理研究先河，而且也奠定了中国人口地理学的基础。

宏观特征来看,"胡焕庸线"两侧人口比例一直相对稳定。除 1935 年按照胡焕庸《中国人口之分布》统计,全国人口总量为 4.58 亿,以及"胡焕庸线"东西两侧人口占比分别为 96% 和 4% 外,到了 1953 年,中华人民共和国成立之后进行了第一次全国人口普查,当时的全国总人口为 5.71 亿(不包括台湾地区),"胡焕庸线"东西两侧人口占比分别为 94.8% 和 5.2%。在 1990 年的第四次人口普查中,全国总人口为 11.37 亿(包括台湾地区),"胡焕庸线"东西两侧人口占比分别为 94.2% 和 5.8%。对于上述比例的"微调",胡焕庸在《中国人口的分布、区划和展望》,以及和严正元合著的《人口发展和生存环境》中,都曾经指出,在过去的半个世纪中,"胡焕庸线"东西两侧人口之比仅有 1.8% 的变化,表明了该线的客观性和中国人口分布的规律性。根据"胡焕庸线"两侧人口分布的内部特征,胡焕庸提出了两个结论或者主张。第一,"胡焕庸线"以东人口分布特征有显著差异。在《我国人口地理分布概述》中,胡焕庸曾经将全国分为八个人口大区,通过对一系列统计指标的研究,发现"胡焕庸线"以东的长江中下游区和黄河下游区,用占全国 13.89% 的国土空间承载了全国约一半人口,是中国人口最稠密的地区。第二,地理位置离海岸越近,人口越稠密;越向内陆,人口越稀疏。在《中国人口地域分布》,以及和张善余合著的《中国人口地理(上册)》中,胡焕庸指出,我国 35.9% 的人口集中在距海岸 200 千米以内地区,人口密度为 374.6 人/平方千米;距海岸 200—500 千米的地区,人口密度为 182.9 人/平方千米,不及前者一半;距海岸 500—1 000 千米的地区,人口密度降为 131.1 人/平方千米;距海岸 1 000 千米以上的地区,人口密度仅为 19.4 人/平方千米。可见,沿海人口集中是人口地域分布的一般规律。

(2)"胡焕庸线"的主要成因。在 1990 年,胡焕庸在历年研究成果的基础上,对"胡焕庸线"的成因进行了系统总结,指出"胡焕庸线"形成的影响因素主要包括自然环境、经济发展水平、社会历史条件等。在自然环境视角上,胡焕庸沿着海拔、降雨量及农作物生长的逻辑关系来分析"胡焕庸线"两侧人口分布差异。在经济发展水平视角上,胡焕庸以 1986 年国家经济统计数据,对"胡焕庸线"两侧各项经济指标进行对比分析,主要结论如下。第一,从粮食生产来看,东南半壁播种面积占全国 91.5%,产量占全国 96%,西北半壁播种面积占全国 8.5%,产量占全国 4%。可见,西北半壁的粮食生产不仅总量远远低于东南半壁,而且单位面积产量也低于东南半壁。第二,对农业、工业、发电量等生产指标占比逐一进行比较,发现东南半壁在各项经济指标上都具有绝对优势,占比达 90% 以上,而西北半壁各项经济发展指标总量较小,占比均小于 10%。总的来说,"胡焕庸线"两侧主要经济指标占比与人口指标占比大体相当，充分反映了两侧经济发展水平的差异及对"胡焕庸线"两侧人口分布的有效支撑。从社会历史条件视角，胡焕庸研究了中国历代人口迁移特征，发现当今人口分布格局是经过长期演化而成的[①]。这一点，对于乡村经济地理中的人口要素流变，同样适用。

1.1.3 "胡焕庸线"的形成机理

自"胡焕庸线"被提出以来，几次全国人口普查都表明，"胡焕庸线"揭示的人口分布规律依然未被打破。胡焕庸先生曾提出三个原因：自然环境不同、经济发展水平不同和社会历史条件不同，都得到了事实验证。在这三个因素中，第一个因素的作用最大，经济发展水平也要受制于自然环境，中国自然环境条件东优西劣的地域结构在很大程度上决定了经济发展水平的东西差异，而社会历史条件对人口分布的影响更与一定的自然环境基础直接相关。相关研究指出，"胡焕庸线"是气候变化的产物，所反映的中国人口分布特征出现于 13 世纪以后。大约在 1230 年到 1260 年间气候发生突变，气温逐步下降，降水明显减少。这次气候突变导致"胡焕庸线"两侧的农业生产潜力发生变化，使得东西部表现出显著的农业生产能力和生态环境差异。而这种差异的长期影响也使得"胡焕庸线"锁定着中国的乡村经济地理结构。另外，除了气候因素外，"胡焕庸线"的形成与历史上的人为因素也存在一定关系。历史上的战乱如永嘉南迁、安史之乱、靖康之变等，使得古代人口(从当时社会发展水平看，迁移的人口主要为农业人口，或是与农业生产相关的人口)从北向南迁移，这在客观上对中国东西部人口密度的分布产生一定影响。但总的来看，气候、降水等自然因素是影响中国人口分布的决定性因素。同时，农业技术进步使得高纬度高寒地区水稻得到广泛种植，林业资源得到多方面利用，这就造成了"东部长城"的地理分界线被打破，由此著名的人口分界线——"胡焕庸线"凸显出来。根据夏海斌等(2012)的研究，"胡焕庸线"的形成主要是由"地理学第一定律"(地貌、土壤、水文和气候特征等"第一自然")决定的，但"地理学第二定律"

[①] 夏、商、周时期，华夏文明主要分布于黄河流域。自春秋时期到秦始皇建立统一的封建王朝，人口虽主要集中于黄河流域，但版图已扩展到长江以南地区。汉朝时，以秦岭—淮河为界，北方仍然是人口主要集中地，约占人口总数 77.52%，其后人口逐渐南迁。至唐玄宗天宝元年，南北方人口比例约为 6：4。到北宋年间，南方人口开始占据主导地位。明、清时期，中国人口增长迅猛，人口压力过大，作为人口洼地的东北地区出现"闯关东"的洪流，使东北三省成为我国近百年来人口迁入最多的地区。改革开放以后，我国人口向长三角、珠三角和京津冀地区集中，人口分布重心逐渐向东南沿海地区移动，由此巩固了"胡焕庸线"人口分布特征的稳定性。

（由交通和基础设施等决定的"第二自然"）引导的发展有路径依赖。这种人口密度分布模式反映了中国不同的自然环境,长期居住的历史和社会经济的发展脉络。

1.1.4 "胡焕庸线"的地理学内涵

"胡焕庸线"的形成是自然环境和人类活动长期相互作用的结果,并且早在千年以前就已形成,稳定至今都没有被打破,这不是人为干预就可以改变的。另外,中国的人口（包括乡村人口）空间分布格局不仅受自然环境和社会经济基础的影响,同时也受到国家政策、开发重点以及气候变化等因素的影响。因此,"胡焕庸线"也就具有了如下地理学内涵。

（1）"胡焕庸线"是中国人口分布的基本分界线。"胡焕庸线"是沿黑龙江黑河向西南至云南腾冲,作一条倾角大致为 45° 的直线,可将全国分为两部分:线之东南占全国面积的 36%,却居住着全国人口的 96%;线之西北占全国面积的 64%,人口仅占全国的 4%（以上为 1935 年的统计数据,当时全国总人口为 4.58 亿）;二者平均人口密度比为 42.6∶1。这条划分中国人口密度的分界线,能够直观展示出中国东南地狭人稠、西北地广人稀的现实。从"胡焕庸线"提出来到今天,经过多年的发展,胡焕庸线两侧的人口密度仅变动几个百分点,是一条相对稳定的、表明全国人口疏密的分界线。

（2）"胡焕庸线"是重要的自然和生态环境分界线。"胡焕庸线"不仅是中国人口东西分布的分界线,也是中国自然地理格局重要的分界线。从全国高程和温度分布来看,"胡焕庸线"的西侧主要是高寒低温地区,东侧相对平缓且年均气温较高（东北地区除外）。从三大阶梯和地形分布来看,"胡焕庸线"东南以平原、水网、丘陵、喀斯特和丹霞地貌为主要地理结构,线西北部主要为草原、沙漠和雪域高原[9]。从地形看,"胡焕庸线"南部位于青藏高原东缘,中间跨越黄土高原,北部跨越大小兴安岭,从南往北基本上跨越了第一阶梯和第二阶梯。从农牧交错带的分布看,"胡焕庸线"和农牧交错带的分布基本吻合,线东南部自古以农耕为经济基础,线西北部传统上为牧业区。从全国的生态安全战略格局看,"胡焕庸线"沿线基本上贯穿了东北森林带、北方防沙带和黄土高原—川滇生态屏障,线以西大部分都是生态环境相对脆弱地区。此外,洪水也主要分布于"胡焕庸线"以东。总体而言,"胡焕庸线"是中国重要的自然-生态分界线,基本上勾画了中国的生态安全格局,其西北侧应该以保持生态本底、减少人类干扰、维护生态安全作为主要的职能,无法承载大规模的人口和产业集聚,不宜进行大规模的城镇化建设。

（3）"胡焕庸线"以西地区，在主体功能区规划中，主要是禁止开发地区和限制开发地区。从全国主体功能区规划的颁布实施开始，基本确定了未来一个时期内国家的总体发展格局。"胡焕庸线"以西的部分多为国家重点的生态功能区，沿线分布了大小兴安岭生态功能区、科尔沁草原生态功能区、沙漠化防治生态功能区、黄土高原丘陵沟壑水土保持生态功能区、三峡库区水土保持生态功能区，以及若尔盖草原湿地生态功能区的东缘。这条线以西的部分多为国家重要的生态功能区，或者是高寒地区和荒漠地区，不适合大规模的城镇化建设。同时，"胡焕庸线"以西也分布着大片的国家级自然保护区、世界自然文化遗产、国家森林公园、国家地质公园等禁止开发地区。从这个意义上讲，也不适合开展大规模的开发建设。

（4）"胡焕庸线"以东不仅是东部地区，也包括大部分中部地区和部分西部地区。"胡焕庸线"从黑龙江黑河起，经大兴安岭、张家口、榆林、兰州、昌都到云南腾冲，将中国分为两个部分。山西省、陕西省、重庆市、贵州省、云南省等西部省份基本上都处于"胡焕庸线"以东。也就是说，"胡焕庸线"跨越了中西部地区。完全处于"胡焕庸线"以西的只有宁夏、甘肃、青海、新疆和西藏五个省级行政区。因此，在推进中西部地区城镇化的过程中，不仅包括"胡焕庸线"以西的地区，也包括了"胡焕庸线"以东的部分地区，而且从资源环境承载能力来看，"胡焕庸线"以东的中西部地区应该成为城镇化的主要载体。

1.2 关于"胡焕庸线"的论争

1.2.1 关于"胡焕庸线"是否成立的论争

近一个世纪以来，中国人口（无论是城镇人口还是乡村人口）经历了爆发式增长和大规模迁移，人口和经济政策也几度更替。关于"胡焕庸线"假说是否成立，学术界存在"肯定说"和"否定说"两大阵营。

（1）肯定说。绝大部分学者认为"胡焕庸线"假说成立，并给予多个维度的证明。第一，在人口分布维度上，按照主要年份人口统计数据和灯光遥感数据，在对全国人口分布、密度、迁移等情况进行了定量分析之后发现，自1935年以来，"胡焕庸线"依然是中国人口密度的分界线。两侧人口比重的细微变化原因主要是中国国土面积的变化，而无论是计划经济体制下生产力布局由东向西推进的均衡发展，还是中国共产党成立以来高度活跃的中西部较落后地区人口向东南沿海发达地区的频繁迁移，都没有影响或者明显改变中国人口分布的基本地理格局和"胡焕庸线"的稳定性[10]。

第二,在经济发展和资源分布的维度上,通过对人均GDP以及生产性土地资源、矿产资源等生产要素的空间分布进行分析,结果表明,人均GDP以及生产性土地资源、矿产资源等生产要素的空间分布情况与区域人口分布具有较高一致性,这一点与最初的"胡焕庸线"十分吻合。第三,在社会发展的维度上,"胡焕庸线"不仅是人口和经济分布的分界线,更是城镇化水平、综合交通路网差异、电力消费水平等的分界线,这足以证明"胡焕庸线"假说是中国人文格局分布的客观规律,其稳定存在与自然环境、经济和社会发展有着紧密联系。

（2）否定说。极少部分学者认为"胡焕庸线"之争或许是伪命题,不应作为学术界论争的焦点,理由有三。第一,从国土面积变化的角度对"胡焕庸线"假说提出质疑,认为胡焕庸提出"瑷珲—腾冲线"时,我国国上面积和现在不同,当时的国家版图呈秋海棠形,如今已是雄鸡形。第二,从人口统计口径的角度对"胡焕庸线"假说提出质疑,认为"胡焕庸线"两侧的人口统计数据是按常住人口计算的,并未考虑户籍人口和省际人口迁移的问题。第三,从突破标准的角度对"胡焕庸线"假说提出质疑,认为学术界未曾对突破"胡焕庸线"的标准进行明确界定,缺乏合适的量化标准。但是,一旦有反对的声音,支持者就会"挺身而出",陈明星等(2016)基于人口普查数据和GIS工具,分析了"胡焕庸线"两侧的人口规模、比重和密度变化,研究显示人口城镇化和人口迁移并没有改变"胡焕庸线"体现的人口分布格局,但是通过积极的政策引导和合理的空间组织,西部地区可以实现更高水平的现代化和更好质量的城镇化。

1.2.2 关于"胡焕庸线"能否突破的论争

学术界关于"总理三问"的论争主要聚焦于"胡焕庸线"能否突破的问题上[①]。许多学者通过对"胡焕庸线"的形成机理和历史演变进行研究,形成两种不同的观点。

（1）"胡焕庸线"无法突破论。第一,从自然环境视角,认为自然环境是地形、气候和资源分布等因素的本底,自然环境通过以上因素决定了中国农业分布格局和城镇化格局,进而锁定了中国人口和经济格局。即使政策推动、技术进步、产业结构升级,"胡焕庸线"两侧人口、经济分布格局也很难摆脱自然环境的束缚。第二,从经济发展视角,由于地理因素带来的

---

① 李克强总理对反映我国东西部人口发展、经济生产、社会进步、科学研究方面均具有重要意义的"胡焕庸线"十分重视,在2013年提出"胡焕庸线"该不该打破、能不能破、如何破的"总理三问",并于2014年再次发出"胡焕庸线怎么破"之问。

绝对运输成本差异无法缩小,导致"胡焕庸线"两侧商品的市场竞争力相差较大,形成以"胡焕庸线"为分界线的区域经济分布规律。而有关中国粮食生产和产业升级的研究也证明了这个规律的牢不可破。第三,从社会发展视角,有三方面的证据表明"胡焕庸线"不能突破。一是中国人口分布具有很强的顽健性,历时近一个世纪持续频繁的人口迁移仍未能改变中国人口分布的基本格局。二是高度城镇化只能集中在"胡焕庸线"以东地区,西北地区只能顺应自然条件形成点状空间分布格局[11]。三是"胡焕庸线"两侧基本公共服务、文化教育水平差距将导致"胡焕庸线"长期存在,难以突破。

（2）"胡焕庸线"能突破论。第一,从人口突破的维度,认为"胡焕庸线"的缘起与新型城镇化没有必然联系,坚持走新型城镇化道路能推进人口在"胡焕庸线"以西城市群聚集,"胡焕庸线"也会随着新型城镇化的推进而自然突破。第二,从经济突破的维度,认为随着"一带一路"推进,"胡焕庸线"以西地区经济将得到极大发展,而现代技术进步也有助于缓解气候、地形、资源等对经济发展的约束。

1.2.3 关于"胡焕庸线"如何突破的论争

学术界关于突破"胡焕庸线"的路径讨论主要体现在以下几个方面。

（1）通过新型城镇化突破"胡焕庸线"。认为应把握新型城镇化有利契机,在"胡焕庸线"以西四大城市群发展集约、高效的经济模式,积极引导、合理布局,推动西部地区人口就地城镇化,使城市群成为突破"胡焕庸线"的重点地区。

（2）通过新型工业化突破"胡焕庸线"。一些学者从产业集聚的视角,根据"胡焕庸线"以西广大地区水资源分布不均和普遍匮乏的现实,认为产业集聚应充分考虑水资源条件合理布局,着力在水资源条件较好的城市布局具有资源优势的专业化产业集群和节水型高新技术产业,打造中国绿色新能源基地。其他学者从技术进步的视角,认为信息技术可以推动贸易发展、知识溢出,而节水节能、新能源开发、智慧绿色生产等技术进步也能弱化环境约束,减少人类活动对生态环境的影响,从而提升资源环境承载力,为突破"胡焕庸线"提供可能。

（3）通过"一带一路"建设突破"胡焕庸线"。一些学者认为"一带一路"建设是打破"胡焕庸线"最有效的地理策略,应以此为契机,推动"胡焕庸线"以西地区向西开放。使西部沿边地区从过去对外开放的末端变成前沿,形成具有国际影响力的开放合作新平台,进而激活西部地区的资源红利、区位红利,吸引人流、物流等不断进入。

1.2.4 关于"胡焕庸线"的新拓展

长期以来,学术界往往局限于自然环境、人口分布、经济发展等维度,以及局限于国家的尺度对"胡焕庸线"进行研究[12-14]。近年来,一些学者突破以往研究的维度和尺度,开始从生态等维度,区域、省际等尺度对"胡焕庸线"假说进行研究,拓展和丰富了"胡焕庸线"的内涵和外延。

(1)中国人口地理分布格局的"准胡焕庸线"。"准胡焕庸线"有别于"胡焕庸线"的直线做法,它以"胡焕庸线"两侧省级行政边界区划为基础,构建起了这条"准胡焕庸线"。在"准胡焕庸线"两侧,人口比例变动比"胡焕庸线"高1%左右。对两侧主要发展指标差距的实证分析显示,西部大开发战略的实施,对缩小两侧发展差距起到了促进作用,但就现阶段而言,如果"准胡焕庸线"以西人口比重提高,会导致两侧经济发展水平和城镇化水平产生显著差异。为缩减这种差异,需要鼓励西北发展所需的人才、技术、资金等要素向西北地区流动,而不是鼓励一般意义上的人口向西北迁移。同时,不应该把提高西北部人口占比作为研究的目的、内容与操作手段。

(2)展现长江经济带人口承载力的"胡焕庸亚线"。"胡焕庸亚线"对"胡焕庸线"的理论内涵进行了拓展,使之达到了生态环境承载力的维度,然后立足于区域尺度,对长江经济带人口承载力进行分析和研判。通过对长江经济带人口、经济、社会发展水平的空间布局差异进行分析,划分出了长江经济带人口承载力空间格局的"胡焕庸亚线"。结果发现,长江经济带人口承载力具有"三阶梯"特征。长江经济带人口承载力"胡焕庸亚线"的"出现",有助于科学评价长江经济带不同区域的资源环境承载力差异,科学引导长江经济带下游产业和人口向中上游转移,为长江经济带生态管制、产业转移及空间优化提供重要参考。

(3)中国生态空间分布格局的"黑河—腾冲线"与"烟台—河池线"。按照"胡焕庸线"揭示的中国人口区域分布特性,部分学者引申出了中国生态承载力沿"胡焕庸线"垂直方向梯度递减的假说,然后通过省级和城市两级尺度的实证研究对此进行证明。其中,省级尺度的实证研究是以全国各地生态承载力、人口密度、GDP密度为基础的,构建和表征了各区域生态环境质量的指标以及对各省的评价;在城市尺度的实证研究方面,采用的是中国环境监测总站公布的全国347个地级行政区空气污染指数(API)数据,由此建立起了涉及空气污染指数、各行政区到"胡焕庸线"的垂直距离、人口密度、经济密度等变量的实证模型,并进行了验证。上述两种尺度的实证研究都能够证明,中国区域生态承载力随着和"胡焕庸线"垂直距离的增加而呈现梯度递减的状况。按照实证研究结果,学者们进一步提出了需要以"黑河—腾冲线""烟台—河池线"为基准,重新划分中国生态空间分布格局的主张。

1.3 "胡焕庸线"对乡村经济地理的现实意义

1.3.1 科学性与前瞻性

胡焕庸绘制中国首幅人口分布图——"胡焕庸线"的初衷是通过对中国人口分布进行量化,总结出中国人口分布的规律。在后来的研究中,包括胡焕庸本人在内的大量学者又对"胡焕庸线"假说进行了拓展研究,总结出"胡焕庸线"假说的科学内涵。虽然,许多学者提出"胡焕庸线"不仅是中国人口和经济的分界线,还是中国干旱与半干旱区、农牧交错带、城镇化、交通建设等的分界线。但无论哪一种分界线,都离不开其存在所依赖的自然地理背景,且最终落脚点仍然是人口密度的分界线。这也正是每一次新的人口普查之后,都会有大量的学者对"胡焕庸线"两侧人口比例进行验证的原因。因此,只要中国的自然地理背景和人口分布特征不发生改变,即可证明"胡焕庸线"假说的科学合理性。从中国自然地理的历史变化来看,已有大量的研究表明,除非外界环境突变,否则自然地理的改变只能是长期演化的结果,短期内比较平稳。也有学者着眼于未来,对中国2050年气候变化进行模拟研究。结果表明,虽然全球变暖会对中国农业分布产生一定影响,但不能从根本上改变"胡焕庸线"两侧人口分布的规律。在乡村经济地理视角上,"胡焕庸线"一直关联着中国乡村人口分布的特征,实际上,"胡焕庸线"最早可能形成于中国的宋明时期,或者起源于中世纪温暖期结束之后。但无论如何,"胡焕庸线"已经稳定存在了数百年,通过比较"胡焕庸线"提出以来的历次人口普查数据可知,虽然中国乡村人口发生了爆炸式增长,但"胡焕庸线"两侧乡村人口的分布特征没有改变。剔除中国共产党成立前国土面积变化影响,中国共产党成立后"胡焕庸线"两侧乡村人口比例仅变化1.12%。从中国乡村人口变化趋势看,随着年均增长率稳定下降,乡村人口占比变化也趋于稳定。综合中国自然地理的历史变化和乡村人口分布变化特征分析可知,"胡焕庸线"已经长期存在并将继续稳定存在,"胡焕庸线"假说背后的科学依据和前提是中国自然地理环境在过去和可预见的将来不发生剧烈变化。假说的科学合理性体现了自然环境本底对乡村人口、乡村经济地理的影响,而自然环境本底状况则由国土空间资源环境承载能力体现。而对乡村经济地理的资源环境承载能力进行合理管控,有利于乡村社会生产、生活、生态空间的合理布局和长远发展①。

1.3.2　现实性与实践性

党的十九大报告指出："中国特色社会主义进入新时代,我国社会主要矛盾已经转化为人民日益增长的美好生活需要和不平衡不充分的发展之间的矛盾。"当前,我国正处于全面建成小康社会的决胜阶段,脱贫任务艰巨,生态环境保护任重而道远。在新时期,"胡焕庸线"对乡村经济地理的现实指导价值主要体现在以下几个方面。

(1)"胡焕庸线"假说对乡村振兴和全面小康社会建设实践的指导价值。党的十八届五中全会提出,2020年中国全面实现小康。当前,我国正处在脱贫工作攻坚克难期,关键是实施乡村地区的精准脱贫。根据贫困县分布特征,我国现有贫困地区主要位于偏远山区、革命老区和少数民族聚居区,宏观上主要分布于"胡焕庸线"两侧。"胡焕庸线"既是中国经济地理的分界线,也是民族地理的分界线。二者的耦合关系与"胡焕庸线"两侧的地理背景突变有密不可分的联系。研究"胡焕庸线"假说有利于寻找这些地区贫困的本质原因,进而指导探索精准脱贫路径。

(2)"胡焕庸线"假说对区域协调发展战略实施的指导价值。党的十九大报告提出,实施区域协调发展战略,推进西部大开发形成新格局。"胡焕庸线"假说体现了我国国土空间上人口分布不均衡、西部发展不充分的现状。"胡焕庸线"将成为区域协调发展战略的直接发力点和政策核心关注点。但是,"胡焕庸线"以西地区(尤其是乡村地区)水资源缺乏、生态环境脆弱、基础设施相对落后,如何让占国土五分之三的西北半壁实现跨越式发展,需要深入研究"胡焕庸线"假说的科学内涵。"胡焕庸线"成为中国区域发展不平衡的分界线,主要是由两侧资源环境承载能力本底差异较大,以及中国市场开放东向为主导致。长期以来,我国经济主要集中在"胡焕庸线"以东,造成了生态环境的极大破坏和土地超载过载。如果把发展增量仍然集中在"胡焕庸线"东南半壁的国土上,势必造成土地、资源与环境难以为继,导致东西部发展严重失衡,不利于中国社会、经济、环境的和谐发展。因此,如果以"胡焕庸线"为界,大力改善"胡焕庸线"以西国土空间资源环境承载能力,在人口和经济承载能力较强的乡村地区发展与环境

---

① "胡焕庸线"假说虽然是基于中国人口统计提出,但在指导国土空间保护和利用,以及国家可持续发展方面具有重要的指导意义。实际上,不止中国存在人口地理的分界线,世界各大洲的许多国家也有本地区的人口地理分界线。因此,"胡焕庸线"假说不仅为我国国土空间开发和协调发展提供了指导方向,也为世界人口经济合理布局提供了前瞻性指导。

相适应的产业,将有效提升"胡焕庸线"以西地区人口承载能力。而随着"一带一路"建设的推进,中国市场由以东向为主变为东西双开的局面,也将引导相关产业向西部地区转移,进一步提高西部乡村经济总量和西部乡村人口占全国乡村人口的比重,进而促进我国东西部协调发展。

(3)"胡焕庸线"假说对生态环境保护实践的指导价值。"胡焕庸线"是中国生态环境的突变带,"胡焕庸线"以西地区(主要为乡村地区)的生态环境关系着全国生态安全。当前,"胡焕庸线"以西区域生态欠账较多,国土空间开发无序,水源保护区和生态涵养区遭到大肆破坏,已经严重威胁国家生态安全。"胡焕庸线"以西重点生态功能区常住人口近 4 000 万人,大大超过了现有人口承载能力。如果以"胡焕庸线"假说为指导,加强西部乡村地区国土开发管控,科学衡量和监测不同区域的资源环境承载能力,协调国土空间的利用和保护,统筹谋划人口分布和经济布局,将有助于构建我国乡村经济地理的全新格局。

1.3.3 系统性与稳定性

中国共产党成立以来,在过去一百年的时间里,中国有较长时间都在实施东部优先发展战略,党中央将大部分资源集中投向东部沿海城市,在空间集聚效应和规模效应等市场规律的作用下,产业快速大规模地向东部地区集聚,这是引致中国乡村经济发展不均衡的外部条件。更深层次的是,在优越自然地理和交通区位条件、优先的区域发展战略和市场经济规律的交织和叠加作用下,东部地区与中西部地区的发展差距日益拉大,这种差距体现在乡村社会发展水平、乡村公共服务、乡村发展机会等诸多方面,由此吸引了大量的中西部剩余劳动力快速向东部地区迁移。毫无疑问,这种区域之间日益突出的发展差距是乡村人口和产业快速向东部地区集聚的基本动力和深层次原因。优化乡村经济地理空间格局和形态,其本质就是要实现区域协调发展,不断缩小城乡居民人均收入差距,让城乡居民能够享受到均等化的基本公共服务和等值化的生活质量。也就是说,在推进城镇化的进程中,不单纯要强调人的繁荣,还要强调地域的繁荣。要实现中国城镇化的空间均衡发展,就要实现"乡村化"的均衡发展,并着重从以下方面推进。

(1)加快"产业西进"助力乡村产业振兴。通过改善中西部乡村地区的产业发展条件,促进东部产业西进,具体措施包括:争取国家优惠政策和支持力度,继续深化西部大开发、中部崛起等发展战略;积极优化中西部乡村发展环境,有效降低城乡之间的物流成本,提高乡镇政府管理效能,减小乡村运营成本,增强乡村产业配套能力,吸引更多的产业在中西部地区集聚;加快推进中西部地区乡村向城镇的发展进程,并充分发挥城镇化刺激投资、扩大内需、带动就业和拉动经济增长的综合拉动效应,实现中西部乡村地区充裕劳动力、资源和能源的就近利用,为乡村产业发展创造有利条件;实行"多中心网络开发"战略,以城市群(都市圈)为中心,以城乡交通运输网为纽带,在中西部地区培育新的乡村经济增长极与乡村增长区,推动形成一体化与均衡化的乡村经济地理空间结构。

(2)严格控制东部地区的乡村建设用地指标,合理确定城市规模,划定城市空间增长边界,设置土地开发强度的"天花板",设立生态空间"底线",确保东部产业向中西部地区顺利转移。在"产业西进"的过程中,不应全盘承接东部转移的过剩产能与污染型产业,需要依据西部乡村地区要素禀赋与资源环境承载能力有选择地接受;大力推进现有乡村产业的转型升级;依据主体功能区要求,在有条件的乡村地区进行重点产业的集中开发。

(3)适度引导"乡村人口东移"。第一,稳步推进乡村转移人口的就地市民化。依据"尊重意愿、自主选择,因地制宜、分步推进,存量优先、带动增量"原则,建立政府主导、多方参与、成本共担、协同推进的原则,将以往劳务输出向乡村人口迁移转变,将有稳定就业岗位的乡村转移人口市民化,使之获得与城镇户籍居民均等一致的社会身份和权利,公平公正地享受基本公共服务和社会福利。第二,推进乡村土地制度改革。建立中西部和东部地区乡村用地指标流转机制,通过建设用地指标和乡村人口户籍的挂钩,优化乡村人口结构。

第二节 "胡焕庸线"的理论支撑

劳动力流动在本质上属于生产要素在产业部门之间的重新配置,但乡村劳动力的流动具有很强的带动作用,可以改变产业的要素禀赋结构,对产业发展和经济结构起着非常关键的作用。乡村劳动力资源充分利用和合理配置不仅具有重要的经济意义,并且会对中国社会未来的发展产生重大影响[15]。历史经验表明,一个国家向现代化迈进的过程,就是从传统农业国家演变为现代工业国家的过程,具体表现为经济结构以工业和服务业为主,社会生活以城市为中心,人口大部分转变为城市居民。贯穿这个过程的是乡村人口不断由农业领域向非农业领域、从乡村向城市转移的现象,也就是农民持续离开土地的非农化就业,即农民的非农化。劳动力流动是世界各国在发展过程中普遍经历的阶段,西方发达国家用了上百年的时间度过了这一过程,东亚新兴国家也用了几十年时间成功完成了这一阶段。但也有一些南美洲、非洲地区的国家普遍受困于乡村劳动力大规模无序涌入城市所带来的种种负面效应,经济发展因而受到了严重的阻碍。在我国,自中国共产党成立以来,在过去的一百年中,劳动力流动或者人口流动问题一直关系着国家的长远发展,具有极其重大的社会现实意义,而所有上述行为或者努力,无一不以"胡焕庸线"的存在为"前提"。而之所以如此,是因为"胡焕庸线"具有强大的、科学的理论支撑。

2.1 空间经济理论

在学术界,区域间发展不平衡一直是国内外学者们关注的焦点。早期的区域均衡发展理论涉及空间均衡论、低水平均衡论、临界最小努力理论等。其中,空间均衡论认为区域经济增长长期来看会在地域空间上趋同,并呈收敛之势;低水平均衡论从人均实际收入出发,认为贫穷会恶性循环;临界最小努力理论认为促使一国经济长期持续增长,需要大于临界值的增长刺激。然而早期的区域均衡发展理论大多采用静态分析方法,过于理想化而无法充分解释现实中存在的巨大区域差异,在此背景下,区域非均衡发展理论应运而生。该理论聚焦经济部门或产业的不平衡发展,并强调关联效应和资源优化配置效应,即优先投资和发展关联效应最大的部门,然后逐步扩大对其他相关产业的投资。在此基础上发展起来的循环累积因果论则从地区初始禀赋出发,认为一旦某些区域由于初始优势比其他区域发展超前,这些区域就会通过循环累积因果过程,不断积累有利因素而继续发展,从而形成巨大的区域发展差异。在我国,由于自然地理等初始因素的影响,"胡焕庸线"东南侧大部分乡村的初始禀赋要优于西北侧乡村,而改革开放等政策的实施又导致社会资源、教育资源和金融资源等向"胡焕庸线"以东不断流动,进一步拉大了禀赋的差距,随着循环累积过程的加深,从而导致了"胡焕庸线"两侧巨大的发展差异。20 世纪 90 年代以后,随着统计技术的日益成熟,在传统的区域均衡系列理论的思想基础上,诞生了区域经济学与空间经济学。其中,区域经济学主要结合特定区域的地理、气候环境,探究一个区域经济体的增长、经济结构特征,以及不同经济体之间的关系与差异。空间经济学则由保罗·克鲁格曼等经济学家建立,他们将运输成本等因素纳入经济理论分析框架之中,发现由于运输成本的减少,会引发经济聚集、外部性和规模经济等问题。克鲁格曼通过构建"中心-外围"模型,分析一个区域内部产业聚集的形成原因,并进一步论述了形成产业聚集情况的过程,最终得出经济活动在地理位置上会趋向集中的结论,即随着人口集中、产业聚集情形的出现,一个国家的经济活动会在很大程度上集中于某片区域,最后可能导致不同区域的社会与经济发展出现失衡。按照这一理论,"胡焕庸线"最初是由降雨量、海拔与土地肥沃程度等自然条件导致的一条人口密度分界线,但是人口密度的差异导致了经济活动的差异,而按照空间经济学的理论,经济活动的差异又带来了社会发展的差异,所以"胡焕庸线"两侧最终体现出社会、经济、就业、教育、文化等方面的巨大落差。

2.2 空间集聚理论

人口和产业的空间集聚是一个世界性的经济现象,受到国内外学术界的广泛关注。早在 19 世纪末期,西方学者就开始关注经济活动的空间集聚问题。按照新增长理论,产业集聚会形成严重的路径依赖和锁定效应。在国内,学术界自 20 世纪 90 年代开始,也开始关注产业集聚的动力机制及优化策略研究。相关研究指出,驱动产业空间集聚的主要因素包括地理集中(集聚经济)、社会网络、创新环境、合作竞争和路径依赖。在乡村经济地理要素流变和谱系优化中,乡村间的合作与竞争以及区域创新能力,都是产业集聚竞争优势的主要来源。从国内外研究可以看出,产业集聚主要源于区域因素、集聚因素和运输成本等集聚动力的相互作用,这种空间集聚有助于加剧竞争、提高效率等,进而形成整个区域的集群竞争力。同时也要看到,经济活动的空间集聚一方面会使富有竞争力的地区(包括乡村地区)越来越具有竞争力,从而加大区域发展差距;另一方面可能会导致一些地区走向衰落。自中国共产党成立以来,中国长期实施非均衡发展战略,东部乡村凭借优越的区位和政策优势,吸引了大量的外国资金和技术,获得了发展优势。在人才、资金、技术等生产要素的相互作用下,产业快速向东部地区集聚。应该看到,中国共产党成立之后中国人口和产业大规模向东部集聚是符合市场经济规律的,具有一定的历史必然性。同时也要认识到,东部地区在人口集聚与产业集聚过程中,存在严重的不协同问题,即人口集聚程度要显著滞后于产业集聚,导致人口、产业及就业岗位分布的不协调——东部拥有较多的就业岗位和机会,但缺乏劳动力;中西部拥有丰富的劳动力要素,但缺乏就业岗位和机会,从而导致了数以亿计的"两栖"乡村劳动力跨区域迁移。此外,东部乡村人口和产业大规模集聚,有的甚至超出了当地资源供应能力,需要大规模、长距离地从中西部地区调运资源和能源,同时还给东部地区造成了巨大的生态威胁;中西部乡村地区拥有丰富的土地、矿产、能源等生产要素,但不少地区仍处于资源输出的初级发展阶段,对各种生产要素的集聚能力明显不足,未能形成具有竞争力的产业优势和产业集群。

2.3　要素流动理论

2.3.1　配第-克拉克定理

配第-克拉克定理是有关经济发展中,就业人口在三次产业中分布结构变化的理论。该定理基于三次产业分类法,在分析产业结构演变时,首先使用了"劳动力"这一指标,并考察了随着经济发展,劳动力在各产业中的分布状况的变化等。该定理可以表述为:随着国民经济的发展和人均收入水平的提高,第一产业吸纳的劳动力(主要为乡村人口)比重逐渐下降;第二产业劳动力的比重不断上升,与此同时,第三产业国民收入和劳动力的比重开始上升。对人均国民收入较低的国家来说,第一产业劳动力所占的比重相对较大,而第二产业、第三产业劳动力所占的比重相对较小;反之,在人均国民收入水平较高的国家,第一产业劳动力所占的比重相对较小,而第二产业、第三产业劳动力所占的比重相对较大。配第-克拉克定理重要的一点是它能说明要素和产业结构变动的关系。该定理认为,造成产业结构变化的主要原因,首先是产业之间存在的收入弹性差异:当人们的收入水平达到一定程度后,农业产品需求难以随着国民收入的增加而增加,其收入弹性持续下降而小于其他产业产品的收入弹性,这导致农业生产规模难以持续扩大。其次,投资报酬差异也是造成这种变化的重要原因。一个基本的事实是,在乡村地区,农业技术进步比工业要困难,农业投资初始阶段会出现资本的"报酬递减";而工业的技术进步一般要远远快于农业,工业投资多处于"报酬递增"的情况,所以在经济发展过程中工业投资往往多于农业投资,其发展速度也快于农业。

2.3.2　刘易斯的劳动力转移理论

1954 年,刘易斯在《劳动力无限供给条件下的经济发展》一文中,首次提出了人口流动模型。这一模型认为,不发达经济体是由两个不同的经济部门组成的。一个是劳动生产率较高的现代部门,一个是劳动生产率较低的传统部门。传统部门中存在着大量边际生产率很低甚至等于零的剩余劳动力,这部分劳动力的流出不影响传统部门的产出量。工业部门劳动力的工资水平高于农业部门。在这种情况下,农业部门的劳动力更愿意流动到城市工业部门以获取更高的工资,而且对于工业部门来说,在流动的初期,农业部门对工业部门的劳动供给是无限的。而一旦工业部门获得了超额利润,就会让乡村资本增加、生产规模扩大、劳动生产率提高,并继续吸收大量劳动力,直到乡村剩余劳动力完全流动到工业部门。与此同时,随着劳动力的流出,劳动力过剩现象消失,在两部门竞争的推动下,传统部门劳动力的工资持续上升,生产的技术水平不断提高。这一过程一直持续到农业部门和工业部门的工资水平相等。

2.3.3 费景汉-拉尼斯模型

1964 年费景汉和拉尼斯提出了费景汉-拉尼斯模型(Fei-Ranis Model),该模型以动态视角,阐述了劳动力流动背景下农业和工业均衡增长的问题。费景汉和拉尼斯认为,刘易斯人口流动模型没有足够重视农业在促进工业增长中的作用,因农业生产率提高而出现农业剩余是农业劳动力流入工业部门的先决条件。费景汉-拉尼斯模型发展了人口流动模型,考虑到了农业部门的发展,认为工业和农业部门应平衡地发展。费景汉-拉尼斯模型将劳动力的流动划分为三个阶段:第一阶段劳动生产率等于零的剩余劳动力流出,这部分劳动力是多余的,流出并不会影响到农业产量;第二阶段,农业部门的边际生产率开始上升,这时农业部门劳动力的显性失业不复存在,但隐性的劳动力失业依然存在,这部分劳动力继续向工业部门流动;第三阶段,农业部门的剩余劳动力完全被工业部门吸收,农业部门劳动力工资由两部门之间的市场竞争来决定。在这一过程中,现代工业部门吸收农业劳动力的速度必须快于人口增长的速度,否则在农业领域增长的资本会被扩张的人口所吸收,经济将很难走出"马尔萨斯陷阱"[①]。

2.3.4 托达罗模型

刘易斯模型虽然较好地解释了农业劳动力向非农产业流动的一般过程,但在许多发展中国家往往存在着城市高失业率的情况下,乡村劳动力依然源源不断地选择向城市流动的现象,这一现象同刘易斯模型相矛盾。对此美国经济学家托达罗将预期的因素加入劳动者转移的分析框架中,较

---

① 人口增长是呈几何级数增长的,而生存资源仅仅是呈算术级数增长的,多增加的人口总是要以某种方式被消灭掉,人口不能超出相应的农业发展水平。这个理论就被人称为"马尔萨斯陷阱"。马尔萨斯陷阱,又称为"马尔萨斯灾难""马尔萨斯停滞",以英国政治经济学家托马斯·罗伯特·马尔萨斯命名。这一观点至今仍被广泛接受。马尔萨斯的理论基于两个主要前提,其一是只存在农业生产,其二则是收入和人口的交替影响,即人口增长率是人均收入水平的增函数。

好地解释了这一现象。刘易斯模型和费景汉-拉尼斯模型都认为,城市工业部门的工资高于传统农业部门,农业部门劳动力就会源源不断流入城市非农产业。而托达罗模型认为城乡预期收入差异是农业劳动力向城市流动的主要动机。只要在城市工业部门就业的预期收入比在农业部门就业的预期收入高,农业劳动力就会不断流动到城市寻求获得高工资的就业机会。同时相比刘易斯模型,托达罗模型更加重视乡村经济的发展,认为尽量减少由偏向城市的发展战略造成的城乡就业机会不均等现象,减少城乡经济机会的不平衡对乡村经济发展十分重要。

2.3.5　乔根森转移理论

乔根森理论是美国经济学家乔根森在 1961 年提出的,是一种劳动力转移理论。该理论强调农业部门和工业部门生产要素不同,认为农业部门的产出由土地和劳动力决定,工业的产出由资本和劳动力决定。乔根森理论认为乡村剩余劳动力转移的必要条件是存在足够的农业剩余。农业剩余是农产品的增长快于农业人口的增长而产生的。人口增长是内生变量,而农业产出的增长却取决于技术进步,所以随着时间的推移,产出增长的速度最终超过人口的增长速度,农业剩余就会出现。另一方面,人们对农产品的需求是有限度的,但对工业品的需求却是无限度的,所以当农产品生产已经可以满足人们的需求,进而出现农业剩余时,农产品的需求不再能拉动农业的发展,而工业品需求继续增长。在这种情况下,乡村劳动力人口就转向工业部门。农业剩余的规模决定着工业部门的发展和乡村剩余劳动力转移的规模。消费结构的变化是乡村人口向城市部门转移的根本原因。该理论还提出了可变工资假设,认为农业劳动力转移过程中,农业部门和工业部门的工资水平并不是固定不变的;认为现实中农业部门并不存在边际生产率为零的剩余劳动;认为随着农业劳动力减少、资本积累上升和技术进步,劳动生产率提高而农业部门的工资也是不断提高的,工业部门为吸引农业劳动力就需要不断提供高于农业部门的工资。

2.3.6　新劳动力转移理论

20 世纪 80 年代,斯塔克等人提出了新劳动力转移理论。相比其他相关理论,该理论从流动者家庭决策的角度,研究了劳动力流动的一般规律。该理论分析了收益最大化约束下,农户家庭的劳动力流动行为。该理论认为流动行为实际上是农户家庭的决策的结果,流动者的行为和绩效在很大程度上取决于其家庭的需要和偏好。乡村劳动力的流动不仅仅是为了获得最大的预期收入,同时也为了抵御农产品歉收的风险。新劳动力转移理论指出,发展中国家还缺乏完善、成熟的保险市场,这使得家庭不得不通过将劳动力配置在不同的市场以分散风险。同时流动还会受到社会环境以及人与人之间关系的影响。新劳动力转移理论与其他相关理论的主要区别体现在:第一,流动行为决策的主体不同,新劳动力转移理论主要从流动者家庭角度出发;第二,新劳动力转移理论认为劳动力流动不仅仅出于收入方面的原因,而且还包括农业风险、社会环境等方面的因素。新劳动力转移理论的理论前提和假设更适合发展中国家的实际情况,具有较强的适用性。

第三节 基于"胡焕庸线"的人口迁移与乡村经济地理集聚

人口、产业与资源环境的分布格局变迁是重塑乡村经济地理的核心要素。未来应该形成以"产业西进"为主导,"人口东移"为辅助的发展策略,二者相互促进、相互补充。"产业西进"是通过一系列措施让更多的乡村和产业在中西部地区集聚,改变长期以来中西部经济社会发展滞后于东部地区的局面,实现中西部与东部地区的平衡增长,进而从根本上减少人口和大宗商品的跨区域流动以及缓解局部地区的资源环境压力[16]。"人口东移"是通过户籍、就业、教育、土地、住房、社会保障等综合配套改革,加快农业转移人口的市民化进程,实现农业转移人口的职业转化、地域转移、身份转换以及价值观念和生活方式的转变,这也是解决"三农"问题、优化乡村经济地理空间结构的根本要求。

3.1 近代乡村人口迁移的特点与空间分布

在中国近代社会中,经济政治结构的变化较大、持续时间较长,导致乡村人口流动性空前加强,乡村人口迁移的类型特点和性质相应出现了若干新的变化。由于中国近代人口的 80% 以上在乡村,乡村问题又是中国近代社会一切矛盾的焦点,乡村人口的流动与转化无疑是该时期一切重要变化的缩影,因此联系近代社会背景,探讨乡村人口迁移类型的特点和性质,对我们了解中国近代社会和乡村人口问题将大有裨益。

3.1.1 中国共产党成立后乡村人口迁移及其特点

中国近代以前的乡村人口迁移类型单调,迁移农民的出路与活动范围也极其有限。进入近代后,社会政治经济形势发生了很大变化,有助于人口迁移,主要表现在以下方面。第一,在外人叩关的隆隆炮声中,一向闭关自守的中国被纳入了世界资本主义市场体系,世界劳工市场对中国劳动力的需求,和国内人口的压力,导致大量华工(乡村劳动力占绝大部分)走向世界。第二,关内日益加重的人口压力和边疆地区的政治危机,使东北、蒙古等新垦区在近代日益显示出经济、政治上的重要性。清政府放弃了以往对东北的封禁政策,鼓励移民。东北近代经济事业和交通事业的迅速发展,使关内外大规模的区域性人口流动以空前的速度进行。第三,伴随乡村自给自足状态瓦解而加强的地区间联系,以及各地乡村日益扩大的不平衡及对人口压力的不同反应,使人口在不同乡村间的迁移变得更加普遍。第四,由于生产方式的变化,在社会经济生活中,出现若干新因素,拓宽了移民空间和职业选择,一种新型的近代移民群应运而生,除乡村移民外,城市移民也随之增加。与该时期的社会变动相适应,乡村人口的空间变动也是空前的。其间,国内迁移与国际迁移同步发生,本部迁移与边疆迁移同时进行,乡际迁移和城乡迁移交错进行,最终汇聚成了巨大的移民浪潮。可以说,中国近代人口迁移突破了传统的单一类型与狭窄范围,具有丰富多彩的性质。接下来,就分别针对其中的几种类型进行简要说明。

(1)边疆移民。近代之前的中国,移民殖边是一种古老的迁移方式,但真正大规模的边疆移民是从近代特别是19世纪末20世纪初开始的,以东北、蒙古地区为主。1897年修筑京奉铁路,关内数千乡民前往筑路。到1903年铁路正式通车,移民事业日益发达起来。当时,来自山东、河北、山西、河南、陕西等地的贫困农民,借助近代交通运输工具(火车或轮船),采取季节性迁移或永久性迁移的方式,源源不断地自关内来到关外,导致东三省人口在短时间内迅速增加。据估计,东北地区境内的汉族人在1900年已超过1 400万人,到了"九一八"事件前夕,东北人口预计有3 000万,到1940年之后,超过了4 000万,而在1945年抗日战争结束前夕,人口规模达到了4 600万。人口的迅速增加,说明当时的东北地区已成为我国近代以来过剩人口的最大移居区域。在蒙古地区,汉族人从19世纪初到1921年(中国共产党成立前夕),共增加了415.4万。其间,边疆移民不断开垦与扩大耕地,极大程度解决了粮食问题。同时,近代边疆移民具有规模大、季节性强、非农职业比重高等特点,但受到制度、技术、物质条件、气候等因素的制约,近代边疆移民的作用并未得到充分发挥。

(2)乡际迁移。我国近代乡村人口的乡际迁移占较大比重,据1935年调查数据,在全国范围内,22省举家离村迁移的农户中,乡际迁移占比为

36.9％,其中到别村逃难的占 7.7％,到别村务农的占 17.3％,迁居别村的占 7.4％,到垦区从事开垦的占 4.5％。这一情况反衬出了城市移民的不足,也反映出乡村经济结构中封建农业经营的主体地位正在被稀释,农民对土地的依附性更强且安土重迁。在当时,乡村中大量公开和非公开的失业人口、过剩人口,由于找不到农业以外的其他出路,不得不挤在土地上挣扎以求得生存。各地乡村经济发展不平衡,决定了不同乡村劳动力就业状况、生活水平上的差异。由于小农经济不足以维生,大部分农民必须兼业打工,在流动中谋生。加之农业生产具有季节性、地区性、不确定性等特点,使得不同时期、不同地区的劳动力供需状况不一致。所以,乡村人口遵循价值规律,从收入低、生活水平差、生存环境恶劣的地区,向条件较好的地区移动,他们有的是季节性佣工,有的永久性迁居,按照自身条件与市场情况,选择了他们认为最适合的迁移模式。可以说,人口在乡村间移动成为了当时调剂各地劳动力供需的途径之一。比如,农忙时期的"巡回工人"会经常成群结队到各地(乡村或城镇)寻找雇主,通过提供劳动力获取生活费用。他们中的大部分都来自人多地少、无其他门路的贫困乡村,所到地区通常是非农产业发达或工资较高的地区。但在当时的上海、武汉郊区乡村,由于大量农民入城务工,使得农业劳动力不足,甚至出现了田无人种的情况,不得不吸引远方农民前来佣耕,这些人被称为"客民"。在华北乡村地区,到了农忙季节,成群结队的农业工人就会从一个村到另一个村寻求待遇更好的工作。而在沿江、沿湖、沿海、荒山新垦区,乡村人口流动也十分普遍。自 1901 年苏北垦牧公司设立以来,在那之后的 10—20 年间,江苏海门农民迁往各垦殖公司的,总数超过 20 万人。而除上述生产性人口流动外,在 20 世纪 20—30 年代,难民、游民、兵匪等非生产性人口也加入人口流动洪流之中。不可否认,所有这些都是近代中国社会环境与生态环境恶化的产物。由于政治动乱、战争、频发的自然灾害,造成了大量流民、难民。加之当时政治上的失控和社会经济组织的崩塌,游民、兵匪也急剧增加。一项统计显示,在 1927 年,全国范围内与生产无关的游民、兵匪数量达到了 2 000 万人。这从一个侧面反映出了人口反常流动的严重性。再比如,在 1931 年的长江大水中,受灾地区流离出的人口总数占总人口的 40％,陕西省在 1928—1930 年因灾迁逃的人口超过 70 万。由此可见,在近代之中国,人口的乡际迁移没有唯一的形式,但季节性强、非正常迁移量大却是不争的事实。

(3)城市移民。近代以前的中国,社会城市化水平较低。进入 19 世纪末、20 世纪初之后,在列强的影响下,中国开放了很多通商口岸,近代工业也得到了发展，极大刺激了城市数量与城市人口的增加。据统计，在1921年，我国城镇人口总数达 5 765 万人，较之于 1893 年，城镇人口比重从 6.0% 提高到 10.6%（与之相对应的是乡村人口所占比重有所下降，从之前的 94.0% 下降到 89.4%）。在华北地区、上海等地，城市人口从 1900—1910 年的 460 万上升至 1938 年的 1 300 万，增长了将近 2 倍。城市人口的增加主要是乡村人口迁入城市造成的。据 1935 年的调查，当时中国全家离村去城市者占 59.1%，青年男女单身入城者更多，占比为 65.5%。上海市 1946 年的人口统计表明，当时的本地籍占 20.7%，外地籍占 79.3%（当时的上海已经是名副其实的"移民城市"，且以乡村人口的移入为主）。在城市人口中，中青年人多，老幼者少，凸显了城市人口的移入性质。值得注意的是，在当时，城市移民主要发生在工业化程度较高的沿海、沿江、铁路沿线地区，首先是大中城市的近郊乡村。而之所以如此，是因为城乡利益存在较大差别，城市较多的就业机会与较高的收入水平具有极大诱惑，使得乡村地区的农民弃农务工经商，资本主义的人口规律充分彰显。值得一提的是，在 20 世纪最初的 30 年，江苏省的农业人口占比仅为 44.0%，东北地区城市人口在 1907 年时，占人口总数的 6.0%，而到了 1925 年，就上升到了 10.2%。可以说，各地城市因为乡村人口的迁入，城市人口都有较大幅度上升。加之劳动力来源在地域上持续扩大，破产的远方农民不断成为劳动力市场的主要供给者，这既显示出了城市化的影响由近及远，也预示着乡村经济地理已经开始经历新一轮的要素流变——乡村人口向沿海、沿江、铁路沿线和少数大中城市集聚。

（4）国际迁移。这种迁移主要发生在东南沿海地区。在当时的中国，东南沿海居民的海外流动是与华北人民的关外流动遥相呼应的又一迁移洪流。在 20 世纪前后，我国海外移民分为契约移民与自由移民两个时期。自鸦片战争后一直到 20 世纪初，当时的人口国际迁移以契约移民为主，在半个多世纪的时间里，至少有 700 万契约华工到了世界各地。到了 20 世纪 20—40 年代，出国人数达 500 万，其中多为自由移民。可以说，在近代，我国海外移民的流动规模较大，持续时间较长。按照 1935 年的调查结果，全国 10 001 县中的农民离村总数超过 2 000 万人，有的地区更多。比如，在当时的无锡洛社镇，1931 年的农民离村率为 21%，山东费县高达 60%。此外，乡村人口国际迁移的范围也在扩大，按照对 1928—1933 年中国南北两部 7 区 59 处 19 797 户农家全家初次和末次迁移方向的调查结果，乡村人口的国际迁移已经占较大比重。而在近代化交通工具的帮助下，乡村人口迁移的速度和频率也大大加快。

3.1.2 乡村人口迁移的空间不平衡性

受各地自然地理、社会条件差异影响,乡村人口分布与乡村人口迁移呈现出了很多新的变化趋势和变化特点。加之近代以来政治经济发展的不平衡加剧,导致不同地区的移民在流向、流量、性质方面也显著不同,增加了乡村人口迁移的复杂性,各地乡村居民按照地区特点进行着多向选择。按照统计,我国中部地区的农民离村率大致为 3.85%,北部地区大致为 5.49%,这种南北乡村人口迁移的差异反映出了不同乡村、不同地区在人口政策、生活生产条件方面的差异。在当时的北方社会,多水旱灾害(尤其是旱灾),旱田土质不如南方水田,经济上以小农制为主,农业集约化程度较低,工商业不发达,政治上军阀、封建势力强大,多受兵匪困扰。而在陕西、河南等地,天灾人祸极为频繁,历来因灾逃亡的人数都位居全国之首。江苏省作为我国工业化程度最高的省份,对人口的吸收能力强,迁移而至的外地乡村人口往往能就地转化,由乡入城者越来越多。相反,河南省工业的落后导致乡村过剩劳动力找不到正当出路,迁移到外省做产业工人的农民很少,离村农民的职业多以军役团丁为主。在山西省,农民的主要出路主要是做码头工人、车站脚夫、差役等。由于我国东西部地区的差异较大,中西部地区相对落后,人口迁移率较低,当兵和乡际迁移的农民占多数。相反,在东部沿海地区,由于资本主义人口规律已经发生作用,导致人口流动性更大,人口的城市化水平更高。此外,各地所处的地理位置、交通状况对乡村人口的迁移也会产生影响。比如,在华北地区,乡村移民量大显然与毗邻东北的地理位置有关。闽粤地区的乡村移民众多,也是由于当地与海外交往频繁,门户地位十分特殊。而在其他地区,因便利条件的缺失,加之山川阻隔,道路难以通行,很多乡村居民(尤其是乡村剩余劳动力)只能就地转化,这就极大限制了乡村移民的流量。但无论如何,在20世纪20年代之后的几十年中,中国的乡村人口迁移依旧受到封闭、落后的社会生产方式的制约,乡村人口流动性不足,迁移者依旧依附于土地,而不是进入新的社会生产领域,无法完成职业上的结构性转移,也难以实现地域上由乡入城的转变。按照马克思主义原理,当时社会引起乡村人口迁移的主要原因是"人口压迫生产力",也就是相对于生产力发展的不足,出现了过剩的乡村人口,这类人群在寻求与生活资料、生产资料协调的过程中,完成了被迫的向外迁移。在这一问题上,可以从以下两个方面进行分析:第一,农业生产革命极大提高了农业劳动生产率,导致大量农业劳动力成为相对过剩人口;第二,工业革命导致生产规模的扩大和集中,引致了以经济活动为主要职能的近代城市的勃兴,让乡村劳动力(尤其是剩余劳动力）从农业部门向非农业部门转移，从乡村向城市转移，由此发生了大规模的人口城市化转移。由此可见，20世纪初的乡村人口迁移既有崭新的情况，又延续着传统。一方面，近代中国的社会变迁对以往乡村人口迁移从内容到形式都有很大的实质性的突破，比如大规模、远距离的乡村人口迁移，由于垦殖事业的兴起让大量乡村人口走向了世界等，所有这些都是前所未有的新情况。另一方面，由于半殖民地半封建的社会属性，使得当时中国乡村人口的迁移，无法完全摆脱传统思维和传统模式，乡村人口迁移还是被动、封闭的，虽然乡村人口迁移长期存在，但乡际迁移占比较高，甚至存在乡村人口的非正常流动，比如兵匪、游民的反常流动，人口自城市向乡村的回流等。

3.2　中华人民共和国建立后乡村经济地理空间集聚态势

在1949年中华人民共和国成立之后，在中国大地上逐渐开启了区域均衡发展战略，并一度取得了很好的效果。但是，这种均衡发展战略却忽视了乡村经济发展与乡村生产力布局的空间集聚效应，导致国民经济、乡村经济发展延缓，甚至在个别年份出现了负增长的情况。到了改革开放之初，中国在原有战略思维的基础上进行了革新，开始实施非均衡发展战略。已有的事实能够证明，这种集中力量搞建设的经济发展模式，充分发挥了资源要素的集聚效应，并取得了十分显著的经济社会效果。当然，需要认识到的是，在取得了成绩的同时，也造成了较为严峻的空间发展不均衡问题。同时，长期以来中国城镇体制存在"过度行政化"问题，政府资源配置的行政中心偏向和大城市偏向明显，导致中国城镇化进程中出现了大城市规模迅速膨胀，小城市和乡村相对萎缩的两极化倾向。城镇规模结构失衡的问题映射到乡村社会上，使得中国乡村经济地理格局的不均衡态势更为显著。

3.2.1　东中西部人口空间分布差异

自中华人民共和国建立后，中国东部地区10%的国土面积上，共有233座城市，城市数量占全国总数的35.6%，城市非农业人口占全国近一半；在西部地区，72%的国土面积仅有165座城市，城市数量仅占全国的25.2%，城市非农业人口仅占19.5%。从不同规模城市的空间分布上看，东部地区10%的国土面积集中了全国50万人口以上大城市总数的46.3%。其中，非农业人口超过100万的特大城市占比达到55.4%，而在西部地区，仅分布着26座大城市，占全国大城市总数的16.3%；在东部地区，小城市有 55 座,占全国的 22.5%,明显低于大城市的比重。但是在西部地区,小城市有 80 座,占全国的 32.7%,明显超过西部地区大城市占全国的比重。也就是说,我国东部地区较小的国土空间内,高密度集聚了大量城市和人口,规模越大的城市,分布在东部地区的趋势越明显。在可预见的将来,中国城市和人口向东部地区集聚的态势依旧在不断强化。总体而言,中国城市和人口主要分布在自然条件优越、经济相对发达的东部沿海地区,在国土面积广衰但自然环境较差、经济相对滞后的西部地区,城市数量较少,人口密度也相对较低,在空间上整体呈现出了由东向中西部逐级递减的分布规律。可以说,中国城市分布具有向东部地区集中的空间倾向性,对大城市特别是特大城市而言,上述倾向更加明显,这将造成局部地区面临巨大的资源环境压力、能源与大宗商品的跨区域流动(加大社会经济的发展成本)以及区域经济发展的空间失衡等。更为重要的是,正是由于城市发展的空间"倾斜",势必会反向引致乡村经济地理空间的重构,无论是乡村人口、交通、产业还是制度、组织、耕地,都将因此而发生深刻变化。

3.2.2 人口空间分布规律

截至目前,我国的人口分布(包括乡村人口分布)基本形成了沿长江城市分布带、沿黄河城市分布带、沿珠江城市分布带,在这三条重要的大江大河城市带中,分布着全国 11.44% 的国土,汇聚着全国 19.33% 的城市与25.19% 的城市人口,城市密度与人口密度分别是全国的 1.48 倍和2.18 倍。其中,沿长江城市分布带的规模最大,城市数量为 60 个,城市人口超过 4 700 万。在交通干道方面,目前中国已经形成了京广线城市带、京哈线城市带、京沪深城市带和陇海—兰新线城市带,这四条重要的沿交通干道城市带分布着全国 10.97% 的国土,汇聚着全国 34.86% 的城市和55.71% 的城市人口,城市密度和人口密度分别是全国的 2.78 倍和5.03 倍;在这四条交通干道的城市分布方面,囊括了除成都、太原、大连、青岛、合肥、南宁以外的其他 29 个城区人口超过 200 万的特大城市。同时,沪昆铁路沿线城镇发展轴、包南(包头—西安—重庆—贵阳—南宁)沿线城镇发展轴两条发展轴也初具雏形。正是由于良好的交通条件,产生了较大的人口流动,强化了城乡联系,驱动了沿线乡村经济的发展。而随着交通网络的快速发展,尤其是"四纵四横"高速铁路网的建设,中国将逐步形成网络状的乡村分布带。

3.2.3 自然地理条件的地带性差异

中国陆地国土空间面积广大,自然地理条件的区域差异显著。从地势上看，中国陆地地势西高东低，呈阶梯状分布，大体可以划分成三级阶梯。其中，一级阶梯平均海拔在 4 500 米以上，主要包括青藏高原；二级阶梯平均海拔 2 000—3 000 米，主要包括内蒙古高原、黄土高原、云贵高原以及准噶尔盆地、四川盆地和塔里木盆地；三级阶梯大部分海拔在 1 000 米以下，主要是平原和丘陵。通常，一级和二级阶梯城市和人口密度低，三级阶梯是城市和人口的主要分布区域。从生态状况来看，中国生态脆弱区域面积广大。据《全国主体功能区规划》测算，中国中度以上生态脆弱区域占全国陆地国土空间的 55.0%，其中极度脆弱区域占 9.7%，重度脆弱区域占 19.8%，中度脆弱区域占 25.5%。从适宜开发建设情况看，中国山地多，平地少，约 60% 的陆地国土空间为山地和高原，适宜工业化、城镇化开发建设的国土面积超过 180 万平方千米，但扣除必须保护的耕地和已有建设用地，今后可用于工业化、城镇化开发及其他方面建设的面积约为 28 万平方千米，约占全国陆地国土总面积的 3%。可以看出，中国大部分地区的自然条件和生态环境极其脆弱，可用于城镇化和工业化开发建设的国土面积很少，这就决定了中国涉及 10 多亿人口的乡村建设只能在很小的空间推进。

3.3 改革开放后城镇化对乡村人口集聚的影响机理

早在 1935 年"胡焕庸线"被发现以来，在过去的 80 多年中，两侧人口一直呈现截然不同的分布特征。"胡焕庸线"之东南地区与西北地区的国土面积比为 9∶16，但对应的人口比却高达 19∶1。改革开放之后，中国经济发生了翻天覆地的变化，但"胡焕庸线"两侧的人口分布却没有多大变化。但随着中国城镇化进程的推进，乡村人口与产业向东部地区集聚的态势越来越强烈，而这一结果是多方面因素共同导致的，其中包括自然、经济、社会和政策等因素。具体而言，中国自然本底条件和资源禀赋的地域性差异，决定了中国乡村人口和经济活动布局的空间不均衡。同时，国家实施区域不均衡发展战略，导致产业快速大规模向东部沿海地区集聚等，都引致了中国城镇化空间格局不均衡。更重要的是，各种因素综合作用和叠加，加剧了东部地区与中西部地区的发展差距，由此吸引了大量的中西部乡村剩余劳动力快速往东部迁移，这是导致乡村人口和产业快速向东部地区集聚的基本动力和深层次原因。

3.3.1 人口集聚滞后于产业集聚

在中国共产党成立之后的一段时间，中国区域经济发展经历了一个极不平衡的过程。其间,在沿海发达省份,产业集聚快速推进,但当时的种种迹象表明,乡村人口的集聚并未和产业集聚保持协同,因此造成了产业在东部高度集聚,但人口并未出现相应转移的局面。按照有关专家对人口与产业不匹配指数变化情况的测算,全国 M 指数呈现出先平稳后上升再下降的变化态势,1978—1990 年,全国人口与产业分布不匹配指数呈平稳趋势,1991—1994 年进入短暂的急剧上升区间,1995—2003 年又继续保持平稳状态,2004—2012 年不匹配指数又开始下降,基本回到中国共产党成立初期的水平,2012—2020 年,不匹配指数基本处于平稳状态。此外,在过去的几十年中,东北地区的不匹配指数呈下降趋势,中西部地区相对稳定。由此可以看出,东部地区(尤其是"胡焕庸线"东南半壁)人口产业不匹配最为严重,这说明在中国城镇化进程中城乡之间的关系亟待优化,产业集聚与人口集聚的不协同问题亟待解决。

3.3.2 国家发展战略的东部偏向

自改革开放以来,中国城镇化布局进一步向东部地区高密度集聚,这与国家发展战略是密不可分的。在过去的 40 多年中,在总结过去经验教训的基础上,国家实施了效率优先的非均衡发展策略,东部沿海地区成为中国经济发展的中心。其中,在 20 世纪 80 年代初期重点发展珠江三角洲,20 世纪 80 年代末期全力打造长江三角洲,20 世纪 90 年代中期重点建设京津唐及环渤海地区。其间,大量的资金、项目和建设用地指标向东部地区倾斜,同时设立了经济特区、沿海开放城市、经济技术开发区、保税区等,并给予多方面的优惠政策,吸引了大量的国外资本和技术,建立了完整的产业分工协作体系,中西部乡村地区剩余的劳动力大规模涌向沿海地区。一方面,城市偏向型的经济和社会政策导致越来越多的经济资源向城市汇集,城乡收入差距日益扩大,乡村剩余劳动力不断向城市转移,尤其是向大城市和特大城市转移,导致一些城市的规模迅速膨胀,造成了较为严重的人口过密问题和资源环境问题。另一方面,改革开放以来国家发展战略的东部偏向造成了东部地区城市、人口和产业的快速增长,以及大城市的急剧膨胀。毫无疑问,在东部优先发展战略的影响下,全国城市和人口进一步向东部沿海地区集聚,加剧了东部地区的资源环境压力和大宗商品的跨区域流动。正因如此,自 20 世纪 90 年代末以来,中央区域政策更加强调区域协调发展,先后实施了西部大开发、促进中部崛起和东北地区等老工业基地振兴战略,对落后地区和问题区域"雪中送炭",这有助于减小东部地区的资源环境压力,促进城市和乡村人口在全国国土空间的均衡分布。

3.3.3　资源要素的空间集聚效应

在乡村经济地理要素流变的过程中,会由于要素汇集而产生空间集聚效应,即人口、产业、资源要素和经济活动在空间上集中产生的经济效果,这被视为引导乡村形成和规模扩大的基本因素。在我国,城镇化地区是人口、资金、技术和产业等要素不断集聚的空间载体,在城镇化地区形成演化过程中,乡村人口和产业的集聚效应将发挥重要的作用。一般来讲,产业之所以要集聚发展,并不断向更高级阶段的产业集群发展,是因为在产业集聚过程中,可以通过多种途径,如降低成本、刺激创新、提高效率、加剧竞争等,提升整个区域的竞争能力,并形成一种集聚外部经济。是否充分发挥资源要素的空间集聚效应,对一个地区乃至一个国家的社会经济发展具有举足轻重的作用。比如,在改革开放初期,生产要素按照平均主义进行均衡布局,忽视了资源要素的空间集聚效应,最后导致资源配置效率低下;随后的几年,中国实行了工业优先和城市优先的双优先发展战略,这种集中力量搞建设的发展模式充分发挥了资源要素的集聚效应和规模效应并取得了巨大成功。在城市群地区,不同规模城市、人才、技术和乡村在地理位置上的邻近,有利于发挥集聚效应,由此带来了成本优势和规模优势,促使其成为一个国家乃至整个世界经济发展格局中最具活力和潜力的战略支撑点和核心增长极。对于这一问题,国际上也有同样的案例。比如,美国东北部大西洋沿岸城市群以1.5%的国土面积集中了美国20%的人口、30%的制造业产值,成为美国最大的生产基地和商业贸易中心,也是世界上最大的金融中心;日本太平洋沿岸城市群集中了日本60%以上的人口、75%的工业产值,诸如此类,不胜枚举。改革开放以来,中国东部沿海地区得到了迅速发展,同时也要看到,东部地区社会经济发展水平最高的区域集中在珠三角、长三角和京津冀三大核心区。当前,为了实现区域经济协调发展,缩小地区差距,中国在中西部地区选择并逐步培育若干城市群和全面推进乡村振兴,这种做法高度符合空间集聚效应的客观规律。

3.3.4　区域发展差距日益拉大

中国乡村产业的区域差距是造成乡村经济发展差距的重要原因之一。受自然条件、交通区位条件、国家战略和外商在华投资在沿海地区高度集聚的影响,中国乡村产业分布呈现显著的空间集中与区域不平衡,长期保持"东高、中中、西低"的格局。正是由于制造业在东部、中部及西部的不均衡分布,导致了中国日渐扩大的乡村经济发展差距。从空间上看,中国制

造业大部分集中在东部沿海地区。自改革开放之后一直到 20 世纪末期，
中国制造业总产值、应交增值税、从业人员数都有较大幅度增加，其中东部
10 个省份对应的份额分别达到 60.7％、58.6％、62.9％；但对中西部的18 个
省份而言，对应份额却只有 31.0％、34.3％、30.6％。更为重要的是，江苏、
山东、广东、浙江、辽宁 5 个沿海省份，其制造业规模就占全国的近一半。
在时序上，我国东部沿海地区的总体份额不断递增，从 1978 年的 34.54％
增加到 2000 年的 54.32％。其间，除上海、北京、天津有不同程度的降低
外，其余 7 个省份都有所上升，其中山东、广东、江苏上升的幅度最为显著。
在中部地区和西部地区，除河南省份额上升较快外，其他地区此类份额的
变化不大，东北地区的份额则显著下降，由 1978 年的 23.23％下降到
2000 年的 12.43％，其中尤以黑龙江和辽宁的下降幅度最大。总体而言，
在改革开放之后的 20 多年中，中国制造业越来越向若干沿海省份集中，乡
村产业也因此深受影响，东部和中西部地区在乡村产业布局方面已经形成
了典型的"中心-外围"格局。

3.4　21 世纪乡村人口流动带来的突出矛盾

进入 21 世纪之后，中国城镇化进程出现的空间集聚态势越来越明显，
具有较强的规律性与历史必然性。与此同时，大规模的乡村变迁、人口迁
移、产业集聚，直接或者间接导致了人口分布过密过疏日益严峻，乡村人口
与大宗商品的跨区域流动增强（增加了经济社会成本），局部地区甚至已经
超出资源和环境承载能力，不稳定因素和社会矛盾日益激化，在某种程度
上威胁了中国乡村经济的可持续发展和城市化的整体推进。

3.4.1　乡村人口过疏日益严峻

中国乡村人口过疏首先体现在乡村人口密度的省份差异方面。到
2020 年，除去城市城区人口，乡村人口虽然依旧达到了 10 亿人，但相对于
国土面积来说，其分布还是十分稀疏的。目前，城市人口密度前 5 位的省
级行政区依次为上海、北京、天津、广东、江苏，人口密度分别为 3 761 人/
平方千米、1 062 人/平方千米、530 人/平方千米、267 人/平方千米、
265 人/平方千米；乡村人口密度前 5 位的省级行政区分别为西藏、青海、
新疆、内蒙古、甘肃。单纯在城市人口密度方面，上海的人口密度是西藏的
9 246 倍。为了更深入地分析乡村人口的空间集聚差异，采用格网密度分析
法将中国划分成 150 千米×150 千米的格网，分别统计格网内的乡村数量和
乡村人口规模。结果显示，中国乡村人口的空间分布具有很强的不均衡性，

55.6%的格网中分布着乡村人口而没有城市人口；在人口密度最大的22个格网(占全国的4.3%)中，集中了20 785.0万人，超过全国城市总人口的一半以上。进一步的，分级结果能够表明，城区人口规模超过1 000万的格网有4个，城市人口分别达到3 131.1万、2 653.0万、1 817.8万、1 053.6万，共计8 655.5万人，占全国的21.2%；人口规模500万—1 000万的格网共13个，城市人口9 350.8万，占全国的22.9%；人口规模250万—500万的格网共29个，城市人口10 208.2万，占全国的25.0%；人口规模50万—250万的格网共88个，城市人口10 325.0万，占全国的25.3%；人口规模小于50万的格网共94个，城市人口2 350.9万，占全国的5.7%。从空间上看，目前中国已经形成了长三角、珠三角、京津冀和成渝地区的城市人口高度集聚区。此外，辽中南城市群、山东半岛城市群、中原城市群、武汉城市圈、长株潭城市群、海峡西岸城市群也是中国城市和城市人口密集区。反向思维的结果是，我国乡村人口几乎分布在城市人口不集中的地区，分布范围广、分布结构复杂，且分布密度稀疏，与城市人口分布形成了鲜明对比。

3.4.2 人口和大宗商品的跨区域流动

自进入21世纪以来，我国沿海发达省份的产业集聚快速推进，但种种迹象表明产业集聚并没有与乡村人口集聚相协同，由此造成了产业在东部高度集聚而人口并没有相应转移的局面。产业与人口分布不匹配造成产品的生产与销售、就业岗位与居住地严重分离，使得自然资源、劳动力等要素在空间层面不断地大范围调动，造成了大量物质消耗，降低了乡村经济运行效率。相关年份的《全国农民工监测调查报告》显示，在21世纪的最初20年，全国农民工总量持续上升，外出农民工群体的流出地越来越广泛，几乎涉及我国境内的所有乡村地区。这些流动的乡村剩余劳动力，部分在省内流动，部分在省际流动，比例相当。在如此大规模"民工流"的影响下，再加上不容忽视的"学生流""探亲流"，中国的"春运"被认为是世界上规模最大的人口迁徙。正是因为中西部欠发达地区与东部沿海地区之间的巨大的经济社会发展差距，造成了这一奇特的人口流动现象。同时，地区间的发展不平衡以及资源生产与资源消耗的地区不匹配十分突出。《中国能源统计年鉴》显示，截至2020年，中国东部地区7.5%的煤、94.3%的油品、76.4%的天然气都是由外省份调入，西部地区本省调出的煤、天然气和电力占全国本省调出总量的比例分别为57.1%、95.5%和54.6%。可以看出，中国能源不仅空间分布不平衡，而且能源生产与消耗的空间不匹配非常严峻,由此衍生了包括北煤南运、西气东输、西电东送以及南水北调等一系列重大工程,这些工程不仅影响了生态环境,消耗了大量人力、物力、财力,增加了生产成本,而且由于缺乏相应的补偿机制,从而将导致东西部之间、南北之间贫富差距的二次扩大,这对优化乡村经济地理是极大的障碍。

3.4.3 局部地区面临巨大的资源环境压力

在中国城镇化进程中,乡村经济地理空间集聚态势越来越明显,导致局部地区已经超出了资源环境承载容量,尤其是城镇人口密集地区,经济活动强度和人口密度进一步增加,造成了巨大的资源环境压力和安全约束,区域可持续发展能力受到严重威胁。2000—2020 年,上海、北京、深圳等 12 个特大城市城区人口规模平均增长率为 27.41%,远高于全国城市 13.29% 的平均增长水平。然而,目前这些特大城市大多面临资源环境承载能力的限制,有的已经逼近承载能力的极限,甚至超过了承载能力。《京津冀蓝皮书:京津冀发展报告(2020)》显示,北京市 2019 年常住人口为 2 153.6 万,人口密度已经超出了土地资源能承载的范围;淡水资源更是京津冀区域承载力的最大短板。2019 年北京水资源总量为 24.6 亿立方米,人均水资源 114.21 立方米,比 2018 年减少 49.96 立方米,降幅30.43%。而更为发达的珠三角地区同样也面临巨大的人口和资源环境压力。2019 年末,珠三角地区常住人口密度达 1 039 人/平方千米,以广东省 30.5% 的国土面积,集聚了全省 53.8% 的常住人口、79.1% 的地区生产总值以及83.6%的规模以上工业总产值,消耗了 73.6% 的电力,排放了 75.4% 的废水和 61.6% 的工业废气。目前,全国特大城市和三大城市群同样面临较为严峻的环境问题,这些地区的人口、土地、资源、环境四个"难以为继"在未来一段时期还难以突破。需要注意的是,在破解这一困境的同时,不可避免地要挖掘乡村经济的"潜力",一方面让城市人口向乡村地区"逆向流动",以缓解城市压力;另一方面,要不断从乡村地区"抽取"资源,以支撑城市的发展和壮大。对于前者,操作起来难度较小,比如可以让农民工"就地城镇化";对于后者,难度较大,尤其会由于乡村经济地理要素的"被迫"流变,而让乡村经济发展受阻,甚至会由于"虹吸现象"的存在,让乡村地区的发展无以为继。

3.4.4 不稳定因素和社会矛盾日益激化

中国乡村经济地理格局的不均衡发展导致了一些亟待破解的不稳定因素和社会矛盾。第一,城乡居民的二元分化不断扩大。近 20 年来,中国全社会固定资产投资的八成都投向了城镇，而城镇人口即使包括进城农民工在内也不到总人口的一半，这造成近年来乡村居民收入增速低于城镇居民，广大农民并没有同步分享到经济高速增长的成果。更为突出的是，在广大的乡村地区，失地农民问题、农业劳动力老弱化问题、留守妇女儿童问题日益严峻，给社会不安定留下了重大隐患。第二，农民工市民化进程缓慢。在现有的2亿多外出农民工中，超过60%都流入直辖市、省会城市、地级市。这一庞大的农民工群体为中国城市发展作出了巨大贡献，但至今在就业、收入、教育、医疗、文化等方面仍然难以享受平等待遇，难以真正融入城市社会。受目前政策影响，农民工成为城市里的"特殊"公民，如果处置不当有被继续"边缘化"的风险。第三，伴随城市内部"新二元"结构的出现，城镇居住空间分异现象逐渐加剧。一方面，少数高收入阶层集中居住在豪华高档楼盘或别墅，形成了富人居住区。另一方面，在老城区、城乡结合部、城市边缘区形成了大量条件恶劣的棚户区和城中村。虽然截至2019年底，全国改造棚户区工作已经推进了十年，但仍有很多人居住在棚户区（其中就包括大量从乡村来到城市务工的乡村剩余劳动力）。而城市居住空间分异的加剧，必然会造成空间隔离，诱发一系列社会矛盾，不利于和谐社会建设，也不利于乡村经济的健康发展。

第四节 乡村人口流动对乡村经济地理的影响

4.1 中华人民共和国建立之后乡村人口流动的趋势与特征

中国乡村人口分布重心与国家政策、政治以及经济发展具有较强的关联性[17]。中华人民共和国建立之后，在第一个五年计划时期，中国开始了以重工业为主的大规模基本建设。这一时期，国家把建设重点首先放在具有一定工业基础的东北地区，集中全国基本建设投资的四分之一，使得东北地区乡村人口增长快于其他地区，形成了人口不断向东北地区集聚的空间分布格局；1965—1982年，中国乡村人口迁移活动大规模进行。其间的"三五""四五"时期，也是中国的"三线"建设时期，国家确定投资的重点转向大西南和"三西"（豫西、鄂西、湘西）地区，由此导致大量的工业移民，即由东北地区迁往大西南和各地的小"三线"地区。"三线"建设使得宏观和微观经济效益均较低下，巨额投资不能发挥应有的效益；中华人民共和国建立之后，乡村劳动力流动可分为以下三个主要阶段，各个时期乡村劳动力流动的行为和特征的不同,其对乡村经济结构发展的作用也存在差异。
第一阶段:"离土不离乡"的本地流动。20世纪50年代,乡村劳动力流动的主流是由农业流动到本地的非农产业。但随着生产率的提高,农业劳动力的剩余情况不断加剧。蓬勃发展的乡村非农产业为乡村剩余劳动力就业找到了出路,大批农民在本地的乡镇企业务工或者从事商贸、运输、建筑等非农行业。1980年,全国乡镇企业的就业人数仅为2 827万人,到1988年增长到9 545万人,年平均增长率高达16.4%,流动人数已占到当年乡村劳动力总数的23.8%。劳动力流动的主要方式是"离土不离乡,进厂不进城",即农忙时间从事农业生产劳动,农闲时间到附近乡镇企业打工或者从事个体经营。这种流动方式可看作劳动者将自己的劳动时间在农业和非农产业之间的分配。第二阶段:"人离家不离"的外出流动。20世纪90年代,乡村劳动力开始越来越多地流动到外地打工。2000年第五次人口普查的数据显示跨省及本省跨县市流动人口的数量达到7 876万人,这已占到当年乡村流动劳动力总数的52%。具体来讲就是大量乡村青壮年劳动力常年在外打工,逐渐成为专业打工者,但其家庭其他成员仍然留在乡村,继续从事力所能及的农业生产。这种流动方式本质上属于农户家庭成员在农业和非农业之间进行的分工。相关研究显示,在20世纪90年代,夫妻同行或举家外出的流动者仅占乡村劳动力外出总数的6.6%。可见大部分有外出打工者的乡村家庭依然没有放弃农业生产。第三阶段:"离土又离乡,人离家也离"的彻底性流动。从21世纪至今,乡村劳动力流动趋势开始发生重大变化。首先,流动人数的年增长率呈下降趋势。国家统计局《农民工监测调查报告》显示,近年来全国农民工总量增加不足1 000万人,增长率仅为1.56%。其次,本地流动的劳动力比例继续下降,外出流动的劳动力比例持续上升。2019年,主要在乡村以内就业的本地农民工近1亿人,在农民工总量中的比重下降到34.3%。外出打工的农民工总量也有所减少。最后,新时代或者新生代农民工逐渐占据乡村劳动力流动的主体。20世纪90年代以后出生的农民工已经占当年全部外出农民工总数的58.4%。自进入新时代以来,乡村劳动力流动越来越多呈现出"离土又离乡,人离家也离"的特征。一方面,相比20世纪80—90年代候鸟式的外出方式,劳动力外出流动工作时间更长,就业更稳定。劳动和社会保障部调查数据显示,2019年,乡村外出务工人员平均在外就业时间为8.7个月,较之于之前降低了0.7个月。另一方面,由于流动的乡村劳动力长期在外务工,同农业的关系比以前更加疏远,大量的农民工完全脱离农业生产。相比20世纪80—90年代,新时代进城的乡村劳动力开始呈现彻底性流动的特征，农民工市民化初现端倪，这也推动了乡村生产者群体在农业和非农产业之间的分工。

4.2　乡村人口流动对乡村经济地理格局的影响

有关乡村劳动力外流对乡村经济发展的影响，已经有了大量的研究。部分研究分析了流动劳动力的打工收入对其家乡经济的影响，还有部分研究探讨了乡村劳动力通过回流带来的资金和技术是否对乡村产业发展产生促进作用。乡村劳动力的流动提高了农民收入，刺激了乡村的消费，改善了农民生活，对于缩小城乡之间、地区之间，以及乡村内部的收入差距有极其重要的作用。乡村劳动力的流动能够减缓宏观经济局势对于国民经济整体的冲击；在经济繁荣时期，乡村劳动力外出打工可以增加劳动力市场的劳动力供给，外出打工的劳动力带回的收入有助于提高农民收入；在经济萧条时期，乡村外出劳动力可以选择回流，这样有助于缓解大量失业引起的一系列社会和经济问题。在资金不足的乡村地区，外出打工的农户家庭农业生产中存在着资金对劳动的替代，乡村劳动力外出打工在很多情况下对农业生产具有积极作用。乡村剩余劳动力大量、快速、彻底地流出乡村，才能实现乡村土地的有效集中，从而加快农业现代化进程。同时，乡村劳动力大量外流，这其中包括大量的乡村青壮年以及受教育水平较高的乡村劳动力，由此导致的乡村"精英流失"会对农业生产造成不利影响。乡村劳动力的流动加快了农业劳动力女性化和老龄化趋势，特别是老龄化使农业劳动力整体素质下降，这使得乡村土地撂荒和忽视农业生产的现象不断出现，降低了农业产出。值得肯定的是，劳动力大规模的流动为乡镇企业提供了充足的劳动力，降低了乡村的生产成本，为乡村工业、旅游业发展提供了极为有利的条件。我国乡村劳动力流动是在中国经济体制转轨和社会转型时期城乡收入差距扩大、乡村劳动力严重剩余、"三农"问题凸显的大背景下，农民寻求最大经济利益所采取的必要行为。这一时期的乡村劳动力流动具有鲜明的中国特色和时代特征，是推动中国经济发展和社会结构变革的巨大力量。乡村劳动力流动这种现象长期存在，已经对我国乡村经济健康、稳定发展和乡村经济地理要素流变产生了持续、重大的影响。

4.3　乡村人口流动对乡村经济地理要素禀赋的影响

乡村人口是乡村经济地理优化的主要投入要素。更重要的是，乡村劳动力相比于乡村其他生产要素具有更加特殊的性质，乡村劳动力在作为生产要素的同时又是乡村土地、资本等生产要素以及其他资源的拥有者和支配者。所以,乡村人口流动不仅仅意味着乡村劳动力要素结构的改变,更为重要的是流动方式的改变能够从根本上影响和改变农户配置资源的方式,从而全面带动乡村经济地理要素结构发生重大的调整。

4.3.1 乡村人口流动对劳动力要素的影响

(1)劳动力结构的变化。改革开放后,乡村劳动力大量流动到城市和乡村非农产业中,对乡村就业结构的改变发挥了极大的作用。一方面,乡村劳动力的流动减缓了农业从业人员增长的速度。到了改革开放初期,乡村农业从业人员由 1980 年的 29 808.4 万人增加到 1991 年历史最高水平的 34 186.0 万人,增长了 14.7%。到了 20 世纪 90 年代,农业劳动力人数保持在 3.3 亿左右的水平,乡村农业从业人员的比重显著降低,从 1980 年的 92.1% 下降到 2000 年的 72.2%。另一方面,乡村劳动力流动极大增加了非农产业的就业人数。到 2000 年,在乡村第二产业就业的人数为 9 047.8 万人,占乡村从业人员总数的比重为 19.9%;第三产业就业人数为 3 549.7 万人,占比为 7.8%。非农产业劳动力数量及其在乡村劳动力总数中的比重还在快速提高。进入 21 世纪以来,新生代农民工逐渐成为流动的主体,乡村劳动力流动的行为和方式开始深刻转变。流动数量的增加速度开始减缓,流动目的地更多地指向城市,流动到本地非农产业的从业人员持续减少,完全脱离农业的流动比例越来越高。同时,由于乡镇企业面临转型,对劳动力的吸纳能力有所减缓,劳动力向乡村非农产业流动的势头减缓。从 2000 年到 2019 年,农业从业人员减少超过 4 000 万人。第二产业从业人数增长了 19.3%,而同期第三产业从业人数增长了 40.7%。伴随着农业劳动力的缓慢减少和非农产业劳动力的持续增加,乡村就业结构中非农就业的比重不断增加,有超过农业的趋势。2019 年,乡村从业人员总数近 5 亿人,其中农业劳动力近 3 亿人,占总数的 60%,第二产业就业人数超过 1 亿人,第三产业就业人数超过 5 000 万人。从人力资本水平方面看,流动到乡村非农产业的劳动力都是乡村受教育水平较高的青壮年,人力资本水平明显高于乡村从业人员的平均水平,所以劳动力流动提高了乡村非农产业从业人员的人力资本水平。2000 年乡村非农产业中大专以上文化程度人员的比重为 2.7%,中专为 5.3%,拥有初级以上职称的人员比重为 2.8%。到 2019 年,乡村非农产业中大专及以上文化程度的比重上升到 19.3%,中专及技校文化程度的人员比重为 27.6%,初级以上职称人员比重达 16.8%,乡村非农产业劳动力的人力资本水平有了较大提升。

(2)农户分化。农户是乡村经济地理优化需要重点关注的最小单元,农户的生产和资源配置选择对乡村各个产业发展产生着非常直接和有力的影响。根据斯塔克的新劳动力迁移理论，乡村劳动力流动是以家庭为决策单元。农户家庭生产选择的改变使得乡村各种要素不断配置到能带来最大收益的领域。所以说，不同阶段乡村劳动力流动方式的改变在很大程度上实现了农户的分化，不但将乡村劳动力配置在乡村各个产业部门，而且更进一步带动了乡村土地和资本等资源在产业之间重新配置。在中华人民共和国建立初期，乡村经济以农业为主，农业生产的主体是 2 亿多分散经营的小农家庭。到了改革开放初期，乡村劳动力流动实质上是乡村劳动力将自身的劳动时间在农业和非农产业之间进行分配。所以乡村劳动力分化仅仅体现在农户劳动时间的配置上，没有对乡村其他生产要素产生作用。到 20 世纪 90 年代，乡村家庭中的青壮年劳动力大量外出，这种流动使得农户家庭将劳动力配置在不同产业之间，但农户家庭依然掌握其他主要的农业生产要素，从事一些力所能及的农业生产，这一时期的农业生产者以农业户和兼业户为主。进入 21 世纪，乡村劳动力的彻底性流出，使得乡村生产主体趋向分化。专业农户专门从事农业生产，这类农户家庭主要依靠农业获取收入，有强烈的扩大生产规模的愿望。同时，原本大量存在的兼业户伴随着新一代乡村劳动力的彻底离农而逐渐转变为完全流出的农户，这类农户家庭常年在外，同乡村的联系日渐减少，其发展趋势是逐步离开乡村。乡村非农业劳动力虽然生活在乡村，但其家庭生产开始逐步脱离农业劳动，主要投身非农业领域的行业，如乡村的工业、建筑业、商业、运输业等行业。在这种情况下，乡村非农劳动力及其家庭开始将自身拥有的乡村资源释放出来，这为专业农户生产的规模化和社会化提供了基本的条件。

4.3.2　乡村人口流动对资本要素的影响

（1）乡村投资主体的分化。劳动力流动的影响下，农户脱离农业生产转变为非农户，非农户资本投入的方向和方式与专业农户截然不同，这在长期将对乡村资本结构产生决定性作用。劳动力流动首先促进了农户的分化。20 世纪 80—90 年代，乡村以兼业户和纯农户为主，完全放弃农业的非农户较少。在劳动力大规模流动的作用下农户开始分化成专业农户和非农业户。对农户来说，大量的乡村劳动力脱离农业生产后，乡村土地流转集中到农户手中，专业农户成为农业生产的主力。专业农户的土地规模比传统农业时期农户更大，生产的目的主要是获得更多的经济收入，农产品的商品化率和生产的社会化程度比较高。在生产性资金的投入方面，农户人均生产经营现金支出总量连年增长。农户人均生产经营资金投入总量也有了大幅度的提高,但支出比例变化不大,而且农户的资金投入主要集中在农业领域。在固定资产投入方面,近年来农户生产性固定资产投入总量由 2000 年的 1 124.0 亿元上升到 2019 年的 2 892.0 亿元,专业农户的投资开始向农业集中。对农林牧渔业的投资量由 448.0 亿元增加到 1 359.1 亿元,比例由 39.8% 提高到 62.3%;对第二产业的投资比例由 42.6% 下降到 11.7%;第三产业比例由 17.6% 小幅上升到 26.0%。对非农户来说,这类家庭虽然生活在乡村,但主要从事非农产业的工作,同农业的关系疏远,甚至完全脱离农业生产。非农产业的所得是他们收入的主要来源,也是其投资的主要方向。2000 年非农户对乡村各个产业的总投资为 3 063.7 亿元,其中对农林牧渔业的投资量为 367.9 亿元,占其投资总量的比重为 12.0%;对第二产业投资 2 297.6 亿元,比重为 75.0%;对第三产业的投资量为 398.6 亿元,比重为 13.0%。到 2019 年,非农户对各产业的投资总量超 2007 年的 7 倍;对第二产业投资超 2.5 万亿;对第三产业投资比重也呈上升趋势。相比较而言,农户投资增长迅速但投资量相对较小,而且随着时间的推移开始向农业领域集中,对第二产业的投资比例缩小,对第三产业的投资比例则有所上升但幅度不大①。

（2）乡村资本的配置方式。随着非农户在乡村所占的比重越来越大,乡村资本投入的主体也由农户转变为非农户。2000 年乡村固定资产投资总量 4 197.0 亿元,其中非农户投资 3 063.7 亿元,所占比重为 73.0%;到 2019 年固定资产投资总量达到 2000 年的 5 倍多,非农户投资比重上升到 92.1%。乡村投资主体及其投资行为的分化在很大程度上决定了对乡村各个产业的投资情况。从投资方向来看,尽管近年来农户比重持续下降,由于农户投资逐渐向农业领域集中,农业固定资产投资量持续提高。从 2000 年到 2019 年,农业固定资产投资量增加 5 倍。但由于第一产业投资中农户投资比重有所下降,农业固定资产投资总量增长幅度小于非农产业,在乡村总投资中的比重由接近 20% 下降到 17% 左右。由于非农户投资主要集中在乡村第二产业,随着非农户在乡村人口中比重的提高及其投资量的增长,乡村第二产业获得的投资额度迅速、持续地增长。投资量由 2000 年的 2 297.6 亿元增加到 2019 年的 2 万亿元,在乡村投资总量中的比

---

① 其间,非农户投资呈现出不同的特征:首先,非农户投资量比较大且远远高于农户投资的量;其次,近年来非农户投资量的增长速度很快,但其投资结构变化不大,主要集中在乡村第二产业,投资比例一直较为稳定。

重由 66％提高到 69％。第三产业投资量由 398.6 亿元增加到 2 288.4 亿元,在乡村固定资产投资中的比重大致未变。近年来,农业的固定资产原值总量不断增长,但增长的速度比较缓慢。乡村固定资产投资总量中对农业的投资比重降低,资本的投入方向和投入量向非农产业集中表现在乡村非农产业资本投入比重提高且投资量持续增长,非农产业固定资产原值迅速增加,在乡村固定资产总值中的比重也不断提高,第二产业处在绝对扩张阶段。

(3) 新的乡村资本结构。随着时间的推移,资本在不同的产业部门累积起来,形成新的乡村资本结构。中华人民共和国建立初期,农业在乡村经济中处于绝对主导地位,乡村资本也主要投向农业生产。到了 1985 年,乡村固定资产原值总量为 1 901.4 亿元,其中农业固定资产原值 1 151.0 亿元,比重为 60.5％,非农业固定资产原值为 750.4 亿元,比重为 39.5％,乡村固定资产原值中农业所占份额远远高于非农产业,这一时期乡村经济结构中以农业为主。但随着非农产业的快速发展,乡村资本投资方向的转变使得非农产业吸收了更多的乡村资本。到 1990 年非农产业固定资产原值已超过农业,在乡村总资产中的比重上升到 57.7％。从 21 世纪开始,在劳动力彻底性流动的作用下,乡村投资向非农产业迅速集中,非农产业累积的资本存量在乡村资本总量中的比重达到很高的水平。2000 年,农业和非农产业固定资产原值为 8 021.5 亿元和 26 223.6 亿元,在总量中的比重分别为 23.4％和76.6％。到 2019 年,农业固定资产原值总量较之于2000 年翻了两番,但比重下降到不足 10％;非农产业固定资产原值是 2000 年的近10 倍,在总量中的比重超过九成。可以看出,乡村劳动力大量流出农业后,乡村资本结构越来越偏重非农产业。

4.3.3　乡村人口流动对土地要素的影响

(1) 劳动力流动对乡村土地流转的影响。在传统农业生产领域,土地是最基本的生产资料,劳动力和土地的关系极其密切,乡村劳动力既是生产者,又是土地的拥有者,所以乡村土地的供应者一般是放弃农业生产的农户。彻底流出的农户只能选择出租土地或者直接抛荒,而在条件许可的情况下,只要出租土地存在大于零的收益,流动家庭一般都会选择出租。而外出务工的农民是整个农民群体中土地流出意愿最强烈的人群,这样一来土地流转市场上供应量增加,土地租金就会降到较低的水平。由于农户之间以及农户和非农生产者之间生产率存在差距,对生产率较高的农户和非农生产者来说,经营的土地越多,获得的收入也越高。于是在低租金的刺激下,高生产率的生产者愿意租入土地,这使得土地租入的需求增加,形成新的供需平衡点,此时土地的供给和需求量都比较大,土地流转市场更加活跃。就这样,乡村劳动力流动可以对乡村土地流转产生积极的作用。改革开放以后,随着家庭联产承包责任制的推行,乡村集体拥有的土地使用权被转交给了农民。这为乡村土地使用权流转提供了可能。在20世纪80年代,乡村劳动力固守乡村,流动者也并未放弃土地经营,所以这一时期土地流转的规模很小,流转的比例也很低。进入20世纪90年代,大量青壮年劳动力外出打工,一些缺乏劳动力的流动家庭选择将无力耕种的土地转包他人,土地流转规模开始逐渐扩大。根据世界银行在我国部分地区的一项跟踪调查显示,在20世纪90年代末,7%—10%的农民将自家土地转包出租。进入21世纪,外出打工者放弃土地经营,但并未放弃土地经营权可能带来的收益,迫切希望将自家土地出租出去。与此同时,坚持农业生产的专业农户需要扩大生产规模以获得更高的收入,并且乡村非农产业也需要必要的发展空间。这些变化极大促进了乡村土地流转。2005年《农村土地承包经营权流转管理办法》出台,明确规定了土地流转的原则、方法和程序,为乡村土地流转提供了法律依据,规范了流转过程。近年来除了农户之间的流转,一些工商企业、产业化龙头企业以及农业合作组织等也开始参与土地流转。由此可见,乡村劳动力的流动减少了农民对土地的依赖,极大地促进了土地的流转。新一代流动者广泛离农,使得土地流转的规模扩大,流转的稳定性提高,这为农业生产的规模化提供了条件。对非农产业来说,乡村劳动力的流出缓解了乡村的人地矛盾,增大了土地的供应量,这不但满足了非农产业对土地的需求,而且对其长远发展以及乡村建设都具有非常积极的意义。

（2）对乡村土地利用情况的影响。乡村劳动力的流动在促进土地流转的同时,也对乡村土地的使用产生作用,这在一定程度上能够改变农业的土地要素的投入量,影响农业产出。在劳动力流动的初期,乡村劳动力大多依然以农业生产为主,继续着精耕细作的传统农业生产方式,这种情况下乡村土地的利用率较高,但农业的产出水平和劳动生产率较低。进入20世纪90年代,大量乡村青壮年劳动力脱离农业生产流动到外地打工后,从事农业生产的劳动力不可避免地呈现女性化、老龄化的状态。随着流动打工收入越来越重要,农业在家庭生产决策中的地位也逐渐下降。由于农户家庭中的未外出成员只能做一些力所能及的工作,农户往往选择方便种植的农作物,乡村土地生产也不可避免地呈现粗放化的状态,许多地区耕地由一年两熟变为一年一熟,20世纪90年代全国耕地复种指数大多数年份在 1.2 以下,这一时期乡村耕地利用率相对比较稳定。进入 21 世纪,乡村劳动力彻底性流出后,经过农户分化和土地流转,专业农户户均经营土地面积增加,生产规模扩大。农户从事专业的农业生产,必然更多考虑如何提高土地的产出以增加收入,在条件允许的情况下必然会加强对土地的利用,尽可能发挥土地的生产潜力。农业专业化生产能够充分激发农户对土地投入的积极性,提高土地的利用率。近年来,耕地复种指数有逐年增长的趋势,由 2003 年较低的 1.17 持续上升到 2019 年的 1.43,可见劳动力流动所带动的农业专业化和规模化,对土地利用具有积极作用。

4.4 乡村人口流动下的乡村经济地理转型

4.4.1 乡村人口流动对乡村经济地理的作用机制

对乡村经济地理来说,在劳动力流动的影响下,乡村土地流向专业化农户和从事非农产业的家庭,并且在乡村土地分流的同时,农户也开始分化为专业农户和非农产业户。乡村生产模式的改变以及生产要素的重置,促使乡村原有的依附于土地的劳动力和资本也随之流动到其他非农产业部门。这种资源从农业领域的流出会导致农业发展停滞不前甚至倒退,农业在乡村经济中的地位下降。对乡村非农产业来说,劳动力的流动瓦解了乡村传统的资源配置结构。在较高生产率的吸引下乡村资源向非农产业集中,在此过程中非农产业产出增加,规模扩大,在乡村经济中的地位不断提高。与此同时,由于乡村产业结构调整以及乡村各种要素的收益率变化,也会引发包括资本、技术等在内的各种资源在城市与乡村之间流动,在一定时期内对乡村经济整体起到不可忽视的作用。劳动力流动不仅从供给因素角度影响乡村经济结构,同时也会影响需求因素。乡村劳动力既是生产者,又是消费者,大规模的流动改变了劳动力结构,同时改变了社会总需求的空间分布,特别是农产品的中间需求与最终需求。这种改变对我国乡村产业结构转型同样会起到不可忽视的作用。传统上乡村劳动力分布在乡村,与之相适应的是以农业为主、自给自足的小农生产方式;劳动力大规模集中到非农行业后,农产品需求也随之集中,农业生产不可避免地趋向商品化和市场化。经济结构是各个产业要素比较生产率平衡的结果。劳动力流动作用下,各种生产要素同经济中的需求因素相结合,能够使乡村各个产业获得不同程度的发展,生产总值得到提高、结构比例得到优化。更为重要的是,乡村产业内部的生产、组织、管理和技术等各个方面都将得到质的提升,乡村各个产业的整体竞争力更高。

4.4.2 乡村人口流动下的农业经济发展

农业的生产者和生产资料拥有者都是农民,乡村劳动力的流动改变了农民,从而也改变了农业。乡村劳动力是农业生产中的基本要素,劳动力的流动不仅会引起乡村劳动力结构的变化,更为重要的是它能够带动乡村其他资源重新配置,对农业发展产生全面而深远的影响。

(1)农业生产经营方式转变。乡村劳动力流动改变乡村就业结构和其他资源的配置方式,带来农业生产经营方式的转变,对农业发展的各个方面都将产生直接或间接的作用。乡村劳动力向本地非农产业流动,在一定程度上缓解了人地矛盾,提高了农民收入,但并未改变农业生产方式。首先,农闲打工、农忙种地的流动模式下劳动力供给是充足的,非农收入有助于农业资本投入,但资本对劳动力没有产生明显的替代。其次,农户土地经营规模几乎没有变化,而且农业生产仍然以家庭为主要单位。虽然兼业农户将流动收入投资农业来弥补农业劳动力的不足,但这种资本对劳动替代局限在家庭范围内,属于低层次的替代,未能改变农业生产的面貌。最后,农业商品化率依然较低。直到乡村劳动力彻底性流动加快了农业生产经营方式的转变,原有的农民与土地的相互依附关系才逐渐瓦解,新的农业生产方式开始构建起来。

(2)农业生产结构逐渐同市场需求结构相适应。长期以来我国农业生产主要由2亿多分散的小农家庭承担,并且由于劳动力市场和农产品市场发育相当有限,农业生产自给自足的特征明显,因此农业生产结构主要以种植业为主,并呈现出"吃什么,种什么"的典型的细碎化、分散化特征。20世纪90年代乡村青壮年劳动力的大量外流使得兼业农户比例提高,但由于家庭主要劳动力在外打工,农业只是家庭其他成员日常生活的基本保障,产出结构变化不大。进入21世纪,乡村参与流动的农户比例已经达到很高的水平,不同类型的农户在农业生产目的和农业产出结构等方面的差异更加明显。专业农户追求收入最大化,根据市场需求决定生产方向。所以随着兼业户逐渐退出农业以及专业农户承担农业生产,农业整体的产出结构受到影响。

(3)农业技术获得进步。以往我国高度紧张的人地关系以及自给自足的小农生产经营方式,严重阻碍资本向农业领域的渗透,使农业技术主要以劳动密集型技术为主,农业的劳动生产率和土地生产率都处在比较低的水平,形成典型的"低水平均衡陷阱"。劳动力流动有效地缓解了这一局面,并对农业技术和效率的提高产生了积极的作用。20世纪80年代,在劳动力"离土不离乡"的本地流动模式下,农业生产并不缺乏劳动力,不存在大规模的资本对劳动力的替代,农业机械化水平没有明显提升。通过流动获得的非农收入用来增加化肥、农药、良种等流动资本,这对农业增产有重要意义。进入 20 世纪 90 年代,非农收入转化为农业投资,弥补了劳动力的不足,所以劳动力流动并没有影响农业产出。进入 21 世纪,农业生产经营方式的转变使得农业资本在促进农业技术进步、提高生产效率方面发挥了有效作用。劳动力流动的重要结果就是促使专业农户成为农业生产的主体,在适当的制度安排下,土地、资源也应该逐渐向这类农户集中。这表明农业技术开始突破瓶颈,向更高层次发展。

（4）农业生产效率提高。对农业来说,中国共产党成立之初,农业生产率远远落后于城市和乡村的非农产业。1980 年农业从业人员人均增加值为 460 元,而同期乡村乡镇企业就业人员人均增加值 951 元,劳动产出效率的差异导致了农业劳动力向非农产业流动。在乡村劳动力流出过程中,非农业收入使得农业生产获得了比以往更多的资本投入。增加的农业固定资产替代了流出的人力,而化肥、种子、农药等流动性资本提高了土地生产率。以粮食生产为例,从 1980 年到 2000 年全国每公顷粮食平均产量增长了 56.0%,同期人均粮食产量增长幅度仅为 16.4%。但由于农业劳动力总数是增加的,所以劳动生产率增长缓慢。同期人均粮食产量仅增长了4.5%。总体上看,农业的人均生产增加值从 460 元增加到 4 557 元,接近原先的 10 倍。进入 21 世纪后,乡村劳动力彻底性流动后,农业资本以新的生产方式同土地与农户相结合,土地、资本和劳动力等要素优化配置,农户专业化、规模化经营的效果也开始体现出来。在农业生产方式调整和技术进步的作用下,劳动力流出而农业产出不降反升,农业劳动生产效率大幅度提高。从 2000 年到 2019 年,农业人均粮食产量增长了 43.2%。随着劳动力流动对农业的作用逐渐显现,乡村经济进入了一个快速发展的时期。

4.4.3　乡村人口流动下的非农产业发展

（1）非农产业生产经营方式的转变。20 世纪 80—90 年代劳动力的流动为乡村非农产业的发展注入了活力。源源不断的劳动力供给,使得以劳动力密集型生产为主要生产方式的乡村非农产业获得了低成本的优势,在这种优势的推动下,乡村非农产业飞速发展,规模不断扩大,产出不断增加,在乡村经济中的比重逐年提高,超过了农业成为乡村经济发展中最重要的部门。在这种情况下,资本的收益率超过了劳动力,乡村通过增加资本投入,技术和装备更新换代,提高了生产技术水平,实现由劳动力密集型生产向资本密集型生产的转变。在非农产业转型的同时,乡村劳动力流动方式也经历着重大转变,为乡村非农产业的转型和持续发展提供了有利条件。首先,乡村新一代劳动力开始成为流动的主体,相比上一代流动者,他们的学历、技能和观念都有了很大的提升,人力资本水平的提高为乡村企业的转型创造了有利条件。其次,劳动力流出乡村后,农业向产业化方向发展,这使得生产过程的市场化和社会化,农业生产的各个环节都需要各种非农行业的参与,除生产过程外农产品的运输、加工和销售等方面也都少不了非农行业的支持。再次,随着农业同乡村非农产业的结合日渐紧密,近年来兴起的休闲农业、特色农业成为创新的乡村产业合作模式,为乡村非农产业提供了新的发展契机。最后,近年来乡村流动劳动力的回流也为非农产业的发展注入了新的活力。截至 2018 年底,共有超过 100 万农民工回乡创办工商类企业近 100 万家,其中 95% 以上是 2000 年以后创办的。

(2)乡村非农产业的分化。从 21 世纪初开始,乡村劳动力无限供给的局面已结束,刘易斯拐点已经来临。对于劳动力密集型产业来说,乡村无限供给的廉价劳动力,是这些产业发展的最大优势。但劳动力流动进入刘易斯模型第二阶段后,这种低成本优势不复存在。对劳动力密集型产业来说无非有两种选择,第一是迁出原来的地区,寻找下一个劳动力丰富且工资低廉的地区;第二是用资本替代劳动,通过产业的升级换代,从劳动力密集型产业转型为资本密集型产业。这一转型过程无疑需要大量的资本投入,对乡村来说继续分散留在资本稀缺的乡村显然不是一个合适的选择。于是随着刘易斯拐点的到来,乡镇企业进行产业转型或者离开乡村向欠发达地区转移以寻求廉价劳动力,成为一个不可逆转的趋势。乡村非农产业的分化主要表现在以下两个方面。第一,乡镇轻工业与农业紧密结合。乡镇轻工业同农业和乡村关系紧密,如农产品加工业、食品工业、农药制造、化肥制造、纺织业、木材加工以及服务业中的交通运输、仓储等行业,这些行业同农业关联度比较大,一般作为农业生产上游行业,为农业生产提供原料与服务,或作为下游行业,对农产品进行进一步加工。劳动力流出后,快速推进的农业产业化打破了单纯的以分散化种植、养殖为主的传统农业格局。第二,乡镇重工业向城市转移。乡镇企业中存在大量同农业关联度不高的行业,例如机械制造业、石油化工业、有色金属冶炼、电子电器等。这些行业发展需要大量资金、高水平劳动力、先进的技术、及时的市场信息,这些条件是乡村不具备的。在乡镇企业发展初期,各地乡村自发建立了一批重化工企业,由于乡村劳动力的大量涌入，这些乡镇企业具有极大的成本优势，在建立的初期获得了较快速的发展。但近年来这类行业发展缓慢，乡镇企业规模难以扩大，主要原因就在于劳动力流动进入刘易斯模型第二阶段后，工资水平提高，乡镇企业失去了原有的低成本优势，再加上乡村并不具备发展重化工业的充足条件，无法为这类乡镇企业发展提供足够的资金、信息、技术等方面的支持。所以从长远来看乡镇重工业发展的趋势是离开乡村迁往城市及其周边地区，以获取足够的资源和有利条件。

（3）非农产业组织管理模式的进步。20世纪末的乡镇企业产权制度改革对乡镇企业中产权不清的现象作了纠正，乡镇企业突破了乡、村两级集体办企业的单一模式，确定了由生产力客观要求决定的多层次、多成分、多形式的乡镇企业所有制格局，从单一的集体所有制向多种所有制混合经营发展，并通过兼并、重组、改制、拍卖等手段将大量集体所有制企业改制成为股份制、股份合作制和个体私营等多种形式。产权清晰、权责明确的现代产权制度对乡镇企业建立强有力的约束和监督机制、降低机制运行成本、增强企业竞争力起到极大的推动作用。乡村劳动力的大量流出，减少了乡镇集体企业的利益主体，对产权制度改革的顺利进行具有积极的意义。产权制度改革后，大部分乡镇企业采取的是家族制的经营方式。这种传统经营方式在乡镇企业创立初期发挥了重要的作用，但劳动力流动方式转变带来的乡镇企业生产成本结构转变压缩了企业的利润空间，使得市场竞争加剧，家族与企业不分的固有弊端使得企业很难适应这种不断变化的竞争格局。随着产权制度改革的深化，乡镇企业开始向公司制转变，委托代理的经理人管理制度被认为是解决传统家族制的有效良方。乡镇企业尤其是传统家族制经营的乡镇企业正逐步向产权清晰、权责明确、政企分开、管理科学的现代企业制度转变。这为乡镇企业开发引进先进技术、提高生产效率打下了良好的基础。

（4）人口流动对非农产业生产效率的作用。对乡村非农产业来说，20世纪80—90年代源源不断的劳动力为乡村非农产业特别是以劳动力密集型产业为主的乡村工业的发展提供了极为有利的条件，其劳动生产率及增长速度高于农业。从1980年到2000年，农业人均增加值年均增长率为12.1％，乡村第二产业为16.8％，第三产业为12.0％。进入21世纪，在刘易斯模型第二阶段，劳动力流动趋缓，增长速度开始逐渐降低，由于劳动力供给的减少，乡村劳动力成本逐渐提高，这对劳动力密集型企业生产经营不利，这部分乡村非农产业发展势头趋缓。但另一方面，新一代流动者的受教育程度和工作技能等非农劳动力人力资本水平较以往提高，以及劳动力工资水平提高带来的非农产业资本对劳动力的替代程度持续增强,这些因素带动了非农产业生产技术水平的提升,同时综合其他因素的影响,近年来非农产业的生产效率增长水平依然保持在一个相对高位。

4.4.4 乡村人口流动下的乡村产业关系

乡村劳动力在农业和非农产业之间的来回流动使其相互联系更为紧密。通过劳动力的流动,农业和非农产业频繁交流,不断交换各种资源和信息,相互依托弥补不足,这在一定程度上缩小了二者之间的发展差距,实现乡村各个产业的共同发展。具体表现在以下几个方面。

(1)非农产业反哺农业。非农产业为农业的发展提供了十分有利的条件。首先,乡村非农产业的快速发展,将大量社会资源聚集到乡村,为农业发展提供了基本保证。例如,兼业农户在非农产业就业获得收入用以补贴农业,增加了农业的资本投入,可以提高农业生产效率,增加农业产出。其次,劳动力在非农产业就业后,学到了非农产业先进的管理经验,再通过回流将先进的经验带回农业领域,这对农业生产组织模式的创新起到了良好的示范引导作用。最后,农业和非农产业之间存在紧密的联系,乡村非农产业的生产离不开农业在原材料方面的支持,农业生产过程也少不了非农行业的支持,随着非农产业中农产品加工的发展,对农产品的需求不断增加,非农行业的龙头企业常常为农业生产提供大量的资金支持。乡村第二、第三产业根植于乡村,依托农业,通过各种渠道对农业发展起着多方面的促进作用。1978 年,乡镇企业支农建农及补助社会支出为 30.3 亿元,1996 年上升到 268.3 亿元,到 2019 年超过 450 亿元。中国共产党成立100 年来,中国乡村非农产业一直对农业发挥着积极的扶持作用。

(2)农业产业化带动非农产业发展。改革开放后,乡村劳动力流动促进了农业产业化,打破了单纯的以分散化种植、养殖为主的传统农业格局,推动了许多与农业联系密切的非农行业的发展,农业和非农产业围绕农业形成新的产业链,二者互为依存,相互促进,决定了乡村经济结构的发展方向。农业产业化的实质是乡村各个产业的纵向一体化经营,农业和非农产业紧密结合起来,在农产品的生产、加工、销售等各个环节上进行合作,提高农产品生产效率;避免中间环节之间的流通费用,降低农业和非农产业生产的风险与成本;农业同非农产业的结合使农业生产走向社会化,通过延长产业链,提高了农产品的增加值。以龙头企业带动农户的"公司+农户"或"公司+基地+农户"的种养加、贸工农一体化是现阶段农业产业化经营的最主要模式。在这种模式下,农业生产同非农业生产有机结合起来,通过企业和农户之间的合作,既使农户能够得到企业的支持来保证农业生产的顺利进行,又使企业能够稳定地获得原料保证工业的产出,降低了两者的经营风险和流动环节成本,增加了农户和企业的利润。农业产业化的发展使得乡村各个产业之间的关系更加密不可分。

（3）乡村产业关系的变化。在乡村非农产业的冲击下,农业在乡村经济格局中的地位和重要性有所下降。随着劳动力流动转型后劳动力密集型产业逐渐离开乡村,农业在乡村经济中的地位重新被确立起来。这种转变最主要的动力就是农业产业化。通过农业产业化建设,农业由传统的农林牧渔业转型为现代农业。现代农业将成为未来乡村经济中的主导产业。首先,现代农业有很强的成长性。通过农业产业化的改造,现代农业生产采用了先进的技术和管理方法,生产效率和产业增长率很高。其次,现代农业有很强的创新性。现代农业在农产品开发、生产研发、管理改制、生产组织、产业合作等多方面都有很大的创新空间,能够创造出大量新的产业增长点,对技术进步和产业结构升级具有重大意义。最后,现代农业有很强的带动性和扩散性,产业关联度高,能对乡村其他产业和乡村整体经济发展产生很强的带动作用。在新一代劳动力流动的推动下,劳动力密集型产业退出乡村以及农业产业化,使得农业在乡村经济中的地位重新被确立起来。乡村经济以农业为核心,以产业链为纽带,农业与相关产业紧密结合起来,围绕农产品生产、加工、销售形成一个有机的整体。通过产业间的合作,减少了流通环节,降低了产业生产的风险与成本,提高了产出和效率。近年来,现代农业对乡村经济的创新和带动作用不断显现。

本章小结

分析"胡焕庸线"两侧乡村经济发展不平衡与不充分的原因,有的放矢地提出改进措施,有利于区域经济协调发展,促进全体人民最终实现共同富裕。"胡焕庸线"最早被视为一条人口密度的分界线,它将中国划分为偏西北方向的左侧区域和偏东南方向的右侧区域,在"胡焕庸线"的两侧,人口密度呈现出巨大的差异。80多年的时间过去了,这种差异仍然十分明显。在地理学中,"胡焕庸线"表示由于地理位置和天气环境等自然因素造成的人口分布差异。事实上,随着时代的不断发展,今天的"胡焕庸线"早已不限于人口密度对比的狭窄含义,因为由人口导致的差异最终会反映到社会、经济、就业、教育、文化的各个方面。因此,需要以共享发展理念为指引,通过在弱势地区增加公共服务供给、实施脱贫攻坚工程、提高教育质量、促进就业创业、缩小收入差距、建立更公平更可持续的社会保障制度、推进健康中国建设,以及促进乡村人口均衡发展,才能破解"胡焕庸线"的"魔咒",才能更加准确地回答"总理三问"。鉴于此,本章首先针对"胡焕庸线"源起、内涵与论争问题进行了阐述,分析了"胡焕庸线"对乡村经济地理的现实意义;然后通过介绍新经济地理学、空间集聚理论、要素流动理论,探讨了"胡焕庸线"的理论支撑问题;其次,针对基于"胡焕庸线"的人口迁移与乡村经济地理集聚进行了深入讨论,内容涉及近代乡村人口迁移特点与空间分布、中华人民共和国建立后乡村经济地理空间集聚态势、改革开放后城镇化对乡村人口集聚的影响机理、20世纪乡村人口流动带来的突出矛盾;最后,通过大量数据说明了中国共产党成立之后乡村人口流动的趋势与特征、乡村人口流动对乡村经济地理格局和乡村经济地理要素禀赋的影响,并讨论了乡村人口流动下的乡村经济地理转型问题。上述工作的开展,可以为乡村一级政府制定合适的乡村经济地理要素流变政策提供决策参考,在逐步缩小贫富差距的过程中,最终迈向共同富裕的小康社会。当然,优化乡村经济地理空间格局,是推进新农村建设进程中的战略任务,虽然得到政府和学术界的广泛关注,但依旧任重而道远。

参考文献

[1]李金铮.发展还是衰落:中国近代乡村经济的演变趋势[J].经济研究,2019(3): 34-36.

[2]吴传清,郑雷,黄成."胡焕庸线"假说及其新发展:基于学说史视角的考察[J].贵州社会科学,2018(12):137-144.

[3]马理,黎妮,马欣怡.破解胡焕庸线魔咒实现共同富裕[J].财政研究,2018(9): 48-64.

[4]霍晓红.我国农村经济体制改革的发展趋势分析[J].山西农经,2017(20):14-15.

[5]罗光华.十三五视角下的农村经济结构性分析[J].农业经济,2017(10):33-35.

[6]侯风云.壮大农村集体经济,走出农村发展困境[J].福建论坛·人文社会科学版, 2017(9):32-39.

[7]张玲祥.新经济时代下农村经济管理的创新[J].探索与争鸣,2014(1):37-39.

[8]蒋和平,崔凯,张成龙."十三五"农业现代化发展目标研究[J].农业经济问题, 2017(4):30-39.

[9]陈晨,董棣,文冰.关于完善我国农村经济体制改革的思考与对策[J].经济研究, 2015(2):92-95.

[10]黄正林.近代中国乡村经济史的理论探索与实证研究——评李金铮的《传统与变

迁：近代华北乡村的经济与社会》[J].中国农史,2015(2)：137-144.

[11] 田建中,田源.发展乡村经济是促进经济增长的重要手段[J].农业经济,2015(4)：12-14.

[12] 刘邦杰.对当前深化农村经济体制改革几个主要问题的建议[J].经济研究导刊,2015(4)：80-84.

[13] 马建新.新时期农村基层党组织建设面临的新挑战及对策——以河南省为例[J].中州学刊,2017(6)：21-24.

[14] 王开泳,邓羽.新型城镇化能否突破"胡焕庸线"——兼论"胡焕庸线"的地理学内涵[J].地理研究,2016(5)：825-835.

[15] 关兴良,魏后凯,鲁莎莎,邓羽.中国城镇化进程中的空间集聚、机理及其科学问题[J].地理研究,2016(2)：227-241.

[16] 宫玉松.略论中国近代农村人口迁移的特点和性质[J].中国农史,1989(2)：24-30,82.

[17] 张孝德,张文明.农业现代化的反思与中国小农经济生命力[J].福建农林大学学报(哲学社会科学版),2016(3)：1-5.

第六章　空间集聚与乡村经济地理

中国共产党成立 100 年来,中国乡村经济地理结构和空间布局经历了巨大变化,无论是快速推进的城镇化进程,还是乡村振兴战略的实施,都引致了乡村经济地理的结构转型与空间重构;与此同时,中国乡村产业、乡村文化不断发展变化,乡村经济也经历着空间格局优化和经济形态重组,城乡地域系统功能也在此过程中得到了显著提升[1]。尤其是近年来,无论是在党的十八大、十九大报告中还是在十九届四中全会发布的公告里,都对乡村振兴战略给予了高度关注,寄希望于建立健全城乡融合发展体制机制和政策体系,在社会主义新农村的建设完成之后,继续通过实质性措施解决三农问题,为全面建成小康社会提供全方位的支撑。而实际上,在过去的 100 年间,中国共产党一直在客观认识中国的乡土社会,对乡村经济发展始终高度关注,希望通过乡村经济、社会、空间的协同治理和乡村体系重构,引导乡村进入"理想化"的发展阶段。回顾以往,自中国共产党成立以来,中国乡村经济经历了多个历史机遇期,无论是内部环境还是外部环境,都时刻孕育着巨大的变革动力,各类要素在城市和乡村间的流动一直没有停歇,甚至有持续加强的态势,乡村经济地理也在此过程中变得更为复杂和多元,中国乡村经济也因此不断进入转型发展的新时期、新阶段。因此,无论是在新时代的社会经济背景下,还是以历史视角对乡村经济发展空间进行回顾和审视,寻找能够完善乡村经济地理、优化乡村空间的途径和方法,都具有重要的学术价值和现实意义[2-4]。而为了对上述问题进行系统化研究和实践,需要从我国传统意义上的农耕时代及其特征出发,对传统乡村经济地理的相对封闭、自循环的组织模式进行解读,系统分析乡村经济和外界的物质、能量、信息交换。唯此,才能更加客观地认识在外部干扰和冲击下,中国乡村经济地理中的要素流变趋势——人口与劳动力流失、乡村经济衰退、乡村生态污染、乡村社会结构瓦解等问题,才能更加深刻地理解在不断加快的城市化进程中,身处城乡二元结构中的乡村经济地理的未来走向和谱系优化路径。鉴于此,接下来,就针对空间集聚与乡村经济地理的关系问题进行分析和探讨，以期为后续乡村经济地理要素的流变提供理论支撑。

第一节　乡村空间系统

在过去的一个世纪中，各种各样的乡村社会经济发展政策先后落地，乡村经济地理的自平衡状态不断被打破。一方面，城市发展对乡村空间造成了持续的外部干扰，不断冲击着乡村经济环境的良性发展；另一方面，乡村经济体系内部的资金、劳动力、土地、原材料等要素，也在外部（尤其是附近城市地区）的虹吸效应下，被严重削弱了。可以说，在中国共产党成立最初的十几年中，中国乡村经济的衰败速度是惊人的，城乡之间的不平衡——无论是人口的不平衡还是资源分配的不平衡——都在持续扩大，社会公平和社会公正亟待提上日程。自中华人民共和国成立之后，伴随着城镇化、信息化、全球化等多种内外因素的相互作用，中国乡村经济开始经历经济形态重组、经济功能重塑等一系列转型，乡村经济地理及其要素流变也面临着前所未有的机遇与挑战。尤其是乡村振兴战略的提出，更是对乡村经济发展、乡村经济地理学的研究提出了新问题、新要求，只有全面系统地认识乡村空间，才能准确把握乡村经济社会发展，这是开展下一步研究、进行后续实践的必要前提[5-8]。一般认为，乡村空间系统是由经济、社会、聚落三大空间结构组成的。其中，乡村经济空间指的是以乡村聚落为中心的经济活动、经济联系的地域范围及其组织形式；乡村社会空间指的是乡村居民社会活动、社会交往的地域结构；乡村聚落结构指的是乡村聚落的规模、职能及空间分布结构，对上述内容进行分析和解读，有助于拓展乡村地理学的研究内容，提升实践成效。

1.1　人地关系与空间系统

人地关系与空间系统是地理学尤其是乡村经济地理学的核心研究对象。其中，"人"和"地"按照一定的规律相互交织，构成一个复杂开放的内部具有一定结构和功能机制的巨系统，且在空间上具有一定的地域范围，便构成了一个人地关系地域系统。一般情况下，对"人地关系"存在两种解释。狭义上，一般认为"地"即为自然地理环境；广义上，"地"被理解为自然要素和人文要素（物质的或意识的）共同组成的地理环境整体。在这一问题上，人地关系地域系统理论被视作是对乡村经济地理研究对象的最完整概述,包含了各类空间要素与非空间要素。按照这一主张,乡村空间的各个层面都是从人地关系地域系统派生出来的产物,人地关系地域系统中物质的自然环境要素与人文环境要素构成了物质空间——包括自然空间、人类通过实践活动改造的实体空间等;人类的社会实践活动生产出了社会空间;人地关系地域系统中意识(非物质)层面的人文环境要素则形成了文化空间。总体而言,乡村地域系统作为人地关系地域系统的子集,是乡村空间系统形成与发展的基础,能够为乡村经济转型发展提供理论指导,所有对乡村空间的理解、对乡村经济地理的认识,都需要以"人地关系"为理论基石。

1.2 乡村空间多维理论

在地理学视角上,由乡村地域系统衍生而来的乡村空间系统,并非局限在特定的物质空间地域内——抽象的社会-文化空间,增加了研究和实践的复杂性,特别是文化空间无处不在,在很大程度上影响了人们对乡村经济地理的认知。同时,物质空间、社会空间、文化空间三者间,存在着严密的逻辑关系,从以上层面对乡村空间进行剖析,能够形成对乡村经济地理更完整的认识。

(1)物质空间就是实体的地理环境,是现实且具象的空间,是人类可以最直观感受和认识的空间,被视为进行乡村经济地理研究的重要层面。在乡村经济活动中,人们可以通过经济行为改造物质空间。社会空间并非单指人类活动的发生场所,在乡村社会中,人们凭借其社会行为能够建构出新的空间,这种空间是建立在物质空间基础之上的"次生空间"。换言之,社会空间是人们各种经济行为产生的空间,受到乡村居民自身因素与乡村经济地理环境的共同影响。需要指出的是,在乡村空间内,人们不仅仅是社会性的存在,更是文化性的存在。因此,文化空间的建立需要以人类话语体系、表象活动、秩序观念为基础——是乡村居民独有的空间形式,也是非现实、理想化的社会空间。当然,文化空间并非独立于物质空间与社会空间,而是渗透到二者之中。

(2)人类文化影响了乡村经济活动,借此实现了对乡村物质空间的改造。而对于介于物质空间与文化空间之间的社会空间,往往能够起到连接作用,是抽象的现实空间,也是介入非现实空间的突破口。因此,乡村经济空间体系中的物质空间、社会空间、文化空间,都衍生自人地关系地域系统,呈现出层层递进的关系。具体到乡村空间系统上,就会得出如下结论:乡村物质空间承载了乡村土地、生态环境、建筑景观等物质要素,是可感知的物理意义上的空间；乡村社会空间源自乡村居民的广义社会行为，涉及社会、经济、政治等方面，体现在乡村经济治理、生产实践等领域；乡村文化空间是乡村居民主观精神空间和各种文化的表征，通常通过制度政策、价值观念、乡村意象等反映出来。

（3）在乡村空间层面，乡村经济地理的各类要素生产背景和使用模式，都和城市存在显著差别。乡村物质空间处于持续的变化之中，特别是经济发达地区的村庄，其物质空间能够在短时间内得以改观，土地利用方式也会在以农用地为主的基础上，开发出新的使用模式；建筑景观和生态背景也会因此发生变化，甚至在一定程度上具备城市的特点（这一点已经在我国很多地区出现，比如一些特大城市周边或者发展迅速的乡村地区等）。需要注意的是，由乡村地域系统衍生而来的乡村空间系统，不能单纯局限在乡村物质空间范围内。比如，从 2000 年开始，我国城乡之间的"紧张关系"逐渐得到缓解，乡村人口向城市流动的规模越来越大，流动频率越来越高，对城市和乡村的冲击越来越剧烈。在大量农民进城务工之后的一段时期，他们中的部分人已经成为城市常住人口。但在社会和文化层面，他们的"乡村印记"使其难以较好地融入城市社会。一个较为贴切的说法是，这些外迁的乡村居民只是在城市地域建构了新的乡村空间，而城乡之间的互动，实际上加剧了乡村空间的流动性和破碎化。与此同时，次生于乡村地域的经济空间却在不断重构。比如，在最近几年中，我国通过农村土地整治和精准扶贫，让很多乡村居民点实现了迁并，这不但实现了农民居住地从分散到集聚的过程，也重组了乡村经济地理及其空间格局。再如，历经了工业化、商业化冲击的乡村，村民间传统的亲缘关系逐渐转变成了业缘关系，带来的是乡村社会阶层分化和经济治理模式的转变，而村民日常生活和生产实践方式的变化，同样激发和产生了新的乡村空间。

1.3 乡村空间重构

在过去的一百年中，中国乡村经济社会都处在变革之中，在很多特殊年份，都面临着前所未有的机遇与挑战，可以说，乡村经济地理及其要素流变始终处在剧烈重构之中。乡村空间重构是一个系统性、综合性极强的多学科交叉课题，涉及乡村经济、社会、制度、文化等诸多层面，乡村空间重构主要涉及乡村经济重构、乡村社会重构和乡村文化重构等。在城市化进程的快速推进下，中国乡村空间迎来了巨大变革，乡村空间重构的重点也放在了乡村经济空间的重构方面。从已有的经验可以看出，从空间重构的视角出发,针对乡村经济地理开展系统的理论分析和实践,不但能够深化对乡村经济地理的认识,也能够为乡村振兴战略的实施提供必要的理论支撑。按照相关学者的观点,乡村空间重构指的是,通过优化镇村空间体系,重构乡村生产、生活、生态空间格局,实现乡村地域空间的优化调整和进行根本性变革的过程。需要注意的是,乡村空间重构是乡村空间系统受到内外驱动力的影响,其物质空间、社会空间、文化空间中的相关要素发生变化和重组的过程,也是长期、持续、动态化的过程。自中国共产党成立以来,在过去的一个世纪中,不同时期的乡村人地关系、城乡关系和社会矛盾都不相同,乡村空间系统也因此呈现出"多种多样"的结构特点。需要指出的是,乡村社会的空间重构和乡村社会的经济重构之间并不冲突,二者是相互辩证的关系。其中,乡村空间重构以社会、经济重构为载体,但空间本身除了充当载体外,还会"内蕴"在社会过程中。因此,不论对城市还是乡村,均可以将乡村空间视为载体和"容器",只有深刻认识了乡村空间,才能深刻认识乡村经济和乡村经济地理。

第二节　乡村经济地理空间格局演变
——基于狭义农业的分析

在乡村经济地理的空间格局演变中,一方面需要考虑基于多维乡村经济空间系统的建构,并对特定乡村空间重构进行格局分解、机理归纳,以全面认识乡村空间重构的历史过程和现实情况;另一方面,要对乡村经济地理的重要"载体"——农业——予以"特殊考虑"。自中国共产党成立以来,中国的农业工业化、乡村城镇化进程就被提上了日程,虽然其间有过断断续续,但总体上还是呈现出了进程加快的态势。在世界范围内,乡村经济地理体系中的农业发展往往以规模化、区域化、国际化为发展方向,其趋势和特征十分明显[9]。近年来,农业生产在乡村经济地理层面的集聚、区域专业化分工与农业产业集群的发展等,都引起了国内外学者的普遍关注。在传统意义上,乡村经济地理分布格局主要受自然地理条件的限制,这种自然条件能够引致农业集聚,并且在短时间内很难改变。而工业化、城市化及由此引发的农业用地置换,强化了影响乡村经济地理分布的因素,尤其是农业产业集群因素。作为一种新型农业组织方式,农业产业集群的大量出现加速了农业的经济集聚,改变了乡村经济地理的分布格局。而随着农业部门中规模经济的显现、流动性的增加、对农业创新的重视，以及工业化进程中产业转移的加快，中国乡村经济地理分布格局也出现了很多新的变化。

2.1 种植业地理集聚格局演变

自近代以来，有关乡村经济地理差异的研究一直是乡村经济学、地理经济学研究的核心问题，更是区域经济发展面临的极为现实的问题[10]。因此，认清中国乡村经济发展的差异，了解种植业（狭义农业）在促进乡村经济协调发展中的地位和作用，对保障乡村社会长治久安，具有十分重要的现实意义。

2.1.1 种植业地理分布重心的演变

种植业地理分布重心的演变可以从整体上反映种植业地理集聚格局的演变方向。从空间位置来看，近代以来的种植业重心一直在中国偏东南方向——在东经 108.3—114.1 度、北纬 28.6—33.5 度之间变动。这说明种植业分布东部多过西部，南部多过北部。从移动方向来看，种植业重心逐渐向西南方向移动。东西方向上，1921—2007 年种植业的重心经度一直在小幅波动中由东经 114.1 度转移至东经 112.1 度，说明种植业在东西方向上整体是向西迁移，但在 2008 年有所回转，至 2020 年未有明显变化。1987 年重心经度在东经 108.3 度，出现奇异值。在南北方向上，1921—2007 年重心纬度整体上也在减小，由 1921 年的北纬 33.5 度转移至2007 年的北纬 28.6 度，说明种植业逐渐向南迁移，也在 2008 年大幅回转，至 2020 年未有明显变化。综合起来，我国种植业重心逐渐向西南方向移动。其中在 1991—2003 年，种植业重心区位变化不大，一直在东经113.0度、北纬 28.7 度附近，但在 2008 年往北偏东方向大幅回转至东经113.4度、北纬 33.4 度。这主要是由于 2007 年后谷物、麻类等许多作物的重心突然急剧向东北方向移动。从移动速度来看，向南移动的速度比向西更快。20 世纪 90 年代以前，种植业重心复杂急剧地向西南方向移动，并出现 1981 年和 1987 年两个奇异年份，1981—1989 年的 8 年里，种植业重心迁移到东经 113.1 度、北纬 28.6 度。在东西方向，向西移动了 1.0 度，年均移动 0.13 度，速度相对很慢。但在南北方向，向南移动了 4.9 度，年均移动 0.61度，速度较快。20 世纪 90 年代以后，种植业重心则相对稳定，移动速度非常慢。种植业重心向西南方向移动也表明了种植业地理集聚格局的演变方向。

2.1.2　种植业地理集聚程度的演变

种植业重心的演变尚无法具体明确种植业地理空间集聚程度的变化。为了进一步考察种植业地理集聚程度的演变情况,截取12类农作物做演化分析。随着时间的变化,12类农作物平均基尼系数在不断地增大,由1921年的0.42增加到2020年的0.66[①],这说明省域层次种植业各子行业分布越来越不均衡;同时也能够说明,在相邻或相近省区种植业存在着空间分布上的相似性,即存在地理集聚现象。但这种集聚或相似性并不稳定,经历了先增后减的过程,不过总体是减少的。综合两者能够说明这样一个事实,自中国共产党成立以来,我国长期处在农业结构调整期,整体上种植业空间分布集聚程度增大,但相邻或相近省区各农作物空间分布上的相似性减弱,多样化程度加强,各个地区更加追求利润率更高又适合自身发展的特色农业。从12类农作物区位熵[②]由大到小排序的前五个省份的平均专业化指数来看,1921—2020年,区域专业化种植趋势加强,1921年12类作物区位熵前五的省份的平均专业化指数为2.72,在2020年达到4.15。各省集聚优势特色农业进行专业化生产的格局相对明晰。

2.2　分行业乡村经济地理集聚格局演变

2.2.1　分行业重心演变轨迹

在过去的100年间,谷物重心向东北方向移动,豆类总体向西北方向移动,但过程比较复杂,最后在波动中基本稳定在东经112.3度、北纬34.2度。其中,薯类、油料、蔬菜类和茶叶南北方向变化不大,基本是向西移动;瓜类东西方向变化不大,基本是向南稍偏西移动;棉类不断向西北移动;糖料、烟叶不断向西南移动;麻类在波动中向西北移动(先向东北移动);水果在波动中向西南移动。除谷物外,其余11类作物均不同程度地向西移动。1921—2020年12类农作物的基尼系数均在波动中不断上升,说明随着时间的推移,农作物的集聚程度均不断增加。日常消费的必需品,比如谷物、蔬菜和水果集聚程度较低,而相对奢侈品如糖料、烟

[①]　本章给出的2020年的数据为预测值。

[②]　又称专门化率,由哈盖特(P. Haggett)首先提出并运用于区位分析中。区位熵用于衡量某一区域要素的空间分布情况,反映某一产业部门的专业化程度,以及某一区域在高层次区域的地位和作用等。在产业结构研究中,运用区位熵指标主要是为了分析区域主导专业化部门的状况。计算公式为:$Q = S \div P$。式中,Q为区域的经济区位熵,Q大于1,说明区域经济在全国经济中较为发达,反之欠发达;Q越大,说明区域的经济发展水平越高,否则发展水平越低。S和P分别为该区域GDP和人口占全国的比重。

叶、茶叶和棉花的集聚程度较高。结合产量排名前五位的省份和区位熵由大到小排序的前五位省份，可以看出中国种植业在省域上专业化集聚分布格局的具体演化。

2.2.2　分行业乡村经济地理集聚与专业化生产格局

（1）谷物。长期分布在山东、江苏与河南，除此之外，1921—2020 年，优势种植省份由四川、湖南向安徽和黑龙江转移，辽宁也成为专业化生产优势明显的区域，可见谷物的集聚区域向东北转移，但东北在省域间并没有像山东、河南那样连片分布，且各省在区域专业化优势上差别并不十分明显，区位熵前五省份的平均专业化指数都相对较低，不足 1.3。这些省份的种植业产量太低（除新疆谷物产量为 930.5 万吨外，其余四省份均少于 150 万吨），并不是优势种植省份。

（2）薯类。种植区域从中东部地区向西部欠发达地区转移。1921 年之后的半个世纪里，薯类主要分布在山东、河南、安徽和四川等地，2007 年之后，开始往中西部的内蒙古、甘肃移动，并于 2020 年在四川、重庆、贵州和甘肃等地出现集中连片分布的情况。优势省份的区域专业化程度不断提高，区位熵前五省份的平均专业化指数由 1921 年的 1.7 提高到了 2020 年的 4.2。

（3）油料。在中华人民共和国建立之前，油料作物主要分布在山东、安徽、四川、江苏和广东，到 2008 年之后，逐步往中西部地区集聚，优势省份转变为山东、河南、湖北、四川、安徽，并在省域具有连片潜力，专业化种植的趋势逐渐加强，尤其是山东。

（4）豆类。长期分布在东北三省，并具有专业化集聚和连片分布趋势，后来逐渐扩展到中西部地区，黑龙江、内蒙古、安徽、四川、云南是优势种植省份。到 2020 年，豆类作物主要集中连片分布在黑龙江、内蒙古和吉林。

（5）棉类。从 20 世纪 20 年代开始，棉类主要分布在山东、江苏、河南、湖北和河北。从 20 世纪 90 年代开始逐渐往西北地区的新疆转移。区域专业化种植明显，平均专业化指数较高，并且逐渐增加，由 1921 年的 3.1 逐步增加到 2020 年的 6.4。2019 年，新疆棉花产量已超过全国棉花产量的 40%，专业化优势明显，在河南、山东和安徽具有省域连片分布的潜力。

（6）麻类。在黑龙江、四川专业化集聚优势一直较为明显，后来河南、安徽的棉麻连片种植逐渐往新疆转移，使之成为专业化优势明显的地区。因此，到 2020 年，麻类的空间自相关现象并不显著，说明在省域层面并不存在连片分布。

（7）糖料。地理空间分布最为集中,最初集聚在广东、广西、福建和云南,随着时间的推移,广东的产量逐渐减少,而广西、云南和新疆的产量逐渐增加,并且专业化程度非常高,区位熵前五省份的平均专业化指数由1921年的4.1上升到2020年的9.0。在中国南部形成连片分布。比如,广西作为我国的糖料主产区,近年来不仅生产量大幅度提高,而且占全国总产的份额也不断扩大。在广西内部已实现区域化集中生产,许多糖料主产县甘蔗种植面积超过其耕地总面积的60%。广西地区的甘蔗生产在我国农产品区域布局优化过程中,成为一个突出范例。

（8）烟叶。云南、贵州与河南一直是烟叶集聚生产区域,20世纪20年代以后烟叶优势种植省份从山东、安徽转为四川、湖南,省域上由安徽周围的连片分布转向西南的云南、贵州、四川并具有区域专业化种植的潜力。

（9）蔬菜。随着时间的推移,山东、河南的蔬菜产量逐渐增加,并呈连片分布,形成了许多专业化种植的专业村、专业镇,甚至蔬菜产业集群。而黑龙江的蔬菜优势有所下降。另外,天津、北京、上海的蔬菜产量较少,但其发展的都市农业中蔬菜为了满足当地市场而占较大比重,因此其区位熵较高。

（10）瓜类。瓜类种植的地理空间分布相对集中,逐渐向南移动,从1921年山西、内蒙古和辽宁的连片种植,到20世纪50年代后转变为山东、河南和安徽的连片分布,但专业化生产趋势并不十分明显。到2020年主要集聚在河南、山东、安徽和河北。

（11）水果。在山东、河北、河南和广东集中种植,专业化优势明显。但随着时间的推移,辽宁省的专业化优势逐渐下降,取而代之的是陕西、广西、海南、云南、四川,总体有向西南方向转移的趋势。

（12）茶类。区域专业化和连片种植趋势比较明显。具体地,在福建、江西和湖南有连片分布,在浙江、四川和福建专业化生产优势加强,致使区位熵前五省份的平均专业化指数也由1921年的3.2提高到2020年的6.8。茶类种植逐渐向西移动,优势省份由1981年的安徽、湖南、江西逐渐转为2020年的云南、湖北、浙江。

由此可见,在12类农作物中,只有谷物往东北方向移动,其余作物均往西移动,并且许多作物往西转移的力度还很大,比如棉花、糖料、烟草等。在南北方向上,瓜类、糖类、烟草和水果逐渐向南集聚,而麻类、棉花和谷物向北移动较多。综合以上分析可知,中国种植业逐渐从东部省份向中西部省份集聚，东北地区的三江平原和松嫩平原也是重要的集聚地。

2.3 乡村经济地理空间的集聚与演变

学术界对农业集聚问题已有了较为深入而成熟的认识[11-14]，但农业产业集聚理论大多以农业规模报酬不变和农产品无运输成本为假设前提，这些假设与现代农业日趋集聚化的现实不符。因此，用以前的理论很难解释农业的产业集聚。相对于制造业来说，乡村经济地理上的产业集聚及其演化更具有独特性，如农业具有生长的生物特性，因此农业集聚受自然禀赋条件的影响更大；由于长期的历史传统流传下来的种植习惯使其更具有本地根植性和路径依赖性；农户组织是其微观参与主体；农业的产业链更长，等等。而目前关于农业集聚的理论和实践研究还比较薄弱，没有形成完整的理论分析框架。在这方面，"演化经济地理学"是应用来自生物进化论和演化经济学的核心概念来解释经济景观的演变过程和机制的学科，强调历史的重要性。借助"演化经济地理学"，可以了解引发乡村经济变化的力量以什么方式塑造和再塑造生产、分配和消费空间以及空间结构如何自组织产生，路径创造和路径依赖过程如何相互作用以塑造经济空间的转变。它关注乡村经济的空间性，经济主体的微观行为如何影响经济的空间结构，等等。这些思路与农业集聚演变的过程契合得较好。

2.3.1 乡村经济地理空间的自然集聚

农业属于自然资源依赖型产业。农作物由于生长特性，最初的生产区位依赖气候、土地、环境等自然禀赋，导致某一农业类型最初只能在局部区域集聚，形成一定的特色和优势。比如，可耕土地集中的区位决定了中国九大商品粮基地的区位。黄河流域因土壤疏松肥沃，气候温暖干燥，成为我国原始农业发生最早的地区。北方旱地发展旱作农业，种植的农作物有小麦、棉花、花生、甜菜等；南方水田发展水田农业，广泛种植水稻、棉花、油菜、甘蔗等。不同地区的农业发展都有其独特的历史文化，这些通过长期的历史传统流传下来的种植习惯使得地方的种植结构具有路径依赖特征。究竟什么种类的农作物适宜在什么区位种植，答案是"自然选择的结果"。在自然条件下，人们在较长时间尺度下选择"适者生存"的农作物，最终"被选中"的农作物成为地方种植习俗中的主要农作物，并以惯例的形式形成知识，通过代际或空间邻近关系被遗传、扩散和继承，进而形成该类农作物在该区域生产上的集聚。因此，自然禀赋条件决定了农作物最初的集聚格局，也由此塑造了乡村经济地理空间。

2.3.2 乡村经济地理空间的社会集聚

通过前文的分析可知,农业产业集聚格局的演变,经历了由自然集聚向社会集聚进而形成完善的农业生产体系的过程。在此过程中,不同阶段依赖不同的资源,有不同的演变机制。一般来说,农业自然条件在短时间内难以改变,具有相对稳定性,加之路径依赖的种植惯性,使得农业集聚格局变化比较缓慢。但需要承认的是,一些偶然事件和社会变革的出现,会引起路径破坏或者路径创造,让乡村经济在农业自然集聚格局的基础上进行自我纠错和提高,进而发生社会集聚。这种"新奇事物"或"变异事物"的产生,一方面是主观努力"搜寻"或有意创造的结果,如乡村经济管理者的直接决策。另一方面,也可能是客观的"偶然出现"或"被打断"。比如,在新疆地区,具有显著的大陆性气候特征,空气干燥、光热资源充足且无霜期长,特别适合棉花种植。可是在 20 世纪 20 年代以及以后的一段时间,当地的种植还以传统作物为主。当新疆提出发展"一黑一白"战略,要大力发展植棉业时,一些农民不愿意改变以前的生产方式去种棉花,思想上有顾虑,在政府大力引导下才逐渐规模化种植。因此,尽管新疆具有得天独厚的种棉条件和历史传统,但真正让新疆大力发展棉花生产的,却是乡村经济管理者的引领、市场的需求和棉花的价格。由此可见,政府引导和偶然事件等变异因素有时会起决定性作用。但有时也会有多种可能以供选择。农民"理性小农""道义小农"的双重行为选择方式,决定了他们既追求高利润的特色农业生产,又习惯维持生计的大宗粮食生产。在家庭联产承包制、土地无法规模经营的条件下,农民选择精细作业和多样化经营——这些是农业集聚格局演变具有复杂性的原因之一。

2.3.3 乡村经济地理空间的产业集聚

从人类发展历史尤其是基于农业的发展历史来看,农业初级生产过程的集聚规模达到一定程度后,就会引发区域专业化的农业"再生产",继而形成农业产业集群。比如,某类农作物在某地的种植规模扩大后,围绕该农产品的产前、产中、产后等一系列新部门、新机构,都会由于达到了规模经济门槛而不断产生,并在搜寻市场空间时,进入更加细化的产业链环节,由此也伴随着农产品加工业、服务业企业数量的持续增加。其间,农户也会打破传统生产模式演变为专业农户甚至成为农业企业。当地农户、企业和相关的大学、科研机构产学研互补合作,形成密切的网络联系,同时还吸引外地相关企业迁入,集聚规模进一步增加。如此一来,在规模经济、分工经济和网络联系的共同作用下,生产经营主体自我规避机会主义行为,减少了信息不对称的风险，降低了运输成本和交易成本，产业发展进入路径依赖和自增强的稳定状态。同时，这些过程还伴随着专业知识惯例的积累和突破性创新的产生，并在近距离内溢出扩散。这样，集聚区内就形成了一种商誉文化和创新氛围，农业产业集群形成。在这方面，山东寿光蔬菜产业集群的形成就可以说明蔬菜向山东省的集聚。

2.3.4 乡村经济地理空间的生产集聚

按照熊彼得的创新理论，任何技术创新或者制度创新，均具有开辟新路径的可能性，倘若这些创新不足以造成路径破坏的话，当地发展就会进入锁定状态。只有获得了足够的创新积累、偶然的外在冲击或技术突变，才能解锁被锁定的路径，继而创造出新的路径。在乡村经济地理要素流变中，产业集群的巨大竞争力创造出了巨大的生产规模，让集群之外的社会组织（即便是隶属于城市的企业）很难在竞争中取胜。同时，"被选中"的农作物还必须适应市场的选择。其间，乡村经济管理者会积极搜寻与市场空间的填补相适应的农作物和农产品，这就让不同产业集群能够进行差异化生产和销售。其结果是，多种路径在不同的乡村同时进行，就形成了相互分工协作的乡村集群体系，整个农业的地域分工体系也就因此形成。由此可见，乡村经济地理集聚格局的演化是一个广泛的共同演化和空间重构的过程。其中包括微观层面农户或企业组织的演化，中观层面产业网络的演化，以及宏观层面的区域技术、制度、空间模式的演化，等等。如此一来，农业集群区域的空间重构就被开启，并以农户组织演化与产业网络演化为基础，进行着乡村经济地理空间形态的变化。近年来，我国乡村经济发展和技术水平不断提高，农户间职业分化和产业间分工会越来越明显，农业的专业化和多样化发展成为农业集群区域空间演化的根本动力。兼业农户与传统意义的农业区域正在逐渐减少，并向大农场企业、专业化生产区域和功能性集群区域分化演变。当然，为了确保这种分化演变能够顺利进行，需要以中国特色社会主义制度为环境基础，得到政府的强力推动。

需要指出的是，在乡村经济地理集聚格局由自然集聚向农业生产体系演变的过程中，自然集聚的作用不断减少，社会集聚作用不断增加。特别是技术创新、制度创新等社会变异进程的加快，加速了农业集聚格局演化步伐。所以，在农业集聚发展的任何阶段，均应让其增长潜力最大限度地发挥，并在不断寻求社会变异的过程中，酝酿出能够产生下一次突变的条件与环境，如此这般，才能让乡村经济地理的要素流变更加顺畅，让乡村产业的发展更加健康、更加可持续。

第三节 空间集聚视域下乡村经济地理分异

一百年前,中国共产党成立之初,就以马克思主义政治经济学、古典经济学、新古典经济学理论为指导,寄希望于遵循梯度开放的渐进模式,以期通过沿海地区的率先发展带动内陆地区的发展,最终实现共同富裕的社会主义目标。然而这种良好愿望至今并未完全实现——尽管中华人民共和国建立之后,全国各地的经济取得不同程度的发展,但地区间差距依旧在总体上呈现不断扩大的趋势。地区差距扩大趋势不仅体现在全国层面,也体现在省域甚至县域层面。尤其是边疆少数民族聚居区域,区域经济差异(尤其是乡村经济地理分异)与民族分布密切相关,使得地区差距的危害超越经济层面而成为事关民族团结与边疆稳定的重大政治问题[15]。围绕乡村经济地理分异问题,学者们或集中于乡村经济非均衡的测度及演化趋势分析,或聚焦于外商投资、金融发展、基础设施、制度发展等具体因素对乡村经济地理分异的影响,但都各自提出了有参考价值的政策建议[16-18]。

3.1 乡村经济地理格局空间集聚分析

在新经济地理理论中,空间经济集聚的动力来源于两个重要的经济效应产生的循环累积因果机制,一个是本地市场效应,一个是生活成本效应,二者分别从乡村与人的行为选择角度,揭示了产业和乡村人口发生空间集聚的动力源泉。本地市场效应也被称作市场接近效应,在乡村经济地理层面,指的是出于交易成本的考量,乡村在选址时偏好市场规模较大的区域,以节省运输成本。乡村经济行为会进一步对居民福利产生影响,这表现在两个方面:一方面,乡村产业集中可减少从外地输入的产品数量,消费者在购买产品时仅负担较少的运输成本;另一方面,乡村产业集聚将使本地市场竞争渐趋激烈,本地市场消费者能以低于外地市场的价格购买更加多样化的产品,进而吸引其他乡村人口向本地集聚。此外,乡村经济活动的集聚力与抑制力之间呈负向变化关系,但在经济活力(或者称为贸易自由度)达到 Φ_B 之前,抑制力大于集聚力;当贸易自由度达到 Φ_B 之后,集聚力会超过抑制力,但随着乡村贸易自由度的进一步提高,这两种力量之间的差距将逐渐缩小。假定只存在东、西两个乡村,东部乡村产业份额为1,表明所有产业集中于东部乡村；如果东部乡村产业份额为0.5，则表示东西两地平分产业份额。同时假定E_0为均衡点，此时相应的贸易自由度为Φ_0，东西两地的产业份额均为0.5，乡村经济地理格局处于均匀分布的状态；将贸易自由度提升至Φ_1，这时两地均能获得贸易自由度提高带来的好处，但并未改变均匀分布的格局；如果在Φ_1处将贸易自由度以同等幅度提升至$\Phi_2(\Phi_2 > \Phi_B)$，均匀分布的格局将被打破，此时所有乡村产业集聚于西部或者东部地区才是唯一的均衡解；这时进一步提升贸易自由度只能导致惯常效应，却无法扭转乡村经济空间集聚的趋势(图6.1)。

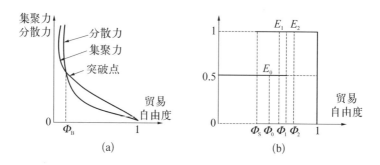

图6.1　乡村经济活动空间集聚均衡解的演变[①]

3.2　乡村经济地理格局分异比较静态分析

在乡村经济地理空间集聚力量的作用下，假设初始状态下的东西两地均包含农业和制造业两个生产部门，其中，农业部门规模报酬不变，制造业部门规模报酬递增，且其产品为差异化的。如果初始均衡状态受到扰动，比如乡村人口由西部迁移至东部，则会引致东部地区制造品市场需求增加和市场规模扩大，相应地西部乡村的市场规模变小。效用水平的差异开始激励西部乡村人口向东部乡村聚集，形成所谓的前向关联。乡村人口的聚集进一步降低了乡村经济用工的搜寻与培训成本，于是诱导乡村产业继续向东部集聚。乡村人口的迁移进一步强化了前后关联效应，使得制造业集聚的自我强化机制维持下去。制造业不断向东部地区集聚意味着该地区制造业占全国的份额不断提升。由于制造业部门生产效率高于农业部门，这就意味着东部地区的产出增速快于人口增速(图6.2)。上半部分反映了

---

① 赵雅萍，吴丰林.旅游业影响下的区域经济差异协调机制与基本路径[J].经济问题，2013 (9)：4-10.

东部乡村人口和乡村产业份额随经济发展水平的变化趋势,下半部分反映了乡村人口和乡村产业份额的偏离程度随经济发展水平的变化趋势,并间接反映了乡村经济差距随经济发展的变动态势。其中,S_Y 和 S_P 分别代表东部乡村产业和乡村人口占比,$S_Y - S_P$ 表示乡村人口份额偏离产业份额的水平,该数值越大,表明乡村经济之间的差距越大。随着经济的发展,乡村居民对服务的需求逐渐提升,服务业部门开始影响乡村经济地理格局。在制造业产品的需求弹性低于服务业的条件下,追求效用最大化的理性消费者将重新对消费支出进行分配,将更大的份额用于服务消费。这就会导致服务产出占总产出的份额不断扩大。由于服务业具有报酬递减性质,因此,服务业部门产出的增加低于要素投入的增长,同时也部分抵消了制造业的报酬递增,于是,东部地区总产出的增长逐渐与乡村人口的增速持平,该过程表现为 S_Y 曲线斜率的减小和 S_P 曲线斜率的增大(阶段 Ⅰ),在某个时点,比如 D 点,S_Y 曲线和 S_P 曲线的斜率相等。阶段 Ⅰ 的变化映射到下半部分即反映了地区差距形成的初始阶段,即乡村人口和乡村产业偏离的份额不断上升,乡村经济差距不断扩大直至达到顶点。第 Ⅱ 阶段,乡村人口集聚的速度开始超过乡村产业集聚的速度,这意味着东部乡村开始出现市场拥挤效应。当曲线经过 F 点时,乡村人口和乡村产业集聚的速度将大致持平,乡村经济差距将稳定在 C 点的较低水平。但这并不能表明乡村经济差距已经完全消失。这是因为,东部乡村在资源禀赋、资源配置和人力

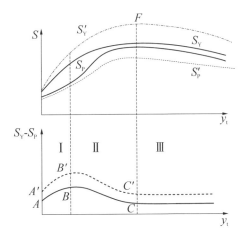

图 6.2　乡村人口与乡村产业集聚非协同演进的一般过程[①]

①　赵雅萍,吴丰林.旅游业影响下的区域经济差异协调机制与基本路径[J].经济问题,2013
(9):4-10.

资本等方面仍优于西部乡村,东部乡村产业向西部乡村的扩散并不是完全的,乡村人口和乡村产业流动壁垒会抑制扩散力量的发挥。随着东部乡村产业扩散的速度开始超过集聚的速度,其产业份额将会达到顶峰,而后开始下降,乡村人口迁移的方向也会随着乡村经济收入的趋同和乡村产业扩散的引导而逆转,于是东部乡村逐步发展起来,乡村产业开始向西部地区集聚,并重复上述过程。

3.3　空间集聚下乡村经济地理差异分析

新经济地理理论借鉴了哲学中自然客体分类的概念,把影响经济活动空间集聚的因素分为"第一自然""第二自然"两类。其中,前者是指天然存在的自然物,包括地理区位等先天禀赋,后者是指人类在先天禀赋的基础上经过实践而形成的各种条件,如基础设施、生产方式等。尽管新经济地理理论在同质空间条件下探讨经济活动空间集聚的内在机制,但它并不否认外在差异的存在,实际上外部差异将使经济活动空间集聚和地区差距更为明显。在我国,空间集聚下的乡村经济地理差异主要表现在以下方面,这些差距的形成同样是"第一自然""第二自然"共同作用的结果。

(1)"第一自然"差异是中国乡村经济地理分异形成的根本原因。先天自然地理条件的差异是乡村经济地理格局演化的基础。在我国,东部、中部、西部三大地带之间差异明显。其中,东部地区地貌以平原、盆地为主,地势平坦;而广大中西部地区地貌则以沙漠、戈壁和山地为主,可利用的土地面积小且地块分散。从国土资源开发、基础设施建设、城市建设发展、企业选址等诸多方面看,东部地区无疑具有先天的国土资源开发优势——平坦的地势降低了铁路、公路、通信等市政基础设施的建设成本,进而有利于经济建设的大规模开展,易于形成规模经济效应。而中西部地区劣势的自然地理条件则无形中提高了大规模国土资源开发和基础设施建设的成本。在经济开放的时代背景下,东部地区自然就成了吸引各种经济资源和要素集聚的前沿阵地,进一步提升了其资源配置和使用的效率,而中西部地区则在空间经济集聚机制的作用下成为人力资本的输出地区。此外,东部地区降水相对充足,也为农业生产的开展提供了便利条件,而受地形等因素影响,水资源不足则成为制约中西部地区农业及相关产业发展的瓶颈。因此即使在国际视野下,东部地区的地理区位也优于中西部地区,这进一步推动经济活动向东部地区集聚(上述事实与本书第五章"'胡焕庸线'与乡村经济地理"提到的内容完全吻合)。

(2)"第二自然"强化了中国乡村经济地理分异扩大的趋势。"第二自然"的差异强烈影响着乡村政府、居民行为等微观主体的决策。从政府决策看,改革开放、经济特区等政策的初衷是借助东部地区的自然条件和区位优势,通过东部地区的率先发展带动中西部地区的协同发展,进而缩小地区发展差距。然而这些政策的实施却在客观上强化了中国乡村经济地理的外部分异,进一步引导资本、技术等生产要素向东部地区集聚。从企业决策看,在利益最大化的原则下,企业出于成本最小化和收益最大化的权衡,会将其生产、加工和销售网络集中在东部地区,因为在本地市场效应作用下,区位优势意味着运输成本的节约。从消费者决策看,为了追求自身消费效用的最大化,乡村人口也将聚集于商品种类繁多、商品价格较低的东部地区,但由于户籍制度的存在,乡村人口(特别是乡村剩余劳动力)的流动并不是充分的。在上述微观主体决策的合力下,中国乡村经济地理分异并未缩小,反而进一步拉大,甚至呈现出"一个中国,四个世界"的乡村经济地理分异格局。如此严重的乡村经济地理分异不仅影响到整个乡村经济的长期稳定增长,在部分区域,如少数民族聚居地区,甚至危及民族团结、边疆稳定和国家安全。基于此,我国以"高屋建瓴"的方式,在边疆地区推行区域协调发展和乡村经济发展政策,取得了十分显著的效果。

第四节　乡村经济空间集聚的实证
——新疆天山北坡经济带

4.1　新疆天山北坡乡村经济概况

自中国共产党成立以来,天山北坡经济带与新疆其他区域经济差距呈现出扩大的趋势,形成明显的"中心-外围"型区域结构[19](严格地讲,早在民国时期,孙中山先生就对新疆地区给予了高度关注)。在当时,区域经济的协调对于新疆乡村经济发展和社会长治久安具有重要的作用。因此,在区域经济协调发展的前提下,如何促进天山北坡经济带(该经济带上乡村经济占比较高)的快速发展成为一个重要问题。天山北坡经济带生产总值占新疆生产总值比重反映的区域经济发展差异,同各解释变量之间存在着协整关系。这表明,各新经济地理解释变量在解释天山北坡经济带生产总值占新疆生产总值比重反映的区域经济发展差异时,存在着稳定的系统性关系。同时,天山北坡经济带地区生产总值占新疆生产总值的分异,会引起地方公共财政支出总额占新疆公共财政支出总额的分异,而地方财政支出的分异会继续导致乡村经济总量的增加,这和当地乡村经济发展的现实情况相符,即政府通过税收优惠、改善投资环境和基础设施建设,对当地乡村经济产生"筑巢引凤"的效应,同时也验证了新经济地理学的观点,即外部扰动造成区域经济发展差异,也就证明了以政府财政支出为代表的外部扰动变化是区域经济发展差异变化的原因。此外,天山北坡经济带本地市场规模同其他地区的差异,也造成了地区之间财政支持力度的差异,其工业发展情况的差异导致了乡村经济发展的差异,证明了新经济地理学关于已有农业产业路径依赖效应与乡村经济发展差异关系的论断;此外,也证明了乡村经济发展水平的差异会导致本地市场差异的变化,而本地市场的变化会进一步影响(以积极影响为主)当地乡村经济发展水平,验证了新经济地理学揭示的关于本地市场效应和乡村经济发展差异的事实:当地方政府财政支出出现较大差异时,最先出现的是地区本地市场效应的差异,其次是乡村经济发展水平的差异,最后才表现为农业总量的差异。这很好理解,当地区财政支出产生差异时,会首先对乡村地区消费产生作用,消费的变化又会导致乡村经济总量的差异,而乡村经济建设期、生产期长,对财政支出的反应要相对滞后。

4.2 新疆天山北坡乡村经济地理的发展趋势

在乡村经济空间集聚下发展新疆天山北坡经济带,需要针对其乡村经济地理空间结构进行优化,并重点做好以下工作。

(1)保持天山北坡经济带在新疆乡村经济发展和丝绸之路经济带的重要作用。虽然天山北坡经济带经济发展水平快于新疆其他区域,并且乡村经济发展差异呈现明显加大的趋势,但并不意味着要抑制天山北坡经济带的发展才能实现区域经济的协调发展。天山北坡经济带作为新疆经济的增长极,以及我国西部大开发战略中的重要平台和丝绸之路经济带上的重要区域,对于新疆来说,其快速发展能够很好地带动周边地区的经济。因此,要促进新疆的人才、资金向该地区尤其是乡村区域集聚,形成大的农业市场、大的生产区域、大的发展格局。

(2)加快培育新疆其他地区的特色优势乡村产业,形成乡村经济地理要素的分层式集聚。对于新疆的其他乡村地区来说,要发挥自身的优势资源和产业,促进本地区的生产要素的集聚,发展地区范围内的乡村集聚经济。形成大区域上以天山北坡经济带集聚为主的大区域集聚,各地区在本区域集聚的分层次集聚格局,推动当地乡村经济的快速发展。

(3)积极改善和完善当地乡村的基础设施建设。新经济地理学的观点认为,降低运输成本和交易费用,有利于形成统一的大市场,从而发挥市场规模和规模经济的作用。因此,要积极改善和完善新疆乡村地区之间的铁路、公路和邮电等基础设施建设,减少政府审批,降低要素的流动成本,在市场的体制中促进生产要素在各乡村之间的合理流动,构建整个新疆范围内的大市场。

(4)对不同乡村地区采用差别化的财政政策。根据新经济地理学的观点,外部扰动对区域经济发展有重要的作用,它不仅是形成路径依赖效应的重要原因,更是打破区域原有发展路径的重要手段。新经济地理学非常重视政府对乡村经济发展的干涉作用,因此对于具有不同特点的乡村地区,要采用不同的财政政策。比如,根据不同主体功能区的特点,从以下几方面入手来制定财政政策:第一,要促进生产要素流动,包括资本要素和劳动力要素,逐步从限制和禁止开发区域转移出去,在优化开发区域实现高效率的利用,在重点开发区域实现规模集中;第二,加强限制和禁止开发乡村地区的生态建设,主要是在这两类区域实现生态功能逐步替代现有经济功能;第三,在不同乡村地区推行均等化的基本公共服务政策,即无论是承担经济功能还是生态功能的地区,乡村居民均能够享受与新疆整体水平相一致的公共服务。

本章小结

党的十九大报告指出:"我国经济已由高速增长阶段转向高质量发展阶段,正处在转变发展方式、优化经济结构、转换增长动力的攻关期,建设现代化经济体系是跨越关口的迫切要求和我国发展的战略目标。"2018 年 1 月 30 日,习近平总书记在中共中央政治局第三次集体学习时强调,国家强,经济体系必须强。"建设现代化经济体系是一篇大文章,既是一个重大理论命题,更是一个重大实践课题,需要从理论和实践的结合上进行深入探讨。建设现代化经济体系是我国发展的战略目标,也是转变经济发展方式、优化经济结构、转换经济增长动力的迫切要求。"按照这一指引,我国乡村空间条件会决定不同地区、地点的生产集中度、人口集中度,继而影响乡村资源开发的强度、广度与环境保护的力度。基于这样的思考,本章以农业区位论、工业区位论等为基础,首先探讨了人地关系与空间系统、乡村空间多维理论和乡村空间重构等问题,指出区位选择是乡村经济地理空间分异的重要影响因素。接下来,基于狭义农业的视角,对我国乡村经济地理空间格局演变进行了解读,其中包括种植业地理集聚格局演变、分行业乡村经济地理集聚格局演变、乡村经济地理空间的集聚与演变等。为了详细阐述乡村经济地理与乡村空间变化之间的关系，进一步探讨了空间集聚视域下乡村经济地理分异问题，进行了乡村经济地理格局空间集聚分析、乡村经济地理格局分异比较静态分析、空间集聚下乡村经济地理差异分析。最后，以新疆天山北坡经济带为例，探讨了我国新疆天山北坡乡村经济地理的发展趋势。

参考文献

［1］李二玲，庞安超，朱纪广.中国农业地理集聚格局演化及其机制［J］.地理研究，2012(5)：885-898.

［2］贺灿飞，潘峰华，孙蕾.中国制造业的地理集聚与形成机制［J］.地理学报，2017(3)：212-217.

［3］藤田昌久，保罗·克鲁格曼，安东尼·J·维纳布尔斯.空间经济学：城市、区域与国际贸易［M］.梁琦主，译.北京：中国人民大学出版社，2005：23-25.

［4］赵雅萍，吴丰林.旅游业影响下的区域经济差异协调机制与基本路径［J］.经济问题，2013(9)：4-10.

［5］付金存，李豫新.极化理论视角下民族地区经济不均衡及其分解研究——以新疆为例［J］.中央民族大学学报(哲学社会科学版)，2013(3)：63-69.

［6］尹希果，岑剑雄.我国公共产品供给与区域经济增长收敛——基于我国公共基础设施数据的实证研究［J］.经济体制改革，2012(2)：36-40.

［7］Ellison G，Glaeser E L. Geographic Concentration in US Manufacturing Industries：A Dartboard Approach［R］. National Bureau of Economic Research，1994.

［8］杨永恒 等.中国人类发展的地区差距和不协调［J］.经济学（季刊），2006(2)：803-816.

［9］赵伟光，敬莉.新经济地理视角下区域经济发展差异——基于新疆天山北坡经济带的实证研究［J］.新疆农垦经济，2015(2)：65-72.

［10］李红波，胡晓亮，张小林，李智，袁源.乡村空间辨析［J］.地理科学进展，2018(5)：591-600.

［11］岳俞余，彭震伟.乡村聚落社会生态系统的韧性发展研究［J］.南方建筑，2019(6)：90-92.

［12］魏杰，施成杰."市场决定论"与混合所有制经济——什么样的产权安排能够促进共同富裕［J］.社会科学辑刊，2017(6)：95-101.

［13］王卉彤.国家治理视角下的现代经济体系建设［J］.山东社会科学，2017(12)：40-46.

［14］李永刚，赵海益，张宇.发达经济体与新兴经济体竞争力比较——基于全球竞争力

指数视角[J].统计与信息论坛,2016(11):230-236.

[15] 谭秀杰,周茂荣.21世纪"海上丝绸之路"贸易潜力及其影响因素——基于随机前沿引力模型的实证研究[J].国际贸易问题,2015(2):60-65.

[16] 岑丽君.中国在全球生产网络中的分工与贸易地位——基于 TiVA 数据与 GVC 指数的研究[J].国际贸易问题,2015(1):20-24.

[17] 孟连,王小鲁.对中国经济增长统计数据可信度的估计[J].经济研究,2016(10):112-116.

[18] 朱富强.纯粹市场经济体系能否满足社会大众的需求?——反思现代主流经济学的两大市场信念[J].财经研究,2016(5):222-226.

[19] 张俊伟.读懂现代经济体系[J].新经济导刊,2017(12):73-75.

上篇总结

本篇首先阐述了乡村与乡村经济的概念、类型和特征，对中国共产党成立以来学界关于乡村经济走向的早期论争进行了探讨，分析了乡村经济建设思想中合作改革派、中国农村派等主要流派，通过对乡村经济与经济地理"嵌套"的解读，初步界定了"乡村经济地理"的概念、内涵和内容。第二，对乡村聚落与乡村经济地理的关系进行了深度梳理。阐述了聚落与乡村聚落空间的概念，从多个层面探讨了乡村聚落的理论基础与组成要素，然后在对国内外有关乡村聚落的研究与实践进行分析的基础上，探讨了聚落空间下乡村经济地理的几个关键问题——地理连接、地理结构和地理格局，并分别从城乡一体化、工业化进程、社会转型、区域差异的视角，进一步分析了乡村聚落体系优化与演变、乡村聚落重构与分异等问题。第三，针对乡村经济与乡村经济地理的关系问题进行了探讨。从乡村土地关系、乡村手工业、农业经营及生产、乡村工业等层面对早期乡村经济地理学中的"乡村经济"关注点进行解读，从乡村社区、城乡关系、乡村规划、乡村社会等层面对近期乡村经济地理中的"乡村经济"关注点进行解读，然后以中国共产党成立为起点，梳理了乡村经济地理的兴衰之辩、多次变迁、格局优化、深度变革、全面创新等，并以 LT 村为例，对乡村经济地理的"经济"走向问题进行了进一步探讨。第四，针对经济地理学与乡村经济地理学的关系问题进行了深入探讨。在对经济地理学及相关概念进行解读的基础上，重点阐述了克鲁格曼新经济地理学与乡村经济地理学的关系，分析了基于新经济地理学的乡村经济地理指标选择问题，并分别从"中心-外围理论"和"空间集聚理论"出发，对新经济地理学向乡村经济地理学的"渗透"进行了研究。第五，在研究乡村经济地理问题时，"胡焕庸线"是避无可避的。因此，在梳理了"胡焕庸线"源起、内涵、论争和理论支撑之后，分析了基于"胡焕庸线"的乡村人口迁移与乡村经济地理集聚问题，针对乡村人口流动对乡村经济地理的影响进行了进一步研究。第六，新经济地理学也被部分学者称为"空间经济学"，因此在研究乡村经济地理问题时，势必要考察空间集聚与乡村经济地理的关系问题。在解读乡村空间概念和基本理论的基础上,从狭义农业的视角分析了乡村经济地理空间格局演变和空间集聚视域下乡村经济地理分异等问题,并以新疆天山北坡经济带为背景,对乡村经济空间集聚进行了实证研究。

本篇通过"乡村经济"与"经济地理"的"嵌套",给出了"乡村经济地理"的概念,确定了基于"理论基础-要素流变-谱系优化"的研究框架,为乡村问题研究提供了新的视角,对实现《乡村振兴战略规划(2018—2022年)》具有参考价值。通过本篇的研究可知,乡村经济地理基础理论是促进乡村发展的重要依托。从1921年到2021年,在长达一个世纪的时间里,中国共产党在乡村尤其是乡村经济问题上倾注了大量心血,积累了丰富经验。在新时代实现乡村振兴的过程中,除了要按照既定模式稳步推进乡村社会发展、全面建成小康社会外,还应按照新经济地理学的主张,对乡村经济地理的基础理论进行深入挖掘,对影响乡村振兴的乡村聚落、乡村经济、经济地理、空间集聚等予以高度关注。这些问题不但关乎乡村经济地理的要素流变与谱系优化,还是促进乡村发展的重要依托。

中篇

乡村经济地理的要素流变

第七章 乡村人口迁移——基于 "胡焕庸线"的讨论

在很多发达国家,乡村人口向城市的转移与定居几乎同时发生。但是在中国这样的发展中国家,乡村人口的转移却表现为两种形式:一种是转移和定居同时发生的定居性迁移,另一种是到城市工作,但最终决定回乡村定居的暂时性迁移[1]。对于这一问题,"胡焕庸线"能够给出"很好的解释"。"胡焕庸线"作为"中国地理百年大发现"之一,以一线对中国疆域进行了划分,西北、东南各一侧。"胡焕庸线"的主要贡献不单纯是揭示了中国人口分布的空间异质特征,还在很大程度上反映了中国自近代以来的人地关系。比如,在胡焕庸教授所著的论文和专著中,对地形、雨量、人口的分布进行了比较,认为三者之间"具有十分密切之关系",也正是因为如此,导致了近一百年间中国乡村人口的"次第迁移"——从西到东、从北到南。其中的缘由之一是,中国西北地区山地多、降水少且人口稀疏,东南地区平原多、降水多且人口密集。可以说,"胡焕庸线"在本质上集中反映了我国人口(包括乡村人口)和自然地理条件的高度空间耦合性。正因为如此,"胡焕庸线"对中国地域开发,也对中国乡村人口的迁移,以及由此而引发的资源、环境的协调等,都具有重要的实践指导意义。即便到了今天,国内外有关中国乡村分布、乡村人口和自然环境的适应性、气候变化与乡村人口活动、乡村土地利用等诸多议题的研究中,"胡焕庸线"依旧被不断提及,可见其在相关研究和实践中一直具有基础性作用[2]。值得注意的是,自中国共产党成立以来,在一个世纪的时间里,中国乡村人口之分布备受社会政策与经济格局的扰动。一方面,计划生育作为一项基本国策开始实施,让乡村人口增长逐步受到控制,但是在 20 世纪 90 年代之后,我国乡村人口自然增长率开始稳步下降,乡村人口由实质性增长阶段进入惯性增长阶段;另一方面,中国乡村经济发展呈现梯度特征,不同地区间的经济并不均衡,而这也促进了乡村人口的迁移。此外,道路交通建设的迅速发展,提高了乡村人口地域迁移的可达性。单纯从第六次人口普查结果就可以看出,当时中国流动人口已经达到了 2.2 亿人，占当年总人口的 16.53％，其中"流动的"乡村人口占绝大部分。可以说，中国早在多年前就已然是一个流动性社会，乡村人口的迁移"功不可没"[3]。在新的时代背景下，反映中国人口分布特征的"胡焕庸线"是否继续稳定？乡村人口分布是否出现了新的态势？所有这些都成为乡村经济地理要素流变需要重点考虑的问题，也是我国推行乡村振兴战略和最终实现"两个一百年"奋斗目标的关键议题。接下来，就以"胡焕庸线"为出发点，对乡村人口迁移问题进行分析和探讨。

第一节 关于乡村人口迁移的研究

众所周知，地区间人口分布的不平衡是我国人口分布的最大特点。早在二三千年前的先秦时代，就有人注意到了我国人口分布的这个特征[4]。但直到 1935 年，胡焕庸教授发表题为《中国人口之分布》的论文之后，才首次以定量分析方法绘制出了一张"专题图"——展示中国人口分布的特点。"胡焕庸线"的"出现"不但让人们了解到中国人口空间分布的差异或者说分异，也使自然地理、人文地理、经济地理之间的关系变得越来越紧密。可以说，这条分界线在很大程度上同我国自然地理与乡村经济发展区域差异相吻合。更有研究发现，"胡焕庸线"与我国城市群（乡村聚落的"反衬"）、交通网疏密空间格局、农业空间格局具有较高的关联性。尤其在城市化进程倒逼乡村经济地理空间格局重塑的今天，以"胡焕庸线"为基准，对乡村人口及其分布差异问题进行研究，有助于揭示乡村经济地理的要素流变规律，为谱系优化提供更多可供借鉴的信息。

1.1 关于乡村人口地理分布的研究

影响乡村人口地理分布的直接因素是人的出生、死亡和迁移，其中人口迁移是最活跃、对人口分布影响最大的直接因素。所以，人口迁移特别是人口迁移的空间分布一直被视为最重要的人口变动现象，以人口迁移分布变化考察其对人口地理分布稳定性的影响也最有说服力。中国共产党成立以来，中国的省际乡村人口迁移，主要是从西向东迁移的基本区域模式。中华人民共和国成立之后，中国经历了由计划经济体制向市场经济体制的改革和转变，与之相应的乡村人口迁移空间分布模式也发生了逆转。张善余（1990）、杨云彦（1992、1994）等学者通过对 1987 年人口抽样调查数据与 1990 年人口普查数据的考察发现，随着政策、体制及社会经济的巨大变化,中国省际乡村人口迁移的宏观流向已快速逆转为由西向东、由内陆向沿海等人口稠密地区集聚。丁金宏(1994)利用 1990 年人口普查数据,考察了乡村人口迁移的流场分布,发现西部地区的四川省为全国最大的乡村人口流出辐散流场,东部地区的广东省及上海、北京、天津 3 个直辖市则为乡村人口流入辐合型流场。之后他又通过对 2000 年人口普查数据的分析发现,乡村人口省际迁移的辐合流场与辐散流场进一步发展,并以秦岭—淮河线东段和黑河—腾冲线南段为界,分裂为东南和西北两大"流域"。王桂新(2000)则利用人口迁移选择指数,考察了中国省际乡村人口迁移的吸引中心和吸引区域,指出自 20 世纪 70 年代实行经济体制改革以来,中国省际乡村人口迁移形成的人口由西向东、从经济较落后地区向经济较发达地区迁移的宏观区域模式基本稳定。王桂新、潘泽瀚(2012)研究发现,20 世纪 90 年代以来,中国省际乡村人口迁移的主要迁入地分布在东部经济较发达地区,特别是京津冀、长三角和珠三角三大城市群。其他相关研究显示,近 10 年来,我国中西部地区乡村人口向东部沿海地区迁移,仍然是中国省际乡村人口迁移的主流。

1.2　关于乡村人口迁移类型的研究

自中国共产党成立以来,我国乡村人口迁移主要以定居性迁移和暂时性迁移为主,在这一问题上,国内外文献均有大量讨论。对于乡村人口定居性迁移问题,刘易斯、托达罗等发展经济学家的分析最具代表性。他们认为,城乡收入差距及城乡预期收入差距是导致人口由乡村向城市流动的关键。对于暂时性迁移问题,拉芬施泰因在 1885 年的研究就发现其存在,但未引起学界的重视。直到 20 世纪 70 年代,部分学者在研究发展中国家人口迁移问题时才发现,暂时性迁移现象在发展中国家普遍存在,并且暂时性迁移的人口规模远大于持久性人口迁移规模。对于暂时性迁移问题,不同理论和学者给出了不同解释。新经济迁移理论认为,资本和信贷市场不发达、劳动力市场不稳定、社会保险机制缺乏、农业抗风险能力弱、迁出地人地关系紧张、非农就业机会缺乏、迁入地工作不稳定和养老失业保险的缺失等多种原因,使得乡村转移劳动力选择了暂时性迁移模式。而在二元劳动力市场论的支持者看来,城市教育程度的普遍提高,使城市妇女和年轻人转向高工资、高技能、较稳定的资本密集型部门,出生率的下降又使城市潜在劳动力数量下降。报酬低、稳定性差、社会地位低的劳动密集型部门很难吸引追求高工资、高社会地位的城市劳动力。而提高工资又会带来结构性工资膨胀。于是,就产生了对外来劳动力(尤其是乡村劳动力)的需求。这样一来，暂时性迁移不仅改善了乡村转移人口的生活水平，还提高了其在迁出地的社会地位。在我国，暂时性迁移行为的普遍存在与过去一段时间，使用农业剩余劳动力发展城市工业，同时鼓励现存的小农经济模式有关。在国内，一些主流观点指出，户籍制度是乡村人口转移特别是定居性迁移的最主要障碍。这是因为，在过去较长一段时间内，我国户籍制度具有社会分割性、等级性、世袭性等基本特征，农民工因户籍制度在一系列政策上受到歧视，劳动力流动的推拉力量也因自由市场的缺失而失效。进入 21 世纪以后，户籍管理虽有所松动但没有根本性改变，户籍制度及其带来的障碍仍然阻碍着农民工定居性迁移意愿的实现。"只要取消户籍制度，农民工的定居性迁移就能实现"，如果这一推理成立，没有户籍制度障碍的国家，暂时性迁移就不应该大量存在。这与没有户籍制度障碍的发展中国家大量存在的暂时性迁移现象不符。这说明，户籍制度虽然会阻碍乡村人口迁移，但并不是影响其迁移决策的关键。除户籍制度外，乡村人口的年龄、性别、受教育程度、家庭婚姻状况、人均耕地面积、人均生产性资产、迁移风险、城乡收入差距、迁移距离、进城时间等因素，都会对迁移产生影响。

第二节　乡村人口迁移顽健性——
基于"胡焕庸线"的探讨

现有的国内外文献基本上是从社会、经济、文化等视角，分析影响乡村人口迁移决策的因素，很少考虑乡村人口是如何做迁移决策的，因而难以抓住问题的关键和核心。而事实上，中国乡村人口的地理分布长期以来形成了东密西疏的基本空间格局[5]。在过去 100 年的时代变迁中，虽然出现很多大的事件、大的转折，但并没有影响和明显改变中国乡村人口分布的基本地理格局，也没有破坏"胡焕庸线"的稳定性，对于这一现象，已经引起了学术界的普遍关注和深入研究。国务院总理李克强也提出，在推进新型城镇化的进程中，能否打破"胡焕庸线"，实现东西部地区协调发展，让中西部地区的乡村人口在家门口也能分享现代化的成果？为了考察中国乡村人口迁移分布的属性特征，本节借助一个重要的人口分布概念——顽健性[①]。所谓

---

① "顽健性"是一个日语词，从英文单词 robustness 翻译而来，原为统计学中的一个专门术语，20 世纪 70 年代初开始在控制理论的研究中流行起来，用以表征控制系统对特性或参数扰动的不敏感性或惰性。

顽健性,指的是系统(如乡村人口迁移分布)受到驱动或干扰时也不易变化,仍趋向恢复和保持原有形态的特性[6]。与其较为接近的概念有稳健性、稳定性等。通过对乡村人口迁移分布的多方面考察,发现顽健性是中国乡村人口迁移分布的基本属性,或者说中国乡村人口迁移分布具有明显的顽健性特征。下面将从省际乡村人口迁移规模分布、乡村人口迁移流分布这两个层面,进行探讨和论证。

2.1 乡村人口迁移规模分布的顽健性

在考察乡村人口迁移"顽健性"的过程中,不得不引出"胡焕庸线"这一重要概念,"胡焕庸线"是一条重要的地理分界线,东部、中部、西部则是依托地理位置确定的重要经济区划。由图 7.1、图 7.2 可知,"胡焕庸线"将西部 12 个省级行政区一分为二,新疆、西藏、宁夏、甘肃、云南、内蒙古 6 个省级行政区完全或大部分落在线的左侧,组成西北半壁,四川、重庆、贵州、云南、广西、陕西 6 个省级行政区全部或大部分处在线的右侧,与中部省份共同组成了中西南部(中部和西南部的合称)。乡村人口是乡村经济发展的基本要素,也是乡村经济地理的重要组成要素,更是乡村资源配置的重要依据。长期以来,无论是中央财政转移支付、精准扶贫、乡村振兴、社会保障政策的制定等,均将上述三大经济带作为重要的划分标准。因此,东部、中部、西部乡村人口的迁移和流动,以及空间分布形态等,都在很大程度上受到国家宏观调控和指导意见的影响。

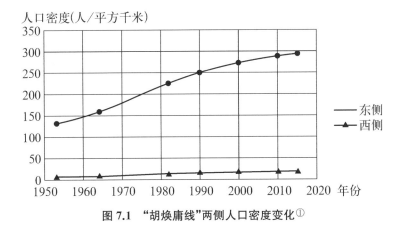

图 7.1 "胡焕庸线"两侧人口密度变化[①]

---

① 图 7.1 和图 7.2 引自王桂新,潘泽瀚.中国人口迁移分布的顽健性与胡焕庸线[J].中国人口科学,2016(1):2-13.

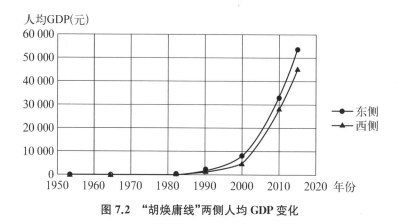

图 7.2 "胡焕庸线"两侧人均 GDP 变化

第一,在不同时期,我国省际乡村人口迁出规模和迁入规模存在明显的地区差异,"胡焕庸线"以东省份迁出、迁入规模均大于该线以西省份。随着时间的推移,多数省份的省际乡村人口迁出和迁入规模基本呈明显增大的趋势。进入21世纪以来,表现尤为明显。而且,不同省份、不同时期省际乡村人口迁出和迁入规模随时间推移增大的趋势基本同步,省际相对差异并不明显。自中国共产党成立以来,各省省际乡村人口迁出规模和迁入规模随时间推移的变化表现出大小相对稳定、维持原有形态的重要特征。

第二,中国共产党成立以来,中国各省不同时期省际乡村人口迁出规模分布与迁入规模分布形态相对稳定。中华人民共和国建立以后,不同时期省际乡村人口迁出、迁入规模分布矩阵的相关系数均在 0.736 以上,且在 0.001 的统计水平上高度显著。这说明,省际乡村人口迁出和迁入规模的分布形态都十分稳定,且相关系数从上到下由大趋小,从左到右由小增大,对角线上的相关系数最大,说明随着时间的推移,各省省际乡村人口迁出和迁入规模的分布形态时间相距越远相似性越小,时间相距越近或越相邻相似性越大,尤以两个相邻时期的分布形态相似程度最高。

第三,中国共产党成立以来,各省不同时期省际乡村人口迁出和迁入规模分布形态的相对稳定性及相邻时期省际乡村人口迁出和迁入规模分布形态的高度相似性,显示中国省际乡村人口迁移规模的分布具有明显的不易发生变化、维持原来形态的顽健性特征。

2.2　乡村人口迁移流分布的顽健性

如果从不考虑迁移方向的省际乡村人口迁移规模和迁移强度两个方面进行考察,也会发现中国乡村人口迁移分布具有明显的顽健性。在这里,考虑方向的人口迁移流,指的是一个地区的省际乡村人口迁移流分布。比如,由上海分别迁向其他省份的省际乡村人口迁出流分布,以及从其他省迁入上海的省际乡村人口迁入流分布等[7]。接下来,针对中国共产党成立以来,各省不同时期省际乡村人口迁出流和省际乡村人口迁入流两个层面,进一步考察中国乡村人口迁移分布的顽健性特征。

第一,在总体上,无论是从乡村人口迁出流还是迁入流来看,绝大多数省份不同时期乡村人口迁出流分布与乡村人口迁入流分布均表现出顽健性特征。其相关系数均在 0.8 以上,显著性水平达到 0.001。相对而言,不同省份、不同时期省际乡村人口迁入流分布的相关性普遍更高。

第二,随着时间的推移,对绝大部分省份来说,相邻时期的省际乡村人口迁出流分布与迁入流分布的相关系数逐渐增大,说明中国共产党成立以来,各省省际乡村人口迁出和迁入流分布维持相似不变的顽健性呈增强趋势,而且在吸引力作用主导下,形成了不同时期乡村人口迁入流相对更强的顽健性分布。其中的原因在于,中国共产党成立以来,中国省际乡村人口迁出分布的变化趋势具体表现为相对"多极化",而乡村人口迁入的分布则趋向于更加集中。

第三,西部各省省际乡村人口迁出流分布的相关系数普遍低于中部和东部地区,特别是这些省份在 1985—1990 年、1995—2000 年省际乡村人口迁出流分布的相关系数均较小。这说明,西部乡村地区各省主要由推斥力作用,主导并形成了省际乡村人口迁出流趋向的"多极化",且使其分布更易发生变化,顽健性相对较弱;对东部乡村地区来说,主要由吸引力作用主导形成的省际乡村人口迁出流逐步趋向集中化,使其分布更容易保持稳定,形成了更强的顽健性①。

第四,中国不同省份省际乡村人口迁出流分布模式的顽健性,极易因动力作用机制的转换而弱化[8]。在东部乡村地区,由于经济发展所形成的

---

①　20 世纪 90 年代初期邓小平南巡讲话是部分省份省际人口迁移流分布动力作用机制转换的重要转折点——东部地区珠三角、长三角、京津冀三大城市群相继崛起,吸引中西部地区的迁出人口进一步集中迁入这些地区。

省际乡村人口迁入吸引力的日益增强和极化,造成了中西部地区各省乡村人口迁出流分布顽健性趋弱,这也成为东部地区各省乡村人口迁出流、迁入流分布顽健性增强的重要原因。

第三节　乡村人口迁移路径与格局分异

3.1　中西部乡村人口向东部沿海地区高强度集聚

中国幅员辽阔,地大物博,乡村人口分布存在较大的差异。与"胡焕庸线"的稳定有所不同,自中国共产党成立以来,中国东部、中部、西部三大经济区域乡村人口占比构成变动相对较大。在东部沿海地区,人口占比由1990年的37.68％上升到2020年的43.23％,中部和西部地区的乡村人口占比则有所下降。需要注意的是,2000—2020年,我国东部地区的乡村人口占比年均上升0.27个百分点,但在2010—2020年,年均仅上升0.05个百分点,增速明显减缓。2010—2020年,中西部地区的乡村人口占比的下降速度也较之于改革开放之后的二十几年明显减缓。如果继续保持这种趋势,今后东部地区人口占比转升为降,中西部人口占比转降为升,还是有很大可能的。这种新变化与乡村经济增长的差别变化存在一定关系。在总量指标方面,统计资料显示,东部地区的国内生产总值占全国的比重逐渐下降,2000—2020年年均下降0.11个百分点,2010—2020年年均下降0.53个百分点;而中部地区的国内生产总值占全国的比重从2000—2010年年均下降0.13个百分点逆转为2010—2020年年均上升0.12个百分点,西部地区则由年均上升0.14个百分点变为年均上升0.45个百分点。与此同时,东部地区的城镇化率增速趋缓,2010年开始处于三大经济区的末位。从人均指标来看,东部地区人均GDP仍处于上升的态势,但近几年城镇化率走平甚至有下行的趋势,说明我国三大区域的乡村经济结构调整和乡村产业转型效果已经开始显现。

3.2　乡村人口从"胡焕庸线"两侧向"中间地带"集聚

按照全国第六次人口普查的数据,我国省际乡村人口迁移的空间格局已经出现了改变的迹象[9-10]。在这次普查开始前的5年(2005—2010年),我国东部沿海地区5岁及以上人口共净迁入3 319万人,中部和西部地区

5 岁及以上人口分别净迁出 2 234 万人和 1 085 万人。从省际迁移流向分析,不同区域存在明显的差异。按东部、中部、西部划分,中部和西部省份乡村人口向东部净迁出。中部分别向东部和西部净迁出 2 133 万人和101 万人,西部向东部净迁出 1 186 万人。进一步细分的结果是,我国西南地区 6 省份和西北地区 6 省份分别向东部净迁出 1 108 万人和78 万人,中部地区 8 省份分别向西南地区 6 省份和西北地区 6 省份净迁出 44 万人和 57 万人。从"胡焕庸线"两侧考察,2005—2010 年,西北半壁乡村人口向东部沿海地区净迁出近 80 万人,西南部和中部向西北半壁净迁出近 90 万人,整个东南半壁向西北半壁净迁出约 10 万人。由此可见,"胡焕庸线"两侧的"中间地带"在一定程度上成为乡村人口东西分流不对称的"分水岭"。

3.3　乡村人口格局分异引发人口疏密分化

按照第六次全国人口普查的数据,中国乡村人口地理分布呈现出东部和西部省份乡村人口高增长、中部省份乡村人口空心化的态势。在2000—2010 年的 10 年间,共有 9 个省级行政区的乡村人口增长超过10%,呈高速增长的趋势。按增速排序的结果是:北京(41.9%)、上海(37.5%)、天津(29.3%)、广东(20.7%)、浙江(16.4%)、西藏(14.6%)、新疆(13.3%)、宁夏(12.1%)、海南(10.2%)。其中,5 个省级行政区地处东南沿海经济发达地区,3 个省级行政区处于"胡焕庸线"左侧的西北半壁。相关数据显示,中部和西南部的大部分省份,乡村人口增长减缓。其中,6 个省份的乡村人口出现了负增长。按负增长的幅度排序结果是:重庆(-6.6%)、湖北(-5.0%)、四川(-3.4%)、贵州(-1.4%)、安徽(-0.6%)和甘肃(-0.2%)。这 6 个省份在地理位置上十分接近,甚至相连成片。其中,安徽和湖北处在中国中部,其余省份处在西南地区。由此可以说明,西部地区的乡村人口分布以"胡焕庸线"为界出现严重分化。值得注意的是,近年来,我国东北三省的乡村人口负增长趋势越来越明显,规模越来越大,这种不断蔓延的乡村人口负增长,既是我国乡村人口发展和变化的新现象,也在客观上说明东南半壁乡村人口分布的分化事实,在东部、中部、西南部地区,乡村人口分布差距继续扩大,这让人口迁移的"乡村化"差别效应得以显现。按照国家统计局公布的 2015—2019 年的统计数据计算,东部地区城镇化率的增幅近 4 年逐年递减,2019 年较 2015 年提高了 0.78 个百分点,为进入 21 世纪以来的最小增幅，也低于其他省份的平均年增幅；中部地区城镇化率的增幅也逐步放缓，近 5 年平均增幅为 1.23 个百分点，也低于 21 世纪以来的平均增幅（1.34 个百分点）。在西北地区，这一指标稳中略增，2019 年增幅（1.33个百分点）高于近 20 年的年均增幅，西南地区则相对平稳，2019 年增幅（1.34 个百分点）与近 20 年平均增幅（1.39 个百分点）大体相当。由于我国乡村人口迁移多以"乡—城"流动为主，中西部地区乡村人口向东部地区城市迁移，对流入地和流出地的城镇化率具有双向拉升作用。如果来自中部地区的东部城镇农民工大规模返乡，在分子效应和分母效应的同步作用下，一样会对东部和中部城镇化率产生双向拉低作用，但能否因此减缓该地区乡村人口空心化趋势，还受到东部沿海地区增长极的极化效应的影响。

3.4 东部沿海地区和中心城市对乡村人口极化效应减弱

进入 21 世纪以来，全国人口已形成"三极一带"的增长态势[11]。所谓"三极"，一是东北部形成以哈尔滨为中心的"松嫩平原增长极"；二是形成以北京、天津等大城市为核心的"大京津冀增长极"，包括北京、天津、河北、山东、山西和内蒙古东部等区域；三是西北部形成以乌鲁木齐、伊犁、石河子等为核心的"北疆增长极"。"一带"，指的是形成由长三角经济圈起，向南至防城港、南宁的"沿海人口增长带"。鉴于影响中国乡村人口增长的主要动因已经从自然增长转为区域间的迁移变动，在过去的 100 年间，"增长极"地区在人口增长过程中吸纳了大量周边区域的乡村人口，这是引发中西部地区乡村人口空心化的主要原因。在中国人口总体向东部地区集聚的迁移态势下，"胡焕庸线"的高稳定性，也意味着西北半壁乡村人口东迁的数量相对有限，中西部乡村人口空心化似乎正在成为一种必然趋势。由于"低生育、高流动、老龄化"严重威胁着中国未来人口的发展，所以，在乡村经济发展水平差距越来越大，并主导乡村人口区域流动的情况下，未来乡村人口迁移的大趋势还会继续。但值得注意的是，在中国实施特大城市人口严格调控、乡村经济均衡发展战略的大背景下，结合当前已经出现的东部乡村人口占比增幅下降，城镇化增速放缓的趋势，可以作出如下判断：东部沿海地区"增长极"的乡村人口极化效应会继续减弱。当然，无论按照"胡焕庸线"将中国乡村经济地理分成东西半壁，还是依据东部、中部、西部进行划分，乡村人口分布不均、相差悬殊的格局在短期内不会发生变化。

第四节 乡村人口迁移与分布集疏测度

"胡焕庸线"是中国人口地理的重要界线,在过去的大半个世纪中一直稳定存在,虽然其间伴随着各种变动、扰动,但对中国乡村人口集疏调控、城镇化发展战略等,均具有重要的指导意义[12]。随着驱动因素的变化和越来越多新因素的融入,比如,中西部地区乡村经济的崛起、乡村人口的回流、计划生育政策的逐步放开,以及信息化时代对乡村经济地理时空的压缩,一定会影响"胡焕庸线"两侧乡村人口未来的分布和空间格局。东南半壁应重点引导内陆腹地尤其是乡村人口集聚,避免乡村人口大量向沿海地区,尤其是省会等大城市持续集聚,防止因此对当地造成过大的资源环境承载压力,防止人口负增长区的持续扩张导致的乡村人口过度流失与乡村空心化;对西北半壁,由于当地的自然环境决定了乡村人口不宜过多,但同时存在乡村人口份额持续增长但增长不集中的事实。一直以来,西北半壁一直发挥着重要的生态保障功能,引导分散增长的乡村人口向少数宜居宜业城镇集聚,是乡村经济地理优化调控的重要"选项"。比如,在西北半壁,兰西经济区等区域的乡村人口集疏模式和东南半壁十分相似,"胡焕庸线"附近的兰西经济区、关中城市群、成渝经济区等,都可以作为协调东南半壁与西北半壁乡村经济发展的重要节点。为了更好地说明这一问题,接下来,就从乡村人口迁移的视角,对乡村分布集疏的测度问题进行进一步探讨。

4.1 指数与公式

在经济地理学场域中,集中化指数被用来衡量人口分布的集中化程度。首先假设有 n 个乡村经济地理空间单元,按照乡村常住总人口从大到小排列,对应位序定为 $i(i=1, 2, \cdots, n)$。然后,分别计算对应位序上乡村常住总人口的累计百分比,以 A_i 表示。在这里,通常存在两种极端情况,一种情况是乡村人口均匀分布在每个乡村经济地理空间内,则第 i 个空间单元的累计百分比为 $\frac{i}{n} \times 100\%$;另一种情况是,乡村人口全部集中在一个乡村经济地理空间单元内,每个乡村经济地理空间单元对应位序上的累计百分比都是 100%。对实际情况与两种极端情况下,不同乡村经济地理空间单元乡村人口累计百分比的和进行类似离差标准化的处理,就能

够得出反映乡村人口集中化程度的集中化指数 I_p，计算公式为

$$I_p = \frac{\sum\limits_{i=1}^{n} A_i - \sum\limits_{i=1}^{n} \frac{i}{n}}{n - \sum\limits_{i=1}^{n} \frac{i}{n}}。$$

式中，I_p 是乡村人口集中化指数，值域为(0，1)，数值越接近 1，说明乡村人口集中化程度越高。

除乡村人口集中化指数，变异系数 CV 能够用来反映乡村人口的密度、乡村人口的增长量、乡村人口增长率等指标及其离散程度。在数学意义上，变异系数 CV 能够表征数据的波动性，在本质上或者在计算方法上，指的是标准离差和平均值的绝对值的比值，计算公式为

$$CV = \frac{\sqrt{\frac{1}{n} \sum\limits_{i=1}^{n} (x_i - \bar{x})^2}}{|\bar{x}|}。$$

式中，CV 为变异系数；x_i 表示第 i 个变量值；$\bar{x}$ 表示各个变量的均值；n 表示变量总数。通常，乡村人口密度的 CV 值越大，说明不同乡村经济地理空间内的人口密度差距越大；而乡村人口增长率、人口增长量的 CV 值越大，说明不同乡村经济地理空间内的人口集聚和疏散情况的差距越大。

4.2 乡村人口集疏格局类型的识别与划分

对乡村人口来说，其变动在不同时期、不同空间，会呈现出复杂的格局特征。常用的格局识别方法是，对各乡村经济地理空间进行分类和地图可视化，然后对不同时期的数值进行对比分析[13]。但是，该方法难以真实反映时间尺度上的乡村经济地理的人口要素连续变化特征。为了能够反映多个特定乡村经济地理空间随时间变化在空间上的扩张和衰减情况，可以通过引入排列组合方法，对乡村人口集疏格局进行识别。为此，首先定义任何一个时间点或者时间段内，如果一个乡村经济地理空间单元属于某特定类型区，就以 1 表示；反之，以 0 表示。如此，当扩展到 n 个时间点或者时间段，一个乡村经济地理空间就会至多出现 2^n 种排列组合情景。对这些情景进行简化之后，可以将其分为以下 4 类：(1)Ⅰ类属于始终持续型，从初期到末期都保持为 1；(2)Ⅱ类属于新增持续型，指的是上一时期为 0，

但之后直到末期都保持为 1;(3)Ⅲ类为转变型,指的是在末期之前曾经为 1,但末期为 0;(4)Ⅳ类属于其他类,指的是初期到末期都为 0。其中,Ⅰ类、Ⅱ类能够反映某特定类型区的乡村经济地理空间扩张特征,Ⅱ类能够按照发生时期的不同进行进一步分类;Ⅲ类能够反映特定类型区的乡村经济地理空间转变特征。对乡村人口分布来说,集疏格局涉及静态的密集和稀疏格局的变化,也涉及动态的集聚和疏散等过程,上述所有格局类型,都可以据此方法进行识别,并给出乡村经济地理的时空连续变化格局。

4.3 乡村人口迁移与集疏稳定性——基于"胡焕庸线"的讨论

4.3.1 "胡焕庸线"两侧的人口分布格局演变

改革开放以来,中国经历了大规模远距离的人口迁移流动,但人口主要迁出地和迁入地均位于"胡焕庸线"东南侧,并未打破这种人口分布的空间格局,西北侧反而因为较高的生育率和较低的迁出率而实现了高于东南侧的人口增长,占全国人口的比例也从 1982 年的 5.77% 持续提升至 2010 年的 6.32%。最新的人口普查数据再次证实了自然地理环境影响下的人口分布格局稳定性。2020 年人口密度超过 1 000 人/平方千米的地级单元全部位于"胡焕庸线"东南侧,而西北侧人口密度超过 400 人/平方千米的地级单元仅有银川市,甚至 200—400 人/平方千米的地级单元也只有 7 个。但值得注意的是,"胡焕庸线"西北侧人口占全国总人口的比重不再继续提高,甚至出现了小幅回落,其原因在于生育率的下降和户籍人口增长失速。新疆、西藏、青海、甘肃、宁夏、内蒙古等 6 省区 2010—2020 年净流入人口增量比 2000—2010 年高出近 350 万,但户籍人口增量却少了近 600 万,增长率从 2000—2010 年的 11.43% 降至 2010—2020 年的 3.46%。人口密度在 400 人/平方千米以上的地级单元数量由 2000 年的 122 个逐步增至 2010 年的 124 个和 2020 年的 128 个,这些地区承载的人口占全国人口的比重也从 2000 年的 51.19% 逐步提高到 2010 年的 53.35% 和 2020 年的 57.19%;承载全国 80% 人口的地区面积占全国比重由 2000 年的 24.96% 逐步下降到 2010 年的 24.59% 和 2020 年的 23.20%,而人口规模前 20 位城市占全国人口比重则由 2000 年的 17.51% 逐步提高到2010 年的 18.72% 和 2020 年的 21.05%。

可以说,2010—2020 年"胡焕庸线"两侧的人口分布均出现了明显的集中化特征,东南侧的集中化趋势大幅增强,随着西北地区人口自然增长率下降和流动性提升，乌鲁木齐、兰州、银川等中心城市吸引人口的能力逐渐增强、效应逐渐显现，"胡焕庸线"西北侧的人口在 2010—2020 年向少数城市快速集中，也因此出现了全国各区域的普遍性人口分布集中化趋势。2010—2020 年"胡焕庸线"西北侧比东南侧地区具有更强的人口吸引力，反映出了国家战略在人口引导上的重要作用；同时也表明 2010—2020 年"胡焕庸线"两侧出现的"趋势逆转"更多是因为西北半壁自身的区位和环境限制下，经济和社会发展出现滞缓，且缺少人口吸引力强的中心城市。2010—2020 年则出现了两个非常明显的新特征：一方面，与东部地区相比，中部、西部和东北地区的人口增长劣势都变得显著，东部的人口集聚优势更加凸显，全国人口增长的宏观格局发生了实质性转变；另一方面，中部、西部和东北地区人口向高密度地区集中的趋势都显著强于东部地区，低密度地区人口面临着全国和区域层面的双重人口吸引压力。

4.3.2 "胡焕庸线"两侧乡村人口分布持续微减与微增

如果考虑了份额的小数位，就能够发现乡村经济地理中的人口要素在过去的 100 年间"稳"中有"细变"——东南半壁的乡村人口份额持续微减，而西北半壁乡村人口份额持续微增，东南半壁人口增长量相对于西北半壁维持在 10 倍左右的绝对优势水平。单纯从最近 40 年的数据就可以看出，我国东南半壁的乡村人口份额由 1980 年的 94.23％减少到 2020 年的 90.59％。观察 1980—1990 年、1990—2000 年、2000—2020 年 3 个年际段的乡村人口份额变化，西北半壁的乡村人口占全国乡村人口的比重略微增长的现象始终存在，虽然这种比重变化很小，但考虑到中国十几亿人的庞大人口基数，这一比重变化依然能够代表 500 万—600 万的人口规模，相当于一个大城市的人口规模。通过计算东南半壁与西北半壁乡村人口密度比值发现，在过去 100 年间，比值的持续微降能够反映出东南降、西北增的乡村人口份额变动态势。份额的增长得益于较快的乡村经济增长速度，自中国共产党成立以来的 100 年间，东南半壁乡村人口年均增长 0.996％；而西北半壁乡村人口年均增长 1.34％；西北半壁的乡村人口增长速度高于东南半壁约 0.34 个百分点。从年际看，东南半壁和西北半壁的乡村人口年均增长率都呈现下降的趋势。从这个角度看，"胡焕庸线"是稳定的，也是受到干扰的。如果将乡村人口份额视为固定控制量，那么 100 多年来"胡焕庸线"是在向西北半壁偏移。而之所以产生这样的结果，其中的一个重要原因是，自然环境是人及其居民点区位选择的第一要素，在人类漫长的生存实践中,人总是趋向于生存条件较好的温暖、潮湿以及水源充沛地区。东南半壁多温润地区;西北半壁多寒旱地区。多年来,中国自然本底总体稳定,"胡焕庸线"两侧乡村人口份额的大数特征基本稳定,在1935年胡焕庸先生已然指出了中国人口分布差异与自然地理差异的耦合特征。"胡焕庸线"两侧乡村人口份额的变动主要得益于两侧乡村人口增长的差异,乡村人口增长由自然增长和机械增长共同构成。从自然增长看,西北半壁的乡村人口自然增长率显著高于东南半壁。改革开放后,计划生育政策作为中国的一项基本国策开始实施,深刻改变了中国乡村人口的出生率及自然增长[15]。但计划生育政策对少数民族人口适度宽松,西北半壁少数民族居多,在自然增长率方面有一定优势。比如,在改革开放之初的1981年,西北半壁的新疆、西藏、内蒙古、宁夏、甘肃、青海等地人口自然增长率平均值为19.30‰,是当年全国平均值15.36‰的1.26倍;而同期东南半壁各省的平均值为14.31‰,低于全国平均值。到2010年,西北半壁人口自然增长率达到7.39‰,是全国平均值4.83‰的1.53倍;而东南半壁为4.54‰,仍然低于全国均值。即便到了2020年,上述数据也没有明显改变。从机械增长看,东南半壁的乡村人口流动强度显著高于西北半壁。2015—2020年,西北半壁向东南半壁迁移的乡村人口是反向迁移人口的1.07倍,到2020年,这个倍数变为1.82倍;从省际流量来看,在30年前,我国东南半壁集中了全国90.83%的流入人口和93.17%的流出人口,2020年这两个数字分别变为95.14%和95.89%(预测值)。也就是说,虽然西北半壁乡村人口总体上向东南半壁净流入,但是中国绝大部分的流动造成人口在东南半壁内部消化,机械增长对东南半壁乡村人口份额增长的提升有限。同时,东南半壁在自然增长上也不具优势。因此,得益于较高的自然增长率,西北半壁的乡村人口份额会持续提升。

4.4 乡村人口迁移的"马太效应"——基于东南半壁的分析

"马太效应"用以反映强者愈强、弱者愈弱的现象。自中国共产党成立以来,东南半壁人口集疏态势呈现出空间"马太效应"特征,少数地区人口快速增长、密集优势扩张,多数地区人口增长萎缩、负增长区大面积扩张。

4.4.1 乡村人口快速集中与分化转移并存

在过去的100年间,我国东南半壁人口集中化程度持续提高,由不足0.3增长到接近0.5。在此期间,部分时段较为缓和,比如1982—1990年仅提升了 0.003 个百分点；有些年份提升较快，比如 2000—2010 年提升了 0.028 个百分点。可见，东南半壁乡村人口向少数地区的集中趋势非常显著，且近 10 年表现得最为剧烈。进一步观察发现，与乡村人口空间分异有关的指标中，人口增长量和人口增长率的区域差异比人口密度的区域差异更大，而且均持续升高，到 2020 年，上述指标分别是中国共产党成立之初的 1.56 倍、3.98 倍、8.43 倍。可见，乡村人口增长两极分化持续扩大，乡村人口的快速增长优势迅速向少数地区极化，近 10 年表现得最为剧烈。同时，从乡村人口增长角度，选取东南半壁人口年均增长率＞2％的地区作为人口快速增长区，并关注负增长区。其中，负增长区的面积份额与乡村人口份额均快速提高，至 2020 年，分别提高了 43.12 个百分点、29.12 个百分点。至 2020 年，东南半壁 45％的国土均呈现乡村人口负增长；与此同时，乡村人口快速增长区的面积份额持续下降。比如，1982—1990 年，东南半壁以乡村人口正增长为主，但在 2000—2010 年，乡村人口快速增长区的人口份额和面积份额均下降，2010—2020 年面积继续下降、人口份额快速回升，少数的快速增长区表现出强劲的乡村人口吸纳能力。可以说，此时的乡村人口增长两极分化显著，越来越多乡村人口被"吸"入少数地区。当然，东南半壁虽然人口总量大、密集程度高，但存在大量人口负增长区。比如，1982—1990 年，东南半壁以人口正增长区为主，但 1990—2000 年，人口负增长区迅速扩张，2000—2010 年，扩张还在持续，至 2010—2020 年负增长区主要分布在两个区域，一是东北，包括大兴安岭、小兴安岭、长白山等地区，哈尔滨—大连走廊上部分地区逐步转为正增长；二是秦岭—淮河以南，包括江淮、四川盆地、秦岭、大巴山、武夷山、广西、贵州等地区，沿长江以及珠江三角洲周边的部分地区逐步转为正增长。与乡村人口负增长区的大面积扩张相反，乡村人口快速增长区急剧萎缩，且伴随着区位的转移。乡村人口快速增长区主要分布在省会等大城市及沿海地区周边，京津冀地区、长江三角洲地区、珠江三角洲地区的连片扩张最为显著，长江三角洲地区虽然在 1990 年后才迅速扩张，但规模后来居上。乡村人口快速增长优势衰退区集中分布在中原地区，华南和东北也有少量分布，东南半壁的乡村人口增长优势已经由内陆向沿海转移。

4.4.2　乡村人口高度密集与集疏相对稳定并存

在乡村人口密集、集疏方面，在过去的 100 年间，存在明显的人口密度均值变化。单纯从人口密度角度看，选取东南半壁乡村人口密度＞100 人/平

方千米的地区作为东南半壁乡村人口高度密集区,人口密度<80人/平方
千米的地区作为东南半壁乡村人口稀疏区,二者均是相对东南半壁的"高
度密集"和"稀疏"。乡村人口稀疏区的国土面积份额维持在30%左右,高
于乡村人口高度密集区不足10%的面积份额。但是,值得注意的是,乡村
人口密集区占据了更多的乡村人口份额。比如,这一指标从1982年的
10.92%快速提升到了2010年的31.50%,但人口稀疏区的乡村人口份额
不足10%且呈持续降低趋势。而在高度密集区,面积份额不断提高,相应
的乡村人口份额具有更快的提升速度,极化特征十分显著。按照排列组合
原理,对东南半壁乡村人口稀疏区、乡村人口高度密集区的连续变化进行
空间识别发现,东南半壁虽然占全国总人口九成左右,有绝对优势,但也不
乏乡村人口相对稀疏的地区,主要分布在东北地区、黄土高原、西南山区、
南岭、武夷山等地区。绝大部分地区表现为持续的乡村人口稀疏区,新增
乡村人口稀疏区也主要集中在其附近;同时,也有少数乡村人口稀疏区的
人口密度有显著提升和转变,主要分布在云南中部、山西北部等。与稀疏
区的相对稳定不同,乡村人口高度密集区呈现迅速扩张特征。结合主体功
能区、城市群等相关新近规划,对东南半壁主要乡村人口高度密集区按照
面积排序,相关数据如表7.1所示。

表7.1 "胡焕庸线"东南半壁乡村人口迁移情况

区域	2010年面积(万平方千米)	Ⅰ类始终持续型面积(万平方千米)	Ⅱ类始终持续型面积(万平方千米)	2010年人口规模(亿人)	2020年人口规模(亿人)	空间分布特征
长江三角洲	6.67	2.44	4.22	0.98	1.11	大规模连片
中原地区	4.11	1.04	3.06	0.47	0.48	大规模分散
珠江三角洲	3.27	0.80	2.47	0.63	0.65	大规模连片
京津冀地区	3.15	0.98	2.17	0.47	0.48	大规模连片
长江中游地区	1.71	0.23	1.48	0.27	0.28	大规模分散
成渝地区	1.50	0.39	1.11	0.22	0.29	大规模分散
山东半岛	1.46	0.32	1.14	0.16	0.17	大规模分散
海峡西岸	0.86	0.41	0.45	0.15	0.16	大规模连片
辽中南地区	0.78	0.78	0.00	0.14	0.12	大规模分散
关中地区	0.54	0.51	0.03	0.09	0.10	大规模连片

在过去的 100 年间,在我国的珠江三角洲、长江三角洲、京津冀地区,形成了三个大规模连片的人口高度密集区,其中长江三角洲地区的人口规模、面积、新增面积最大;中原地区的规模也很大,仅次于长江三角洲地区,但空间上相对不连片,空间组织上的发育程度不高;海峡西岸地区、关中地区虽然空间上连片,但整体规模不大;此外,长江中游地区、成渝地区、山东半岛地区、辽中南地区也是主要的人口高度密集区,但是规模偏小且空间呈现多节点分散的格局。总的来看,沿海和中原地区是东南半壁人口高度密集区主要的大规模快速扩张区。

而之所以出现上述结果,综合定性和定量分析,可见乡村经济发展水平差异、快速城镇化是驱动东南半壁"马太效应"式人口集疏模式的主要原因。考虑到数据的可获得性和数据质量,认为自中国共产党成立以来,东南半壁的沿海沿江地区逐步成为中国乡村经济发展的重心,各类要素向这些地区高度集聚。一是珠江三角洲、长江三角洲、京津冀地区三大城市群;二是辽宁沿海、山东半岛、海峡西岸等地区;三是省会等大城市,以点状或者小规模连片形成集聚中心。而处于这些乡村人口吸引核附近、乡村剩余劳动力富余的地区成为主要的人口流出区,形成东北、秦岭—淮河以南两大乡村人口负增长区。中原地区自然增长率较高,并未呈现显著的负增长,依然是主要的乡村人口高度密集区,但是存在大量乡村人口输出,原先具有的人口快速增长优势逐步被沿海地区替代;而贵州、广西、湖南等地区虽然自然增长水平较高,但是乡村人口机械流出水平更高,因而呈现负增长。

4.5 乡村人口迁移的"相对均势"——基于西北半壁的分析

与乡村人口迁移的"马太效应"不同,"均势"或者"相对均势"并没有显著的极化特征,它是一种相对平均的"指标"。通过前面的分析可知,我国西北半壁多数地区乡村人口呈现普遍的正增长态势,大范围内的乡村人口增长相对均势,具有这种正增长优势的地区分布并不集中。同时,西北半壁也逐步形成了省会等具有人口极化特征的部分城市,也包含一定的人口负增长区。因此,西北半壁的乡村人口集疏并非"绝对均势",而是"相对均势"。

4.5.1 乡村人口集中较慢与快速迁移并存

在乡村人口密度方面,选取西北地区乡村人口密度>150 人/平方千米的地区作为西北半壁人口高度密集区,人口密度<20 人/平方千米的地区作为西北半壁人口稀疏区。同样,二者均是相对西北半壁的"高度密集"

和"稀疏"。乡村人口稀疏区占西北半壁近90%的国土面积,人口高度密集区仅占不到2%的面积。然而,人口稀疏区的乡村人口份额维持在25%左右,近年来呈微减态势;而人口高度密集区的乡村人口份额由1921年的19.37%提升到2020年的37.43%。西北的人口高度密集区面积小,但吸纳乡村人口份额高。根据排列组合原理,对西北半壁人口稀疏区、人口高度密集区的连续变化进行空间识别,发现西北半壁乡村人口稀疏区分布较广。1990年之后,就没有新扩张的乡村人口稀疏区,在兰州—西宁、天山北坡、喀什、拉萨附近,还存在部分转为非稀疏区的区域,而这些区域也是近年来西部大开发的重点区域,也是乡村人口高度密集区扩张的重要地带。兰州—西宁地区是西北半壁最大的人口高度密集区,面积规模、人口规模均居于首位,是西北半壁唯一大规模连片分布的乡村人口高度密集区;其次,相对连片分布的是银川平原地区,但规模偏小;天山北坡、呼包鄂及附近呈多节点分散的分布特征;喀什地区、拉萨及其附近地区则是后来新增的乡村人口高度密集区,无论面积规模还是人口规模均不大。总的来看,西北半壁的乡村人口高度密集区的发育水平要远低于东南半壁,扩张规模有限、扩张速度缓慢,更多的乡村地区被广袤的人口稀疏区占据(表7.2)。

表 7.2 "胡焕庸线"西北半壁乡村人口集中化程度

年份	人口集中化 指数	人口密度变异 指数	人口年均增长量 变异指数	人口年均增长率 变异指数
1982	0.543	2.545	/	/
1990	0.546	2.584	0.712	1.668
2000	0.558	2.822	1.182	2.700
2010	0.570	3.249	1.916	3.964
2020	0.565	3.356	2.104	4.653

从表7.2可以看出,1982—2010年,西北半壁乡村人口集中化程度由0.543增长至0.570。与东南半壁相同的是,人口集中化程度也呈现持续提高的特征;与东南半壁不同的是,西北半壁整体人口集中化程度较高,造成人口在小范围集中,但是人口集中化程度的提升速度较慢。进一步观察人口密度、年均增长量、年均增长率3个指标的变异系数,发现均持续升高。按照预测,2020年的人口密度变异指数、人口年均增长量变异指数、人口年均增长率变异指数分别为0.565(略有下降)、2.104、4.653,这些数据相对于东南半壁均偏低,进一步说明西北半壁集中化程度提升相对缓慢。但同

时,造成人口密度变异系数与人口集中化程度一致,均高于东南半壁,而年均增长量和年均增长率的变异系数要低于东南半壁。

4.5.2 乡村人口规模普遍增长与集中度低并存

继续以乡村人口年均增长率＞2％的乡村地区作为人口快速增长区,得出的结论是:乡村人口负增长区的面积份额和乡村人口份额提高;乡村人口快速增长区面积减少,乡村人口份额先随之减少后提升,吸纳能力逐步增强。但不同的是,西北半壁人口正增长区的乡村人口和面积规模要显著高于负增长区,这与东南半壁负增长区大面积扩张不尽相同。可见,西北半壁整体上以人口正增长区为主体,乡村人口增长并没有显著的"马太效应"式的空间极化特征。负增长区主要分布在两条带上,一条是沿着"胡焕庸线"靠近东南半壁的轴带,另一条沿着"新亚欧大陆桥"自陇南沿河西走廊至天山北坡。此外,拉萨周边也有少量人口负增长区分布。多数负增长区在2000—2020年扩张出现,在省会或者首府等大城市周边、大兴安岭地区相对集中;青海及川西地区的负增长区多转为正增长区。总的来看,负增长区占据的地域范围比正增长区要小。观察乡村人口快速增长区,在广袤的青海、西藏、新疆大部分地区,均呈现过快速增长,同时也存在大片的快速增长优势衰退区;快速增长区扩张最为显著的区域主要分布在青海、川西、喀什地区、天山北坡,西北半壁的重要省会或者首府城市,如兰州、西宁、银川、呼和浩特、乌鲁木齐、拉萨等,持续保持着乡村人口快速增长的优势;但同时,也观察到在西北半壁人口相对密集的兰州—西宁地区,除了省会等大城市,多数地区并未呈现快速增长优势,乡村人口负增长态势反而显著。

表 7.3 "胡焕庸线"西北半壁主要人口高度密集区属性

区域	2010年面积（万平方千米）	Ⅰ类始终持续型面积（万平方千米）	Ⅱ类始终持续型面积（万平方千米）	2010年人口规模（亿人）	2020年人口规模（亿人）	空间分布特征
兰州—西宁地区	4.37	3.23	1.14	0.13	0.12	大规模连片
天山北坡	1.45	0.05	1.40	0.03	0.03	多结点分散
银川平原	1.27	0.27	1.00	0.04	0.04	小规模连片
呼包鄂及周边	0.68	0.47	0.21	0.05	0.04	多结点分散
喀什地区	0.47	0.00	0.47	0.01	0.01	多结点分散
拉萨及周边	0.09	0.00	0.09	0.03	0.03	单节点

继续分析后发现（表 7.3），普遍较高的自然增长率是驱动西北半壁"相对均势"式人口集疏模式的主要原因。定性观察过去 100 年间，西北半壁的乡村人口集疏格局与区域发展格局的耦合特征可知，由于西北半壁少数民族具有"大分散、少聚居"的地理特性，乡村人口分布稀疏，同时具有较高的自然增长率，因而自然增长带来的乡村人口增长优势相对分散，形成多数地区人口"均势"增长的特点；此外，从乡村人口流动角度，西北半壁少数民族迁移量并不大，新疆甚至一度成为主要的人口净流入区，其中包括大量从事农业生产的流入人口。当然，西北半壁也有部分区域的人口空间集疏模式和东南半壁是类似的，人口高度密集的地区未必享有绝对的正增长优势。近年来，西部大开发重点扶持的兰西经济区、呼包鄂城市群、银川平原城市群、天山北坡经济带、拉萨及附近、喀什经济特区等均是西北半壁人口密集区的主要扩张地带；主要的省会或首府等大城市持续保持快速增长的优势，吸引大量周围乡村人口涌入，因而在人口密集的兰西经济区、呼包鄂城市群周边呈现出大量人口负增长区。

第五节 乡村人口迁移的"地理塌陷"——空心化

乡村剩余劳动力的非农化迁移是过去 100 年中国乡村经济发展奇迹的重要动力，也是乡村经济地理要素流变的一个主要特征。乡村人口要素不断向城镇集聚，促进了人力资本的重组，增强了城市活力，实现了国民财富的创造与积累，同时，乡村大量青壮年劳动力的流失使得乡村人口空心化现象日益加剧，进而产生了一系列乡村空心化问题，乡村人口空心化又将影响城乡转型发展与新农村建设进程。乡村发展与人口空心化问题是人口学、经济学、地理学等学科领域的前沿课题。从现有研究成果看，乡村空心化的综合研究较多，专门针对乡村人口空心化的研究相对较少。目前，关于乡村人口空心化的定义与内涵尚未达成共识，已有研究普遍从乡村人口减少、青壮年人口比重下降等客观表现去理解乡村人口空心化。目前，乡村人口空心化的综合测度是研究关注的重点，现有测度指标主要包括村庄户籍人口密度、村庄常住人口比重、乡村人口有效转移度、村庄人口集聚度、村庄人口中心度等。在这方面，陈涛等（2019）构建了包含在外居住户籍人口占比、外出从业劳动力占比、非农从业劳动力占比 3 个指标的乡村人口空心化测度指标体系，该指标体系较为完整全面，为乡村人口空心化的测度提供了多样化的研究视角。但是现有部分指标数据难以获取，特别是缺乏省域以下尺度的乡村人口基础数据，使得指标适用范围受限，难以全面客观反映全国层面的乡村人口空心化现状。多指标体系能够综合表征乡村人口空心化的特征，但是也容易造成对乡村人口要素本身的不重视，难以将指标统一到独立的测算公式中，有可能使得测度结果失真。同时，乡村人口空心化的形成与发展是多种因素综合作用的结果。乡村人口空心化是城乡二元制度体系对乡村系统产生的不良结果，城镇化发展的失衡是导致乡村人口空心化的重要原因，自然环境、乡村经济发展水平、农民收入水平等，都对乡村人口空心化存在显著影响。在这方面，刘彦随等（2018）运用"推拉理论"，揭示了乡村人口空心化形成的动力机制。即乡村人口空心化的形成与发展机理具有模糊性、复杂性、综合性、动态性等特点，需要在统筹城乡两大地域系统的视角下进行综合研究。值得注意的是，当前中国乡村人口空心化研究中定量研究相对缺乏，对其演进机制以及时空分异特征的关注更少。而乡村经济的发展是经济社会转型发展的核心议题，以此为视角研究乡村人口空心化问题具有重要的现实意义。

5.1 乡村人口空心化的内涵

在经济地理学场域中，人口要素不是简单的乡村经济发展要素，它同时具有自然属性与社会属性的双重属性特征，并且社会属性是人口要素的本质属性。因而，乡村人口空心化不是简单的人口减少，对其内涵的解读需要从自然属性、社会属性两个大的方面着手。通常认为，乡村人口空心化是由乡村人口大量非农化转移从而导致乡村人口衰减的不良现象。乡村人口的衰减体现在数量减少与质量下降两个维度上。在人口数量方面，乡村人口空心化的直接表现是乡村人口总量的减少；同时，由于青壮年人口是乡村人口非农化迁移的主要力量，并且乡村非农化迁移人口内部不断"更新"，未实现市民化的老年乡村流动人口返乡，青壮年人口不断补充进非农化迁移大军，乡村人口中青壮年比重下降，少儿与老年人比重上升，使得乡村人口呈现"两头大、中间小"的"苹果核"结构。在人口质量方面，乡村面临着自身人口质量退化的严重问题。乡村经济发展相对落后，产业发展培育不足，大量青壮年劳动力流失，乡村大学生返乡就业困难。乡村人口空心化导致"人走屋空"，宅基地荒废化趋势加剧，衍生出土地空心化；大量青壮年乡村人口外出，留守儿童、留守老人、留守妇女"三留守"问题突出；乡村人口空心化致使乡村人力资本存量下降，劳动力质量退化，农业现代化发展后劲不足，进而产生产业空心化。可见，乡村人口空心化是乡村空心化的直接原因。综上可知，乡村人口空心化是城乡二元结构背景下，大量乡村人口进行非农化迁移,致使乡村人口衰减,人口质量下降,进而衍生出土地空心化、产业空心化等系列问题的不良演进过程。乡村人口空心化是我国社会经济大变革在乡村人口层面的反映,本质上是以乡村人口空心化为触发点引致的乡村经济地理要素功能的整体退化。

5.2 乡村人口空心化的格局演化

乡村空心化现象是由大量乡村人口跨区域非农化迁移引起的,因而,乡村人口空心化程度的测度要从人口迁移的角度开始。以 2000 年的数据为参照,我国 1 961 个县(市、旗)普遍出现了不同程度的乡村人口空心化现象,但也有 189 个县(市、旗)的乡村人口呈现"实心化"状况,其中广东省的紫金县乡村人口空心化程度最为严重,乡村人口空心化率高达 39.36%;而以 2010 年数据为参照,也同样大面积出现乡村人口空心化现象,仅有 145 个县(市、旗)的乡村人口呈现实心化状况,其中内蒙古自治区的额尔古纳市乡村人口空心化程度最高,达到 57.08%(见表 7.4)。中国乡村人口空心化程度在 2000 年、2010 年两个时间截面均呈现中部>东部>西部的总体分布态势,2000 年中部、东部地区乡村人口空心化程度均高于全国平均水平,2010 年中部地区乡村人口空心化程度与东部、西部进一步拉大,中部地区高出全国平均水平 2.74 个百分点,东部、西部均低于全国平均水平。可见县域层面的人口迁移与省际乡村人口迁移呈现不同的面貌,不再呈现中西部地区向东部地区迁移的单一特征,中部的县(市、旗)依然是乡村人口非农化迁移的重点区域,东部则呈现乡村地区向本省周边城市迁移的近距离迁移特征。2000—2010 年中国乡村人口空心化程度呈快速上升趋势,乡村人口空心化率上升了 7.14 个百分点,东部、中部、西部三大区域乡村人口空心化程度均有不同程度的上升,乡村人口空心化率分别上升 5.03、8.38、7.66 个百分点,其中中部、西部涨幅均超过 100%,有的甚至高达 152.29%。

表 7.4　西北半壁乡村人口空心化程度

指标	2000 年				2010 年			
	全国	东部	中部	西部	全国	东部	中部	西部
最大值(%)	39.36(紫金县)	39.36(紫金县)	23.71(固始县)	38.57(孟连县)	57.08(额尔古纳市)	56.36(文成县)	45.04(固始县)	57.08(额尔古纳市)
最小值(%)	−136.79(二连浩特市)	−61.12(石狮市)	−15.79(呼玛县)	−136.79(二连浩特市)	−162.59(二连浩特市)	−120.92(昆山市)	−21.91(抚远县)	−162.59(二连浩特市)

（续表）

指标	2000 年				2010 年			
	全国	东部	中部	西部	全国	东部	中部	西部
均值(%)	6.84	7.69	8.34	5.03	13.98	12.72	16.72	12.69
标准差(%)	8.89	9.92	5.10	10.10	14.13	26.58	7.81	15.77
峰度系数	60.12	13.35	1.14	77.28	24.76	18.13	1.53	21.98
偏度系数	−4.06	−1.26	0.01	−5.83	−2.82	−2.76	−0.04	−2.49
极差	176.16	104.80	39.51	175.36	219.66	177.27	66.96	219.66
变异系数	1.30	1.29	0.61	2.01	1.01	2.09	0.47	1.24

通过上表可知,中国乡村人口空心化具有明显的区域分布差异,以乡村人口空心化率为基本属性值,将中国 1 961 个县(市、旗)划分为实心化区、低空心化区、高空心化区 3 大类,并运用 ArcGIS 软件进行可视化处理能够得到更详细的结论。中国乡村人口空心化程度呈现以下空间分布特征：(1)实心化区集中分布在中国大西北的新、青、藏交接地带,散布于西南地区,2010 年有向东小幅蔓延的趋势；(2)2000 年低空心化区集中分布于青、甘、川、滇等省份,呈块状分布于陕、晋、冀、鲁、豫等黄河中下游省份,散布于华中地区、东北地区、青藏高原南部沿线,2010 年"胡焕庸线"沿线低空心化区域面积增大,分布于陕、晋、冀、鲁、豫等省份的块状面积有所缩减；(3)高空心化区集中分布于"胡焕庸线"以东、秦岭—淮河以南的区域,大致沿"胡焕庸线"方向呈带状自黑龙江贯穿至内蒙古西部,散布于东北、河套地区,2010 年"胡焕庸线"以东、秦岭—淮河以南的区域地处高空心化区的县市增多,黑龙江—内蒙古一线的高空心化区域面积有所缩小。

为进一步分析 2000—2010 年中国乡村人口空心化程度的演进规律,将研究涉及的 1 961 个县(市、旗)的 2000 年、2010 年乡村人口空心化率进行差值处理,将 1 961 个县(市、旗)划分为改善型、低增长型、高增长型 3 大类。乡村人口空心化程度改善型县(市、旗)散布于青藏高原、东部地区与内蒙古局部地区,可见西部县(市、旗)乡村人口流失状况有所改善；高增长型县(市、旗)集中分布于"胡焕庸线"以东、秦岭—淮河以南的区域,河套地区、黄土高原南部、新疆西北部也有分布；低增长型县(市、旗)集中分布于青、藏、甘、川、滇交接处与"胡焕庸线"两侧,散布于广大华中、华东、华南地区。研究表明,在县域层面,人口密集的"胡焕庸线"以东区域的县(市、旗)也是乡村人口跨县迁移的重点区域,湘、鄂、赣、豫、川、渝、贵等省(市)乡村人口流失依然严重。

5.3 乡村人口空心化的时空分异

乡村人口空心化现象在中国广大乡村普遍存在,在对中国乡村人口空心化进行综合测评之后,拟采用核密度估计、ESDA-GIS 等方法对其时空分异特征进行分析,以便更深入地刻画中国乡村人口空心化格局。运用 Stata 软件,剔除个别异常值绘制中国乡村人口空心化程度核密度分布图。无论是在全国层面还是东部、中部、西部三大区域层面,2010 年中国乡村人口空心化程度的核密度分布曲线较 2000 年均出现大幅度右移,表明 2000—2010 年乡村人口空心化程度大幅度上升,其中中部地区曲线右移幅度最大,西部次之,东部最小,表明中部地区乡村人口空心化恶化态势明显。核密度分布曲线峰值下降、波宽增大,曲线逐渐扁平化,厚尾态势明显,表明中国乡村人口空心化程度的空间差异逐渐变大,且集聚态势更为显著。对比全国以及东部、中部、西部三大区域的核密度分布曲线,发现中部地区曲线"尖峰"态势更为明显,表明中部地区乡村人口空心化程度内部差异较小。2010 年西部地区的核密度分布曲线出现小幅波动,表明西部乡村人口空心化程度有多个集聚类型。运用 GeoDa 12.0 软件计算中国乡村人口空心化程度的 Moran's I 指数(见表 7.5)。无论是全国层面还是东部、中部、西部三大区域层面,乡村人口空心化程度的 Moran's I 指数均为正数,且均通过了 1% 显著性水平检验,表明中国乡村人口空心化具有空间集聚特征,高乡村人口空心化县(市、旗)与高乡村人口空心化县(市、旗)在空间上靠拢,低乡村人口空心化县(市、旗)与低乡村人口空心化县(市、旗)在空间上靠拢。2000—2010 年中国乡村人口空心化程度的 Moran's I 指数有所上升,表明乡村经济地理空间集聚特征进一步加强。具体到东部、中部、西部三大区域,东部、中部地区的 Moran's I 指数略微减小,空间集聚水平有所下降,而西部地区的 Moran's I 指数有所上升,乡村经济地理空间集聚特征更为明显。

表 7.5　2000、2010 年乡村人口空心化程度的 Moran's I 指数

区域	2000 年			2010 年		
	Moran's I 指数	Z 值	格局	Moran's I 指数	Z 值	格局
全国	0.441 9*	31.832 7	集聚	0.468 0*	36.599 2	集聚
东部	0.604 1*	19.048 9	集聚	0.561 2*	20.445 2	集聚
中部	0.468 3*	17.772 9	集聚	0.451 3*	16.374 2	集聚
西部	0.323 3*	15.603 0	集聚	0.398 5*	20.245 1	集聚

注:*表示通过了 1% 的显著性水平检验

接下来，运用 ArcGIS 软件绘制 2000 年、2010 年中国乡村人口空心化程度 LISA 集聚图。2000 年中国乡村人口空心化程度"高-高型"集聚区域集中分布于东南沿海地区，散布于内蒙古以及东北地区，2010 年"高-高型"集聚区域扩展至川渝地区以及长江中下游局部地区。2000 年中国乡村人口空心化程度"低-低型"集聚区域集中分布于新疆、青海、西藏三地以及云南、贵州、四川交接带，散布于环渤海、长三角区域，2010 年新疆部分县（市、旗）退出"低-低型"集聚区域，"低-低型"集聚区域扩展至内蒙古西部与黑龙江西北部地区。"低-高型""高-低型"区域呈现明显的空间集聚态势。

5.4 乡村人口空心化的形成机理

乡村人口空心化是多种因素综合作用的结果，探讨中国乡村人口空心化的形成机理是乡村人口空心化政策调控与治理的基础。乡村人口空心化的形成是城乡地域社会经济系统摩擦、碰撞、交融的结果，受乡村经济地理禀赋条件的影响，与城乡社会经济差异紧密相关，也有着深层次的体制机制原因。城乡二元结构以及城乡二元结构下的制度体系是乡村人口空心化的根源因素。中华人民共和国成立初期，为在短期内建立社会主义工业化体系，国家逐步建立起了城乡二元体制，城乡二元体制进一步固化了城乡二元结构。城乡二元结构以及城乡二元结构下的制度体系，使得城乡分割发展，特别是户籍制度、土地管理制度、公共服务体系、社会管理体制等均呈现明显的二元特点。户籍制度以及户籍制度背后隐藏的户籍身份福利是城乡二元结构的重要体现，城乡二元结构造成的城乡发展差异驱使乡村人口向城市流动，逐渐形成乡村地区的人口空心化现象。二元土地管理制度引致了地政管理分治和城乡土地市场分割，使得乡村地区的土地保障功能欠缺，乡村人口非农化迁移的推力增大，拉力减小。二元公共服务体系下的城乡基础设施差异与基本公共服务差异，进一步拉大了城乡地区发展差异，也会进一步刺激乡村人口的非农化迁移，加剧乡村人口空心化。社会管理体制下的城乡分治，是中国"三农问题"产生的根源，城市偏向政策使得乡村长期陷于"发展洼地"，迫使乡村人口外出经商务工，乡村人口空心化现象显现。城乡社会经济发展差异及其带来的城乡地域功能差异是乡村人口空心化的根本原因。在城乡二元结构制度体系与非均衡发展战略下中国城乡地区社会经济发展水平的差异较大，由此带来城乡居民收入差异较大，城乡就业与发展机会大相径庭。乡村人口特别是青壮年乡村人口流向社会经济发达地区，以谋求更高的收入以及就业与发展机会，致使乡村人口空心化愈演愈烈。其中城乡地区收入差异以及乡村非农化迁移人口的城乡预期收入差异是乡村人口空心化的直接原因。城市的集聚经济效应会进一步吸纳更多的乡村人口,周边乡村地区的人口会进一步减少。中国人口迁移呈现由中西部欠发达地区向东部沿海发达地区迁移的态势,高乡村人口空心化区域的县(市、旗)在"胡焕庸线"以东、秦岭—淮河以南的区域集聚,东部发达地区的县域乡村地区人口向周边发达城市地区近距离迁移均体现了城乡社会经济发展差异及其带来的城乡地域功能差异对乡村人口空心化的影响。乡村自身的资源禀赋与区位条件是乡村人口空心化的基础诱因。在劳动力相对富余的乡村地区,土地是乡村最主要的社会经济发展要素,人均耕地面积在乡村人口非农化迁移初期起到至关重要的作用,人地矛盾驱使乡村人口进行非农化迁移。乡村自身的资源禀赋决定了乡村人口非农化迁移推力的大小,影响了乡村人口空心化的速率,新疆、西藏等地乡村人口空心化程度低与其自身的资源禀赋、社会文化条件有着密切联系。乡村所处的区位条件也是乡村人口空心化的重要影响因素,地处"胡焕庸线"以东、秦岭—淮河以南的区域人口密集、经济状况较好,同时也是高乡村人口空心化县(市、旗)的集聚区域,原因在于该区域的乡村与经济发达的城市地区交通距离近,有着便利的非农化迁移条件。城乡二元结构以及城乡二元结构下的制度体系、城乡社会经济发展差异及其带来的城乡地域功能差异、乡村自身的资源禀赋与区位条件三者相互关联、相互作用,同时也共同作用于乡村人口空心化。乡村人口空心化的形成机理具有模糊性、复杂性、综合性、动态性等特征,乡村人口空心化的政策调控与综合治理需要立足于其形成机理。

第六节　乡村人口迁移对乡村经济地理的影响

在对乡村人口空心化的内涵进行深入剖析的基础上,基于已有人口普查数据,从人口迁移的视角对乡村人口空心化程度进行综合测评,运用多种方法对其时空分异规律进行系统研究,并从统筹城乡两大地域系统的综合角度对中国乡村人口空心化的形成机理进行探讨之后,能够得出以下主要结论。

(1)乡村人口空心化是城乡二元结构背景下,大量乡村人口进行非农化迁移,致使乡村人口衰减,人口质量下降,并呈现"两头大,中间小"的结构,进而衍生出土地空心化、产业空心化等系列问题的不良演进过程,是我国社会经济大变革在乡村人口层面的反映。

（2）乡村人口空心化现象在研究涉及的 1 961 个县（市、旗）普遍存在，在两个时间截面上中国乡村人口空心化程度均呈现中部＞东部＞西部的总体分布态势；高空心化区域集中分布于"胡焕庸线"以东、秦岭—淮河以南的区域以及黑龙江—内蒙古一线，低空心化区域集中分布于青、甘、川、滇等省份以及黄河中下游地区。2000—2010 年中国乡村人口空心化程度呈现快速上升趋势，空心化率上升了 7.14 个百分点，高增长型区域同样主要分布于"胡焕庸线"以东、秦岭—淮河以南的区域，低增长型区域主要分布于青、藏、甘、川、滇交接处与"胡焕庸线"两侧，改善型区域散布于青藏高原、东部等地区。

（3）2000—2010 年中国县域乡村人口空心化程度的核密度分布曲线大幅右移，峰值下降、波宽增大，曲线逐渐扁平化，表明乡村人口空心化程度大幅度上升，且空间差异变大，集聚态势更为显著。无论是全国层面还是东部、中部、西部三大区域层面，中国乡村人口空心化程度的 Moran's I 指数均为正数，人口空心化空间集聚特征明显，2000—2010 年东部、中部地区集聚水平有所下降，而西部地区则有所上升。局域空间自相关分析发现中国乡村人口空心化程度"高-高型"集聚区域集中分布于东南沿海地区，2010 年扩展至川渝地区以及长江中下游局部地区；"低-低型"集聚区域集中分布于新疆、青海、西藏三地以及云南、贵州、四川交接带，散布于环渤海、长三角等区域。

（4）城乡二元结构以及城乡二元结构下的制度体系是乡村人口空心化的根源性因素，城乡社会经济发展差异及其带来的城乡地域功能差异是根本原因，乡村自身的资源禀赋与区位条件是基础诱因，三者共同作用于乡村人口空心化。乡村人口空心化是当前乡村发展面临的较为突出且各地普遍存在的问题之一，需要从户籍制度、土地使用制度、财政与金融支持、产业培育等多方面深化改革，多措并举，从根本上扭转目前普遍存在的乡村人口空心化问题的困局。

6.1　乡村人口分布"衡而不均"

人口均衡分布是人口均衡发展的重要方面。基于人地关系角度，我们可以将"均"定义为人口的均匀分布，将"衡"定义为人口与经济社会、资源环境承载力之间的平衡。人口均衡分布的要义就在于"均而不衡，衡而不均，不患不均，重在求衡"。人口承载力既应从资源、经济与人口的关系两个角度分解考察，又应把二者综合起来进行分析（朱宝树，1993）。在假设全国人口与经济、资源承载力相对平衡的前提下，大体来看，东部地区经济承载力较强，资源承载力不足；中部地区经济承载力不足，资源承载力较强，西部地区经济和资源承载力均不足。可见，中国的人口分布现状是既不均，又不衡。20 世纪 90 年代以来，"胡焕庸线"西北半壁人地比重持续提高，部分生态脆弱地区的乡村人口集聚度显著提高，但经济集聚效应不高，"胡焕庸线"带状区域及西北半壁乡村人口转移相对滞后，人地压力较大；而"胡焕庸线"东南半壁的快速城镇化主要依靠土地扩张，乡村人口极化增长，在高密度区域高度集聚，发展不平衡。"胡焕庸线"直观地揭示了中国人口空间分布的主要特征，东部、中部、西部区划的人口分布差异，客观反映了中国经济发展差异引发的乡村人口空间变动差异。当今中国乡村人口分布变化，主要不是发生在东西两大半壁之间，而是发生在东部沿海与中西部地区之间。值得注意的是，从不同区域人口占比与国内生产总值占比的比值（也称为人口-经济压力指数）看，东西两大半壁之间的差距及其变化幅度，都要明显小于东部、中部、西部之间的差距及其变化幅度；相比东部、中部、西部，东西两大半壁的该比值更接近 1。1990—2020 年，东南半壁人口占比与国内生产总值占比的比值始终非常接近于 1，西北半壁的该比值除了 2000 年较高外，其他均在 1.15 的水平上趋近于 1；东部、中部、西部地区之间该比值的差距明显大于东西半壁之间的差距。将西部地区分为西北（同西部半壁）和西南两部分，西南地区该比值明显高于西北地区。区域板块之间的净迁移流向和流量，大体上可通过人口-经济压力指数的区域差异得到解释。无疑，中国乡村人口空间分布不均的状况最突出地反映在"胡焕庸线"划分的东西两大半壁之间，然而，"不均而衡"的奥妙也恰恰深藏其中。因此可以说，"胡焕庸线"的稳定性充分体现了人口分布的均衡与非均衡的矛盾统一。中西南部地区乡村人口空心化严重，劳动力抚养负担较重，加上原有发展基础薄弱，在周边极化地区的吸引下，人才和乡村年轻劳动力不断流失，已出现"经济塌陷"现象。中西南省份也面临同样的问题，但由于国家实施西部大开发等战略，西南部的省份得到了国家政策的大力支持，在一定程度上对中部乡村地区形成了冲击。以教育为例，近年来，"教育塌陷"现象有所蔓延，但主要出现在中部省份。义务教育资源均衡发展指数的测算结果表明，中国东部、中部、西部的义务教育发展指数在 2000—2020 年均保持加速增长的态势，但区域之间的差异非常明显。东部地区的小学和初中教育发展指数在 2000—2020 年均保持最高，中部在 2003—2009 年低于东部，高于西部。从 2009 年开始，义务教育资源均衡发展指数，无论是增长值还是增长率，西部均超过中部，形成了"中部塌陷"。同期,西南区域的贵州、云南等省份义务教育资源均衡发展指数大幅上升。教育界普遍认为,中部地区乡村经济发展滞后及财政实力弱化是"教育塌陷"的主要原因。可以预期,随着中小城市落户政策的放宽,以及基本公共服务均等化进程的加快,人们对子女接受高质量教育的需求增加,"教育塌陷"如得不到有效解决,将有可能进一步推动乡村人口外迁,导致乡村人口空心化加剧。

6.2　乡村人口迁移"均而不衡"

东部、中部、西部三大经济带的划分,大体上描述出了中国乡村经济发展的分层版图,比较客观地反映了乡村经济社会发展的态势。出于战略发展的需要,东部、中部、西部板块的划分曾有过动态的调整,但乡村经济地理位置优化与乡村经济发展兼顾,始终是划分的两个重要标准。"胡焕庸线"的稳定性,一方面有助于我们更好地认识乡村经济地理空间格局,另一方面在一定程度上也掩饰了西部地区其他省份人口剧烈变动背后的影响机理。西部地区的 12 个省级行政区分立于"胡焕庸线"两侧,虽然国家财政扶持与政策支持的力度相同,但乡村人口迁移流动与乡村经济地理空间分布呈现的方向和力度存在较大差异。同样的政策产生了不同的乡村人口"调控"效果,也暴露出乡村经济区域区划与当今社会发展不相适宜的局限性。为此,要积极关注这种经济区域划分方式对乡村经济发展与乡村人口分布的持续影响,避免由此造成的东西部发展差距进一步扩大,引发东部城市与西部乡村人口分布在区域经济不均衡背景下的进一步背离。在我国,乡村迁移人口的主体是非户籍迁移。根据 2005 年 1‰人口抽样调查和 2010 年人口普查资料测算,在东部地区 5 年间的人口净迁入增量中,流入乡村人口净增量占 73.12％,在中部、西部人口的净迁出增量中,流出乡村人口净流出增量分别占 71.21％、76.98％。流动乡村人口是一个不断更替的人口群体。城乡和区域之间的流动人口在许多方面往往具有区别于流出地和流入地的结构性差别特征。例如,乡—城流动人口中的老年人占比明显低于乡村和城市,因此,这种流动对乡村和城市的人口老龄化分别起到了加剧和缓解的效果。虽然乡村人口向城市转移总体上有利于提升人口素质。但由于乡—城流动人口的文化技能水平通常高于乡村而又低于城市,因此,这种流动会同时降低城乡的整体文化技能水平。值得注意的是,隐蔽在乡—城流动人口大潮下的回流人口,其文化技能素质往往也具有介于城乡之间的差别特征,因此,这种回流对城乡人口素质可以产生一定的双向提升效应。此外,产业转移的区域差别效应也与此类似。可以设想,在产业结构层次东高西低、由东向西转移产业的结构层次介于东部和西部之间的情况下,这种转移对东部和西部的产业结构层次也会产生一定的双向提升效应。人口和产业转移必然会对不同区域的人口和产业发展产生各种差别效应,因此,要特别关注乡村人口迁移和产业转移的区域和城乡差别效应,大力推进乡村和城市统筹的新型城镇化。此外,国家一方面要逐步改革以三大经济区为标准的差异化政策,防止人为加大区域间的差异;另一方面,经济发达的东部沿海地区要增强对中西部乡村的辐射带动,以增强中西部地区的乡村人口承载力。同时,要以非均衡发展战略来打破区域发展不均衡的格局,防止中部地区财政投入的进一步"塌陷",避免"教育塌陷"等负面效应的加剧。在中国经济发展新常态下,东部地区的经济增长相对放缓,并且经济发展方式率先转变,而中西部经济增长相对加快,这种新变化已经并将进一步影响乡村人口分布的格局。更应注意的是,"胡焕庸线"的破解之道,并不在于追求乡村人口分布的东西均匀,而是在于追求"不均而衡"。但是,乡村人口东迁不可能永远"一浪高过一浪",乡村人口与乡村经济增长之间自有一定的内在调节机制。因此,应该善用这种内在的调节机制,寻求乡村经济地理的"不破自解"之道。

6.3　乡村人口迁移的政策支撑

乡村劳动力流动是一个长期的、复杂的、漫长的过程。由于中国社会的二元社会经济结构的影响,乡村劳动力的流动呈现阶段性特征[16]。不同阶段劳动力流动的行为和方式存在差异,对乡村经济地理的影响也有所不同。从 21 世纪初开始,新一代乡村劳动力彻底性的流动开始从根本上改变乡村要素结构、激发农业生产组织方式和农业技术的变革。但在此过程中,还存在着以下问题,需要相关政策调整与支持。

(1)保障和加快乡村劳动力流动和市民化进程。近年来农民工市民化趋势初现端倪,留在乡村的农户分化趋势明显。专业农户生产的规模在扩大,市场化、社会化水平在提高,日益成为农业生产的主体;而非农业户更多把重心放到乡村非农产业,兼业特征减弱,逐渐成为乡村非农产业的主要经营者。这一重大转变必然要求采取措施保障农民工转移与市民化进程。在城市,应当作出合理的制度安排,改革不利于农民工市民化的政策法规,比如社会保障制度、住房制度的完善等,引导这一过程平稳有序进行;在乡村,应当明确认识农户分化对农业发展的重要意义,因势利导,积极扶持专业农户和非农业户在各自的生产领域的发展。

(2)加强产业合作,确保劳动力流出后的农业生产。随着新一代流动者的离农,农业生产者老龄化、妇女化,特别是老人,其观念保守、文化水平低、劳动技能差,不易接受新知识、新事物,阻碍了农业技术进步和农业产业化,给农业发展带来一定的负面影响。解决这一问题的关键在于以下方面。一是要改善农业生产条件,提高农业相对收益,大量吸引外部资本、外部企业家、外部劳动力进入乡村,实现要素的流动与重组,提高农业的技术水平。二是进一步加快农业生产组织创新与农业社会化服务体系建设,通过"公司＋农户"或者"公司＋协会＋农户"等组织方式的不断创新,规范产业化经营的环节,建立长期稳定的合作机制;通过完善农业社会化服务体系,提高农业技术水平与生产效率,弥补高素质乡村劳动力流出对农业的负面影响。

（3）建立健全金融和科技体系,保证农业投入。当前乃至以后,加大技术与资本投资力度、优化农业生产要素结构、改善农业技术条件是乡村经济地理要素流变和乡村经济发展必须解决的重点问题。首先,应当建立有效的乡村金融体系,以满足劳动力流出之后农业经营对资金的需求;其次,应当设立专项资金,给予农户更多的资金扶持。最后,加快建立完善的农业技术创新、教育、推广体系,通过农业技术创新和推广降低生产成本。

（4）采取政策措施保障乡村土地流转顺利进行。制度不完善,影响了土地流转与集中。土地流转是农业规模化的前提,但当前乡村土地流转比例明显低于劳动力流动比例。其主要原因,一方面是土地流转机制不健全,部分地区还存在某些制度障碍;流转方式也不够规范,土地流转的利益得不到保证,农民土地流转的积极性不强。另一方面乡村社会保障制度尚未建立,土地收入的保障作用对部分农户还很重要,这部分农户的土地无法参与流转。解决土地流转问题,首先,应当明确农民的土地承包权,规范土地流转机制,通过转包、转让、土地入股等方式鼓励土地承包经营权有偿转让,提供有效的土地流转平台,方便和规范土地流转。同时,健全相应的法律法规,充分保障农民从土地流转中获得的合法收益。最后,加快建立乡村社会保障体系,降低农民对土地的依赖,促使更大范围内的乡村土地参与流转。

（5）结合乡村非农产业发展加快小城镇建设。现阶段我国农业人口所占比例依然很高,随着农业生产技术水平的不断提升,农业剩余劳动力会状态也将延续,在一定时期内,乡村剩余劳动力会超过城市产业部门所能容纳的数量。在现阶段,必须采取措施发展乡村非农产业,实现乡村人口的就地转移,同时也可以减轻城市的就业压力,活跃乡村经济,有利于城乡协调发展。乡村非农产业的发展,可以有效促进小城镇的繁荣。反过来随着乡村非农劳动力向小城镇集中,可以创造更多的社会需求。对此,应当大力发展小城镇设施,带动乡村非农产业的发展,实现以城镇化为主要特征的乡村劳动力转移。具体来讲,加快小城镇建设应当根据不同地区的资源禀赋、人口规模和经济发展水平,把小城镇建设和非农产业发展结合起来进行合理规划,为乡村经济发展和乡村经济地理空间优化创造有利的投资和运营环境。

本章小结

在未来一段时间,非均衡发展依旧是我国乡村经济发展的"主流",特别是在中国特色社会主义市场经济体系逐渐完善的新时代中,如何由"非均衡"向"均衡"转变?以乡村人口流动"换取"乡村经济的均衡发展,成为学术界和实践界需要认真思考的问题。这是因为,"人口"关系到乡村经济地理主要要素的流变,也关乎乡村经济地理的谱系优化问题,考察乡村人口迁移及其特征,不但能够切实把握乡村人口迁移本身的发展规律,以及对乡村经济增长的可能影响,还能够借此透视乡村经济增长的特征、发展趋势及其对乡村人口迁移可能的反作用等。自中国共产党成立以来,在过去的 100 年间,中国社会历经了中华人民共和国成立、改革开放、新时代社会主义建设等多个重要时期,逐步完成了从计划经济向市场经济的转变。在这一背景下,中国城乡尤其是乡村经济发展,需要相对稳定的总体格局。但是,受到多种因素的影响,我国乡村人口长期以来,几乎一直保持着向城市迁移、中西部地区人口主要向东部沿海地区迁移的基本模式。但由于改革开放的进展及改革力度的增大,乡村人口迁移原因及机制逐步转变为以经济原因和市场机制为主,乡村人口迁移的流向选择越来越趋向理性,特别由于中华人民共和国成立以来,乡村经济发展及差异变化出现了新动向,使得乡村人口迁移流动的"城乡—区域"模式呈现出了一些新的变化。乡村人口迁移的城乡模式,主要表现为乡村迁出、迁入人口的比例逐渐下降,城市迁出、迁入人口的比例明显上升,迁移人口越来越选择向城市迁移集中。随着乡村人口的大量迁出、城市化水平的逐步提高,乡村人口的比例趋向下降,潜在的乡村迁出人口不断减少,乡村人口的迁移活动日渐活跃起来,从而造成乡村迁移人口比例的下降和城市迁移人口比例的上升。针对这一问题,本章基于"胡焕庸线"对乡村人口迁移问题进行了讨论,在有关乡村人口地理分布、乡村人口迁移类型的研究的基础上,探讨了乡村人口迁移规模分布的顽健性和乡村人口迁移流分布的顽健性问题,继而从空间经济学的视角,对乡村人口迁移路径与格局分异进行了研究,得出了中西部乡村人口向东部沿海高强度集聚、乡村人口从"胡焕庸线"两侧向"中间地带"集聚、乡村人口格局分异引发人口疏密分化、东部沿海和中心城市对乡村人口极化效应减弱等结论。接着,对乡村人口迁移与分布集疏问题进行了测度,通过对乡村人口集疏格局类型的识别与划分,分别探讨了乡村人口迁移与集疏稳定性、乡村人口迁移的"马太效应"、乡村人口迁移的"相对均势",然后通过引入空心化问题,分析了乡村人口迁移的"地理塌陷"问题,内容涉及乡村人口空心化的格局演化、时空分异和形成机理等。最后,研究了乡村人口迁移对乡村经济地理的影响问题,认为我国在过去100年的时间里,乡村人口分布"衡而不均"、乡村人口迁移"均而不衡",唯有通过乡村人口迁移的政策支撑,才能破解"总理三问",才能在"确保""胡焕庸线"大致不变的前提下,优化乡村经济地理,提升乡村经济发展水平。通过本文的研究结论能够作出推断,在可预见的将来,中国乡村人口迁移必将得到进一步的发展。中国要解决三农问题、加快乡村经济发展、尽早实现农业农村现代化,就必须以积极态度鼓励和推动乡村人口迁移的发展;反过来,乡村人口迁移的发展必将为中国解决三农问题、加快乡村经济发展、尽早实现农业农村现代化发挥积极的作用。

参考文献

[1] 杨波.中国县域人口空间分布格局研究[J].西北人口,2014(3):33-42.

[2] 陈坤秋,王良健,李宁慧.中国县域农村人口空心化——内涵、格局与机理[J].人口与经济,2018(1):28-37.

[3] 王桂新,潘泽瀚.中国人口迁移分布的顽健性与胡焕庸线[J].中国人口科学,2016(1):2-13.

[4] 吴瑞君,朱宝树.中国人口的非均衡分布与"胡焕庸线"的稳定性[J].中国人口科学,2016(1):14-24.

[5] 戚伟,刘盛和,赵美."胡焕庸线"的稳定性及其两侧人口集疏模式差异[J].地理学报,2015(4):551-566.

[6] 胡宝珠.持久收支预期与农村劳动力定居性迁移决策[J].宜春学院学报,2016(1):50-55.

[7] 王桂新.改革开放以来中国人口迁移发展的几个特征[J].人口与经济,2004(4):1-9.

[8] 范小建.对农业和农村经济结构战略性调整的回顾与思考[J].中国农村经济,2017(6):4-9.

[9] 廖冲绪,肖雪莲,胡燕.我国乡村治理结构的演变及启示[J].中共四川省委省级机关党校学报,2012(4):80-85.

[10] 刘瑜.全球治理理论与中国乡村治理结构的转换[J].河南科技学院学报,2015(5):36-39.

[11] 张艳娟.我国乡村治理结构变迁引起的思考[J].广西大学学报(哲学社会科学版),2016(11):49-50.

[12] 曾志伟,鲁钊阳.试论公推直选与乡村治理结构的重构[J].理论研究,2017(6):27-29.

[13] 代金铭,侣传振.强县政、精乡镇、村合作:一种新型乡村治理结构[J].甘肃理论学刊,2018(3):112-116.

[14] 于水,陈春.乡村治理结构中的村民自治组织:冲突、困顿与对策——以江苏若干行政村为例[J].农村经济,2015(9):6-10.

[15] 白仙畔,李伟书,杨中杰.乡村治理结构问题研究[J].前线,2018(3):38-40.

[16] 尹利民.身份的区隔及其转化路径——兼论乡村治理结构的转型[J].农村经济,2017(4):7-11.

第八章 乡村产业集聚与产业转移

集聚是大多数产业经济活动最重要的地理特征之一,在乡村经济地理范畴内也不例外。在世界范围,从 20 世纪 20—30 年代开始,乡村经济地理空间分布开始出现了明显的产业集群与地理集聚现象;在中国,自中国共产党成立以来,随着土地革命,以及农业产业化、规模化经营、集约化、特色化进程的加快,乡村经济地理空间布局发生了深刻变化,各种农作物生产的地理集聚趋势已经成为乡村经济地理空间布局的显著特征。更为重要的是,打造乡村经济地理层面上的各种形式的产业集聚区,促进乡村经济发展和壮大,已经成为我国很多地区重要的产业政策与空间布局政策[1]。其间,产业转移正在成为国内外乡村经济发展和乡村经济地理格局优化的一个普遍现象,跨区域产业转移有利于建立合理的产业分工体系和优化资源配置效率。自中华人民共和国建立以来,农业产业集群从无到有,为农业发展注入了新的活力,颠覆了中国几千年传统农业的生产边界、市场边界和消费边界[2]。从空间分析,农业集群式发展使得农产品从点状生产向邻近区域生产转变,加速乡村土地流转和集中,产生了规模经营效应。在经营主体方面,农业集群式发展使得单个农户家庭经营向家庭农场、农业生产合作社、农业企业等现代经营主体转变,生产要素依据市场机制和市场要求进行合理配置,产生规模经济效应。在组织形式方面,农业集群式发展能够充分发挥农业比较优势,提高农产品在国内和国际市场上的综合竞争力。在产业化方面,农业集群式发展有利于促进农业生产过程的专业化和劳动分工,促进乡村劳动力在产业之间有序转移,激励服务业与农业融合,农产品加工业与农业融合,旅游业与农业融合,在乡村创造大量的非农就业机会,这对实现"乡村振兴"和"两个一百年"奋斗目标都是大有裨益的。此外,农业集群式发展能够通过企业间协同和集聚,带来显著的外溢效应,降低农业企业的税收负担,形成减税效应洼地,吸引更多乡村经济地理要素集聚其中,促进乡村内涵式发展[3]。本质上,产业转移是具有相同产业特征的生产要素组合,以区位调整的形式提高乡村经济地理要素配置效率,在这一空间优化过程中,深入研究和推动乡村经济地理要素在空间的运动并以此构建强大的动力机制,对跨区域产业转移和乡村经济发展有着重要的现实意义。此外,通过乡村资源的空间优化能够促进资源要素从乡村经济地理自然配置向生产要素的效率配置调整,对于建立合理的产业区域分工体系,优化乡村资源配置效率有很大帮助。在可预见的将来,这将成为实现乡村经济结构调整、乡村经济持续平稳增长的重要途径。接下来,就在乡村经济地理框架下,针对乡村产业集聚与产业转移问题进行分析和探讨。

第一节 产业集聚的理论基础——基于
对"城市群"的逆向分析

在空间经济学视角上,经济空间是人类社会生产力运动或经济运行的载体,"增长极"概念及其相关理论,为空间经济发展提供了新的视角。在经济学家眼中,经济空间指的是"存在于经济元素之间的经济关系"。通常认为,经济空间主要是对产业关系的抽象与概括,而非普遍意义上的地理空间[4]。在 20 世纪 60 年代,布代维尔把"增长极理论"发展到地域空间布局原理上来,指出经济空间是"经济变量在地理空间之中和之上的运用"。按照这一逻辑,研究和分析乡村经济地理中的产业集聚问题,可以对"城市群"的概念、框架、形式、内容等进行"逆向分析",以此得出与乡村产业集聚有关的结论。一般意义上,城市群的经济空间依托城市群的地域基础,其中的经济元素之间的经济关系,借助人流、物流、信息流、资金流等网络形式相互作用。在全世界范围内,城市群都被视为集社会、经济、技术一体的网络化经济空间,是建立在区域市场整合基础上的地域空间经济组织形式,也是产业的集聚与扩散共同作用的产物。当下,城市群越来越受到人们重视,而关于城市群经济空间形成及演进的动力机制、发展模式、内部作用机制、演变规律及其作用机理等问题也日渐成为城市、经济、地理、社会等学科领域研究的热门话题。

1.1 城市群

截至目前,随着研究和实践的深入,学术界的一致观点是：任何完整的城市群经济空间形成的动力机制和发展模式符合弗里德曼的"核心-边缘理论"和伯吉斯的"圈层结构理论"，具有生产要素先向区域核心区聚集，后由核心区向边缘区扩散的过程，核心区与边缘区共同组成一个完整的空间系统，具有以"首位城市"为核心依次向外推移的发育带、腹地带这样一种圈层结构。针对经济空间相互作用和联系，乌尔曼提出了"空间相互作用理论"，认为空间之间的相互作用满足三个基本原则——互补性、移动性和中介机会。其中，移动性指的是要素在两地之间运动的性质，中介机会指的是多个城市间的城市节点能减少距离衰减，更适用于城市组团。在经济空间联系中，强调要素的流动。在现有研究中，通常将城市与外界空间交互作用抽象化，以相对简单的数学模型模拟城市联系的实际状况。在这方面，斯图尔特(1987)提出了不同意见，认为地区不同，在空间上会呈现出与牛顿引力模型类似的经济社会活动的向心力，其大小与两城市的人口规模成正比，与距离的平方成反比。在这一"引力模型"之后，艾萨德等人(1998)对模型不断进行修正。国内众多学者在这些理论和方法的基础上，针对我国城市群进行了大量关于经济空间联系的理论和实证研究，借助引力模型、城市流强度模型和威尔逊模型等诸多方法，对城市之间、城市群之间的空间联系强度，以及中心城市的辐射能力进行了分析[5-9]，得出了很多有价值的结论。综合而言，城市群经济空间结构特征是经济空间研究的重要内容，其基本理论包括城市首位度、城市金字塔结构、位序规模等，也就是说，城市群作为一个系统，需要不同数量、不同规模的城市等级结构。此外，部分学者借助等级测量的罗特卡罗式、城镇规模体系的不平衡指数、空间分形维数等，研究并反映了我国城市群的等级规模结构和空间演化发展的分形特征。在描述并概括城市群的经济空间发育程度的研究之中，越来越多新方法逐渐被引入其中，得出的结论也更具针对性。按照这一思路，与"城市群"相对应的"乡村群落"也具有如上形式和属性。在这方面，可以借助紧凑度模型、指标体系法等，对乡村群落的中心性、竞争力和成长能力进行评价，运用主成分分析法和聚类方法进行静态结构研究和乡村群落分类。

1.2　城市群分类

对乡村群落的分类可以参照城市群的分类方法。通常，可以将城市群分为以下类别。

(1) 3D城市群。此类城市群的发育程度最高，在我国，长三角城市群、珠三角城市群、京津冀城市群是我国发育程度最高的三大城市群，这些城市群都位于我国东部沿海地带，人口集中、城镇密集，是高度城市化的地区。长三角和珠三角城市群是我国最大的两个经济核心区，并且区位优势显著,产业配套完善,对外开放时间最早,一体化程度很高,正逐渐发展成为世界级增长极,是我国重要的国际门户。人口密度方面,长三角城市群以 942.87 人/平方千米,珠三角城市群以 870.86 人/平方千米排在前两位。2020 年,珠三角城市群户籍人口超过 3 000 万人,而常住人口超过 5 000 万人,长三角城市群户籍人口近 1 亿人,常住人口超过 1.1 亿人。产生这样的结果的一个重要原因是,我国中西部地区大量乡村剩余劳动力通过地理迁移,来到这两个经济集聚区,也在此过程中创造出了更多生产效益。京津冀地区作为我国经济发展的第三极,近些年来经济实力迅速增长,并且逐渐克服城市之间整合程度弱的障碍,成为北方最具活力的城市化地区。尽管如此,京津冀城市群经济密度也落后于前两个城市群。从京津冀城市群的发展目标定位为国家创新能力最强的超大城市群而言,它又是未来增长潜力较大的城市群。总体来看,这三个城市群在密度、距离和整合三个维度都具备明显优势,经济综合实力最强,是带动全国经济增长的动力引擎。

(2) 2D 城市群。2D 城市群涉及沿海地区的山东半岛城市群、海峡西岸城市群、辽中南城市群等。这些城市群同样具备良好的经济基础和区位优势,但是按照 3D 指标体系评价来看,这类城市群仍存在某一方面的缺陷,处于城市群发展的中级阶段。按照缺陷分类,可以将其分为距离-整合型、密度-整合型和密度-距离型。其中,辽中南城市群属于距离-整合型,虽然辽中南城市群是国家东北老工业基地振兴的核心城市群,具备强大的工业基础,但是产业结构偏向落后,经济密度还不够高,经济效率较低,同时创新能力处于中等水平,需要强化产业集聚,加速发展。海峡西岸城市群属于密度-整合型,这种距离的缺陷在空间上不易克服,但是可以通过技术手段,如海陆交通方式的联合或者通过加大自身的市场规模等来弥补。该城市群距离缺乏优势的主要原因是国内市场潜力较低。山东半岛城市群属于密度-距离型。在密度方面,山东半岛仅次于长三角和珠三角城市群,说明该城市群具备良好的发展基础,同时其位于我国沿海地区,与国内外市场距离较近。但是由于青岛和济南的经济和政治的双中心结构,使得该城市群核心整合程度不高,其中最主要的两个因素是利用外资水平较低,各城市之间距离较远,平均距离达到 327 千米。

(3) 1D 城市群。1D 城市群数目较少,只有中原城市群和长株潭城市群两个,均位于我国中部地区。按照城市群的优势又可以分为密度型、距离型和整合型。这两个城市群均属于密度型城市群。拥有密度比较优势,也就是意味着此类城市群已经具备了良好的发展基础。值得注意的是,长株潭城市群由于城市群范围较小,城市个数少,且都为大城市,因此其经济密度偏高。这两个城市群在距离和整合方面较弱,特别是在市场距离方面。作为我国的 1D 城市群,这两个城市群的国内外市场距离都排在 16 个城市群的中下游水平。但是,这两个城市群是我国陆路交通的枢纽地带,可以通过交通来弥补距离上的弱势,未来升级潜力巨大。整合方面,长株潭城市群的城市间距离是所有城市群中最短的,仅为 55 千米,构成一小时经济圈;中原城市群人均 GDP 差异系数较大,不利于城市群内部的协调发展。

(4) 0D 城市群。0D 城市群中除了个别中部地区的城市群外,其余都位于我国的最外环(西北、西南和南部地区),这些地区经济投入薄弱、经济发展落后,同时距离我国高密度地区和国内外市场远,目前只能作为高密度地区辐射的边缘,为高密度地区提供资源和人力输入,受核心区带动作用弱,发展缓慢。在过去的 10 年间,0D 城市群中最值得关注的是成渝城市群和武汉城市群。这两个城市群一直是国家发展的重要战略区域,关系着中部崛起和西部大开发的实施。从总得分上看,这两个城市群排在 0D 城市群的前两位,是未来优先发展升级的区域。尤其近年来,成渝城市群后起发力,在区域经济发展中扮演着越来越重要的角色。当然,值得注意的是,在该城市群中也存在亟待克服的"弊端",比如,成都的城市"首位度"在全国省会城市排名最高,远超位列第二名的长春市。

综上,在 3D 指标体系内,城市群发展的基础是密度,经济集聚是促进城市发展的最重要因素。而我国中西部大部分城市群密度得分很低,与东部和中部城市群差距较大,严重制约了城市群的发育,使得大多数城市群仅处于城市群发展的起步阶段。距离得分的结果和城市群的地域分布有很大关系,中部地区和西部地区距其他国内消费市场和国际口岸较远,城市群发展的距离劣势明显。但是部分城市群,如乌鲁木齐城市群和北部湾城市群,可以利用国家重要的边境出口口岸距离优势,缩短国际市场距离。这些城市群潜力有待发掘。综合来看,3D 城市群作为世界级城市群,需要继续强化整合水平,同时加强对周边地区的经济辐射能力。2D 城市群和1D 城市群作为国家级城市群,其发展要扬长补短,2D 城市群需要重点克服各自短缺的要素,以实现向发育成熟的城市群过渡,1D 城市群则需要充分利用各自现有的要素优势,逐渐向 2D 城市群过渡。0D 城市群数目较多,是我国区域性的中心,对这类城市群而言,优先发展密度要素至关重要。0D 城市群中发展较好的城市群(如成渝和武汉城市群)短期内有望转变为 1D 城市群。而在此基础上,逆城市群操作就成为分析乡村群落的一个重要突破口。

第二节　乡村产业地理集聚与效应分析

有关集聚的涵义,词典给出了这样的解释:事物聚集的过程或者经济活动空间集中的状态。而在经济学中,集聚指的是经济活动者为某种目的而向特定区域聚集的过程。通常,集聚会在特定的递增收益或者历史累积中形成,且表现出"路径依赖"和区位"锁定"特征。在乡村经济地理框架内,乡村生产活动在空间集中的过程中,达到一定规模就会形成集聚。如果范围较小,可能会形成产业集聚区,如果范围较大,会形成城市。所以,集聚可以划分为产业区位、城市区位、区域非均衡发展等不同层次。在乡村产业集聚这个层面上,其具体的乡村经济现象表现为农户或者乡村组织的生产活动的集聚布局,更抽象地说,就是资本、劳动等生产要素在乡村经济地理空间上的集中,因此乡村产业地理集聚本质上是乡村经济地理要素的集中[10-12]。

2.1　乡村产业地理集聚及空间外部性

在空间经济学层面上,对任何区位而言,都客观存在特殊的自然资源、社会优势。所以,区位间存在空间差异是必然的。如果乡村产业集聚依据区位相对优势来发展,则必然向着多样化和特色化的趋势演进,形成专业化的产业集聚。这是因为,农业生产对土地和劳动力等资源具有高度依赖性,致使其不断向优势地区(比如人口优势地区、耕地优势地区、政策优势地区等)集中。由于不同乡村的禀赋差异较大,在不同的优势区域中,适宜的农产品也有所不同。随着优势农产品的集中生产,乡村农业生产环境也相应发生变化,农业生产规模和市场规模不断扩大,这种外在环境的变化通过直接路径(提高农业生产积极性)和间接路径(通过吸引乡村经济地理要素供给部门、专业的中介服务机构和批发市场、加工和流通企业的集聚,使得现代农业生产要素形成集聚)反馈到乡村生产活动。在这种生产发展演化的过程中,逐渐形成农业产业规模化集聚区。基于农业分工演化和深化,乡村经济地理集聚区内因为社会分工与社会协作,能够深化和促进乡村经济朝着专业化、规模化发展。因此,从空间视角看,分工的一个重要体现就是区域分工,也即分工在地理空间上的表现形态,乡村产业地理集聚就是基于此发展形成的空间组织形态。这种特殊的空间组织形态是规模报酬递增得以实现的有效途径。一般情况下，农产品生产规模的扩大会产生两种经济效应：一是外部经济，由产业的一般发展决定；二是内部经济，由单个农户、社会组织的资源和管理效率决定。而货币外部性和技术外部性对乡村经济地理集聚的影响也不可小觑。

而对于空间外部性这一概念，学者们对其含义进行过不同角度的理解和延伸。早在100多年前，韦伯按照集聚产生的动力因素将集聚划分为两种类型，一种是经济环境下利益主导的集聚，另一种是自然条件等主导的集聚，前者被称作纯粹集聚，后者被称作偶然集聚。同时，他指出，影响产业区位的关键因素是运输、劳动以及集聚和分散因素。本地化经济（专业化经济）与城市化经济（多样化经济），两者本质上都是规模经济，前者与地区产业规模相关，强调同一产业的不同企业集聚带来的经济效应；后者与地区整体经济规模相关，强调区域内不同产业集聚产生的经济效应，可以让区域内所有产业都受益。

2.2 乡村产业集聚效应——兼论北部湾的案例

按照克鲁格曼的新经济地理理论，能够得出如下结论：对经济后发地区而言，其产业发展路径就是实现产业集聚的路径，因为经济后发地区无论采取何种措施发展经济，在本质上都是在追求产业集聚[13]。

（1）乡村经济地理集聚的规模效应。乡村经济地理要素的集聚导致乡村产业集聚，一种产业在地区形成集聚之后，会通过集聚经济效应吸引其他乡村经济地理要素向该地区集中，而这些要素的集中，会使得投入增加从而促进整个区域的乡村经济增长。作为农业生产的主体，农户的生产行为是一个利益最大化的过程，在这个利益最大化的过程中，农户需要作出决策，合理分配各种要素投入使得总收益最大。以蔬菜产业为例（比如山东寿光地区），蔬菜产业形成集聚之后，首先会导致农户对有限的土地资源作调整，即增加蔬菜的播种面积，同时减少其他作物的播种面积；其次蔬菜种植属于劳动密集型产业，作为重要投入要素之一的劳动力，其投入也将有较大幅度的提升，再次，在资本投入方面，区域资本预期收益率的提高，会加大资本的供给。因此，产业集聚通过提高主要农业生产要素的供给，能够转变农业生产结构、推动乡村经济地理优化和乡村经济增长。

（2）乡村经济地理集聚的外部效应。在乡村经济地理框架内，产业集聚不仅具有规模效应，还具有显著的外部效应。农产品生产受投入产出价格、市场环境以及消费偏好影响较大，对农业技术而言，其受地区气候地形等自然条件以及经济环境的影响也是显而易见的，自然条件和经济环境相似的地区,开展农业技术的交流会更容易。正是由于外部效应的存在,使得地理距离近的乡村,农户之间的相互联系更为紧密,便于农业生产技术的传播和运用,有助于推动农业生产技术的进步和扩散,从而提高农业生产的生产效率,进一步增加农业总产出。

与全国其他经济区相比,北部湾经济区经济起步较晚,产业基础较差,属于经济后发地区。北部湾经济区优越的地理位置,非常利于乡村产业集聚的形成。北部湾经济区地处华南经济圈、西南经济圈和东盟经济圈的结合部,是我国西部大开发中唯一的沿海区域,也是我国与东盟国家既有海上通道又有陆地接壤的区域,区位优势明显,战略地位突出,完全具备克鲁格曼新经济地理理论产业在空间的集聚条件。在过去的一百年间,只有最近十几年,北部湾经济区工业增加值占 GDP 达到了全国平均水平,在八十几年的时间里,一直处于产业化初期阶段。北部湾经济区要加快发展,必须采取各种有效措施,实现产业集聚,其现有做法和未来可能的做法包括以下几种。

(1)在经济合作中实现乡村产业集聚。区域经济合作,是指在特定区域中的两个或两个以上的国家或地区,在经济上结合起来,形成一个相互联系、相互依存的区域性经济联合体的过程。它是建立在区域差异和地区优势基础上的一种高层次的经济发展区际组织。根据克鲁格曼的新经济地理理论,区域经济合作其实质就是提供产业集聚的"外部效应"。加强乡村经济合作是北部湾经济区应对世界经济危机、发展经济的有效方法与手段。北部湾经济区可以在区域经济合作中,采取农业走出去、引进来等多种方式,实现乡村产业集聚。

(2)在承接产业转移中实现产业集聚。除国际产业转移的梯次性趋势非常明显外,产业转移还具有一定的规律性,即产业转移一般经历了从劳动密集型产业,到资本密集型产业,再到技术密集型产业的转移过程。先从纺织等劳动密集型产业开始,随后逐渐转向钢铁、石化、冶金等资本密集型产业,然后是电子、通信等一些较低层次的技术密集型产业的转移。北部湾经济区要借助国际产业转移与国内东部发达地区产业转移的有利机会,在解放思想、大胆创新中,采取多种形式,通过多种手段全方位积极承接发达国家与地区的产业转移。在此过程中,需要认识到北部湾经济区属于经济后发地区,其经济落后的根源在于产业发展水平落后,而产业发展水平落后的根源是农业产业、工业产业落后。在农业产业方面,存在基础弱、规模小、集中度低等问题。因此,有必要针对其资源严重不足的事实,加快经济区的农业产业发展,通过承接产业转移实现农业产业集聚最为重要。在复杂的世界经济背景下,北部湾经济区要趋利避害,在防范不利影响的同时,积极承接国内外产业转移,助力乡村经济发展,并在培育新产业的过程中,把产业做大做强。同时,北部湾经济区在承接产业转移时,应注意发挥整体功效,完善产业链等。

(3)在完善经济区基础设施的过程中实现产业集聚。经过前几年基础设施建设大会战,北部湾经济区沿海地区的航道、路网、供排水及供电等基础设施条件得到了明显的改善,但整体上看,经济区的基础设施依然薄弱。以交通运输为例,铁路运输能力非常有限,缺口近 2 亿吨,沿海地区的公路密度过低,北部湾经济区的钦州港、防城港和北海港虽然是广西三个主要港口,但没有一家港口进入全国沿海港口吞吐量前十。在产业配套方面,北部湾经济区的仓储与货物分类、分装、分检等配套服务仍处于初级水平,尤其在农产品仓储与货物分类、分装、分检等配套服务方面,更是显得欠缺,这严重制约了经济区沿海产业的发展。为避免产业转移过程中的"锁定"效应,北部湾经济区必须大力完善经济区的基础设施建设,现阶段的工作重点就是要打造吸引产业转移的良好内部条件,要在沿海基础设施建设工程的基础上,进一步完善经济区沿海地区路网、管网、口岸、供水、供电、排水、信息等产业发展配套基础设施,为推进产业转移创造更好的环境和条件。

(4)在政府宏观规划中实现产业集聚。在新经济地理理论及一系列论著中,克鲁格曼都曾经指出,政府在产业集聚的形成过程中扮演着重要的角色。因此,在北部湾经济区的开放与开发过程中,各级政府要充分发挥自身的职能作用,通过开展区域规划,制定区域经济与产业政策,设立专门基金和区域开发银行等措施,从金融、财政等方面进行宏观指导,尽快实现经济区的产业集聚。实践证明,通过政府指导作用承接产业转移,是欠发达区域实现超常规发展、缩短经济起飞时间的重要手段。

第三节　乡村产业转移与空间效率分析

3.1　新经济地理视角下乡村产业转移的动力机制

有关产业转移的理论研究,可追溯到经济学家赤松要 20 世纪 20—30 年代提出的"雁行产业发展形态说"[14]。到了 20 世纪 60 年代,弗农提出了产品生命周期理论。随后,小岛清的"边际产业扩张论"指出,产业通常总是从处于比较劣势的产业开始向外转移,即投资国向海外转移的应该是投资国国内已经失去比较优势,而在投资对象国却具有显在或潜在比较优势的产业。上述理论虽然从不同视角分析,但均认为,促使产业转移的主要原因是资源和劳动力价格等要素的差异[15-18]。在产业转移中,发达区域的衰退性产业是主体,区域产业竞争优势的消长转换则是衰退性产业空间移动的内在根源。对任何一个国家和地区来说,进行产业区域转移的主要动力机制来自市场的扩张、产业结构的调整以及追求经营资源的边际效益最大化和区域发展的需要。在乡村经济地理框架内,乡村产业转移是大量人口迁移的结果,产业是否迁移不仅取决于来自现有区位的推力和来自目标地区的拉力的大小,还取决于一些促使产业留在现有乡村地区的阻力因素。经济势差的客观存在为实现衰退产业的区位转移,克服衰退产业退出黏性提供了现实基础。但是,现有研究缺乏将经济势差与产业迁移的内在机理动态化的深入分析。可见,乡村经济地理中的产业转移主要经济动因,在于产业比较优势的空间转换,而作为产业转移主体的农户、农业企业的微观行为,近年来正在成为国内外研究的焦点。在这方面,全要素生产率(简称 TFP)被用来衡量乡村经济生产效率,是乡村产业获取经济利润的重要源泉,也是不同乡村之间进行产业选择和形成比较优势的重要衡量依据。

3.2 乡村产业转移的机理分析

以克鲁格曼为代表的新经济地理学派,成功地对两部门框架下空间经济结构变迁进行了解释和分析,指出空间经济的集聚和扩散,是集聚力和分散力的共同作用、动态均衡的结果。因此,对乡村产业转移来说,其形成机理和动力机制,在本质上是产业集聚力与乡村经济分散力共同作用的结果。

(1) 对产业集聚力来源的静态分析。第一,乡村产业的前后向关联效应。其中,前后向关联指的是,在生产技术、生产环节及价值实现之间形成的产品关联。前向关联也被称为价格指数效应,后向关联也被称作本地市场效应,两者的综合表现就是产业前后向关联效应。此外,前后向关联中的主导产业,往往是首先打破初始区域资源均衡状态、最先确立集聚区位的产业,主导产业对前后向关联中的产业形成空间拉力,于所在的集聚区域形成集聚力。集聚力的大小主要取决于主导产业同前向和后向产业价值关联度的大小和技术上被替代的可能性。由于乡村产业之间效率差异和产品替代弹性是决定集聚经济中的乡村经济地理集聚差异的重要微观因素,价值关联度越大、技术上被替代的可能性越小,产生的集聚力就越大，集聚的效果与主导产业所处的生产价值链的位置，以及受运输成本和交易成本综合影响的贸易自由度的大小存在直接关联。第二，溢出效应。高生产率的乡村产业具有较高的收益能力，在自我选择效应和竞争机制的作用下，高生产率的产业从乡村经济地理集聚中获得的收益大于生产率水平低的产业。因此，高生产率的产业往往选择乡村经济地理聚集区的动机高于低生产率的产业。其结果是，乡村经济地理集聚区域的平均生产率水平高于外围地区，这是异质产业自动选择的结果。其间，乡村经济地理集聚区域首先吸引其他区域的较高生产率水平产业集聚其中。在满足了高生产率产业在乡村经济地理上的接近后，同一产业链条的前后向关联作用表现在产业之间，就存在技术环节明显的互补效应，在管理方式与组织形式上，也存在显著的可借鉴性，不同产业之间通过正式或非正式交流和沟通能够产生溢出效应。与乡村经济地理集聚区域之外的产业相比，乡村经济地理集聚产生的产业之间溢出效应及其产生的额外收益，就是集聚力的根源。第三，劳动力池效应。在乡村经济的产业集聚区域，随着生产要素的不断流入，由于资本和劳动的组合需要根据市场需求变化不断地进行匹配和调整，劳动力（尤其是乡村劳动力）的空间集聚就会产生劳动力池效应，主要表现为通过劳动力的供求匹配，提高工人的工资和产业收益。从静态分析视角来看，大量的不同结构层次劳动力聚集，减少产业的搜寻成本和时间成本。劳动力池效应能极大地提高资本和劳动配置的组合效率。从动态分析视角来看，劳动者具有适应环境的持续学习能力，大量的不同结构层次劳动力的聚集和扩散的过程，实质上就是技能信息交流学习的过程，也是整个乡村产业集聚区域劳动力质量结构不断优化的过程，对集聚区域外部的资本产生了吸引力而提高了工资水平，从而对集聚区外的劳动者产生吸引力。

（2）对分散力来源的静态分析。第一，市场拥挤效应。市场拥挤效应是与前后向联系效应相反的效应，市场容量、基础设施、技术进步与创新相对不足，能够约束乡村资源配置的效率，出现生产和生活成本的提高、利润和收入相对下降等情况，形成分散力，低生产率产业会首先退出。随着产业集聚程度的提高，在集聚区域内供给的增加大于市场需求的增加时，就产生了过度竞争。过度竞争不同于适度竞争，适度竞争会激发乡村经济地理要素资源的潜力，进而提高产业的生产效率，而过度竞争是市场拥挤的表现，相对降低了产业的获利能力，形成了分散力。市场拥挤效应降低了乡村产业集聚区域的聚集租金，减少了潜在资源的流入，实际上是通过减小集聚力而形成的一种分散力。第二，乡村经济地理要素的非完全流动性。乡村集聚区域的在职员工存在技能方向选择的路径依赖性,学习新技能、补充新知识需要足够的时间和精力,过度的竞争会占用员工大量的精力和工作时间,这都不利于掌握和更新技能。不断变化的新市场需求、新产品工艺、新技术与员工技能之间的结构性失衡,使劳动与资本要素不能自由匹配。乡村经济地理要素的非完全流动性使要素组合效率降低,成为乡村产业集聚区域进一步演化的分散力。如果没有合理的制度安排,那么在集聚区域形成的产业垄断,就会通过扭曲市场效率的方式把资源集聚锁定在产业内部,使得资源不能在不同产业主体之间被竞争性使用,从而降低了整个区域的生产率,甚至成为资源区域配置的分散力。

（3）对集聚力与分散力之差形成机制的动态分析。在宏观经济学视域下,贸易自由度的大小可以表示区域内与区域间生产要素流动受到的阻力情况,是交易中摩擦成本的度量指标,主要影响因素有两个方面:一是与实物转移流动有关的自然成本,主要指运输成本;二是指与制度政策有关的人为成本。新经济地理学的分析表明,贸易自由度与两种力之间均呈反向变化:贸易自由度提高时,无论是集聚力还是分散力,均是减少的,但是,分散力下降得更快。贸易自由度的大小决定了乡村经济地理要素资源空间流动中摩擦成本的大小,贸易自由度越大摩擦成本越低,资源空间运动的"冰山"成本越低。影响区域之间贸易自由度的因素主要有运输成本和交易成本,运输成本和交易成本与区域内的基础设施发展水平、市场扭曲程度、技术进步水平、信息交流成本、政策制度的合理性等有关。贸易自由度达到"突破点"时,乡村产业的集聚力开始超过分散力。随着区域间贸易自由度的增大,在集聚力即将超过分散力之际,也就是满足超过突破点的条件时,乡村产业转移必然发生,并且这种转移的速度与乡村产业对外关联度的大小、劳动密集程度有关。一般来说,关联度越弱、劳动密集度越高的产业,转移速度越快。针对具体的产业,就要比较该产业集聚力与分散力之差（净效果）在不同区域之间的比较优势的大小。一般认为,产业选择向具有比较优势的区域转移是实现资源空间配置效率优化的有效途径,而产业集聚力与分散力的净效果的区域比较优势就是乡村产业转移的动力。

3.3　乡村产业转移的空间效率

基于微观经济学的视角,区域全要素生产率是一个地区在一定时期内于发展经济的过程中,除劳动、资本、土地要素之外的其他要素作用的综合反映。在计算上,它是除去劳动、资本、土地等要素投入之后的"余值",扣除度量上的误差影响后,主要是规模经济、技术选择与创新、市场环境和结构、政策与制度的变化、专业化生产模式与溢出效应、外部经济等影响的综合效果。对乡村经济地理区域而言，集聚力会通过乡村经济地理要素空间区位的转移提高全要素生产率，而分散力则会降低全要素生产率，全要素生产率的大小是集聚力和分散力共同作用的合力效果。乡村产业转移是乡村产业内微观主体根据利润最大化的原则，通过资源配置的区位选择来自觉地提高全要素生产率的过程，也是资本追逐经济利润的过程，同新经济地理学中企业在集聚过程中选择区位的机理是一致的。

在乡村经济地理空间范围内，全要素生产率的影响因素包括规模经济、技术选择与创新、市场环境和结构、政策与制度的变化、专业化生产模式与溢出效应。其中，技术、制度、专业化生产模式创新等具有比较强的外部经济的特征，新技术、制度创新、专业化和生产创新等要素，与资本、劳动相比具有较弱的排他性。此外，作为乡村经济地理要素的物质资本的转移，要借助有形的运输工具，劳动的不可储存性决定了劳动转移要依附在有形的乡村人口流动上，速度较慢、成本较高。影响全要素生产率的技术、制度、专业化分工模式和创新因素与资本和劳动相比，可以更快地在不同乡村经济地理空间之间达到均衡。技术、制度、专业化分工模式、生产创新以及人力资本质量始终是在改进和优化的，不存在物质资本和劳动要素的折旧、耗损问题。虽然短期内技术进步、政策或组织结构创新的非连续性以及不确定事件的影响使全要素生产率呈波动状态，但不会改变全要素生产率长期上升的趋势[19]。随着时间的推移，全要素生产率上升的趋势决定了全要素生产率减小乡村经济差距的力量不断变大，而生产要素分布不均衡形成的扩大区域差距的力量，则会因资本边际收益递减和物质资本投资刚性而减小。由于生产要素生产率变动滞后于全要素生产率变动的这一特点，乡村经济地理空间区位选择决策的依据不是资源配置效率，而是全要素生产率的区域比较优势。

第四节　苏南、苏北乡村产业发展与经济地理比对

江苏省位于我国大陆东部沿海中心区域，辖区跨长江下游南北两岸，东依黄海(有近 1 000 千米的海岸线)，西北连接安徽、山东，东南毗邻浙江和上海。江苏地形以平原为主，主要由苏南平原、江淮平原、黄淮平原和东部滨海平原组成，以淮河一线为界，南面属亚热带湿润季风气候，北面属暖温带湿润季风气候，年均气温在 13℃—16℃ 之间。江苏境内矿产资源十

分丰富：有煤、磷、钠盐、硅砂、大理石、陶瓷黏土及石灰石等，部分矿产品位较高，如水晶含硅量在 99.9% 以上，可媲美著名的巴西水晶。江苏境内河湖众多，水产资源丰富，水运网络密集，东西方向有 400 多千米长江水道，南北方向有 690 千米京杭大运河。源于优越的自然地理条件，江苏自古以来就是著名的鱼米之乡，经济基础较好，素有"苏湖熟，天下足"的美誉。中国共产党成立初期，江苏经济水平仍位于全国前列，经济发展速度和效益较好，但总体生产力水平不高，产业结构以农业为主导，二、三次产业合计不足区域产业总值的一半。中华人民共和国建立之后的一段时间，在计划经济体制和集体公社体制下，区域经济特别是乡村经济缺乏动力和活力。1978 年改革开放以来，随着家庭联产承包责任制的实施，江苏省乡村产业结构不断调整，乡镇企业快速发展，流通体制改革不断推进，工业园区开发不断深入，全省经济社会发展取得了显著成就。2008 年江苏省国内生产总值突破 3 万亿元，比上年增长 12.3%，地区生产总值增幅高于全国平均水平，当年人均生产总值突破 5 000 美元，乡村居民人均可支配收入达 18 680 元，农民人均纯收入 7 357 元，分别增长 14.1% 和 12.4%。而到了 2020 年，江苏省上述指标已经迈向了全国前列。此外，江苏对外开放也取得了不小成效，近年来的进出口总额持续增长；地方财力稳步提高。

在江苏省经济取得长足发展的同时，苏南和苏北的乡村经济差异日益显现和突出。1978 年农村改革后，在国家意图搞活市场经济和基层政府力推经济发展的大环境下，江苏省内乡村经济分化初露苗头，江苏南北差距由此拉开。到了 20 世纪 90 年代，以上海为中心的长江三角洲地区得到重视，随着集体经济的转制和外资大量涌入苏南，与上海联系紧密的两个江苏南部城市苏州和无锡迅速发展，苏州的地区生产总值甚至超过省会南京。进入 21 世纪，尽管江苏省通过促进区域合作、推动产业转移、加强人才交流等方式积极谋求实现区域一体化和均衡发展，但是苏南、苏北地区发展落差仍未见缩小——尽管苏北地区近几年利用后发优势取得了更高的经济增长速度。因此，分析苏南、苏北乡村经济发展差距的原因，采取有效的综合措施，促进江苏省内乡村经济协调发展，始终是学界和政界一致关心的重要课题。

4.1　乡村经济地理基本要素比对

4.1.1　政府与政策

在苏南乡村经济发展过程中，基层政府具有举足轻重的作用。一个统一的意见是,苏南乡村经济的迅速发展同乡镇企业的发展是密不可分的,同样,苏南乡镇企业的发展更是离不开乡镇政府的大力扶持。中国共产党成立初期,在中国的大多数地区,乡镇企业的规模很小,它们此起彼伏的涌现和壮大主要靠乡村基层干部通过社区集体给予它们扶助。苏南基层政府具有明显的市场导向特征,政府官员将推动乡村经济发展作为工作着力点和主要任务,他们不仅具有很强的市场意识,而且善于利用市场机制,注重引导乡村产业发展方向,在基层财政条件较好的情况下,始终致力于改善公共基础设施条件,并从各个方面帮扶乡镇企业发展。在过去苏南乡村发展的 40 年历程中,乡镇政府及其官员始终都扮演着十分重要的角色。相比之下,在很多苏北农民的眼里,当时苏北的基层政府提供的公共服务要少得多。在财政汲取方面,苏南和苏北的乡镇政府并无本质不同。值得庆幸的是,由于苏南乡镇政府能从乡镇企业的发展中分享相当可观的利益,这样一来,在政府利益与乡镇企业利益(或者社会利益)之间就建立起一种依存关系,准确地讲,是一种利益共容的关系,这种关系保证了乡村经济繁荣稳定的基础。就苏北基层政府的情况而言,由于乡村市场化程度有限,财政汲取条件较差,基层公共财力不足是首要矛盾。没有财政资金作为基层政府运转和发挥作用的保障条件,基层政府就难以成为撬动乡村经济发展的关键力量。斯科特(2001;2003)曾说过,农民的实际收入越接近其生存界限,越变化不定(无论是由于自然原因还是由于价格体系),在经济上对他们的任何索取,都越有可能是并将被认为是具有剥削性和威胁性的。在苏北乡村的大部分地区,乡镇政府对乡村社会"取多予少"的情况,恶化了苏北乡村的经济发展环境,制约了当地经济发展。苏南基层政府财力状况好于苏北,导致苏南乡村的基础设施条件同样也好过苏北乡村,这对于两地经济发展具有重要影响。约翰逊(2005)曾分析指出,在人民公社体制下,政府似乎无所不在,对人们生活的几乎每一个方面都进行干预。但随着公社的取消,新的县级和乡级政府似乎既没有权力又没有意愿去提供哪怕是最基本、最必要的某些政府职能。看来当时的政府从一个极端走向了另一个极端,从过多地运用政府权力变为过少地运用政府权力。为把政治管理与经济管理分开,中国进行了一系列配套的、合理的改革,取消公社就是其中的一项举措,但后果却是在乡村地区留下了政府的真空。因此,许多只有靠政府和那些有权威来征税的单位才能有效行使的职能,不是没有被行使,就是被严重地忽略了。随着人民公社的取消,公共物品的一个重要资金来源已经不复存在了。在很大程度上,基层政府成了乡村公共物品的主要提供者。苏南乡村在取消人民公社以后,基础设施的建设并没有陷入停滞,基层政府利用聚集起来的财政资金以及可供调动的集体经济资源,较好地维护了既有的公共设施,为乡村经济发展夯实了基础。在苏北乡村地区,情况就有所不同,苏北地区基层财力不足,支农资金十分有限。正如改革开放初期,绝大多数乡村地区一样,在这里,"很多人抱怨灌溉渠道和设施没有得到充分的维护,仅拥有不到两英亩耕地的单个乡村家庭是无法承担维护责任的,这需要政府及相关部门出面集资并承担必要的支出。原先的人民公社或生产队能够行使这些职能;可是现在,有些乡村地区显然没有能够承担起维护必要的灌溉设施责任的机构(约翰逊,2004)"。当然,随着乡村经济条件的改善和税源的不断丰富,苏北乡村基层政府财力状况也在改善,在乡村基础设施方面的投入也在逐年增加,但是,我们必须承认,在乡村市场经济起步发展阶段,苏北远远落后于苏南,其中,政府财力条件和提供基础设施的能力是一个重要因素。

4.1.2 乡村人口与社会组织

苏南和苏北一江之隔,但是区域文化不同,乡村经济发展环境和农民习性等都有一些差别。中国共产党成立以来,两地之间交流日益频繁,区域文化交流渗透渐多,但是,苏南、苏北两地农户在参与市场交易、发展市场经济方面的差异并未消除。总体上看,苏南农民是市场参与型的,苏北农民还处在半自然经济、半市场经济的过渡状态。套用经济学家 E·R·沃尔夫的观点,我们可以说,苏南的农民属于农业者,他们充分地进入市场,使自己的土地与劳动从属于开放的竞争,利用一切可能的选择在更小风险的基础上进行可获得更大利润的生产;苏北的农民则为农夫,他们固守传统,追求维持生计,并在一个社会关系的狭隘等级体系中维持其身份。苏南地区重视科教,乡村教育水平较高;苏北乡村教育落后,缺少各类人才,且近年来人才流失问题比较突出。苏南、苏北文化不同,据学者吴恩培的研究,苏南地区是传统吴文化的主要区域,吴文化的人文传统中有讲技巧、重知识的特点,读书风气盛行。自宋元以来,在漫漫历程中,江南一带读书氛围始终浓重,人才则从来没有凋零过。据不完全统计,明清两代,苏州地区共出过4 000 多名举人,1 500 多名进士,其中状元近 30 位,约占全国的六分之一(吴恩培,2006)。苏南崇读尚学的风习延续至今,对发展教育、培育人才起到了积极的作用。而且,苏南在近代就已经受到工业文明的熏陶,自然经济开始解体,"苏锡常"是近代民族工业的发源地,也是中国近代企业家和产业工人的诞生地,所以,苏南商品经济(包括农业商品经济)意识较为浓厚，文化教育水平较高，人们多富有挑战和应战意识，开放意识较强，从而带动观念、文化等非正式制度的创新。苏北地区没有类似的传统和环境，自古以来人才缺少。由于文化教育水平偏低，苏北农民参与市场交易的能力有限，难于捕捉市场机会，更难以在复杂的市场竞争中找到自己的立足之地。苏北教育水平低有历史方面的因素，也同苏北教育投入较低密切相关，据董李锋统计，自 20 世纪 80 年代一直到 21 世纪初，苏北乡村小学和初中生均预算内教育事业费均低于全国平均水平，仅为苏南的一半，苏北乡村初中、小学生均预算内公用经费仅为苏南的六分之一，苏北乡村初中生均固定资产总值、生均专用设备分别为苏南的三分之一和五分之一；苏北乡村小学生均固定资产总值、生均专用设备分别为苏南的三分之一和六分之一（董李锋，2006）。另外，尽管苏北乡村人力资源丰富，但与苏南乡村相比，专业技术人才偏少，而且近些年流失非常严重，人才资源的流失与乡村经济发展缓慢之间形成一种不断恶化的连锁反应。

此外，苏南农民进入市场的环境相对宽松、条件也比较好，苏北则不然，受到内外在因素的限制比较多。在大多数苏南乡村，农民倾向于把一切可以利用的资源都推向市场，在市场中找到利用价值，发挥经济效益。土地在苏南多数乡村地区已经开始进入市场流转，土地资源的流转和盘活成为苏南乡村发展规模化产业和走城镇化道路的重要支撑条件，同时，各种保障机制的建立和不断完善，也为苏南农民大胆探索、积极尝试各种创业机会提供了重要的前提条件。苏北地区的情况不同于苏南，在这里，农民自有资源较少，土地——作为农民生产生活的基本要素——难以进入市场、显示价格并得以交易。土地对苏北农民而言有着重要的意义。首先，土地作为一种重要的基础生产资料，是农民传家的物质基础，同时作为农产品的赖以存在的物质基础，它也是农民生存安全的最可靠保障。在苏北地区，对土地的过分依赖和依恋，将农民们束缚于土地之上，形成了以土地为中心的生产方式和交往圈层，生产要素的流动受阻，压缩了人们活动的社会空间和经济空间，农民生产经营的选择受到很大限制，难以充分有效地把握各种市场机会并快速实现致富。据调查，到 2020 年，江苏省超300 家乡村土地股份合作社中，苏北占不到 12%，加上苏北农民享有的社会保障制度不如苏南健全，农民以土地为生存保障，惜地情结较重，在家庭承包小块土地的基本格局下，土地资源难以整合，市场价值无法充分释放，极大地限制了苏北乡村的致富门径。苏北社会保障体制不健全，社会保障条件不理想，这也是苏北农民不能充分进入市场经济的重要影响因素。以养老保险为例，苏北阜宁县乡村社会养老保险实施了十多年，但至今参保率仅为 41.4％，参保金额严重不足，而到 2020 年，苏州乡村基本养老保险参保率高达 98.32％，享受乡村养老待遇的老年农民覆盖率超过 95％。因为苏北乡村社会保障条件差，农民的生存压力较大，导致苏北农民的防御圈远比苏南农民的防御圈大，苏北的农民因此比苏南农民更趋保守，也更加惧怕各种生产和经营风险。苏南、苏北两地乡村还有一个重要差别，那就是家庭结构和生育方面的差别。近年来，随着乡镇企业的逐步改制、快速发展以及产业结构、经济结构的调整，苏南乡村经济发展水平、人均收入和综合实力等远强过苏北，乡村人口自然增长率逐步下降，乡村家庭规模也有显著缩小的趋势。苏南地区传统的大家族观念已经十分淡薄，年轻人大多热衷于小家庭，一对夫妻加上未成年子女是主流的家庭结构。苏北地区乡村情况有所不同，在那里人们习惯于几代同堂的大家庭生活，家庭结构比苏南稍复杂，规模也比苏南要大一些。

相比之下，苏北乡村生产力水平较低，产业结构以传统农业为主，二三产业发展滞后，劳动力特别是重劳动力需求仍然很大，因此，在苏南乡村合理控制家庭规模、更重视生育质量的同时，苏北乡村还是流行着"养儿防老"的观念，乡村人仍然比较注重生育数量。这几年，苏北乡村人口增长率虽有较大的下滑，但总体看还是维持在较高的水平上，而同期苏南地区的人口增长率下降到不足 1％，在苏州部分地区甚至出现了人口负增长的状况。总结过去 100 年发展历程后可以发现，苏北乡村家庭规模偏大，乡村生育率较高，这一方面支撑了苏北乡村传统农业的发展，同时，也使得各家各户适了"父子相传"的农耕生活，失去了打破传统、走出小农经济的动力，也失去了许多参与市场经济的机会。

4.1.3 乡镇企业与乡村产业

中国共产党成立初期，苏南乡村集体资源保留较多，乡村产业发展基础较好，苏北乡村产业缺少相应发展基础[①]。苏南和苏北两地乡村在集体经济和精神资源传承方面的差异在很大程度上影响了两地乡村产业的发展。从乡村企业家资源来看，苏南乡村比苏北乡村条件更好。在苏南地区，农民市场意识较好，他们懂得利用市场信息灵活调整生产的产品和经

---

① 正如潘维指出的那样："一般而言，在社队企业比较发达的地区，彻底实施生产责任制很难，因而乡村集体得以保存下来，为未来乡镇企业的发展奠定了基础。相反，在社队企业不发达的地区，由于包产到户很受欢迎，乡村集体和集体主义精神的没落几乎不可避免，而这又不利于当地乡镇企业的发展……（所以说）生产责任制搞得越早、越彻底的地区，适应市场经济的能力就越差，当地的社会就越不稳定。回归家庭耕作越晚、越不彻底、人民公社的组织和精神资源保留得越完整的地区，适应市场经济的能力就越强，当地的社会就越繁荣稳定。"

营方式,土地资源被有效组织起来,形成了一批搞规模化生产的农业大户,另外一部分人则放弃土地耕作,把土地包给农业大户,自己按期取得租金或股息,放手在当地或到外面去投身非农产业,有的人通过初期积累,利用各种资源和有利的市场条件,建立起自己的乡镇企业,从而成为真正意义上的企业家。在苏北地区,土地的流转率和农产品商品化率都还比较低,农地自耕自用的居多,由于劳动生产率偏低,农民除了自我消费外,没有多少剩余的农产品,农业的市场化交易也比较有限,在土地很少被集中起来进行规模化经营的情况下,多数乡村仍然盛行着自给自足的自然经济和小农作业模式。再有一点就是,苏北地区官本位文化浓厚,公务员被公认为是最好的就业选择,无论成功还是不成功的企业家都希望在政府部门或与政府相关的部门里挂一个职衔,这样既方便企业同政府打交道,降低交易成本,也与个人的社会地位和成就感有关。所以说,在苏北地区,企业家缺少适宜的土壤,也正因为这样,在苏北的土壤上,企业家群体发育不良,他们不仅没有规模,而且不为社会所重视。从企业的发展路径看,因为企业家、政府对市场经济的开放式理解和整个市场环境比较宽松,苏南乡村企业比照苏北乡村企业更加开放,也更具开拓性。马奇(1991)认为,组织学习可以划分为探索式学习和利用式学习两大基本形式,其中,探索式学习倾向于在既有组织知识范畴之外,尝试寻求新的认识空间和新的方法,利用式学习则以既有组织知识为基础,侧重向内深化和有效利用,以当前知识运用为最优选择。按照这一思路,从实际情况看,苏南乡村企业大致上可以算作通过探索式学习谋求发展的,它们更注重市场开拓,积极打造和延伸产业链条,不断向外拓展销售网络和业务范围。与之相应,苏北乡村企业偏于保守,它们更像是利用式学习的那一类组织,就像当地农民和企业主一样,这些企业无法保持其组建初期的创业激情,有了点成绩就比较满足,慑于莫测且无情的市场浪潮,生怕已有的又失去,因而变得安于现状、畏首畏尾,习惯于渐进的、有条不紊的发展道路。总体而言,苏南乡村企业发展较快,苏北地区的乡村企业则相对发展缓慢。近些年苏南乡村企业经过改制和相关配套改革,开始从集体制管理模式和家族制管理模式逐步转为专业化管理模式,企业生产效率和经营水平不断提升。借用金祥荣(2004)在研究温州模式时提出的观点:从区域性的制度创新和制度变迁的阶段来看,苏南地区基本完成了从计划经济向初级市场经济的"第一次体制转变",目前正处于从初级市场经济向现代市场经济转型期,即从产权制度变革到以管理革命为主要内容的"第二次体制变革",其中的重点是实现古典企业制度向现代企业制度的转变。从大的发展轨迹上看,在苏南乡村企业逐步开始二次体制变革的同时,苏北乡村企业才刚刚完成初次体制变革,尽管也有少部分企业开始进行甚至完成了二次体制变革并理顺了管理机制,但是,这也仅仅是少部分情况,在整个苏北地区是没有代表性的。苏北乡村企业发展落后于苏南,多数企业还停留在集体制和家族制管理阶段,没有大范围引入职业经理推行农业产业专业化管理,产业和企业治理水平相对要差一些,农产品技术含量低,更新速度也慢,影响了企业的经营绩效。以乡村工业为例,在苏南和苏北两地乡村企业基本上还都是以工业产品为主要市场的情况下,苏北乡村企业人均工业增加值比重远远落后于苏南地区,近些年,其总体水平还不足苏南的五分之一。

4.1.4　社会网络与乡族关系

苏南、苏北两地乡村社会网络在乡村经济地理空间格局中都扮演着非常重要的角色,具有举足轻重的作用,两地乡村社会网络在聚集能力、企业化导向和宗族关系所能发挥的作用等方面具有明显的差异,这些差异或者差距也是影响两地乡村经济发展的重要因素。

首先,苏南乡村组织化程度比苏北地区更高一些。中国共产党成立后,苏南乡村较好地保留了自治组织的基本功能,并改进和完善了其在集体制大背景下所建立的组织沟通机制,尽管村民不愿意占用过多时间去介入政治和行政活动,但他们积极推动完善乡村自治的组织体制和运行机制,在较好的体制机制保障下,农民能够在利益攸关问题上充分利用其发言权,借助具有较强开放性的表达渠道反映自己的利益诉求和意见、建议,因为农民和自治组织之间建立起有效的沟通和反馈机制,也能够利用这一机制解决实际存在的各种问题,乡村自治组织得到了村民的尊重和支持,农民们在村庄建设方面也能很好地响应自治组织的号召和各项要求。相比之下,在打破集体公社制度的过程中,苏北地区乡村自治组织原本具有的“小公社”功能被抛弃了,它失去了以往所有的政治合法性和在调控乡村资源方面所体现的威严及战斗力,因为厌烦了昔日生产大队和生产队体制,农民们不愿意再靠拢到组织身边,为了更多的自由和更好的生计,农民们无声无息地抵制村委会所领导的自治。中华人民共和国建立以后,苏北地区村干部没有太多事情可做,其主要工作就是落实乡镇政府的关于提取收费和控制生育的统一部署,村委会和村民代表大会一度被认为是“筹资会”和“计生会”,乡村自治没有自下而上的参与机制和动力机制,势必丧失组织活力,也极大地影响了其政策导向和资源整合能力。

其次,苏南乡村企业间网络比苏北地区更为发达。在苏南乡村,乡村企业数量较多,企业现代化程度较高,企业已经成为社会结构的基础,而且企业与金融、保险、咨询、设计、营销、法律事务及各类社团保持密切联系,建立了相对发达的企业间网络,它们常常互通有无,在很多场合沟通信息、交流经验,使企业治理方面好的做法能在一定区域范围内较为顺畅地传播,总的来说,目前,苏南乡村企业已经是社会网络最重要的连接对象,企业和企业间网络在乡村资源配置过程中发挥着十分重要的作用。在苏北地区,小农户分散经营的特点比较突出,乡村资源和乡村经济还没有被很好地整合起来;乡村企业数量较少,业务范围相对狭窄,企业治理经常受到家族势力的影响,生产计划和运营管理方面都有一定的保守性和封闭性,本地企业间联系不多,乡村企业与相关业务部门、企业间组织的关系也十分松散,加之很多企业生产的产品雷同,市场基本重合,一些企业之间市场竞争激烈,它们相互之间封锁商业信息,影响了企业间的信息扩散和有效合作,乡村企业发展受到很大的局限。

最后,宗族关系在苏南、苏北两地乡村企业发展过程中的阶段性作用不完全相同。家庭联产承包责任制改革使得农户脱离公社体制,重新成为独立的生产和经营单位,也使生活在乡村的农民成为独立自主的市场主体,改革初期,大部分农户缺少农机具和市场资讯,安排生产方面有一定困难,在扩大再生产上更是缺乏资金和有效的技术,在乡村社会服务组织不健全的情况下,宗族关系在那个时候成为农民们自力更生的辅助力量和他们闯荡市场的重要保障。乡村宗族关系在苏南乡镇企业发展起步阶段发挥了非常重要的作用,是形成原始资本积累和初期发展动力的重要因素,随着乡镇企业的改制和进一步现代化,乡村宗族的功能变得不再重要,其影响也日渐衰落,当前,宗族对苏南乡村社会而言,其社会意义远高过其经济意义。在苏北乡村,宗族不但具有重要的社会文化意义,多数地方的宗族还在发挥着不可忽视的经济互助作用,由于宗族观念较传统也较为保守,这在一定程度上束缚了苏北农民的手脚,闭塞了其乡村经济地理网络空间,也弱化了苏北农民摆脱小农经济和自然经济的主观能动性和客观可行性。

4.2 苏南、苏北乡村经济地理发展成效比对

1978 年是中国乡村经济发展史上的一个重要转折点。正在这一年,为走出短缺经济的困局,中央政府决定承认人民公社制度的弊端,认可部分地区一些小农户尝试独立生产和经营的做法,并在随后的时间里开始在广大乡村地区有条不紊地推行家庭联产承包责任制及相关改革措施。由

于苏南、苏北乡村社会结构和初始经济水平上的差异,两地在实施与推进家庭联产承包责任制和更进一步的改革方面也表现出较大的差异。而这为接下来几十年的经济发展差距埋下了伏笔。

4.2.1 乡村经济结构比对

在苏南乡村经济体系里,主要由政府和企业驱动乡村经济发展,家庭在经济交易中不占重要位置,相比而言,在苏北乡村,企业的规模和作用还是比较有限的,推动乡村经济发展的主要力量来自政府和家庭。

(1)在乡村经济结构方面,苏南地区是扁平结构,苏北地区是垂直结构,苏南企业和社会组织发达,横向结构突出,整个社会偏向于扁平化;苏北地区企业和社会组织落后,政府、家庭及相关网络作用突出,具有比较明显的纵向结构,垂直联系的社会网络相对发达。由于"横向"网络符合平等主体之间建立联系的需要,有利于培育市场交易,苏南乡村的社会联系更加富有活力,更适合交易关系的延伸和经济规模的提升,相反,在"垂直"性更为突出的苏北乡村,限于不对等的支配和被支配关系,市场交易缺少长期稳定的支撑,生产和经贸活动也缺少自我维系和不断成长的动力系统。

(2)苏南是开放结构,苏北是半封闭结构。苏南乡村是开放结构,属于半熟人社会,而半熟人社会关系属于联系密度和彼此关切都不强的弱连带关系。从经济社会学的流行观点看,高度相互独立的组织内的强连带,会封闭这个组织,影响组织对外交流和组织知识库的拓展,相反,弱连带关系具有很高的成长性,因为不需要付出太多成本和培育时间,弱连带关系很容易形成规模,通过建立联系、沟通信息、共享某种激励因素,它成为创造各种流动机会和促成市场繁荣的重要资源。

(3)苏北地区有着根深蒂固的自然经济,与外界的经济、技术、文化等方面的联系较少,农民的生产和生活比较孤立、封闭,属于格兰诺维特所批评的"过度社会化"状况,个人依附于其社会角色,社会交往渠道不多,交易成本也比较高。受这种具有较强封闭性的社会空间的影响,苏北农民缺少产业技能和外部市场信息,无法获悉和把握各种市场机会。强连带的社会关系既是"小富即安""安贫乐道"等传统保守思想的产物,也是维护和强化这一思想的重要因素,它使得苏北许多乡村至今还停留在共同体状态中,人们之间进行市场交换,依靠的是一种基于宗法和亲情的伦理关系,相当一部分乡村市场活动可以说是一种身份依赖型的交易活动,在"身份依赖"的交易环境下,农民对村庄共同体之外的人群缺乏信任,乡村交往半径和经济生活空间都比较小,市场发育不够充分,难以推动乡村经济实现较快增长。

（4）苏南乡村是政府驱动型的,苏北乡村是政府控制型的。在分析这一问题时,可以把苏南社会归属到发展型政府主导的那一类,在这种社会结构下,政府更注重提供稳定的秩序和发挥自身在经济发展中的作用。在苏南经济崛起过程中,乡村政府扮演了重要角色。在乡镇企业改制完成前,乡村干部无论是在组织资源上,还是在经济资源和社会资源上都比一般的农民以及农民企业家具有明显的优势,他们既是乡村的政治领导者——社会主义政权的地方代理人,同时多半也是乡村企业的重要组织者。当然,自苏南企业改制以来,随着乡村企业的"去政治化""去社区化"不断推进,政府和企业在产权上大体分离开了,官员和企业家的身份也逐步分离开,政商结合的"政府公司制"终于结束了,在苏南乡村企业随后的发展过程中,市场主体的独立性、平等性及彼此间的竞争性越发凸显。与苏南不同,在多数苏北乡村地区,基层政府具有突出的"重管理、轻服务""重控制、轻引导"的特点,尽管同苏南乡村一样在开展村容村貌整治和扩大招商引资,但是其办事机制僵化、各种手续繁琐,地方法治环境和政治环境都不够好,导致苏北乡村企业的交易成本特别是各种隐性成本偏高,影响了政府自身的建设、乡村经济的长远发展以及乡村经济地理空间格局的重构。

4.2.2 乡村经济发展比对

苏南、苏北乡村经济发展差距由来已久。历史上,先是苏北发展水平高过苏南,自中国共产党成立之后,苏南超过苏北保持领先至今。

从历史发展脉络来看,苏南乡村比苏北乡村具有更高的发展水平已经是相当长时期内的一个基本事实。苏南和苏北在 1978 年乡村推行家庭联产承包责任制以后,并没有改变经过漫长历史过程而形成的区域发展差距,在过去 40 多年里,苏南乡村和苏北乡村虽都经历了一个很好的、快速的经济社会发展历程。从推进市场化情况看,苏南乡村市场比苏北活跃,整体投资密度也高于苏北[①]。苏北乡村发展基础原本就相对落后一些,虽然近些年发展势头平稳,投资环境也在不断改善,但是,总体看,投资密度

[①] 家庭联产承包责任制实施 40 多年来,在苏南乡村市场交易日趋繁荣,农民将各种资源投放到市场中,积极发展起农产品交易市场,土地资源的市场化也探索出一条经济可行的路子。2002 年 1 月,苏州吴中区胥口镇成立了第一个土地股份合作社,"土地股份化,农民股东化"正在发展成为一种模式。在农民直接投身市场经济的同时,在苏南乡村还兴起了多种经济形式,逐渐形成了颇具规模的乡镇企业群体,形成了一个快速的市场化发育过程。

偏低,特别是在进入 21 世纪后,苏南地区投资密度逐年大幅度上升,而苏北始终未见大的起色,因而与苏南在投资方面的差距越拉越大。由于投资拉动效应不明显,苏北乡村经济一直缺少强劲动力,发展水平偏低。

从乡村工业化情况来看,改革开放以后,由于乡镇企业在正式制度之外活动,能够运用更有效率的组织形式,能够取得特殊的交易成本优势;加之某些市场还没有被其他企业系统地开发出来,乡村工业企业作为一种缝隙经济形式逐步发展起来。苏南乡村具有相对发达的社办工业基础、较高的农业生产力水平和较强的集体积累能力,加上较为密集的城镇和毗邻大中城市的独特优势等,率先走出一条以乡村工业加速发展为特征、城乡工业联动发展的工业化道路,成为全国各地学习的榜样。目前,苏南乡村工业正向信息化带动工业化和发展高新技术产业的方向转型,乡村工业已经吸收了超过半数的乡村劳动力,而且在近十年里,乡村工业的就业规模一直稳步增长。相比之下,苏北乡村工业的基础较差,加上一些主观原因,与苏南乡村工业的发展水平存在较大差距,目前尚处在工业化中期初始阶段,乡村工业发展中还存在着产品技术含量低、产品销售渠道不畅等一系列问题,至今仍有近七成的乡村劳动力滞留在农业领域,乡村工业化程度只相当于苏南的一半水平,严重影响了苏北乡村的产业结构和经济结构转型。

从产业结构调整情况看,苏南和苏北地区三次产业发展历程相仿,都经历了并且正在经历着一产比重逐年递减,二产和三产比重逐年平稳上升的过程。而且就产值而言,也普遍存在二产高于三产、三产高于一产的情况。实际上,苏南、苏北两地乡村在产业结构上的主要差别体现在三次产业的份额结构上,苏南乡村产业结构升级比较快,其第二、第三产业的比例高于苏北乡村,而一产的比例低于苏北乡村,近几年,苏南乡村一产在整个产业构成中已经没有多少分量。苏北乡村产业层次同苏南相比还处在比较低的水平,乡村产品附加价值和利润率都不高,直接影响了乡村经济积累、乡村经济地理空间优化,也影响了农民收入水平的提高。

4.3　江苏省乡村产业优势推进的经验

乡村经济是一个结构化的体系,乡村经济发展正是在这个体系之下整体协动的过程。未来,江苏乡村乃至整个中国乡村的发展要依赖很多方面的改进。就其主要方面来说,就包括建设法治化政府、塑造企业家精神、培育社会资本和推进乡村现代化等任务。在一定程度上讲,这些任务也是乡村朝着更高层次和更加文明的方向发展演进的基本条件。借用著名经济学家缪尔达尔的话来说，由于这些条件之间存在着一般的因果关系，因而它们形成了社会体系。综合以上分析，本章认为，江苏省在发展乡村产业、发挥优势方面给出了正反两方面的经验，主要体现在以下方面。

4.3.1　为乡村产业发展谋求政策支持

乡村政府是促进乡村经济发展的重要力量，就乡村经济持续健康发展的需要而言，"好政府"首先应该是一个稳定的政府。没有稳定的政府、稳定的政局，乡村经济发展就会因为缺乏稳定的环境和秩序而受到严重影响。历史经验表明，通常情况下，和平秩序和其他公共物品的提供会导致产出的巨大增长，政府行为虽然不是基于所谓的"社会契约"或者其他任何形式的目的，但至少应是一个法理型政府。按照韦伯的观点，历史上的合法统治类型有传统型、个人魅力型和法理型三种，其中，法理型统治是政治现代化的重要标准，它是指被统治者对政治领袖的自愿服从，其原因不在于领袖自身的品质，而在于他是按照已经被人们接受的规则选出的。在法理型政府体系下，权利平衡分配的结构受到关注和重视，社会规则是"公共的"，公共的（开放共享收益）规则将超越利益政治（专门群体利益），成为现代公共权威的基础和现代社会的基本导向。对江苏省乡村经济社会发展实际进行梳理后发现，苏南的乡村政府能够为社会提供安定秩序和基础性公共物品，并且能够在一定的法律框架和职责范围内及时有效地解决各种社会问题。从约翰·斯图亚特·密尔到罗伯特·达尔的民主理论家都曾断言：民主的重要特征就在于政府不断地对其公民的意愿作出回应。民主赋予公民为达成某种个人或社会的目标向他们的政府提出请愿的权利，同时要求他们对公共利益的理解和对公共利益的争论，都是客观和公平的。然而，"好政府"并不仅仅是各种观点相互竞争的论坛，也不仅仅是人民不满情绪的回音壁；它是要实际地解决问题的。苏南地区的乡村政府不仅考虑了公民的需求，而且对这些要求采取了有效的行动。而一个包容型政府，需要做到以下几点：自觉接受法律对公权的约束，积极维护私权和社会利益，这就包括了个人、家庭、企业以及各类组织的权益。一般来说，这些人熟悉乡村基层情况、具有进取精神、敢于突破传统，他们有限的实践如能成功并为政府所认可，改革事业就有了一个很好的基础。另外还有一点，就是要在国家战略层面保持一定的开放性和伸缩性，防止乡村经济的发展道路因政策的变动而受阻。

4.3.2　充分挖掘乡村产业发展的经济要素

在人类社会中，市场的出现与逐步繁荣，是文明社会出现的重要标志。

在很多经济学家看来,经济活动是人们之间的活动,市场扩展则是人们交易活动范围增宽和深化的一个自然结果,而近现代以及当代历史上的任何国家和地区的经济繁荣与社会发展,说到底只不过是市场扩展的一个外在表现。基于这样的事实,在乡村经济发展过程中,要特别注意和重视培育和支持乡村企业的发展,要鼓励乡镇企业进行创新,不断提高农产品价值含量。与此同时,要充分发挥乡镇企业、当地院校、第三机构的知识溢出效应,这对乡村经济发展和乡村经济地理空间优化都是十分必要的。因此,需要充分挖掘乡村产业发展的经济要素,通过鼓励各种显性和隐性知识的传播与利用,推动形成农户间、乡镇企业间、当地政府间相互联系的乡村经济地理空间网络,最大程度地利用好乡村经济地理空间内的人才、土地、制度等基本经济要素,保持乡村经济的高度成长性。其间,要注重培育乡村企业人才,做好人力投资,因为在乡村人口质量和知识方面进行投资,能够在很大程度上决定乡村经济的未来。

4.3.3 充分培育乡村经济的社会资本

通过前文的分析可知,苏南地区的乡村经济发展的重要经验之一,就是加快了各类社会网络的培育建设,加快累积农民以及整个乡村的社会资本。当社会主义市场经济的目标模式被确定之后,在当前和今后相当长一段时期,乡村经济向市场经济转变的任务就十分清晰明朗。在此期间,一个重要内容就是要建立健全乡村经济网络,以此扩大农民群体的社会资本。在人类学层面上,社会资本指的是人类活动群体交往过程中形成的,基于共享知识、理解力、制度和交往模式的资本类型。埃莉诺·奥斯特罗姆指出,社会资本是在人们的协作过程中产生并得到维系的。近年来,我国乡村人口稳步增长,重要投入要素的比价关系处于急剧变动之中,所有这些都对现有的乡村社会资本造成了极大冲击,进而对乡村居民、乡镇企业、企业家的创造力与自治能力等,都带来了灾难性打击。比如,农产品价格的重大变化或者新的工作机会的出现,会导致乡村劳动力搬离偏僻的乡村,这对长期建立起来的乡村经济地理空间及其相应的制度安排,都形成了强有力的挑战。但是,倘若在一个地区能建立起有效的交流平台,共同解决业已出现的问题,上述冲击就难以也不太可能威胁到乡村经济地理空间和制度本身。为此,需要引导乡村居民学会调整他们自己的规则和程序,有效解决上述问题,不断提升适应环境的能力。尤其在今后一段时间,更应该以乡村振兴和全面建成小康社会为依托,在全面发展乡村经济的过程中,尊重和支持乡村经济组织的发展,大力发展乡村社会网络。在必要的情况下,可以将政府有关职能、权力等,部分让渡给社会上的非营利自治组织、中介机构和行业协会,依托乡村经济社会组织进行乡村经济治理,并以此推动乡村经济的可持续发展。

4.3.4 系统推进乡村经济现代化

在过去的 100 年中,中国乡村人口曾经出现过快速增长,但在农业以外就业的增长却受到了严格限制。因此,大量乡村劳动力在无法在农业内部获取就业机会的情况下,采取了适当的劳动密集方式以增加产出——这一度被认为是优先考虑的政策主张。而为了在农业内部增加就业,除了要推行农业规模化外,还要推动农业产业现代化,并借此系统推进乡村经济现代化。在这方面,苏南地区的做法就值得借鉴。因此,在当前和今后一段时期,需要在优化乡村产业的同时优化乡村经济地理空间,并努力做到以下几点。

(1)提升乡村产业的规模化水平。由于微型个体户农业难以使农民"致富"也难以提振乡村经济,就需要通过规模经济的形式激发乡村发展动能。在中国乡村的大部分地区,人口密度都较大,农民人均占有耕地面积不多。在乡村地区实行规模化经营,能够提高单位土地的产出率和劳动生产率,有利于农业机械的大范围应用,有利于解决土地经营规模小带来的生产要素流失与产出效益下降等问题,促进农业生产的科学化与现代化。

(2)推动农业生产兼业化。在稳定发展乡村传统产业的基础上,以农业兼业化为基础,全民推动城镇化并实施土地集中化,形成专业化规模经营农户,以实现农业生产的规模化发展。同时,要以市场为导向,以加工类乡镇企业或农村合作经济组织为依托,以广大农户为基础,以科技服务为手段,将农业再生产过程联结为一个完整的乡村产业系统,使农业从原来的第一产业领域扩大、涵盖到第二、第三产业领域,把第一、第二、第三产业有机地结合起来,有效扩大乡村劳动力的就业门路,扎实稳健地促使乡村劳动力在农业、乡村内部就业。

(3)推动乡村经济高级化。无论是在乡村,还是在城市,产业结构调整都要因时而动,如果在乡村单一发展农业,在城市单一发展工业和服务业等,势必导致产业对接不当、交易成本过高,而且容易引起城乡隔阂和社会矛盾。因此,需要在乡村经济地理空间内对乡村产业进行"高级化设置",细化乡村产业,拉伸乡村产业链条。其间,应进一步提高乡村产业的科技与知识含量,提高原材料价值和加工业的附加价值。此外,要注意到解决乡村经济发展问题的最终途径是提高农民收入和获得感,把他们从农业劳动中"解放出来",在推动城镇化与城市化建设的同时,全面建设美丽乡村,以实现区域协调发展与健康发展。

本章小结

在发展乡村经济和优化乡村经济地理空间的问题上,乡村产业集聚与产业转移,都以农业生产或乡村资源禀赋为基础,以技术创新和制度创新为前提,通过资源整合和产业融合,在乡村经济地理空间内不断积聚,由此形成具有比较优势的乡村产业群体,助力乡村产业和乡村经济发展。在我国,乡村产业集聚的形成和发展,是各种乡村经济地理要素不断流动与聚集的过程。比如,在市场机制与政府宏观调控的同步作用下,城乡资源要素紧密结合,从而在乡村产业之间产生了流入效应、乘数效应与溢出效应。自中国共产党成立以来,中国乡村经济就开始了"天翻地覆"前的"准备工作",改革开放之后,尤其是党的十八大以来,针对乡村经济地理要素流变和谱系优化的新技术、新思想、新工具、新手段不断涌现,大数据技术、云计算技术、物联网技术等各类信息技术,以及生物技术、机械制造技术等都在迅猛发展,这些具有鲜明时代特征的新兴科技和乡村产业结合,不但改变了乡村产业经营的内容和形式,还改变了农产品与服务的消费特征,催生了越来越多产业融合的新业态和商业模式。可以说,在经济发展新常态下,中国乡村经济发展也从高投入、高消耗、高排放的粗放型增长态势,朝着绿色、环保、可持续的集约型增长态势转变,乡村经济结构、乡村产业结构调整也得以不断深化。基于这样的背景,本章针对"乡村产业集聚与产业转移"问题进行了探讨。首先基于对城市群的逆向分析,给出了产业集聚的理论基础,介绍了城市群以及城市群的分类;接下来,进行了乡村产业地理集聚及空间外部性效应分析,并以北部湾为例进行了事实上的佐证;然后,通过乡村产业转移与空间效率分析,探讨了新经济地理学视角下乡村产业转移的动力机制等问题,最后通过苏南、苏北乡村产业发展与经济地理比对,阐述了江苏省乡村产业优势推进的经验。当前乃至以后,为了获得乡村经济新的增长点,我国乡村经济地理要进行产业优化、产能优化,引导乡镇企业谋求战略转型,并在国家政策的感召下,引导更多资本投向乡村经济发展领域,让更多物流、人力资本流、信息流在资金流的带动下向乡村地区聚集,为一二三产业的融合奠定坚实的物质基础与组织保障。

参考文献

［1］李颖,杨慧敏,刘乃全.新经济地理视角下产业转移的动力机制——以纺织业为例的实证分析[J].经济管理,2012(3)：30-40.

［2］Baldwin, Richard E, Toshihiro Okubo. Heterogeneous Firms,Agglomeration and Economic Geography：Spatial Selection and Sorting[J]. Journal of Economic Geography, 2006(3)：323-346.

［3］Combes P, Duraton G, Gobillon L, Puga D, Roux S. The Productivity Advantages of Large Cities：Distinguishing Agglomeration from Firm Selection [R]. CEPR Discussion Paper, 2009(9)：90-93.

［4］Ottaviano G I P. "New" New Economic Geography：Firm Heterogeneity and Agglomeration Economies [J]. Journal of Economic Geography, 2011 (3)：231-240.

［5］Uga D. The Magnitude and Causes of Agglomeration Economics[J]. Journal of Regional Science, 2010(50)：203-219.

［6］Richard E Baldwin, Rikard Forslid, Philippe Martin, Gianmarco Ottaviano, Frederic Robert-Nicoud. Economic Geography and Public Policy[M]. Princeton University Press,2003.

［7］李玉红,王皓,郑玉歆.企业演化：中国工业生产率增长的重要途径[J].经济研究, 2018(6)：90-93.

［8］熊远光,张莉莉.新经济地理理论下的工业发展路径分析——以广西北部湾经济区为例[J].生产力研究,2019(1)：64-65.

［9］王伟凯,黄志基,贺灿飞.中国城市群经济空间评价——基于新经济地理的视角[J].城市经济与管理,2012(7)：82-90.

［10］赵欣.20世纪前叶西方学者对中国东北农业地理的调研与影响[J].白城师范学院学报,2016(4)：4-10.

［11］胡新萍,赵兴梅,苟天来,侯婧,左停.建国以来中国的国家与农民关系研究[J].前沿,2011(9)：12-17.

［12］刘媛媛.1949年以后中国农村土地产权变动对农村经济发展的影响[J].天中学刊,2014(12)：44-47.

［13］农淑英.论转型期民族乡村社会治理中的规则互动[J].广西社会科学,2015(4)：168-171.

［14］闫文,刘建,汤倩.中国农村土地产权制度演化的路径研究[J].商业时代,2013(32)：105-106.

［15］阿尔钦.财产权利与制度变迁[M]//林毅夫.关于制度变迁的经济学理论：诱致性制度变迁与强制性制度变迁.上海：上海人民出版社,2014：383-388.

［16］科斯.社会成本问题[G]//陈昕.财产权利与制度变迁——产权学派与新制度学派

译论文集.上海：上海三联书店,上海人民出版社,2013.

[17] 王友明.中国农村土地产权制度的历史变迁[J].中共党史研究,2017(1)：35-41.

[18] 刘颖,唐麦.中国农村土地产权"三权分置"法律问题研究[J].世界农业,2015(7)：172-176.

[19] 付海莲,许亚男.我国农村土地产权制度改革历程及启示[J].农村经济与科技,2017(4)：20-22.

第九章　乡村耕地分布与格局演化

　　我国人多地少，确保粮食安全，始终是国家关注的头等大事。自中国共产党成立以来，在中国大地上推行的首个重大改革就与土地有关。自中华人民共和国建立之后，针对保护耕地、扩大耕地面积、提升耕地亩产、强化耕地可持续利用等问题进行了不间断的研究、探讨和实践，国土资源部也在多个文件中多次提及和强调，各省、市、自治区要采取各种有力措施，积极推行并落实与乡村耕地有关的制度，包括占用耕地补偿制度、复耕补贴制度、特殊农作物栽种扶持制度……希望借此切实保证补充耕地质量。上述所有努力和所有政策、措施的推行，都是为了确保我国粮食安全，这对强化国家安全具有重大的现实意义[1]。而之所以如此，是因为近 100 年来，粮食问题是全球的首要问题，也是各国普遍关注的问题。与一些农业基础较好的国家不同，与发达国家对粮食安全的需求不同，我国地形条件复杂，人口多、人均耕地少，虽历经几千年的农业发展，但农业水平即便到了近代，到了21 世纪初，也处于世界中等偏下水平。其中的制约因素有很多，关乎科技、思维、手段、资源等，但在所有因素中，单位耕地上的产出少、质量差，是最值得关注的问题。比如，如果耕地和增补耕地的地形条件不对等，就会直接影响我国粮食生产能力和粮食安全。所以，研究乡村耕地的地形要素空间分布特征，对于指导耕地资源开发和粮食生产，都具有重要意义。一个世纪以来，国内外许多学者针对乡村耕地分布和格局演化问题进行了大量深入而细致的研究，研究结果显示[2-4]，在任何一个国家中，耕地质量和坡度、高程两个地形要素之间，都呈负相关，也就是说，坡度与高程值越小，耕地的质量越好；坡度与高程值越大，耕地的质量越差。在我国，从 20 世纪80 年代中期以来，粮食生产区域格局出现了历史性变化，"南粮北调"的局面正式结束，取而代之的是"北粮南运"。在此过程中，耕地作为粮食生产的物质基础，以及粮食生产系统的重要组成部分，受到了全社会的关注，任何关于粮食生产、粮食安全的研究，都要涉及耕地面积的空间变化。基于此，本章就针对乡村耕地分布与格局演化问题进行分析和探讨。

第一节　国际视角下的耕地时空变化与基本格局

耕地资源是土地资源的精华所在,也是最重要的农业生产资料,更是保障土地生态系统稳定与优化的基础。人类活动对生态系统和土地覆盖的改变,是地球自然生态系统变化的最主要根源之一。20 世纪 20 年代以来,人类活动导致的土地覆盖变化已逐渐成为了一个伴随地球系统产生的全球现象[5]。土地利用/覆被(LUCC)不仅影响区域可持续发展,而且对全球生态系统的影响已经与自然要素对全球生态系统的影响处于同一量级,甚至在一些区域成为了生态系统变化的主要原因。农业,作为人类最主要的土地利用活动之一,目前已涉及全球陆地地表的三分之一,已替代全球陆地地表的大部分植被。在智慧和劳动的"引领"下,尽管通过耕作活动,人类利用土地资源满足了自身生存的需要,然而,这种土地类型上的变化很可能导致地球"表面-大气"系统的变化。但无论如何,对开发更多耕地资源、对现有耕地资源进行充分利用,直接关乎人类的福祉。在我国,对乡村耕地分布和格局演化问题进行研究和实践,有助于推动乡村经济地理要素朝着"正确的方向"演化,也有助于乡村经济发展和人民生活水平的提高。

1.1　已有研究

自 20 世纪末以来,国内外学者就针对各种时空尺度下的耕地变化问题,进行了大量细致而深入的研究,研究成果已不胜枚举,但在全球尺度下对耕地变化问题进行研究,相关成果还十分有限[6-8]。在国外,拉曼库提等结合卫星数据与国家、地方农产品库存数据,创建了 20 世纪 90 年代初的全球 10 千米空间分辨率的数据集,计算结果表明,在 20 世纪 90 年代初,全球耕地面积达到了 1 800 万平方千米,并据此对全球耕地的空间变化进行了分析;同样是拉曼库提等人,在 1999 年用"追算"建模技术,创建了 1700—1992 年历史农田数据集,计算区间跨越 3 个世纪。结果显示,在过去的 300 年间,全球耕地面积整体上呈上升趋势。在 1700 年之后,欧洲成为全球耕地扩张最快速的区域,其次是北美洲与前苏联。当然,这些新增的大部分耕地,多是以牺牲林地与草地为代价的;拉曼库提等人还参照全球农业与卫星遥感数据,计算出了 2000 年的全球耕地面积,约为 1 500 万平方千米。在南亚、东南亚、欧洲、美国密西西比河东部地区,耕地所占比例较大,加拿大、南美洲北部地区,耕地比例较小;此外,高德维克等人于

2011 年参照全球历史环境数据集（HYDE），认为近 3 个世纪以来，全球耕地面积增加了 5.5 倍，增加的耕地主要由林地和草地转化而来；赖佩斯等人在 2005 年通过对多源耕地数据的校正与分析，计算出了 1981—1990 年的全球各个大洲耕地面积，结果显示均有增加，而耕地增加的区域主要位于亚洲的东南部、孟加拉国印度河流域、中东和中亚地区、美国的大平原地区等。同时，美国东南部和中国东部的耕地减少较为剧烈。在我国，赵文武在 2012 年参照世界粮农组织（FAO）统计数据库与世界银行数据库，研究了世界上 2050 年人口可能过亿的 17 个国家及耕地面积排名前十的国家耕地动态变化情况，得出的结论是：大多数国家会呈现耕地减少趋势，90% 以上的国家会出现人均耕地面积减少现象。

当然，需要指出的是，即便涉及全球尺度下的耕地时空变化研究，已有了一些成果，但更多的研究主要集中揭示了全球 20 世纪 90 年代前的耕地面积变化。近年来，随着全球气候变暖及全球尺度耕地数据的不断更新，人们更为关注近期、当下和未来全球耕地的时空变化情况。接下来，就参照 2015 年中国科学院地理科学与资源研究所、国家卫星气象中心等单位联合研制的全球地表覆盖数据产品（CG-LTDR），对 20 世纪 80 年代以来全球耕地面积变化及空间格局变化特征进行分析，希望为我国乡村经济活动对乡村地表的干预过程、保证耕地资源可持续发展和利用以及保障世界粮食安全提供一些参考。

1.2　工具选取与数据处理

在对 20 世纪 80 年代以来全球耕地面积变化及空间格局变化特征进行分析时，计划采用由中国科学院地理科学与资源研究所与国家卫星气象中心等单位联合研制的全球地表覆盖数据产品 CG-LTDR。该数据产品具有以下特点：该数据集是将空间分辨率为 500 米的 MODIS 数据融合至空间分辨率为 0.05° 的 AVHRR 数据中，实现了像元尺度上的定量融合，生成了空间分辨率一致的长时间序列土地覆盖分类数据，时间范围为 1982—2011 年，共 30 年。数据产品采用全新的土地覆盖分类算法，即层次分类方法作为分类方法。具体做法为：先按地理特征区分大类，然后在大类上进一步选择地理特征区分小类。其特点是先简化分类特征并将噪音信息过滤，极大降低分类特征数量，并将隐性信息转换为显性信息。CG-LTDR 将土地利用类型划分为水（湖泊）、冰雪、荒地、稀疏植被、城市、湿地、常绿针叶林、落叶针叶林、常绿阔叶林、落叶阔叶林、灌木、耕地、草地、草地/林地混合型、苔藓地衣这 15 种。该数据产品已在多个研究中作为基础数据使用并已被验证。比如,史学丽等(2012)验证了CG-LTDR在中国的分类精度,其总体分类精度达65.57%,与其他全球土地利用数据(IGBP Discover、UMD、GLC 2000和MODIS Land Cover等)相比,其精度达到或者超过国际平均水平;商荣、刘洋等(2014)在此数据基础上,分别形成了全球地表反照率产品及叶面积指数数据,此数据多次用于全球气候模式或区域气候模式的驱动参数库。为了进一步验证CG-LTDR在中国区域外的数据精度,将此数据产品与欧洲航天局(ESA-GlobCover)、FAO粮农数据库、NASA(NASA-MCD12Q1)数据进行对比。采用κ系数来评价CG-LTDR与3套数据空间的吻合程度。由于不同数据在土地利用分类上稍有区别,所以接下来的工作要对其进行合并归类处理,比较主要土地利用类型的空间分布吻合度。κ系数是用来比较两个图件空间相似程度的参数。规定κ系数0—0.20为极低一致性,0.21—0.40为一般一致性,0.41—0.60为中等一致性,0.61—0.80为高度一致性,0.81—1.00几乎完全一致。结果表明,CG-LTDR数据与ESA-GlobCover、FAO均具有高度一致性,与NASA-MCD12Q1数据几乎完全一致。

1.3 乡村耕地空间分布特征与成因

1.3.1 总体特征

自中国共产党成立以来,我国乡村耕地空间分布一直处在动态调整之中,但总体具有以下特征。

(1)乡村耕地面积有增有减,但耕地减少的乡村数量多、面积大。通过现有的中国耕地面积变化趋势可以看出,我国乡村耕地在空间上长期保持动态调整态势,很多定量统计分析,都具体说明了全国乡村耕地面积的变化情况[9]。2017年6月12日,中科院发布了《中国可持续发展遥感监测报告(2016)》。报告指出,遥感监测的20多年间,我国耕地变化最显著,其动态变化面积高于所有其他土地类型;耕地面积先增后减,呈现明显的阶段性特征,2000年面积最大,为21.36亿亩,其主要原因是全国新开发的耕地面积在增加。但是,质量较好的传统耕地和良田却在减少。而自然资源部发布的《2017中国土地矿产海洋资源统计公报》显示,2017年末,全国耕地面积为13 486.32万公顷(20.23亿亩),全国因建设占用、灾毁、生态退耕、农业结构调整等减少耕地面积32.04万公顷,通过土地整治、农业结构调整等增加耕地面积25.95万公顷,年内净减少耕地面积6.09万公顷。

(2)东部耕地面积以减为主,西部耕地面积以增为主。其中,以大兴安岭-长城-贺兰山-川西山地一线为界限,东部地区耕地面积减少乡村占全国的78.1%，西部地区耕地面积增加乡村占全国的53.8%。如果按粮食生产系统一级区划来统计耕地面积的变化情况，把内蒙古自治区及长城沿线区、甘新区、青藏区、西南区划归西部，其余五区划归东部的话，则总体呈西部增加、东部减少的态势。

（3）平原丘陵区耕地面积以减少为主，山地高原区耕地面积以增加为主。在我国东部地区，主要是平原、丘陵，西部主要是山地、高原。因此，乡村耕地面积变化的东西对比能够表明，平原丘陵区耕地面积在减少，山地高原区耕地面积在增加。倘若进一步以粮食生产系统二级区划为单位，进行统计分析，结果表明：耕地面积增加最多的六个区分别是蒙古高原、滇南高原、东北平原、四川盆地、云贵高原、黄土高原，占全国耕地增加面积的53.18%；耕地面积减少最多的六个区域，分别是长江中下游平原、山东半岛丘陵、黄淮平原、粤闽沿海、低洼平原、汾渭谷地区，占全国耕地减少面积的52.78%。对于这种局面，应该引起足够重视，因为这关系到乡村经济发展潜力和潜能，也关系到乡村经济地理要素流变的趋势、方向和尺度。

1.3.2 乡村耕地空间分布的成因分析

在对我国乡村耕地面积时序变化驱动力进行定量分析后，可以得出如下结论：乡村耕地的变化和乡村人口的增长、乡村经济的发展关系最为密切。据此，选取分县总人口、乡村人口及乡村社会总产值三项指标的变化，对乡村耕地面积空间变化的成因进行探讨，能够继续得到以下结论。

（1）乡村人口增长较快是引起乡村耕地减少的原因之一。各大区乡村人口增长幅度存在显著差异。其中，乡村人口增长较快的是黄土高原区、黄淮海区、长江中下游区及华南区，这正是乡村耕地面积减少较多的地区，能够说明乡村耕地变化与乡村人口增长之间存在密切关系。当然，甘新区及青藏区总乡村人口的增长也很大，但由于乡村人口基数小、乡村经济发展较慢，并未造成乡村耕地的大量减少。

（2）乡村经济的快速增长是乡村耕地流失的重要原因。在我国的东北区、黄淮海区、长江中下游区及华南区，乡村经济发展较快，特别是乡镇企业的发展会占用大量耕地。同时，乡镇企业的发展会引起乡村城镇化进程的加快，让乡村居民建设用地大幅增加。当然，在每年减少的耕地面积中，国家基建征地也占有较大比重。

（3）新开荒地有效缓和了乡村耕地总量的锐减。按照统计，在不同乡村地区增加的耕地面积中，新开荒地面积一直占较大比例。比如，在

1990 年,全国新开荒地占增加耕地面积的 59.8%,到了 1994 年,全国新开荒地占增加耕地面积的 37.2%。也正是由于进行了大量后备荒地资源的开垦,使得我国甘新区、青藏区、西南区的乡村耕地面积出现了正增长。在内蒙古自治区、长城沿线地区,乡村耕地的增加主要与改牧为农有关——以牺牲草场为代价获得耕地。当然,借用此法增加耕地的做法值得商榷。而值得肯定的是,改革开放之后,我国针对盐、碱、渍、滩等土地进行了综合治理,尤其在黄淮海平原、东北平原、华南沿海等地区,以此法新增了大量耕地——这需要提倡和推广。

第二节　乡村耕地复种空间格局与演化

在乡村经济地理的关键要素中,土地/耕地流变的意义不言自明,对于土地/耕地之上的"农业附着物"——农作物来说,一直是中国乡村经济地理空间优化、乡村经济发展的重中之重,唯有关注并不断提升农作物的产量和质量,才能为乡村经济"赢得"一个"坚实的未来"。在我国,农作物品种多种多样、种植制度复杂多变,多熟种植体系中存在着很多类似于间作、套种的模式,以农户家庭为管理单元的耕地上,作物种植结构较之于规模化农业经营更为复杂[10]。可以说,种植制度在不同乡村的差异,能够反映不同区域农业土地利用情况、自然环境和社会经济因素的差异情况等,其形成与变化是不同尺度下自然和人文因素综合作用的结果,实质上反映的是人类与环境之间的复杂关系。自中国共产党成立以来,人们针对乡村经济发展问题进行了不间断的研究和实践,为了提升农作物产量,采取了很多措施。其中,乡村耕地复种就是一个重要"选项"。

2.1　耕地复种的概念

粮食安全问题直接关系国计民生,是经济社会发展的重大问题,也是国家稳定和发展的基础,属于"头等大事"。粮食产量的提高会受到诸多因素的影响和限制,比如可利用土地面积、水热资源、作物品种等。这些限制因素会直接影响乡村地区粮食增产的可能性[11]。对中国来说,地少人多是不争的事实。自改革开放以来,乡村经济快速发展,美丽乡村建设进程持续加快。在此过程中,由于城市化的推进,大量农用地被占用和非农化利用,让人地之间的关系变得更加紧张。如果首先假定耕地面积在短时间内难以增加,就需要考虑现有耕地资源的科学高效利用问题,以及耕地集约化利用等问题,这些问题需要得到政府、科研机构的高度关注。其中,耕地复种被认为是在时间、空间上,加强耕地集约化利用的最简单措施。截至目前,我国超过40%的耕地存在复种可能,生产的粮食中,超过四分之一来源于耕地复种指数的提升。因此可以说,复种不但是提高粮食总产量的重要途径,能够确保国家粮食安全,也能够在很大程度上缓解粮食作物和经济作物、绿肥作物之间的争地矛盾,对改善耕地土壤环境、增加土地亩产是大有裨益的。其中,复种指数是衡量耕地复种效率的关键指标,反映的是农业生产在时间尺度上利用农业生产资源的水平。值得注意的是,潜力复种指数和实际复种指数,在复种指数研究中一直是重要内容。潜力复种指数指的是充分借助乡村地区的光、水、热资源时耕地所能达到的最大复种指数,实际复种指数指的是受到乡村经济、政策、劳动力、技术条件等因素的制约,所能达到的实际复种水平。在自然生态环境与乡村经济条件的双重制约下,任何乡村的耕地潜力复种指数和实际复种指数都会处在不断发展变化之中。传统的实际复种指数研究方法,一般是基于统计数据在行政区划单元上开展复种指数计算。近年来,空间遥感技术得到了进一步发展,从时间序列的角度,对遥感数据进行分析和处理,能够得到更加客观的复种指数,相关数据的提取方法也得到了广泛应用,应用效果十分理想。

2.2　数据与方法选择

改革开放以来,即从20世纪80年代开始,中国乡村经济在高速发展的同时,气候变化影响也越来越显著。为此,对乡村耕地复种空间格局与演化的研究,采用的统计数据来自农业部(现在的农业农村部)1980—2010年全国县级农业调查数据,选用数据项包括年末耕地面积、总播面积和粮食作物合计总产等;气象数据来源于中国气象科学数据共享服务网的中国地面气候日值数据集,时间范围同样选取1980—2010年,选取数据项为日降水总量和日平均温度。行政区划边界为2010年全国县级行政区划图。县级农业调查卡片数据存在部分年份的耕地面积和播种面积数据缺失和误差,需要进行数据校正。首先,借助1980—2010年每10年间的有效年份数据,计算乡村耕地面积和乡村播种总面积的平均值,筛选出耕地面积与播种面积数据中的异常数据;然后,利用每个乡村10年平均值计算实际复种指数,实际复种指数的理论值在0%—300%之间。针对气象数据,再将全国824个气象站点的30年日值数据转换成年值数据,利用Excel 2007"数据透视表"功能,将日降水数据计算成年降水总量,再计算各站点10年平均年降水量及10年0℃以上年活动积温。在ArcGIS环境

下,通过大区域插值效果较好的"克里金插值法"对气象数据插值,设定的
Cell size 参数均为 1 千米,以此生成空间栅格数据。最后,把插值后的空
间气象数据通过 GME 工具在县级行政单元边界内求平均值,得到县域单
元 10 年平均年降水量及 10 年 0℃以上年活动积温。其中,耕地可提升复
种指数是最大潜力复种指数与实际复种指数的差值,用于量化可提升的复
种潜力,计算公式为

$$PIMCI = PMCI - MCI。$$

上式中,PIMCI 指的是耕地可提升潜力复种指数,PMCI 指的是耕地
潜力复种指数,MCI 指的是耕地实际复种指数。其中,耕地潜力复种指数
参考"热量-降水"模型。该模型基于区域的热量和降水条件,分别计算这
两种因素限制下的潜力复种指数,取两者最小值作为区域的潜力复种指
数,在计算热量潜力复种指数时,以 0℃以上年活动积温 3 400℃、4 200℃、
5 200℃和 6 200℃为复种指数变化的 4 个明显边界;计算降水潜力复种指
数时,用年降水量 500 毫米和 1 200 毫米作为潜力复种指数预测的分界线。
同时,把县域单元 10 年平均年降水量作为模型输入,计算求得县级 10 年
平均潜力复种指数。耕地复种可提升潜力如果可以充分利用,可以在耕地
面积不变条件下增加粮食总产量。在现实层面中,不同乡村耕地都会种植
一定比例的经济作物及饲料作物,所以,复种指数提升增加的播种面积并
不等同于粮食作物播种面积的增加。为了解决这一问题,结合耕地面积和
粮食作物播种面积比计算可新增粮食作物播种面积,再按照县级粮食单产
计算新增粮食产量。具体计算公式如下:

$$\begin{aligned}
新增粮食产量 &= 可新增播种面积 \times 粮食作物播种面积比 \\
&\quad \times 粮食单位面积产量 \\
&= 复种指数可提升潜力 \times 耕地面积 \\
&\quad \times 粮食作物总播种面积 \div 总播面积 \\
&\quad \times 粮食作物总产 \div 粮食作物总播种面积 \\
&= 复种指数可提升潜力 \times 耕地面积 \\
&\quad \times 粮食作物总产 \div 总播面积。
\end{aligned}$$

2.3 乡村耕地复种潜力

2.3.1 乡村耕地复种潜力演化

近 100 年来,包括我国在内的亚洲地区气候变暖特征明显,但降水相

对稳定,基于"积温-降水模型"计算得出中国总体的潜力复种指数从 20 世纪 80 年代的 201.1％升高至 21 世纪初的 210.9％,而实际复种指数在这 30 年中先增后降,从 150.9％增至 159.6％后又减少至 151.3％[12]。由此可知,中国 PIMCI 空间分布与水热资源的分布一致,表现出从北到南的递增特征,水热资源丰富的南方地区 PIMCI 明显较高。20 世纪 80 年代,全国复种指数可提升潜力为 50.2％,20 世纪 90 年代和 21 世纪初期,分别达到了 48.7％和 59.6％,呈先降后升趋势。变化比较剧烈的区域主要分布在我国的西南、华南、长江中下游的部分地区。其中,中国西南的部分区域在 30 年内表现为 PIMCI 连续减少。华南及长江中下游的部分地区的变化特征表现为先减少后增加。对广大的中国西北地区而言,由于水热资源的限制,复种可提升潜力在 30 年中的变化并不明显,这些区域在种植制度方面属于传统的一熟区。

在对复种可提升潜力进行分级后(1 级：≥50％,2 级：25％—50％,3 级：0％—25％,4 级：≤0％),进一步统计了不同潜力乡村耕地面积的变化情况。20 世纪 80 年代到 20 世纪 90 年代,不同潜力乡村耕地的变化特征主要表现为 1 级区内耕地面积减少(−5.1％),2 级区内耕地面积增加(＋5.9％),3 级区与 4 级区耕地面积比较稳定。从 20 世纪 90 年代到 21 世纪最初 10 年,1 级区与 4 级区耕地面积增加(分别为＋5.3％和＋6.0％),2 级区与 3 级区耕地面积减少(分别为−7.4％和−4.1％)。

2.3.2 种植农业分区复种可提升潜力

从我国不同乡村地区看,PIMCI 在 20 世纪 80 年代到 21 世纪最初 10 年的 30 年间,其变化情况存在明显的空间差异。其中,黄淮海区及云贵区的 PIMCI 较低,黄淮海区的 PIMCI 几乎为 0％,云贵区的 PIMCI 在 10％以下,且在 30 年内没有发生明显变化[13]。东北区、川陕区及青藏区表现出连续增加的趋势,其中东北区 PIMCI 从 9.9％增加到 24.5％,川陕区 PIMCI 从 15.7％增加到 26.6％,青藏区 PIMCI 整体较高,增加幅度也较大,从 47.9％增加到 76.4％。西北区和北部高原区的 PIMCI 有减少的迹象。变化波动较为剧烈的区域主要位于我国水热资源较为丰盈的南方区域,以长江中下游区、南方丘陵区、华南区为主。南方丘陵区虽然水热条件上与邻近农业区相似,其 PIMCI 却维持在比较低的水平(20％—30％)。在不开垦新的耕地及粮食单产维持不变的条件下,单纯通过提高复种效率仍有很可观的粮食增产潜力。在理想情况下,2010 年中国复种可提升潜力所能转化的新增粮食作物种植面积约占全国粮食作物播种总面积的

30％。虽然 1 级区（PIMCI≥50％）面积只占全国耕地总面积的 21.3％，但可新增种植面积却占全国可新增种植面积的 64.2％。就全国范围而言，粮食增产潜力空间分布与复种可提升潜力同我国水热资源分布特征基本一致，从西北内陆到东南沿海逐渐提高。而从种植区划上来看，粮食增产潜力较高的区域主要集中在东南沿海的 3 个农业区和青藏区，黄淮海区和云贵区的粮食增产潜力很低。统计 2010 年全国各县粮食增产潜力后计算得到全国可新增粮食总产为 1.740 0 亿吨，按照全国粮食总产量为 5.464 1 亿吨计算（2010 年国家统计局数据），通过提高耕地复种指数所增加的粮食产量相当于当年粮食总产的 32％。其中南方的 3 个农业区（长江中下游区、华南区、南方丘陵区）及青藏区的粮食增产潜力可达 2 000 万—4 000 万吨，这 4 个区域的粮食增产潜力可占全国增产总潜力约 70％。

改革开放之后，我国的城镇化、工业化进程迅猛，城乡差距悬殊，中国农业从业人口的大量流失及劳动力成本提高，很可能是引起这一阶段复种指数变化的重要因素，而这一区域耕地复种指数降低所导致的粮食减产会对国家粮食安全产生较大影响。因此，对这一问题进行分析，其结果对于如何向"热点"区域提供优先支持政策具有非常重要的指导意义。

（1）从全国整体来看，复种可提升潜力从 20 世纪 80 年代的 50.2％缓慢降低到 20 世纪 90 年代的 48.7％，到了 21 世纪初期，增长到 59.6％。其中的原因在于，20 世纪 90 年代后，我国实际复种水平未响应由气候变暖导致的潜力复种指数的提高。40％以上的耕地利用效率已经达到 100％。20％左右的耕地仍有 50％以上的潜力，这些区域虽然只占全国耕地总面积的 20％，倘若利用得当，其可新增种植面积可达到全国可新增总种植面积的 60％以上。

（2）耕地复种可提升潜力在 30 年中的变化表现出明显的空间差异，按照中国种植农业区划来看，黄淮海区、云贵区可提升潜力较小，也相对稳定。西北区及北部高原区的 PIMCI 有减少的趋势。变化剧烈的区域主要集中在水热资源充沛的南方区域，包括长江中下游区、南方丘陵区、华南区。长江中下游区和华南区在 30 年中 PIMCI 先降后增。东北区、川陕区及青藏区表现出连续增加的趋势。

（3）在不开垦新耕地且粮食单产维持不变的条件下，单纯通过提高复种效率仍有可观的粮食增产潜力，这对积极应对未来中国的粮食安全问题而言，是值得认真思考的。以 2010 年为例，通过挖掘耕地的剩余生产潜力所能增加的粮食产量约有 1.740 0 亿吨，相当于粮食总产量的三分之一。其中，东南沿海的 3 个农业区（长江中下游区、华南区、南方丘陵区）及青藏区的粮食增产潜力可达到全国增产总潜力的 70％。对粮食增产高潜力区，国家应给予其更高的政策扶持优先级，并关注这些重点区域的耕地流失、农业人员转移及其他限制因素等，这样一来，不但有助于在未来解决中国人地矛盾、提升粮食供给水平，对乡村经济发展也是大有裨益的。

第三节　我国新增乡村耕地与空间分布

自中国共产党成立以来，在过去 100 年的时间里，党和国家从未放松对土地的关注，无论是中国共产党成立初期的"土地革命"，中华人民共和国建立之后的"农业大会战"，还是改革开放之后的家庭联产承包责任制，都是这种关注的体现。即便到了 20 世纪末期，在全国范围依旧坚持开展有组织、大规模的土地整治工作。至 2020 年，十几个"中央一号"文件，都始终如一地关注三农问题，关注乡村振兴、精准扶贫。可以说，在国家层面，对于乡村经济和乡村经济地理要素流变与谱系优化一直都予以重点关注。其中，土地整治作为实现耕地补充的有效手段，能够有力保障国家粮食安全；在乡村层面上，新增耕地为实现耕地总量动态平衡发挥了重要的作用[14]。随着中国土地管理政策要求和土地整治重点的变化，对新增耕地的面积、来源结构与空间分布也产生了显著的影响，原先新增耕地面积是土地整治项目的立项前提，后来逐步淡化，土地开发在新增耕地总量中的比例逐渐降低，新增耕地的重心逐渐东移。与此同时，当前土地整治新增耕地研究也开始集中在新增耕地潜力分析、新增耕地来源分析、新增耕地质量评价等方面，新增耕地面积也常作为分析时的评价指标；在新增耕地区域分布和空间特征上，多采用统计资料或大尺度遥感数据进行宏观分析，受研究方法、数据资料等的制约，现有研究在从中小尺度解释全国不同区域间新增耕地面积及来源结构的差异时尚存在一定的局限。接下来继续以 2006—2012 年全国土地整治项目信息为基础，采用空间自相关分析方法，通过 GeoDa 软件，在县域尺度上，对乡村土地整治项目尤其是其中的新增耕地面积、来源结构等，进行空间差异分析，以期为乡村经济地理要素流变和谱系优化等宏观决策提供数据参考。

3.1　数据与方法

在数据选取方面，从国土资源部"乡村土地整治监测监管系统"获取数据。列入统计分析的部分，包含全国（不含香港、澳门和台湾地区）2006—

2012 年各级各类土地整治项目(含土地复垦项目和占补平衡项目)。涉及的项目信息有新增耕地建设地点、建设规模、新增耕地总量、土地开发新增耕地量、土地整理新增耕地量、土地复垦新增耕地量等。为了有效进行空间分析,以 2012 年行政区划下的县(市、区、旗)及经合并的地(市、州)为研究单元,其中共包含研究单元 2 280 个(新疆生产建设兵团及黑龙江农垦局内的土地整治项目数据分配到其所在县市)。在此过程中,以空间自相关分析方法对探索性空间数据进行分析,以此判定一个乡村单元上某种乡村经济地理现象或某一属性与邻近乡村中同一现象或属性的相关程度,属于对乡村经济地理空间聚集程度的一种量度。接下来,就对县域尺度下的乡村土地整治尤其是新增耕地分布的集聚和分异情况进行研究,同时通过 LISA 图反映乡村新增耕地的集聚情况。

3.2 新增耕地面积空间差异分析

2006—2012 年,我国累计验收各级各类土地整治项目达到 15 万个,乡村新增耕地总量先升后降,并在 2010 年达到峰值。在研究期内,整理、开发、复垦新增耕地的比例没有发生显著变化,全国的 2 181 个县,以土地整治的形式产生了新增耕地。新增耕地在空间分布上具有以下特征。(1)大多数县、市、区都通过土地整治项目产生了新增耕地,新增耕地面积较大的县大体分布于华东、两湖、川渝、东北和新疆地区,而没有产生新增耕地的县大体分布在西藏、青海和川西等地。(2)新增耕地整体呈现出东部高于中西部、经济发达区高于欠发达区、平原地区高于山地丘陵地区、粮食主产区高于非主产区的特征,同时在大部分省份,新增耕地面积大的县呈集聚分布。(3)新增耕地面积与乡村经济发展水平和后备耕地资源状况密切相关。乡村经济发达地区所需新增建设往往较多,用于占补平衡的新增耕地也相对集中;后备耕地资源条件好的乡村,土地开发规模往往较大,相应地,其新增耕地面积也越大。

3.3 新增耕地空间自相关分析

借助 GeoDa 软件对县域尺度下的乡村新增耕地规模开展全局空间自相关分析,借助其中的 Creating Weights 模块,对基于距离的空间权重进行计算,然后使用 Univariate Moran 模块计算 Global Moran's I 值,得出的结果是 0.158 8(p 值为 0.001)。这一结果说明,县域尺度下乡村新增耕地分布存在着十分显著的空间正相关性。为了分析土地整治新增耕地的空间分异情况,继续使用 Univariate LISA 模块进行局部空间自相关分析,能够了解县域尺度下乡村新增耕地的 LISA 集聚情况——县域尺度下土地整治带来的乡村新增耕地存在着显著的空间差异性，主要特点如下。

（1）高-高区主要分布于我国东部的山东、江苏、上海、安徽、浙江等地，中部的湖北、重庆，东北的辽宁、吉林，以及西部的宁夏、新疆等地。东部地区的乡村经济较为发达，受区位因素及乡村经济发展极化作用的影响，高-高区中的研究单元的乡村新增建设用地面积较大，土地整治项目新增乡村耕地主要用于占补平衡，导致新增耕地面积也较大，出现新增耕地高度集聚区。东部地区中，部分乡村经济发展相对滞后，但后备耕地资源潜力较大的区域（如江苏北部的沿海县）在耕地补充指标省内调剂政策的刺激下，承担了其省内乡村经济发达区的耕地补充任务，产生了相对较大的新增耕地面积。西北和东北地区地域辽阔，具有较为丰富的后备耕地资源，然而对其开发受水资源约束较大。该区域内的高-高区主要分布于新疆伊犁河谷地、新疆南北疆山麓绿洲、河套银川平原、三江平原、吉林西部等地区，在大型水利工程建设的背景下，区域水资源得到有效配置，在土地整治重大项目等政策支持下，出现新增耕地高度集聚区。在中部地区，高-高区主要分布在重庆和湖北，究其原因，一方面是重庆作为中部地区的经济高地，因"占补平衡"产生的新增耕地较多；另一方面是重庆"地票制度"试点运行，激发了乡村建设用地整治热情，产生了大量的新增耕地。湖北作为中部的交通枢纽和重点煤炭基地，在交通设施建设和能源生产中产生了大量亟待复垦的土地，出现了新增耕地的高度集聚区。

（2）低-低区主要分布在西南各省，北方的河北、山西、陕西 3 省，以及东部的江西、福建 2 省。西南地区以山地为主，海拔高、农业生产条件差，大多数区域处于未开发状态。位于西藏、青海、川西三地的低-低区，人口稀少，农业生产以畜牧业为主，同时区内可开发的耕地后备资源较为有限。云南、广西的低-低区也以高海拔山区为主，经济基础较为薄弱，城市化进程较为滞后，土地利用仍主要以传统农业生产为主，导致出现新增耕地低集聚区。北方的山西、陕西、河北等地历来以农业种植和资源开采为主，土地开发利用程度较高，新增耕地本应以土地整治和复垦为主，而数据表明，低-低区的县在研究期内仅开展了少量的土地开发项目，同时土地整治新增耕地率较低，因此相比周边地区新增耕地量较少。东部地区仅有的低-低集聚区位于江西和福建，该低-低区的研究单元作为东部经济的注地，多为山地丘陵，土地整治难度较大且由于耕作历史悠久导致新增耕地率较低，因此新增耕地呈低集聚分布。

（3）低-高区主要分布于高-高区周边，位于新疆、吉林、辽宁等地。新疆地区的低-高区与相邻高-高区在水土资源匹配方面有巨大的反差,使得高-高区通过土地开发获得的新增耕地面积明显大于低-高区。重庆、湖北、江苏等地的低-低区县经济水平及建设用地需求与周边相比尚有明显的差距,因此呈低-高的分布特点。

(4)高-低区研究单元主要分布在低-低区周边。云南、广西境内的高-低区地势平坦,后备耕地资源较为丰富,通过土地开发能产生较多的新增耕地;京津冀区域内的高-低区经济水平较高,通过"占补平衡"方式产生的新增耕地面积较大。

综上而言,我国东部沿海经济发达地区、耕地后备资源充足的区域,其新增乡村耕地呈高-高集聚分布,而西部欠发达、自然资源条件恶劣及水土资源匹配度差的地区,多为低-低分布,高-低区、低-高区的研究单元与周边相比,在经济发展水平和耕地后备资源方面,都有巨大反差。

3.4 新增耕地来源结构空间差异分析

3.4.1 新增耕地来源结构划分

自中国共产党成立以来,在过去的 100 年间,全国耕地占补从空间分布来说,呈现南占北补的格局,在新疆可以看到较明显的补充耕地,甘肃、内蒙古、黑龙江等北方城市占用与补充耕地交错分布,在长三角、京津冀等地区可以看到明显的大片耕地占用。青藏区以及珠三角地区耕地变化不是很大,没有明显的占用及补充耕地。比如,在 2008—2010 年我国耕地占补空间分布格局上,"胡焕庸线"依然发挥着作用,其以西耕地以补充耕地为主,以东以占用耕地为主。2008—2010 年我国占用耕地的重心在"胡焕庸线"以东,河南、陕西两省交界处,补偿耕地重心在"胡焕庸线"以西,以及新疆境内。补偿耕地面积大于占用耕地面积的省级行政区只有新疆、黑龙江、江西、甘肃,其余各地耕地均不同程度减少。减少较多的省份有江苏、安徽、四川、云南、湖北。江苏、上海、海南、西藏、青海五地只有耕地占用,没有耕地补偿。考虑到部分乡村可能因为地势不适宜大面积开垦耕地,仅使用耕地占用和补偿面积并不能反映耕地占补的实际情况,因此可以考虑使用耕地占用率与耕地补偿率来分析耕地的占补特征。一个省份的耕地占用率即该省 2008—2020 年占用耕地面积与 2008 年该省耕地面积的比值,一个省份的耕地补偿率即该省 2008—2020 年补偿耕地面积与 2008 年该省耕地面积的比值。从耕地占用率与耕地补偿率的角度来看,耕地补偿率大于1%的地区只有新疆,耕地补偿率大于0.2%、小于1%的地区只有内蒙古、宁夏、江西，其余省份耕地补偿率均小于0.2％。耕地占用率大于1％的地区有北京、天津、江苏、上海，耕地占用率小于0.2％的地区有黑龙江、吉林、甘肃、西藏、浙江，其余省份耕地占用率均大于0.2％而小于1％。可以看到，大部分省份的耕地占用率在0.2％—1％之间，而大部分省份的耕地补偿率小于0.2％。根据通过土地开发、整理、复垦获得的新增耕地占县域总量的比例进行类型划分，通过计算开发来源率 LDRi、整理来源率 ADRi、复垦来源率 CDRi（LDRi、ADRi、CDRi 分别表示第 i 县市 2008—2020 年由土地开发、整理、复垦获得的新增耕地量占总量的比例），并据此将新增耕地来源结构分为开发来源型、整理来源型、复垦来源型、开发-整理来源型、开发-复垦来源型、整理-复垦来源型、综合来源型等 7 种类型，划分标准为：

LDRi＞0.7 为开发来源型；

ADRi＞0.7 为整理来源型；

CDRi＞0.7 为复垦来源型；

0.7≥LDRi＞0.3、0.7≥ADRi＞0.3 且 LDRi＋ADRi＞0.9 为开发-整理来源型；

0.7≥LDRi＞0.3、0.7≥CDRi＞0.3 且 LDRi＋CDRi＞0.9 为开发-复垦来源型；

0.7≥ADRi＞0.3、0.7≥CDRi＞0.3 且 ADRi＋CDRi＞0.9 为整理-复垦来源型；

其余为综合来源型。

3.4.2 新增耕地来源结构空间格局

新增耕地来源结构具有以下特征。

（1）全国新增耕地主要以开发来源为主，开发来源型的研究单元达到1 106 个，占全国县市总数的 50.7％。其中，新疆、辽宁、山西、河南、贵州、湖南、江西、广东、广西等地所占比重较高；整理来源型的研究单元有440 个，主要集中在四川、重庆、吉林、黑龙江等地；复垦来源型的研究单元有 71 个，零散分布于江苏、安徽、陕西、云南等地，且以江苏、安徽两省为多；其余复合来源型的研究单元多分布在东部地区。

（2）新增耕地来源结构具有明显的地域差异，华东地区新增耕地主要以整理和复垦来源为主；北方地区的新增耕地多由土地开发和整理方式获得，仅有少数以复垦为主的县分布在黑龙江南部；中部四川、重庆以整理来源型居多，陕西中部、湖北大部分地区多为整理、复垦类型，其余多为开发型;南方广东、广西、贵州、湖南、江西几乎均为开发来源型。

（3）新增耕地的来源结构具有明显的省际差异。广东与浙江两省在经济发展水平和土地资源条件上都近似,然而广东新增耕地几乎均以开发类型为主,而浙江多整理与复垦;在地理位置上相邻的辽宁与吉林二省同样表现出显著的省际差异,辽宁新增耕地以开发为主,而吉林则多为整理来源型;西南地区的云南、贵州、四川,虽在经济水平和地理条件上相近,然而云南新增耕地来源多样,四川省多以整理来源型为主,而贵州则以开发来源型为主。省际间明显差异可能主要源于国家以及各省土地整治政策及导向不同,如广东省,近年来积极开展"利用低效园地山坡地开发补充耕地工作",同时鼓励沿海县区围海造田以补充耕地,由此造成以开发方式为主新增耕地的局面;在浙江省,近年来集中开展了以"千村示范万村整治""标准农田质量提升""两分两换"等为专项内容,以基本农田和乡村集体建设用地为重点的土地整治活动,在省内不同区域经济发展水平和资源条件的影响下,呈现出北部以综合来源型为主,其他地区呈开发-整理来源型和开发来源型相间分布的格局。吉林省作为全国新增 500 亿千克粮食生产能力规划确定的粮食生产核心区,以及全国土地整治规划确定的农用地整治重点区,是乡村用地整治重点区域;而辽宁省在"振兴东北老工业基地"政策的带动下,乡村经济建设快步发展,由此带来的新增建设用地需求旺盛,在"占补平衡"的政策要求下,通过后备耕地资源开发新增了一定数量的耕地。

3.4.3 新增耕地来源结构评价

在最新的全国土地开发整理规划和全国土地整治规划中,都提出了应适度开发宜耕后备土地,同时划定了土地开发重点区及相应县市。但从现实情况看,新增耕地却呈现出以开发为主一边倒的态势。当前绝大多数开发来源型的研究单元都处在规划的土地开发重点区外[15]。以华南地区为例,新增耕地几乎均以开发为来源,而该区域内丘陵山地分布广泛,宜耕后备资源较少,理应将土地整治的重点放在整理和复垦上,这在一定程度上反映出土地整治安排的不合理。从省级层面来看,江苏、上海、安徽、山东、浙江、四川、重庆、北京等地主要以土地整理和复垦为主,新增耕地来源结构较为合理。上述地区的耕地后备资源较少,通过土地整理和复垦既能保障耕地红线,落实占补平衡政策,也能优化土地利用结构;新疆、东北等粮食主产区的新增耕地来源主要以土地开发和整理为主,这些地区的耕地后备资源较为丰富,同时作为粮食主产区可在保护生态和优化水土资源配置的前提下适度扩大粮食种植面积,相应的土地开发行为也与国家战略相一致;贵州、广东、广西、江西、河南、山西等地的新增耕地多来自土地开发,新增耕地来源结构较劣,该区域山地丘陵分布广泛,同时多矿产资源开采,两轮土地整治规划都确定其土地整治的主要方向是土地整理和复垦,而现状却与国家规划相悖,这既不利于生态环境的保护,也难以优化土地利用结构,尤其是广东等经济发达省份,更应充分利用"三旧改造"等政策支持,将土地整理和复垦作为区域土地整治的重点。

第四节　乡村耕地变化的空间格局

中国是一个粮食生产大国,也是粮食的需求大国,耕地资源对粮食生产与生态安全起着根本保障作用,同时,也是促进乡村经济发展、优化乡村经济地理要素配置和谱系优化的重要支撑。但在乡村经济社会发展过程中,耕地减少问题日益严重的情况持续了较长一段时间。《中共中央国务院关于加强耕地保护和改进占补平衡的意见》提出,到2020年全国耕地保有量不少于18.65亿亩,永久基本农田保护面积不少于15.46亿亩,确保建成8亿亩、力争建成10亿亩高标准农田。当前,我国经济发展进入新常态,新型工业化、城镇化建设深入推进,耕地后备资源不断减少,实现耕地占补平衡、占优补优的难度日趋加大,激励约束机制尚不健全,耕地保护面临多重压力。而《全国国土规划纲要(2016—2030年)》要求,到2030年我国耕地保有量要保持在18.25亿亩以上。这是一个约束性指标,即要严格执行、不能突破。鉴于此,国内学者对我国乡村耕地时空变化与驱动机制开展了大量研究,有学者用GIS叠加技术分析耕地非农化去向及其空间差异,有学者用洛伦兹曲线和重心模型等方法分析耕地空间分布及变化,也有学者从社会经济因素出发构建耕地时空变化驱动机制[16, 17]。但在此过程中,关于耕地空间分布与变化的研究,大多以被评价单元相互独立为前提条件,忽视了单元之间的相关性问题,这样做的结果是,导致研究结果无法客观揭示乡村耕地空间分布和变化特征,对研究乡村经济地理要素配置和谱系优化也会带来一定阻碍。为此,接下来,通过构建耕地指数和耕地变化指数,借助探索性空间数据分析方法(ESDA),对我国1980—2020年共40年间的乡村耕地空间分布与变化进行研究,希望借此揭示我国乡村耕地空间分布格局和变化规律,从而为制定合理有效的耕地保护和乡村经济发展政策提供参考。

4.1 数据来源和数据处理

在我国,随着工业化、城市化进程的加快,有限耕地资源与建设用地、生态用地扩展之间的矛盾越来越尖锐。因此,研究乡村耕地时空动态变化意义重大。耕地资源至少承载着保证粮食安全、满足工业化和城市化的用地需求以及生态建设中的退耕还林还草要求等功能。同时,随着乡村经济社会的发展和乡村经济治理工作的逐步深入,我国耕地保护研究也逐渐从重视严格的数量保护,向数量、质量和生态均衡保护转变。

在选取研究工作基础数据方面,首先选取了 2020 年全国分县行政区划地图,以及地球系统科学数据共享平台提供的 1980—2020 年度的全国 1∶100 000 土地利用数据。按照该土地资源分类系统,其中,耕地指的是种植农作物的土地,包括熟耕地、新开荒地、休闲地、草田轮作地,以种植农作物为主的农果、农桑、农林用地,耕种 3 年以上的滩地和滩涂。因为考虑的基本单元是区(县),有必要对全国分县行政区划图进行处理。我国地级市一般下辖市辖区、管辖县、自治县、旗、自治旗、代管县级市等,这里不对其进行粗略合并,而将行政区划面积比较大的市辖区(郊县)单独考虑,只将地级市的内城区合并为一个单元,外部的市辖区都是过去的郊县,面积较大,不予合并。据此,得到 2 364 个分区(县)单元,包括台湾地区、香港特别行政区、澳门特别行政区在内。另外,全国土地利用数据量很大,首先采用 ArcGIS 中的 Export 工具,输出用地类型为耕地的图斑,然后采用 AnalysisTools 中 Overlay 下的 Intersect 工具对全国分县行政区划图与全国 1∶100 000 土地利用数据进行叠置分析,获得全国各区(县)的耕地面积。

4.1.1 乡村耕地时空变化分析

从中国耕地总量来看,采用 ArcMap 的自动统计面积功能,得到中国省域尺度下的乡村耕地面积。根据第二次全国土地调查数据,截至 2009 年底,全国有六个省级行政区存量耕地面积超过 1 亿亩,分别是黑龙江2.39亿亩、内蒙古 1.38 亿亩、河南 1.22 亿亩、山东 1.15 亿亩、吉林 1.05 亿亩、四川 1.01 亿亩。到了 2017 年底,上述六地耕地面积未发生较大变化,距离亿亩关口较近的吉林和四川两地耕地总面积依然维持在 1 亿亩以上。其中,水田面积占耕地总量的 26.31%,主要分布在湘、苏、皖、川、鄂、赣等东中部地区;旱地面积占耕地总量的 73.69%,主要分布在黑、内蒙古、鲁、豫、冀等北部地区。从全国层面看,"十二五"期间,我国建设占用耕地 1 710万亩,补充耕地 2 561 万亩,补充耕地中有 1 415 万亩建成高标准农田,实现了"占一补一"、质量提升的要求。进一步研究发现,我国乡村耕地总量减少的省份,主要分布在东部沿海地区和中部地区,耕地总量增加的省份主要分布在东北及中西部地区(这一结论与前文的分析保持一致)。为了更直观地反映各省份耕地资源总量的变化,采用洛伦兹曲线对中国形成耕地的空间变化格局进行分析。结果显示,我国乡村耕地的空间分布具有很强的不均衡性,其中60%以上的耕地集中在占国土面积20%的行政区域(10个省份)。图9.1(a)表明,1980—2020年,我国乡村耕地总量减少的省份达到了19个,其中苏、粤、冀、鲁、浙耕地减少累计百分比达到60%以上。图9.1(b)显示的是各省形成耕地增加的累计百分比曲线,其中黑龙江、内蒙古、吉林三地增加耕地累计百分比达到了80%左右。

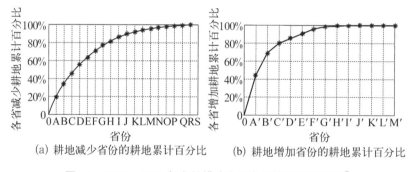

(a) 耕地减少省份的耕地累计百分比   (b) 耕地增加省份的耕地累计百分比

图 9.1　1980—2020 年乡村耕地空间变化的洛伦兹曲线[①]

4.1.2　乡村耕地空间分布格局分析

对于乡村耕地空间分布格局的分析,可以采取等值图分级的形式进行。等值图分级指的是某一数值在地图上以面域方式显示的等级结构。只要选择合适的类别间隔就能够相对清楚地表达这个变量的空间分布规律,并可以显示它的地域集聚特征[18]。为此,采用 ArcMap 中按面积分级的方法,对研究区域的乡村耕地面积进行级别划分,以便为分析中国耕地空间格局提供更加丰富的信息。根据区县的乡村耕地面积进行级别划定,级别高的主要分布在我国的东北三省,江汉平原、四川盆地也有大量分布。但该图破碎度较大,且未能准确显示中国耕地空间分布格局。究其原因,

---

① 　引自张丽娟,姚子艳,唐世浩,李侠祥,郝甜甜.20 世纪 80 年代以来全球耕地变化的基本特征及空间格局[J].地理学报,2017(7)：1235-1247. 其中,A—S 代表的省级行政区依次为苏、粤、冀、鲁、浙、京、川、皖、鄂、沪、湘、津、赣、云、闽、琼、渝、台、藏(共 19 个);A′—M′代表的省级行政区依次为黑、内蒙古、吉、新、宁、辽、甘、青、桂、陕、贵、豫、晋(共 13 个)。

主要是因为各区县的行政区划面积大小不一,且此方法只考虑各区县的耕地面积,没有整体考虑相邻区县的耕地分布状况。例如,中部省份的区县行政区划面积较小,乡村耕地面积相应会小于北部行政区划面积较大区县的耕地面积。事实上,中部相邻区县的耕地分布具有一定的连续性,按区县行政区划的耕地面积来划分级别难免有些偏颇。而在区域视角上,中部省份的耕地分布具有整体性和连续性。为此,可以构建耕地指数,即区(县)的绝对耕地面积与区(县)的行政区划面积的相对值。按照耕地指数和前文的分析结果,可以进一步把中国耕地空间分布格局划分为 5 种类型,分别为高度稀疏区、低度稀疏区、一般过渡区、低度集聚区和高度集聚区。在这一过程中,需要明确的是,包括南海诸岛、内蒙古自治区的苏尼特左旗等 31 个区(县),基本没有耕地,耕地主要分布在我国的东北、中部地区,西南地区的四川盆地也分布着大量的耕地。另外,在关中地区、江汉平原,也分布着面积相对可观的耕地,在西北地区只有少量耕地分布。这一结果和依据省域统计的乡村耕地面积大致吻合。此外,将这一结果与"胡焕庸线"两侧人口分布情况相比对之后可以发现,我国人口密度的对比线与耕地分布悬殊的界线基本重合。进一步研究发现,在采用空间分析方法之后,发现在该线西北一侧,也就是我国超过 60% 的国土面积上,只分布着全国 12% 的耕地。相反,在此线的东南一侧,占全国 40% 的国土面积上,却分布着全国 88% 的耕地。看来,"人口线"与"耕地线"二者之间的关联十分紧密,都能够直观表达我国乡村经济地理要素的分布情况。

4.1.3　乡村耕地变化的级别划定分析

在任何国家和地区,耕地变化都会受到自然灾害、社会经济发展、农业结构调整以及国家政策等因素的综合影响,在我国也不例外。并且,在以区县为单元对乡村耕地变化进行级别划定时,还会受到行政区划面积的影响。所以,单独以乡村耕地变化绝对值进行耕地空间变化规律分析时,会发现研究结论与现实情况不符。考虑到乡村经济地理的空间相关性符合"地理学第一定律",一般情况下,乡村耕地变化强度较大的区县,大多集中分布在乡村经济发展迅速的区域或者受自然灾害、国家政策(退耕还林、生态脆弱区)影响较大的区域。按照这一思路,继续采用耕地变化指数对各区县耕地在两个时间点之间的变化强度进行考察,就能对中国耕地变化强度的级别进行认定。进一步的计算能够得到如下结论:自中国共产党成立以来,我国乡村耕地锐减区域主要分布在珠江三角洲、长江三角洲、京津冀地区以及新疆、内蒙古的少数区县。耕地减少的区县主要分布在"胡焕庸线"的东南一侧，该地区自中国共产党成立以来，经济发展迅速，特别是东部沿海地区开发趋热，导致耕地大量转为建设用地；耕地面积基本保持稳定的区县，主要分布在中部和西南省份；耕地稍有增加的区县主要分布在中部地区以及东北的某些区县；耕地大幅增加的区县主要分布在西北及东北地区。这一结果对描述乡村经济地理的要素流变（比如人口要素、耕地要素等）和谱系优化具有重要的参考价值。

4.2　乡村耕地空间格局变化与重心曲线变化分区

4.2.1　乡村耕地空间格局变化——基于八大产区的分析

相关数据显示，在过去的 100 年间，我国乡村耕地面积整体上呈净增加趋势，只不过到了 2000 年前后，在这一分界点上，出现了先增长、后下降的趋势。1990—2010 年，全国新增形成耕地中最多的是由草地转化而来，占比大约为 46.9%，其次是林地，大约占 38.8%，湿地和未利用地共占 14.3%。北方的新增耕地主要来源是草地，南方则主要来源于林地。如果分时段进行考察，会发现在 1990—2000 年之间，中国的新增耕地来源中草地占比为 46.0%，林地占比为 42.7%，到了后期（2000—2020 年），草地占比上升了 6.1%，林地占比则大幅下降了 28.2%，意味着后期耕地的开垦相对而言更多向草地、湿地以及荒地偏移。1990—2020 年，中国的城市化进程不断推进，全国转出的耕地中有 24.5% 被建设用地占用。另一方面，受到 1999 年推行的退耕还林、还草、还湿等生态保护政策以及乡村劳动力不断向城镇转移的影响，主动或被动减少的耕地中有 37.9% 转为了林地，28.7% 转为了草地，7.3% 转为了湿地。转出耕地呈现出大幅向建设用地倾斜的趋势，21 世纪最初 20 年间，转出为建设用地的耕地占比大幅上升了 32.3%，占比达到了 53.0%。虽然整体看来中国的耕地面积变化幅度不大，但观其内部可发现，乡村耕地面积此消彼长，不同区域之间差异显著。根据中国农业综合区划，中国有八个主要的农产品主产区，在这八大农产品主产区中，黄淮海平原、长江中游和江淮地区、四川盆地以及华南蔗果区的耕地面积在 1990—2020 年呈净减少趋势，而在新疆、内蒙古东部地区和东北平原，耕地面积呈净增加趋势。在空间上，1990—2020 年，新增耕地主要分布在中国的东北和西北地区。在八大农产品主产区中，内蒙古东部地区、新疆、松嫩平原、黄淮海平原以及三江平原耕地主要来源是草地，占比分别达到了 70.8%、68.8%、57.7%、44.1% 以及 35.7%。南部的主产区，比如华南蔗果区、四川盆地、长江中游及江淮地区的耕地，主要来源于林地，占比分别为 85.3%、74.9% 和 53.0%。近年来，三江平原侵占湿地开垦耕地的现象有所趋缓,但新增耕地中依旧有 38.3% 来源于湿地。

4.2.2 基于重心曲线的乡村耕地变化分区

中国耕地变化的多级别划分虽然可以贡献较多信息,但破碎度较大[①]。采用 ArcGIS 空间分析方法,使用 Mean Center 工具计算各级别耕地变化的重心,是可以考虑的"备用选项"。因此,在获得 16 个级别的耕地变化重心之后,将其合并到一个图层上进行分析。然后用直线按耕地变化指数的高低次序将得到的多个耕地变化重心连接起来,形成耕地变化重心曲线。通常情况下,乡村耕地变化重心位置取决于耕地变化的空间状态,如果耕地变化是均匀的,重心则应处于该区域的几何重心,耕地变化的强度不一,将直接导致耕地变化重心的旁移。考虑到耕地变化重心曲线上相邻级别重心的邻近性,特别是高度增长区域与高度减少区域的耕地变化重心的高度邻近性,可以考虑把耕地变化分级进行适度合并。根据耕地变化的 7 级划分,可以将中国耕地变化区域类型划分为高度增长区、中度增长区、低度增长区、基本不变区、低度减少区、中度减少区、高度减少区等 7 大类型区。

(1) 高度减少区包括 149 个区县,其中分布在"胡焕庸线"东南一侧的区县 118 个。该类型区仅占国土面积的 4.53%,对耕地减少的贡献率高达 49.54%,东南区县的贡献率为 61.56%。该类型区主要分布在珠江三角洲、长江三角洲、京津冀地区,也包括新疆、内蒙古的少数几个区县。

(2) 中度减少区包括 446 个区县,其中分布在"胡焕庸线"东南一侧的区县 420 个。该类型区面积占全国的 8.56%,对耕地减少的贡献率为 35.69%,东南区县的贡献率高达 95.80%。主要集中分布在黄淮海平原、东南沿海地区、四川盆地和西南的局部地区。

(3) 低度减少区包括 446 个区县,其中分布在"胡焕庸线"东南一侧的区县 414 个。该类型区面积占全国的 10.54%,对耕地减少的贡献率为 12.52%,东南区县的贡献率高达 93.69%。主要连片分布在中部地区,"胡焕庸线"附近也分布了数量较多的该类型区县,主要特征为分布在高度、中度减少类型区的周围。

(4) 基本不变区包括 478 个区县,其中分布在"胡焕庸线"东南一侧

[①] 按照地理学第一定律,在满足分级连续性的前提下,把地理位置上邻近、耕地变化规律一致的级别合并。依据人口重心曲线概念,相应地提出耕地变化重心曲线,用以计算耕地变化不同级别的地域分布重心,再根据各级别重心的相邻性,决定相应级别是否应该合并。

的区县有 371 个。该类型区占国土面积的比重高达 24.44%，主要是由于西藏大片区域基本没有耕地，而这些区域都被划分为基本不变区，耕地减少量较小，对耕地减少的贡献率仅为 2.25%。广泛分布在中部地区、四川盆地、贵州高原、北部湾地区、西南的其他局部地区和西藏大部分地区。

（5）低度增长区包括 418 个区县，该类型区占国土面积的 12.93%，耕地增加量较少，对耕地增加的贡献率仅为 2.61%。集中分布在西南的广大区域，另外，在"胡焕庸线"附近及东北地区也有零星分布。

（6）中度增长区包括 285 个区县，该类型区占国土面积 18.75%，对耕地增加的贡献率为 24.69%，东南区县的贡献率为 82.24%。广泛分布在东北地区、江汉平原、河西走廊、内蒙古、新疆以及西南的局部地区。

（7）高度增长区包括 142 个区县，其中"胡焕庸线"西北一侧分布的区县较多，为 78 个，超过了东南一侧的 64 个。另外，在西北区县，对乡村耕地增加的贡献率也处于较高水平。主要分布在我国的东北地区、内蒙古自治区、新疆维吾尔自治区、青海以及河西走廊的局部地区。

从总量变化来看，耕地减少区（高度减少区、中度减少区、低度减少区）耕地减少总量占全国耕地减少总量的 97.75%。到 2020 年，该区域耕地面积占全国的 39.83%，国土面积占全国的 23.63%。2020 年该区耕地占全国的 44.06%，国土面积占全国的 51.93%。也就是说，乡村耕地减少区集中了全国大约 40% 的耕地，而这些耕地分布在全国约 24% 的国土面积中；耕地增加区集中了全国约 44% 的耕地，而这些耕地则分布在全国约 52% 的国土面积中（表 9.1）。从耕地变化的空间分布来看，耕地减少区集中分布在东部沿海经济发达地区、中部省份的局部地区、云贵高原、关中地区、河西走廊以及新疆的某些区县。耕地增长区主要分布在东北地区、西北地区以及西南地区，另外，中部地区也有零星分布。由此可见，中国耕地变化的空间分布同乡村经济发展水平、乡村经济地理要素分布和流变之间存在一定的耦合关系。

表 9.1　耕地变化重心曲线拟定级别合并及耕地变化类型区统计表

耕地变化级别	耕地变化类型	国土面积比重（%）	单元数（个）			耕地变化贡献（%）	西北百分比（%）	东南百分比（%）
			全国	西北	东南			
Ⅰ级	高度减少区	4.53	149	31	118	49.54	38.44	61.56

耕地变化级别	耕地变化类型	国土面积比重（%）	单元数（个）			耕地变化贡献（%）	西北百分比（%）	东南百分比（%）
			全国	西北	东南			
Ⅱ级	中度减少区	8.56	446	26	420	35.69	4.20	95.80
Ⅲ级	低度减少区	10.54	446	32	414	12.52	6.31	93.69
Ⅳ级	基本不变区	24.44	478	107	371	2.25	9.31	90.69
Ⅴ级	低度增长区	12.93	418	60	358	2.61	10.80	89.20
Ⅵ级	中度增长区	18.75	285	72	213	24.69	17.76	82.24
Ⅶ级	高度增长区	20.25	142	78	64	72.70	40.82	59.18

注：表中的西北指"胡焕庸线"之西北侧，东南即为"胡焕庸线"之东南侧；耕地变化贡献率为种类型区对耕地减少或增加的贡献；西北、东南百分比分别指西北、东南各区县耕地变化量占各类型区耕地变化总量的比例

第五节　乡村耕地低效转化与空间特征

在中华民族繁衍生息的几千年中，一直在珍惜和保护耕地，努力通过节约、集约利用耕地资源，以保障国家粮食安全、提高人民生活水平。但是，值得注意的是，在自然或人为因素的影响下，自中国共产党成立以来的100年间，我国在较长一段时间内都存在耕地撂荒现象，这是不容忽视的。比如，部分乡村地区由于自然环境恶化或遭受自然灾害，致使乡村居民不得已放弃耕种沙化、干旱的劣质耕地，使其恢复自然植被。其次，在农牧交错带等特定地区，受降水波动的影响，种植与放牧交替进行，耕地向草地转化时常发生。最后，至关重要的影响，是来自快速的城市化。自改革开放以来，随着大量乡村剩余劳动力向城市转移，加上农地流转不畅，人为导致的耕地撂荒现象日益严重。从土地利用变化的结果来看，在一定时间内，上述情况均表现为耕地向草地、灌丛地或裸地转化。为了更好地揭示21世纪最初20年我国耕地变化的基本状况，接下来以高精度的30米分辨率土地覆盖分类数据为基础，重点关注耕地转化为草地、灌丛地和裸地的土地利用情况，并从全国、省级、县级等不同尺度，分析2000—2020年间，

乡村耕地低效转化的空间分布特征，为乡村经济地理谱系优化提供可以借鉴的信息。

5.1 数据与方法

以国家基础地理信息中心研制的全球高分辨率地表覆盖产品为依托，该产品具有空间分辨率高（30 米）、分类精度高（总体精度＞80％）、数据质量在空间和时间上一致性强的特性，能够广泛应用到各类土地（包括耕地）的覆盖变化研究和实践中。选取时间节点包括 2000 年和 2020 年两个基准年，将地表覆盖分为耕地、林地、草地、灌丛地、湿地、水体、人造表面、裸地、冰雪、苔原 10 类。经精度评估，前 9 类的分类精度分别为 82.76％、83.58％、72.16％、72.64％、74.87％、84.70％、86.70％、81.76％、75.79％。首先，在 ArcGIS 中采用栅格计算器提取 2000 年为耕地，但在 2020 年转化为草地、裸地或灌丛地的区域，获得 2000 年耕地分布图和 2000—2020 年耕地低效转化分布图；然后，利用行政区划矢量数据裁切上述栅格图，通过分区统计工具，得到不同行政单元的国土面积、原有耕地面积（2000 年）和耕地低效转化面积，作为进一步计算其他统计指标的基础。行政区划矢量数据来自全国 1∶4 000 000 地形数据库，不考虑港澳台区域，并对部分市辖区进行合并，共得到 31 个省级行政单元和 2 365 个县级单元的矢量数据。采用 SSS 方法，在 SaTScan 软件中获取耕地低效转化的高值和低值聚集区，并在 ArcGIS 中实现可视化，可以有助于更有效地刻画耕地低效转化的空间分布特征。

为此，假设某区域内乡村耕地的低效转化量 N_i 服从与原有耕地面积有关的泊松分布，即其耕地低效转化面积的期望值同该区域原有耕地面积占全国原有耕地面积的比例成正比。

SSS 方法按照如下步骤执行：首先，以各研究单元的中心点为中心，依次变换不同的半径进行扫描，然后计算各窗口内的似然函数，窗口形状选择圆形，最大半径以窗口内耕地面积占全国耕地总量的百分比不超过 50％为准；最后，依靠蒙特卡洛方法对耕地聚集区进行显著性检验。

5.2 耕地低效转化分布格局与数量特征

在获得了相关数据之后进行数值计算，结果显示：在过去 20 年，我国耕地转化的类型中，草地占有绝对优势，而耕地转化为灌丛地、裸地的类型呈零星分布状态。耕地低效转化主要集中在北方农牧交错带、新疆中部、西藏中部和云贵高原，具体如下。

（1）耕地低效转化面积较大的 5 个省级行政区分别为内蒙古、云南、河北、黑龙江和新疆，而耕地低效转化面积较小的 5 个省级行政区是宁夏、湖南、上海、天津和江西。

（2）耕地低效转化率高于 2% 的有 6 个省级行政区，其中西藏的转化率最高，达到 17.01%，其余依次为内蒙古、青海、云南、河北和贵州；山西、新疆、广西、陕西、广东和黑龙江的转化率在 1%—2% 之间，其余地区的转化率均小于 1%。

（3）进一步以县级行政区划为单位，分析耕地低效转化的数量特征可以发现，县级尺度的耕地低效转化率的平均值为 2.26%，中值为 0.32%。无论是转化面积还是转化率，中值远远低于平均值的结果说明大多数县的耕地低效转化程度比较低，耕地低效转化面积较小。

（4）我国耕地低效转化在面积分布上极度不均衡。70% 的耕地低效转化发生在占全国耕地总面积不到 20% 的县中，而这样的县仅有 16 个，占全国总数不到 1%。进一步按照前述的东部、中部、西部的区域划分，将所有县分为 3 组后进行泰尔指数分解。从分解结果可以看出，不同地区内差异的贡献率达到 85% 以上，而这恰是造成我国乡村耕地低效转化区域差异的主要原因。

5.3　县级尺度下耕地低效转化空间分布

通过以上分析可知，我国 2000—2020 年间的耕地低效转化主要呈西多东少格局，且西部的分布情况更为复杂，甚至存在低值与高值相间分布的现象；在东部平原和丘陵区，转化面积和转化率均处于较低水平。从耕地低效转化面积看，大面积的耕地低效转化主要集中在北方农牧交错带、新疆、西藏、云贵交界地区以及环渤海一带，也有一些耕地低效转化面积较大的县呈零星分布。对于耕地低效转化率，受原有耕地面积的影响，转化率高的县集中在内蒙古与河北交界处，以及西藏、青海、四川三地交界处。采用 SSS 方法进一步分析我国耕地低效转化的空间聚集特征可知，我国耕地低效转化的高值聚集区有 81 个，低值聚集区 46 个；其中，高值聚集区的耕地低效转化率大于全国总耕地低效转化率；低值聚集区则相反。在对聚集的显著性进行检验后发现，p 值均小于 0.01。耕地低效转化的高值聚集区主要分布在西部地区，除前文提及的北方农牧交错带、青藏高原以外，云贵高原一带也是较大的高值聚集区。另外，辽东半岛、浙江沿海和广东等地也存在一定的耕地低效转化高值聚集区。我国东部的华南地区、东南丘陵、长江中下游平原和华北平原是典型的耕地低效转化面积低值聚集区，耕地低效转化问题并不严重。

5.4 耕地转化的关系分析

在人类社会发展历史上,自然环境、居民活动都是土地利用、变化的重要驱动力。因此,耕地低效转化既受区域自然条件的制约,也受区域经济发展和城市化水平、农业生态投入产出效益等的影响。因此,在重点揭示我国耕地低效转化空间分布特征之后,进一步探讨耕地低效转化同地形条件、原有耕地面积的关系,能够在另一个侧面反映出自然条件对耕地低效转化的影响(图 9.2)。

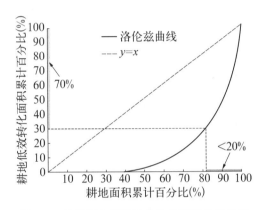

图 9.2　县级尺度耕地低效转化的洛伦兹曲线

5.4.1　耕地低效转化与地形的关系

通过对上述结果的分析可以看出,在我国,耕地低效转化的地域分异特征和我国地势的三级阶梯[①]之间存在十分密切的关系,主要表现在以下几个方面。(1)在大兴安岭—太行山—巫山—雪峰山一线以东的第三级阶梯,耕地低效转化总体程度最低,转化面积与转化率的空间分布大体相当,呈现出山地丘陵区为高值、平原区为低值的特征。(2)位于我国地势第二级阶梯的北方农牧交错带、黄土高原、西南山地属于耕地低效转化最典型、最严重的区域。(3)青藏高原区的内部差异明显。其中既有低效转化很严重的区域,也有低效转化非常少的区域。

---

① 我国地势西高东低,大致呈三级阶梯分布。其中,第一级阶梯为我国西南部的青藏高原,平均海拔在 4 000 米以上,号称"世界屋脊"。第二级阶梯在青藏高原边缘的以东和以北,是一系列宽广的高原和巨大的盆地,海拔下降到 1 000—2 000 米。第三级阶梯在我国东部,主要是丘陵和平原分布区,大部分地区海拔在 500 米以下。
第一、第二级阶梯的分界西起昆仑山脉,经祁连山脉向东南到横断山脉东缘。
第二、第三级阶梯的分界由东北向西南依次是大兴安岭、太行山、巫山、雪峰山。

通过进一步计算,可以得到全国及各省在不同海拔等级、不同坡度等级下的耕地低效转化率。在全国范围内,耕地低效转化和海拔呈显著的正相关关系。在海拔 3 500 米以下地区,耕地低效转化率均不足 4%,但在海拔 3 500 米及以上区域,耕地低效转化率达到 18% 以上。相对于海拔,耕地低效转化和坡度之间的相关关系并不明显。在 15° 坡度以下,全国大体呈现坡度越大,耕地低效转化率越高的特征。在 15°—25° 坡度范围内,耕地低效转化率略低于 6°—15° 的坡耕地。这一结果能够在一定程度上说明 15°—25° 坡度的土地不适合用作城市建设用地,但用作农业用地却有合理性,在当地农业生产和乡村经济地理要素配置中,发挥着不可或缺的重要作用,在过去的 100 年中,始终是当地群众(尤其是乡村居民)谋求生计的重要保障。25° 以上坡耕地的低效转化率最高,出现这一结果的一个可能原因是受到了国家退耕还林还草政策的影响①。对部分地区退耕还林实施情况的调查研究也能够表明,坡耕地特别是 25° 以上坡耕地的退耕比例相对较高。

5.4.2 耕地低效转化与原有耕地比例的关系

在耕地低效转化的过程中,会不会对农业生产和乡村经济发展带来影响,需要综合考虑不同区域的耕地资源禀赋问题。倘若在耕地资源丰富的地区发生大规模的低效转化,可能对我国的粮食产量与生态环境造成深刻影响。所以,有必要对我国县级行政单元的原有耕地比例、耕地低效转化率予以耦合处理。

具体做法是,首先以 2000 年全国县级单元耕地比例的均值与方差的差与和为界,将各县的耕地比例按照 0—16.39%、16.39%—72.58%、72.58%—100% 的比例区间,将其分为低、中、高三级;其次,依据同样的方法,把耕地低效转化率依据 0—2.26%、2.26%—9.94%、9.94%—100% 的比例区间,分为低、中、高三级;最后,把各县的低效转化率与耕地比例的分级结果进行耦合处理,能够得到 8 种组合。计算后发现,低效转化率-耕地比例的各种组合中,以"低-中"和"低-高"组合为主,属于这两类的县占全部县级单元数量的比例分别为 47.230% 和 21.987%。得到的结果是,耕地比例处在中、高水平的绝大多数县的耕地低效转化率相对较低。这说明,在我国自然条件相对较好的农业主产区,其土地利用效率也相对较高,耕地保护政策也能够得到有效落实(表 9.2)。

---

① 2000 年 1 月发布的《中华人民共和国森林法实施条例》指出:"25 度以上的坡地应当用于植树、种草。25 度以上的坡耕地应当按照当地人民政府制定的规划,逐步退耕、植树和种草。"

表9.2 耕地低效转化率与原有耕地比例均处于中高水平的县

县(市、旗)名	所属省份	耕地低效转化率(%)	原有耕地比例(%)	县(市、旗)名	所属省份	耕地低效转化率(%)	县名
高平县	山西	3.28	78.02	乌拉特前旗	内蒙古	10.04	36.49
侯马县	山西	7.35	75.54	铜山县	江苏	2.63	83.18
襄汾县	山西	2.78	81.75	岱山县	浙江	10.36	27.85
新绛县	山西	5.41	81.36	芜湖市辖区	安徽	17.23	44.52
稷山县	山西	5.91	73.95	东营市辖区	山东	8.55	80.67
古交县	山西	14.77	34.79	昌邑市	山东	3.57	81.11
宁武县	山西	10.86	22.30	澄城县	陕西	5.32	88.74
张北县	河北	18.59	62.50	白水县	陕西	8.30	74.40
康保县	河北	30.38	66.81	大新县	广西	10.63	34.98
沽源县	河北	13.96	54.44	天等县	广西	20.40	27.08
崇礼县	河北	12.38	20.02	田东县	广西	11.39	41.77
隆化县	河北	11.06	19.72	平果县	广西	14.35	31.96
临西县	内蒙古	16.36	29.77	德保县	广西	16.96	21.10
海拉尔市	内蒙古	35.21	38.29	曲靖市辖区	云南	10.13	28.34
太仆寺旗	内蒙古	27.52	50.54	麻栗坡县	云南	10.94	22.52
多伦县	内蒙古	29.15	27.68	阜宁县	云南	10.35	20.92
卓资县	内蒙古	11.77	27.05	米泉县	云南	22.27	19.29
化德县	内蒙古	11.99	45.58				

注：东营市辖区包括东营区、河口区；芜湖市辖区包括镜湖区、弋江区、三山区、鸠江区；曲靖市辖区包括麒麟区、沾益区

此外,耕地比例处于较低水平的县级单元,大部分都分布在内蒙古高原、青藏高原和新疆地区,耕地低效转化率水平为低、中、高的县分别有249、119、77个。低效转化率-耕地比例为"高-低"组合类型的县占全部县级单元数量的比例为3.256%,主要分布在青藏高原、内蒙古北部部分地区。虽然这些区域的耕地低效转化率较高,但由于耕地资源相对匮乏,原有耕地比例较小,在短时间内,难以造成大规模的耕地低效转化问题。低效转化率-耕地比例均处于中高水平的县(包括"中-中""中-高""高-中"3类)共有283个,主要分布在农牧交错带。对这3类县来说,大多拥有较为丰富的耕地资源,但其低效转化率较高。特别是低效转化率-耕地比例为"中-高"和"高-中"组合类型的县,尤需得到高度关注,因为这类地区属于耕地低效转化相对严重的区域。这两类县数量有限,占比也只是分别为0.423%和1.057%,它们大多集中分布在农牧交错带上,山东、浙江、安徽、

江苏以及新疆地区亦有零星分布。

本章小结

在人类社会发展历程中,人类活动的足迹足以对生态系统、土地覆盖等造成改变甚至是破坏,这被认为是自有地球自然生态系统以来,造成这种变化的最主要原因之一。近一个世纪中,人类活动造成的土地覆盖变化,正在成为伴随地球自然生态系统产生的"全球"现象。其间,农业作为人类最主要的生产活动和土地利用活动之一,截至目前,已涉及全球陆地地表的近三分之一,在面积上已经替代了大部分全球陆地地表的植被。但即便如此,基于土地/耕地的农业生产经营活动的出现、发展、更迭,说到底都是为了满足人类自身生存的需要。就目前的"人类能力"而言,除此之外似乎别无他法。因此,耕地资源作为土地资源的精华,以及人类社会最重要的农业生产资料,无论是在理论界还是在实践界,都受到人们普遍关注。近年来,随着全球经济的不断发展,人口(尤其是乡村人口)急剧增加,工业化和城市化进程加快,耕地资源减少和建设占用之间的矛盾越来越尖锐,自然灾害和人类活动引起的耕地面积减少和耕地质量下降,已经成为不争的事实。在我国,耕地作为粮食生产的基础,在过去的 100 年中,其空间格局变化显著,对粮食生产造成了一定影响,尤其在耕地资源规模、分布和利用情况方面,更是引人关注。基于这样的事实,本章首先从国际视角分析了全球耕地时空变化与基本格局,探讨了乡村耕地空间分布特征与成因、全球耕地时空格局演化等问题。接下来,阐述了乡村耕地复种空间格局和乡村耕地复种潜力问题,并对我国新增乡村耕地与空间分布、乡村耕地变化的空间格局等问题进行了解读。最后,分析了耕地低效转化分布格局与数量特征和县级尺度下耕地低效转化的空间分布。这些工作的开展,可以为我国乡村经济发展和乡村经济地理空间格局优化提供要素方面的参照,也能够以此为基础,为下一步的城乡空间格局变动与地理演化问题研究,扩展出必要的研究空间。

参考文献

[1] 张丽娟,姚子艳,唐世浩,李侠祥,郝甜甜. 20 世纪 80 年代以来全球耕地变化的基本特征及空间格局[J]. 地理学报,2017(7):1235-1247.

[2] 何文斯,吴文斌,余强毅,胡文君,谭杰扬,胡亚楠. 1980—2010 年中国耕地复种可

提升潜力空间格局变化[J]. 中国农业资源与区划,2016(11)：7-14.

[3] 党安荣. 地理信息系统支持下的中国耕地面积空间变化研究[J]. 中国人口·资源与环境,1998(4)：45-50.

[4] 管栩,金晓斌,潘倩,周寅康. 基于县域尺度的中国土地整治新增耕地空间差异分析[J]. 农业工程学报,2013(20)：226-233.

[5] 李月娇,杨小唤,程传周,王静. 近几年来中国耕地占补的空间分异特征[J]. 资源科学,2012(9)：1671-1680.

[6] 李鑫,欧名豪. 江苏省耕地空间分布与变化研究[J]. 农业现代化研究,2011(6)：730-734.

[7] 关兴良,方创琳,鲁莎莎. 中国耕地变化的空间格局与重心曲线动态分析[J]. 自然资源学报,2009(12)：1997-2006.

[8] 李圆圆,谈明洪,张红旗. 中国耕地空间格局变化对粮食生产的影响[J]. 中国工程科学,2018(5)：90-95.

[9] 张冰琦,郭静,于溪,李强,陈晋. 中国 2000—2010 年耕地低效转化的空间特征[J]. 自然资源学报,2018(7)：1230-1243.

[10] 戚桂锋,廉晓红. 对建国以来我国所有制演变的回顾、思考与展望——兼论必须毫不动摇地坚持中国特色社会主义基本经济制度[J]. 兰州学刊,2017(9)：17-20.

[11] 中国共产党中央委员会关于建国以来党的若干历史问题的决议[M]. 北京：人民出版社,1981.

[12] 蔡天新. 对建国以来两次经济体制选择的历史原因再认识[J]. 电子科技大学学报(社科版),2017(3)：50-56.

[13] 顾海良. 中国特色社会主义理论体系研究[M]. 北京：中国人民大学出版社,2016：290,295-230.

[14] 陈享光. 当代中国经济[M]. 北京：当代世界出版社,2017.

[15] 黄金家,蔡天新. 论社会主义改造与发展非公有制经济的历史必然性[J]. 中共中央党校学报,2014(1)：83-87.

[16] 梁桂全. 完善社会主义市场经济体系的若干问题[J]. 广东社会科学,2017(6)：60-64.

[17] 李翠兰. 促进区域经济协调的开放型经济体系思考[J]. 对外经贸,2017(5)：333-335.

[18] 李成瑞. 大变化——我国当前社会经济结构变化情况及其复杂性分析[J]. 探索,2017(6)：40-43.

第十章　城乡空间格局变动与地理演化

自 20 世纪初期以来,在过去 100 年的时间里,中国乡村经济几经更迭、几经磨炼,完成了过去千百年来都未曾完成的壮举,取得的成就举世瞩目。尤其在党的十八大以后,中国乡村经济发展更是突飞猛进,与城市经济一起,共同筑起了中国特色市场经济的宏伟蓝图。值得注意的是,自改革开放以来,中国高速的经济增长与快速的城镇化发展进程,导致了大规模的建设用地开发,使得耕地以惊人的速度减少,而耕地面积的持续缩减和人口规模的不断增加,让人地之间的矛盾日趋尖锐。为了化解矛盾、实现经济社会的良性发展,党中央和地方政府作了很多努力,取得了显著成效。不可否认的是,虽然城市和乡村都是中国人民繁衍生息的基本生存、生产空间,但当我国城市化进入加速发展阶段,城乡之间的加速融合和一体化趋势就不可避免,对乡村经济地理的冲击及其后果也正在形成。在过去的一段时间里,城市的空间蔓延和乡村的无序开发并存,城市对乡村的辐射除了正向的外溢效应以外,还向其辐射了负向的空间传递,乡村在城市化过程中、在城市强势向心力的作用下,长期处在被动城市化的境地。这一现象的出现,极有可能把城市发展中的不利因素转移到乡村,让乡村沦为城市的"垃圾场""污染排放地",并让城乡发展中的矛盾越来越激化。有研究指出,我国的城乡问题更多地体现在城乡空间利用方面的冲突[1]。比如,一些低附加值的制造业会逐步迁移出城市区域,向周边城镇尤其是乡村地区转移,这种趋势如果不受限制,或者对可能产生的后果不作正确的估计和有效的防范,势必会继续破坏城乡关系、恶化城乡空间。而从经济地理学的角度看,任何地区在城市化快速发展的过程中,都应该同时保护周边及乡村地区的产业、生态安全,不应让后者成为城市的附属,否则会出现"城不像城、村不像村"的无序格局。因此,需要学术界和实践界对上述问题予以关注,采取有效措施优化城乡空间继而优化乡村经济地理空间,让要素的流变始终沿着"正确的方向"。从学术界已有的研究成果中可以发现,近一个世纪以来,无论是在宏观层面对城乡互动发展水平及其空间差异的研究,还是在微观层面对区域内部城乡互动发展水平及其空间演变的研究,虽然都取得了很多成果,也在某种意义上指导了实践,但几乎无一例外地都忽略了乡村经济地理空间与城市经济地理空间的相互关联[2]。而事实上,乡村经济地理空间和城市经济地理空间,以及二者的经济活动之间一直保持着空间关联(自有城市出现开始)。更为重要的是,城市和乡村都处在空间经济社会系统中,属于两个大的互相关联的异质性子系统,彼此之间的互动发展除了能够体现出空间趋异特征外,也存在某种(可能十分紧密)空间趋同。因此,有必要对城乡空间格局变动、互动发展的空间趋同以及演变趋势等进行研究,这些工作对更加全面、深入地了解城乡互动发展的空间分布规律,继而优化乡村经济地理空间格局和谱系,都具有重要的现实意义。

第一节 空间正义及其在城乡关系中的体现

在城市不断扩张、新型城市化、新农村建设的大背景下,需要重新认识城乡关系,进一步反思传统的城乡空间布局,通过在城乡统筹发展模式方面进行创新,实现城乡共存共荣。这是因为,城市和乡村是人类活动的两个基本的地域单元类型。这两类异质的地域单元存在着天然的、内在的有机联系,并表现出一定的空间组织形态。但是,一个基本的事实是,城乡不平衡发展是一个世界范围内普遍存在的社会问题[3]。西方马克思主义者们对此进行了细致而深入的研究,他们在反思资本主义国家城市化过程中产生的城乡发展失衡、空间排斥、空间隔离、空间剥夺等问题之后,创造性地提出了空间正义理论。从空间正义理论的角度看,我国城乡发展不能忽视空间生产和空间资源分配的公平正义——空间正义的价值理念契合了新时代实施乡村振兴战略与城乡均衡发展的目标诉求。所以,以此为视角,研究我国城乡不平衡发展的空间生产机制、城乡空间资源分配失衡的原因,并提出矫正城乡空间生产非正义现象的路径选择,就显得十分必要。

1.1 空间正义

在人类历史进程中,空间一直扮演着不可或缺、十分重要的角色,同时也是历史发展的重要因素。早在农业社会时期,空间一直被视为某种具有不可知的神秘感与不可认识的无限性的存在。进入工业社会以后，人们逐步以主人的姿态去征服与改造空间。虽然对待空间的态度有所变化，但是不得不承认的一点是，无论是农业社会时期还是工业社会时期，空间都是人类得以生存的基本前提。空间直接反映了人们不同时期的思想与科技水平，甚至可以说人类社会的任何发展和变化都是通过空间来进行表现的[4]。正义是人类永恒不变的主题，是从古至今任何一个社会都在追求的理想和目标。在罗尔斯看来，正义是神圣不可侵犯的，即便是以社会整体利益的名义也不可违背。正义的本质是通过社会制度的安排最终实现"所有社会基本善——自由和机会、收入和财富及自尊的基础——都应被平等地分配，除非对这一些或所有社会基本善的一种不平等分配有利于最不利者"。社会制度的安排实质上是对社会财富和社会价值的分配，只有正义的制度安排才能够实现正义的社会分配。"由于人人都希望能在合作产出的利益中得到较大的份额而非较小的份额，利益的冲突就不可避免了。因此就需要一系列原则来指导选择用以决定利益分配的社会制度。这些原则就是社会正义原则。"从历史上看，自中华人民共和国成立以来，我国采取了优先发展城市的模式。在社会制度安排上，倾向于将优质资源集聚于城市。但正因如此，农民的利益和乡村的发展受到了一定程度的忽视和限制。这种发展模式确实有助于在短期内实现社会利益的最大化，但从长远来看，必将损害乡村及乡村居民的利益，进而会侵蚀乡村社会发展成果。从伦理学的角度看，这种发展模式的正义性是值得商榷的。而党和政府已经意识到了这一点，通过推进城乡一体化进程，实现城市和乡村的共赢发展，并在一定程度上实现对农村和农民的补偿。正因现代社会空间是资本表达和政治表达的载体，催生了一种空间的政治。在罗尔斯看来，"空间是政治性的，空间不是一个被意识形态或者政治扭曲了的科学的对象，它一直都是政治性的、战略性的"。空间的政治性注定使空间生产过程需要兼顾经济的合理性（效率）和政治的正当性（正义）。空间正义在实现城乡一体化进程中表现得尤为显著。城乡一体化的进程就是通过合理的制度安排分配各种资源，最终实现城乡发展空间正义的过程。空间正义就是"存在于空间生产和空间资源配置领域中的公民空间权益方面的社会公平和公正，它包括对空间资源和空间产品的生产、占有、利用、交换、消费的正义"。空间正义是空间生产的价值核心，是规范人与人之间关系的价值准则，关键在于实现资源的公平分配。某种程度上讲，我国的城市化发展牺牲了乡村的部分利益。城乡一体化的发展就是要改变这种现状，通过推进城乡一体化进程，构建符合空间正义原则的利益分配制度①。从这个角度来说，空间正义理论实现了对罗尔斯分配正义理论的超越。空间正义意味着有关空间生产或者资源配置的过程中公民享有的空间权益要体现出公平和公正，具体包括对空间资源和空间产品的生产、占有、利用、交换、消费的正义②。

1.2 城乡关系的权益均衡

空间是人们赖以生存和发展的基础。空间正义的提出既是对我国现代城市化的深刻反思，也是对城乡二元制的深刻反思。当然，空间正义理论并不是为了刻意从理论层面去弥补传统正义理论的空间缺位，而是为了提供能转化为社会行动指南的政治理论，具有明确的现实指向性。前世界银行副行长、诺贝尔经济学奖得主斯蒂格利茨曾断言，中国的城市化与美国的高科技发展将是影响 21 世纪人类社会发展进程的两件大事。从发展阶段看，中国目前已经进入高速城市化时代。伴随着城市人口不断增加，大量的农民工和流动人口涌入城市，城市空间大幅度扩张，大量的乡村空间不断被城市吞并并逐步转变为城市空间[5]。应当说，城市与乡村在空间上的分离是社会发展的必然产物，也是社会进步的重要表现。城市相对于乡村来说拥有巨大的"集聚效应"优势。作为先进生产力的主要载体，城市通过充分发挥自身的"集聚效应"不断聚集周边资源而发展和壮大。城市化的过程实质上是城市逐步中心化、主导化，而乡村逐步边缘化、依附化的过程。城市化为我国的发展作出了巨大的贡献，带来了巨大的经济效益，但同时也为未来的发展带来了巨大的挑战。"资本积累越频繁，资本主义生产方式就会越深入地渗透到乡村，就会有更多的劳动力从乡村来到城市，城市的聚集效应也就越大，乡村就越来越被沦为城市大工业生产的原料基地和廉价劳动力的储备场所，城市的统治地位也就越巩固，乡村也随之越来越衰落。"[6]如果说城市化是城乡对立的诱因，那么城乡二元体制则无疑加剧了城乡之间的矛盾和冲突。统购统销制度、人民公社制度以及户籍制度等制度体系构成了我国特色的城乡二元结构体系。为了积累发展重工业所需资本，国家不得不将发展的重心向城市倾斜。然而，优先发展重工业带来的结果就是城市工业得到迅速发展，而乡村和农业的发展则受

---

① 从空间生产的角度来说，空间并不是一个自然力量作用下形成的结果，而是在特定社会关系中建构出来的，反映了在政治权力支配下的空间生产结果——引自爱德华·苏贾《寻求空间正义》。

② 爱德华·苏贾把这种空间被建构和生成的动态过程称为"空间性"，她认为对于空间正义的研究不能局限于分析资源在不同空间均衡配置的空间分配正义，更应该要深入空间生产过程寻找非空间正义的根源。

到阻碍,城市与乡村变为二元。随着社会的进步,这种城乡二元的结构已经成为我国城市和乡村实现又好又快发展的瓶颈所在。城市化进程的加快促使社会资源逐步向城市集聚,而城乡二元结构的存在进一步催化了这种趋势,导致城乡差距越来越大,城乡发展的非均衡性越来越显著。大量的社会资源向城市过度集中导致乡村发展的动力不足。而对于城市居民和乡村居民来说,双方的地位存在明显差距,享受的资源也有着明显的不同。城乡二元结构造就了"城里人"和"乡里人"两个社会群体。在公共资源的分配上,"城里人"享受着国家政策带来的种种福利,而"乡里人"在教育、医疗等方面则不能与前者享受同等的待遇。除了公共资源以外,"乡里人"与"城里人"目前"同工不同酬"的现象也十分明显,这又进一步加剧了两极分化与贫富差距。总的来说,在城乡二元结构中,城市与乡村、市民与农民之间存在差距,阻碍了社会的进一步发展。探究空间正义正是对我国城市化和城乡二元制的深刻反思。空间权益的享受者是所有公民,而非"市民"或"农民"。人民群众的空间利益和空间需求是一切空间生产的出发点与归属点,忽视这一问题必将导致空间的异化。中国的发展不能建立在对乡村的不合理索取以及对农民权益的剥夺的基础之上,而是要注重社会的公平,兼顾发展效率,合理布局城乡空间结构,实现城乡又好又快发展,实现城乡空间权益的均衡化发展。和谐的城乡发展是建立在维护城乡主体空间利益的基础之上,保持社会的公平正义,协调发展。空间正义的提出是要保证城市和乡村能够获得公平的发展机会,获得均衡的发展资源,实现城乡的可持续发展。中华人民共和国建立初期,我国选择优先发展城市具有一定的积极意义;现阶段,我们大力建设社会主义新农村,应当更加注重以城市发展来带动乡村发展,以工业进步带动农业进步。空间正义的提出适应了大力建设社会主义新农村的需要,努力推进工业反哺农业的步伐,贯彻落实城市支持乡村的方针,实现城市与乡村协调发展的方略离不开空间正义理念的指导。我们要努力坚持以空间正义为导向,实现城乡空间权益的均衡发展。

1.3 城乡一体化的价值导向

城乡一体化既是发展的手段,也是发展的目标。作为发展手段的城乡一体化注重的是城乡发展的优势互补和资源共享,而作为发展目标的城乡一体化注重的是缩小城乡差距,实现城市与乡村的协调发展,实现社会正义特别是城乡发展的空间正义。

(1) 空间的属人性——城乡一体化的价值理念[7]。属人性是公共空间最基本的属性,同时也是城乡一体化发展的基本价值理念。如大卫·哈维所说:"空间是'关系和意义的集合',是功能和社会属性的表征,作为一种对世界的叙述,空间的属人性表现了人们日常生活中的'在场-不在场''参与-排斥'的对应关系。"哈维眼中的"关系和意义的集合"也就意味着空间不但包括物质的空间,而且包括社会空间、生态空间等多个方面,更多地体现为一种社会关系的集合。空间的属人性意味着空间是"人"的空间而非"物"的牢笼。良好的空间环境总是体现着人文关怀,体现着以人为本的人道价值。城乡一体化的实质是要在尊重差异发展的基础之上,合理分配空间资源,保障城市和乡村居民享有同等的空间权益,实现城乡空间的协调发展。这既是建设和谐社会的必然要求,也是贯彻落实科学发展观的重要手段。空间权益的同等并不意味着绝对一致,而是在尊重差异基础上的相对公平。要实现这种相对的公平,首先必须尊重空间的属人性,做到以人为本,体现人文关怀,实现人的全面发展。以人为本是一种价值要求,也是一种价值理念,具体要求表现为在城乡一体化的进程中要维护不同区域(城市和乡村)人的空间权益,满足不同区域(城市和乡村)人的空间需求,保证城乡的均衡发展,维护社会的公平正义。城乡一体化是我们大力建设和谐社会的必然要求,和谐社会的建设不仅要重视经济的增长,更为重要的是要重视人的和谐,城乡一体化的过程中也是如此。为了城乡的和谐,必须实现城乡发展的空间正义,充分尊重空间的属人性,一切发展皆以人为本。现阶段我国城乡发展不均衡,资源的配置在空间上存在落差。在推进城乡一体化的过程中,必须将不同地区、不同层次的人群的差异化需求纳入考量范围,统筹全局发展,避免不同的价值选择,特别是要保证城乡居民享受均等的空间权益和资源配置在空间上的均衡。因此,坚持以人为本,尊重空间的属人性,实质上就是要转变以往"重城轻农"的发展模式,特别是改变以往的利益分配模式,充分实现不同人群的价值追求,实现城乡协调发展。

（2）空间的平等性——城乡一体化的价值核心。空间权利的平等意味着公民在获取和享受自身空间权益的同时不能够损害其他公民的空间权益及其获取和享受空间权益的能力与机会。但由于我国长期受到城乡二元结构的影响,城市与乡村的发展失衡,乡村居民在空间权利、空间机会、空间分配、空间结果等方面都遭受着不平等的待遇。城市的发展不断挤压乡村空间,乡村的空间和农民的空间权益受到损害。当然,城市空间的扩张很大程度上就是通过城乡空间的一系列转化而实现的,但问题在于,农民迟迟不能融入新的空间。长此以往,必将成为我国社会主义建设的巨大障碍。随着城市化进程的不断加快,大量的农民工为城市的发展和建设作出了巨大的贡献,但享受不了与城市居民同等的待遇,在城市中找不到归属感。城乡一体化就是要实现城市与乡村的协调发展,重视城市与乡村之间的均衡,重视城市居民与农民之间的平等。城乡一体化发展的价值核心就是要努力缩小城乡差距,保证不同区域、不同人群之间的平等,特别是空间权益上的平等。总而言之,城乡一体化发展的价值核心就是空间的平等性,具体表现在维护不同群体的空间权益上。

(3) 空间的多样性——城乡一体化的价值标识。由人的需求的多样性和空间的属人性可以推知,空间应当是多样化的。由于身份、地位、兴趣爱好等多方面因素的影响,不同的人群对空间的偏好必然不尽相同;即便是同一个体,随着年龄的增长、身份的变化等,其对空间的需求也会变化。空间的多样性实质上就是指空间要满足不同人群或者是同一人群不同时期的空间需求。空间的多样性是建构在空间的属人性以及空间的平等性之上的。空间的属人性意味着城市空间要满足人们的需求,而平等性则意味着城市空间要满足不同人群的需求。在城乡一体化的进程中,城市居民与农民的需求必然不同,如何解决同等的空间权益和不同的空间需求之间的矛盾成为关键。空间权益是人们与生俱来的权利。"空间权益包括公民在居住、作业、交通、环境等公共空间领域对空间产品和空间资源的生产、占有、利用、交换和消费等方面的权益。"[8] 城乡一体化的核心之一就是改变传统城乡二元结构下乡村居民的空间权益得不到合理保障的困境。空间正义在城乡一体化发展过程中的价值标识就是空间的多样性。空间的多样性意味着居民的不同需求得到满足,同时,空间的属人性与平等性也得到充分实现。城乡一体化的价值取向和价值维度需要通过社会中每个个体价值来体现,这不仅包括城市居民,也包括农民以及农民工。城乡一体化的价值标识就是城市居民,包括且必须包括农民以及农民工,他们的需求得到充分满足,并且是多方面的需求都能够被充分考虑,得到合理的满足。

第二节　城乡经济空间拓展与转型

2.1　城乡经济空间拓展

虽然城市在区域经济空间中占据着绝对的主导地位,但是城市经济空间的有序、健康、持续拓展却是离不开城乡产业的互动与城乡经济社会的交融[9]。三产互动与城乡统筹发展背景下，城市经济空间拓展无论在形式上、内涵上还是质量上均发生了重要变化。

（1）城市地域扩张速度减缓。中国共产党成立以来，我国国民经济的快速增长主要来源于城市经济规模的迅速膨胀，城市数量的增加与地域面积的扩张是一个国家城镇化进程中必然会出现的现象，但是单纯依靠地域空间扩张，即通过城市空间侵蚀乡村空间来支撑与实现一国的城镇化进程则是不合理且不可持续的。三产互动与城乡统筹背景下，城市经济的扩张更多地可以通过经济要素向乡村地区渗透与转移，经济活动向乡村地区扩散来实现。因此，城市地域空间迅速、持续甚至是无序扩张的局面得到有效缓解，同时城市建设用地指标受限的困境也将会被打破。城市经济的发展空间通过城乡经济交融得到拓展，产业链与市场非但不会受到影响，反而得到无限延伸。

（2）城市内部经济空间优化调整。城乡经济联系的加强有利于城市在非大规模地域扩张的前提下实现发展空间的无限扩大，不仅减轻了城市发展空间受限的压力，还有助于城市内部经济空间的优化调整。一方面，城市中的加工制造业与面向大众市场的服务业等不断向小城镇和乡村地区转移，腾出更多的空间与更好的环境发展技术密集型的制造业和面向高端消费市场的服务业；另一方面，乡村提供就业机会的能力的提升也一定程度上减轻了城市的就业负担。流动人口的减少，尤其是处于边缘化、非稳定生存状态中流动人口的减少有利于"城中村"和城乡结合部等复杂地区的改造，城市经济空间运行效率得到显著提高。

2.2 城乡经济空间转型

较长一段时间以来，经济落后、产业单一、基础设施短缺、人民生活水平低下等特征代表了我国乡村经济的主要面貌，乡村经济空间相对孤立于城市经济空间存在却又被不断膨胀的城市经济空间打乱[10]。三产互动与城乡统筹背景下，乡村经济空间将面临重大转型，经济景观也出现显著变化。

（1）乡村经济形态被重新塑造。二元分割状态下，我国乡村经济形态普遍表现为松散、落后、粗放。孤立于现代第二、第三产业发展之外的传统农业作为乡村地区主导与支柱产业，由于生产规模偏小，生产组织方式落后而处于相对较低的发展水平。另外，由于农业产业链条发育不完善，城乡经济交流很少，乡村非农经济比重很低，经济活动密度偏小。三产互动与城乡统筹背景下，农业在现代第二、第三产业的服务与带动下加速向专业化、机械化和规模化方向发展,现代企业管理制度与经营理念被越来越广泛地运用到农业生产过程之中,第一产业与第二、第三产业在运作模式和效率等方面的差距缩小,产业活力极大增强。整个乡村经济空间在城市经济要素渗入和第二、第三产业与第一产业互动发展的背景下不断被重新塑造,乡村经济活动密度大大增加,城乡经济空间景观差异缩小。

(2)乡村经济增长核心区不断出现。一直以来,城市都占据着我国区域经济增长核心(极)的地位。小城镇发展存在数量多、规模小、经济活力差等诸多问题,对乡村地区的带动作用甚微。三次产业互动发展与城乡统筹背景下,基础设施相对便利、人员物资集散相对较多且有一定非农产业基础的城关镇、中心镇与中心村等则成为城乡经济、社会要素交融的重要枢纽与结点,它们会逐渐成长为乡村地区的各级经济增长核心区,在功能上表现为乡村第二、第三产业的集聚地,乡村地区主要就业中心和乡村人口集中居住地等。乡村各级经济增长核心区的不断成长,有利于进一步连通城乡经济,构建城乡网络结构,促进一体化的区域经济空间形成。

(3)乡村城镇化进程加快。中国共产党成立以来,我国城镇化进程加速发展,不过主要表现为城市的扩张,包括城市数量的增长和规模的扩大,乡村城镇化总体进展缓慢,只在少数沿海乡镇经济、非公有经济发达的地区推进较快。二元分割状态下,城乡发展的巨大差距对推进乡村城镇化造成一定障碍。三产互动与城乡统筹背景下,乡村产业发展繁荣、就业功能提升、经济活力增强、社区建设推进,城镇化步伐自然加快。而且基于三次产业互动与城乡经济联系基础上的城镇化更能体现城镇化的真正内涵,也是与工业化、现代化进程更相匹配,更能提高居民生活质量的城镇化。

2.3 城乡经济空间互动

自中华人民共和国成立之后,我国经济社会发展在较长一段时间内都具有显著的城乡二元结构特征,在经济空间方面即表现为城市经济空间(核心)与乡村经济空间(边缘)的割裂共存(图10.1)。这种二元割裂状态不仅对农业现代化发展和非农产业升级改造造成障碍,也对城市经济空间的持续健康拓展和乡村经济空间的升级改造形成制约。现阶段,随着三产互动发展以及以此为重要内涵的城乡统筹发展模式的推广,我国城乡经济与社会组织、人口空间分布及其产业运行方式等均发生了重要变化,新的城乡空间互动机制作用下区域经济空间形态逐渐走向一体化(图10.2)。

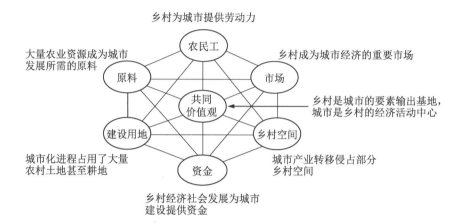

图 10.1 二元分割状态下我国城乡空间互动机制

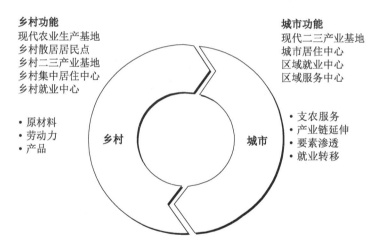

图 10.2 三产互动与城乡统筹背景下我国城乡空间互动机制

（1）城乡经济分工格局转变。二元结构状态下,城市与乡村的经济分工较为明确,即城市是第二、第三产业的集中分布地,是区域最主要的生产中心、消费中心和就业中心;而乡村主要承担第一产业的发展,是区域经济要素的输出基地,其中乡村剩余劳动力为城市经济发展提供劳动力保障,农业资源为城市非农产业发展提供原料支撑,乡村资金为城市经济发展实现积累与转化,乡村土地为城市经济活动拓展提供地域空间。三产互动与城乡统筹发展模式下,城市与乡村的经济空间格局发生重要改变。由于三次产业的联系越来越密切,三次产业在与其他产业融合的过程中不仅实现产业链条的进一步延伸,也实现了空间分布的地区转移。

(2)城乡经济活动由集聚向扩散转变。二元结构状态下,区域经济活动表现出强大的向城市,尤其是大城市、特大城市、城市群和城市密集地区集聚的倾向。这种背景下,经济要素在城乡间不是循环交流而是表现为城市巨大的虹吸效应,城市经济繁荣与扩张的同时带来的是乡村经济的萧条与萎缩,城乡差距也越来越大。三产互动和城乡统筹发展模式下,乡村地区经济活动日趋频繁,尤其中心镇、中心村逐渐成长为乡村地区的经济中心,通过产业合作、功能转移、要素渗透等途径接受着来自城市的辐射与带动。城乡边界相互开放,区域经济活动呈现出由单一向城市集聚转为向乡村地区(以中心镇、中心村为主)扩散的变化。

(3)城乡人口流向改变。二元结构状态下,乡村剩余劳动力单方面涌向城市,维系的是基于劳动报酬的城乡间简单而又低级的经济联系,乡村剩余劳动力主要靠在城市从事低收入的工作获取报酬,城市经济带动乡村经济的作用比较微弱。三产互动和城乡统筹发展模式下,乡村第一产业在第二、第三产业的扶持与带动下,现代化、专业化、规模化程度不断增强,产业发展空间得到极大提升,因此一部分进城务工人员会选择回乡从事新兴的第一产业生产。同时,农业产业链的延伸使得乡村第二、第三产业蓬勃发展,乡村经济活跃发展,返乡农民工数量进一步上升。即城市与乡村的就业职能差距有所缩小,乡村剩余劳动力的就业选择空间不再仅仅局限于城市。此外,城乡产业与经济联系的增强也使城乡间人口要素的流动更加频繁,人口交融不断加深。

第三节　城乡空间正义缺失与实证

在空间经济学视角上,城市化指的是城市空间不断扩张、乡村空间被挤压的空间重构与空间再生产的过程[11]。正如哈维所言:"城市化和空间的生产是交织在一起的。"城市与乡村在空间上的分离是社会发展的结果,城市与乡村一定程度的差异化或不平衡发展是正常现象,二者不同的社会功能相得益彰,共同推动社会的发展。然而,如果城市的快速发展采取空间隔离、空间权益不平等、空间剥夺等方式,以牺牲乡村的发展为代价,那么这样的城市化不仅难以为继而且会引发诸多社会冲突——城市在空间生产过程中处于主导地位,享受着城市化发展带来的便捷生活、优美环境和完善的公共服务,而处于边缘的乡村往往承受着现代化带来的不良后果[12-14]。但不可否认的是,城市化是促进我国经济社会发展的重要驱动力,为国家的经济建设作出了巨大贡献。与此同时,在城市化过程中诸多问题也暴露出来,如城乡二元分割、乡村衰败、空间剥夺、空间排斥等。尤其是资本逐利、权力寻租、制度供给不足等非正义的空间生产和空间分配机制加剧和扩大了城乡不平衡发展。因此,有必要从空间正义理论出发,审视我国城市化过程中城乡不平衡发展的表现与实质,为乡村经济地理的谱系优化提供新的视角。

3.1 城乡不平衡发展中的空间正义缺失

自中国共产党成立以来,我国城市与乡村之间的空间关系就一直是变动的,城乡之间不存在截然分开的界限和固定不变的关系,既可能是共生共长和相互依存的关系,也可能是剥夺和对立的关系。在中华人民共和国成立初期,为了尽快缩小与西方发达国家的发展差距,国家在基础薄弱和资源匮乏的条件下不得不采取优先发展工业的模式[15]。1958 年颁布的《中华人民共和国户口登记条例》标志着城乡二元户籍制度正式确立,城市与乡村被人为分割为两个难以充分互通的空间:一方面是乡村人口向城市的流动受到严格的制度控制,另一方面是通过农产品剪刀差价格机制使社会资源快速向城市聚集。城乡不同空间居民的身份对应差别化的资源分配与资源使用的权利,空间变成了一种政治性的空间。有研究者指出,在经济上,城市经济严重剥夺乡村经济的利益,从 1954—1979 年,农业部门为国家工业化提供资源约值 4 500 亿元。在计划经济体制下,这一时期的城乡发展主要是权力主导下的空间生产,市场和社会力量在空间生产中的作用非常有限。城市的发展高度依赖乡村的资源供给,在一定程度上可以说城市的发展是建立在对乡村的空间剥夺基础之上的。当然,通过户籍制度等政治安排将社会资源从乡村流向城市只是一种阶段性的发展手段,其最终目的是为了推进国家整体发展。在当时的社会条件下,这一制度安排使有限且分散的社会资源得以最大化地发挥作用,其时代价值是不可否认的①。市场经济体制的引入为城市化注入了强劲的活力,到 2019 年底,我国的城市化率已超过 60%,达到了 60.60%。城市化过程中城市与乡村

---

① 十一届三中全会以后,“以经济建设为中心”成为国家发展的指导思想,发展的总体策略是让一部分人、一部分地区先富起来,然后再带动其他的人和地区逐步走上共同富裕的非均衡发展道路。

的空间壁垒很大程度上被消解，数以亿计的乡村人口流入城市，为城市化提供劳动力保障。这是新型城镇化一个标志性的节点，意味着我国完成了《国家新型城镇化规划(2014—2020 年)》设定的目标。而之所以取得如此成果，是因为近年来，我国持续推进农业转移人口市民化工作，着力推动实施 1 亿非户籍人口在城市落户、中小城市和小城镇取消落户限制等一系列政策。近期，党中央、国务院又出台取消、放宽和完善城市落户政策，积极推动常住人口享有与户籍人口同等的城镇基本公共服务和社会保障，以进一步增加人民群众的幸福感、认同感、获得感。在未来，我国常住人口城镇化率还可能突破 70％，但这可能需要一段很长的时间。尽管当前出现了一部分"逆城市化"迹象，但从我国国情来看，城镇化作为一种高度集约化的形态，对于提升人民生活水平，节约土地资源都是非常必要的，我国的城镇化水平还将继续提升。当然，为了缓解城乡之间存在的矛盾，还需推动大部分农民工真正融入城市，分享城市发展的成果。

但截至目前，受到城乡二元体制的限制，乡村人口并不能享受与城市居民相同的空间资源和空间权益，城乡不平衡发展问题严峻。这种空间不平衡主要体现为：一是在资本逐利的逻辑下诸多优势资源流向城市，土地资源、其他自然资源、人才资源等在城市与乡村的空间分配严重失衡；二是城乡居民不同身份带来的差异化空间权益，乡村人口在城市中难以享受对等的社会保障和公共资源；三是城市高房价对边缘人群形成空间挤出效应，难以实现空间共享；四是城市危机向乡村空间转移，高污染、高风险的企业转移到乡村。党的十八大以后，党和政府在反思城市化过程中出现的"重速度、轻质量""重物的城市化、轻人的城市化"等问题的基础上，提出了新型城镇化战略。新型城镇化的核心在于从物的城市化转向人的城市化，从对乡村的剥夺转向城乡均衡发展。城乡不平衡发展成为许多社会矛盾和冲突产生的根源，国家已意识到城市化过程中空间非正义现象的存在，因而大力实施城乡一体化发展、公共服务均等化等战略，城乡不平衡发展问题得到显著改善。然而，受发展的路径依赖、资本逻辑隐形作用、权力寻租等因素的影响，实现城乡均衡发展的目标依然任重道远，城乡发展的非正义现象依然难以完全消除。

3.2 城乡不平衡发展中空间正义缺失的本质

对城乡不平衡发展的研究既要关注空间非正义的表象及其引发的社会后果，又要追根溯源寻找空间非正义产生的原因[16]。空间资源的稀缺性决定了多元主体为了实现既定的目标，进而围绕空间展开竞争与合作。在市场经济条件下，土地、住房和其他空间资源不断地被商品化，空间资源由原本的使用价值为主转变为以交换价值为主，具有了一般商品的特性。资本逐利的本性和一些地方政府片面追求 GDP 增长的目标在一定程度上契合，在二者的共同作用下进行的空间生产和空间资源配置往往会忽视民众的空间需求和空间权益。从空间生产理论的视角来看，城市化过程中的空间生产或由资本主导，或由政治权力主导，或由二者合力主导，如此一来空间生产必然会产生空间异化问题：空间的使用价值（空间的属人性）异化为商品价值（空间的属物性）。也就是人们通常所言"人"的城市化异化为"物"的城市化，严重偏离城市化应秉持的空间正义价值取向。由此可见，空间的资本化和空间的政治化是导致城乡不平衡发展的两大主要因素，资本与权力的联合更是会严重加剧城乡不平衡发展。

（1）空间资本化逻辑的隐形作用。在城市化过程中，空间不仅仅是社会生产力发展和变迁的物理容器，而且还作为重要的生产要素参与空间生产的全过程，空间本身成为资本获取利润的工具。资本在城市化过程中通过空间扩张、空间更新、空间修复等方式实现空间的增值。在市场经济条件下，城市与乡村原本就存在的地理差异在资本的作用下被再次放大，诸多自然资源、人才资源、社会资源从乡村流向城市，自然差异与人为差异的共振加剧了城乡资源空间分配的失衡。作为社会主义国家，我国的城市化与西方国家资本主导的城市化有着本质的区别，但在经济全球化的场域中，资本对我国的城市化产生重要的影响。有学者指出："当前我国城市空间正义缺失的根本症结在于市场经济条件下资本逻辑支配了空间生产。"[17]客观地说，资本并非洪水猛兽，而是一柄双刃剑。资本是推动城市化和社会发展最强劲的动力，但又会产生空间非正义现象，造成空间发展不平衡。当前在城市化过程中形成了发展不足和发展过剩并存的局面：一方面是城市空间中出现城中村，乡村中产生空心村和乡村衰败等现象；另一方面在某些核心区域出现"鬼城""空城"等发展过度的现象。我国是以公有制为主体的社会主义国家，总体来说我国的城市化不是资本主导的，党和政府也一直高度关注公平正义问题，但是资本逻辑对城市化的隐性影响不容忽视①。

---

① 改革开放以来，为了快速实现城市化，国家不得不采取"效率优先，兼顾公平"的发展导向。这种非均衡的空间生产确实能够在短期内实现社会总财富的增长，为下一步的发展奠定基础，但从长远看，这种模式不仅难以为继，而且还会反过来侵蚀现有的发展成果。

(2) 空间政治化的显性作用。城市化并不是一个自然发展的过程,城乡的空间规划、空间布局、资源的空间分配等过程都与政治高度关联。中华人民共和国成立初期建立的城乡二元体制更是深刻影响了城乡发展的进程,"如果说城市化是城乡对立的诱因,那么城乡二元体制则无疑加剧了城乡之间的矛盾和冲突"[18]。换言之,城乡二元体制导致城市空间挤占和剥夺乡村空间,城乡居民难以平等分享经济发展的成果,进一步加快了社会资源向城市聚集的速度。在城市得到快速发展的同时也造成了乡村发展动力不足,加剧了城乡不平衡发展的程度。政治权力是维护和供给社会公平正义的主要力量,但在实际运行过程中缺乏约束或约束不足的权力不但不能发挥应有的作用,反而可能会损害社会正义。

3.3　城乡经济地理的时空特征——基于县域的尺度

在城市化快速发展背景下,侧重于农业生产的乡村经济发展政策是否仍然符合实际并取得成功,值得进行深入的数据验证。为此,选取 2000 年、2005 年、2010 年三个时间段面,对我国县域农业发展及乡村经济发展进行秩相关分析及时空特征分析。结果表明,近年来我国县域农业发展与乡村经济发展之间的相关性在下降;中国县域农业及乡村经济发展水平和速率都存在明显的地域差异。在发展水平上,2000—2010 年,中国县域农业发展水平与乡村经济发展水平分布不对称现象越来越明显,比较突出的区域有东北平原地区、黄淮平原及长江中下游平原地区。在发展速度上,2000—2010 年,我国东部县域农业发展速度缓慢,部分县市甚至倒退,但是乡村经济却有较大的发展,虽然中西部大部分县市农业都有很大的发展,但是乡村经济发展相对于农业发展来说仍比较缓慢,有的县市乡村经济甚至呈现负发展。

3.3.1　数据获取

原始数据来源于 2000 年、2005 年、2010 年《中国县(市)社会经济统计年鉴》,2000 年、2005 年、2010 年部分省的统计年鉴及各省统计局的统计数据。本文以县及县级市为研究尺度,由于数据有缺失,部分县市未包括,纳入统计范围的县市共计 1 984 个。根据系统性、科学性、实用性和数据实际可取性,本文选取县域农业就业人口、第一产业增加值表征县域农业发展水平,选取县域年末总人口、非农就业人口、国内生产总值表征县域经济发展水平。采用 Loge 对数转化对各个指标进行标准化,农业发展和乡村经济发展下的各个指标的权重是相同的,即农业发展是农业就业人口和第一产业增加值的平均值，同理，乡村经济发展是年末总人口、非农业就业人口、国内生产总值这 3 个指标的平均值。

3.3.2 数据分析

按照斯皮尔曼等级相关法计算步骤，2000—2010 年，我国县域农业及乡村经济发展的相关性有所下降，2000 年两者的相关系数为 0.912，2005 年为 0.890，至 2010 年，降为 0.822。由于选取的这 3 个年份的相关系数的显著性水平 p 都小于 0.01，说明这些相关系数具有代表性，可以用来判断县域农业发展与乡村经济发展之间的相关性。应用 ArcGIS 软件把 2000 年所有县市的农业发展及乡村经济发展水平用詹克斯自然断点法划为 4 类，可以看出以下几点。

（1）2010 年，"胡焕庸线"以东地区各县市农业发展及乡村经济发展水平都普遍较其以西地区的县市高，农业发展水平较高的地区主要分布在东北平原、黄淮地区、四川盆地、两湖地区及广西东南部地区；农业发展水平较低地区主要分布在青藏高原地区。乡村经济发展水平较高的地区主要分布在黄淮平原、两湖平原、四川盆地、珠三角地区、长三角地区以及省会城市周边的县市；乡村经济发展水平较低地区主要分布在青藏高原地区。因此从总体上看，我国乡村农业发展与乡村经济发展水平两者之间的空间分布较一致。

（2）从微观上看，中国部分地区的县市农业及乡村经济发展水平也存在不对称现象，比较突出的是东北平原地区、黄淮平原及长江中下游平原地区。2010 年东北平原的县域农业发展水平整体上较高，分布范围广，农业发展水平高的县市较多且集中，相比之下，该区的乡村经济发展整体水平并不高，且发展水平高的县市较少；在长江中下游地区，主要是苏南、上海、浙北地区，2010 年这些地区的农业发展水平并不高，而乡村经济发展水平却很高，从这两个典型地区可以看出，我国出现了县域农业发展与乡村经济发展水平不对称的现象。

将 2010 年的相应指标与 2000 年相应指标之差除以 2000 年相应指标，再除以 10，得出各县市的农业发展及乡村经济年平均发展速率。然后用 ArcGIS 软件把所有县市的农业发展及乡村经济年平均发展速率用詹克斯自然断点法划为 4 类。

2000—2010 年，我国东部县市农业发展速度缓慢，部分地区县市呈负增长，特别是长三角地区、江汉平原、四川盆地、珠三角沿海地区和大城市周围的县市，农业逐步退出了这些地区的主要产业行列。农业发展较快的地区是西北及东北地区,主要是新疆、青藏高原东北部盆地以及兰新线沿线附近的县市。东部地区县市农业呈负发展,是由于工业化及城市化的快速发展,使得农业比较收益明显降低,大量农民进城打工,耕地复种指数下降,劳动密集型大农业发展受到制约。如长三角地区的苏州市、常州市及南通市下辖的县市农业都出现负发展而非农产业快速发展,就业数据显示,这些县市的平均农业就业人口年均增长率小于-0.5%,大部分县市的非农就业人口年均增长率大于0.2%。西北地区由于近年来西部大开发,国家政策、资金支持力度加大,部分县市的农业快速发展,特别是在畜牧业资源丰富和水资源条件较好的县市。如西藏日喀则地区的谢通门县的农业发展较快,近年来,该县抓住国家实施西部大开发战略、对口支援和社会局势持续稳定等历史机遇,在黑龙江省的大力援助下,引进资金、技术大力发展农牧业,还大力发展乡镇企业,特别是独具特色的民族手工业。东北平原面积广大,利于农业机械化和规模化发展,加上建设国家现代商品粮和农牧业基地政策的扶持,农业发展水平快速提高,如阜新市的彰武县及阜新蒙古族自治县农业年均增长率在1%以上,这两个县市的农业就业人口增长慢,但第一产业增加值年均增长率大于2.3%,这主要是因为当地平原面积广大,人均耕地多,农业机械化水平高。而在2000—2010年,除了东北及西北部分乡村地区的乡村经济发展缓慢,甚至有的是负增长之外,广大县域乡村的经济都发展较快,如珠三角及长三角地区,特别是我国中西部的部分乡村,乡村经济发展很快。在东部地区,主要是由于中心城市的扩散效应带动周边县市产业转型,使得其周边县市乡村经济发展速度加快,如珠三角及长三角地区;而我国中西部县市发展较快,主要归因于资源开发、经济扶持或旅游发展。东北地区发展慢,主要是因为以农业特别是粮食生产为主。总体来看,2000—2010年,我国东部县域农业发展缓慢,部分县市甚至后退,但是乡村经济却有较大的发展。虽然中西部大部分县市农业都有很大的发展,但是乡村经济发展相对于农业发展来说仍比较缓慢,有的县市乡村经济甚至呈负发展。

3.3.3 县域农业与乡村经济发展的类型分析

为更好地揭示中国县域农业发展及乡村经济发展的空间分布特征及内在机制,选取县域总人口变化、非农业人口变化、人均GDP、人均农业生产总值、人均农业生产总值增长率、人均GDP增长率这6个指标,评价县域农业及乡村经济发展综合水平。然后,选取东部沿海县市、京九线沿线县市(100千米范围内)、陇海—兰新线沿线县市(100千米范围内)这3条样带,采用系统聚类法对农业及乡村经济发展的综合水平进行分类及差异性分析。

第一,沿海样带。该样带中,农业主导型县市主要分布在距离大中城市远且靠近内陆地区或部分山地地区,主要分布在江苏北部、山东半岛南部、辽东半岛东部及浙西地区,这些地区离中心城市较远,自然条件较适合农业发展。非农业主导型县市大多分布在大城市周边,主要是北京、广州、厦门等大城市的周边县市。均衡发展型县市主要分布在山东半岛北部、江苏东部及辽宁省中部地区,这些县市距离省会城市都比较近。

第二,京九线样带。该样带中,均衡发展型县市大部分分布在京九线沿线离大城市相对较近的地区。非农业主导型县市大多分布在大城市周边,如北京、武汉、郑州、广州等大城市附近。农业主导型县市主要分布在太行山西部、黄土高原东部地区以及南岭地区。

第三,陇海—兰新线样带。该样带中,农业主导型县市主要分布在黄淮平原地区及吐鲁番盆地等地形相对平坦,水热条件较好的地区。非农业主导型县市大多分布在大城市周边,如沿线省会城市兰州、西安、郑州的周边县市。均衡发展型县市主要分布在距离沿线省会城市较近地区。

综上,通过对 3 条样带的分析可得以下规律:非农业主导型县市主要分布在大城市周边,便于接收大城市的辐射;均衡发展型县市则距离大城市相对较远;农业主导型县市大多分布在地形相对平坦,但远离大中城市的地区。根据这种分布规律可以进一步得出:我国各类型县市的分布、农业和乡村经济发展状况同地形、气候等自然基础条件,以及距大中城市等中心城市的距离有较大的关系。

3.3.4 城乡经济地理均衡发展的未来路线

我国县域农业发展及乡村经济发展相关性低,主要是因为县域乡村就业结构及产业结构的转变,促使非农就业人口快速增加,而农业就业人口减少,农业发展由于缺乏人力资本的投入,其发展速度相对变慢,逐渐依赖于国家的各项补贴及优惠政策等,相比之下,非农就业人口的增加,为非农产业的发展注入了新的资本,由于第二、第三产业的产出效益及经济效益比农业高,极大地促进了乡村经济的发展,故中国县域农业发展及乡村经济发展整体上呈现出低相关性[①]。通过聚类分析,把我国县市分为农业主

[①] 近年来,中国县域农业发展及乡村经济发展出现不对称现象,从发展水平上看,比较突出的是东北平原地区、黄淮平原及长江中下游平原地区,从发展速率上看,东部地区比较突出。

导型、过渡型、非农业主导型这三大类型[19]。影响我国县域农业及乡村经济发展的因素有很多,如地区自然条件(水热及地形)、自然资源、经济基础、历史文化背景、区位、交通条件、工业化进程、国家政策等。但是文中只选取了比较具有代表性的人口、就业、收入等指标来描述农业及乡村经济发展状况,选取的指标相对较少,所反映出的各县市农业及乡村经济发展状况的时空特征具有一定的局限性,对结果的分析比较宏观粗略,如何将指标选取细致化、全面化,如何将结果分析得更准确、更科学是未来努力的方向。

(1)通过斯皮尔曼等级相关法计算,得出2000年我国县域农业及乡村经济发展的相关系数为0.912,2005年为0.890,2010年为0.863,我国县域农业及乡村经济发展的相关性在减弱,县域农业在乡村经济发展中的地位在下降,而非农产业在我国县域乡村经济发展中的地位正在快速提升。

(2)近年来,中国县域农业发展及乡村经济发展出现不对称现象,具体可以从以下两方面分析得出:在发展水平上,2000—2010年,中国县域农业发展水平与乡村经济发展水平分布不对称现象越来越明显,比较突出的是东北平原地区、黄淮平原及长江中下游平原地区;在发展速率上,2000—2010年,我国东部县域农业发展速度缓慢,部分县市甚至倒退,但是乡村经济却有较大的发展,虽然中西部大部分县市农业都有很大的发展,但是乡村经济发展相对于农业发展来说仍比较缓慢,有的县市乡村经济甚至呈负发展。总体上看,我国县域农业及乡村经济发展的这种空间差异化发展在我国东部地区比较突出。

(3)通过聚类分析方法可将我国县域乡村经济发展分为农业主导型、过渡型、非农业主导型这三大类型。非农业主导型县市主要分布在大城市周边;均衡发展型县市则距离大城市稍远一些,但相比农业主导型县市,还是离大城市比较近。

第四节 城乡关系中乡村经济地理要素的分布与演变

以城乡关系为背景,研究乡村经济地理要素的分布与演变问题,有助于了解乡村经济的发展态势和发展潜力,对其谱系优化也有极大的促进作用。在此期间,对乡村经济进行分类是"不可或缺"的,只有完成了对乡村经济发展程度与产业结构上的高度抽象,才能借此对乡村经济地理时空格局演变进行分析,才能为制定乡村经济发展政策提供重要参照[20]。接下来,在本节中,首先通过"模比系数法"对城乡关系中的乡村经济发展程度进行划分,分别采用以不同产业占总产值比重的均值与标准差之和,作为判定主导产业类型的依据,把两个判定结果结合之后,最终确定研究对象的经济类型(本节选取京津冀地区乡村为研究对象)。在对 1994—2019 年京津冀地区乡村经济类型的演变特征进行分析后,能够得出如下结论:近二十几年来,京津冀地区的乡村经济先后经历了脱贫期、成长期与提升期;其主导产业类型从农业主导逐渐转向工业主导,再转向商贸业主导,在此演变过程中,综合发展型乡村十分"抢眼",其数量经历了先增加后减少的变化过程;总体上,京津冀地区的 4 个区域中,乡村经济类型的演变大致保持了一致性。

4.1 研究对象

选取京津冀地区为研究对象,是因为该地区的乡村经济发展差距较大,属于中等尺度乡村经济类型的划分范畴。因此,通过划分来衡量该地区乡村经济类型的演变过程和规律,能够为该地区和其他地区选取适当的乡村经济发展模式提供必要的借鉴。从国内外文献来看,表征乡村经济类型的指标很多,主要集中在两个方面:一是经济发展的总体水平,二是产业结构与主导产业类型。本节针对上述问题的研究,主要从这两方面选定划分指标——分别判定各乡村经济发展水平与主导产业类型,综合两方面划分的结果,确定乡村经济类型。分析的样本主要是京津冀地区 175 个县级行政区。接下来,按照研究工作的尺度与研究目的的指向,选取指标时参照了以下原则。

(1)乡村经济发展水平的相对一致性:京津冀地区乡村经济发展水平综合反映了乡村的经济实力,将发展水平相对一致的乡村归为一类,有助于制定适合这一发展阶段的乡村扶持政策。(2)乡村产业结构的相对一致性:乡村的产业结构反映了乡村经济的基本构成,将具有相似产业结构的乡村划为一类,有利于制定统一的政策引导乡村经济的专业化发展,促使经济结构向更高级阶段演进。(3)乡村经济类型划分单元与行政区界限的一致性:对乡村经济类型划分的目的是寻求最适合当地的乡村发展模式,而无论何种乡村发展模式,都必须借助所属的行政区。因此,只有保证类型划分的单元与行政区相一致才能使研究具有应用价值。(4)乡村经济命名上既要体现出横向的可比性,又要体现纵向的可比性:乡村经济类型的划分目的是对京津冀地区乡村经济地域格局的演变进行分析,因此,得到的最终指数不但要有区域间横向时间段静态比较的价值,还需有纵向时间段动态比较的价值。因此,在乡村经济类型的命名上要体现横向和纵向两个方面的对比性。

4.2 模型与方法选择

对于乡村经济类型的划分方法,目前缺少一套公认的技术流程与方法,各个模型的选用需根据研究的尺度和目的而定。国内外学者常用的方法包括因子分析法与聚类法(以层次聚类法与星座图聚类法为主)、模比系数法等,这些方法为本研究提供了借鉴。在具体的模型选择上,分别应用因子分析法、因子分析法与星座图聚类法相结合的方法、层次聚类法、模比系数法进行实验性计算[21]。通过对比发现,用因子分析法与星座图聚类法相结合的方法以及层次聚类法计算出的最终结果均与各类文献以及经验认知表明的京津冀乡村地区发展现状存在较大的差距,因而不适用于本项研究。因此,本研究最终选用模比系数法来划分京津冀乡村经济发展程度,采用将三次产业产值占总产值比重的均值与标准差之和作为临界点的方法进行主导产业类型的判定,之后将两个判定结果相结合确定乡村经济类型。这两种方法的共同优点在于进行跨年度比较时相对意义明显、直观性强,而且计算相对简易。在指标选择上要确保所选数据在时间序列上的可对比性以及指标间的独立性。尤为关键的是,需要将货币价值量指标和实物量指标相结合,用尽可能少且最具有代表性的指标来客观反映乡村经济发展水平。根据以上原则,选取了 3 个指标表示京津冀地区乡村经济的发展程度:(1)农民人均纯收入,主要用来衡量农民的富裕程度,这是乡村经济发展的最终目的;(2)乡村全员劳动生产率,主要反映了乡村经济发展的效率,对反映乡村生产力水平的高低具有比较明显的指针意义;(3)乡村人均用电量,电力与人们的生产、生活密切相关,同样电力消耗量在一定程度上也反映了农民的生活质量、乡村工业化的发展程度和现代农业的发展水平。

4.3 城乡经济时空格局的演变

对京津冀地区 175 个县级行政区域、不同年份的乡村经济类型进行划分,由于要对空间轴上的格局分布与时间轴上的演变趋势进行评判和分析,涉及相当于 700 个县域的样本,价格单位采用 1994 年不变价格。根据前述的研究方法,可得到该地区不同时段的乡村经济类型在空间上的分布特征以及 1994—2019 年间的演变趋势。

4.3.1 不同经济发展程度下城乡经济时空格局演变

从计量结果来看,总体来讲,1994—2019 年京津冀地区乡村经济发展的水平有了很大幅度的提升(表 10.1)。其中,1994—1999 年,不发达型乡村的数量明显下降,由占总县域数的 54.9% 下降到 22.9%,其他各类乡村的数量则均有所上升,尤其是欠发达型乡村的数量上升较快,主要由不发达型乡村演变而来,这一时期则可称之为乡村发展的脱贫期。1999—2004 年,不发达型乡村和欠发达型乡村的数量都有较大幅度的下降,其他类型的乡村数量均有所上升,其中中等发达型乡村数量上升较快,这一时期也可称之为乡村发展的成长期。2004—2019 年,不发达型、欠发达型以及中等发达型乡村的数量均有所下降,而发达型和较发达型乡村的数量则有所上升,这一时期也可称之为乡村发展的提升期。

从经济发展程度不同的乡村的空间分布历史演变过程来看,存在以下显著特点。(1)不发达型乡村从广泛分布在河北省全境逐渐向张家口、承德以及保定西北部地区集中,之后范围逐渐缩小至张家口、承德部分县域。(2)欠发达型乡村从分散分布逐渐向环京津的张家口、承德地区、保定西北部地区集中,这一地区到目前为止也是京津冀地区,乃至全国发展相对落后的乡村的集中地。(3)较发达型与中等发达型乡村的数量有所增加,其分布由分散向逐渐集中演变,目前主要集中分布在冀中南的平原地区。(4)发达型乡村的分布主要从京、津两市的市辖郊区向外围郊县扩展,然后连接京津唐都市带一线,最后,扩展至整个京津唐都市圈,其他城市市辖郊区也陆续成为发达型乡村。由此可见,城市化对乡村经济发展起到了重要的推动作用,城市经济活力的提高也让城郊乡村经济的发展水平有了显著提升。

表 10.1　京津冀地区不同乡村经济发展程度的县域数量及其比例

类型		1994 年		1999 年		2004 年		2019 年	
		县数量(个)	比例(%)	县数量(个)	比例(%)	县数量(个)	比例(%)	县数量(个)	比例(%)
乡村经济发展程度	发达	7	4.0	21	12.0	35	20.0	62	36.3
	较发达	12	6.9	13	7.4	18	10.3	44	25.7
	中等发达	14	8.0	26	14.9	60	34.3	45	26.3
	欠发达	46	26.3	75	42.9	45	25.7	17	9.9
	不发达	96	54.9	40	22.9	17	9.7	3	1.8
总计		175	100.1	175	100.1	175	100.0	171	100.0

4.3.2 不同主导产业下城乡经济时空分布及格局演变

从1994年到2019年,在京津冀地区的不同县域、不同乡村中,专业化发展型与综合发展型乡村各占其总县域数的份额基本相当,但也互有增减,这从表10.2中可见一斑。随着乡村经济的发展,综合发展型乡村规模呈现先增加后减少的趋势。其中,1994—1999年,综合发展型乡村的县域从占总县域数的48.0%提高到60.6%,之后逐渐下降至2004年的48.6%,到了2019年,该数字继续降到了41.1%(表10.2)。对于专业化发展型乡村来讲,1994年农业主导型乡村占京津冀地区所有县域总数的37.1%,在各类专业化发展型乡村中占据主导地位,随着乡村经济以及京津冀地区城市经济的发展,农业主导型的县域数逐渐减少,到2019年只有9个,占总县域数的5.1%。1994—2019年,工业主导型乡村的数量呈现出逐渐上升的态势。1994年,乡村经济为工业主导型的县域只占总县域数的13.1%,而到了2019年,乡村经济为工业主导型的县域所占比例就上升到了33.1%。从专业化发展型乡村总体数量变化可以看出:随着乡村经济的快速发展,专业化发展型乡村的数量呈现先减少后增加的趋势,其类型由农业主导型逐渐向工业主导型演变,再向商贸业主导型演变,乡村产业类型从低层次的农业主导向经济多元化的方向发展,在市场竞争的选择下,按照相对比较优势的原则再次向更高层次的专业化主导型演变。

1994—2019年,京津冀乡村主导产业类型区的空间格局演变呈现出了如下总体特征。(1)综合发展型乡村的数量,在1994—1999年逐渐增多,之后又呈现出逐渐减少的趋势,在空间布局上,从相对发达或较发达的京津唐(廊)都市带的多数郊县,以及河北省各个地级市的毗邻郊县,逐渐向远离城市的欠发达乡村地带以及张家口、承德等不发达的若干地区扩散。(2)随着乡村经济的发展,京津冀地区农业主导型乡村的数量开始逐渐减少,其分布从相对广泛的分布向张家口、承德地区西北部集中分布演变。(3)工业主导型乡村开始逐渐增多,其分布从京津两个超大型城市的直辖郊区和近郊县,向其他大中城市直辖郊区和近郊县逐渐扩散,到2019年,京津冀地区已经有4个相对集中连片的工业主导型乡村地带,分别为以唐山市直辖郊区、保定—沧州市直辖郊区、石家庄—衡水市直辖郊区以及邢台市直辖郊区为中心的地区。(4)2004—2019年,商贸业主导型乡村逐渐增多,主要分布在京津唐都市带上,同时一些拥有地方特色产业的县域如丰宁、清河等县也转为商贸业主导型乡村。

表 10.2　京津冀地区不同乡村主导产业类型的县域数量及其比例

类型		1994 年		1999 年		2004 年		2019 年	
		县数量(个)	比例(%)	县数量(个)	比例(%)	县数量(个)	比例(%)	县数量(个)	比例(%)
专业化发展型	农业主导	65	37.1	31	17.7	9	5.1	9	5.1
	工业主导	23	13.1	23	13.1	50	28.6	58	33.1
综合发展型	商贸主导	3	1.7	15	8.6	31	17.7	36	20.6
	综合发展	84	48.0	106	60.6	85	48.6	72	41.1
总计		175	99.9	175	100.0	175	100.0	175	99.9

4.3.3　城乡经济类型的空间分布与格局演变

从京津冀地区1994—1999年度乡村经济类型的数量状况和变化情况看,随着乡村经济发展水平的提高,乡村经济类型的多样化程度也在不断提升,各地乡村通过发挥当地优势形成了各具特色的乡村经济类型。从各乡村经济类型的分布以及演变来看,以下区域在演变上具有相对一致性。(1)张家口、承德、保定西部地区的若干县域,其乡村经济类型的演化相对缓慢,从1994年的不发达的农业主导型,到2019年逐渐演化成以欠发达的农业主导型乡村或欠发达的综合发展型乡村为主体的乡村经济类型结构,乡村经济总体上仍然较为落后。(2)京津唐都市带所辖的县域乡村演化普遍较快,到2019年,基本在全区域形成了以发达的商贸业主导型乡村或发达的工业主导型乡村为主体的乡村经济类型结构。(3)河北省的各个地级市的市辖郊区及其毗邻县域发展演化较快。其中尤以石家庄市辖郊区、保定市辖郊区、沧州市辖郊区、邯郸市辖郊区等最为突出,它们普遍从欠发达的综合发展型乡村或工业主导型乡村向发达的商贸业主导型乡村或发达的工业主导型乡村演变。(4)冀中南地区,除各个地级市的市辖郊区之外的平原县域,其发展演变介于前三者之间,这一地区大部分县域都是从不发达的农业主导型乡村或不发达的综合发展型乡村,逐渐向中等发达的综合发展型乡村或较发达的综合发展型乡村演变。

通过对京津冀地区1994—2019年乡村经济类型的时空格局演变进行计量分析可以得出如下结论和启示。(1)从乡村经济发展程度的演变来看,1994—1999年是京津冀地区乡村经济的脱贫期,不发达型乡村的数量明显下降;1999—2004年则是京津冀地区乡村经济的成长期,不发达型乡村和欠发达型乡村的数量都有较大幅度的下降,而中等发达型乡村数量上升较快;2004—2019 年则是京津冀地区乡村经济的提升期,发达型和较发达型乡村的数量有所上升。(2)从主导产业发展类型看,该地区专业化发展型乡村的数量呈现先减少后增加的趋势,其类型由农业主导型逐渐向工业主导型演变,再向商贸业主导型演变,乡村产业类型从低层次的农业主导向经济多元化的方向发展,在市场竞争的选择下,再向高层次的专业化发展型演变。(3)从乡村经济类型的空间演变来看,近年来,京津冀地区以下 4 个地区有相似的演变路径,分别是张家口、承德以及保定西部地区乡村;京津唐都市带所辖的县域乡村;河北省的各个地级市的市辖郊区及其毗邻县域乡村;冀中南地区除各个地级市的市辖郊区之外的平原县域乡村。

如京津冀地区的乡村一样,我国很多地区的乡村经济发展都存在较大差距,乡村之间彼此勾连,发展利益密切,单纯制定统一的乡村经济发展政策,明显无法满足各个地区的发展需要。因此,需要从乡村经济类型及其演变趋势出发,有预见性地出台具有针对性的政策,比如更加符合当地发展情况的乡村扶持政策等,为每个乡村按照其自身特点探索"适合的"经济发展路径。

本章小结

中国地域辽阔,不同区域的乡村经济基础、自然环境、发展历程等方面均存在很大差异,基于城乡互动发展的乡村经济地理空间格局也有所不同,正确衡量城乡互动发展水平及其空间分布特征,对其演变趋势予以关注,采取有效措施协调城乡关系并借此缩小城乡差距,有助于消解城乡之间的冲突和矛盾,对提升乡村经济发展水平、扩展乡村经济发展空间都是极为有利的。在过去的 100 年中,中国一直面临着劳动力迁移的巨大压力。截至目前,我国已经有大量乡村人口进入城市地区工作或居住,每年外出务工的乡村劳动力超过了 2.5 亿人。面对这一庞大的群体,一方面要做好户籍制度松动可能带来的城乡劳动力迁移的加剧,另一方面,要通过有效措施引导城乡人口"合理"流动、"有序"流动,同步优化城乡经济发展空间。这一问题在国内外学术界已经引起了广泛关注。本章由此出发,首先对空间正义的概念和内涵进行了解读,阐述了城乡关系的权益均衡和城乡一体化的价值导向问题;然后对城乡经济空间拓展、转型、互动等问题进行了研究,并通过具体实例分析了城乡不平衡发展中的空间正义缺失的本质和特征，以及可能产生的后果。最后，以京津冀地区为例，对该地区城乡经济时空格局的演变与趋势进行了分析，得出了一些结论。当然，这些工作还是初步的。因为，到目前为止依旧严峻的乡村人口形势和人口分布格局，是过去一系列政策的历史积累的直接或者间接结果。因此，在可预见的将来，需要继续做好以下工作：第一，继续以乡村振兴战略为指导，进一步塑造农民群体的主体意识、提升农业商品价值、优化乡村生态群落，在空间正义逻辑下优化城乡关系；第二，以马克思主义空间正义为指导，挖掘城乡矛盾的根源，有针对性地促进城乡空间内的价值生产、分配、消费权利的空间秩序重构，等等。

参考文献

［1］刘玉. 基于三产互动与城乡统筹的区域经济空间分析[J]. 城市发展研究,2011(4)：47-52.

［2］李建华,袁超. 空间正义：我国城乡一体化价值取向[J]. 马克思主义与现实,2014(4)：155-160.

［3］赵静华. 空间正义视角下城乡不平衡发展的治理路径[J]. 理论学刊,2018(11)：124-130.

［4］宋庆伟,王荣成,麻秋玲. 我国县域农业与乡村经济发展的时空特征研究[J]. 干旱区资源与环境,2016(10)：13-18.

［5］黄桂荣. 从社会结构转换视角看城乡经济社会一体化[J]. 社会主义研究,2010(5)：67-72.

［6］马克思,恩格斯. 马克思恩格斯全集(第3卷)[M]. 北京：人民出版社,1972:57.

［7］张勇. 透过"博士春节返乡记"争鸣看乡村问题、城乡矛盾与城乡融合[J]. 理论探索,2016(4)：86-93.

［8］任平. 空间的正义——当代中国可持续城市化的基本走向[J]. 城市发展研究,2006(5):1-4.

［9］白永秀,赵伟伟,王颂吉. 城乡经济社会一体化的理论演进[J]. 重庆社会科学,2010(10)：51-57.

［10］陈文胜. 怎样理解"乡村振兴战略"[J]. 农村工作通讯,2017(21)：109-113.

［11］徐勇. 中国家户制传统与农村发展道路——以俄国、印度的村社传统为参照[J]. 中国社会科学,2013(8)：19-23.

［12］李裕瑞,王婧,刘彦随,等. 中国"四化"协调发展的区域格局及其影响因素[J]. 地理学报,2014(2)：199-212.

［13］申明锐,沈建法,张京祥,等. 比较视野下中国乡村认知的再辨析：当代价值与乡村复兴[J]. 人文地理,2015(6)：53-59.

［14］肖琴. 财政扶持农民专业合作社的瞄准机制研究——基于东部某市农业综合开

发产业化经营项目的思考[J]. 农业经济问题,2015(5):81-85.

[15] 衡霞,郑亮. 农地"三权分离"下农村社会治理新模式研究[J]. 云南社会科学,2016(1):40-43.

[16] 李先军. 智慧农村:新时期中国农村发展的重要战略选择[J]. 经济问题探索,2017(6):90-93.

[17] 康永征,薛珂凝. 从乡村振兴战略看农村现代化与新型城镇化的关系[J]. 山东农业大学学报(社会科学版),2018(1):9-12.

[18] 庄煜钿,侯君捷,曹展翡. 论城乡规划的空间正义[J]. 中国建筑装饰装修,2021(1):51-53.

[19] 姜德波,彭程. 城市化进程中的乡村衰落现象:成因及治理——"乡村振兴战略"实施视角的分析[J]. 南京审计大学学报,2018(1):16-24.

[20] 刘合光. 乡村振兴战略的关键点、发展路径与风险规避[J]. 新疆师范大学学报(哲学社会科学版),2018(3):1-9.

[21] 朱启臻. 当前乡村振兴的障碍因素及对策分析[J]. 学术前沿,2018(2):19-25.

[22] 刘彦随. 中国新时代城乡融合与乡村振兴[J]. 地理学报,2018(4):637-650.

第十一章　乡村交通地理分布与
空间格局变迁

　　单纯从学科上看，交通属于科技或者物流（运输）的范畴，人们较少关注它的经济功能。其实，交通不仅是科技的一部分，还对经济发展有十分重要的影响和作用，甚至交通的类型、形式、内容等，能够直接或者间接决定经济发展的深度和广度。对中国而言，早在清朝中叶之前，社会经济几乎都是自给自足的封建小农经济，交通也都依靠人力、畜力、风力等自然力；在当时社会中，交通工具落后、交通效能较低，在很大程度上制约了经济的发展、人们的交往、文化的交流与传播，也造成了经济社会的闭塞，导致人们思想保守，严重制约了经济进步，也让中国社会长期处在相对封闭、很少变化的状态之中。自中国共产党成立以来，严格地讲，是从 20 世纪20 年代开始，中国大地上的城市系统被再一次激发，乡村人口、乡村经济活动越来越活跃，集中的乡村空间系统逐渐成为与城市经济系统同步发展的经济主体。在接下来几十年的发展之中，中国城镇的建设和发展伴随地域经济的开发和建设，直接影响了人与地之间的关系[1]。中华人民共和国建立之后，出于发展经济、改变贫穷落后面貌的需要，交通设施建设逐渐成为我国国民经济发展联系的纽带和桥梁。即便在乡村地区，交通也成为优化人地关系和乡村经济地理的重要途径。到了改革开放之后，中国传统农业从近代化向现代化迈进，在接下来的二十多年中，在中国共产党的领导下，经过不懈努力，终于初步构建起了"五横七纵"的道路交通网络，在促进城市经济发展的同时，也极大推进了乡村经济的现代化。到了中国共产党的十八大之后，在全国范围内再一次开启了水利工程兴修、农业科技推广和交通路网建设等工作，并取得了显著成效，在很大程度上促进了乡村经济发展，也极大优化了乡村经济地理要素的空间配置[2]。实际上，自进入21 世纪以来，有关"乡村交通地理分布与空间格局变迁"的研究和实践就一直没有停歇。吴松弟（2018）对中国近代经济地理变迁中的"港口-腹地"问题进行了阐释，来逢波（2012）对综合运输体系对区域经济空间格局变迁的影响与优化问题进行了研究,丁贤勇、刘俊峰(2012)以"第二届中国近代交通社会史学术研讨会"为契机,对社会史视野下的中国近代交通与社会变迁问题进行了总结,周大鸣、廖越(2018)从聚落与交通的关系出发,分析了"路学"视域下的中国城乡社会结构变迁问题。在对现代社会交通问题进行研究的同时,部分学者将视线投向了更远的年代。何莉宏(2010)分析了民国时期华北商路变迁与乡村集市的发展问题,马义平(2014)探究了近代铁路兴起与华北内陆地区经济社会变迁的关系,鲍成志(2007)阐述了近代中国交通地理变迁与城市兴衰,黄正林、刘常凡(2010)以 1927—1937 年的河南省为中心,对公路建设、汽车运输与社会变迁进行了解读。在交通与地域关系方面,李瑞、冰河(2014)分析了南阳地缘交通古今变迁及其对城市发展的影响,如此种种,不胜枚举。通过梳理以上文献可知,乡村交通地理分布与空间格局变迁直接影响着乡村经济的发展,同时,交通也是乡村经济地理的关键要素之一,进一步深入研究上述问题,能够为乡村经济地理的谱系优化提供可参考的信息。

第一节　近代交通与乡村经济地理

1.1　近代交通与乡村经济城市化

在我国,近代交通业特别是铁路交通的发展,极大地冲击了传统的区域经济格局和乡村经济地理格局,它的发展不仅直接引致了铁路沿线新城市的崛起,更加快了乡村经济的近代化[3-7]。自 20 世纪 20 年代以来,港口、铁路的兴建,尤其是铁路枢纽地运输业和工商业的发展,让交通功能型城市,比如天津、青岛、石家庄、郑州等先后崛起,这类城市及其周边乡村在空间结构、职能、规模和区域分布上的变化,成为当时我国华北地区城市经济和乡村经济近代化发展历程中值得关注的现象。其中,津浦铁路作为纵贯我国东部地区的南北交通要道,清江浦、浦口、镇江等在改线过程中,其交通区位的重要性出现了巨大变化。在当时,津浦线的建设是在运河运输没有完全停止的情况下进行的,建设工作偏离了原有的运河路线,重新确定了一条南北交通区位线,而这恰好形成了近代意义的江淮地区经济核心区。此外,平汉、陇海铁路的建成通车,让大量物资交汇到了郑州,极大提升了郑州的交通区位优势,也让中原地区乡村经济地理关键要素以更加便捷、经济的方式流变。与此同时,在外部商业圈的影响和交互作用下,郑州借助独特的自然地理位置、交通地理位置优势和富饶的乡村经济系统，逐渐发展成为中部地区乃至全国的区域经济中心地之一。需要指出的是，在20世纪的最初几十年中，无论俄国殖民主义者的主观愿望如何，中东铁路产生的带动效应是不可否认的。在当时，这一铁路的建设和交付使用，让附属地周边城市建设步伐越来越快，对近代以来东北地区城市经济和乡村经济发展，都起到了正面作用。上述事实能够证明，交通运输是城市化兴起的原动力，也是乡村经济地理要素流变的重要推力。

1.2 近代交通与乡村经济地理变迁

近代交通的发展对乡村经济的影响是深刻的，它一方面改变着传统城乡经济格局、乡村经济发展模式，另外一方面，影响着乡村居民的日常生活习惯[8]。其中，市场和航运交通对乡村经济社会的发展进步至关重要。在某种意义上，近代交通直接引致了一些乡村的崛起，带动了城市的发展。比如，对明清时期的南浔等江南市镇来说，其勃兴得益于以苏州为中心的传统内需型市场网络的支撑；南浔在近代以来再次大放异彩，则得益于以上海为中心的新的外向型资本主义市场经济网络的支持，得益于欧美市场对生丝的大量需求。但这些都属于被激发出来的有利条件，真正的支撑性条件要数当时的航运交通的发展——对当地乡村经济和农产品、农村手工艺品市场的拓展、延伸起到了极大的推动作用，使江南各个分散的乡村经济地理单元连接成为一个相互联系的整体，为壮大乡村经济继而壮大更大的区域经济，提供了更多可能。可见，交通运输是乡村生产活动和商品流通的物质基础，这从航运交通对20世纪30年代江浙一带乡村社会商品流通的影响就可见一斑。

此外，在20世纪20—30年代，交通建设进入乡村经济地理空间的初始阶段，就在很大程度上促进了农副土特产品的商品化，增加了乡民收入，成为乡村经济体系的"输血管"；当然，与此同时，交通的发展也"帮助"列强向乡村地区倾销廉价商品，让乡民生活水准不断下降，甚至出现了入不敷出继而破产的情况，变"输血管"为乡村经济体系的"吸血管"。可以说，交通改变了乡村商品流通的时间和空间结构，让传统乡村的近代转型站在了一个崭新的起点上。在当时，江浙一带的自然环境优越、自然资源丰富，乡村副业种类繁多(尤以江苏南部，即苏南地区为最)，对维持农民生活起到了重要作用。到了1937年，江浙一带的新式交通如铁路、公路等迅猛发展，让乡村经济地理极大突破了传统交通方式的限制，加速了新交通沿线乡村副产品的流通，丰富了农产品的流通形式，拓展了区域外市场，让乡村经济得到了更多实惠。而到了抗战开始之后,我国西南地区的土产外销路线在交通的作用下开始变迁,这直接影响了西南地区乡村土产的外销口岸贸易。其间,上海地区的土产外销地位下降,广州、龙州、蒙自、昆明等口岸的土产外销地位都有所提升,西南地区的土产外销主要口岸也从战前的沿海口岸,逐步向内陆口岸转型。这一"转型"的出现,极大削弱了沿海口岸和西南腹地间的经济联系,也使西南地区土产外销变得更困难,对乡村经济发展造成了正反两方面的影响。

第二节　铁路对乡村经济地理的影响

在 1876 年中国出现第一条营运铁路之后,到了 20 世纪 20 年代末期,中国初步形成了全国铁路网络[9]。铁路属于现代化的交通工具,具有较强的经济输送与建设功能,它传播了西方近代科学思潮,也对中国乡村经济体系造成了冲击,在两者的激烈碰撞中,促进了中国乡村经济地理的变迁。可以说,铁路在近代中国的出现和延伸,加速了新科技的传播以及旧科技的革新,促进了乡村经济的发展。主要表现在乡村居民的生活由封闭向开放、由舒缓向快速转变,消费观念由本土化向西方化转变,生计方式由一元向多元转变,社会关系由简单向复杂、由等级观念向平等观念转变,社会习俗由旧习向文明转变,等等。铁路虽然没有很快将中国带入文明、发达的社会,却给中国乡村带来了新的气象,并在相当程度上推动了乡村经济地理的空间转型、要素流变,成为中国乡村经济走向现代化的重要推动力量。

2.1　拓展乡村生产生活格局

在漫长的农业文明时代,传统落后的交通工具与乡村居民的封闭生活心理和生活模式彼此适应,也在一定程度上放慢了人们的生活节奏和经济发展速度[10]。自铁路出现后,乡村居民原有的时间观念被打破了①。虽然并非所有乡村居民都"坐得起火车",但这一事物的出现,却极大刺激了人们的生产生活。因为火车运行以固定时刻为主,且以分计算,人们只有依据列车时刻表准时乘车,才不致延误。可以说,这种精确的时间观念与中

---

① 之前,人们日常生产生活中很少需要准确的时间,时间较为粗略、模糊,常用"拂晓""日上三竿""黄昏""一袋烟的功夫""掌灯时分""鸡叫两遍了"等来表达时间。后来,尽管西方钟表传入中国,但它并未真正进入人们的日常生活。

国乡村社会的传统时间观念大相径庭,却伴随着铁路的运营逐渐深入人心,也让人们的空间概念发生了改变。在铁路出现之前,由于交通工具落后,安全系数小,乡村居民极少外出,只好安居在家,守着不多的土地或者干着劳累却回报极小的活计。铁路的出现让乡村居民一下子联想到了"运输",当一个地方通了火车之后,也就意味着人们可以从偏远地区或边缘乡村进入与城市中心相连的网络中。与轨道相连的乡村"时间与空间因铁路而被压缩了"。火车快捷、舒适、安全、票价低廉,其独特的优势使得出行变得容易了,传统的畏惧出门的心理在乡村居民中发生了很大改变,人们逐渐摆脱原来封闭、与世隔绝的乡村生活模式,开始乘坐火车走出家门、闯荡世界,频繁往来于铁路沿线各城乡之间,活动范围扩大了,交往领域也拓宽了。即使是偏远地区的乡村百姓也希望借此改变原来的生活状态,积极与外界交往。一时间,人们都试图打破故习,"群集都市"。可以说,近代以来的首次中国乡村居民大规模流动就是始于铁路的出现,铁路带给人们的不仅是生活的变化,更是整个社会被逐渐纳入以西方工业文明为代表的生产生活模式中。英国学者约翰斯(1954)在他的《回忆录》中曾经写到,火车的汽笛声迫使人们认识时间、遵守时间,而铁路的通车标志着一种与传统的中国乡村社会截然不同的生活的开始。人们渐渐走出原有的所谓的舒缓的乡村生活模式,生活变得忙碌,生产节奏也越来越快。

2.2 革新商品流动与消费模式

消费主要涉及物质消费与精神消费——这是人们消费的两个"大类",也是社会生产生活的一个极为重要的组成部分,人们消费观念的变化能够灵敏地反映一个时代经济社会变迁的程度[11]。自铁路于 20 世纪初在中国大地逐渐铺展开来以来,沿线地区多为乡村,一切主要消费品都以土制为主,直到铁路开通,才出现了很多外来商品。其中,人们(包括乡村居民)的服饰变化十分"抢眼"。在当时社会中,人们在穿着上不再满足于生活的基本需要,开始模仿和效法新式服饰,沿铁路线地区人们的穿着打扮发生了显著变化。沿海乡村的人们穿着也越来越开放和时尚,早期上海工人多穿老土布,由于受西方文化及都市风气的影响,有些女工也购置一两套洋布衣服,后来上海女子穿着方面越来越开放,周边乡村地区也领风气之先。铁路通车后,凡是上海新奇的东西,沿线乡村总可以在最短的时间看到和模仿。至 20 世纪 30 年代,上海、苏州、无锡、常州女工的服装更加考究,平时多穿旗袍、皮鞋。后来,凡靠近铁路沿线的城乡地区,人们服饰的西化程度不断提高。此外,西式衬衣、绒衣、针织衫、西裤、沙袜、皮鞋等也渐渐为乡村居民所接受。当然,以"西化"为特点的服饰文化的传播和新式服装的流行仍然局限于铁路沿线的城镇,而远离铁路线的地方和乡村地区,因受交通及经济条件的限制,服饰变化甚微,人们的衣着一般照旧。又比如,随着铁路的延伸,在沿线的有些地区原来被用作运输工具的牛、马等开始转为食用,肉食习俗渐渐改变着传统的饮食结构和饮食习惯。铁路开通后,西方娱乐如电影、舞会、游艺等纷纷传入中国,人们的精神消费也因此发生了一些变化。新式娱乐亦通过铁路线传入乡村地区,购买西洋乐器的人逐渐增多。此外,乡间的文化生活渐渐丰富多彩起来,原来落后闭塞的乡村社会风气发生了一些变化。虽然新式消费文化的传播,对沿铁路线及其辐射地区人们的消费观念造成了不同程度的冲击,但并未能影响其最基础的部分,基本上处于"稳中有变"的状态,消费观念及其方式呈现出铁路沿线到边远城镇再到广大乡村,阶梯式递减的态势。

2.3　促进乡村经济从一元向多元过渡

在漫长的封建社会历史阶段,中国逐渐形成并固化了以小农经营为主体的单一农业经济结构,它是完全以农民世代使用的各种生产要素为基础的农业经济,是以手工劳动进行简单再生产的相对静态的经济。而中国历代政权又重农抑商,造就了中国人特有的生计方式——以农业种植为主。落后的交通工具制约着人们的头脑与思维。直到铁路出现后,才带动了沿线地区人员和货物的流动,加速了信息的流通,从而促使沿线乡村经济环境发生了巨大变化,乡村居民传统的生计方式发生了根本转变。昔日固守乡土的农民纷纷走出家门,外出谋生,他们涌向都市成为产业工人、商铺店员或劳动后备军,或经商做小生意,等等。其间,经商热潮涌现,随着视野的开阔,沿铁路线的农民逐渐意识到要利用铁路交通出去销售农家产品。比如,当时沪宁铁路上的三等车不仅数量多,而且农民也最多,车厢里塞满了蔬菜瓜果,还有鱼米鸡豚等(这一状况直到今天,还在我国部分地区存在)。铁路开通后不久,有人就在沿铁路线上的乡村地区开展投资,经营种类繁多,如房产、旅行社、转运公司、戏馆等。沪宁铁路开通后,有人就在苏州阊门开设恒孚银楼,生意极为红火,成为整个沪宁线上极具影响的名店。苏州的绸缎、绣货、桌帷、折扇、罐头食品、绣花拖鞋等商品,经过沪宁铁路被大量地贩运到南洋各国。也有人在沿铁路线一带开设了旅馆、商店、浴室、饭店等服务性场所。比如,河南郑县自京汉和卞洛铁路通车后,客栈增至数十家;沪宁线上旅馆和客栈约有六十家。至1934年,全国沿铁路线的客栈已遍布如林。这种经商热在使用传统交通工具的环境下是很难出现的。正是由于铁路的通车、人们传统观念的转变以及生计方式的多元化，才会出现"凡遇有铁路地方，生意格外兴旺"的景象[12]。

2.4 推动城乡等级观念向平等观念转变

在封建社会中，封闭、保守、落后是常态，社会关系比较简单，主要是因血缘关系、姻亲关系产生的亲缘关系和因地缘关系产生的邻里关系。自铁路开通及延伸后，乡村居民的活动范围随之扩大，交往对象有所增加，除亲属和邻里外，同学、老师、同事、单位领导、生意伙伴等都成为新的交往对象。其间，不同乡村的人为了生计，通过铁路线源源不断地集聚到最近的城市或者相同的城市，因而，社会关系从亲缘和邻里关系扩大到生意伙伴关系、同事关系等，人际交往从"熟人社会"扩大到"为目的"而交往；同时，有血缘关系的人不再居住于同一个乡村，社会关系变得多元而复杂。以前，人们外出或步行，或乘轿，或骑马，后来，使用马车或人力车。无论马车、人力车、骑马或坐轿，均属于个人出行方式，且等级森严。而铁路采用车厢编成列车的形式，可以同时运载许多人。在车厢里，人们摩肩接踵，气息相闻，由此产生了一种新型的社会关系和观念——人人平等。乘火车与骑马、坐轿不同，骑马和坐轿除了要支付运费，还要付小费，火车票则是旅客乘车的唯一凭证，不需要另外付费。因而，火车有利于破除当时社会浓厚的封建身份等级意识，易于形成人人平等的社会风气。随着铁路的延伸，人与人之间的关系趋于平等，以往的等级色彩也渐渐淡化了；人们的平等意识增强了，社会关系也随之进步和文明了。所有这些对激发乡村经济活力、优化乡村经济地理要素分布和空间格局都是大有裨益的。

第三节　交通体系发展与乡村经济地理优化

一个综合性的交通体系涉及铁路运输系统、公路运输系统、航空运输系统、水路运输系统及管道运输系统等。在我国，交通体系初现雏形是在中华人民共和国建立之后，即在 20 世纪 50 年代进入人们的视野，在此后的 20 世纪 70—80 年代，随着石油等能源危机的出现和可持续发展理念的提出，实现对不同运输方式的合理利用和建立高效的综合运输体系开始成为各国发展交通运输业的基本策略[19]。可以说，交通体系的建设和发展是人类经济发展到一定阶段的必然产物，重要特征之一便是它的综合性特点,即可以根据区域自然条件、产业布局、市场结构、物流基础的特点,系统集成各种不同运输方式的优势,避免重复建设和盲目投资,为区域经济(包括乡村经济)发展提供便捷、快速、经济的交通运输服务和支撑。

3.1 交通体系与乡村经济空间格局变迁

3.1.1 交通体系对乡村经济地理格局的影响

在当前区域经济深度一体化的背景下,交通运输是融合和承载跨地域、多空间的人流、物流、信息流及资金流的最为重要的基础载体。如果没有良好的交通运输条件作为支撑保障,即使有再好的经济发展基础和发展潜力,也无法将其转化为现实的经济效益,最终会阻碍区域社会经济的发展和一体化格局的形成。随着宏观经济背景的变化,综合运输体系对我国乡村经济的影响及作用越来越强,也表现出了越来越明显的多维特点,其动态变化趋势和方式表现出明显的不规律。综合运输体系的构建是否合理、科学,各种不同运输方式之间协作互补的优劣程度将直接影响乡村经济和乡村产业结构布局。当前,我国综合运输体系正处于迅速发展的阶段,自 2000 年以来,各种运输方式通达里程都快速提高。但受制于分属不同部门管辖的困扰,各运输方式彼此之间的协作程度及比例结构还没有达到真正的一体化发展,综合运输体系对乡村经济空间格局的影响路径随之出现了不同的趋向。近几年来,综合运输体系对乡村经济空间格局的影响体现在以下几方面:铁路尤其是高铁和动车的迅速发展,使沿线乡村的产业空间结构逐步向铁路沿线转移,呈现铁路集聚效应;公路方面尤其是高速公路的迅速发展使沿线乡村的产业结构发生了显著变化,呈现交通走廊效应;航空线路的延伸和航空港的建设,使很多航空港附近逐步集聚起了大批新兴乡村企业,产生了空港效应;水运的发展引发了水道效应。由此可见,交通运输系统已深度影响了乡村经济的空间布局,进而逐步影响了乡村经济产业结构的动态调整和适应性变化。

3.1.2 交通体系对乡村经济产业结构的影响

我国幅员辽阔、人口众多、人均资源稀缺。对这样一个发展中国家来说,国民经济的持续、快速发展及城市化水平的提升,势必会加剧交通供需之间的矛盾。随着我国经济总量的持续增长和城市化进程的快速推进,交通需求增长的速度远远大于交通供给的增长速度。中国共产党成立以来,我国不同地区的乡村经济板块发展日趋活跃、各具特色,乡村经济发展的区域性特征表现得日益显著,对交通运输方式的需求也逐步表现出显著的差异性[20]。当前,我国乡村经济发展处于关键的转型时期,受国内外经济环境变化的影响,乡村经济发展格局和乡村经济地理空间布局都出现了新的特点和新的变化趋势,对交通运输这一基础性产业提出了更高的要求。我国当前宏观经济正处于"转方式、调结构"的关键阶段,需要一个与社会经济发展需要相适应的现代化综合运输体系。铁路运输的高速度、大运量、低费用,公路运输的小、快、灵,航空运输的舒适、快速,水路运输的低成本、低耗能,管道运输的全天候特点,体现出各自的优劣势。但就我国当前乡村经济发展的历史基础及空间格局特点来看,随着交通运输的迅速发展,各不同乡村经济地域从交通费用、资源基础、市场距离等方面考虑,势必会逐步调整乡村产业结构和产业布局,以使乡村产业结构及产品类型更好地契合当地交通运输的线路特点和运载特性,以达到资源进入和产品运出成本最小化目的。

3.1.3 交通体系对乡村经济地理资源整合的影响

自然资源是人类进步和社会发展的物质基础。通常,资源越丰富、工业发展的基础条件越好,就越可能促进乡村经济的发展。但是在对自然资源的开发利用过程中,如何发挥乡村资源优势,并将其转化为乡村经济优势,并非轻而易举。这既有乡村产业结构的原因,也有交通运输条件、科学技术水平以及劳动力的素质等原因。良好的交通运输条件为开发乡村区域内自然资源提供了便捷、快速的运输保证,进而促进了乡村市场和各生产部门对自然资源的需求,必将加大对自然资源的开发和有效利用的力度。因此,对乡村经济来说,发展经济、繁荣乡村市场最重要也是最根本的一步,就是优先发展和完善当地的交通设施,提升可进入性和通达性。

3.2 实例一——济南交通体系与乡村经济地理变迁(1921—1937)

济南位于齐鲁大地,建城历史悠久,文化积淀深厚,战国时期被称作下邑,是齐国的西部门户。到了元明清时期,济南成为山东地区的政治中心,但由于距离运河、沿海港口等较远,在省内的商业网络中并不占据主要地位,属于较典型的以政治职能为主、以经济文化职能为辅的中国传统城市。到了胶济和津浦铁路通车之后,济南就一跃成为山东主要铁路枢纽,城市外部空间由此极大扩展,并发展成为广阔的商业腹地,与全国大部分主要港口建立了稳定联系。城市内部依托铁路开辟了商埠,城市商业中心转移到车站附近。城市人口中工商业从业者占了很大比例,大量周边乡村居民涌入城里,一些外地到济南经商的乡村居民也逐渐增多。可以说,由于交通体系的发展,使得济南经济活动越来越多、越来越活跃,当地乡村也因此焕发了生机与活力,城市的凝聚力和活力进一步增强。

3.2.1　交通体系对乡村经济地理的拓展

(1) 区域铁路枢纽的形成。20世纪初期,经过济南的两条铁路先后通车,大大拓展了济南周边乡村经济发展的外部空间。其中,胶济铁路使得济南与青岛之间的经济联系逐渐密切,济南的地理地位似乎又回到了两千年前,重新站在东西交通的门户上。津浦铁路通车后,济南成为中国南北交通线上的重要枢纽,与南北经济中心天津、上海建立直接联系。战国时期济南尚处于华夏边缘,那时则为中心,其商业腹地扩展至河北东南部、山东中西部等地,甚至与晋南、豫北乃至苏皖等地也有较密切的商业往来。由于济南居于通往津青沪三大港口的铁路交通中心位置,在山东沿海港口城市之外,形成了内陆物资交换、生产、消费中心,并通过铁路与前者保持着经济上的密切联系和协作,使之逐渐成为与青岛并立的山东两大经济核心城市之一。到了20世纪30年代,陇海铁路东段建成,与先期建成的京奉、京汉、京绥、正太、胶济、津浦、同蒲、道清等铁路相连,运输范围涉及中国北方地区、关中地区、黄海渤海以西地区,以及中部多个省份,这样一个由铁路大体连接起来的近代意义上的“华北”显现出来,较大范围内的乡村经济和农产品的商业交流便大规模发展起来。在1937年之前,当时的金城银行曾派员调查山东省的优势农业经济作物——棉花的运销状况,调查者这样叙述道:“铁路对济南货物运输所起的作用不可小觑,两路相互衔接,车站东西对峙不及一里,实为济南陆运货物出入之门户。东运者,由胶济路,一日可达青岛,南北运者,由津浦路南至浦口、上海;北至天津、北平;其运往河南、山西、陕西者则更可假津浦路,由徐州转陇海路需时亦不过二日而已。”由此可见,在当时,济南由于铁路的出现,让城市经济、乡村经济都发生了质的变化。

(2) 外部联系与乡村经济发展。由于铁路交通的出现和进一步完善,济南建立起了与周边市场、华北市场、全国乃至世界市场的稳定关系,在津浦铁路通车之后不久的1921年(中国共产党成立之年),胶济铁路各站货运进款中,济南西站已经超过煤炭出产地淄川,达534 358.8元;客运收入居首,达到了1 829 302.6元(胶济铁路在济南尚有西北站客运收入43 592.4元,东站31 043.5元,但两站货运收入均相对较小)。津浦铁路黄河大桥通车后,鲁西北、冀东南亦被纳入济南商业腹地,铁路沿线农产品集中于济南销售,如山东出口农产品中的大宗货物花生。根据调查,20世纪30年代,山东花生中的95%由青岛出口,其中有约117万担是经济南转往青岛的,占青岛花生出口量的三分之一。无论是花生输入还是输出,均在相当程度上依赖铁路。从商业发展可以看出济南的外部联系范围和乡村经济发展已经达到一定水平。铁路通车前,济南传统商业以"五大行",即国药、杂货、绸布、鞋帽、钱业最为兴盛。铁路通车后,原先已有一定市场基础的纺织品、火柴、食糖等农产品或者农业商品、附属商品等,扩大了销售规模,而不少种类的新商品也进入普通百姓的日常生活,如煤油、胶皮轮胎、五金、纸张、香烟等,济南成为这些商品的重要中转站;同时,人口众多的城市本身就是这些新老商品的庞大消费市场。内陆地区商品流通量的增加,进一步扩大了乡村经济的整体规模,同时出现了新的商业部门,如经营转运业的货栈从清末收购棉花的广济、阜成信两家花行起步,代理进出口业务的洋行、新式旅馆业也是较早起步的新行业。不久,为新式工商业服务的银行、保险等行业也随之出现。可以说,济南商业中心地位完全来自其铁路枢纽地位,铁路交通为城市对外物资和信息交流提供重要保障,为乡村经济开辟广阔的外部空间。济南商埠的优惠条件,与交通优势相结合,更有效扩大了乡村经济外部空间。抛开政治因素不谈,当地乡村经济外部空间取决于自然条件(是否有优越的水运条件或平坦的地形条件)、交通工具的承载能力、经济性以及交通方式联系的广度和深度等。所有这些,在当时社会大多已经具备,使得当时的乡村经济发展潜力十足、乡村经济地理要素配置效率也越来越高。

3.2.2 乡村经济空间延展和城市中心转移

近代济南乡村经济变迁过程中最显著的特点之一,就是"乡""村"同步扩张。新开辟的商埠是开放式的,没有城墙等防御工事限制,而铁路既是商埠建立和扩展的根本动力之一,也是重要限制因素,乡村经济因此难以向胶济铁路以北和津浦铁路以西的区域扩展。

(1)商埠选址及其意义。与农产品交易相关的商埠大多选址于老城之外,即城郊地区,与农业生产几乎相连。地方政府还颁布了《济南商埠开办章程》,详细规定租地、设官、建造等各方面内容。商埠位置与原有商业中心西关相接近,邻近胶济和计划中的津镇两路车站,交通便利。对地方主政者而言,在选定商埠位置时,除考虑地理因素外,也将车站作为重要的选址依据。自开商埠的目的是阻止德国势力渗透,商埠靠近车站,一方面可将经营工商业的外国商人和工商企业限制在商埠内部，另一方面则使济南新式工商业管理权掌握在中国地方官手中。

（2）车站与城市中心的转移。车站是城市内外部空间的交点，外部空间通过车站联系内部空间，而外部空间的大小，对城市内部空间有着几乎决定性的影响。车站是城市外来物资、信息和潜在消费者的来源，商机众多。同时车站也是济南城市新空间的起点，商埠以两路车站为中心，向东西南三面延展，修建了网格状的城市道路系统。在未大规模改扩建老城的前提下，济南实现了城市空间的快速扩张和城市中心的转移。津浦铁路全线通车不久，商埠以"经"命名的东西马路和"纬"命名的南北马路已修建至经三纬八。商埠最初的计划格局已经形成，与铁路关系密切的银行、旅馆和货栈中的绝大多数也分布于此。商埠地价上涨，市政亦得以改良。张宗昌督鲁末期，还意图将北关开辟为北商埠，进一步扩展城区规模。到了20世纪30年代中期，济南商埠已两次展界，与旧城连为一体，并计划进一步开辟北埠和南埠：1937年之前，济南以老城西关及商埠经一路、经二路、经三路及纬四路形成一个繁荣的商业中心区。有银行业、钱庄业、棉花业、蛋业、五金行及洋货等40多个行业，约1 200多家。虽然城内依然有繁荣的商业区，但整个城市的商业中心已经转移至车站附近，呈扇形展开。近代城市车站多设于城外，距离城市远近不同，对城区范围变动规模影响甚大。济南在车站附近以商埠形式开辟城市新空间，是城市发展过程中的一个有利因素，减少了城市内部平面空间扩展的限制，对周边乡村经济的吸引作用似乎更强。

（3）行政区划变动背后的因素。在20世纪20—30年代之间，济南人口尤其是乡村人口出现了"大涨大落"，而这不过是一种"假象"，背后的真正原因是行政区划的变动。从历史上看，中国行政区划总是依据自然地理或乡村经济地理因素划分，济南城市区域变动的主要原因，可能还是由于周边乡村与城市间交通和经济联系密切化、人员和物资往来频率增加，导致主政者将与城市联系较多的区域划入城市管辖范围，如黄台桥和泺口两个码头通过铁路与济南拉近了距离，逐步被纳入济南城区范围。从这一点来看，城市作为一个规模经济社会综合体，已不再是行政管理体系中一个附属因素，由于其在中国社会经济体系中占据了重要地位，正式被纳入中国区域行政管理体系中。换句话说，地方行政管理设计者正努力使传统行政体系适应变化了的社会单位的需要。商埠的发展速度之快自在情理之中，因为当时商业发展最快的行业多依赖铁路供应原料、运输产品，在城内道路交通运输不方便的情况下工商机构必须尽量靠近车站和货场，因此两路车站附近就成了新建工商企业最理想的经营地点，即便不能在商埠内找到合适地点，也尽量寻找距离车站较近、交通较方便的位置。商埠并不仅仅扩大了济南城区的范围（事实上，20 世纪 20—30 年代市区依然过分局促），它完全改变了城市发展方式，此前城市总是被限制在一定范围内，拓展方式总是以老城区为核心扩大城市规模，并将新扩展区域圈入城市防御体系内，显示中国古代城市主要职能以政治、军事为主的特点，对周边乡村的关注不够。而铁路通车后，济南发展突破原有框架体系，城市扩张方式变成以铁路车站为中心，以开放式的形态积极向外拓展，并在较短时间内将大量乡村地区纳入城区。当然，原先制订的商埠规划并未能充分估计到城市未来发展速度和规模，以后市政府不得不一再拓展商埠范围，工商企业甚至跨过铁路寻求新的发展空间。

（4）人口结构的变迁。近代中国通商口岸的开辟、铁路的兴建和工商业的发展，吸引了大批农民离开乡村，移居城市，从事工商、服务业和其他行业。开埠后济南城市范围扩大，人口增长加快。在 1914 年，济南市区人口大约为 14 万人。到了 1924 年，济南人口已比十年前增加一倍，数量可能接近 30 万人。而之所以会出现人口的"爆发式"增长，一个重要因素就是城市经济对乡村经济产生的"虹吸效应"——大量乡村居民来到了城市地区，成为了"城里人"。同时，工商业的快速成长也带来了相对较多的工作岗位，比起一般的内地城市，外来移民在这里（尤其是乡村剩余劳动力）更容易找到就业机会。当时济南的职业构成大致是这样的：济南雇用 20 名以上男工的企业，共计 40 家，这些工厂的工人总数约为 1 万人……其他这个年龄段的人分别为 1 万名人力车夫，5 000 名独轮手推车夫，3 万名以上出售货物店铺的店员，制作货物店铺的店员数量大概差不多，7 万名以上在家里做工的妇女，以及其他较小型职业团体的工作人员。在 1933 年，对济南人口的统计结果为：总计 435 136 人，其中城区有 72 644 人，城外（城郭）有 107 609 人，商埠有 83 267 人。加上乡区一部分非农业人口，济南依靠行政、文教、工商业和其他服务业为生的人口大致接近 30 万人，而户口分类统计则直接证明了这一点。事实上，除了快速发展的工商业吸纳了大量就业人口，铁路交通产业本身也是一个正在扩张的经济部门，给济南提供了不少就业机会。当时的车站、货场等铁路机构都有为数众多的管理人员和工匠杂役，货栈业也需要大量搬运工人，这些工人或者其他从业者中，绝大部分都来自附近或者周边乡村，这为乡村经济地理关键要素中的人口要素流变制造了"强大推力"，而所有这一切事情的发生，都或多或少与铁路交通相关。

3.2.3 交通地理变迁与乡村经济兴衰

进入近代以后,西方列强以武力打开中国市场,强行将中国纳入世界市场体系和交通网络中,西方交通运输文明和新式交通运输工具的输入使中国传统交通运输的运力、运道受到巨大冲击,交通地理发生显著变化,打破了中国原有的交通地理格局,深刻地影响了近代中国乡村经济的发展。一些乡村地区由于接近中心城市,也就因此具备了较好的近代交通地理条件,得以迅速发展壮大起来,但也有许多乡村,由于交通地理落后,或者交通变迁而陷于停顿甚至衰落之中。

(1)交通地理变迁引致乡村经济非均衡发展加剧。自20世纪20年代以来,由于推动城市发展的重要动力——交通地理发生了急剧变化,中国传统乡村经济发展的相对均衡态势被打破,在新式交通比较集中发达的沿海、沿江以及东北等区域,乡村经济发展迅猛,城镇数量迅速增加,乡村经济发展水平不断提高;特别是具有优越交通地理位置的长江中下游区域逐渐成为中国城镇最集中分布的地区,城市数量增长很快,乡村经济受到了极大关注。据统计,20世纪以来,沿海乡村始终保持快速发展趋势,城市数由1893年的40个增加到1936年的69个,乡村经济受城市经济"辐射"得到了诸多利好;在长江中下游地区,1893年有城市24个,到1936年增加到63个,极大带动了周边乡村的发展。与沿海和长江中下游区域形成鲜明对比的是新式交通运输比较落后的内陆区域,特别是在20世纪20年代以后的20多年里,城市数量不仅没有增加,反而减少了3个。在新式交通比较落后的西北、西南的大部分区域,城镇发展十分缓慢,甚至许多城镇纷纷衰落,而这直接导致乡村社会的没落,乡村经济也因此深受打击而一蹶不振。另据斯金纳尔统计,在1937年之前,中国八大区(长江下游区、岭南区、东南区、西北区、长江中游区、华北区、长江上游区和云贵区)的3920340平方千米土地上,有城镇1779个,其中长江下游区、东南区和华北区就占1189个。可见,在抗战之前,在中国新式交通运输条件好的区域,城市化和乡村经济发展水平都提高很快,而在新式交通运输条件差的西部地区和内陆地区,城市化则发展相对缓慢,乡村经济发展滞后。这种趋势在20世纪20—30年代最为突出。在当时,中国城镇人口有1400多万。到1938年,中国城镇人口上升到2456万,而上述各区域的城镇人口分别为1046万人、257万人、1089万人和64万人,所占比重分别为43%、10%、44%和3%。与之相对应的是,近代以来,无论是乡村数量还是乡村人口,都出现了不均衡的发展态势。一般说来,新式交通地理条件较好的东部地区都占有绝对优势,而广大的中西部地区,由于新式交通地理条件较差,城市数目不多,城市人口也很少,乡村经济发展明显处于劣势。

（2）海上交通地理变迁引起的乡村经济起落。中国海岸线漫长,发展海上交通运输具有得天独厚的条件。然而清政府在乾隆年间重行海禁,全国仅开放广州一处为对外贸易口岸,这严重制约了中国海上交通地理的发展,沿海城市深受其累,除广州以外大多发展缓慢。近代以来,中国许多沿海城市被迫开放,从而推动了中国海上交通地理的发展和一批通商口岸城市的崛起,如上海、天津等城市的崛起都与新式海上轮船交通运输线的开辟和发展有着直接的关系。但是,由于中国海上航线不断变化,一些港口城市的发展也因此陷入曲折,出现衰落。广州原是清政府"独口通商"政策下的全国最重要的口岸城市。鸦片战争后,五口通商结束了广州在中国对外贸易中的垄断地位,广州对外贸易进出口总值迅速下降,城市发展随即陷入低谷,成为相对衰落的城市。究其原因,这与广州的交通地理条件密切相关。近代西方列强入侵中国,根本目的在于想把中国变成西方的商品市场和原料产地,希望能够深入中国腹地,不断扩大市场。随着长江航线和北洋航线的相继开辟,沿江和北方各港口城市的陆续开放,上海迅速成为中国的对外贸易中心,广州被逐渐边缘化,最后蜕变为中国区域性的外贸中心。厦门、福州和宁波也是与上海同时开埠的城市,在开埠之后却走上了与上海并不相同的发展之路。上海开埠以后发展最快,厦门、福州和宁波等城市在开埠前或是比上海规模大,或是相差不远,但开埠以后这些城市的发展却曲折缓慢,甚至走向了相对衰落的困境。分析出现这一结果的原因,不难发现,这里边既有历史原因,也有现实原因,既有外因,也有内因。但毋庸置疑,其中一个重要原因就是由于五口开埠以后中国海上交通航线发生了变化,厦门、福州和宁波由于自身交通地理条件的限制不可避免地走上了曲折缓慢的发展道路。烟台和营口在近代也经历了先兴后衰的发展之路。烟台在开埠通商以后一度成长为中国北方最重要的贸易港口之一,但随着海上交通地理的不断发展,中国北方越来越多的沿海城市相继开放,尤其是青岛的开埠和胶济铁路的修筑,烟台由于陆路交通地理条件的限制,遂导致其对外贸易额不断下滑,逐渐丧失了中国北方重要贸易港口的地位,城市趋于衰落,乡村经济也因此"受累"。营口是近代中国东北地区第一个对外开放口岸,开埠以后即成为东北地区最大的港口城市①。

---

① 到了19世纪末20世纪初,随着大连开埠和中东铁路通车,铁路运输替代了辽河水运,自然条件优于营口的大连港迅速崛起,取代了营口成为东北的贸易中心,营口开始走向相对衰落之路。

（3）内陆交通地理变迁导致的乡村经济兴衰。近代以前，在中国传统的驿传交通运输网络线上，分布着大大小小众多的城镇和乡村，近代以后，交通地理变迁使许多传统交通运输路线发生了改变，沿线乡村深受影响。一批沿海港口城市和铁路、公路枢纽城市如上海、武汉、重庆、天津、青岛、大连、哈尔滨、宝鸡等迅速发展起来，而另外一些传统交通重镇和乡村则日益走向衰落。保定和开封曾经是华北地区重要的区域中心城市。保定由于靠近京城，传统官马大道多经过此地，便利的交通带动了保定传统商品经济和城市的兴旺发达。开封曾经是辉煌的七朝古都，地处中原，交通便利，城市发展有深厚的基础。近代以后，随着沿海的开放、海上贸易的兴起和铁路公路交通运输的发展，华北地区逐渐形成了新的交通运输网络。保定和开封在这个新的网络中已经不再是交通枢纽，城市经济因而趋于衰退，城市人口增长缓慢，逐渐沦为发展停滞型城市。临清、扬州和镇江是近代中国大运河沿岸衰落城镇的典型。位于大运河中部的临清是中国古代南北交通的重要枢纽和著名商城，地处大运河与长江 T 字型航道的交汇点上的扬州是著名的"四汇五达之衢"，素以"银码头"著称的镇江则是长江下游南岸各地渡口北上中原的必经之路。近代以后，随着轮船航运的兴起和大运河漕运的没落，大运河城市逐渐丧失了传统交通地理的优势。20 世纪 20 年代以后，京汉、津浦、沪宁等铁路的开通进一步取代了大运河的运输功能，更加速了大运河城市及其周边乡村的衰落。20 世纪 30 年代之后，临清已经衰落；扬州直到 20 世纪 40 年代，其乡村工业仍然只有规模很小的三五家加工厂；而镇江到 20 世纪 20 年代初城市人口仅为 10.3 万人，比 20 世纪初的 16 万人下降了三分之一。安东曾是东北地区著名的柞蚕之乡与木都，乡村经济发展和农产品交易极为繁盛。进入 20 世纪 20 年代以后，由于南满铁路的修筑，加之辽河航线的衰落，安东逐渐丧失了传统交通地理的优势，农产品贸易日益减少，城市趋于衰落。与安东一起衰落的还有辽河城镇带。辽河在铁路出现以前是东北地区重要的交通运输大动脉，河上码头林立，帆樯衔接。繁荣的航运业孕育了辽河城镇带，其中包括昌图、通江口、郑家屯、三江口、法库、铁岭、开原、掏鹿（西丰）、牛庄、山城镇、抚顺、辽阳、营口等城镇。然而，到 20 世纪 20—30 年代，随着中东铁路及南满支线的修筑，辽河航运急转直下迅速衰落，从而导致了沿河城镇带解体和乡村衰落。据统计，从 1920 年到 1931 年，辽河流域 10 县 18 个主要城镇，除少数因兴建铁路人口有所增加外，绝大部分城镇和乡村人口都在下降，11 年时间里，当地乡村总人口减少了 1 281 万人。赣州是中国传统重要的南北大通道——大庾岭商道上的重要城镇，被称为五岭要会、闽粤咽喉。古代赣关每年征收税银 8 万—10 万两,最高曾达 12 万两。鸦片战争后,五口通商和长江轮运开通,使经大庾岭商道进入岭南的货物迅速减少。赣州过境货物减少,商业萧条,乡村经济随即陷入衰落。大庾岭商道荒落不仅造成了岭北赣江沿岸城镇的衰落,同时也导致了广东境内沿线城镇的衰落。南雄、韶关、佛山是大庾岭商道广东段沿线的重要城镇,在商道兴盛时期都是商业鼎盛、客商云集、百业兴旺。佛山曾经与汉口镇、景德镇、朱仙镇并称为中国四大名镇,成为全国的"四聚"之一。然而,近代以后这三座城市也都因大庾岭商道的衰落而衰落。湘潭是中国传统又一条南北大通道——湘江商道上的重要城镇。近代以后,五口通商和汉口、九江开埠,北方商品不再经湘潭而通过汉口外运,云贵物产亦改由梧州运至广州出口,而广州的进出口商务大部分移至上海,两广货物改从海道北趋上海或南入香港,长江以北货物取道汉口东下上海,湘江商道受到冷落。20 世纪 20 年代以后,又有株萍铁路、粤汉铁路、潭宝公路、长衡公路相继通车,湘江上游各埠物资遂集散于汉口、衡阳、长沙,湘潭交通要道地位尽失,商业遂转萧条,乡村走向衰落。襄阳是汉水商道上的重要城市,因其扼汉水漕运咽喉,又处四方陆路要冲,号称舟联三湘吴会,车驰宛洛关陇,一直是全国性战略要地,商务素称发达。近代长江对外开放后,汉水商路改换门庭,加入长江轮船运输网络,成为汉口、上海等城市推销洋货、交换农副产品的重要渠道,运输较以前更为繁忙。但是到 20 世纪初,京汉、陇海铁路通车,陕南货物改走陇海铁路运出,豫南、鄂北物产改赴京汉铁路南下,襄阳的交通地理优势逐渐失去,市面零落。三原地处陕西关中地区中部,传统交通运输便利,商业贸易辐射甘、宁、青、川、鄂、晋等地。然而自陇海铁路入陕以后,铁路沿线的货物多由铁路运输,三原因远离铁路,其经济地位迅速下降,城市陷入衰落。蒙自原本是云南南部的名城,近代前期,蒙自对法国的商品贸易十分繁盛,中国从越南进口的洋货多从陆路经蒙自中转。滇越铁路修筑时,由于蒙自绅民激烈反对,滇越铁路未经过蒙自,蒙自由此失去了成为铁路中转站的有利地位,乡村经济活动因而衰落,市面冷清,比过去不及一二。

3.3 实例二——西南民族地区"交通—经济—地理"层叠性结构变迁

对我国西南民族地区来说,自中华人民共和国建立以来,发生了天翻地覆的社会变革,而这一切都与"交通-经济-地理"的层叠性结构变迁有关。在过去的 70 多年中,科技推动了交通技术的进步和发展,机械制造、电力、信息技术等是主要技术力量。陆路交通以汽车和火车为主,替代了畜力,加大了物资的流动;以飞机为主的航空飞行大大压缩了人类旅行时间,社会活动空间缩减,联系更加紧密;以远洋航运为代表的造船技术为人类的全球化创造了条件。以交通主导的社会变革在全球范围内并不平衡,社会变革的程度也不尽相同。即便在国内,不同时期也有不同特点,不同地区也各有不同。在受到政策因素、经济发展、自然地理条件、民族传统等综合因素影响下,大交通主导的西南民族地区社会变革更为复杂。

3.3.1　西南民族地区交通发展与乡村经济地理层叠性结构

源于英国的工业革命随着殖民化进程影响到我国西南地区,汽车出现在中国西南已是 20 世纪 20 年代。作为主力的畜力交通在西南地区至少延续到 20 世纪 20 年代,乃至今天在四川省的凉山地区以及云南省、贵州省边远喀斯特山区畜力交通仍然存在。在过去的 100 年间,在中国的西南民族地区,人们利用自然力产生动力并为己所用,主要包括畜力、风力、电力。交通领域的动力主要是畜力、热力和电力,风力和水力的运用相对较少,而在农业灌溉中运用广泛,如风车、水车、航运等。西南民族地区水资源虽然丰富,是多条大江大河的上游,但能用于航运的江河较少,小型船只大多只能满足沿河而居的小范围人口交通需要。水运交通的运用非常有限,它只是公路交通的补充。自中华人民共和国建立以来,西南民族地区的交通发展大致经历四大阶段:畜力交通、热力交通、大功率电动力交通和现代立体交通,这与世界交通发展史大致相同,但因为西南民族地区属于喀斯特地貌显著的高原山地环境且有特殊历史背景,在发展时间节点和发达程度上存在比较大的差异性和特殊性,所以形成大致对应的"交通-经济-社会"类型。按照"古典进化论"观点,人类社会经济发展形态经历了狩猎采集社会、游牧农耕社会、工业社会三个主要阶段,并根据生产资料所有制不同,形成相应的社会制度,由低级向高级依次进化发展。进化论的这一观点影响深远,从生物进化论发展到人类进化论,进而发展出社会进化论。这一经典论断经历不断的批判和再批判,在诸多环节产生不少疑团,有的逐步得到解决,有的仍然难解,总体上,进化论得到不断完善,其在科学史上的地位至今难以撼动。在我国西南民族地区,狩猎采集社会、游牧农耕社会、工业社会的三种经济社会形态是并存的,很难辨认其历史阶段性特征,但上述三种形态都是适应环境的结果,也会随着人为因素等外部力量的作用而改变。自中华人民共和国建立之后,交通方式的改变促进了经济社会形态的巨大变革。交通方式的变革局部改变了基本的经济社会形态,主要包括畜力交通主导的传统高原采集游牧社会、半机械化动力交通主导半集约化农业社会、大功率动力交通主导现代工业社会、现代立体交通联结多种经济社会形态，并出现层叠性。

3.3.2　西南民族地区传统交通体系对游牧农耕的主导

狩猎采集社会、游牧农耕社会、工业社会是人类适应西南民族地区的立体地理气候环境形成的经济社会，并衍生出次生的经济社会形态，如：狩猎农耕经济社会、游牧社会、半工业化农耕社会、工业化的半游牧社会、现代农耕社会以及现代工业社会等交错、复杂的经济社会形态。在我国西南民族地区，采集、游牧、农耕三类经济生产方式并不一定具有社会进化的特征，而是并驾齐驱、相互补充，以此适应西南地区的地理环境。畜力交通在机械动力进入西南民族地区之前，一直主导西南地区的人口流动和物资交换。在相应的马匹需要休息停留的地方修建了驿站，形成驿道。在西南地区形成以马帮运输为主，以茶叶贸易为核心的商贸交通网络，主要分布在西南各省市区并连接西北地区和东南沿海。茶马古道途经西藏、青海、甘肃、贵州、广西、湖南等地，连接东南亚和南亚，形成的干线主要有滇藏线、川藏线、川黔线、滇黔线、川滇线等，茶叶贸易和马帮交通紧密相连，形成有代表性的人类文化遗产。以畜力交通为基础在这些地区形成了几条主要的乡村经济走廊。

（1）从湖南洞庭湖以西的常德等地向西经过现在的湖南湘西、贵州铜仁、黔东南、黔南、贵阳、安顺、六盘水等地，再向西进入云南曲靖、昆明、楚雄、大理、保山、德宏、西双版纳等地，延伸到东南亚和南亚的西南走廊。这条走廊的形成，与国家力量向西南延伸密切相关。这条西南走廊也被称为"古苗疆走廊""苗岭走廊""西南民族文化走廊"，是西南地区以畜力交通为主，逐渐形成的古代商贸通道，由于地理位置的特殊性，在国家力量的作用下，融合军事屯兵、商业贸易、人口流动等功能，形成的综合性主干交通线。这条交通线在不同历史时期，承载了不同的经济社会功能，在今天也是西南地区的国际交通干线，多条公路和高速公路、轨道交通、航空线于此大致融合。

（2）青藏高原东部边缘地带，由北向南形成藏羌彝走廊，向北延伸与河西走廊汇合，向南延伸进入东南亚和南亚地区，主要经过青海、西藏、陕西、四川、贵州、云南等地。在青藏高原东部边缘、云贵高原北部区域、成都平原西部边缘交界地带形成的民族文化走廊，本质上是山地经济和平原经济两种乡村经济地理区域之间的物资交换廊道，青藏高原的牛羊皮毛产区、云贵高原为主的茶叶产区、成都平原的稻作产区，形成互补的物资贸易，这样的贸易往来主要依靠畜力交通实现。地处成都平原东部区域的武陵走廊由北向南延伸,也形成类似的物资交换廊道。

(3) 由东南沿海区域经过湖南、江西丘陵地带连接云贵高原的南岭走廊,地势相对平缓,水运更加便利,除了水运交通网络比较发达外,也主要依靠畜力实现交通运输,实现物资与人口的流动。畜力交通主导了西南高原采集游牧农耕社会。西南地区由盆地、高原、山区组成,畜力交通在不同地区承担不同的功能,实现物品的流动。高原山区采集业非常需要畜力交通,并且是最高效适用的交通方式;在西南高原上形成的游牧经济社会,如青海、西藏的大部分地区,家畜承担必需的人力、生产工具、生活物资的运输工作;在成都平原及其他山间盆地或"坝子",形成农耕经济社会,家畜不仅是交通工具,也是主要的耕作生产工具,主导乡村经济发展的时间最长。

3.3.3 西南民族地区热动力机械交通孕育了集约化农业

热动力机械交通的出现,是人类发展史上的一次重大飞跃,大大提高了生产力,改变了人类的活动半径和范围,加强了人类社会紧密联系,更加细化了社会分工。热动力机械交通指利用热动力发动机提供交通工具的主要机械动力,满足人类交通运输需要。汽车就是热动力机械交通的代表,在近现代社会被广泛运用。汽车在 20 世纪初期进入我国西南民族地区。1925 年冬,四川成灌(成都至灌县,即现都江堰市)马路修建,是西南地区第一条公路,同年,四川第一辆汽车出现在成都;1926 年,云南昆明小西门至高峣、贵州贵阳紫林庵动工修建环城马路;1927 年,周西成购买了贵州第一辆汽车,经船运、人背、马拖到达贵阳;1955 年青藏公路开工,标志着西藏公路建设全面展开。汽车的进入,基本上替代了以马力为主的畜力交通,对西南地区经济社会发展产生重大影响。热动力机械交通还包括水运、铁路、航空等,交通运输能力也远远超越畜力。西南地区以陆路交通为主,水运所占比重较小。铁路运输开通是西南民族地区经济社会发展大变革的主要推动力。20 世纪初期滇越铁路开通,标志着热动力交通在西南民族地区产生重要影响。随着航空技术的普遍运用,中国西南山区的社会交往快速融入全球化社会。1928 年,中国航空公司由凯斯创立,他被誉为"中国商业航空之父",成都、昆明等城市开始融入中国航空网络,主要以邮政业务为主,也包括物资运输。1934 年,西南航空公司成立。中华人民共和国建立以后,西南民族地区的航空业被纳入全国航空发展规划,统一规划设计和运营,逐渐发展成熟。到 21 世纪初期,航空交通方式已经成为立体交通体系重要组成部分。云南、贵州、广西、西藏、四川等地的农产品摆脱了水路交通和陆路交通的局限，更加便捷地走向全国乃至全球市场，全球各地的农产品也可以借助便利的航空进入西南民族地区。内燃机动力不仅促进交通工具发展，还在农业工具上得到广泛应用。集约化农业最重要的是农业生产的半机械化，热动力机械交通是集约化农业发展的必要条件，主要用于生产资料的运输和农产品的加工、外运。中华人民共和国成立后，随着交通条件的改善，有条件从国内外大量引进和推广农业机械，促进了农业的发展。贵州省威宁彝族回族苗族自治县 1958 年引进南斯拉夫四铧犁与中型拖拉机配套作业，不久，又陆续引进国产的 41 片圆盘耙、P-35五铧犁与东方红拖拉机配套作业。同年，威宁、赫章、毕节、大方县国营拖拉机站在引进拖拉机的同时，也引进多种型号的旋耕机。至 1985 年贵州省农业机械总动力达 190.2 万千瓦，共有大中型拖拉机 10 776 台，植保机械 109 203 台，耕作机械 5 333 台，排灌机械 49 125 台，脱粒机械 10 717 台，运输机械 5 530 台。机耕面积 4.74 千公顷；机械排灌面积 170.87 千公顷，比 1978 年增加 105.27 千公顷。

农业的半机械化使得农业的耕作时间大大缩短，相当部分农民开始有时间离开家乡去城市务工，推动了季节性的"民工潮"的出现。表面看来，"民工潮"是人口的流动现象，本质上是由交通发展引发的社会结构变迁。差序格局被伞式蜂窝社会逐步替代，社会分层不再完全局限于既有城乡结构和职业结构，农民开始了身份转变，部分农民逐渐结束农民工身份成为城市工人以及其他职业身份的市民。乡村家庭的职业结构呈现多样化趋势，特别是旅游服务业在乡村兴起，乡村实现城市化，乡村社会与城市社会实现一体化。其中，热动力交通对现代农业社会的形成和发展起到了支撑作用，形成了"交通经济""道路经济"等，凸显了交通发展在区域经济发展中的关键作用。在中国西南地区，"要致富，先修路"的观念深入人心，也是中央政府支持地方发展的主要支持手段，在西部大开发、新农村建设、乡村振兴等重大阶段性目标中，交通支持都是中央支持地方发展的主要措施，极大促进了西南民族地区乡村经济的发展。

3.3.4 西南民族地区大功率电动力交通对现代农业的促进

电力机车广泛运用于城市轨道交通，并取代热动力轨道交通，成为干线运营的主力，全世界范围内普遍使用电气化铁路。大功率电力机车机动性能优越，加速快、爬坡能力强、没有空气污染。电力机车的速度从 100 多千米/时提高到了 200 千米/时左右。"高铁时代"的电力动车组速度可达 250—400 千米/时。农业区位论的鼻祖杜能的圈层理论和德国经济学家韦伯首先提出的工业区位理论,运用抽象和演绎的方法,总结了交通与经济的关系,提出交通越发达,产品的运输费用所占的比重越小,总费用就越少。这一理论也逐渐得到了证实①。在科技的引领下,交通在经济社会领域的影响日益显著,内涵与外延不断发生变化。热动力交通虽然也具有大批量促进人口流动和物资流动的作用,但相比大功率电力交通明显逊色。比较而言,西南山区远离海港,物资交换主要依靠陆路交通,大功率电力交通发挥着重要作用。航空货运和汽车货运具有快速灵活的特点,但跨区域的大批量货物运输仍然主要由大功率电力交通来支持。从这个意义上讲,西南山区工业化的实现可以大功率电力交通在西南地区的普及为标志。在西南诸多交通节点上形成的大中型城镇虽然在热动力交通的基础上率先实现现代化和工业化,但大多数乡村地区并没有因此实现工业化转型,而是大量乡村劳动力作为人力资源外流,农民转变成亦农亦工的农民工进而逐步实现市民化,本质上主要是农民转变成产业工人,整体上实现西南山区农业的非农化转型。

《国家新型城镇化规划(2014—2020年)》提出,2020年,我国常住人口城镇化率达到60%左右,户籍人口城镇化率达到45%左右,努力实现1亿左右农业转移人口和其他常住人口在城镇落户。据城镇化率统计数据显示,重庆2019年常住人口城镇化率是66.80%,超过2020年目标1.8个百分点,广西2019年常住人口城镇化率是51.09%,西南其他地区如四川、云南、贵州、西藏等地,与规划要求之间还有较大距离。由此可见,西南地区在20世纪初期总体上实现乡村人口与非农人口的对半平分状态,与我国2019年城镇化率60.60%的数据相比有一定距离,但总体上保持同步水平。城镇化率不能完全说明西南地区总体工业化社会发展程度,但可以说明西南地区农业社会转向工业社会的总体状况。这样的经济社会深度转型,与西南地区交通发展程度密切相关,尤其是现代大功率电力交通为大批量的物资流动提供了可能性,从而为工业化奠定了基础,并对乡村经济产生了越来越深远的影响。

3.3.5 西南民族地区信息技术融合交通引导乡村经济转型

20世纪中期以来,信息技术主导的第三次工业革命爆发,带来了信息

---

① 美国经济学家兰德尔奥·图尔在其著作《移动性之地》中谈到:"行驶速度每增加10%,可得劳动力就增加15%……美国20世纪50年代高速经济增长的三分之一,60年代增长贡献的四分之一,并非是由施工作业产生,而是源自新道路提供的增加的移动性。"也就是说交通促进移动性是经济增长的重要手段。"随着生产方式改变即谋生的方式改变,人们也就会改变自己的一切社会关系。"

技术、生物技术、新能源技术、新材料技术和空间技术的大变革，以互联网、数字化、大数据技术等为主，推动人类社会大变革，这个以信息技术发端的时代被称为"信息时代""互联网时代""大数据时代"。按照美国社会学家丹尼尔·贝尔的观点，人类社会进入知识竞争、科技竞争的时代（电子信息技术被广泛运用）后，就被界定为后工业化时代。这个界定被社会普遍认可。信息技术广泛应用在交通方式上，使海洋交通、陆地交通、空中飞行更加紧密联结，交通运力和运量大幅增加。远洋集装箱运输、陆地快速轨道交通、大型运输机是当代海陆空交通的代表。西南地区在信息技术发展的大背景下，新技术融合交通迅速发展，地区物流与人员流动进一步加快。同时，高速公路、高铁以及大飞机等交通工具弥补了被大山阻隔的海河航运，新技术支撑下的新的物流体系形成，使得西南民族地区的乡村居民都可以借助互联网技术和物联网，实现订单式农业生产和预定服务。这种革命性的生产和消费活动彻底改变了西南地区的农业生产和消费形式。在信息技术主导的立体融合交通支撑下，西南民族地区正在实现后工业化社会的大转型，其主要的特点是：乡村经济产业格局中的"农业-工业-服务业"模式已不能明确划分，经济形态也不能简单地被定义为游牧经济、农业经济、工业经济。同时，在游牧经济、农业经济、工业经济的叠加作用下，同步促进了西南民族地区乡村经济向后工业化社会经济转型，呈现跨越式发展特征。

本章小结

交通运输是实现区域间联系的纽带与桥梁，是乡村经济地理要素顺畅流动的载体保证，特别是在国家层面，自20世纪20年代以来，我国很多地区都开始加大基础设施建设工作力度，逐步完善的交通运输，让乡村地区的人流、物流、资金流加快流动。在强有力的运输系统支持下，乡村居民的生活得到了极大改善，困扰中国人几千年的人地关系矛盾正在逐步得到解决。在此期间，乡村经济发展模式、发展水平受到了道路交通的深刻影响，要素流变也在重塑着乡村经济地理的谱系，越来越多的区域发展政策对工业化、城镇化发展作出的反应，也给乡村经济带来了诸多影响。从这个角度讲，有必要在提高区域和国家经济社会发展整体质量与整体效益的同时，继续就交通与乡村经济地理的关系问题开展综合研究，通过制定有利于乡村发展的政策，助力农业生产，并在取消农业税、延长耕地承包年限、

发放农业补贴、兴修农田水利、发展现代农业的基础上,继续推进我国工业
化、城市化建设,并以此带动乡村经济发展和乡村经济地理格局优化。出
于这样的考虑,本章首先阐述了近代交通与乡村经济城市化、乡村经济地
理变迁的关系,着重探讨了铁路对乡村经济地理的影响——拓展乡村生产
生活格局、革新农产品流动与消费模式、促进乡村经济从一元向多元过渡、
推动城乡等级观念向平等观念转变。然后分析了交通体系发展视角下的
乡村经济地理优化和乡村经济空间格局变迁问题。最后,对中国共产党成
立初期济南交通体系与乡村经济地理变迁(1921—1937)和西南民族地区
"交通-经济-地理"层叠性结构变迁这两个问题进行了更加细致的解读。
上述工作的开展,有利于在新制度经济学框架下,帮助构建为乡村居民提
供经济、政治、社会等方面的产品和服务的场景与结构,并在制度创新中为
乡村经济发展提供更多动能。而这恰是第十二章"乡村经济制度变迁与组
织演化"需要继续深入研究以及乡村经济地理要素流变与谱系优化应该重
点关注的问题。

参考文献

[1] 葛玉红. 铁路与近代中国的社会文化变迁[J]. 辽宁大学学报(哲学社会科学版),
    2013(4):134-138.

[2] 梅小亚,邢启顺. 西南民族地区"交通-经济-社会"层叠性结构变迁[J]. 贵州社会
    科学,2019(4):92-98.

[3] 吴松弟. 中国近代经济地理变迁中的"港口-腹地"问题阐释[J]. 河南大学学报
    (社会科学版),2018(3):1-11.

[4] 来逢波. 综合运输体系对区域经济空间格局变迁的影响与优化研究[J]. 工业技
    术经济,2012(5):76-82.

[5] 秦熠. 铁路与近代济南城市的空间变迁(1904—1937)[J]. 历史教学,2015(10):
    18-25.

[6] 丁贤勇,刘俊峰. 社会史视野下的中国近代交通与社会变迁——"第二届中国近
    代交通社会史学术研讨会"综述[J]. 民国档案,2012(2):139-143.

[7] 周大鸣,廖越. 聚落与交通:"路学"视域下中国城乡社会结构变迁[J]. 广东社会
    科学,2018(1):179-191.

[8] 何莉宏. 民国时期华北商路变迁与乡村集市的发展[J]. 生产力研究,2010(4):
    148-150.

[9] 马义平. 近代铁路兴起与华北内陆地区经济社会变迁[J]. 中州学刊,2014(4):
    148-153.

[10] 鲍成志. 近代中国交通地理变迁与城市兴衰[J]. 四川师范大学学报(社会科学

版),2007(4)：130-133.

[11] 黄正林,刘常凡. 公路建设、汽车运输与社会变迁——以 1927—1937 年河南省为中心的研究[J]. 河南大学学报(社会科学版),2010(1)：95-104.

[12] 李瑞,冰河. 南阳地缘交通古今变迁及其对城市发展的影响[J]. 地域研究与开发,2014(1)：148-152.

[13] 武国友. 建设现代经济体系——党的十九大报告关于转变经济发展方式的新思路与新亮点[J]. 北京交通大学学报(社会科学版),2018(1)：16-20.

[14] 张婷. 建设现代经济体系的理论与现实依据分析[J]. 重庆社会科学,2018(1)：40-43.

[15] 蒋永穆. 建设现代经济体系必须坚持的基本取向[J]. 马克思主义研究,2017(12)：29-33.

[16] 陈效卫. 中国未来角色的定位与国际政治经济体系[J]. 郑州大学学报(哲学社会科学版),2018(7)：333-335.

[17] 吴秋余,赵贝佳,顾仲阳,庞革平,吴储岐. 跨越关口建设现代经济体系[N]. 人民日报,2017-10-23(2).

[18] 党的十九大报告辅导读本[M]. 北京：人民出版社,2017.

[19] 王丽萍. 经济体系的学习与特征转移——若干前社会主义国家经济转型分析[J]. 俄罗斯中亚东欧研究,2016(6)：42-46.

[20] 马光秋. 经济增长方式转变与三个层面转型——转型期的中国宏观经济体系·产业升级·企业创新[J]. 成都理工大学学报(社会科学版),2017(12)：50-53.

第十二章　乡村经济制度变迁与
组织演化

农业文明以乡村为起点[1]。以现代国家建构的历程为视角,对乡村经济地理的要素流变与谱系优化进行分析和探讨,不但能以更加真实的笔触对乡村社会的建构足迹进行描述,对其不同历史时期内乡村治理范式和基本轮廓进行阐释,还能按照"结构–功能"主义的主张,对乡村经济地理要素流变与谱系优化进行考量,依据乡村经济地理变迁的思路深刻反思乡村建构历史和取得的成效,并在分析和比较不同时期乡村经济地理结构特征与绩效的前提下,最大限度地发现现代国家建构基础上的乡村经济地理的"最佳"模式,借此为我国经济社会发展和现代化进程的持续推进奠定理论基础和实践支撑[2]。由此可见,无论是在理论上还是在现实层面上,对中国乡村经济地理要素流变与谱系优化进行分析,对影响乡村经济地理的要素进行探讨,与我国中央、地方政府的重大决定以及相关政策的贯彻落实等都直接相关。这是因为,在经济地理学框架下,乡村经济地理要素流变与谱系优化,与生产力发展水平和社会生产方式直接相关,并受到资源条件和社会需要等大量因素的影响[3]。也正因为如此,我国乡村治理结构在长期的演变过程中产生了多维度的创新[4],这些创新在很大程度上破解了我国乡村经济与相关产业之间、乡村经济内部相关行业之间存在的结构性矛盾[5],促进了乡村经济的长远发展和国民经济的整体进步[6]。但是,从我国乡村经济结构演进的过程看,我国乡村经济发展需要应对的问题还有很多,比如农民收入增长缓慢,农产品销售困难,量大价低,甚至农产品供大于求的现象也时有发生,加之部分乡镇企业的发展滞后、乡村服务业结构亟待调整,使得乡村经济结构性矛盾不断凸显[7-10]。从这个角度讲,需要对我国乡村经济结构进行战略性调整,借此揭示乡村经济发展的历史趋势与未来必然选择,实现农业发展战略的根本性转变[11]。接下来,就对乡村经济制度变迁与组织演化问题进行梳理,希望借此能够为实现乡村振兴和构建新型乡村经济地理结构提供有价值的启示与参考。

第一节　乡村经济制度变迁的历程与优化路线

制度是促进人类社会不断发展的不可或缺的因素。而制度变迁，就是在主导型利益集团的推动下，制度从僵滞阶段，经由创新阶段而至均衡阶段的发展，是由制度僵滞、制度创新和制度均衡构成的周期循环过程。所以，制度变迁并不是绝对效率高的制度取代效率低的制度。对乡村经济建设而言，乡村经济制度创新与变迁是推动乡村经济发展、提高农业生产效率、增加农民收入的重要推动力。自中国共产党成立以来，中国大地上针对乡村经济体制进行的改革就一刻没有停歇过，让长期停滞的农业发生了深刻的变化，改变了过去长期徘徊的局面。比如，在粮食产量方面，从1978年的30 477万吨，1992年的44 266万吨，1998年的51 230万吨，到2008年的52 850万吨，这解决了长期困扰中国的粮食问题。根据对全国31个省(区、市)的抽样调查和对农业生产经营单位的全面统计，2019年全国粮食播种面积116 064千公顷(174 095万亩)，比2018年减少975千公顷(1 462万亩)，下降0.8%。其中谷物播种面积97 847千公顷(146 771万亩)，比2018年减少1 824千公顷(2 736万亩)，下降1.8%。全国粮食单位面积产量5 720千克/公顷(381千克/亩)，比2018年增加98.4千克/公顷(6.6千克/亩)，增长1.8%。其中谷物单位面积产量6 272千克/公顷(418千克/亩)，比2018年增加151.4千克/公顷(10.1千克/亩)，增长2.5%。全国粮食总产量66 384万吨(13 277亿斤)，比2018年增加594万吨(119亿斤)，增长0.9%。其中谷物产量61 368万吨(12 274亿斤)，比2018年增加365万吨(73亿斤)，增长0.6%。而根据中国农科院预计，2020年全国粮食产量将达到6.7亿吨。正如道格拉斯·诺斯认为的那样，有效的乡村经济组织是乡村经济增长的关键，中国乡村经济制度变迁过程正体现出了制度对乡村经济发展的重要作用。

1.1　乡村经济制度及变迁背景

1.1.1　与计划经济相伴生的乡村经济制度

与计划经济体制相互依存的中国乡村经济制度的形成与发展，在很大程度上受制于当时中国政府选择的优先发展重工业的赶超型经济发展战略。对经济异常落后的我国来说，倘若选择农业→轻工业→重工业的国民经济发展战略,即在发展农业和轻工业的基础上再发展重工业,必然要经历极其漫长的时间,才有可能进入经济发达国家行列。而为了尽量缩短这个过程,在经济发展的起步阶段,被迫暂时牺牲农民和农业的利益,以便迅速动员一切可以动员的经济资源,确保工业,尤其是重工业的优先发展。重工业是资本密集型产业,选择重工业优先发展的经济发展战略,对农业提出的要求是:在使用价值形态上为国家工业化提供必需的农产品;在价值形态上为国家工业化提供最低限度的启动资本。在中国工业化过程中,资金从农业流向工业、从乡村流向城市,是一种必然趋势,而在其进程中则是采取强行压低农产品价格,以工农产品价格剪刀差的方式,来实现资金转移。以强制压低农产品购销价格为特征的农产品统购统销,是违背等价交换原则的,为了贯彻落实这一政策,势必需要一整套强制性配套措施。例如,在生产领域直接下达指令性指标,严格控制生产的范围和领域,以降低农产品生产的机会成本;在流通领域,对主要农产品实行高度集中的国家垄断,限制乃至关闭城乡自由贸易,由此引发两个基本问题:一是如何保证农产品低价收购的实现;二是如何保证农业在缺乏价格刺激的情况下,得以维持并有所发展。农村人民公社体制通过乡村微观经济主体再造,为强制性农产品统购提供组织制度保证。以强化国家行政干预为特征的政社合一的农村人民公社体制,在国家与农民之间形成利益缓冲体,它既能在国家与农民之间发生利益冲突时,起着缓冲的作用,又便于政府贯彻自己的意图,落实农产品生产与收购的指令性计划。政社合一的农村人民公社,就其实质而言,是国家控制乡村经济的一种形式。这集中表现在国家通过指令性的生产计划、农产品统购统销、限制农产品自由贸易、关闭乡村要素市场以及限制城乡人口流动,使国家实际上成为农村人民公社生产要素的第一决策者。农村人民公社在合法的范围内,仅仅是国家意志的贯彻者和执行者。农村人民公社从其诞生的那一刻起,就始终处在国家的严格控制之下。国家对农村人民公社的控制,并不亚于对国营企业的控制。计划经济体制下的中国乡村经济制度,在发挥为赶超型工业化战略提供资本原始积累、在较短时间内初步建立起较为完整的现代工业体系的正面作用的同时,也潜伏着一定的负面影响。这集中表现在导致农业部门收入过度流失和农业资金被过量提取,既不利于实现农业扩大再生产,也不利于增加农民的收入。至 1978 年,全国乡村居民人均年纯收入只有 74元,三分之一的生产队人均纯收入在 50 元以下,连温饱问题都没有得到解决。当时平均每个生产队的积蓄还不到 1 万元,有的地方甚至连简单再生产都不能维持。农业投资长期处于低而不稳的状态,必然导致农业生产发展相当缓慢，并经常出现大幅度波动。由于较长时期从农业部门抽走过多资金，而大量剩余劳动力却滞留乡村，使得农业生产手段长期落后，劳动生产率难以提高，城乡关系和工农关系很不协调，"三农"问题越来越突出。

1.1.2 乡村经济制度变迁的时代背景

从长远看，中国的经济体制改革，不仅会给农民群众带来物质利益，同时也会给乡村居民带来物质利益。但就经济体制改革的某一个阶段而言，情况则不完全是这样。中国经济体制改革之所以率先从乡村突破，并迅速打开局面，是不能单纯从政府的意愿和行为来解释的，它同广大农民群众表现出来的自发的改革积极性有很大的关系。中国乡村经济体制改革的起步阶段，往往具有超前的性质，即农民群众自发构造的制度安排，在某个时期内是超过政府设置的制度供给范围的。中国政府对包产到户的态度，从"不许搞"到"多数地方不要搞"再到"马克思主义合作制理论的新发展"，就是这一项大政策从酝酿到提出再到逐步成熟的演变轨迹。在中国乡村经济体制改革过程中，人们把家庭承包制和乡镇企业的兴起，称为中国农民的两项伟大创造，这两项伟大创造也可以说是伟大变革，不仅使中国乡村面貌发生深刻的变化，而且对中国的全面改革产生深远的影响。中国乡村微观经济体制改革的第一步，就是通过废除政社合一的农村人民公社，实行家庭承包制，把生产经营自主权还给农民。确保乡村微观经济组织的生产经营自主权与发挥市场机制的调节作用是紧密联系在一起的，甚至可以把它们看作同一个问题的两个侧面。只有以市场代替政府去引导农户的生产经营活动，乡村微观经济组织的生产经营自主权才能得到贯彻落实。在过去很长一段时间，人们都用"两权分离""双层经营"的理论来概括中国乡村微观经济体制改革的特点，即仅仅看到这是一种经营方式的改革，而没有进一步认识到它同时也是所有制改革。这种认识是不全面的。中国乡村微观经济体制改革之所以能够取得举世瞩目的成效，其深层原因就在于既改革了经营方式，又改革了所有制结构。只有实行家庭承包制，农户才有可能成为独立的市场主体，自觉利用生产时间和劳动时间的显著差别，从事副业生产，发展多种经营，进城或就地务工经商办企业。在这个过程中，农民必然要积累属于自己所有的经营性资产，发展自营经济，开展多种形式的合作与联合，以公有制为主体的多种所有制经济共同发展的局面就会逐步形成。农户成为独立的市场主体，强有力的激励机制与约束机制使农产品不断丰富起来，农产品供给、运输、储藏、加工、销售等也就会随之发展起来，这对于建立发达的农产品产业体系和市场体系，起着极大的推动作用。中国乡镇企业之所以被称为计划经济的"异军",是因为计划经济体制下的国有企业是"正规军",中国历来都把国家工业化的希望寄托在城市大中型国有企业,工业化和城市化是同步的,农村只能搞农业。谁也没有预料到在中国的广大乡村,也会掀起工业化浪潮,大规模发展匹敌"正规军"的乡镇企业。中国的乡镇企业之所以被称为计划经济的"异军",还因为它是在计划经济体制的缝隙中生长出来的。在计划经济体制下,生产资料不是商品,不能在市场上自由买卖,只能由国家计划部门统一分配给国有企业或准国有企业(又称大集体企业)。当时农民得不到开展工业生产所必需的基本条件,诸如原料、资金、设备、技术等。他们只能在已有的条件下起步,如发展用泥巴作原料的砖瓦业,有石灰石的地方用小窑制水泥。人民公社时代也发展小型粮食加工厂或小型农机修理厂。一些靠近大城市的乡村还为国营企业加工零部件。上述情况到 20 世纪 80 年代才出现一些转机。特别是经济比较发达的乡村,已经积累了一些资金,农民开始办自己的工业企业。农民办工业企业的一个先决条件,就是存在许多国家计划留下的需要填补的空隙。于是,一些小纺织厂、小食品厂、小化工厂、小轧钢厂、小机电厂等应运而生。在中国经济领域里,唯有乡镇企业率先以市场为导向组织生产经营活动,形成了较为灵活的市场机制,这就为中国创建社会主义市场经济体制进行了有益的探索,积累了宝贵的经验。乡镇企业的发展壮大,无疑得益于市场取向改革,从而使乡镇企业较之深深打上计划经济体制烙印的国营企业,有着显著的竞争优势。

1.2 乡村经济制度变迁的历程

乡村地区的经济发展离不开经济制度的完善和创新,乡村经济想要得到更大幅度的提升还需要不断地尝试和探索,政府需要提供经济上的支持和制度上的深入改革,使得乡村不断快速发展,逐步缩小乡村与城市地区经济、文化等方面的差异,使得我国的总体经济水平得到提升,为我国人民带来稳定的生活条件和便捷的生活方式,在世界发展中不断稳定经济大国的地位。中国乡村地区经济制度在人民公社制度的影响下发展,在形式上属于强制性的制度变迁,这种制度所要达到的目的有两个,一个目的是在这种强制性的制度下进行的交易需要提供的费用较低,在社会总产值上有较大的增益;另一个目的是在权力作用的渗透下将资金垄断,形成较为突出的政治影响力。在这种经济制度下,由于过度的经营和供给不善,最终使得人民公社制度改革的初衷在实践中扭曲,与最初的目的相背离。

1.2.1　中国共产党成立至中华人民共和国建立期间党对乡村经济制度的取舍

1921 年 7 月到中华人民共和国建立期间，中国共产党在经济政策的选择上不是一开始就定位在农村，而是最初以城市为核心开展革命活动。在中国共产党刚成立时，"共产党人希望通过领导新生的无产阶级，使其势力在中国的大都市中凸显出来"。在这一思想指导下，党的工作基本没有涉足乡村地区，重心在城市，目标还是在经典理论的指导下，力图通过城市工人的联合起义来获取全国革命的胜利。事实上，通过城市起义获取政权的模式进行了多次实践，并且在 1924 年之后也同国民党建立了首次联合，但受到国内工人力量薄弱和国民党背叛革命的影响，最终在 1927 年陷入了首次合作破裂和革命受挫的困境之中。在此背景下，中国共产党才在国民政府"斩尽杀绝"政策的"倒逼"下被动转入了地下和乡村。从此，乡村工作成为中国共产党的工作重心。此时，受军阀割据等因素影响，乡村地区已经破败不堪，农民生活艰难，稍有资财者又迁移至城镇，乡村经济陷入难以持续的困境之中。乡村经济的困窘和农民"耕者有其田"的愿望却为刚刚转入乡村地区的中国共产党提供了成长、壮大的契机。为此，中共尚未在乡村立足，就在 1927 年汉口会议上确立了土地革命的方针。伴随各革命根据地的建立，土地革命如火如荼地开展起来①。显然，在这一时期，经济政策的原则，是通过一切可能的和必需的经济建设，集中经济力量用于战争，同时极力改善民众的生活。由于有了这些政策的保障，使陷入困境的乡村地区经济，即使一直处在不断的战火和混乱之中，也获得了长足的发展，如 1933 年，处在国民党"围剿"之中的中央革命根据地的粮食生产比前一年增长了 15%，而闽浙赣根据地则增长了 20%。随着国内外局势的迅速变化，中国共产党关于乡村经济的政策不断地深化、调整、完善，更加符合社会各阶层的利益和革命斗争需要，起到了团结最广大人民群众的作用，降低了乡村内部的摩擦、冲突。具体而言，抗战爆发前后，中国共产党为了团结一切可以团结的力量以抗击日本侵略者，很快改变和调整了原有的乡村经济政策，以减租减息替代没收地主土地的做法；同时，针对封闭的

---

①　1928 年 12 月毛泽东主持制定了《井冈山土地法》，明确规定，没收一切土地归苏维埃政府所有，没收的土地以"分配农民个别耕种、分配农民共同耕种、由苏维埃政府组织模范农场耕种"，但禁止土地买卖。次年 4 月，毛泽东又在前期土地改革的基础上主持制定了《兴国土地法》，把早期"'没收一切土地'改为'没收公共土地及地主阶级土地'"。之后，又针对土地革命中出现的问题及乡村的社会各阶层关系进行多次调整，从而使土改活动顺利推进。

经济区域、敌伪的困扰和各种"经济战""货币战"等影响因素,中共适时制定了奖励生产、公私兼顾等政策和制度,特别是在战争困难时期,各根据地还展开了一场以"自己动手,丰衣足食"为内涵的"大生产运动"。在这些政策的激励下,农民的积极性全面提升,大量荒地得到开垦,农业生产获得了巨大提高,如陕甘宁边区的谷物产量由 1937 年的 1 260 000 担增加到 1944 年的 1 750 000 担,增长了约 40%;棉花则由零上升到 1944 年的 300 万斤。随着抗战胜利,中国共产党又根据国内革命形势的变化,适时地调整了乡村经济政策①。更为主要的是,中国共产党凭借乡村经济政策,获得了广大农民的支持,为革命的最终成功奠定了坚实的群众基础。由此可见,在此期间,党在乡村经济政策上的选择明显是经历了一个不断探索、考察、定位、修补和完善的过程。其制度安排与变迁则表明,中国共产党对乡村经济政策的认识虽然很大程度上是在政治(革命)目标、内外形势"倒逼"下逐步推进和深化的,但总的趋势是越来越顺应广大乡村地区和农民的实际,越来越获得民众的支持和拥护。

1.2.2 中华人民共和国建立至改革开放期间乡村经济制度的调整

1978 年前的中国乡村经济处于典型的僵滞阶段,其主要特征是经济主体缺乏有效激励,经济效率低下,经济结构不合理,收入分配不公平。造成停滞的基本原因,在于整套僵化的经济体制,基本特征是产权完全国有化,在农村表现为人民公社制度的建立。新制度经济学认为,制度变迁有两种类型——诱致性变迁和强制性变迁。诱致性制度变迁指现行制度安排的变更和替代,或新制度安排的创造,是由个人或一群人,在响应获利机会时自发倡导、组织和实施的。诱致性制度变迁由某种在原有制度安排下无法得到的获利机会引起。强制性制度变迁是由政府命令、法律引入和实行。强制性制度变迁可以纯粹为了对不同选民集团的现有收入进行再分配而发生。制度变迁方式的选择主要受制于一个社会的利益集团之间的权力结构和社会的偏好结构。1958—1979 年,中国农村的制度安排的基本特征是强制性的制度变迁。从制度供给的行为主体即政府的意愿判断来看,它所追求的是两个目标:一是通过强制性制度供给降低交易费用,使社会总产出最大化;二是实现政治支持最大化。然而,在实际运行过程中,

---

制度供给却偏离了意愿制度供给的初衷，这是由于以下几点原因。

（1）人民公社制度供给模糊了产权关系，使微观经济主体缺位，造成农业生产力低下。在一大二公的人民公社制度下，农村集体财产的唯一主体是人民公社，农民在名义上是集体经济的主人，但实际上他们与集体财产之间始终没有必然的联系。这是因为人民公社制度下的产权是一种共有产权形式，这种共有产权的参与者虽然在理论上都有共享资源和获取利益的权利，但是谁都无法界定哪一部分资源属于自己，公共产权形式无法对象化于集体成员身上，造成产权虚拟化。制度安排上微观经济主体缺失，虽然承认社员人人都是集体财产的主人，但人人都对集体财产的管理、增值不关心，在这种制度安排下必然出现大呼隆、磨洋工的现象。同时，人民公社是政社合一的体制，这种体制明显地表现出财产权利对行政权力的依附。三级所有的管理形式，其内部各层次权利界限的模糊，构成了人民公社体制下平调风盛行的制度性原因，人员管理方面的困难也加大了摩擦成本。计划经济体制下，信息闭塞，广大乡村交通不便，增加了与外界交往的交易成本。尤其是在共有产权制下，政府与农民的目标函数不一致，国家目标的实现是建立在农民利益流失的基础上，农业生产长期处于简单再生产的自我循环之中，农民的生产、生活条件长期得不到改善，农业经济总是处于一种低水平循环状态。农民与公有财产相结合而从事劳动的积极性低落，农民对公有财产、公共事务和公共利益不感兴趣，一有机会部分农民就有可能参与对公有财产的侵占和蚕食。因此，人民公社强制性制度供给使制度成本大于制度收益。

（2）统购统销的强制性制度安排，阻碍了商品经济的发展。在广大农民的财产权利缺乏基本制度保障的同时，政府在流通领域中采取了统购统销的强制性制度安排。政府这一制度安排的目的在于要全力以赴在短期内实现国家工业化这一基本目标。国家工业化需要巨额资金积累，在落后的农业国，资金积累的主要来源只能是农民的贡赋。在中国，农民贡赋的主要形式是价格剪刀差。据统计，1952—1990年中国农业通过剪刀差方式为工业提供的资金积累高达8 708亿元，年均223亿元，这是中国农民对国家工业化的实现作出的历史性贡献。问题在于，农民贡赋的历史必然性在于贡赋方式带来的效率和适用性。而统购统销的强制性制度安排使制度供给者与制度接受者的目标函数发生背离，一厢情愿的制度安排难以产生共鸣，从而使制度供给者的预期目标难以实现。这是因为统购统销制度不仅没有建立起发展商品经济的激励机制，相反，恰恰抑制了商品经济的发展，虽然这种高强度的资源动员令为国家工业化的实现奠定了物质基础,但是工业化效率的提高却失去了依托。同时,政府在统购时对农民承诺的等价交换,在实施过程中却荡然无存,事实与承诺之间形成强烈的反差,使农民对人民公社制度失去信心,并产生强烈的抗拒心理,这种抗拒心理表现在极低的农业劳动生产率上。此外,农业资源的利用效率和农业自身的积累能力严重弱化,致使农产品供给匮乏,国内市场狭窄,农民生活贫困,农业成为整个国民经济发展的瓶颈。

(3)强制性的价格管理体制使农业比较利益更加低下。价格管理体制的安排同其他制度安排一样决定着行为主体受损或受益的程度及可能性。我国工农业产品的价格比价长期处于不合理状态,农产品的价格大大低于它的价值,而工业品的价格却大大高于它的价值,在工农业产品交换时往往实行不等价交换,农民利益长期受损。加之,农业的比较劳动生产率和比较资本生产率最低,天生弱质的中国农业和农民在制度的博弈中往往处于劣势地位。在强制性的人民公社制度下,制度接受者(农民)难以捕捉到新的获利机会,同时随着乡村生产力的发展,内部各种矛盾的冲撞,使制度障碍和制度摩擦不断发生,农民在这种不和谐的制度安排下感到压抑,不满情绪逐渐积累起来,继而产生抵触行为,使制度运行效率低下,制度成本增加,制度效益不断下降,改变了制度运行的成本与效率关系,于是便产生了对现行制度的变革和新制度的渴望。

1.2.3 改革开放后至21世纪初对乡村经济制度的反思

十一届三中全会后我国农村普遍建立了家庭联产承包责任制,新制度解放了生产力,发展了生产力,实现了新的经济增长,乡村在未增加要素投入,未改变土地终极所有权的前提下,仅靠制度的供给,创造了世界和中国农业发展史上的奇迹。

(1)1978—1984年。1978年是新中国经济发展史上一个重要的转折点,使这一年具有特殊意义的是,在中国的部分乡村发生了旨在改革农业生产集体经营的制度创新。1978年下半年,安徽、四川农村尝试包干到户、包干到组的生产方式,取得了明显的效果。1979年9月,十一届四中全会通过了《中共中央关于加快农业发展若干问题的决定》,允许农民因时因地制宜、自主经营。1980年9月,中共中央印发了《关于进一步加强和完善农业生产责任制的几个问题》,认为包产到户"没有什么复辟资本主义的危险。"到1983年,全国实行"双包"的生产队达到了93%,其中绝大多数实行的是包干到户。在经历了20年的运行后,集体制的弊端越来越明显。在政治环境稍宽松的情况下,有少数生产队秘密地将土地、其他资源和产出定额承包给单个农户。由于这一变革很快收到成效，演变为中国乡村的又一次土地制度的变迁，结果在全国乡村普遍地建立起家庭联产承包责任制。联产承包责任制的成功，使得农业中保护国家工业化的统购统销制度开始失灵，利益的比较和选择使农民将资源投到收益更高的非农产业。

（2）1985—1991年。从1985年起，粮食、棉花取消统购，改为合同订购。1986年山西省率先实行压缩平价粮食销售。1990年4月1日、1991年1月1日、1992年4月1日，三次提高了中央计划内进口粮食的拨交价格。乡村改革的创新建立在微观经营机制中的产权调整及资源的非农化配置的基础上，就要求政府在乡村经济管理体制上进行改革。改革的方向始终是要求不断减少政府计划控制，强调市场的作用。

（3）1992—1993年。1992年4月1日，有关部门宣布提高粮食的订购价格和销售价格，基本上实现了购销同价，并在此基础上，陆续放开粮价。1993年6月，正式推出期货交易，启用中国郑州商品交易所，接着组建了上海粮食交易所。到1993年底，全国95％以上的县市都完成了放开粮价的改革。

（4）1994年后的均衡阶段。进入21世纪后，中央政府又作出全面改革农村税费制度的重大决策。在农产品价格调整空间越来越小的情况下，进一步地改善农民的利益，就要求重新调整政府与农民之间的利益关系。农民负担重一直是农民贫困的一个重要原因，包括合理的和不合理的、合法的和不合法的负担给农民增加了很大的压力。改变这种情况的重要途径是改革农村的税费体制。20世纪90年代末至21世纪初，一些基层地方政府针对越来越重的农民负担问题开始探索如何规范农村税费制度①。

1.2.4 "入世"之后乡村经济制度的重建

中国政府在追赶策略下所选择的工业化路径最终在2003年前后得以初步完成，开始进入了工业化的中期阶段。此时，党和政府有能力改变长期以来的乡村经济政策。面对"三农"困局，党和政府顺应了社会经济发展的轨迹，果断地采取了城市反哺乡村、工业反哺农业的政策，开始按照"以

---

① 自2000年起，农村税费改革正式进入由中央统一部署和指导的改革序列中。2000年3月2日，中共中央、国务院下发《关于进行农村税费改革试点工作的通知》，决定在安徽全省进行农村税费改革试点，改革内容由原先的"费改税""并税"等扩展到调整国家、集体、农民三者间利益的综合性改革。2001年，江苏省在全省范围内自费进行农村税费改革。2003年3月27日，国务院下发《关于全面推进农村税费改革试点工作的意见》，农村税费改革在全国范围内推开。经过这些改革的试点和推广，农村税费改革不断深化，取消屠宰税、乡镇统筹款、教育集资。这种不断深化的农村税费改革为增加农民收入提供了更大的空间。

人为本"的科学发展观的思路致力于新农村建设。之后,中央连续以中央"一号文件"的形式大刀阔斧地推进乡村经济发展,不但降低了农民负担、取消了持续二千多年的农业税,而且还加大了对乡村经济的补贴力度。同时,对各种涉农政策、制度也进行了变通,以更加稳定、持续地推进乡村经济的发展。然而,这一过程也遇到政策执行中的某些反复和各种阻力,如2007年美国次贷危机爆发之后,政府为了保证城市的稳定、企业的生存和就业的深化,仍然在一定范围和程度上延续了前期"倒逼"乡村经济的政策,在不考虑乡村经济实际的前提下推行机电下乡政策,以吸收乡村稍有改善的经济积累;而面临日益严峻的城镇房地产用地困局,政府又实施了"土地增减挂钩",即依据土地利用总规划,将若干拟复垦为耕地的乡村建设用地地块和拟用于城镇建设的地块共同组成"建新拆旧"项目区,通过"建新拆旧"和土地复垦,最终实现项目区内建设用地总量不增加、耕地面积不减少、耕地质量不降低、用地布局更合理的土地整理工作目标。该方法应该是切中时弊的,但各地在土地财政等因素作用下却频频引致了部分地区强制并村等情况,使广大农民"被上楼"后面临生存困境。当然,党和政府在乡村经济政策的选择、推行、改进、深化方面,确实越来越顺应了乡村地区的实际,大大改善了乡村地区的基础设施、农业的可持续发展条件以及公共产品的供给,提高了农民的收入,扩大了社会保障面。

1.3　乡村经济制度的优化路线

从20世纪70年代末开始的中国经济体制改革,带给中国经济的一个显著变化是,长期困扰我们的吃饭问题终于得到解决。但是,中国不同阶段的农业增长有起有落,特别是1996—2002年,农业进入了一个持续低增长的阶段,增长的幅度连续低于中国共产党成立以来的平均水平。面对中国农业增长的这种趋势,许多学者选择不同的分析思路予以解释和分析。从现有的文献来看,我国的农业产出的变化是多种因素作用的结果。每一个因素都可以从不同的方面对农业增长产生影响。但是,进一步分析这些因素发生作用的情况,会发现它们在农业增长中的作用是不同的,其中的一些因素对农业增长的影响更加明显。回顾中国共产党成立以来的农业增长和乡村经济发展,总结对这个时期农业增长的不同分析,我们认为,这个时期的中国农业增长与乡村经济制度的变迁有密切的关系,当然,这里所讲的乡村经济制度变迁不仅是土地产权制度的变迁,还包括价格制度、财税制度的变迁,并且这几项制度相互支持,成为影响乡村经济的主要因素。

1.3.1　统筹城乡发展与解决"三农"问题

中国改革发展演变到今天，已经到了这样一个转折点，即乡村的问题不能只在乡村找出路，必须联系城市发展即城市化探索解决乡村的问题；同样，城市化的问题，不能只在城市中找出路，必须联系乡村的发展探讨解决途径——这就是统筹城乡发展的真谛所在。固然，城乡二元经济结构是发展中国家普遍存在的经济现象，但中国把城乡二元经济结构制度化，却有明显的体制性特征。无论是计划经济体制下的重工业优先，还是市场经济体制下过度的工业化、城市化追求，都在强化着中国城乡二元经济结构，表现出持续强化的路径依赖特征。问题在于中国的市场经济体制是政府主导型的市场经济体制，当前存在着的城乡二元经济结构，仅仅依靠市场的力量是很难得到化解的。这就必须发挥政府的主导作用，统筹城乡发展。中国城市化面临的诸多问题，与其说是在城市，不如说是在乡村。我们应当把城市化建设的重点放在乡村。这就不难理解，党的十六大报告在论述这个问题时用两句话来概括："全面繁荣农村经济，加快城镇化进程。"全面繁荣农村经济在前，加快城镇化进程在后。要深刻揭示建设社会主义新农村与城市化健康发展的内在联系，就必须对城市化的内涵有全面准确的理解。完整意义上的城市化包括两个互相联系、互相补充的内容：一个层次是乡村人口向城市集中，包括进城的农民工；另一个层次是转入城市的那一部分人的生存条件、生活方式、生活质量的城市化。我们应当把城市化的重心放在后一个层次上。城市化应当是一种双向互动的关系，而不仅仅是城市单向地把乡村"化"过来，还应表现为乡村通过自身的发展以及城市文明的普及，逐步地转化为城市。换言之，城市化不仅仅是表现为乡村人口向城市转移，而且也表现为城乡差别的缩小，乡村的生存方式、生活方式、生活质量逐渐向城市靠近，乃至最终融为一体。无论中国的城市化达到多高的程度，总有相当一部分人口留在乡村，而这部分农民的发展与城市化是息息相关的。在一个开放的社会，其城市化进程中不可能存在着世外桃源般的原始乡村。乡村居民也在不同程度地享受着现代化的成果，即现代城市的文明。有形城市化与无形城市化是紧密地联系在一起的。在城乡差别还相当悬殊的情况下，要加快城市化进程是相当困难的，无论是进城的农民还是当地政府，都要为城市化付出高昂的成本，更谈不上短时间内把亿万农民工转化为市民的可能性。中国城市化进程中出现的农民工、城中村和小产权房，是不可回避、必须跨越的"三道坎"。中国城市化的难题不在于把农民转化为农民工，而在于把农民工转化为市民。农民工与市民的差别，是一种身份的差别，要剥离附着在农民工身上的种种不平等,并不是一件容易的事情。城中村和小产权房,也是不容易解决的难题。比如在深圳,小产权房就占住房面积的49%。城市化不是城市居民的专利,乡村居民也在城市化——我们把乡村城市化理解为无形城市化。中国目前正在进行的社会主义新农村建设,从某种意义上说,就是为了启动无形城市化,强化无形城市化,克服有形城市化与无形城市化之间的不协调,以促进中国乡村经济的健康发展。

1.3.2　壮大县域经济与区域协调发展

与一般意义上的城市经济和乡村经济不同,县域经济是城乡融合发展的区域经济,是承上启下的经济形态,县域经济的实力与活力,不仅制约着城市经济的发展,也制约着乡村经济的发展,还制约着社会主义新农村建设的进程。农业产业化、乡村工业化和城镇化(发展小城镇),是县域经济发展的重要推动力量,并因此形成了工业化支撑城镇化、城镇化提升工业化的发展格局,推动了县城和中心镇的发展,促进了产业集聚、人口集聚和农民分工分业,形成以城带乡、以工促农、工农联动、城乡互动的新机制,增强了城镇对县域经济的支撑作用和对乡村的辐射带动作用,为农民提供更多的就业机会和创业门路,促进农民收入持续快速增长。与县域经济的发展、壮大相联系的乡村工业化和城镇化过程,建立在乡村经济繁荣、农民走向富裕的基础上,这有利于缩小城乡差别。中国共产党成立100年来,始终坚持强省必须先强县,强县必须先强镇的发展战略,使广大农民群众成为发展县域经济的主力军,推动乡镇企业的"异军突起"和小城镇的蓬勃发展,形成了以城带乡、工农联动、城乡互动的新机制,增强了城镇对县域经济发展的支撑作用和对乡村经济社会发展的辐射带动作用。浙江省是全国县域经济最发达的省份,乡村居民人均年纯收入已连续近30年名列全国第一。浙江省的实践经验表明,凡是县域经济实力较强的地方,统筹城乡发展、推进城乡一体化以及建设社会主义新农村的进程也就较快。县域经济是统筹城乡发展的经济基础,乡镇企业是以工促农的主体力量,县城和中心镇是以城带乡的主要载体。与其相联系的是中国的城镇化既有乡村劳动力向城市的异地转移,也有乡村劳动力的就地转移,即城市化与乡村城镇化。城市化与乡村城镇化并举是基于中国国情的现实选择。因为中国共产党成立之前,中国所实行的城市偏向与城乡分割的发展模式,不断强化城乡二元结构,发达的城市与落后的乡村向着两极分化,如果实行单一的人口城市化,让乡村人口向大中城市过度集中,只能导致城乡差别越来越大。这就不利于改变中国乡村经济社会的落后面貌。

1.3.3 城乡服务均等化与乡村振兴

中华人民共和国建立以来,中国城乡差别之所以会呈扩大的趋势,在相当程度上是由于各级政府尚未摆脱传统的全能型集权管理模式,计划经济体制固有的城市偏爱惯性并没有改变。中国各级政府离社会主义市场经济体制所要求的公共服务型政府,还有很大的差距。建设社会主义新农村需要的公共产品和公共服务得不到满足,工业反哺农业、城市支持乡村的机制尚未形成。这就要求把转变政府职能、建设服务型政府和完善公共财政体制放在重要位置上,才能为建设社会主义新农村提供必要的体制保证。各级政府只有通过深化行政管理体制改革,摆脱传统的全能集权管理模式,减少政府对微观经济主体的行政干预,把着力点转移到全面履行经济调节、市场监管、社会管理和公共服务上来,特别是注重加强社会管理和公共服务职能,方能建立适应发展社会主义市场经济和建设社会主义新农村要求的公共服务型政府。加强公共性职能是建设公共服务型政府的首要条件。公共性职能是政府为包括广大乡村居民在内的全社会成员提供公共产品和公共服务的职能,政府公共职能缺位是产生城乡社会问题、造成城乡不和谐的重要原因。政府的公共性主要体现在公平公正地面对城乡广大社会成员,无论是城市居民,还是乡村居民,在配置资源方面都要公平公正,在提供机遇方面都要公平公正,在分享成果方面都要公平公正,归根到底,在制度建设方面都要公平公正。当前,要把重点放在解决最基础的"三农"问题上,要着重推进现代农业的建设,推进乡村基础设施建设,推进乡村义务教育及合作医疗制度建设,推进乡村最低生活保障制度建设。加快建立城乡基础设施共同发展机制、城乡公共服务均等供给制度、城乡衔接的社会保障体系,促进基础设施向乡村延伸,公共服务向乡村拓展,社会保障向乡村覆盖,向着城乡一体化和乡村振兴的方向迈进。

1.4 经济制度变迁对乡村经济发展的差异化影响——基于东西部乡村的对比分析

我国乡村经济发展和乡村经济体制改革,实际上是从人民公社领导下的生产队体制到家庭联产承包责任制,再从家庭联产承包责任制到农业产业化,最后到乡村社会主义市场经济体制全面建立的制度变迁与创新的过程。在这个过程中,东西部乡村经济在制度安排、制度结构及制度变迁的方式等方面表现出强烈的差异,从而产生截然不同的经济绩效。

1.4.1　经济制度变迁结构与乡村经济绩效

肇始于 20 世纪 70 年代末 80 年代初期的家庭联产承包责任制,是中国乡村经济制度自下而上的一次伟大创新,它极大地调动了农民的生产积极性,乡村中长期积累的能量在短期内迅速释放,乡村经济迅猛发展。但是家庭联产承包责任制在东西部乡村中引起的深层次的制度变迁与创新是明显不同的。在乡村经济地理实践中,东部沿海地区的农民在家庭联产承包责任制的基础上,大力发展乡镇企业,为乡村经济腾飞培育出又一新的增长点,创造了一条中国乡村工业化的独特道路。据统计,1978—1991 年,乡镇企业工业总产值占乡村社会总产值的比重,沿海地区为 69.6%,西部只有 28.5%;东部乡镇企业工业总产值年均增长率达 27.1%,西部为 20.2%;乡镇企业职工人数占乡村社会总劳动力的比重,东部为 30.0%,西部只有 11.6%。另据农业部乡镇企业司的研究表明,1990 年西部与东部的人均社会总产值的差距,大约有 53% 来自乡镇企业发展上的差距。1994 年,全国乡村居民人均从乡镇企业中得到的收入为 110.8 元,其中东部为 225 元,西部为 17 元,东部是西部的十几倍。对于这一情况,即便到了 2020 年,虽然乡村居民人均从乡镇企业中得到的收入在增加,但东西部之间的收入差距却呈现继续扩大趋势。而在东西部乡村差距中,乡镇企业的差距是很重要的。在乡村市场经济制度创新的过程中,东南沿海省市政府对农民制度创新的支持与配合很到位。他们敢于率先把一些经济管理权限下放给县市政府和广大农户,地方政府在加强宏观管理的同时,把更多的精力放在为农户服务上,引导农民走向市场,从而为农民铺路搭桥,创设良好的政策环境。而西部地方政府则更多的是控制权力,做法保守。正是在农民和政府的积极配合下,东部乡村经济在健康的发展过程中,先后又创造出一系列的制度安排,诸如专业户、种植试验区、加工(龙头)企业、股份合作制企业、农村信用合作制、乡村社会服务中介组织、农民协会、户籍管理上的蓝印制度以及形式多样的农业产业化组织等。这些制度创新与安排以建立乡村市场经济体制为目标,以家庭联产承包责任制为基础,因而它们之间有着紧密的内在联系,形成了一个功能完备的制度结构。由于这些制度创新与安排大多是当地农民在实践中自发创新与政府规范相结合的产物,并有一定的组织管理机构保证其贯彻实施,所以结构内各要素之间的联系是一种内在联系,制度创新的路径显示出报酬递增的特征。

相反,西部地区在乡村经济发展和体制创新过程中,许多制度安排不是当地农民在生产实践中自发创造的,而是东部创造的制度在组织学习和上级命令推广的基础上被动地在西部移植与引用。在整个过程中，政府行为与农民的实践相脱节，政府在很大程度上代替农民成为制度的制定者与执行者(而非创新者)，农民缺乏制度创新的积极性与主动性，因为在政府干预经济的力度很强时，农民自发地进行制度创新的成本是很高的。所以西部乡村经济制度上的创新，仍然没有摆脱计划经济体制下基本的行为模式，因而制度的结构功能很弱。目前，在广大西部乡村，起主导作用的乡村经营制度仍然是单一的家庭联产承包责任制，尽管自改革开放以来，中西部乡镇企业发展速度快于东部地区，但其经济规模、效益与东部地区相比还有较大差距。至于乡村股份合作制改革、农业产业化的进程在西部是很缓慢的，而蓝印式的户籍管理体制改革在西部还根本没有启动，西部大量的乡村剩余劳动力很难实现合理转移。由于政府和农民不能很好地结合，西部乡村经济制度创新的动力不足，为农民经济增长提供的有效制度供给有限，照搬和移植的制度又难以与西部农民有效结合，制度的结构功能弱小，东西部乡村经济发展的差距越拉越大。

1.4.2　经济制度变迁方式与乡村经济绩效

国家对东部地区的倾斜政策，是造成东西差距的又一大原因。20世纪80年代以来，国家对东部地区采取差别发展战略和地区倾斜政策，经济发展重心逐步东移。到1987年底，国家进一步提出并实施沿海地区经济发展战略，在财政、税收、信贷、投资等方面向东部地区提供优惠。东部地区则借助地缘优势和政策优势，迅速跃上经济发展的快车道，东西部经济增长速度的差距继续拉大。国家一次次对东部经济发展提供的倾斜政策，无疑是国家强制实施的一次次促进乡村经济体制转变的强制性制度变迁。继家庭联产承包责任制之后的乡镇企业、股份合作制、农业产业化组织，首先都是农民自发制度创新的结果。但是这些农民自发兴起的诱致性制度变迁，总带有一定程度的盲目逐利性，需要国家政策法律的规范和保护。也就是说，在促进乡村经济体制转轨的过程中，既要有农民自主发起的诱致性变迁，也需要国家(政府)提供的强制性变迁。这两种变迁方式互相补充，互相配合，共同发挥出制度对经济增长的积极作用。纵观东部乡村经济发展中的每一项制度创新，都是在农民自发创新的基础上，国家(政府)不失时机地通过各种倾斜政策加以规范、推广，使得制度变迁表现出一种从诱致性制度变迁到强制性制度变迁，再到诱致性制度变迁的良性的顺序演进过程，也即经历了一条先试验、后推广的改革道路。这条道路极大地调动了农民创新与再创新制度的积极性和主动性，有力地促进了东部乡村经济的快速发展。这说明国家在东部的投资强度要远远大于西部,这就在很大程度上保证了东部在经济发展上对资金的需求,促进了东部经济的迅速发展。与东部相比,西部乡村经济发展中的制度变迁与创新,则更多的是在国家推广东部经验的前提下,以下达任务的方式促成的制度变迁与创新。这种变迁是一种逆序演进的过程,即制度变迁的逻辑起点首先表现为国家发起的强制性变迁,然后广大乡村在推行某项制度的基础上再创造一些适合当地特点的制度①。加之东西部农民思想观念上的差异,使得西部乡村经济制度的创新很难摆脱这种单一的模式。在乡村经济朝着市场经济发展演变的过程中,东部走了一条诱致性变迁与强制性变迁有机结合、顺序演进的道路,经济绩效表现出连续高速增长的趋势,而西部主要依靠强制性变迁,农民自发创新的意愿和行动不足,经济绩效显然不如东部,两者的差距日益扩大。中国社会科学院农村发展研究所、社会科学文献出版社及中国社会科学院城乡发展一体化智库共同发布《农村绿皮书:中国农村经济形势分析与预测(2019~2020)》(以下简称"绿皮书")。绿皮书预测,2020 年粮食播种面积比上年减少 1‰以内,全年粮食播种面积将超过11 500 万公顷;2020 年农民全年人均可支配收入有望达到 1.7 万元。但一个基本事实是,我国东西部地区农民收入比处在持续扩大的趋势中,很多西部地区尚不足千元,贵州、甘肃等地收入水平更低,这是一个值得关注和重点解决的问题,它关系到乡村振兴战略和全面建成小康社会目标的最终实现。

1.4.3　乡村经济制度变迁的未来方向

通过以上分析可知,东西部乡村经济在中国共产党成立 100 年的发展过程中,由于制度创新导致的制度结构不同,制度变迁的方式不同,因而经济绩效也明显不同。所以要缩小东西差距,西部地区要在制度建设方面做到以下几点。

(1)立足西部实情,合理制定和移植乡村经济发展政策。广大西部地区深居内陆,民风古朴,西部地区还是一个少数民族聚居的地带,传统观念在人们的意识形态领域占有重要的席位。一项制度安排好不好,是需要行为主体用一定的伦理观、道德观、价值观进行评价后才能下结论的。如果道德评价好,就会形成一定的舆论势力,奠定一个制度创新的群众基础。所以国家,尤其是地方政府在制定和实施西部乡村经济发展的规划和政策

---

① 其间虽也涌现出许多成功的例子,诸如开发四荒地、三西移民扶贫模式等,但毕竟创新的能力有限,农民的后顾之忧甚多,因而经济绩效不大。

时，必须克服工作中的形式主义和官僚主义，那些不察民情，下车伊始就指手画脚的工作方式应坚决停止。尤其在制度转型时期，各地区，各行业都纷纷出台了名目繁多的制度规则，这其中鱼龙混杂，需要精心筛选，切勿盲目照搬，东施效颦。要多搞调查，体恤民情，制定和引进一些对本地区经济发展有效的制度和政策，真正做到从群众中来到群众中去，达到正规规则和非正规规则的和谐统一，促进本地区经济的发展。

（2）尊重农民群众的首创精神，积极引导、规范其制度创新。我国乡村改革实践中出现的诸多新事物、新经验、新制度一般都是基层老百姓的创造，如家庭联产承包责任制、乡镇企业发展和农业产业化组织等。为满足广大群众对制度创新的需求，东部地区的政府在改革中提倡大胆创新、大胆实验，在制度创新中发挥了空前的主动性和创造性。借鉴东部成功的经验，西部地区应在政府行为上做些调整，遵循制度变迁良性顺序演进的机制，一方面在党和政府的领导下，不断进行一些自上而下的政策、法规的普遍指导，另一方面，又充分发挥群众自发性改革的积极作用和基层单位的创新精神，将自发性创新与自觉性创新，诱致性变迁与强制性变迁有机地结合起来，带领农民群众先试验、后推广，保证乡村经济在稳定的基础上持续发展。

（3）遵循我国乡村经济体制改革中的内在规律，积极实施乡村社会主义市场经济体制方面的制度创新。我国乡村经济改革 40 多年的伟大实践，已呈现出一种从人民公社领导下的生产队体制到家庭联产承包责任制，再到农业产业化，最后到乡村社会主义市场经济体制全面建立的必然趋势。西部地区必须认清形势，一要完善家庭联产承包责任制，包括土地承包期、土地使用权的有偿转让和流转，减轻农民负担，促进乡村剩余劳动力转移的组织制度、户籍制度等方面的制度创新。二要在发展壮大乡镇企业、实现企业规模经营、加强企业股份合作制改革方面创新制度。三要大力发展多种形式的社会化服务组织和农业产业化组织，加强组织内部的管理，明晰产权和责任，积极引导农民(家庭)与市场有效连接。

（4）国家要进一步重视西部乡村经济的发展，实现重点逐步西移的战略决策。适当给予西部乡村一定的资金、政策等方面的扶持；地方各级政府也要认真配合和贯彻落实国家对西部经济发展的扶持政策，积极开发西部，并在吸引技术、资金和设备方面创设良好的制度环境。

第二节　乡村经济制度变迁与乡村经济地理
格局——以河北省为例

关于乡村经济地理要素流变的研究,一直是中国近现代史、经济史、农业史研究的热点问题,而关于华北经济的研究,又是上述研究中的一个具有典型特点的地域性研究。河北省具有重要的地理位置和政治地位。清朝时,由于北京是全国的政治中心,而当时的河北省也就是直隶,拱卫京师,具有重要的政治意义。民国时期河北省经历了复杂的政治沿革,北京、天津一度作为河北的省会。河北是一个以农业生产为主的大省,乡村经济在河北省的经济发展中占有重要的地位,所以关于河北乡村经济的研究就具有典型性。随着自给自足自然经济的解体,商品经济逐渐渗透乡村。乡村商品市场和城镇化的发展,也使得河北的乡村社会产生了一定的变化,推动了乡村的近代化和现代化进程。虽然有学者以"迟滞性"来概括河北乃至华北乡村社会变迁的历程,但相较于以前的商品化速率,自中华人民共和国建立以来,华北乡村经济商品化呈现出"后起勃发"的姿态,其中河北省在华北经济中占有特殊的地位,其乡村经济制度变迁与乡村经济地理格局也具有很强的代表性。

2.1　乡村农业制度变迁

2.1.1　农作物种植结构与经济效益

(1)粮食作物种植结构的变化。河北省的农业发展历史久远,历来以旱作农业为主,近代以来,粮食作物结构的基本格局逐渐定型。20世纪初,玉米已经与小麦、小米、高粱、大豆一起成为这一地区的主要粮食作物。到了20世纪的20—30年代,玉米种植面积的扩展过程仍在继续,在河北粮食作物中的地位越来越高。甘薯作为备荒要粮,也在河北大面积种植。这两种新作物种植面积的扩展,必然会导致某些粮食作物种植面积的缩减。但由于粮食作物是农民生存的根本,因此可以得到一个简单的推论:玉米、甘薯的推广主要是以一些次要粮食作物的减少为代价的。在1921—1924年,小麦作为河北省最重要的粮食作物之一,它的种植面积有所增加,甘薯种植面积稳步增长,玉米种植面积略有下降。小米和高粱种植面积则有明显的下降。河北省各类经济作物种植面积在1935年以后都下降得很严重,这是由于华北事变后,社会经济动荡,由此造成农业衰退和统计疏漏。其间,小麦种植面积虽然波动较大,但仍有所发展;玉米种植面积增长比较明显,反而甘薯种植面积略有下降。小米和高粱的种植面积比较稳定,并没有大幅度的下降。从而可以看出,小麦、玉米和甘薯三种农作物的发展比较稳定,在河北省种植结构中占有重要地位。就甘薯而论,由于它的高产,其在产量结构中的地位比种植面积结构中的地位还要高[①]。

(2)经济作物的扩展。从19世纪末到20世纪初,河北省乡村经济地理空间逐步扩大,农业生产也随之逐渐转型,这种转型主要体现为传统农业开始改变封闭的生产方式,融入近代世界发展的潮流中,经济作物的种植趋热。由于国际、国内各级市场的需求刺激了农民的种植愿望,种植好的经济作物可以给农民带来更高的收益。河北省经济作物品种繁多,包括棉花、油料、蔬菜、林果等,其中棉花、花生属于大宗农产品。从经济作物种植的多样性上看,河北经济作物在民国时期有所发展,虽然变化幅度不大,但总体上呈上升趋势。由于经济作物的扩展主要是19世纪末20世纪初对外贸易和国内工商业发展的结果,所以从主要经济作物的播种面积和总量来看,仍有很大变化。经济作物的增长,主要是棉花种植的增长。经济作物除了棉花外,还包括花生、芝麻等油料作物的增长。其中,20世纪上半叶,河北省植棉面积居华北地区之首。据统计,1933—1935年,年平均皮棉产量2 239 363担,达到历史最高水平,超过了河南和山东两省。到了20世纪30年代,由于工业用棉和民间用棉的日益增加,加上政府和民间推广组织的提倡,河北省的棉花生产进入盛期,棉花播种面积和产量均比20世纪20年代有大幅度的提高。1932年以后,除个别年份外,河北省棉花种植面积和总产量呈逐年增加的趋势。尽管这些数字波动较大,但增长趋势非常明显,到1936年,河北棉田已占全省耕地面积的10%,1928年河北棉产65万担,占全国棉产量的7%,据计算,1933—1937年河北棉花产量分别约占全国总产量的15%、25%、26%、17%和23%,增长幅度较大。由于棉田面积的扩大,棉花在各种作物栽培面积中的比重亦随之提高。到1937年抗战爆发前整个华北地区的棉花占地面积的比例约为6%,从地方上看,河北很多县的棉田占地面积的比例都相当高。据中华棉业统计会的调查,1933年吴桥、正定等县,棉田占耕地面积约40%,在南宫、广宗等县约占45%,在成安县高至80%。花生和芝麻是河北省的主要油料作物,到

---

① 据南京国民政府《农情报告》所载,1932—1935年,河北省的甘薯年产量分别为3 363万担、3 885万担、2 665万担、3 050万担。20世纪30年代初,甘薯的产量居粮食作物的第五位,就全国而言,河北省甘薯总产也居第五位,次于四川、山东、广东、江苏四省。

20 世纪 30 年代,河北省花生种植面积和总产量比 20 世纪 20 年代有很大幅度的提高,产量位于全国前列。1932—1935 年河北省花生种植面积分别为 276.6 万亩、1 078.7 万亩、926.9 万亩、314.7 万亩,总产量分别为 632.9 万担、1 078.7 万担、926.9 万担、732.9 万担。虽然花生产量在 1933 年达到最高后,逐年降低,但从全国来看,这一时期河北省的花生产量仅次于山东而居全国第二位。河北省的芝麻生产也位于全国前列。1933、1934、1935 年河北省芝麻播种面积分别为 310.7 万亩、309.5 万亩、247.4 万亩。三年产量分别为 236.1 万担、241.4 万担、184.9 万担。播种面积和总产量仅次于河南而居全国第二位。

2.1.2 农作物商品化

河北粮食作物种植结构的变化和经济作物生产的发展都与近代市场的发展有着密不可分的关系。农业的生产为工业的发展提供了大量的原材料,随着近代商品经济的发展,农产品的商品化程度逐渐提高。首先,工商业的发达,市镇经济的繁荣,使非农业人口在人口总数中所占比例逐渐提高,这部分人口需要依靠周围乡村地区供应粮食;而市镇人口的生活水平高于农村,消费的粮食以小麦和小米为主。其次,交通运输条件的改善(尤其是铁路运输的发展)为粮食的运输(尤其是远距离运输)提供了有利条件。再次,面粉业是中国近代工业的一支生力军,面粉业的发展对原料小麦提出了要求。就是在这些因素的作用下,河北的小麦商品化程度提高很快,小麦作为一种现金作物的作用越来越大,甚至一些面粉厂也参与其中,直接运粗粮到麦产区换取小麦,冀南等地区主要用小麦换取粗粮,满足口粮的需要,而把节省下来的耕地用于经济作物的种植。河北的棉产区就是这样的状况,这有利于农业的专业化和集约化程度的提高。河北小麦的商品化主要体现在对外销售和商品率的提高。据调查,河北省西部的平乡县小麦售出部分占总产额的 59.2%(1921—1925 年),东部盐山县为 42.3%(1923 年)。1934 年,平汉铁路局对该省沿线调查的结果表明,调查自耕农谷物产销情形 13 处,每一处均有小麦出售,比重最高的是定县,达 90.7%,最低是磁县,也有 41.0%,13 处小麦出售额占生产总额的平均比重为 66.0%。调查佃农谷物产销情形 8 处,只有石家庄一处无销售,皆自留用,其余 7 处售出比例最高的是邯郸,最低的是元氏县,8 处小麦出售额占生产总额的平均比重为 50.0%。此外,河北棉花生产之所以呈现出波浪式上升态势,主要是由于手工棉纺织业的发展、机器棉纺织业的兴起和国际市场需求的扩大,促进了棉花生产的发展和棉花商品化的过程。棉花作为一种广泛种植的经济作物，在中国北方农产品商品化的过程中占据着显要地位。河北棉田数量增长的直接动因是农民种植棉花所获得的经济收益远远超过其他农作物，经济利益刺激着广大农民开始植棉或一再扩大棉田。棉产的收益远高于其他作物，据 1933 年南开大学的调查，河北省西河棉区的每亩纯收益，棉花为 4.74 元，小麦为 0.65 元，稷、黍和晚谷各为 1.68 元、1.68 元、0.79 元，而谷子、高粱和玉米各赔 2.40 元、2.57 元和 0.33 元，甚至种植蔬菜每亩也赔 0.40 元。可见农民为了获得更多的货币，必然会扩大棉花的生产，促进了棉花交换价值的提高和交换数量的增大，提高了棉花的商品率。另外，这时的棉花也已经不仅是传统自然经济"男耕女织"的原料，更是近代棉纺织工业的原料。农民生产棉花的目的不仅是为了满足单个家庭的需要，更是为了进行市场交换以获得经济收益。随着纱厂的建立，国内形成了专门的棉花消费市场。到 1937 年为止，全国共形成了上海、青岛、无锡、武汉和天津五大棉花消费市场。而河北省的棉花生产就与天津的消费市场密不可分，河北的石家庄更形成了棉产销售的中级市场①。

2.1.3　生产工具改进与农作物品种改良

20 世纪 20—30 年代，河北的农业生产一方面仍在传统农业的范畴内提高着精耕细作程度，增加投入，以此提高产量；另一方面，人们的注意力更多地转向一些先进技术和灌溉的效能。此时河北的农业从生产工具和产品上来看，已不再是传统农业，而带有了一些近代化的色彩。耙、犁杖、种什、双辕铲、水车等农具的拥有率最低，例如犁杖，平均每家仅有 0.04 部，也就是说平均每 25 户才拥有一部，而铁锹、割谷镰、大锄、罩镰、小锄、小镐等常用的小型农具则平均每家拥有 1 件半至 2 件。虽然一些大型的器具，如耕、整土地用的犁、耙，灌溉用的水车、辘轳，运输用的车辆等拥有率很低，但是这些器具中有些也不是常年都必须使用的，而是在某些时节的相关农业生产环节上才用，因此河北的农民采取了互相协作的方式，提高了器具的利用率，合作农业生产也体现了一些农业生产的进步性。此外，再如灌井之开凿，华北属旱作农业区，而棉花又是需水量较大的作物，故而灌井的开凿对于华北棉田的扩大也有重要影响。据估计 20 世纪 30 年代河

---

① 中央农业实验所 1936 年的《农情报告》第 10 期对 1935 年全国主要产棉省棉花产量和商品率作了统计，其中对河北的 80 个县作了调查。1935 年的棉花产量为 197 237 担，其中自用 73 596 担，占总量的 37%，出售量为 123 641 担，占总量的 63%，河北棉花产量、棉花自用量和棉花出售量在调查的 12 个省中均排第二位，仅次于江苏，在华北地区居首位，高于山东、河南等省。

北省的灌溉面积约占总耕地面积的 7%。近代河北的小农施的主要是农家肥,但到了 20 世纪 20 年代出现了一些变化,小农们开始使用人造化肥原料。到了 1935 年前后,随着对棉花、烟草等工业原料农产品施肥的增加,硫酸铵的进口量(消费量)也急剧增大,1933—1937 年华北的硫酸铵进口量为:1933 年 2 996 吨,金额 86.3 万元;1934 年 3 741 吨,金额 42.2 万元;1935 年 7 768 吨,金额 56.3 万元;1936 年 21 667 吨,金额 234.8 万元,1937 年 26 200 吨,金额 286.1 万元。

河北省政府成立后,为了推进农业的发展,相继成立了河北棉产改进所、河北农业推广委员会、河北农事试验场、棉业实验场等机构,都把中国农作物品种改良作为自己的一项重要工作。其中,河北省共建立了 5 个农事试验场指导农业生产,据 1935 年 9 月河北省农业厅巡视各试验场,发展情形如下。

(1)河北省农事第一试验场。该场农作物共占地 480 亩 7 分,试验最优品种,为脱里斯棉及耐旱高粱,该场脱里斯棉,品质既未恶变,发育亦甚优良,当年 7 月间,雨水稀少,全场禾苗,多已枯槁,唯独耐旱高粱照常发育,未受损害,其产量比普通高粱至少多三分之一。另外也有牲畜品种的改良,该场莱克洪鸡及巴下猪,繁殖数量不少。

(2)河北省农事第三试验场。该场在徐水县漕河镇,当年农作物共占地 160 亩,脱里斯棉采种地点 70 亩,因受赤壁虫(即火蜘蛛)侵害,发育不良;该场试验水牛腿谷,产量既丰,品质亦优。该场谷麦因碳酸铜粉拌种,有效预防了黑穗病。

(3)河北省农事第四试验场。该场在北平安定门外地坛,全场面积 149 亩,美棉及银王玉蜀黍,成绩最佳,现归该场指导之昌平县,农民播种银王玉蜀黍,已占全县玉蜀黍之四成,农人称此种为白马牙,据称比本地种能多收一倍。

(4)河北省农事第六试验场。该场在易县西陵左域,面积百亩,以脱里斯棉推广成绩著称,现该场附近农民,播种脱里斯棉已有 70 多亩,发育尚优。

1935 年 8 月,河北省政府和上述有关单位共同组建了河北省棉产促进会。该会成立后,在试验和推广良种,介绍棉花生产贷款、推广植棉及治蚜技术、指导合作运销等方面做了不少工作。在全省设立了 12 个指导区,进行中美棉标准品种对比实验,并培育了大量优质棉种。在一年中,即选择脱里斯棉、金字棉等优种 157 万多斤,贷给上述各县近 3 万农民,繁育优种 228 万多斤。据对南皮等 8 县的调查,1934 年陆地棉占 58.8%,1935 年占 70.92％,1936 年全省美棉种植面积达 582 万亩,比例约为 57％,高于全国美棉种植比例(52.4％)。此外,中华平民教育促进会 1936 年在定县大面积推广种植南京脱字棉,收获后农民因产量增加而多收入 13.2 万元。1937 年定县种植的脱字棉面积扩大到 11.4 万亩。到抗战前,河北中棉地位已经不再重要。

2.2 乡村工业制度变迁

乡村家庭手工业是我国乡村经济的重要组成部分。近代以来,在大机器工业逐步建立的同时,农村中农民的家庭工业也在进一步发展。近代农村家庭工业以手工业生产为主,手工业也属于工业范畴,且"乡村手工业"和"乡村工业"二词内涵大致相同。不过,由于人们常把乡村手工业看作乡村的副业,加以近代乡村工业个别行业中出现了以人力为动力的机器,故以"乡村工业"一词代替"乡村手工业"一词,这是为了与农业相区别,也可以涵盖"手工业"一词不能涵盖的内容。近代以来,随着商品经济的发展和中外经济关系的日益紧密,河北的乡村手工业进入了一个新的发展时期。在生产力、生产关系、与农业的结合方式以及在乡村经济生活中的地位等方面,都出现了一些封建社会中不可能发生的变化。这些变化到了 20 世纪 20—30 年代日益明显。河北的乡村工业和手工业,十之八九依赖地方资源以求生存,诸如采矿业、制砖业、榨油业、面粉业、酿酒业、面条加工业、果品饯制造业,以及棉纺织业、编织业等。随着农业的发展变化,河北的乡村经济相应发展。在河北的所有乡村手工业行业中,棉纺织业最为重要。它的发展在河北乡村经济中有着举足轻重的影响。据 1928 年对全省 129 县家庭手工业之调查,93 县有手工织布业。又据 1931 年河北省实业厅的统计,有织布业的总县数增至 98 县,增加了井径、磁县、徐水、邯郸、静海、无极、涿县、枣强、束鹿等县。棉纺织业的产量和商品量的增长也十分迅速,20 世纪 20 年代末进入发展的繁荣时期,形成了高阳、宝坻两个棉纺织中心,主要棉产地几乎都分布在这一带。1928 年河北一省农民家庭棉纺织业共产布 2 533 万匹,其中销往天津和省外各地的有 1 606 万匹。1931 年华北棉布产量进入低潮时,河北全省棉布产量仍达到 1 834 万匹。河北各县手织业也受到很大打击,但仍存在着不可忽视的势力。如著名纺区高阳,在 1926—1929 年最盛时每年消费棉纱 8 万包、人造丝 2 万箱,合计出布不少于 380 万匹;到 1932 年仍能消费棉纱 25 000 余包、人造丝 4 000 箱,产布 130 余万匹。如定县,1915 年最盛时,输出土布即达 400 万匹,值 300 余万元;到 1931 年全县总产量也还有 160 余万匹,共值 230 余万元。其他如平山县,外销土布约 100 余万匹,正定仅输出山西就有 20 万匹;还有尧山年产土布 20 万匹,销往山西就达 9 万匹;此外,曲周、巨鹿、任县、平县、鸡泽、乐城、新河、沽河、香河也都在晋、察、绥、蒙各省,占得一部分市场,大城、固城等县,除本地消费之外,尚有余力运销邻县。总的说来,20 世纪 20 年代是河北棉纺织业发展的鼎盛时期,到 20 世纪 30 年代虽然出现了衰退的趋势,但是 1934 年以后,随着全国经济形势的好转,河北的棉纺织业也开始复苏,即使是在萧条时期,也在努力地提高质量,扩大销路,开辟新的市场,在失去东北市场后,开辟了西南市场,因此棉纺织业并未遭受致命打击。

2.3 乡村商业制度变迁

随着乡村农业和手工业(前文以"工业"代之)的发展,农产品和手工业品的流通日益兴盛,商品化程度逐渐提高,促进了河北省乡村商业的发展,除了专门经营的商店有所增加,定期开设的市集贸易有了新的发展。河北的商业一般集中于饭店、旅馆、饮食等服务性行业和棉花、药材、粮食等与农业有关的行业。河北的商业与农业、手工业联系紧密,农业和手工业的发展促进了商业的繁荣,商业也为农业和手工业提供市场和再生产的动力。另外,一个地区商业发展的水平,也反映在县城内商店的数量上。此外,一些城镇由于历史地理、交通和物产等因素,商业比较发达,成为有名的商业集散地,形成了自己的商业特色。商业的繁荣发展,需要统一的管理,才能保证市场的商业流通能有条不紊。为了满足这一需要,一些商业繁荣的乡镇也产生了相关的团体及管理机构。如新保安镇的商务会便是这样一个组织。商务会是以民间组织代替官方管理工商业的一种形式,它代表着广大工商户的共同愿望,在统一工商管理和维护市场基本秩序等方面起主导作用。它统管着各大小坐商、商贩,还行使一定的行政权力,处理一些行政事务。商务会的会长由各工商户推选出的工商界有名望、有财势的人担任,设有常委(商定商界的重大问题)、执委(筹划设施办法)、监委(负责检察监督)等委员,这些都是义务职位,可以随叫随到,灵活方便。商务会的主要工作有向商户摊派公款,向商户传递行情,决定商户的铺票分配和限额,协商处理商户之间的纠纷。常务会还下设行业公会,主要按行业协商本行业在经营管理上需统一遵守的事项和物价涨落等相关事宜。其他如京东的稻地镇商业也十分发达,开设的商业店铺和手工业作坊不下300 余家,数量最多的是酿酒业和毛毡业作坊。稻地的商会是负责管理这些商业店铺和手工作坊的行政组织,而商团是负责保护这些店铺和作坊的武装组织。乡村商业发展的另一个表现形式是集市贸易的发展。农业、手工业商品化的发展为集市的密集提供了基本的经济条件。集市不仅仅是一个农户调剂余缺的场所，也是农产品、手工业品向更高一级市场流通的起点，这一传统的交易方式，活跃了乡村市场，对推动河北地区商品经济的发展起了重要的作用。20世纪20—30年代是河北集市数量大幅增加的时期，如清苑县在清康熙年间有集市30个，到1936年增加到53个，平均不到18平方千米就有一个集市。乡村集市贸易的兴盛，一定程度上体现了乡村市场的扩大和商品经济的发展，促进了商品流通体系的健全。

2.4 乡村金融制度变迁

乡村金融体系是我国金融制度的重要组成部分，对农业和农村的发展起着重要的支持作用，随着金融改革的逐渐深化，对乡村金融发展的研究也得到了更多研究者的关注。金融作为现代经济的核心，在河北省乡村经济中肩负着历史的重任，一个运行良好的金融体系，不仅仅为农村和农业发展筹集分配必要的资金，组织调节乡村领域的货币流通，还可成为政府调控农业经济的杠杆，促进农业的协调发展。但是，由于各方面原因我国乡村金融发展滞后，在整个金融体系中处于弱势地位，必须进一步创新乡村金融体系，为解决三农问题创造良好的金融环境。对河北省来说，其现代乡村金融起源于20世纪20年代。在当时，河北省香河县成立了我国最早的信用合作社。中华人民共和国成立以后，在对资本主义工商业进行改造的同时，对河北省乡村金融组织体系也进行了改造，试图建立新的乡村金融组织体系。在这之后，河北省乡村金融大致经历了以下几个阶段（以中华人民共和国建立为起点，在这之前的28年间，河北省乡村金融几乎都处在传统阶段，"进化"较慢）。

（1）第一阶段（1949—1957年）。在对河北省乡村金融组织进行改造时，首先在人民银行各级机构内部成立了乡村金融管理部门，然后农业银行和农村信用社成立了，乡村金融组织体系初具雏形。1951年5月中国农业合作银行（农业银行的前身）经过国务院批准成立，农业银行在成立后第一次提出的工作方针是深入乡村、帮助农民、解决困难、发展生产。当时农业银行的基本任务是指导农村信用合作，动员乡村剩余资金并合理利用政府农贷，以扶持农业生产和促进对小农经济的改造。农业银行在这个时期经历了两起两落：1951年中国农业合作银行成立，但是在三反运动后期中国人民银行精简机构，1952年撤销中国农业合作银行，乡村金融工作转由人民银行统一管理；1955年正式成立中国农业银行，但由于县级以下的基础农业银行和人民银行间的职责划分不清,1957年国务院发布《关于撤销中国农业银行的通知》,中国农业银行第二次退出。1953年《中共中央关于发展农业生产合作社的决议》指出,农业互助合作、农村供销合作和农村信用合作是乡村合作的三种形式。在河北省,农村信用合作社是由农民入股,自愿组织在一起的一个具有共同目标的协会,实行社员的民主管理。农村信用合作社社员共同出资,共担风险,同享收益,是一个地方性的金融组织。河北省农村信用合作社发展至今,经历了一翻变革,最后成为当地农业银行的附属物,为河北省"三农"服务。

（2）第二阶段（1958—1978年）。这是一个动荡的阶段,正值人民公社运动。在"大跃进"时期,河北省农村信用合作社一度被下放到生产大队,从而导致农村信用合作社成为一部分基层干部的资金来源,造成财务制度混乱,引发贪污和强迫农民集资等一系列问题。1962年,河北省农村信用合作社被政府从生产大队分离出来,并明确农村信用合作社是社员集体所有,但是农村信用合作社的贷款及抵押担保程序均由农村信用合作社主任说了算。在这一阶段农民认为河北省农村信用合作社是当地政府部门或国家银行的附属机构,并不认为是农民的互助性合作金融组织,怀疑和抵触心理较大。

（3）第三阶段（1979—1993年）。乡村金融体制的初步改革,乡村金融市场组织开始多元化。这一阶段,河北省采取了多种方式恢复和成立新的金融机构,主要体现在:①农业银行在1979年恢复,同时改变传统的运作目标,明确了要大力支持乡村经济和提高资金使用效率;②人民公社体系瓦解,农村信用合作社也重新恢复了合作金融组织的地位,接受农业银行的管理,但不是农业银行的基层机构;③放开对民间信用的管制,允许自由借贷,成立民间合作金融组织,允许成立乡村企业的财务公司;④多种融资方式并存,例如存贷款、股票、信托、债券、租赁和票据贴现等信用手段。上述一系列举措极大活跃了河北省乡村经济。

（4）第四阶段（1994—1996年）。乡村金融体系框架在这一时期构建。在第三阶段的基础上,这一阶段的改革进一步明确了改革的目标和思路,提出要建立和完善以合作金融为基础,商业金融、政策金融分工协作的乡村金融体系,具体地说,这种金融体系既包括主要为工商业服务的商业性金融机构,也包括为农户服务的合作金融机构,同时还包括体现并实施其他国家政策的政策性金融机构。为此:①1994年中国农业发展银行成立,试图将政策性金融业务从农业银行和农村信用合作社业务中分离出来;②加快中国农业银行的商业化步伐,例如全面推行经营目标责任制、集中管理贷款的审批权限、对信贷资金进行规模经营,等等;③继续强调农村信用合作社改革。依据国务院 1993 年关于金融体制改革的决定,计划 1994 年基本完成县联社的组建工作,1995 年组建农村信用合作银行。但是实际进度远远落后于这一设计目标。另一个政策变化就是规定农村信用合作社不再受中国农业银行管理,改由县联社负责,至于农村信用合作社的金融监督管理则由中国人民银行直接负责。

(5) 第五阶段(1997 年至今)。农村信用合作社的主体地位在这一阶段形成。在这段时间,河北省农村信用合作社经历了亚洲金融危机、1997 年开始的通货紧缩和 2008 年的金融危机,我国在强调继续深化金融改革的同时,也开始重视金融风险的控制,这在客观上强化了农村信用合作社对乡村金融市场的垄断。其间进行的改革有:①在国有商业银行中推行贷款责任制;②减少国有商业银行的营业网点,在 1997 年的全国金融工作会议上,确定了各国有商业银行收缩县级(及以下)机构,发展中小金融机构,支持地方经济发展的策略;③打击各种非正规金融活动,抑制民间金融行为,1999 年在全国范围内撤销并清算农村信用合作基金会;④乡村金融体制改革的重心转移到农村信用合作社的改革上,自 2003 年以来这一趋势日益明显,且力度不断加大,主要表现有放宽了对农村信用合作社贷款利率浮动范围的限制,加大了国家财政的投入用以解决农村信用合作社的不良资产问题,推动并深化农村信用合作社的改革试点工作,等等。

2.5 乡村经济制度变迁对乡村经济地理的直接拓展

2.5.1 乡村经济市场范围得以扩充

乡村经济体系中的"市场",是以初级市场即产地市场为基础的,初级市场主要是指乡村的集市和庙会,它们一般规模较小,经济辐射范围有限,但在乡村市场经济的发展中起着不可替代的作用。对于生产者来说,初级市场是其产品的销售地和生活必需品的购置地;而从市场体系来看,它同中级市场和高级市场通过近代的商品和交通等连接起来,是洋货和机制品向乡村推销的终极市场和农副产品输出的产地市场,可以说是近代河北乃至整个华北市场体系的组成部分。近代以后,随着乡村商品经济的发展,集市的数量迅速增多,到 20 世纪 30 年代达到了发展的鼎盛时期。要考察市场与集市的关系,一般的研究可以从乡村集镇数量的增长来证明乡村市场的发展程度。近代以来,华北市场发展中一个值得注意的现象是专业化市场的出现。专业市场一般位于某种农副产品或手工业品的专业生产地,其货源就位于市场所在地。河北省内有一些专门市场,它与其他市场明显不同的是集散商品品种比较单一,对某种商品的加工、集散和运转发达,并凭此在国内市场甚至国际市场上获得良好的信誉。河北省出现了一些在全国颇有影响的专业集镇市场。皮毛专业市场有河北的辛集和邢台。辛集被称为"皮毛第一市",20 世纪 30 年代,辛集有各类工商户 1 170 余家,其中皮毛业居于首位,约占 40%。从业人员达 1.7 万余人,从事皮毛业者占 60%。全镇有皮毛庄 70 多家,其中"全聚""袁记""聚泰"三大皮庄占据全镇皮毛业 60% 以上的市场,流动资金约在 50 万元以上,店员近千人,年销售额近百万元。当地生产的皮毛及皮革产品,销售市场广大,产品远销西北、东北、华南各地区及欧美市场。安国是历史悠久的中药材专业市场,有"药都"之称的祁州镇每年举行两次庙会,开展各地药材的交易。可以说,市场的专业化是地区农产品和手工业品不断丰富的产物,它从另外一个侧面反映了近代河北市场商品化程度的提高,因为没有产品的商品化就谈不上市场的专业化。专业市场因为其专业性,均在不同程度上与区域外市场有很大联系,这与调剂余缺甚至自给自足的传统小农经济相比,明显向现代意义上的市场迈出了一大步。

2.5.2 乡村经济地理规模得以扩大

20 世纪 20—30 年代开始,在河北广大乡村,随着农副产品商品化程度的提高和乡村手工业的发展,乡村市镇勃然而兴。市镇是城乡联系的纽带,是城乡原料作物的加工中心与技术处理中心,是乡村农副产品与手工业品的交换中心,是大中城市与广大乡村进行经济文化交流的中介,千千万万分散经营的农民主要就是通过这些星罗棋布的市镇融入全国乃至世界市场经济大潮之中的。乡村经济的兴盛及其专业化发展,在一定程度上促进了乡村集镇的勃兴,形成了以乡村市镇为中心的地方小市场。在当时比较有代表性的有:束鹿县辛集镇有居民 2 532 户 12 708 人,其中商号 500 家,有"直隶第一镇"之称,商业繁盛,交通、商况均冠于全省。居民大半从事皮革、羊毛、棉花行栈,富庶之家甚多。中国银行、河北省银行,均在此设置办事处,县城居民 950 户、2 640 人;文安县胜芳镇居民 11 000 户,地当大清河汇入三角淀处,交通便利,县城居民 5 700 余人;白沟镇有居民 380 户、2 000 人。20 世纪 30 年代中后期,作为冀中地区重要商品集散中心的石门市和保定市,规模均有所扩大。石门市的人口从 6.3 万人迅速增加到 16.7 万人,在 1.26 万户居民中,商户 2 249 户,占总户数的 17.85%。市内有各种贸易服务业计 40 余行,经营日用工业品的就有数十甚至上百家,商户中绸缎布匹业 30 家,洋广杂货业 43 家,首饰业 8 家,自行车业 12 家,鞋帽业 28 家,钟表业 21 家,电料业 4 家,新农业 9 家,粮油行 50 多家,供应全市 6 万余人的生活必需品,还有医药业商户 50 家。其他如棉花行、煤店、银钱业、餐饮服务业等也比较兴旺。保定市由于久为省会,更是商贾云集、店铺林立。随着商业的繁荣,市内形成了不少专业市场。其中天华市场、第一楼市场、普济市场、济善商场为当时保定著名的商场。商业的发达,促进了商品经济的发展,商品集散市场的作用进一步增强,加快了城镇化的进程。据从翰香的研究整理,民国时期河北乡村地区可统计的 124 个县中比较重要的市镇有 586 个,平均每县约拥有 4.7 个[①]。在集镇密度最高和次高的两类 73 个县中,有 57 个县分布在冀中京汉、津浦两路及其中间地带,沿京汉铁路东侧地区所占比例最高。这一区域正是冀地商品棉、商品粮等经济作物的主要产区,也是河北乡村手工业较为发达的地区,对乡村经济社会发展意义重大。可见,农业和乡村手工业的发展,为市镇的勃兴提供了坚实的物质基础,没有乡村经济的振兴也就没有乡村市镇的勃兴;而工商市镇的勃兴,则意味着以口岸城市为核心的新的乡村市场体系,正在发育成形。

第三节　乡村经济组织变迁的历程与优化路线

借助前文的分析能够得知,我国乡村经济地理政策和组织变迁是一个复杂、长期的过程,这一过程不但被分成多个不同阶段,在任何阶段都出现了阶段性的、典型的甚至是亟待解决的问题、难题。为了更好地促进乡村经济发展、优化乡村经济地理要素配置,我国针对这些问题采取了有效的乡村经济治理措施。南京国民政府成立之前,中国农业合作事业在华洋义赈会的推动下,取得了一些成绩,渐渐引起政府与民间的重视。1923 年 6 月,在中国近代史上的第一个农村信用合作社诞生之后,同年 8 月,华洋义赈会在其内部设立合作委员会,负责合作事业规划设计。1931 年"九一八"事变、1932 年"一二八"淞沪抗战后,深刻的民族危机,使长期被视为荒凉之地的西北进入国人关注视野。而自中国共产党成立之后的 100 年中,中国乡村经济地理的要素流变与谱系优化取得了巨大成绩。应该说,乡村经济地理实践在很大程度上促进了我国乡村经济的发展,更是对国家经济

[①]　同乾隆《大清一统志》所载全地区共有 105 个集镇的数量相比,增长了近五倍。

体制改革和政治发展造成了深远影响[12]。可是,需要认真对待的是,在这一过程中,由于多种因素的影响,我国乡村经济地理要素流变与谱系优化中始终面临着大量问题甚至困境,如果不及时有效解决,将会极大阻碍我国乡村经济、社会的发展和进步。

3.1 农产促进委员会及其对乡村经济地理的优化

在 20 世纪 20—30 年代,在我国广大的乡村地区渐次出现了多次危机(其中尤以经济危机为主,即农民的收入锐减甚至农户家庭破产),各方力量都在寻求解决之道。而在各方力量中,由于选择的对策不同,被分成了土改派、村治派、农技派、乡建派、土革派、农研派共六大派别[13]。其中,农技派是官方主要力量。有学者认为,全面抗战爆发前的十年是农业改良的最好时期,以中央农业实验所为首的研究机构有相当丰富的研究成果,但研究成果需推广到地方才能见效。国民政府在美国农业部门的影响下,把农业实验和农业推广机构分开,1929 年 6 月,农矿、内政、教育三部会同颁布《农业推广规程》,规定"农业推广需由农业教育机关积极实施,凡农业生产方法之改进,农民技能之增高,农村组织与农民生活之改善,农业科学知识之普及,以及农民生活消费合作之促进,需全力推行",并根据此规程在同年 12 月 25 日,成立了中央农业推广委员会,隶属实业部,此为官方独立农业推广机构之开端。此即体现国民政府重视农业推广作用,并开始把研究和推广分流而治的态度,因此 1929 年以后的农业推广也可看作一个独立的课题。全面抗战爆发以后,增加农业生产以满足对军民粮食的需求,成为当时最紧要的任务之一。而农业推广通过把农业科学技术传播给农民,从而达到增加生产、改善乡村经济的目的,在抗战中的地位是不言而喻的。但当时我国的农业研究、农业推广部门的职能划分还是模糊不清的,且战前关于农业推广的尝试基本是失败的。但这并不能否定农产促进委员会(1938 年 5 月成立,简称"农促会")的功绩,其在战时特殊的环境下进行大面积推广良种、防治病虫害等工作,缓解了战时粮食短缺的问题,其具体作用如下。

(1)初步形成了较为系统的农业推广体系。农促会设计并协助在全国树立纵向的从中央至省再至县的农业推广组织,横向上还有各相关农业机关联系的农业推广协会,构建起了相对健全的农业推广体系,使农推组织的分布呈现普遍化特点。

(2)在一定程度上保障了粮食供应。全面抗战时期的粮食生产基本是满足消费需求的。可见,战时国民政府提高粮产的行动是有效的。战时粮食增产的任务主要由农林部负责。从具体推动的机关来说，农产促进委员会是主要力量之一。除 1944 年以外，推广面积基本呈上升趋势，可见农促会对这些活动扶持力度之大，当然也取得不错的成果，一定程度上保障了军民粮食的供应。增加粮食种植面积的措施主要包括利用冬季休闲田地、利用夏季休闲田地、利用荒地隙地、减种非必需作物、减糯改籼、推行间作连作、指导利用早稻迹地种植短期作物、推广桐林间作等。农促会和粮食增产委员会主要通过上述两种方式来增加粮食产量，其中扩大种植面积较易推行，其成果远远大于提高单产项目的成果。农促会主导的增加粮食活动产生了一定的效果，从而一定程度上保证了军民粮食的供应，有效支援了抗战。

（3）对台湾农业推广的影响。国民党败退台湾后，受大陆农业推广事业的影响，起初也直接设置台湾农业推广委员会，负责统筹全省的农业推广事业。很多筹备农业推广事业的人员都曾是农产促进委员会的职员，如 1947 年负责筹备台湾农业推广委员会、后担任主任委员的何家沁，就曾担任过农促会的技正，在大陆时期积累了丰富的农业推广相关经验，有利于顺利调整台湾的相关事业。此外，比较著名的赵连芳、沈宗翰都曾在农促会短暂工作过，他们赴台以后也参与台湾的农业推广事业策划。这是农促会的领导阶层的取向，一般的技术员也有赴台，如陈猷曾是技术员，赴台后在台湾农业推广委员会农产组任粮食股股长[①]。农业推广工作的下层机构依然为农会，这是在农促会时期以法律形式确定的，不同的是农促会时期这一主张停留在理论上，而在台湾农会成为农业推广真正的执行者后，农促会时期的构想终于得到实现，在台湾地区普遍建立农会，执行农业推广业务。这个时期的农业推广业务也不再是抗战时期迫于无奈的集中于增产，而是像推广实验县实验的那样包括经济、生产、社会、教育等各个方面，符合社会认可的广义的农业推广，更偏向于社会教育性质。

3.2　中介组织及其对乡村经济地理的优化

在我国乡村经济体系中，中介组织一般能够而且可以参与乡村经济地理的要素流变。因此，在实践过程中需要正视我国乡村社会中介组织的发展状态和它们对我国乡村经济地理结构变迁可能产生的影响。在我国部

---

① 可以说 20 世纪 50 年代初期台湾的农业推广和大陆是一脉相承的，基本由原农促会人员来负责策划。至于农业推广的实施方面大陆对台湾的影响更大，主要表现在农会的组织定位和农业推广的业务上。

分乡村地区,社会中介组织虽然获得了极大发育和健康成长,其规模也在逐渐壮大[14],可是,一个基本的事实是,由于历史和现实因素的制约,这些社会中介组织的运转形式依旧缺乏规范,如果不对其加以优化,一定会严重影响我国乡村经济地理的要素流变与谱系优化。

(1)对社会中介组织来说,在参与乡村经济地理要素流变与谱系优化的过程中,可以让我国乡村自简单的二元治理结构向多中心的治理结构演变,让乡村经济地理要素流变与谱系优化效率更高、效果更显著。可是,在过去的100年中,虽然做出了多种努力,但依旧有很多乡村地区未能搭建起多中心的治理结构,即使已经出现的所谓多中心治理结构(尤其是各类社会中介组织)都愿意参与乡村经济地理要素流变与谱系优化,在实践中乡村社会的各类中介组织也具有乡村经济地理的合法性,可是,基于多种因素的制约,乡村经济地理要素和乡政、村治间的矛盾还是十分明显[15]。例如,按照历史经验,我国部分乡村地区在几十年前就有了供销合作社等中介组织,但是,此类组织不过被视作一般意义上的"中介",于本质而言,和真正的中介组织的要求还有很大差距。而之所以如此,是由于此类组织的独立性较差,大多依附于政府,是典型的政府附属物。所以,这类组织的经营活动就与执行政府政策直接相关,十分缺乏独立性和自主性。但是,不可否认的是,就是此类中介组织,让彼时我国乡村经济地理获得了生机与活力,并在某种程度上对乡政村治二元结构造成了一定冲击。

(2)社会中介组织融入乡村经济地理体系,成为我国乡村经济地理结构的一个关键补充。之所以如此,是因为在较长一段时间里,我国乡村社会无论是公共产品供给还是公共服务的提供,都处在政府主导模式下——政府向乡村社会输送公共产品和公共服务,农民群体作为客体,被动地接受公共产品和公共服务,而在其作为接受者或者消费者的过程中,所处的地位一直是被动的,不但缺少选择权也缺少自主权。可是,一旦中介组织融入提供公共产品和公共服务的体系,就在很大程度上改变了上述状况。即使在乡政村治的乡村经济地理框架内,中介组织的作用没有得到全面发挥,可是这无法证明当时的中国乡村经济地理可以脱离此类组织。甚至在某种程度上或者在某个特定领域中,还需要更好地发挥其功能和作用。特别在当前时期,在全国人民努力为建设社会主义新农村而努力的过程中,在全面推进"乡村振兴"战略的过程中,迫切需要全面发挥中介组织在乡村经济地理体系中的作用。借此,不但能够进一步弥补我国乡村经济地理结构的缺陷,最大限度地转变政府行政管理失灵与村委会自治缺位的情况,还能让乡村经济地理空间格局更为全面和有效。

（3）乡村社会中介组织介入乡村经济地理结构之中，可以为乡镇政府的功能转变和政府机构改革创造全新条件，在优化乡村经济地理结构的过程中，更好地强化乡村经济地理要素流变与谱系优化的效率与效果。这是因为，乡村经济地理结构中的供给主体出于销售自身生产的公共产品和公共服务的需要，会想尽一切办法提升公共产品和公共服务的质量，让更多农民能够从中享受更加优质的公共产品与公共服务，这不但有助于生产主体之间的公平竞争，提升竞争层次，还能在乡村社会中介组织介入乡村经济地理要素流变与谱系优化的过程中，为乡村经济地理结构之优化提供更多可能与便利。比如，在当前和今后的部分时段，我国乡村经济地理要素流变与谱系优化的重要工作就是让政府权力下放到乡、镇、村各级，让更多经济职能可以由乡村经济地理的各个主体共同承担。而为了实现这一点，就应该在乡村社会搭建起能够接收这类权力和公共职能的治理主体，在承接政府权力下放与职能转移的同时，确保政府机构改革可以全面推行，确保乡村经济要素与谱系得到根本优化。在此过程中，乡村经济地理中不可或缺的中介组织需要进一步发展和壮大，在政府权力下放和政府职能转移中扮演更加重要的角色。

3.3 基层党组织及其对乡村经济地理的优化

在中国，由于历史惯性及其相关要素的影响，乡村基层党组织政治功能的发挥会对乡村经济地理结构之发展范式与发展方向起决定性作用[16]。因此，在乡村经济地理结构变迁的过程中，基层党组织政治功能需要高度适应乡村经济地理现状与治理结构，只有将其置于新农村建设的伟大实践中，才会让乡村经济地理要素流变与谱系优化获得显著提升。

（1）乡村基层党组织的政治功能与乡村经济地理结构间的关系是双向的、互动的。在我国乡村经济地理要素流变与谱系优化中，治理结构的发展和完善均要获得党组织的领导和认可，然后以党组织的引领和推动为前提，让乡村经济获得善治。①为乡村经济地理要素流变与谱系优化创造先决条件和服务支撑。乡村基层党组织在组织和领导乡村经济地理实践的过程中，通过优化工作职能和履职形式，可以充分发掘和发挥出乡村经济资源的优势，为乡村经济、乡村社会组织、农民自治组织的正常运行提供政策、法律与人才环境。②保证乡村经济地理朝着正确方向发展与进步。依据已有的经验，中国社会的乡村经济地理要朝着有序治理的方向行进。为此，需要将法律、政策视为基础框架，如此才能让各项工作有序推进。其间，要最大限度地体现时代的发展要求、人民群众的价值诉求和参与意愿。

为此,基层党组织在乡村经济地理要素流变与谱系优化中,应该最大限度地发挥出资源和政策优势,深度整合乡村资源和各类社会力量,确保乡村经济地理的方向正确和道路正确。③确保乡村经济地理健康发展。在我国社会的发展历史中,无论是乡村经济地理本身还是要素流变与谱系优化,均处于持续不断的变化中。所以,乡村经济地理结构要以社会发展环境和社会要求为导向,实时对其形态、内容与框架予以调整和重构,并让调整和重构工作始终和乡村经济发展实际相符。

(2)乡村经济地理要素流变与谱系优化能反作用于乡村基层党组织之政治功能,其影响主要体现在以下层面。①在完善与优化乡村经济地理结构时,能够让基层党组织之政治功能获得加强,它的自身建设也能够达到更加理想的状态。其间,为了达到更好的效果,乡村基层党组织一般要依据时代发展的要求和乡村居民的诉求进一步解放思想和开拓创新,在对形式政治予以充分分析与研判之后,要积极应对,以便使乡村经济地理要素流变与谱系优化进一步提升,和时代发展中的新变化、新要求保持一致。为此,才会搭建起同乡村经济地理要素流变与谱系优化相适应的治理目标、治理范式、治理内容与治理方法等。②乡村经济地理及其要素流变与谱系优化可以为基层党组织的政治功能带来坚实基础。在我国,乡村基层党组织的政治功能通常要借助执政工具才能实现。所以,为了确保乡村经济地理结构保持原样,乡村党组织有关工作就要有序推进,否则党的相关政策主张和有关措施(特别是乡村经济发展中的新农村建设和乡村振兴等重要战略内容)就无法充分落实。③乡村经济地理及其要素流变与谱系优化能够对乡村基层党组织的执政行为与执政方向造成直接影响。依据已有的经验,我国乡村经济地理要素流变与谱系优化倘若难以完善和加强,无论是村民自治还是其他工作均难以得到深化,乡村基层党组织的主要职能与活动方式也无法实现和推广,上级政府提出的政策措施与主张等也难以获得农民群体的认可。如此一来,乡村经济治理绩效的提升也就难上加难。

(3)乡村基层党组织的政治功能需要同乡村经济地理要素流变与谱系优化统一在一起,共同为乡村振兴的伟大实践服务。这是因为,按照国内外的经验,在完善基层组织政治功能的过程中,除了要优化乡村治理结构,还要考虑乡村经济建设的实际情况与外部大环境,否则就难以取得良好效果。所以,应该把乡村经济地理要素流变与谱系优化和基层党组织的政治功能同时放到乡村振兴和社会主义新农村建设的时代大背景下。在此过程中,有关参与者都要明确和完善乡村基层党组织的政治功能、持续优化乡村经济地理的结构，以便为乡村振兴和社会主义新农村建设打好基础。同时，要认识到建设社会主义新农村应抓住并借助乡村振兴的发展机遇，以便能够在未来一段时间内在根本上解决"三农"问题。而实际上，想要妥善解决该问题，需要全面发挥乡村基层党组织的功能，为此才能让乡村经济地理结构趋于完善。当然，还要认识到，在实现乡村基层党组织政治功能与调整优化乡村经济地理结构时，主要参与者(尤其是乡村经济地理关键要素)应该明确乡村经济地理要素流变与谱系优化的主要目的。只有这样，才会提升乡村基层党组织的创新力、凝聚力和战斗力，才会为乡村振兴和社会主义新农村建设提供不竭的发展动力。此外，为了取得更为理想的效果，需要为乡村经济地理要素流变与谱系优化增添更多新的内容，以便使之在更高层次上丰富基层党组织的政治功能，让乡村经济地理要素流变与谱系优化获得更加广阔的发展空间。

3.4 村民自治组织及其对乡村经济地理的优化

在中国，由于计划经济的长期存在，使得我国现存的城乡二元结构依旧对乡村经济的发展产生重要影响[17]。比如，城乡之间的区隔让社会分层更加严重，民众身份和由此而来的权益确认也出现了显著差别。将这一问题放在乡村经济地理要素流变与谱系优化当中就会发现，我国农民权利的实现相对于城市居民缺乏相应的制度支撑。所以，建设特定的农民积极参与的公共场域，不但是让农民成为公民的基础，更是乡村经济地理要素流变与谱系优化的关键所在。

（1）村民自治中的乡村经济地理困境。在我国，基于多种因素的影响，村民自治虽然具有群众性与自治性等属性，但是却在实践过程中无法得到积极有效的实施，甚至在部分区域或者部分层面上出现了扭曲态势。比如，在处理乡村关系和"两委"关系的问题上，村民自治只是作为乡村经济地理的一种方式，由于缺少必要的支撑和辅助，实施起来会面临诸多困境与难题。①农民群体的经济权利难以得到充分体现，其个人经济利益诉求无法全面实现。比如，在经济福利权与分享社会财富权利方面，一些农民就难以享受与城市居民同等的待遇。因此，依据该逻辑，推行村民自治制度即使可以在一定程度上为乡村经济地理要素流变与谱系优化带来相对完整的民主、具有一定操作性的规则和程序，但是，始终难以在实践领域完成从农民到公民的身份转变，农民群体无论是在公民权利、政治权利还是在社会权利等领域，都还存在诸多诉求难以获得满足，这无论是在当前还是今后的一段时间，都会是我国乡村经济地理要重点关注和解决的问题。②乡村经济关系扭曲,并以权力越界与权力滥用为主。在我国的乡村经济地理要素流变与谱系优化中,农民群体自治组织之间一直存在十分特殊的关系。即便到了今天,部分事件还是可以证明,中国乡镇对村庄的控制倾向依然存在,在一些领域还存在被强化的可能,这对乡村经济地理要素流变与谱系优化来说是十分不利的。③村民自治的一个重要挑战是村庄内部未能很好地处理"两委"之间的关系。在中国,乡村"两委"之间的矛盾和冲突长期存在,通常在选举工作结束以后就会变得无法避免。所以,在缓解村委会和党支部之间矛盾的过程中,中央政府作了新的规定,即允许党支部书记竞选村委会主任。该制度的提出在很大程度上缓解了乡村经济地理的紧张态势。

(2)村庄共同体内乡村经济地理要素与谱系之转型。在我国的一些乡村地区,特别是多宗族聚集的乡村地区,村庄共同体的存在能够起到维护资源边界和凝聚力量的作用,这对兴办乡村企业、化解利益主体之间的利益冲突是大有裨益的。可是,即使是这样,此类带有显著地方特点的村庄共同体还是无法对国家政策、乡村经济地理要素流变与谱系优化造成直接影响。其中的原因在于,村庄共同体的产生和商品经济有着直接关联,其关键功能在管理领域和部分公共领域。因此,在经历中国共产党成立之后100年的发展过程后,我国乡村经济地理政策以实现乡村基层自治为主,并朝着这一方向开始了集中架构,取得了值得肯定的成果[18-20]。但是,应该承认的是,在此过程中,国家依旧发挥着主导作用,即便在可预见的将来,这一状况也难以发生深刻改变。出现这一现象的原因在于,乡村经济地理要素流变与谱系优化以国家为主导是由于部分乡村地区的居民彼此信任度较差,在参与乡村经济地理要素流变与谱系优化时无法在村民之间形成协作。而一旦无法采取统一行动,也就难以获得理想的效果。此外,需要注意的是,我国乡村社会是一个典型的半熟人社会,在该场域中,村民之间难以在本质上形成共同意识,其行为逻辑大多基于与自身利益有关的理性分析,而对其他事务,即便是关乎乡村经济治理绩效的事务,他们也不会关心。

(3)村落社区内村民对公共利益的诉求。村落社区将激活农民自治性和群众性作为主要目标,将激发农民主体意识和对公共事务的参与热情视为主要手段,借此不但可以向农民群体提供平等的机会,还能借此表达与参与公共事务直接相关的意见和主张。因此,乡村经济地理要素流变与谱系优化不但能以村落社区的形式进行,还能与我国乡村社会的基础相吻合。以此为视角,村落社区建设之基本理念包括以下几点。①按照腾尼斯的主张,共同体与社会的差异表现为在共同体内,不论人们怎样分隔,他们之间的彼此联系都是无法消除的。所以,在乡村经济地理实践中,村落社区将会成为村民生存和成长的必要环境,能为农民群体成为公民群体奠定基础,并为之寻找可能性较高的路径。②村落社区建设可以为实现宪法赋予农民的有关权利创造必要平台,让农民能够成为公民。这不仅是当前一段时间,甚至在今后很长时间内,都将是我国乡村经济地理要素流变与谱系优化的关键路径,更是我国乡村经济地理变迁的必然选择。为了做到这一点,除了要以村民居住地为重心开展乡村经济地理要素流变与谱系优化,还应借助多种力量搭建社区自治平台和社区服务平台。③把村落社区建设与农民群体日常事务连接起来,以此体现乡村经济地理的公共属性和群众属性。在乡村经济地理要素流变与谱系优化实践中,除了要体现自治的特征,把乡村经济事务交由乡村居民管理与监督,还应保证村落社区能够独立运行。只有这样,才能逐渐构建起带有显著自治特征的村落共同体,才能为乡村经济地理要素流变与谱系优化带来更多有价值的参考信息。

第四节 乡村经济组织变迁与乡村经济地理格局——以珠三角地区为例

在我国,珠三角地区的乡村经历了从宗族治理到政权管治再到社区自治的转换。时至今日,珠三角乡村经济地理空间格局和乡村经济发展模式,已经有别于中国普遍意义上的乡村,基本成立了以土地股份合作为主要形式的集体经济组织,乡村正向人口多元化居住社区转变,并存在"两委一社"的治理架构问题、集体经济组织法律定位问题、土地经营问题以及社区公共事务管理等问题。中国共产党成立以来,广东省中部的珠三角地区,在"外向型经济"的推动下塑造出具有鲜明特色的乡村工业化和农村城镇化发展模式,形成珠三角与港澳成为一体的大珠三角城市带。广东在2018年城镇化率就已经突破了70％,到2019年进一步提升到71.40％,继续稳居直辖市以外的省份中第一位。但广东省内区域之间的城镇化率差别很大。广东省统计局数据显示,2018年的珠三角核心区、沿海经济带（东西两翼）及北部生态发展区人口城镇化率分别为85.91％、52.70％和49.73％。也就是说,珠三角地区已经达到了发达国家和地区的水平了,而广东东部、西部、北部地区还远远落后于全国平均水平,并且成为人口净流出较多的区域。而相比一次城镇化过程中人口由乡到城的流动,二次城镇化是城市之间的流动,由中小城市向中心城市、大都市集聚。尤其是当前我国经济发展的空间结构正在发生深刻变化,中心城市和城市群正在成为承载发展要素的主要空间形式,人口流动也与这一趋势紧密相关。在近5年中,广东省人口增加了797万人,接近800万大关,约等于合肥的人口。拥有如此大的增量,很大一个原因是广东坐拥广深两个超大城市,吸引了大量人才集聚。从近5年来看,广州常住人口年均新增40万以上,深圳年均新增则超过50万。与此相伴的是,该地区以农业为主的第一产业只占当年地区生产总值的2.4%。珠三角乡村土地家庭承包模式已近消失,基本上成立以土地股份制为主的集体经济组织,大量的农业人口已转移到非农行业,使经济和社会结构发生深刻变化。但珠三角地区毕竟仍然保留着大量的乡村社会,如佛山市仍有485个村委会(其中市政府所在地禅城区也还有54个),登记职业属于农业的人口约占总户籍人口的45%,因而给工业化、城市化"冲击"下"城市中的乡村"的治理带来新的挑战。

4.1 珠三角乡村经济组织的地理变迁

4.1.1 相对发达的产业与强势的宗族治理

历史上的珠江三角洲乡村,冲积平原上土地肥沃、河网密布,一直是富庶的鱼米之乡。在15世纪至19世纪初,明清政府时期基本上实行"时开时禁,以禁为主"的海禁政策,仅在广东开放对外贸易,省会广州成为全国唯一合法的进出口贸易港。中国向全世界出品的商品以生丝、丝织品为大宗产品,其次是瓷器和茶叶等[21]。大量的广东生丝和丝织品外贸出口带来了众多机器缫丝厂投资,机器缫丝厂需要的大量蚕茧主要依靠南海、东莞、顺德、香山等县的桑叶养蚕供应,大大刺激和促进珠江三角洲桑基鱼塘生产。珠江三角洲是中国宗族势力强固的地区之一,同姓聚居村落均建宗族祠堂,一村一族,或一村二三族。宗族族田占耕地面积比重很大,赖作莲转引1934年陈翰笙先生等调查珠三角南海、番禺、顺德、中山、新会、鹤山、东莞、宝安各县,发现族田平均占50%左右,而且只有宗族拥有的物力、财力才能较大规模地因地制宜改造自然,将低洼地深挖为塘,蓄水养鱼,并把泥土覆于四周成基,种果植桑,形成特殊的土地利用方式,因此宗族制对"弃田筑塘,废稻树桑"热潮起了推动作用。族田收益一般用于宗族祭祀、教育、救灾扶贫和其他公益事业,选举有名望的乡绅作为管理者。明清以来,珠三角乡村形成了以宗族为形式的乡绅"自治"社会。另外,以蚕丝业为主的手工业,以及其他传统的陶瓷和铁器业等产业的兴起,逐渐形成同蚕丝和陶瓷贸易业相配套的工商贸易及运输业，同时由于"废稻树桑"，乡村需要从外部输入稻米。这些产业在乡村逐渐发展，形成大量圩镇集市，使珠三角乡村发展出相对发达的农业、工商业和强势的宗族治理并存的经济社会形态。

4.1.2 新政权的嵌入和宗族治理解体

受晚清及民国时期的战乱影响，珠三角乡村相对发达的农业、工商业有所萎缩，但一些偏僻乡村因避战乱人员与资金的流入反而更加兴旺。直至 20 世纪 50 年代，新政权的嵌入开启了"国家政权不断下沉，向乡村渗透，并将分散孤立的乡村社会整合到国家体系的过程"。在刚进入高级社时期，珠三角地区实行高度集中统一的政社合一体制和"一平二调三收款"的宏观分配政策，作为基本核算单位的生产大队和作为基本生产单位的生产队，几乎没有生产和管理自主性。后来，由于政策的适当放松，形成了以"三级所有，队为基础"为主要内容的人民公社所有权制度，并逐渐稳定下来，使得生产队长期成为人民公社的基本核算单位。在此期间，珠三角民间工商业逐渐消失，散落在乡村的大量集市逐渐衰落，乡村经济几乎全部以农业为主，传统强势的宗族治理被瓦解，以宗族为主的乡村组织和制度几乎荡然无存，取而代之的是代表国家意志、纳入国家治理体系的基层政权组织。

4.1.3 工业化与城市化的推进

自 20 世纪 80 年代以来，珠三角地区的农民自发改革转向国家自上而下推动，家庭联产承包责任制开始在各地乡村实行，人民公社解体，全国几乎是在原生产大队的基础上建立村民委员会，国家行政权力再一次从乡村退缩，中国乡村实质上确立了两个相互关联的基本制度：以家庭承包经营为基础、统分结合的经营制度（经济制度）和以乡政村治为架构的政治制度。再随着《中华人民共和国村民委员会组织法》（以下简称《村民委员会组织法》）的试行和十年后正式实施，乡村基层自治制度得到确立，国家行政权力再一次更大程度地从乡村退缩。珠三角乡村全面推行家庭联产承包责任制改革后，劳动生产率大大提高，并释放出大量剩余劳动力，但土地农业用途难以带来可以提高收入的更大发展空间，因此便转向收益更高的非农用途。随着乡村经济改革、大力发展乡镇企业和实行对外开放三大国策的推行，地处中国沿海的珠三角得天时地利。由于城乡分割的户口制度和缺乏流动性的土地制度限制，开始只是利用村边荒地、岗地兴办"离土不离乡""进厂不进城"的乡镇企业，到后来再逐步形成"村村点火，户户冒烟"

的乡村工业化发展势头。随着国际大部分制造业向中国不断转移,以及地
方政府兴办工业园、推行招商引资政策,土地需求越来越大,并大量征用乡
村集体土地。由于原来土地分散到家庭承包,承包土地调整问题和土地被
政府征用后的补偿费分配问题十分突出,以及大量乡镇企业逐步倒闭或转
制后遗留一定数量的集体建设用地(及厂房),由集体统一集中经营利大于
弊,因而早在 1992 年,佛山市南海区乡村就开始实行土地股份合作制,认
可集体经济组织在不改变土地所有权性质的前提下,将以家庭为单位承包
的农用土地、集体建设用地及其他集体资产集中起来,由村民委员会(经济
联社)或村民小组(经济社)实施统一规划、管理和经营,以社区户口为准确
定配股对象,按股权比例分红。以土地经营为主的乡村股份合作制社区经
济组织也被逐步推广,经营土地也成了发展集体经济的重要途径,乡村集
体的存量土地(及厂房、商铺)出租租金成了社区集体的主要收入来源。整
个珠三角乡村利用"土地资本化"模式以集体土地推进工业化,通过乡村工
业化逐步迈向城市化,大量的农业人口已转移到非农行业,土地家庭承包
模式已近消失,农业占地区生产总值比例越来越低,乡村集体经济的发展,
经历了土地承包—乡镇企业—土地经营的历程。另外,随着工业化、城市
化进程的推进,大量的外来人口进入,乡村逐渐成为居住社区,农民的职业
已不仅仅是农业,乡村居住着职业多元化的"农民",使乡村的社会形态向
现代居住社区转变,加上村民自治的实施,新的乡村社区生活形式逐步替
代传统的乡土社会,仅仅几十年,珠三角乡村经历了宗族治理—政权嵌
入—社区自治的转换。

4.2 珠三角乡村经济组织变迁下的乡村经济地理

对于乡村经济地理要素流变和谱系优化等问题,虽然学界对此予以关
注,但针对性研究较少,尤其对乡村经济组织变迁下的乡村经济治理问题,
相关成果十分有限。而实际上,对包括珠三角在内的我国广大地区,这类
问题却真实存在着。接下来就针对珠三角地区乡村自治的组织形式和性
质、村民选举的个案调查、选举对乡村治理和乡村政治发展产生的影响等
问题进行探讨,尤其关注当地的农业发展、农民负担与乡村稳定,相关的政
策措施的出台和实施,以及工业化、城市化进程中的乡村经济组织变迁,对
乡村经济地理的影响等。

4.2.1 "两委一社"的治理架构问题

在珠三角地区,实行乡村基层自治制度之后,乡村基层的治理架构为

基层党支部与村民委员会并存，形成了二者共同管理公共事务的"二元权力结构"，从而产生"两委"分工和"两委"矛盾问题，"在这种情况下，村务管理上谁的权力和地位更具有合法性，村庄公共事务究竟由谁决策，都成为乡村基层治理实践中难以回避的问题"①。对于像珠江三角洲地区的乡村，基层的治理架构除党支部与村民委员会外，还有较特殊的集体经济组织，因为珠三角乡村普遍实行集体土地股份制，成立了以土地经营为主的股份经济合作社，导致在基层乡村出现三个架构：党支部委员会、村民委员会和股份经济合作社。党支部、村民委员会分别依据《中国共产党农村基层组织工作条例》和《村民委员会组织法》建立，均有全国性的法律及党内的条例，但对于乡村集体经济组织，一直没有全国性的法律规范，只有地方的规章②，人民公社解体后社队企业形成的经济联合总社、经济联合社和经济合作社的法人性质和地位并不明确。但《村民委员会组织法》规定村委会"应当尊重并支持集体经济组织依法独立进行经济活动的自主权"，同时又规定"村民委员会依照法律规定，管理本村属于村农民集体所有的土地和其他财产"。《中华人民共和国民法通则》《中华人民共和国农业法》《中华人民共和国土地管理法》也均规定"农民集体所有的土地依法属于村农民集体所有的，由村集体经济组织或者村民委员会经营、管理"。那么，就出现集体经济组织拥有集体所有的土地和其他财产所有权及其经营管理权，而同时村民委员会也可有权依法管理本村属于村农民集体所有的土地和其他财产的职能交叉重叠问题。不可否认的是，上述问题在国内每一级政府都存在，也就是党政、政企关系问题，并非只存在于乡村，只是由于各级政府不是直接选举，而是实行"党管干部"，用"党政分开""政企分开"的原则来解决。但由于乡村集体资产所有权人（群）范围更小，资产经营管理具有直接的委托代理关系，并实行村民自治，实行民主选举、民主管理、民主监督，因此，就出现党支部发挥领导核心作用的同时，村民通过自治和

---

① 在当时，依照村级组织以党支部为核心这个原则，党支部书记是村的第一把手；而依照依法治国的原则，村委会主任是村的第一把手。于是造成两个相关后果：一是村民对于村委会选举不热心，因为选出来的村委会主任当不了家；二是民主选举的村委会主任可能会挑战支部书记的权威，或造成明争暗斗。（刘明兴，孙昕，徐志刚，等. 村民自治背景下的"两委"分工问题分析[J]. 中国农村观察，2009(5)：71-81，94，97.）

② 例如广东省人民政府在1990年5月10日颁布的《广东省农村社区合作经济组织暂行规定》中指出，社区经济组织"对法律规定属于集体所有的土地、林木、山岭、草原、荒地、水面、滩涂、农业机械、农田水利设施以及建筑物和工业设备等生产资料拥有所有权"；"对组织内部的经营管理享有自主权"；"对本组织所有的生产资料，有权发包给本组织成员或外来人员经营"。2006年7月颁布的《广东省农村集体经济组织管理规定》也规定乡村集体经济组织依法经营管理本组织集体所有的资产。

民主选举出村民委员会办理本村的公共事务和公益事业,由此产生"两委"矛盾,再加上乡村集体经济组织经营管理集体资产,进而形成"两委一社"治理架构问题。

4.2.2 乡村集体经济组织的法律定位问题

"乡村集体经济组织"的概念第一次出现于 1982 年《中华人民共和国宪法》中,它赋予了集体经济组织独立开展经济活动的自主权。但在此后宪法及法律对其组织形式、经营范围、管理方式等方面的规定相对混乱,界定不清。从法律上看,乡村集体经济组织的组织形态、责任形式和法律人格,不仅国家现行法律始终没有具体规定,地方性法规也很少见。广东省人民政府于 1990 年在全国率先颁布实施《广东省农村社区合作经济组织暂行规定》,规定适用于原来人民公社"三级所有,队为基础"的体制经过改革而形成的乡村社区合作经济组织(简称社区经济组织),包括在原生产队或联队(自然村)一级设置的经济合作社,在原大队(管理区)一级设置的经济联合社,在原公社(乡镇)一级设置的经济联合总社(其实目前已经名存实亡)。社区经济组织对组织内部的经营管理享有自主权,有权获得金融机构的贷款,以本组织所有的财产(不含土地)承担民事责任①。同时,发展壮大村级集体经济是强农业、美农村、富农民的重要举措,是实现乡村振兴的必经之路,但是,许多地方农村集体经济发展滞后,出现了大量"无钱办事"的集体经济"空壳村"。在广东省,目前这种情况同样存在,各地农村集体经济发展还不平衡,尤其是粤东、粤西、粤北地区集体经济薄弱,空壳的问题仍比较突出。因此,如何实现集体经济壮大和提升集体经济自我发展能力是值得认真思考的问题。基于此,2019 年,广东省委全面深化改革委员会审定印发了《关于坚持和加强农村基层党组织领导扶持壮大集体经济的意见》(以下简称《壮大集体经济意见》),旨在通过创新体制机制、完善政策体系,进一步巩固党在农村的执政基础,加快健全集体经济运行机制,多形式盘活集体资产,多路径壮大集体经济,多渠道促进农民增收,夯实农业农村现代化基础。《壮大集体经济意见》提出,要多形式盘活农村集体资产资源,包括推进农村集体土地集约化利用、强化农村房屋设施市场化经

---

① 广东省农委 1991 年 1 月颁布《广东省农村社区合作经济组织登记办法》,规定凭农村社区合作经济组织登记证,有法定代表人,可以刻制公章、开立银行账户、签订合同、组织合法的生产经营活动和照章纳税,基本对集体经济组织的组织形态、责任形式和法律人格作出规范,并以此为依据开展经营活动。但是,后来在办理银行贷款时,金融机构要求凭社区合作经济组织登记证到有关部门办理企业法人营业执照、税务登记证、企业代码书后,才能办理贷款证,引发乡村基层对集体经济组织税收问题的担忧。

营、支持农村集体闲置资金资本化运营、培育发展农村集体经济示范村和特色专业村、深化农村集体产权制度改革和开展集体经济合同专项清理。鼓励村集体整合利用集体积累资金、政府帮扶资金、接受捐赠资金等，通过入股或者参股经营稳健的农业企业、优质公共服务项目或者牵头兴办农民合作社、参与扶贫开发等多种形式发展集体经济。以东莞为例，农村集体经济快速发展积累形成的庞大集体资产，曾一度面临保值增值难、管理成本高、改革矛盾多等问题。但该市着眼于农村集体经济运行和集体资产管理新情况、新问题，着力打造"一个平台"，不断厘清"两个关系"，制定出台"四项制度"，全力推动集体资产监管信息化、制度化、阳光化，激发了农村集体经济强大活力。数据显示，截至 2018 年 12 月，东莞全市通过农村集体资产交易平台累计成功开展集体资产交易项目 6.5 万宗，成交额 843.5 亿元。2018 年，东莞全市村组集体实现经营总收入约 220.6 亿元、纯收入约 153.6 亿元，同比增速分别达 8.9％和 14.6％。面对如此庞大的村组集体资产，必须明确乡村集体经济组织作为市场主体与管理主体的法律性质及法律地位，才能有效解决乡村经济社会发展的各种矛盾和问题，解决乡村集体经济组织身份证明和成员资格界定问题，明确城市化"村改居"社区集体经济组织和集体资产的监管主体，理顺社区集体经济组织与其他基层组织如村委会、居委会的关系，调整好集体经济组织职能与政府职责的转换关系。可见，《壮大集体经济意见》对深化农村集体产权制度改革提出了明确具体的要求，指出 2020 年基本完成农村集体土地等资源性资产的确权登记颁证，2021 年底基本完成农村集体经营性资产股份合作制改革。保持农村土地承包关系稳定并长久不变，完善农村承包地"三权分置"制度，深化农村土地股份合作制改革。建立健全农村集体公共基础设施共建共管共享机制，政府投入为主且受益对象直接的小型公共基础设施项目，建成后形成的固定资产归村集体或合作组织所有。加快推广"资源变资产、资金变股金、农民变股东"改革，到 2020 年基本实现行政村全覆盖。

4.2.3　集体土地经营问题

自 21 世纪初以来，经过村集体自身开发及政府征用，珠三角各乡村集体存量可用于非农建设的土地已经不多。为解决被征地农民的基本生活保障和长远生计，以及乡村社区集体公共开支，缓解征地矛盾和利益冲突，根据相关文件精神而推出征地"返还地"政策，政府征用农民集体土地后，按照征用面积的 30％(以往是 10％—20％)返还给乡村集体组织作非农建设用地开发使用，并与政府征地一同纳入当地的土地利用总体规划。如各集体组织的"返还地"过于分散,有条件的通过置换集中,纳入开发区的统一规划,并由开发区建设包括排污、道路、供水供电在内的配套基础设施,利用开发区招商引资的优势进行开发。但以往政府将建设用地指标优先安排给自身开发和管理的工业园区并照顾大项目,造成"返还地"缺少办理土地使用证所需的用地指标,没有土地使用证就不能出租、建厂房,土地也已经平整而不能耕种,只能任其荒芜。例如南海狮山镇有两个村委会(经济联合社)及下属村小组(经济合作社)的"返还地"约1 500亩,大部分因没有用地指标及办理土地使用证费用过高而不能出租,仅按每平方米一元计,每年少收租金就达1 000万元,部分土地已经荒芜几年,一直不能产生收益,导致已经被征用大量土地的村民不满,村民同村两委会、经济社、政府发生矛盾,其中村两委会夹在上下之间"两头受气",难以开展工作。另外,历史上村集体已有大量的非农建设用地(建筑物),如以往利用周边荒地和村边地开发的厂房、商铺,基本符合政府总体规划用途,按照原来政策还可以办理营业执照,但新政策要求在办理新营业执照时需提交土地证或规划部门审批意见,否则不能办理,租户一般不办理营业执照,政府经常要动用资源检查打击,造成此类土地或建筑物难以出租,甚至有的被政府拆除。一方面是大量的"返还地"受用地指标限制不能办理土地使用证,"返还地"政策难以发挥作用,村民对政府意见很大,潜伏着不稳定因素;另一方面是历史原因存在大量集体建设用地大多以私下的、间接的、非正常的途径和方式进行流转,造成了当地政府依法行政与提高农民收入、保障农民利益之间的矛盾。

4.2.4 乡村社区经济事务管理问题

由于珠三角乡村的工业化、城镇化程度越来越高,乡村居民正慢慢向市民角色转变,原来的乡村也逐渐实行社区化管理。乡村集体要负担社区服务与社会管理等公共职责,如落实计划生育、义务教育、征兵、优抚、救灾救济等各项政策要求的社会管理职能,以及人员工资、道路环境维修整治及部分社会保障等开支,社区管理和公共开支也随着经济的发展、生活质量的提高及人口状况的变化不断增大,并主要依靠集体经济组织自己解决。如佛山市规定,全征土地农村居民基本养老保险费由区、镇(街道)两级财政及农村集体经济组织负担。区、镇(街道)财政分别按10%—30%的比例补贴,村(居)、组集体经济组织负担40%—80%,符合条件的,每月可以得到120—300元不等的补贴。由此可以看出,由集体经济组织负担的各项开支仍占大多数。在广东工业化、城市化程度最高的珠三角地区,外来人口占比应更大,在各村镇,普遍存在外来人口与户籍人口倒挂现象,即外来人口多于当地户籍人口,乡村已经向人口就业结构多元化的居住社区转变,但乡村集体经济组织既要承担户籍人口上述的社会政策和福利开支,也要负担包括外来人口在内的社会事务开支,如治安、消防、环卫人员工资及车辆、装备、视频监控等,社会事务管理和社会负担日益繁重。由于政府的公共财政还有相当部分未能覆盖这些"城市中的乡村",政府在乡村公共服务方面还严重缺位,社会政策和社会事务开支仍主要靠乡村集体经济组织,与城乡一体化和公共服务均等化的目标还有很长距离。

4.3 经济组织变迁下珠三角乡村经济地理的优化路径

4.3.1 自治组织与经济组织职能分开

按照《村民委员会组织法》规定,村民委员会是村民自我管理、自我教育、自我服务的基层群众性自治组织。但在珠三角乡村社区内,居住的并非只有当地户籍村民,还有人量的甚至超过原户籍人口的外来人员,社区管理已经不仅仅是原来村民的自我管理。随着将来城乡一体化的加快和户籍制度的放开,将有更多的非原户籍人口加入社区、落户居住,虽然他们不是集体经济组织成员,不享有经济组织成员的权利,但有权为整个社区的公共利益参与社区公共事务管理,社区将来会逐渐由原来的村民自治转为社区群众自治。另外,社区成员权可以说是一种政治权利,内涵是民主自治管理;乡村集体经济组织的成员权,是一种财产性权利,内涵是与财产相联系的经济权益。如果还按照前面指出的社区自治组织(村民委员会)也可有权依法管理原户籍成员集体所有的土地和其他财产,将出现职能错位现象。因此,有必要将自治组织与经济组织的职能分开(机构分设,但符合条件的也可交叉兼职),自治组织管理社区公共事务,对全体社区成员负责,管理和服务对象是全体社区居住人员,经济组织管理组织成员(股东)共有资产,只对经济组织成员(股东)负责。至于基层党组织,在现有的政治体制下,仍然发挥领导核心作用,支持社区民主自治和集体经济组织管理集体资产,协调利益关系,参照"党政分开""政企分开"的原则履行各自职责,与自治组织、经济组织共同组成"三位一体"的组织和治理架构。

4.3.2 赋予乡村经济组织法人地位

乡村集体经济组织目前还没有全国性的法律来明确其法律地位。本来,在社区范围内也有各种经济体,这些经济体的资产由个人或多人拥有和经营,集体经济组织不过是人数更多而已,基本上与其他一般经济体并无不同,而且集体经济组织实际上不仅与组织内成员建立起了经济关系,也与社会上企业法人、社团法人、自然法人和事业法人发生经济联系,事实上承担着法人的角色。因此,可在珠三角地区乃至全国范围制定和推行《乡村集体经济组织法》,赋予乡村集体经济组织法人地位,使其真正成为《中华人民共和国宪法》《中华人民共和国土地管理法》以及《中华人民共和国民法通则》中提到的集体土地所有权主体,从根本上解决乡村土地集体所有权主体的虚置现象。法律条款规定其法律地位与权责,包括成员界定及其权利义务、组织机构及章程、议事规则、选举罢免、财务管理、法律责任等,并修改《村民委员会组织法》,将村民委员会仅定位为基层群众性(社区)自治组织,不再经营管理属于村农民集体所有的土地和其他财产,使乡村集体经济组织实名化、实体化、法人化。各地根据实际情况制定地方法规。如以土地为主的股份合作制集体经济组织中,可实施固化股权的方案,具体原则是:男女同权、股权平均;生不增、死不减;可继承、可转让。即在界定经济组织成员资格后,将全部股权男女平均分配,以人或以户为单位一次性将股权固化,成员死亡及后代出生后不再调整,股权可以继承和转让,避免今后因成员迁入迁出造成的利益纠纷。另外,由于集体经济组织的收益基本用于成员内部的福利开支,因此对集体经济组织经营所得免征所得税及享受其他税收减免等。

4.3.3　建设用地保持集体所有权不变

在我国,将来城市化、工业化的继续推进必然使大量农民集体的农用地变为建设用地,目前珠三角部分地方有将"城中村""园中村"以及已经实施"村改居"的集体经济组织的土地转为国有土地的倾向,应引起足够的重视,必须考虑农民的意愿,必须尊重农民集体经济组织的土地所有权,因为农民的利益也属于公共利益。其实,农地用途虽然变更,但并不意味着集体土地的国有化,工业化和城市化形成建设用地扩展并不一定要伴随着土地所有权的转移。例如,工商业的国有土地也只是使用权,年限为 40—50 年,完全有可能保持集体所有权不变(不必转为国有土地),即一次性付给农民 40—50 年的租金,作为农民融入城市的资本,期满后土地仍归集体所有;也可以采取"返还地"的方式,按一定比例将由农用地转变而来的建设用地划归农民集体所有,用于租赁以获取长期租金收益,作为农民融入城市的保障;甚至可以全部保持集体所有权出租给使用方使用,合同租赁期就参考工商业的国有土地使用权年限,做到与国有土地"同权、同价",这些措施与城乡规划、用地指标、地方发展并不相悖。

4.3.4 加快城乡与公共服务一体化进程

虽然珠三角工业化和城市化程度较高，但毕竟仍然存在众多真正意义上的乡村和"城市中的乡村"，仍然存在较大的城乡差距。因此，政府财政应承担市政规划和建设、社会治安、文化教育等社区社会事务管理开支，承担社区两委会的基本工资和办公费用，成立社区服务中心和社区综合治理中心，作为政府下派机构给社区提供公共管理和服务。珠三角乡村经济社会结构已发生深刻变化，必须有与之相适应的社区治理模式和治理架构，最主要的是在法律上确定社区集体经济组织的法人地位，使原来虚置的农民集体所有的土地和其他财产的所有权主体得到明确，将集体经济组织和社区自治组织的职能分开，参照"党政分开""政企分开"的原则形成由党支部、自治组织和经济组织组成的"三位一体"社区基层治理架构，并允许集体经济组织保留土地所有权参与工业化和城市化获取收益，以及加大政府财政投入加快城乡建设一体化和公共服务一体化进程，使珠三角率先形成城乡一体化发展的新格局，为全国乡村的基层治理架构和模式提供借鉴[①]。目前争议极大的"撤并村改社区"行为，如一些地区率先撤销全部行政村，几个小村庄合并成大的乡村社区，珠三角地区也有开展"村改居"的趋势。如果赋予乡村集体经济组织法人地位，将自治组织与经济组织的职能分开，那么无论是"撤并村改社区"还是"村改居"及将来的农民市民化，只不过是居住社区及社区自治范围的变化，但集体经济组织、成员资格及其对包括土地在内的财产的所有权仍然保持不变，这样能有效地保护农民的利益，有利于相关改革的顺利推进。

本章小结

自古以来，我国都是一个以农业生产为主的国家，在可预见的将来，这

---

① 《珠江三角洲地区改革发展规划纲要（2008—2020）》已经提出，按照城乡规划一体化、产业布局一体化、基础设施建设一体化、公共服务一体化的总体要求，着力推进社会主义新农村建设，完善和提升城市功能，率先形成城乡一体化发展新格局。《广东省基本公共服务均等化规划纲要（2009—2020年）（修编版）》也提出，到2020年全省基本建成政府主导、覆盖城乡、功能完善、分布合理、管理有效、可持续的基本公共服务体系，实现城乡、区域和不同社会群体间基本公共服务制度的统一、标准的一致和水平的均衡，全省居民平等享有公共教育、公共医疗卫生、公共文化体育、公共交通、生活保障、就业保障、医疗保障、住房保障等基本公共服务。

种格局依旧难以改变。自中国共产党成立以来,在过去的 100 年间,我国乡村人口持续增多,乡村经济发展水平快速提高。其间,以土地制度、社会组织为核心的乡村经济地理谱系优化从未停歇。自中华人民共和国成立以来,围绕乡村经济体制和社会组织变迁进行的改革,更成为乡村经济、乡村政治和社会层面改革的重点、难点与突破口。在我国乡村地区,制度变迁可分为强制性变迁与诱致性变迁两大类,如果制度安排不到位,就会让乡村经济地理空间格局和要素流变处于非均衡状态。唯有当制度边际收益大于边际成本时,制度主体才有可能推动制度变迁。基于这样的思考,本章研究了乡村经济制度变迁与组织演化问题。首先,阐述了乡村经济制度及变迁背景、乡村经济制度变迁的历程、乡村经济制度的优化路线,并基于东西部乡村的对比分析,探讨了经济制度变迁对乡村经济发展的差异化影响;接下来,以河北省为例,研究了乡村经济制度变迁与乡村经济地理格局问题,内容涉及乡村农业制度、乡村工业制度、乡村商业制度和乡村金融制度的变迁,并进一步探讨了乡村经济制度变迁对乡村经济地理的直接拓展问题。最后,分析了乡村经济组织变迁的历程与优化路线,关注和分析了农产促进委员会、中介组织、基层党组织、村民自治组织对乡村经济地理的优化问题,并以珠三角地区为例,对乡村经济组织变迁与乡村经济地理格局进行了研究,给出了经济组织变迁下珠三角乡村经济地理的优化路径。这些工作的开展,有助于我国乡村经济地理的谱系分析,因为对任何乡村区域而言,其体制变迁和完善处在渐进且连续的过程中,只有使之和乡村经济发展相适应,才能实现乡村经济发展模式和发展内容的转型和革新,从而推动乡村经济整体进步。

参考文献

[1] 许经勇. 中国农村经济制度变迁绩效的理性思考[J]. 长春市委党校学报,2009
(6):49-54.

[2] 兰日旭. 倒逼与深化:中共农村经济政策选择变迁的历史分析[J]. 长白学刊,
2013(1):96-100.

[3] 张润君. 制度结构、制度变迁方式与东西部农村经济发展差距比较[J]. 开发研
究,2008(2):20-24.

[4] 范小建. 对农业和农村经济结构战略性调整的回顾与思考[J]. 中国农村经济,
2017(6):4-9.

[5] 廖冲绪,肖雪莲,胡燕. 我国乡村治理结构的演变及启示[J]. 中共四川省委省级
机关党校学报,2012(4):80-85.

[6] 刘瑜. 全球治理理论与中国乡村治理结构的转换[J]. 河南科技学院学报,2015

（5）：36-39.

［7］张艳娟. 我国乡村治理结构变迁引起的思考［J］. 广西大学学报（哲学社会科学版），2016（11）：49-50.

［8］钟海. 乡村治理结构转型中农村基层党组织功能之审视［J］. 西安财经学院学报，2016（4）：107-110.

［9］杨嵘均. 论农村社会中介组织对乡村治理结构改革的影响及其体制创新［J］. 南京农业大学学报（社会科学版），2016（4）：16-21.

［10］汪红梅. 九江农村社会经济结构六十年变迁［J］. 九江学院学报（社会科学版），2013（1）：36-39.

［11］曾志伟，鲁钊阳. 试论公推直选与乡村治理结构的重构［J］. 理论研究，2017（6）：27-29.

［12］代金铭，侣传振. 强县政、精乡镇、村合作：一种新型乡村治理结构［J］. 甘肃理论学刊，2018（3）：112-116.

［13］于水，陈春. 乡村治理结构中的村民自治组织：冲突、困顿与对策——以江苏若干行政村为例［J］. 农村经济，2015（9）：6-10.

［14］白仙畔，李伟书，杨中杰. 乡村治理结构问题研究［J］. 前线，2018（3）：38-40.

［15］尹利民. 身份的区隔及其转化路径——兼论乡村治理结构的转型［J］. 农村经济，2017（4）：7-11.

［16］赵晓锋，马欣荣，张永辉，霍学喜. 中国乡村治理结构的转变［J］. 重庆大学学报（社会科学版），2013（2）：151-155.

［17］贾长杰. 大力推进农村经济结构调整，力促经济发展［J］. 现代商业，2016（1）：266-267.

［18］唐启国. 城市化是农村经济结构战略性调整的根本路径［J］. 湖南农业大学学报（社会科学版），2016（3）：7-9.

［19］苗菱. 正确处理农村经济结构调整中的关系［J］. 经济研究参考，2018（42）：27.

［20］叶明勇. 建国以来中国农村经济结构变迁及其历史内涵［J］. 古今农业，2014（1）：17-28.

［21］孔善广. 珠三角农村经济社会结构变迁与社区治理问题［J］. 学习与实践，2011（1）：31-40.

中篇总结

　　本篇首先以"乡村经济地理的基础理论"为起点,对乡村人口迁移规模分布和迁移流分布的顽健性进行了深度分析,以"胡焕庸线"为背景,探讨了我国东南半壁、西北半壁乡村人口迁移路径与格局分异问题,借助ArcGIS工具对乡村人口迁移与分布的集疏稳定性、"马太效应""相对均势"等进行了测度,并通过实例对中国共产党成立以来乡村人口迁移的"衡而不均""均而不衡"及迁移导致的空心化等问题进行了探讨。第二,以乡村经济发展为视角,探讨了乡村产业集聚与产业转移问题,以北部湾为例对乡村产业地理空间外部性与集聚效应进行了分析,解读了新经济地理学视角下乡村产业转移的动力机制、作用机理和空间效率,并从乡村经济地理基本要素的比对出发,对苏南、苏北乡村产业发展成效进行了研究。第三,对乡村耕地空间分布与格局演化问题进行了研究。在以国际视角对全球耕地时空变化与基本格局进行解读之后,借助空间差异分析、空间自相关分析等方法和工具,重点研究了乡村耕地复种空间格局与演化、新增乡村耕地及其空间分布、乡村耕地变化的空间格局、乡村耕地低效转化及其空间特征等问题。第四,以空间正义为视角,对城乡空间格局变动与地理演化问题进行了研究。分别从空间拓展、空间转型、空间互动层面对城乡空间正义缺失问题进行了分析,然后通过定量分析的形式给出了城乡经济时空格局的演变路径。第五,对乡村交通地理分布与空间格局变迁问题进行了研究。在探讨了近代交通与乡村经济城市化、乡村经济地理变迁之间的关系后,分别就铁路、公路、"港口-腹地"对乡村经济地理的影响进行了分析,并通过中国共产党成立初期济南交通体系与乡村经济地理变迁、民国时期华北地区交通体系与乡村经济地理优化、中华人民共和国建立之后西南民族地区"交通-经济-地理"层叠性结构变迁这三个实例,深度解读了交通体系发展与乡村经济地理优化问题。第六,对乡村经济制度变迁与组织演化问题进行了研究。阐述了乡村经济制度变迁的历程,给出了优化路线,并通过河北省乡村经济制度变迁对乡村经济地理格局调整问题进行了解读。阐述了乡村经济组织变迁的历程,给出了优化路线,并通过珠三角地区乡村经济组织变迁对乡村经济地理格局调整进行了解读。

　　本篇按照中国社会的发展脉络与演化逻辑,对中国乡村经济地理的要素流变与谱系优化问题进行了研究,基本厘清了 100 年来中国共产党领导下的中国乡村经济取得的诸多成绩,让未来中国乡村治理的路径变得更加清晰。通过本篇的研究可知,乡村经济地理要素流变是开展乡村治理的重要参照。自中国共产党成立以来,党和国家高度重视农业、农村与农民问题,始终将其视为"关系全局的根本问题"。在此过程中,乡村人口流动、乡村产业集聚与转移、耕地空间结构、城乡空间格局变动、交通地理分布、经济制度变迁与组织演化等都会对乡村经济社会发展造成深远影响。因此,按照乡村发展的要求,对乡村经济地理要素流变路径、方向、尺度进行分析和研判,不但可以满足乡村经济地理服从国家战略目标的目的,还能为乡村治理工作的开展提供重要参照。

下篇

乡村经济地理的谱系优化

第十三章　乡村经济地理谱系
优化的总体思路

　　从中国共产党成立以来,发展乡村经济、优化乡村经济地理谱系,一直是我国经济社会发展的重要步骤和关键环节。但受到多种因素的影响,在实际操作中,现实效果与预期目标之间依旧存在着非常大的差距。自中国共产党成立以来,中国乡村历经了土地革命、土地改革等一系列大的"动作",在短时间内让我国乡村经济有了一定的发展。乡村经济发展到如今,已经转型为以家庭为主体的联产承包责任制经济模式。在该模式下,很多乡村的生产被带动了,乡村经济发展持续呈上升趋势。尤其在当下,乡村经济发展被视为我国全面建成小康社会的必要条件,也被认为是乡村经济地理要素流变与谱系优化的重要目的[1]。也就是说,乡村经济发展关乎着每一位农民的切身利益,对整个国民经济的发展具有重大意义。近年来,和乡村经济地理要素流变与谱系优化相关的课题受到了人们尤其是学界的普遍关注。其中,贺雪峰博士提出,振兴乡村经济需要以覆盖我国绝大部分农村和农民的农业型乡村地区为重点,而不是资源丰富或者经济较发达的地区①。对此,有学者结合有关统计数据进行了科学计算,结果发现,在我国乡村经济地理谱系优化实践中,存在很多影响乡村经济发展的要素,彼此都有着不同的贡献领域,贡献水平也存在较大差异。其中,对乡村经济发展贡献较大的要素包括人均物质资本、人力资本以及第三产业因素等。究其原因,一是因为乡村经济地理要素流变与谱系优化的过程中,会有越来越多的农业人口成为城市人口,基于这种转变,乡村经济发展就因此缺乏人力资源,城市地区对人的需求等也会发生巨大改变。二是虽然我国城镇化一直处在持续发展壮大之中,但是我国人口素质亟待提升。所以,在国家"乡村振兴"战略的指引下,为了确保乡村经济的平稳较快发展,

---

　　①　根据 2017 年 12 月在"乡村振兴——构建人与自然和谐共生的乡村经济发展格局"会议上的报告。

就需要强化乡村经济地理要素流变与谱系优化工作,这是当前乃至今后一段时间检验乡、镇、村政府经济发展思路的重要命题[2]。接下来,在本章中,就针对乡村经济地理谱系优化的总体目标、总体方向、总体原则、总体方法等进行阐述,以此确定乡村经济地理谱系优化的总体思路。

第一节　乡村经济地理谱系优化的总体目标

在党的十九大精神指引下,针对我国乡村经济发展实际,开展乡村经济地理谱系优化,借此扩大经济规模、提高农业收入、提高农民生活水平,已经成为乡村振兴战略得以实现的关键抓手[3-5]。为了达到上述目标,一方面要深刻把握乡村经济的变化趋势和城乡发展脉络,另一方面要以此为基础,通过多种形式让乡村经济地理要素流变与谱系优化更加有效[6]。与此同时,还应该破解深层次的乡村经济地理结构性矛盾,在供给侧和需求侧同时发力,在生产端与销售端共同努力,借助综合配套改革,提升农业供给质量与效率,其具体做法包括深入推进乡村经济体制改革、多维度释放农业经济价值、创新乡村经济发展范式、重塑农业现代化目标体系,具体体现在以下几个方面。

1.1　提升乡村经济地理要素配置绩效

在推动我国乡村经济发展的实践中,有必要对乡村经济地理形态进行优化,在充分发挥其带动作用,提升乡村居民生活水平的同时,促进乡村经济的善治。而为了实现这一点,就需要在以下几个方面同时作出努力。

(1)在乡村经济地理要素流变与谱系优化过程中,需要在技术层面、组织层面开展创新,以实现乡村经济发展。其间,一方面要深入贯彻党的十九大提出的乡村振兴战略主张,加强社会主义新农村建设;另一方面,要充分发挥地方政府在宏观调控方面的功能,全面提升乡村振兴的速度;同时,还要以规模化、集约化生产为导向,最大限度地降低农业生产成本,由此提高农业生产效率与经济效益。

(2)借助多种力量发展乡村经济,最大限度弥补乡村振兴的短板。为此,需要更加有效地组织村级集体,提升其责任意识、担当意识。这样一来,不但可以持续改善乡村基础设施建设,还可以更好地保护乡村自然生态环境,为乡村经济和农业现代化发展创造良好的外部环境。此外,要依据农业现代化的要求,在坚持以人为本理念的同时,全面落实党的十九大精神与乡村振兴战略。

（3）重点发展现代特色农业，以满足乡村经济多元化的发展诉求。在此过程中，需要始终坚持自愿民主的原则，尊重农民群体的主观意愿，让他们能够主动、自觉地参与乡村经济地理要素流变与谱系优化。同时，要针对劳动力、资本、技术等要素，在农业与市场之间开展合作，确保农民群体在乡村经济地理要素流变与谱系优化的过程中获得真正实惠。

（4）发挥政府作用，强调对乡村经济地理空间格局优化的政策辅助。比如，可以在乡村经济地理谱系优化中对乡村经济运行成本进行分析和研判，重点在税收、用电、用地等方面提供必要补助，以降低乡村经济发展压力，推动乡村经济不断取得进步。

1.2　释放乡村经济地理要素活力

在当前的中国，正确认识和激发乡村经济主体的活力，是准确把握乡村经济地理困境、实现乡村振兴战略目标的关键所在。为此，需要做以下工作。

（1）促进"小农"适度发展，构建与之相适应的乡村组织。在实践过程中，需要鼓励资本下乡，以此促进农业资本化的进程。同时，要进一步强调市场在乡村经济地理要素流变与谱系优化中的作用，确保小农经济可以为农业生产和乡村振兴提供基础保障[7]。此外，要通过"适当"的形式把"小农"经济组织起来，以应对小农经济规模过小的难题，并可以解决乡村经济与市场对接的困境。

（2）重点发展立体化乡村产业。在开展乡村经济地理要素流变与谱系优化时，应该以新发展理念为出发点，以循环经济为前提，重点发展乡村经济体系中的有机农业、生态农业、乡村旅游业和乡村文化创意产业，通过上述相关产业的发展，不但可以优化乡村经济体系、为乡村振兴打好基础，还能更好地释放乡村经济的发展潜力。

（3）加快转变农业生产方式，使之兼具现代服务业的性质。在我国，无论是农业生产方式、生产内容、风险水平还是利益导向，均和发达国家之间存在明显差距，为了弥补上述差距和破解相关矛盾，就有必要深入开展乡村贫困人口脱贫工作，通过"精准扶贫"战略的推进，让更多政策、制度可以惠及更多的乡村经济地理关键要素，实现乡村社会的全面进步。

1.3　完善乡村经济治理空间格局

对我国乡村治理的发展历程进行考察后发现，尽管村民是乡村经济发展的重要利益相关者，是乡村经济地理的主体之一，但是其地位和作用有待得到社会的更多承认和尊重[8]。尤其是封建社会遗留下来的小农意识至今依然严重影响着农民的价值观念，主导着村民的行为方式。因此，在当前的乡村经济地理要素流变与谱系优化中，我们需要确立农民的主体性，提高村民的主体地位，切实维护农民权益，以此完善和健全乡村经济地理要素流变与谱系优化机制。农民作为乡村经济地理的关键主体和乡村经济发展的受益主体、权利主体以及市场主体，应当具有在与客体的相互作用中发挥出来的功能特性，包括自觉性、自主性、能动性和创造性[9]。农村是村民的家乡，乡村的健康有序发展，依靠广大农民的支持与参与，国外乡村治理的成功在很大程度上依赖村民，尤其是乡村精英积极参与乡村发展。因此，我国农民应发挥自身的主观能动性，以主人翁的心态更加积极地投入乡村建设、乡村经济地理要素流变与谱系优化，为创造繁荣富强的美丽乡村贡献自己的聪明才智。此外，在乡村经济地理要素流变与谱系优化过程中，农民主体性的获得除了需要其自身不断提高公民素质、培养民主意识、自觉履行好村民的权利与义务外，还需要政府部门构建畅通的利益表达机制、参与机制、决策机制等，切实维护和实现农民的利益，最终促进乡村经济的健康发展。

1.4　确保乡村经济地理要素受益

已有的经验表明，促进乡村经济地理要素流变，不但可以丰富乡村经济发展范式，搭建起具有多元化、产业化特征的乡村经济地理系统，还能借此更好地发展乡村经济，促进乡村土地的规模化经营，这对优化乡村经济地理要素配置，降低农业生产成本，提高农民收入是大有裨益的。在实际操作中，需要通过改革为乡村振兴带来新的动力，具体做法如下。

（1）通过乡村经济地理要素流变对乡村资源配置进行调整和优化，让乡村经济向集约化、规模化的方向推进。近年来，我国乡村经济发展十分迅速，也取得了较大进步。在此过程中，以有效方式对乡村经济地理要素流变方式和内容进行优化，既能够促进乡村经济健康发展，还能够提升资源利用率，确保农民的收益得到保护。在这一问题上，国家层面应该出台更多与之有关的利好政策，以实现农业规模化经营和统一管理，使乡村经济地理要素流变与谱系优化成效更为显著。

（2）在乡村经济地理要素流变的进程中，要保证农业生产经营有利于农民利益的获取和提升，并能够丰富和发展乡村经济。为此，应按照市场导向，让乡村劳动力转移和土地流转相适应，借此实现农民增收与农业增产。同时,要加大农业新科技的推广与应用范围,最大限度地降低农业经营风险,提高农业产出。

（3）让农民能够在第二、第三产业中充分就业,在转变其生活方式和生活理念的过程中,让农业产业结构获得优化与调整,以确保生产出来的农产品与市场的需求高度匹配,这对稳定乡村经济发展态势,实现乡村经济有效治理都是十分有利的。

第二节　乡村经济地理谱系优化的总体方向

乡村经济地理是一个多维度互动的地理体系,尤其是党的十九大提出乡村振兴战略后,更加强调政府、农民群体、社会组织、市场成为相互独立的乡村经济地理主体,通过互动、互补、合作、制约的方式,达到"政府引导、农民主导、社会组织参与、市场运作"的多元治理格局[10]。回顾我国乡村经济地理的发展历程后发现,除了要对乡村经济地理主体的角色、职能权限和功能边界进行准确定位,充分发挥其功能和作用外,还要学习和借鉴国外成功经验[11],重点把握以下几个方向。

2.1　优化乡域及以下区域经济

在我国,乡村经济所处的层级、发展阶段以及目标任务等都不相同,以地理学视角分析其要素流变与谱系优化,无论是理念、机制还是方式均具有特殊性[12]。可以说,乡村经济发展水平会对乡村经济地理要素流变与谱系优化效果产生直接影响——缺少了良性发展的乡村经济,其经济地理要素流变与谱系优化也必然失去支撑——这是马克思主义理论体系内"经济基础决定上层建筑"的现实体现与直接应用。目前,我国乡村经济发展的质和量主要体现在以下层面。第一是乡一级的经济总量与公共财政收入总量,会对乡一级的运转质效与乡以下的乡村社区造成直接影响,影响其提供财政转移支付的调控能力。因此,这被视为乡级党委与政府进行经济地理要素流变与谱系优化的前提与根本手段。第二是乡村社区经济发展水平,要通过农民家庭财产收入进行综合衡量。这是因为,我国的乡村社区的经济发展水平越高,农民家庭成员就会获得更理想的就业,生活质量和收入水平也会因此提高且相对稳定,说明乡村经济地理谱系优化的效果越好。所以,从乡村经济地理的视角对乡村经济发展重点进行分析,就应该不断壮大乡一级经济实力,最大限度地提升乡村社区的经济实力,推动乡村经济朝着均衡化的方向发展[13]。

2.2　推行乡村经济善治模式

从发达国家乡村经济地理要素流变的经典模式来看,政府在乡村公共事务中主要承担着为乡村社会制定法律法规和提供财政资金支持两大职能,从中体现出政府在乡村治理中的作用虽然是有限的,但也是有效的——能够推动乡村经济实现有序、和谐、健康发展。而在国内,一些地方政府由于长期受计划经济时代全能型政府角色的影响,对乡村公共事务大包大揽,统管一切,经常陷入政府越位、缺位、选择性要素流变以及碎片化创新等角色误区,进而出现偏离有限政府原则的行为,影响甚至阻碍了乡村经济的和谐稳定发展。在我国,乡村经济地理是一门科学,更是一门艺术[14]。政府实现乡村经济的良善治理,迫切需要从当下的全能型政府模式转变为有限政府模式,这实则涉及政府体制机制、各项制度安排、法律法规跟进、职能机构调整的一场大范围政府治道变革。有限政府是政府在乡村经济地理中的正确角色定位,要想实现这个目标,需要转变政府职能、厘清政府权力和责任清单、强化问责制度、发挥乡村社会组织作用以及实现乡村经济的整体性要素流变。只有在乡村经济地理中充分发挥好地方政府、乡村社会组织、村民群体等多元主体的协同治理作用,才能有效提升乡村经济地理水平。

2.3　挖掘乡村经济地理核心要素

乡村居民既是乡村经济地理中政治权力的授予者和委托者,更是乡村公共事务的参与者和推动者。在多元治理的框架内,乡村居民与其他乡村经济地理要素共同形成互相依托与相互制约的互动关系,是推动乡村经济地理谱系优化的主要动力[15]。同时,乡村居民不仅仅拥有选举权、决策权、管理权和监督权等合法合理的治理权力,而且还是乡村经济地理其他各项要素的重要提供者,他们是乡村经济地理体系中重要的一员,如果乡村经济地理活动脱离了广泛的农民群众参与,就是不可能完成的。为此,需要完善乡村经济自治制度,实现广大农民自我管理、自我教育、自我服务,保证其在乡村经济地理体系中的主体地位,扩大农民参与乡村经济地理谱系优化的空间。具体而言,乡村经济地理谱系优化的过程要坚持公平、公开、公正的原则,通过建立乡村经济发展章程和村规民约等制度性文件,保证村民可以直接参与乡村经济的日常管理。同时,要完善乡村居民参与经济决策的民主性与科学性,建立科学的决策程序,明确村民委员会和村民会议之间的关系,确保他们在乡村经济发展决策中的地位[16],实现乡村经济的善治。

2.4 提升乡村经济整体效益

西方发达国家乡村经济地理要素流变的成功实践证明,推动乡村经济繁荣、提升乡村经济整体效益,离不开乡村经济组织的功能和作用的发挥。乡村经济组织对于维护农民权益、提高农民收入、促进农业现代化、实现国家与社会的稳定具有重要的作用。当前,在乡村经济地理谱系优化过程中,我们提倡建立的乡村经济组织既不是新民主主义革命时期的农会,也不是中国共产党成立初期的传统农协,而是以"农有、农治、农享"为原则,在以属地主义为组织体系建构原则和议行分立为治理结构的基础上建立起来的"农民共同体"。乡村经济组织的核心价值是将分散化的农民和农户组织起来,以"农民共同体"的形式更好地面对市场的挑战和社会的变迁,维护农民的利益,实现乡村经济的善治。因此,在重塑我国乡村经济地理谱系的过程中,应正确认识到乡村经济组织的作用,依托和发挥好乡村经济组织的力量,将其建设成表达和实现农民利益、化解社会矛盾的有效组织,以此促进乡村经济的稳定有序发展[17]。其间,乡村经济组织也需要明确自身的角色定位,通过更好地发展和壮大自身的实力,充分发挥好各项服务功能,最终推动乡村经济地理谱系优化和提升乡村经济整体效益。

第三节　乡村经济地理谱系优化的总体原则

按照党的十九大报告给出的指示,在未来一段时间,乡村振兴战略将作为我国乡村社会发展的关键战略加以实施,并在实施之后实现农业快速发展、乡村更为宜居、农民更为幸福。其间,乡村振兴战略能为我国三农事业带来显著变化,不但农民群体更安居乐业,还会让国家更加繁荣富强,让人民从中得到更多的安全感、获得感和幸福感。但是,需要注意的是,当前我国乡村社会发展和体制改革正处于关键阶段,该时期的乡村社会发展与农业生产正在成为改革的症结所在,优化这些要素及要素之间的关系,会使它们在乡村经济发展的过程中发挥关键作用[18]。因此,为了实现乡村振兴,在未来几年,乡村经济地理要素流变与谱系优化除了要在快速发展的基础上不断深化改革,还应体现以下几个重要原则——促进乡村经济地理主体多元化、多维度释放乡村经济价值、适时适当推进合作社与合作社联社建设。只有这样，才有助于搭建更健康、更稳定的乡村经济发展模式，促进乡村经济地理谱系的整体优化。

3.1 主体多元化治理原则

乡村经济地理谱系优化是一项大的系统工程，不可避免地要涉及要素的参与和治理。在传统"乡政村治"的管理体制中，乡村社会组织的组织化程度较低，参与乡村经济地理的制度化空间相对狭小，使得其在治理的过程中面临各种挑战与障碍，不能很好地承担起乡镇政府向乡村社会转移的公共职能，更不能向广大农民和乡村社会提供"足够"的公共产品和公共服务。然而，乡村社会组织有着民间性和自治性等显著特点，代表并维护广大农民的利益，是提高农民主体性地位的重要途径。在合作治理中，乡村社会组织作为一种新的治理主体参与乡村经济地理谱系优化，有助于进一步促进基层政府的职能转变。为了使乡村社会组织能够顺利参与并逐步融入乡村经济地理谱系优化结构，要求乡镇政府优化制度环境，积极引导和支持乡村社会组织的发展，建立健全有效的监督机制，加强乡村社会组织内部制度建设，将家族、企业组织在内的各种社会组织的利益整合起来，构筑一种多元合作的治理结构，促进乡村经济结构的转型。首先，法制建设是保证乡村社会组织发展的重要前提，它不仅可以规范各社会组织之间的行为，而且也是其自身发展的动力，农民社会组织在参与乡村公共事务过程中，迫切需要一套公平公正的法规与政策支持。其次，针对我国乡村社会组织自身存在的自主运营能力差、组织差和资金短缺等问题，政府要进一步规范乡村社会组织的管理机制，加强政策的引导并提供资金方面的扶持，促使其在乡村经济地理要素流变与谱系优化的过程中保持独立，走市场化、社会化和专业化的道路。最后，乡村社会组织的发展需要把重点放在乡村经济发展方面，鼓励发展多样化的组织形式来承担乡村社会多样化的公共服务，为乡村政府的职能转变创造条件[19]。

3.2 价值多维度释放原则

通过总结发达国家已有的经验可以看出，乡村经济多元化可以促进农业现代化建设进程，对乡村经济体系能够起到支撑作用。因此，在开展乡村经济地理谱系优化的过程中，有必要对农产品的品质和档次进行优化，通过发展现代集约型农业与精准型农业，构建起农工贸一体化的乡村经济地理范式。

（1）开展生态农业经济建设的同时，通过发展多元化乡村经济和强化政策支持力度,加快农业现代化进程。为此,要做好以下工作。第一,对传统农业体系内的单一结构进行优化,减少农产品低质低效以及产品积压情况的出现频率,让农业经济与国内外农业市场相适应。第二,对粮经比例进行调整,让市场在农业资源配置中起基础性作用。同时要通过科学技术的介入,进一步更新农产品品种和提升农产品质量,并在农产品质量与结构同消费需求相结合的过程中,达到"人无我有,人有我优,人优我特"的目的。第三,充分发挥现代农业优势,打造农业"特色+档次+规模"的发展模式,借此促进乡村经济和市场经济的耦合,让农产品和服务能够更好地赢得市场并占领市场。

(2)通过现代工业装备以及现代物质的投入,在现代科学技术管理思维的引导下,"武装"乡村经济,以提高乡村资源利用的综合绩效。其间,要进一步节约土地资源,提高农业生产率和劳动生产率,以便让农业生产获得更多经济效益、社会效益和生态效益。与此同时,要通过多种形式提高农民收入,其中的关键点之一就是强化农业集约化经营与精准农业之间的联系。其中,精准农业应该让更多先进技术融入乡村经济体系,借此实现乡村经济发展的高效低耗,即通过最小的投入换取对自然资源的最大利用。此外,还应加强生态农业经济建设,在开发绿色产品与发展绿色农业的过程中,加大农畜牧产品的品质和品类,并借此获得竞争优势。(3)建立集农、工、贸于一体的乡村经济地理产业布局。在推进农业现代化建设的过程中,有必要进一步改变传统社会中以初级农产品生产为主体的局面,促使农业向着产业化的方向发展。其间,应不断发挥乡村资源优势,通过打造一批主导产业和优势产业,提升乡村经济实力。为了实现这一点,可以发挥政府的引导作用,并让更多社会化服务组织参与乡村经济地理要素流变与谱系优化,以此打开并拓宽农产品流通渠道,确保乡村资源配置得到优化。

3.3 组织全方位建设原则

近几年来,我国乡村地区专业合作社、合作联社的发展异常迅速,在部分地区甚至已经发展成为新农村建设的关键力量。这一类全新组织的出现,一方面让现代农业进入了能够依托的长效机制中,另一方面,还在一定程度上改变了农民的收入结构,提高了收入水平,这将为乡村经济地理与乡村振兴战略的最终实现作出不可替代的贡献。在将来,为了让农民专业合作社、合作联社更好地发挥作用,需要在以下几个方面同时努力。

(1)提高政策的扶持力度,提升合作社的贡献度。为了实现这一目标,相关部门尤其是乡镇一级的政府机关,要持续深入贯彻和执行国家层面上制定的政策,尤其是与农民专业合作社相关的政策,借此帮助农民专业合作社健康发展。比如,在财政领域,有必要通过设立专项资金和专款专用的形式,不断提高对乡村经济地理关键要素的扶持力度。其中,要重点帮扶那些具备一定产业基础并受农民欢迎的合作社;在政策配套方面,有必要构建起和支农政策、支农办法有关的政策,以分类指导的形式确保乡村经济地理要素流变与谱系优化可以顺利推进。

（2）调整和优化专业合作社的管理模式。按照市场经济的发展要求建立乡村合作社制度,通过完善合作社运行体制,为乡村经济地理要素流变与谱系优化提供更多帮助。比如,可以重点培训合作社的负责人以及主要参与者,使之能够在意识上与市场经济接轨。也可以在内部管理、外部监管的同步作用下,确保相关政策得到实行,提高农村合作社的发展绩效。在微观层面上,要开展统一化、标准化的"作业",特别要在农业原材料采购、农产品生产、初级产品和深加工产品包装、农产品物流等方面作更多努力。

（3）提高融资规模、拓宽融资渠道,加大对农村合作社的资金扶持。对不同省市、自治区的农村合作社来说,为了实现又好又快发展,为乡村振兴作出更大的贡献,除了要保证政策和制度跟进外,还应建立金融机构与合作社的帮扶体系,以此推进农村合作社的快速发展。具体而言,要强化乡村金融服务水平与服务质量,加大乡村金融机构对合作社的帮扶力度,构建多元化、立体化的乡村金融系统,确保更多民间资本能够得到地方财政的引导。同时,要进一步形成以村镇银行、小额贷款组织和乡村发展专项资金为载体的乡村金融体系,重点对有代表性、规范化和有典型性的合作社给予资金支持,使之能够在乡村经济地理要素流变与谱系优化中起到带头作用。

3.4　要素全过程参与原则

在优化乡村经济地理谱系的过程中,乡级政府应该以建设服务型政府为契机,将参与思想纳入行政体制改革中,树立以民主公开、平等协作、共同参与为要点的核心理念。同时,随着社会主义市场经济的不断深化,国家对乡村经济的行政事务控制应逐渐减弱,具体到乡村经济地理谱系优化而言,应该是国家、市场和乡村社会(农民和社会组织)共同参与,建立一种既相互独立又分工合作的多元权力主体结构。政府应该发扬放权、分权和平等的民主精神,支持乡村社会中各主体通过平等对话和共同协商,凝聚和动员乡村社会的多元资本到乡村经济地理中,推动一种多元协作机制的运行。但是,在传统的单中心治理过程中,政府行政干预过多,抑制了村民自治的发展,从而也弱化了市场在乡村经济地理中的作用,导致治理绩效低下。在合作治理理念下,通过引入市场机制,可以保障政府提供公共产品的有限性和独立性,同时使得其他非政府组织承担起公共责任,提高公共服务的质量。此外,乡村经济地理的要素流变与谱系优化,可根据"谁投资、谁经营、谁受益"的市场化运行原则,广泛吸收各类社会资本,参与乡村公共产品和公共服务的建设,构建一个多元化的投资体系。具体而言,涉及乡村经济发展的战略计划、项目推广、环境保护、社会保障和与基础教育相关的重大公共产品依然由政府提供,其中的某些项目也可以通过政府与企业(尤其是乡镇企业和村办企业)合作,由政府购买的方式提供。对于一些政府无力提供的公共产品,可以借助市场的力量,将社会企业资本引入公共产品领域,从而解决资金短缺的问题,政府则承担监督与政策支持的职能。

第四节　乡村经济地理谱系优化的总体 方法——基于要素合作的视角

从中国共产党"十八大"提出要加快形成"党委领导、政府负责、社会协同、公众参与、法治保障"的社会管理体制,至中国共产党十九届四中全会指出要"坚持和完善中国特色社会主义制度、推进国家治理体系和治理能力现代化",在这期间及以后的一段时间,在国家层面上计划进一步打破以政府为核心、具有高度一元化特点的政治制度架构,建立基于多中心的社会治理机制,即主张包括政府、市场、社会组织、公民等在内的"协商共治"。目前,我国已经处在从社会管理向社会治理的转变进程中,越来越多的社会组织、个体都已经成为社会治理的主要参与者,不但涉及范围更广、触角更深,借此还可以更加深入地了解社会发展趋势。因此,探讨"多中心合作治理理论"在我国乡村经济地理要素流变与谱系优化中的适用性很有必要。这是因为,随着社会主义市场经济的不断深化和民主进程的不断推进,合作治理的理念符合转型期乡村经济的发展诉求。在实践中,应借鉴符合我国国情的理论内核,按照"简政放权"的基本原则,推动政府、市场、社会三维互动的乡村经济发展合作治理模式。

4.1 乡村经济地理谱系优化的要素合作基础

乡村经济地理谱系优化的要素合作以"多中心治理理论"为基础。该理论是当今西方学术界最热门的理论之一，"多中心"一词由迈克尔·博兰尼在《自由的逻辑》一书中首次提及和阐释。印第安纳大学政治理论与政策分析研究所的埃莉诺·奥斯特罗姆与文森特·奥斯特罗姆夫妇基于深刻的理论分析和丰富的实证分析，共同创立了多中心治理理论。对于公共事务的治理，传统的观点一般有市场派和政府派。市场派以公共选择理论为基础，基于"理性经济人"假设认为，对于公共事务的治理，人们会通过市场自动达到帕累托最优。面对"强市场、弱政府"的治理模式带来的"市场失灵"困境，以凯恩斯主义为代表的政府派强调，政府理应在公共事务的治理过程中实现从"划桨"到"掌舵"的转变，一只"看得见的手"以"强势政府"的身份进入公共事务治理的诸多领域。多中心治理理论是以奥斯特罗姆夫妇为代表的一批学者在考察国家处理公共经济资源的实证研究基础上提出来的，随后被广泛地运用到政府治理、公共资源、社会组织等研究领域，成为政治学、公共行政学、公共经济学等学科的前沿话题。"多中心"和"治理"的共同特征是分权和自治，"多中心"凸显竞争性，"治理"则凸显合作性，因此，"多中心治理"是包含多个中心主体的竞争与合作的新型公共管理范式，包括治理主体多元化和治理方式多样化，其核心问题就是如何把社会中多元的独立行为主体要素组织起来，对公共资源进行共同自主治理，实现共同利益最大化。在传统的政府"单中心"治理模式下，公共权力的运行是单向度的，公共权力资源配置是单极化的，基层政府运用权威的行政命令安排农民完成任务，这种集中化的行政权力不仅制约着农民基本的民主思想和公民精神，更使乡村治理失去实现善治的基础，进而严重影响着乡村社会的长远发展。多中心治理作为转变政府职能的路径之一，可以通过推进有效政府改革，引入市场机制，建设公民社会，实现多元合作。它以改变乡镇政府对乡村事务的行政控制为基点，充分调动乡村内部的自主性力量，通过协商、协调、合作等方式，共同解决在公共产品供给、社会秩序维持和社会矛盾化解等领域的地方性问题。由此可见，多中心治理不仅仅体现在公共事务多元的管理主体和公共产品多元的提供者上，它还是一种超越了传统治理模式的崭新的价值理念与思维方式，意味着以政府和社会的共同参与作为治理的基础，在治理的方式上，政府必须转变其自身的角色和任务。

4.2　要素合作视角下发达国家乡村经济地理谱系优化的经验

发达国家乡村经济依托本地自然环境、资源禀赋、政府推动、经济水平、城乡合作、发展机遇等优势，形成了多样化的治理模式，产生了可观的经济效益和社会效益。基于多中心治理理论的视角，从政府部门、乡村精英、普通村民、城市、学校、企业、金融机构等参与主体的角度，对发达国家乡村治理模式的成功经验进行总结，可以得到如下信息。

（1）政府作为乡村经济地理谱系优化的主要参与者，提供法律支持和资金保障。纵观发达国家乡村经济地理中的政府角色，我们发现政府在乡村经济地理中发挥着主导的作用，在改善乡村弱势地位、缩小城乡差距、提高农民经济收入等方面都有不可推卸的责任。政府对于乡村经济建设的支持，首先体现在通过制定相关法律法规，出台各类政策章程，从制度层面对乡村经济地理进行宏观指导与整体调控。比如，日本《农林渔业金融公库法》、德国《土地整理法》、荷兰《空间规划法》、加拿大《乡村协作伙伴计划》等都规定了乡村经济发展的长远目标、具体方式与实现途径，规范了政府在乡村经济地理中的行为。其次，政府在物力和财力上支持乡村现代化建设，例如，日本除了通过财政转移支付补贴农业外，还建立了农产品价格风险基金，帮助承担村民在农产品生产、销售过程中的资金损失。韩国在"新村运动"后期，投入 20 亿美元设立新村建设基金，用于改善农民的生活环境，兴办乡村公益事业。德国政府也向边远的欠发达乡村提供专项的经济补助，帮助其开展生产活动。除此之外，荷兰、瑞士、法国、美国以及加拿大也都在乡村治理过程中给予了大量财政扶持，推动乡村经济可持续发展。

（2）城市、企业和学校作为乡村经济的支持者，能够推动乡村经济地理的谱系优化。发达城市、大型企业和高等科研院校作为推动乡村经济发展的重要力量，通过城乡之间建立互利合作模式，大型企业利用项目开拓乡村市场，科研院校为农民提供农业培训指导来实现促进和繁荣乡村的目的。比如，在城乡合作方面，到 2006 年 3 月，日本已经有 8 668 个村庄和城市建立了姐妹关系，协同支持乡村社会的发展；瑞士的城市通过帮扶形式，与乡村达成互助合作协议，投资兴建乡村公共基础设施，如医院、学校、公共交通等。在企业推动乡村发展方面，法国许多大型国有企业通过投资项目下乡的方式，实现了工业、农业、商业三大产业的真正联合，极大地推动了农业发展和乡村建设。德国的企业通过在乡村创造更多的就业岗位，吸引农民留在原来的村庄，防止人口流失，推动乡村的现代化发展。在学校支持乡村建设方面,瑞士的科研院校实际上扮演了为农民提供培训指导、推广农业科技以及开发农业新产品和新技术的角色。荷兰的科研院校通过制定科学的教学计划、个性化的培训方案、灵活的上课形式,开展农民技能培训,在提升乡村劳动者素质方面发挥着重要的作用。在推动乡村发展过程中,城市、企业和学校也创造了更多的发展空间和机会,最终有利于实现整个社会的全面发展。

（3）乡村经济地理谱系优化是以乡村农民为核心的经济建设工程,鼓励村民尤其是乡村精英积极参与乡村经济发展的过程中来,不仅有利于充分发挥村民在乡村经济中的基础作用,实现乡村经济善治的目标与任务,而且也有利于农民维护自身权益,促进乡村社会的繁荣。比如,日本"造村运动"的提倡者平松守彦为了向乡民传达"造村运动"的理念,通过走访58个村庄,直接与农民对话,以此唤起他们对于建设自己家乡的热情和干劲,充分发挥农民的自主性和积极性。在美国的乡村经济地理中,乡村的每部法律法规都需要公民的积极参与,只有在广泛邀请村民积极参与的基础上,所形成的法律和政策才是有效的。在德国,村民的积极参与对村庄更新项目的完成起着决定性作用。瑞士乡村的管理主要通过村民自治的形式,村民委员会由一名村长和四名委员组成,全面组织村民参与乡村公共事务治理与乡村社会经济建设。村民尤其是乡村精英在乡村经济中作用的发挥,极大地加快了乡村经济地理要素流变与谱系优化的进程。

（4）乡村金融机构是乡村经济地理要素流变和谱系优化的助推者,承担着乡村可持续发展的重担。纵观国外发达国家的乡村经济地理要素流变和谱系优化经验可以发现,健全、完善的乡村金融机构在国家乡村经济地理要素流变和谱系优化中扮演着助推者的角色,对于吸引农民存款、加大基层公共产品投入、帮助降低农民生产风险、提供村民信贷资金支持等方面都发挥着重要的作用。比如,日本的乡村金融体系对农产品改良、乡村居民活动场所兴建等生产性基础设施建设提供贷款,提供维持和稳定农林渔业的经营、改善农林渔业的条件所需资金,从而极大地增强了本国农产品的竞争能力。法国乡村金融机构除了一直向村民提供基本公共服务外,还提供一些称之为"绿点"的服务。乡村金融机构是加拿大三大融资机构之一,帮助解决加拿大农民的信贷、借款业务,改善乡村的经济状况。

本章小结

随着"生存与发展"之间矛盾的进一步加剧,在乡村振兴战略下强化乡村经济地理要素流变与谱系优化、促进乡村经济发展,逐渐成为全社会的共识,通过转变乡村经济增长方式、提高乡村经济地理要素流变绩效,优化乡村经济地理谱系,对实现乡村振兴战略来说可谓刻不容缓。本章在这一问题上"提纲挈领",首先阐述了乡村经济地理谱系优化的总体目标,包括提升乡村经济地理要素配置绩效、充分释放乡村经济地理要素活力、完善乡村经济治理空间格局、确保乡村经济地理要素受益等;然后确定了乡村经济地理谱系优化的总体方向,分别为优化乡域及以下区域经济、推行乡村经济善治模式、挖掘乡村经济地理核心要素、提升乡村经济整体效益;接下来给出了乡村经济地理谱系优化的总体原则,有主体多元化治理原则、价值多维度释放原则、组织全方位建设原则、要素全过程参与原则等。最后,基于要素合作的视角,介绍了乡村经济地理谱系优化的总体方法,即在要素合作视角下,通过总结发达国家乡村经济地理谱系优化的经验,实现乡村经济地理的谱系优化。本章的这些工作对优化乡村经济增长方式、提升乡村经济发展质量都具有一定的借鉴意义,并能够为乡村经济地理相关命题的研究提供一定的理论支撑。

参考文献

[1] 中共中央、国务院关于实施乡村振兴战略的意见[M]. 北京:人民出版社,2018.

[2] 习近平. 决胜全面建成小康社会,夺取新时代中国特色社会主义伟大胜利[M]. 北京:人民出版社,2017:10.

[3] 刘小丽,卢凤君. 中国能源消费与国民经济增长的关系研究[J]. 工业技术经济,2007(9):55-58.

[4] 杨磊,徐双敏. 中坚农民支撑的乡村振兴:缘起、功能与路径选择[J]. 改革,2018(10):60-70.

[5] 刘守英,熊雪锋. 中国乡村治理的制度与秩序演变——一个国家治理视角的回顾与评论[J]. 农业经济问题,2018(9):10-23.

[6] 刘守英. 城乡中国的土地问题[J]. 北京大学学报(哲学社会科学版),2018(3):79-93.

[7] 刘金海. 宗族对乡村权威及其格局影响的实证研究——以村庄主要干部的姓氏来源为分析基础[J]. 东南学术,2016(1):80-87.

[8] 马历,龙花楼,张英男,屠爽爽,戈大专. 中国县域农业劳动力变化与农业经济发

展的时空耦合及其对乡村振兴的启示[J]. 地理学报,2018(12)：2364-2377.

[9] 龙花楼,屠爽爽. 论乡村重构[J]. 地理学报,2017(4)：563-576.

[10] 衡霞,郑亮. 农地"三权分离"下农村社会治理新模式研究[J]. 云南社会科学, 2016(1)：40-43.

[11] 张勇. 透过"博士春节返乡记"争鸣看乡村问题、城乡矛盾与城乡融合[J]. 理论探索,2016(4)：86-93.

[12] 李先军. 智慧农村：新时期中国农村发展的重要战略选择[J]. 经济问题探索, 2017(6)：90-93.

[13] 康永征,薛珂凝. 从乡村振兴战略看农村现代化与新型城镇化的关系[J]. 山东农业大学学报(社会科学版),2018(1)：9-12.

[14] 姜德波,彭程. 城市化进程中的乡村衰落现象：成因及治理——"乡村振兴战略"实施视角的分析[J]. 南京审计大学学报,2018(1)：16-24.

[15] 白永秀,赵伟伟,王颂吉. 城乡经济社会一体化的理论演进[J]. 重庆社会科学, 2010(10)：51-57.

[16] 黄桂荣. 从社会结构转换视角看城乡经济社会一体化[J]. 社会主义研究,2010 (5)：67-72.

[17] 徐勇. 中国家户制传统与农村发展道路——以俄国、印度的村社传统为参照[J]. 中国社会科学,2013(8)：19-23.

[18] 李裕瑞,王婧,刘彦随,等. 中国"四化"协调发展的区域格局及其影响因素[J]. 地理学报,2014(2)：199-212.

[19] 申明锐,沈建法,张京祥,等. 比较视野下中国乡村认知的再辨析：当代价值与乡村复兴[J]. 人文地理,2015(6)：53-59.

第十四章　乡村经济地理要素流变的效率分析

　　作为国民经济的基础单元,乡村经济地理要素流变效率直接关系到我国乡村经济发展水平,综合评价乡村经济地理的要素流变效率,进而为城市化、城镇化铺平道路,带动"村域经济"形成联动效应具有特别重要的现实意义。尽管对乡村经济地理的理论性探讨在研究范围、研究方法方面初步形成了一定规模的成果体系[1-4],但从已有研究采用的评价方法看,通过某些单项指标进行分析仅能反映待评价对象某一方面的状况。这是因为,乡村经济地理的"发展模式"与乡村社会发展直接相关。按照乡村经济地理主体之间的关系,本章把乡村经济地理的"发展模式"进一步分为以下两类。一类是"合作协商"模式。这类模式与以下组织的出现有关:其一是乡村经济组织的崛起,与之相关的是现代经营管理体系,后者逐渐主导了乡村经济地理要素流变格局和过程;其二是部分临时性或事务性组织的建立,它们与乡村自治组织共同形成了新的组织格局,这些组织在临时性事务或特定功能完成后,会消失或者被纳入乡村自治体系。另一类是"多元自主"模式。它与"合作协商"模式相对应,不但意味着乡村经济地理主体的多元化,还意味着不同主体之间缺少良好的合作或协调机制。其出现既可能与乡村经济地理的"一般模式"有关,也和乡村经济的发展有关。这些新兴组织不但无法和乡村自治组织实现有机结合,也难以与之形成良好的合作与协商关系,唯有各司其职,各谋其事,才能形成乡村经济地理谱系优化的"多元主体"模式。为了考察基于多元主体的乡村经济地理谱系优化问题,需要从效率的视角对要素流变结果进行综合评估,而依赖效用函数或确定权重的评价方法,常常由于被评价系统过于复杂而难以找到准确的函数关系或确定的权重大小。DEA(数据包络分析)是评价相对有效性的有力工具[5],该方法不必事先确定指标权重和各种显式关系,更适合复杂系统的评价问题。但在实际操作中,常常要将待评价的对象与某些标准进行对比,从而得到更加全面和特定的管理信息。本章在对传统 DEA 和样本 DEA[6] 进行对比分析的基础上,给出乡域单元(在第十四章和第十五章,为了分析工作能够有序、有效进行,将"乡村"解构为"乡域"和"村域",然后分别以此为对象,开展相应研究尤其是定量研究)要素流变有效性的概念和判定方法,讨论乡域有效单元与相应的多目标规划帕累托有效解之间的等价关系,并对乡村经济地理要素流变效率的优化问题进行探讨,最后通过算例进行有效验证。这些工作不仅能够得到乡村经济地理要素流变的实际效果,对乡域单元群的要素流变效率进行排序,还能通过与标准的比较,得出乡域单元要素流变效率相对较低的原因、调整的范围及其可能达到的理想状态,对寻找乡村经济地理谱系优化的途径、方法和尺度是大有裨益的。

第一节 评价乡村经济地理要素流变效率的传统 DEA 方法

乡村经济地理是国家区域经济地理体系内的基础单元,在科层制要素流变架构中具有承上启下功能,尤其在乡村经济发展方面,更是具有枢纽性的带动作用[7]。其中,乡村经济地理体系构成要件涉及乡域经济的投入和产出,关乎乡域经济发展阶段和发展水平。接下来,从系统论思想出发,对乡村经济地理要素流变效率评价问题进行假设和界定。

假设某系统内有 n 个待评价的乡域单元, $\boldsymbol{x}_j = (x_{1j}, x_{2j}, \cdots, x_{mj})^{\mathrm{T}}$ 和 $\boldsymbol{y}_j = (y_{1j}, y_{2j}, \cdots, y_{sj})^{\mathrm{T}}$ 分别表示第 $j(j=1, 2, \cdots, n)$ 个乡域单元 DMU_j 的输入(乡村经济地理要素流变过程中的投入)向量和输出(乡村经济地理要素流变过程中的产出)向量。令 $D = \{(\boldsymbol{x}_j, \boldsymbol{y}_j) \mid j=1, 2, \cdots, n\}$ 为所有乡域单元组成的集合,称为乡域单元集。下面是对第 $p(1 \leqslant p \leqslant n)$ 个乡域单元 DMU_p 进行效率评价时的最优化评价模型,其中规划 (DP) 是规划 (CP) 的对偶。

$$(CP) \begin{cases} \max \, (\boldsymbol{\mu}^{\mathrm{T}} \boldsymbol{y}_p + \delta \mu_0) = V_{CP}, \\ \mathrm{s.t.} \quad \boldsymbol{\omega}^{\mathrm{T}} \boldsymbol{x}_j - \boldsymbol{\mu}^{\mathrm{T}} \boldsymbol{y}_j - \delta \mu_0 \geqslant 0, \, j=1, 2, \cdots, n, \\ \quad \boldsymbol{\omega}^{\mathrm{T}} \boldsymbol{x}_p = 1, \\ \quad \boldsymbol{\omega} \geqslant 0, \, \boldsymbol{\mu} \geqslant 0, \end{cases}$$

$$(DP)\begin{cases} \min\theta = V_{DP}\,, \\ \mathrm{s.t.} \quad \sum_{j=1}^{n} \boldsymbol{x}_j\lambda_j \leqslant \theta\boldsymbol{x}_P\,, \\ \quad\quad \sum_{j=1}^{n} \boldsymbol{y}_j\lambda_j \geqslant \boldsymbol{y}_P\,, \\ \quad\quad \delta\sum_{j=1}^{n}\lambda_j = \delta\,, \\ \quad\quad \lambda_j \geqslant 0\,, \ j=1\,,\,\cdots,\,n\,, \end{cases}$$

相应的生产可能集为

$$T = \Big\{ (\boldsymbol{x}\,,\,\boldsymbol{y}) \,\Big|\, \sum_{j=1}^{n} \boldsymbol{x}_j\lambda_j \leqslant \boldsymbol{x}\,,\, \sum_{j=1}^{n} \boldsymbol{y}_j\lambda_j \geqslant \boldsymbol{y}\,,\, \delta\sum_{j=1}^{n}\lambda_j = \delta\,,$$
$$\lambda_j \geqslant 0\,,\ j=1\,,\,\cdots,\,n \Big\}\,,$$

其中 δ 为取 0 或 1 的参数。

定义 14.1 若线性规划 (CP) 存在最优解 $\boldsymbol{\omega}^0$，$\boldsymbol{\mu}^0$，μ_0^0，满足 $\boldsymbol{\omega}^0 > 0$，$\boldsymbol{\mu}^0 > 0$，且最优值为 1，则称第 p 个乡域单元 DMU_p 要素流变有效。

规划 (DP) 等价于

$$(DDP)\begin{cases} \min\theta = V_{DDP}\,, \\ \mathrm{s.t.} \quad \sum_{j=1}^{n} \boldsymbol{x}_j\lambda_j + s^- = \theta\boldsymbol{x}_p\,, \\ \quad\quad \sum_{j=1}^{n} \boldsymbol{y}_j\lambda_j - s^+ = \boldsymbol{y}_p\,, \\ \quad\quad \delta\sum_{j=1}^{n}\lambda_j = \delta\,, \\ \quad\quad \lambda_j \geqslant 0\,, \ j=1\,,\,\cdots,\,n\,, \\ \quad\quad s^- \geqslant 0\,,\ s^+ \geqslant 0\,。 \end{cases}$$

根据"紧松定理"，要素流变有效性有如下等价的定义。

定义 14.2 若规划 (DDP) 的任意最优解 $\boldsymbol{\lambda}^0 = (\lambda_0^0\,,\,\lambda_1^0\,,\,\cdots,\,\lambda_n^0)^{\mathrm{T}}$，$s^{-0}$，$s^{+0}$，$\theta^0$ 都有 $\theta^0 = 1$，$s^{-0} = 0$，$s^{+0} = 0$，则称第 p 个乡域单元 DMU_p 要素流变有效；否则要素流变无效。

定理 14.1 乡域单元 DMU_p 在生产前沿面上的投影

$$\tilde{\boldsymbol{x}}_p = \theta^0\boldsymbol{x}_p - s^{-0} = \sum_{j=1}^{n} \boldsymbol{x}_j\lambda_j\,,$$

$$\tilde{\boldsymbol{y}}_p = \boldsymbol{y}_p + s^{+0} = \sum_{j=1}^{n} \boldsymbol{y}_j\lambda_j$$

时,要素流变有效。

对于多目标规划问题

$$(VP)\begin{cases}V - \max{(-\boldsymbol{x}, \boldsymbol{y})}, \\ \text{s.t.} \quad (\boldsymbol{x}, \boldsymbol{y}) \in T,\end{cases}$$

有如下结论。

定理 14.2 若第 p 个乡域单元 DMU_p 要素流变有效,则 $(\boldsymbol{x}_p, \boldsymbol{y}_p)$ 为 (VP) 的帕累托有效解。

定理 14.3 若 $(\boldsymbol{x}_p, \boldsymbol{y}_p)$ 为 (VP) 的帕累托有效解,则第 p 个乡域单元 DMU_p 要素流变有效。

可见,DEA 方法在综合评价乡村经济地理要素流变效率时,由于乡域单元投入产出各指标间的相对权重靠 DEA 模型自身优化得到,增加了评价结果的客观性。进一步地,若将某个待评价的乡域单元与某些规则或公认的优秀单元进行比较,将会得到更为严格和丰富的管理信息[8],而构造基于样本的乡村经济地理要素流变有效性的判定方法就是对这一工作的尝试。

第二节 乡村经济地理要素流变的效率判定

党的十八届三中全会把完善和发展中国特色社会主义制度、推进国家治理体系和治理能力现代化作为全面深化改革的总目标,体现了以习近平同志为核心的党中央治国理政的新理念、新方略,具有重大现实意义和深远的历史意义。在此背景下,推进乡村经济地理谱系优化工作是一项综合的、系统的工程,既是中央的事,中央要做好顶层设计,抓好国家层面的治理;又是乡级政府的重大任务,在全面落实中央部署的同时,要综合把握、大胆探索,创造性地将乡村经济地理谱系优化任务落到实处,取得实效,切实响应和落实中央号召。接下来,就继续在构造样本生产可能集的基础上,对乡村经济地理要素流变效率进行初步判定。

2.1 样本生产可能集的构造

假设另有 $\bar{n}$ 个公认的优秀乡域单元(以下统称为样本单元),它们的输入输出指标值分别表示为 $\bar{\boldsymbol{x}}_j, \bar{\boldsymbol{y}}_j, (\bar{\boldsymbol{x}}_j, \bar{\boldsymbol{y}}_j) > \boldsymbol{0}, j = 1, 2, \cdots, \bar{n}$。

令 $\bar{D} = \{(\bar{x}_j, \bar{y}_j) \mid j = 1, 2, \cdots, \bar{n}\}$，称为样本单元集。

从 DEA 方法构造生产可能集的基本原理出发[8]，样本生产可能集可统一表示为：

$$\bar{T} = \left\{ (\bar{x}, \bar{y}) \mid \sum_{j=1}^{\bar{n}} \bar{x}_j \lambda_j \leqslant \bar{x}, \ \sum_{j=1}^{\bar{n}} \bar{y}_j \lambda_j \geqslant \bar{y}, \right.$$

$$\left. \delta \sum_{j=1}^{\bar{n}} \lambda_j = \delta, \ \lambda = (\lambda_0, \lambda_1, \cdots, \lambda_{\bar{n}})^{\mathrm{T}} \geqslant 0 \right\},$$

其中 δ 是取值为 0 或 1 的参数。

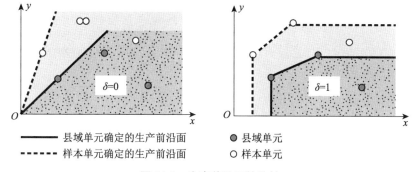

图 14.1　生产前沿面的比较

以单投入单产出为例。图 14.1 中，分别由乡域单元和样本单元确定的生产前沿面将投入-产出平面分成内外两部分，相应的生产可能集即为对应的阴影区域。在不引入样本单元的情况下，乡域有效单元落在生产前沿面上，无效单元落在内侧；若引入样本单元，由于此类单元为公认的"优秀"单元，此时的生产前沿面主要由样本单元决定，有效单元落在样本生产前沿面上，无效单元落在其内侧。选取样本单元作为乡域单元的参照，突破了传统 DEA 方法的局限，在扩充生产可能集的基础上，重新界定了生产前沿面的有效范围，使被评价对象和评价标准实现了有效分离，将评价过程从仅能依据决策单元自身扩展到可以依据任何比较对象。

2.2　基于样本的乡村经济地理要素流变效率判定方法

若样本生产可能集中没有哪个其他单元的要素流变状况比乡域单元 DMU_p 更好，则称乡域单元 DMU_p 相对于样本单元是要素流变有效的，即在不增加投入的情况下，没有一个样本单元的产出优于 DMU_p；或者在不减少产出的情况下，没有一个样本单元的投入少于 DMU_p。由此给出以下定义。

定义 14.3　若不存在 $(\bar{x}, \bar{y}) \in \bar{T}$，使得 $\bar{x} \leqslant x_p, \bar{y} \geqslant y_p$，且至少有一个不等式严格成立，则称乡域单元 DMU_p 相对于样本单元是要素流变有效的，否则称为相对于样本单元要素流变无效。

对于多目标规划问题

$$(VP_{DMU_p}) \begin{cases} V - \max (-x_1, \cdots, -x_m, y_1, \cdots, y_s)^{\mathrm{T}}, \\ \text{s.t.} \quad (\bar{x}, \bar{y}) \in \bar{T}_{DMU_p}, \end{cases}$$

其中

$$\bar{T}_{DMU_p} = \left\{ (\bar{x}, \bar{y}) \left| \begin{array}{l} \sum_{j=1}^{\bar{n}} \bar{x}_j \lambda_j + \lambda_{\bar{n}+1} x_p \leqslant \bar{x}, \ \sum_{j=1}^{\bar{n}} \bar{y}_j \lambda_j + \lambda_{\bar{n}+1} y_p \geqslant \bar{y} \\ \delta \sum_{j=1}^{\bar{n}+1} \lambda_j = \delta, \ (\lambda_0^0, \lambda_1^0, \cdots, \lambda_{\bar{n}+1}^0)^{\mathrm{T}} \geqslant 0 \end{array} \right. \right\},$$

为乡域单元 DMU_p 对应的样本生产可能集。

可以得出以下结论。

定理 14.4　当且仅当 (x_p, y_p) 为多目标规划 (VP_{DMU_p}) 的帕累托有效解时，乡域单元 DMU_p 相对于样本单元要素流变有效。

$$对于模型 (D_{DMU_p}) \begin{cases} \min \theta = V_{DMU_p}, \\ \text{s.t.} \quad \sum_{j=1}^{\bar{n}} \bar{x}_j \lambda_j \leqslant (\theta - \lambda_{\bar{n}+1}) x_p, \\ \sum_{j=1}^{\bar{n}} \bar{y}_j \lambda_j \geqslant (1 - \lambda_{\bar{n}+1}) y_p, \\ \delta \sum_{j=1}^{\bar{n}+1} \lambda_j = \delta, \\ \lambda_j \geqslant 0, \ j = 0, 1, \cdots, \bar{n}+1, \end{cases}$$

有以下结论。

定理 14.5　当且仅当 (D_{DMU_p}) 的最优值 $\theta = 1$，且对每个最优解 $\lambda^0 = (\lambda_0^0, \lambda_1^0, \cdots, \lambda_{\bar{n}+1}^0)^{\mathrm{T}}, \theta^0$ 都有

$$\sum_{j=1}^{\bar{n}} \bar{x}_j \lambda_j^0 = (\theta^0 - \lambda_{\bar{n}+1}^0) x_p,$$

$$\sum_{j=1}^{\bar{n}} \bar{y}_j \lambda_j^0 = (1 - \lambda_{n+1}^0) y_p,$$

乡域单元 DMU_p 相对于样本单元要素流变有效。

通过上面的讨论可知,若待评价乡域单元相对于样本单元要素流变有效,此时不存在哪个样本单元的生产状况优于该乡域单元,它的特征指标已经没有改进的可能性,在不减少产出的情况下,投入已不能减少,或者在不增加投入的情况下,产出已不能增加。

第三节　乡村经济地理要素流变的效率优化

在乡村经济地理要素流变中,乡是行政架构的基本单元[9]。因此,乡村经济地理体系要件建设和治理能力提升尤为重要。当前乃至以后,发展仍是解决我国乡村经济地理问题的关键,乡村经济发展是解决很多乡村问题的重要途径。因此,需要深刻明晰乡域经济在乡村经济地理谱系优化中的地位和作用,它在乡村经济地理体系的构成中是重中之重,一旦缺少了乡域经济发展的支撑,乡村经济地理谱系优化就无法突破现有瓶颈制约,要素流变成效也就无法达到理想的状态。

3.1　样本的选取

在评价工作初步完成后,决策者可能会对某个待评价的乡域单元更加重视,但该单元的效率相对于样本单元还未达到理想的程度。因此,如何根据实际情况对这些无效单元提出内部优化的方案和措施就成为需要解决的另一个问题。

而该项工作的前提是样本单元的正确选取,如果通过线性规划(DP)分离出要素流变有效单元和无效单元,并进一步地选取要素流变有效单元和部分系统外部的优秀单元为样本,重新确定更为严格的生产前沿面作为参照,将为要素流变无效单元个体效率和乡域单元群的整体效率优化带来方便。

考虑待评价乡域单元 DMU_p 的线性规划(CP)。

记 $n = \underline{n} + \bar{n}$,$\underline{n}$ 为无效的乡域单元个数,$\bar{n}$ 为有效的乡域单元个数。

设样本单元集 $\bar{D} = \{(\bar{x}_j, \bar{y}_j) \mid j = 1, 2, \cdots, \bar{n}\}$ 为有效单元集(即选取乡域有效单元为样本),$D \backslash \bar{D}$ 为无效单元集。

现减少一个无效单元 $DMU_{\underline{n}}$，相应的输入、输出数据为 $(x_{\underline{n}}, y_{\underline{n}})$，记 $D_- = D \backslash \{DMU_{\underline{n}}\}$，相应的有效单元集为 $\overline{D}_- = \{DMU_j \mid j \in D_-\}$，其中 DMU_j 为相对于 D_- 中所有乡域单元进行评价时要素流变有效的单元。

减少一个乡域单元后，相应的线性规划为

$$(CP_-) \begin{cases} \max (\boldsymbol{\mu}^{\mathrm{T}} \boldsymbol{y}_p + \delta \mu_0) = V_{CP-}, \\ \text{s.t.} \quad \boldsymbol{\omega}^{\mathrm{T}} \boldsymbol{x}_j - \boldsymbol{\mu}^{\mathrm{T}} \boldsymbol{y}_j - \delta \mu_0 \geqslant 0, \ j = 1, 2, \cdots, n, \ j \neq \underline{n}, \\ \boldsymbol{\omega}^{\mathrm{T}} \boldsymbol{x}_p = 1, \\ \boldsymbol{\omega} \geqslant 0, \boldsymbol{\mu} \geqslant 0, \end{cases}$$

易知，

$$D_- \backslash \overline{D}_- \subset D \backslash \overline{D}, \quad \overline{D} \backslash \{DMU_{\underline{n}}\} \subset \overline{D}_-,$$

即减少乡域单元 $DMU_{\underline{n}}$ 后，原来要素流变有效的乡域单元仍然要素流变有效。

引理 14.1 设 $\boldsymbol{\omega}^{j_0}$，$\boldsymbol{\mu}^{j_0}$，$\mu_0^{j_0}$ 为 (CP) 的最优解，$j_0 \neq \underline{n}$。若 $(\boldsymbol{\omega}^{j_0})^{\mathrm{T}} \boldsymbol{x}_{\underline{n}} - (\boldsymbol{\mu}^{j_0})^{\mathrm{T}} \boldsymbol{y}_{\underline{n}} - \delta \mu_0^{j_0} > 0$，则 $\boldsymbol{\omega}^{j_0}$，$\boldsymbol{\mu}^{j_0}$，$\mu_0^{j_0}$ 也为 (CP_-) 的最优解。

定理 14.6 设 $DMU_{j_0} \notin \overline{D}$，$j_0 \neq \underline{n}$，且 $(x_{\underline{n}}, y_{\underline{n}})$ 满足 $(\boldsymbol{\omega}^{j_0})^{\mathrm{T}} \boldsymbol{x}_{\underline{n}} - (\boldsymbol{\mu}^{j_0})^{\mathrm{T}} \boldsymbol{y}_{\underline{n}} - \delta \mu_0^{j_0} > 0$，则 $DMU_{j_0} \notin \overline{D}_-$。

该定理表明，减少乡域单元 $DMU_{\underline{n}}$ 后，原来要素流变无效的单元仍然无效。

进一步地，有下面的结论。

定理 14.7 若对任意 $DMU_j \in D \backslash \overline{D}$，$j \neq \underline{n}$，都有 $(\boldsymbol{\omega}^j)^{\mathrm{T}} \boldsymbol{x}_{\underline{n}} - (\boldsymbol{\mu}^j)^{\mathrm{T}} \boldsymbol{y}_{\underline{n}} - \delta \mu_0^j > 0$，则 $\overline{D}_- = \overline{D}$。

推论 $DMU_{\underline{n}} \notin \overline{D}$ 当且仅当 $\overline{D}_- = \overline{D}$。

可见，减少要素流变无效的乡域单元对其他乡域单元的有效性没有影响，并且根据"存在性定理"，最多减少 $n-1$ 个要素流变无效单元后，仍然至少存在一个乡域单元是要素流变有效的，这就保证了样本的可获得性。但是，单纯以要素流变有效单元为标准对某个要素流变无效的乡域单元进行评价不会得出新的管理信息，因为生产前沿面的位置并不因要素流变无效单元的数量减少而改变。因此，一定程度地引入系统外部的"优秀"单元,使其与系统内部的有效单元共同作为参照,将能够改变生产前沿面的位置,使其向更有效的方向推移,此时无效单元在与样本单元进行比较时,得到的信息也更为严格和丰富。

3.2 乡村经济地理要素流变无效的优化方法

若乡域单元 DMU_p 相对于样本单元要素流变无效,目标规划模型 $(D_{DMU_p}^\epsilon)$ 的表达式为

$$(D_{DMU_p}^\epsilon) \begin{cases} \max(\bar{e}^T s^- + e^T s^+) = V_\epsilon, \\ \text{s.t.} \quad \sum_{j=1}^{\bar{n}} \bar{x}_j \lambda_j + s^- = (1 - \lambda_{\bar{n}+1}) x_p, \\ \quad \sum_{j=1}^{\bar{n}} \bar{y}_j \lambda_j - s^+ = (1 - \lambda_{\bar{n}+1}) y_p, \\ \quad \delta \sum_{j=1}^{\bar{n}+1} \lambda_j = \delta, \\ \quad \lambda_j \geqslant 0, \ j = 0, 1, \cdots, \bar{n}+1, \\ \quad s^- \geqslant 0, \ s^+ \geqslant 0, \end{cases}$$

其中, $e = (1, \cdots, 1)^T \in E_+^s$, $\bar{e} = (1, \cdots, 1)^T \in E_-^m$。

相应地,可以得出以下结论:

定理 14.8 $(x_p - s^{-0}, y_p + s^{+0})$ 相对于样本单元 $(\bar{x}_j, \bar{y}_j)$ 要素流变有效,其中 $s^{-0}, s^{+0}, \lambda^0$ 是规划 $(D_{DMU_p}^\epsilon)$ 的最优解。

该定理的结论表明,若乡域单元 DMU_p 相对于样本单元要素流变无效,则 s^- 和 s^+ 至少有一个非零,此时 $(x_p - s^{-0}, y_p + s^{+0}) \in \bar{T}$ 且 $(-x_p + s^{-0}, y_p + s^{+0}) \geqslant (-x_p, y_p)$,$DMU_{j_0}$ 的整体特征没有达到帕累托有效状态,无效的原因主要表现在其特征指标还有改进的可能性,改进的方向和空间可用 s^- 和 s^+ 来刻画,调整后的单元 $(x_p - s^{-0}, y_p + s^{+0})$ 为要素流变有效单元。

第四节　应用举例

为了对乡村经济地理要素流变效率进行分析和评价,选取吉林省 8 个地级市(州)(吉林、辽源、通化、四平、白城、松原、白山、延边朝鲜族自治州)

所辖的 8 个"乡镇"为研究对象,构建基于"投入-产出"的乡域经济发展效率评价体系。其间,与当地政府部门、企事业单位、金融机构、进出口企业的负责人等进行了访谈,并广泛查阅了当地地方志和统计年鉴,通过分层抽样和随机抽样相结合的形式,针对表 14.1 中的指标体系制作和发放了问卷。其中,问卷数量为 300 份,回收有效问卷 291 份,问卷效度和信度均达到要求。接下来,在资料收集和理论分析的基础上,确定了相应的投入产出指标。

表 14.1 乡域单元群的投入产出数据

DMU	投入				产出			
	X_1	X_2	Y_1	Y_2	Y_3	Y_4	Y_5	Y_6
1	96.36	34.17	557.88	46.35	23260	206.64	618.23	7553
2	38.20	8.40	192.90	12.83	182	98.75	507.14	9520
3	109.93	85.91	893.32	52.03	26775	296.84	944.73	6919
4	43.48	9.05	121.55	3.69	189	35.75	240.06	5942
5	32.39	6.90	69.05	1.12	109	32.70	133.51	6641
6	32.58	10.11	269.99	30.82	6 023	66.34	590.55	6 267
7	19.77	4.40	192.53	14.73	1 575	54.70	431.90	5 748
8	67.20	30.46	321.86	9.38	2 322	110.67	482.99	5 904
S1	16.32	3.60	202.65	16.24	1 675	57.30	451.32	5 948
S2	76.29	31.70	671.23	47.32	32 357	232.03	623.67	7 581

数据来源:《中国城市统计年鉴》,部分数据通过计算得到,下同

其中,第一列数据中的 1—8 为系统内部的乡域单元序号,S_1 和 S_2 为来自系统外部的"优秀"单元。X_1、X_2 为投入指标,分别为政府投资(亿元)和非政府投资(亿元);Y_1—Y_6 为输出指标,分别为国内生产总值(当年价)(亿元),乡村农业产值(亿元),乡村工业产值(万美元),乡村社会消费品零售额(亿元),农业贷款总额(亿元),乡村居民人均可支配收入(元)。

应用模型(DDP)(令 $\delta=0$)对系统内乡域单元进行综合分析后,评价结果如表 14.2 所示。

表 14.2 评价结果($\delta = 0$)

DMU	θ	s_1^-	s_2^-	s_1^+	s_2^+	s_3^+	s_4^+	s_5^+	s_6^+
1	1.000	0.000	0.000	0.000	0.000	0.000	0.000	0.000	0.000
2	0.946	0.568	0.000	0.155	0.138	0.266	0.000	0.273	0.857
3	1.000	0.000	0.000	0.000	0.000	0.000	0.000	0.000	0.000
4	0.503	0.142	0.000	0.775	0.115	0.144	0.208	0.206	0.000
5	0.737	0.102	0.000	0.153	0.159	0.171	0.305	0.365	0.000
6	1.000	0.000	0.000	0.000	0.000	0.000	0.000	0.000	0.000
7	1.000	0.000	0.000	0.000	0.000	0.000	0.000	0.000	0.000
8	0.595	0.000	0.923	0.677	0.204	0.865	0.000	0.391	0.573

从表 14.2 可知，乡域单元 1、3、6、7 的相对效率值为 1，其生产已经达到帕累托有效状态，是要素流变有效的。其余乡域单元的要素流变效率较低，其特征指标还有改进的可能。改进的尺度可以根据松弛变量和剩余变量进行调整。

为了进一步显示要素流变无效单元与样本单元的差距，更好地优化乡域经济的要素流变效率，以下选定要素流变有效单元 1、3、6、7 和外部单元 S1、S2 为样本，应用模型（D_{DMU_p}）（令 $\delta = 0$）将要素流变无效单元与样本单元群分别进行分析比较，结果如表 14.3 所示。

表 14.3 基于样本的评价结果($\delta = 0$)

DMU	θ	s_1^-	s_2^-	s_1^+	s_2^+	s_3^+	s_4^+	s_5^+	s_6^+
2	0.739	0.886	0.000	0.156	0.152	0.270	0.000	0.271	0.731
4	0.397	0.975	0.000	0.809	0.125	0.148	0.215	0.211	0.000
5	0.583	0.647	0.000	0.153	0.159	0.171	0.305	0.365	0.000
8	0.469	0.000	0.000	0.157	0.170	0.176	0.313	0.370	0.000

综合表 14.2 和表 14.3 可知，虽然要素流变无效的乡域单元在两次评价中都为要素流变无效，但是由于所参照的生产前沿面不同，要素流变无效单元与样本前沿面的距离明显大于相对于传统生产前沿面的距离，这说明引入样本单元（尤其是外部的优秀单元为样本）后，无效单元与样本单元的真正差距才被找到，这将为政策制定者和决策者的后续改进工作提供清

晰的路径。

本章小结

乡村经济地理是一个崭新的命题，其内容涉及乡村经济地理要素流变和谱系优化等内容。同时，因为乡域区域范围有限，要素流变对乡村经济地理空间格局和谱系分布的影响不可不引起重视。本章从介绍评价乡村经济地理要素流变效率的传统 DEA 方法出发，进行了样本生产可能集的构造，给出了基于样本的乡村经济地理要素流变效率判定方法，在完成了样本的选取和确定了指标体系之后，通过实例对上述方法进行了验证。这项工作的开展，能够体现决策者对某个待评价的乡域单元的重视程度，倘若该单元的效率相对于样本单元还未达到理想的程度，就可以根据实际情况对这些无效单元提出内部优化的方案和措施。当然，该项工作的前提是样本单元的正确选取——可以选取要素流变有效单元和部分系统外部的优秀单元为样本，重新确定更为严格的生产前沿面作为参照，这将为乡村经济地理要素流变中的无效单元个体效率和乡域单元群的整体效率优化带来方便。

参考文献

［1］吴海鹰,段庆林. 西部县域经济基本竞争力综合评价研究[J]. 中央财经大学学报,2004(2)：64-67.

［2］刘新卫. 长江三角洲典型县域农业生态环境质量评价[J]. 系统工程理论与实践, 2005(6)：133-138.

［3］孙毅等. 县域科技进步评价体系及测评方法研究[J]. 中国软科学,2005 (8)：147-157.

［4］李林,张宁. 基于熵权法的县域城镇体系发展状况综合评价[J]. 数学的实践与认识,2008(1)：1-4.

［5］Charnes A, Cooper W W, Rohodes E. Measuring the Efficiency of Decision Making Units［J］. European Journal of Operational Research, 1978, 2 (6)：429-444.

［6］马占新. 样本数据包络面的研究与应用[J]. 系统工程理论与实践,2003 (12)：32-37.

［7］孙永正,王秀秀. 中国城市化和城市治理的反思与转型[J]. 城市问题,2016(1)：17-19.

［8］魏权龄. 数据包络分析［M］. 北京：科学出版社，2004.

［9］宋庆伟，王荣成，麻秋玲. 我国县域农业与乡村经济发展的时空特征研究［J］. 干旱区资源与环境，2016(10)：13-18.

［10］钱伟，刘碧玲. 基于多中心治理的城市社区治理研究［J］. 经济研究导刊，2018(17)：110-111.

［11］Voutilainen O，Wuori O. Rural Development within the Context of Agriculture and Socio-economic Trends — The Case of Finland［J］. Europe Country，2012，34(34)283-302.

［12］孙玉，彭金玉. 国内对多中心治理理论应用的研究综述［J］. 学理论，2016(11)：57-58.

［13］李郇，徐现祥. 中国撤县（市）设区对城市经济增长的影响［J］. 地理学报，2015(8)：1202-1214.

［14］陈锡文. 实施乡村振兴战略，推进农业农村现代化［J］. 中国农业大学学报（社会科学版），2018(1)：5-12.

［15］姜德波，彭程. 城市化进程中的乡村衰落现象：成因及治理——"乡村振兴战略"实施视角的分析［J］. 南京审计大学学报，2018(1)：16-24.

［16］陆益龙. 乡土重建：可能抑或怀旧情结［J］. 学海，2016(3)：38-45.

［17］李祖佩. 项目进村与乡村治理重构：一项基于村庄本位的考察［J］. 中国农村观察，2013(4)：2-13.

第十五章　乡村经济地理谱系优化分析
——基于合作治理的视角

　　随着乡村经济地理空间格局的转变和乡村经济发展模式的转型,乡村经济的传统单中心治理模式逐渐向多中心治理模式转变,农民群体、科研机构、高等院校、乡镇企业以及其他社会组织等主体性要素在乡村经济地理谱系优化中的地位越来越重要[1]。综观相关的文献可以发现,运用多中心治理理论对我国乡村经济地理进行的研究越来越多元化,有的学者基于乡村治理结构的分化与重组,强调乡村精英在村政运作和乡村政治中的核心主角地位;有的学者基于公共行政理论的视角,从乡村的公共关系入手研究乡村经济地理要素流变的绩效问题;有的学者从经济学的需求与供给、成本与收益等角度研究乡村经济地理的要素供给,所有这些工作都对当下的研究有着非常重要的启示意义[2-4]。近年来,随着"新农村建设""乡村振兴""精准扶贫"等国家战略的推进,多中心治理理论为优化乡村经济地理谱系提供了一个契机。同时,乡村经济地理的不断演化也迫切要求合作有效性评价理论与评价方法的创新。在这一问题上,DEA 方法是评价相对有效性的有力工具[5],但是将该方法应用于乡村经济地理谱系优化,会遇到以下困难:(1)基于多中心的乡村经济地理谱系优化会使合作者的投入产出发生变化,时间序列数据将失去可比性,这违背了传统 DEA 方法对决策单元的要求;(2)乡村经济地理谱系优化建立在要素优势互补的基础上,这就使得合作单元的不同投入产出指标的重要程度存在差异,单纯进行无量纲评价会失去实际意义;(3)乡村经济地理谱系优化是明显的跨领域行为,而传统的样本数据包络分析方法只能依据同类单元确定的参考面提供评价信息,不能根据实际情况任意指定参考标准;(4)对乡村经济地理谱系优化效率的评价工作除了需要度量各要素和各合作单元的效率,还需对合作单元群的整体效率进行测量,以便考察基于合作治理的谱系优化效果,这是传统 DEA 方法不能提供的。因此,以决策单元的资源共享为基础,突破传统数据包络分析方法无法依据任意参考面提供评价信息的限制,本章试着给出带有指标约束的评价乡村经济地理谱系优化效率的广义样本数据包络分析模型(C-C²WH),分析该模型刻画的合作有效性与相应的多目标规划非支配解之间的关系,探讨合作单元在样本可能集中的投影性质和无效单元效率改进的途径和尺度,并进一步给出合作单元群整体效率度量的典型方法和评价步骤。这些工作可以弥补传统 DEA 方法评价乡村经济地理谱系优化的不足:(1)在合作单元所在领域内选取同类样本单元,可以得到合作单元相对于样本单元的效率值,使评价范围从系统内部扩大到系统间;(2)通过对资源共享问题的量化分析,将评价方向从不可比的纵向转移为可比的横向,使截面数据的选取成为可能;(3)构造带有约束锥的评价合作有效性的综合模型,能够针对不同合作情况给出相应的评价尺度;(4)结合各个合作单元的相对效率,构造合作单元群整体效率的度量方法,不仅能够评估乡村经济地理谱系优化的实际效果,而且还能找出优化工作无效的原因和改进的方向,并能进一步预测乡村经济地理谱系优化可能达到的理想状况。

第一节　要素合作视角下乡村经济地理谱系变迁评价模型

埃莉诺·奥斯特罗姆和奥利弗·威廉姆森提出的"多中心治理理论"显示了在复杂环境中进行制度分析的必要性和可行性,甚至在可预见的将来,经济学可能会摆脱对数据、模型、计算的深度依赖,能够将视野转向更为广阔的学科领域,以此实现学科间的互印与整合。鉴于此,假设在实施乡村经济地理谱系优化的过程中,参与谱系优化的"中心"共有 n 个,其中包括若干企业(乡镇企业、村办企业或者对乡村经济地理谱系优化有直接、间接帮助的外来企业)、高校和科研院所(上述各"中心"在随后的行文中统称为合作单元),这些"中心"试图通过资源共享和合作治理的形式,提升乡村经济地理要素流变效率与谱系优化水平。为了便于分析,设定每一类型合作单元(指参与乡村经济地理要素流变效率与谱系优化的"中心",下同)的个数至少为 1,第 $j(j=1, 2, \cdots, n)$ 个合作单元 DMU$_j$ 的特征可由 m_j 种输入和 s_j 种输出表示,即

$$\boldsymbol{x}_j = (x_{1j}, x_{2j}, \cdots, x_{m_jj})^\mathrm{T}, \quad \boldsymbol{y}_j = (y_{1j}, y_{2j}, \cdots, y_{s_jj})^\mathrm{T},$$
$$(\boldsymbol{x}_j, \boldsymbol{y}_j) > \boldsymbol{0}, \quad j = 1, 2, \cdots, n_\circ \tag{15.1}$$

考虑到实际操作中实施的乡村经济地理谱系优化的要素合作方案是

有限的,设可实现的合作方案集为

$$T_{\mathrm{DMU}} = \{T_{\mathrm{DMU}}^1, T_{\mathrm{DMU}}^2, \cdots, T_{\mathrm{DMU}}^M\},$$

显然 $1 \leqslant M < \infty$。

其中,

$$T_{\mathrm{DMU}}^i = \{\mathrm{DMU}_j^i \mid j = 1, 2, \cdots, n; i = 1, 2, \cdots, M\}$$

为第 i 个乡村经济地理谱系优化的要素合作方案对应的合作单元集,DMU_j^i 是该方案中的第 j 个合作单元。

定义 15.1 分别以 $\boldsymbol{x}_1, \boldsymbol{x}_2, \cdots, \boldsymbol{x}_n (\boldsymbol{x}_i \neq \boldsymbol{x}_j, i \neq j)$ 为投入的决策单元 DMU_1, DMU_2, $\cdots$, DMU_n 相互作用后,其资源投入分别转化为 $f_1^i(\boldsymbol{x}_1, \boldsymbol{x}_2, \cdots, \boldsymbol{x}_n), f_2^i(\boldsymbol{x}_1, \boldsymbol{x}_2, \cdots, \boldsymbol{x}_n), \cdots, f_n^i(\boldsymbol{x}_1, \boldsymbol{x}_2, \cdots, \boldsymbol{x}_n)$,若 $\sum_{j=1}^n \boldsymbol{x}_j = \sum_{j=1}^n f_j^i(\boldsymbol{x}_1, \boldsymbol{x}_2, \cdots, \boldsymbol{x}_n)$,对 $\forall \mathrm{DMU}_j (0 \leqslant j \leqslant n)$ 都有 $\frac{\partial}{\partial \boldsymbol{x}_1} f_j^i(\boldsymbol{x}_1, \boldsymbol{x}_2, \cdots, \boldsymbol{x}_n) \neq 0 (0 \leqslant \mathrm{l} \leqslant \mathrm{n})$,则称决策单元 DMU_1, DMU_2, $\cdots$, DMU_n 实现了资源共享。

根据定义 15.1 和微观生产理论[6],实现资源共享的合作单元的产出也可由合作单元群(由所有合作单元组成)的投入共同表征,因此,将合作单元 DMU_j^i 的输入输出指标表示为

$$(f_j^i, g_j^i) = \{f_j^i(\boldsymbol{x}_1, \boldsymbol{x}_2, \cdots, \boldsymbol{x}_n), g_j[f_j^i(\boldsymbol{x}_1, \boldsymbol{x}_2, \cdots, \boldsymbol{x}_n)]\} > \boldsymbol{0},$$
$$j = 1, 2, \cdots, n。 \tag{15.2}$$

此外,由于不同合作单元可能分属不同领域,投入产出指标存在差异,不宜用统一标准进行相对效率评价。为此,在不同合作单元所在领域内选取同类单元作为参照将解决这一困难。假设针对 DMU_j^i 存在 $\bar{n}_j (j = 1, 2, \cdots, n)$ 个样本单元作为其对照单元,其中第 $p (p = 1, 2, \cdots, \bar{n}_j)$ 个样本单元的输入输出指标值分别为

$$\bar{\boldsymbol{x}}_{jp} = (\bar{x}_{1jp}, \bar{x}_{2jp}, \cdots, \bar{x}_{mjjp})^{\mathrm{T}}, \bar{\boldsymbol{y}}_{jp} = (\bar{y}_{1jp}, \bar{y}_{2jp}, \cdots, \bar{y}_{sjjp})^{\mathrm{T}},$$
$$(\bar{\boldsymbol{x}}_{jp}, \bar{\boldsymbol{y}}_{jp}) > \boldsymbol{0}, p = 1, 2, \cdots, \bar{n}_j。 \tag{15.3}$$

令 $T^* = \{(\bar{\boldsymbol{x}}_{jp}, \bar{\boldsymbol{y}}_{jp}) \mid p = 1, 2, \cdots, \bar{n}_j, j = 1, 2, \cdots, n\}$ 为第 j 个合作单元对应的样本单元集。

样本单元的选择方式如图 15.1 所示,通过改进传统样本数据包络分析方法[7-9],将评价范围从系统内部扩大到了系统间,突破了因决策单元类型不同而导致的被评价对象不具有"可比性"的局限,实现了参考面的任意

指定。

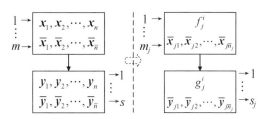

图 15.1　参考面选择的对比

为了考察合作单元的相对效率，约定 $V \subseteq E_{m_j}^+$，$U \subseteq E_{s_j}^+$ 为闭凸锥，$\mathrm{int}\,V \neq \varnothing$，$\mathrm{int}\,U \neq \varnothing$，

$$V^* = \{v \mid \hat{v}^{\mathrm{T}} v \leqslant 0,\ \forall\, \hat{v} \in V\},\ U^* = \{u \mid \hat{u}^{\mathrm{T}} u \leqslant 0,\ \forall\, \hat{u} \in U\}$$

为 V，U 的极锥，且

$$f_j^i,\ \bar{\boldsymbol{x}}_{jp} \in \mathrm{int}\,(-V^*),\ g_j^i,\ \bar{\boldsymbol{y}}_{jp} \in \mathrm{int}\,(-U^*)。$$

$\bar{X}_j = (\bar{\boldsymbol{x}}_{j1},\ \bar{\boldsymbol{x}}_{j2},\ \cdots,\ \bar{\boldsymbol{x}}_{j\bar{n}_j})$ 为 $m_j \times \bar{n}_j$ 矩阵，$Y_j = (\bar{\boldsymbol{y}}_{j1},\ \bar{\boldsymbol{y}}_{j2},\ \cdots,\ \bar{\boldsymbol{y}}_{j\bar{n}_j})$ 为 $s_j \times \bar{n}_j$ 矩阵。相关符号含义详见本章参考文献[10]。

下面以样本单元为参照，以合作单元 $\mathrm{DMU}_j^{i_0}$ 的效率指数为评价对象构造评价模型

$$(\mathrm{C-C^2WH}) \begin{cases} \max \dfrac{u^{\mathrm{T}} g_j^{i_0}}{v^{\mathrm{T}} f_j^{i_0}} = V_{\mathrm{C}}, \\[2mm] s.t. \quad v^{\mathrm{T}} \bar{X}_j - u^{\mathrm{T}} \bar{Y}_j \geqslant 0, \\[1mm] \qquad v^{\mathrm{T}} f_j^{i_0} - u^{\mathrm{T}} g_j^{i_0} \geqslant 0, \\[1mm] \qquad v \in V \backslash \{0\},\ u \in U \backslash \{0\}。 \end{cases} \tag{15.4}$$

定义 15.2　若规划 $(\mathrm{C-C^2WH})$ 的最优解中有 v^0，u^0 满足 $V_{\mathrm{C}} = 1$，则称合作单元 $\mathrm{DMU}_j^{i_0}$ 相对样本单元是弱治理有效的。反之，称为弱治理无效。

定义 15.3　若规划 $(\mathrm{C-C^2WH})$ 的最优解中有 v^0，u^0 满足 $V_{\mathrm{C}} = 1$ 且 $v^0 \in \mathrm{int}\,V$，$u^0 \in \mathrm{int}\,U$，则称合作单元 $\mathrm{DMU}_j^{i_0}$ 相对样本单元是治理有效的。反之，称为治理无效。

对 $(\mathrm{C-C^2WH})$ 使用 $\mathrm{C^2}$ 变换[11]，同时根据锥的对偶理论，可得如下的对偶规划。

$$(PC-C^2WH)\begin{cases} \max \mu^T g_j^{i0}=V_{PC}, \\ s.t. \quad \omega^T \overline{X}_j - \mu^T \overline{Y}_j \geqslant 0, \\ \quad\quad \omega^T f_j^{i0} - \mu^T g_j^{i0} \geqslant 0, \\ \quad\quad \omega^T f_j^{i0}=1, \\ \quad\quad \omega \in V, \mu \in U, \end{cases} \tag{15.5}$$

$$(DC-C^2WH)\begin{cases} \min \theta = V_{DC}, \\ s.t. \quad \lambda \overline{X}_j + (\lambda_0 - \theta)f_j^{i0} \in V^*, \\ \quad\quad -\lambda \overline{Y}_j + (1-\lambda_0)g_j^{i0} \in U^*, \\ \quad\quad \lambda_0 \geqslant 0, \lambda \geqslant 0, \end{cases}$$

由此构造的生产可能集为

$$T=\Big\{(x,y) \mid (x,y) \in (\lambda \overline{X}_j, \lambda \overline{Y}_j)+\lambda_0(f_j^{i0}, g_j^{i0})+(-V^*, U^*),$$

$$\lambda_0 \geqslant 0, \lambda \geqslant 0\Big\}. \tag{15.6}$$

定理 15.1 （1）当且仅当（$PC-C^2WH$）的最优值 $V_{PC}=1$ 时，合作单元 DMU_j^{i0} 为弱治理有效。

（2）当且仅当（$PC-C^2WH$）的最优解中有 $\overline{\omega}$，$\overline{\mu}$ 满足 $V_{PC}=\overline{\mu}^T g_j^{i0}=1$ 且 $\overline{\omega} \in \mathrm{int}V$，$\overline{\mu} \in \mathrm{int}U$ 时，合作单元 DMU_j^{i0} 为治理有效。

在对合作单元 DMU_j^{i0} 进行效率评价时，若不存在指标偏好，令 $V=E_{mj}^+$，$U=E_{sj}^+$，有下面的对偶模型

$$(PC-1)\begin{cases} \max \mu^T g_j^{i0}=V_{PC-1}, \\ s.t. \quad \omega^T \overline{X}_j - \mu^T \overline{Y}_j \geqslant 0, \\ \quad\quad \omega^T f_j^{i0} - \mu^T g_j^{i0} \geqslant 0, \\ \quad\quad \omega^T f_j^{i0}=1, \\ \quad\quad \omega \geqslant 0, \mu \geqslant 0, \end{cases} \tag{15.7}$$

$$(DC-1)\begin{cases} \min \theta = V_{DC-1}, \\ s.t. \quad \lambda \overline{X}_j + (\lambda_0 - \theta)f_j^{i0} \leqslant 0, \\ \quad\quad -\lambda \overline{Y}_j + (1-\lambda_0)g_j^{i0} \leqslant 0, \\ \quad\quad \lambda_0 \geqslant 0, \lambda \geqslant 0, \end{cases}$$

相应的生产可能集为

$$T_{C-1} = \Big\{ (x, y) \mid (-x, y) \leqslant (-\lambda \bar{X}_j, \lambda \bar{Y}_j) + \lambda_0 (-f_j^{i0}, g_j^{i0}),$$

$$\lambda_0 \geqslant 0, \lambda \geqslant 0 \Big\}. \tag{15.8}$$

第二节　乡村经济地理谱系合作治理有效性与
相应多目标规划

下面讨论 $(PC-C^2WH)$ 模型下，合作治理有效性、弱有效性与相应的多目标规划之间的关系。考虑多目标问题

$$(VP) \begin{cases} V-\max (-x_1, \cdots, -x_{mj}, y_1, \cdots, y_{sj})^{\mathrm{T}}, \\ s.t. \quad (x,y) \in T, \end{cases} \tag{15.9}$$

其中 $\boldsymbol{x} = (x_1, x_2, \cdots, x_{mj})^{\mathrm{T}}$，$\boldsymbol{y} = (y_1, y_2, \cdots, y_{sj})^{\mathrm{T}}$。记 $F(x, y) = (-x_1, \cdots, -x_{mj}, y_1, \cdots, y_{sj})$。

定义 15.4　若不存在 $(x, y) \in T$ 使 $F(x, y) \in F(f_j^{i0}, g_j^{i0}) - (V^*, U^*)$，$F(x, y) \neq F(f_j^{i0}, g_j^{i0})$，则称 (f_j^{i0}, g_j^{i0}) 为多目标规划 (VP) 关于 $V^* \times U^*$ 的非支配解。

定义 15.5　如果不存在 $(x, y) \in T$ 使得 $F(x, y) \in F(f_j^{i0}, g_j^{i0}) - (\mathrm{int}V^*, \mathrm{int}U^*)$，$F(x, y) \neq F(f_j^{i0}, g_j^{i0})$，则称 (f_j^{i0}, g_j^{i0}) 为多目标规划 (VP) 关于 $\mathrm{int}V^* \times \mathrm{int}U^*$ 的非支配解。

定理 15.2　设规划 $(PC-C^2WH)$ 的一组最优解为 ω^0，μ^0 且 $\mu^{0\mathrm{T}} g_j^{i0} = 1$，则对 $\forall (x, y) \in T$，有 $\omega^{0\mathrm{T}} x - \mu^{0\mathrm{T}} y \geqslant \omega^{0\mathrm{T}} f_j^{i0} - \mu^{0\mathrm{T}} g_j^{i0}$。

证明

设 ω^0, μ^0 为规划 $(PC-C^2WH)$ 的一组最优解，满足 $\omega^{0\mathrm{T}} \bar{X}_j - \mu^{0\mathrm{T}} \bar{Y}_j \geqslant 0$，$\omega^{0\mathrm{T}} f_j^{i0} = 1$，$\omega^0 > 0$。

由 $\mu^{0\mathrm{T}} g_j^{i0} = 1$，可得 $\omega^{0\mathrm{T}} f_j^{i0} - \mu^{0\mathrm{T}} g_j^{i0} = 0$。

对 $\lambda \geqslant 0$，$\lambda_0 \geqslant 0$，必有 $(\omega^{0\mathrm{T}} \bar{X}_j - \mu^{0\mathrm{T}} \bar{Y}_j)\lambda \geqslant 0$，$(\omega^{0\mathrm{T}} f_j^{i0} - \mu^{0\mathrm{T}} g_j^{i0})\lambda_0 = 0$，则 $\omega^{0\mathrm{T}} \bar{X}_j \lambda - \mu^{0\mathrm{T}} \bar{Y}_j \lambda + \omega^{0\mathrm{T}} f_j^{i0} \lambda_0 - \mu^{0\mathrm{T}} g_j^{i0} \lambda_0 \geqslant 0$。

对 $\forall v^* \in V^*$，$u^* \in U^*$ 有 $-\omega^{0\mathrm{T}} v^* \geqslant 0$，$-\mu^{0\mathrm{T}} u^* \geqslant 0$，则 $\omega^{0\mathrm{T}} \bar{X}_j \lambda - \mu^{0\mathrm{T}} \bar{Y}_j \lambda + \omega^{0\mathrm{T}} f_j^{i0} \lambda_0 - \mu^{0\mathrm{T}} g_j^{i0} \lambda_0 - \omega^{0\mathrm{T}} v^* - \mu^{0\mathrm{T}} u^* \geqslant 0$。

整理得 $\omega^{0T}(\bar{X}_j\lambda + f_j^{i_0}\lambda_0 - v^*) - \mu^{0T}(\bar{Y}_j\lambda + g_j^{i_0}\lambda_0 + u^*) \geqslant 0$，即对 $\forall (x, y) \in T$，有 $\omega^{0T}x - \mu^{0T}y \geqslant 0$，又 $\omega^{0T}f_j^{i_0} - \mu^{0T}g_j^{i_0} = 0$，则 $\omega^{0T}x - \mu^{0T}y \geqslant \omega^{0T}f_j^{i_0} - \mu^{0T}g_j^{i_0}$。

证毕。

定理 15.3 若合作单元 $\mathrm{DMU}_j^{i_0}$ 治理有效，则 $(f_j^{i_0}, g_j^{i_0})$ 为多目标规划（VP）相对于锥 $V^* \times U^*$ 的非支配解。

证明

若 $(f_j^{i_0}, g_j^{i_0})$ 不是（VP）相对于锥 $V^* \times U^*$ 的非支配解，则存在 $(\tilde{x}, \tilde{y}) \in T$，使得

$$F(\tilde{x}, \tilde{y}) \in F(f_j^{i_0}, g_j^{i_0}) - (V^*, U^*), F(\tilde{x}, \tilde{y}) \neq F(f_j^{i_0}, g_j^{i_0})。$$

由 $F(x, y)$ 知存在 $v^* \in V^*$，$u^* \in U^*$，$(v^*, u^*) \neq 0$，使得

$$(-\tilde{x}, \tilde{y}) = (-f_j^{i_0}, g_j^{i_0}) - (v^*, u^*), (\tilde{x}, \tilde{y}) \neq (f_j^{i_0}, g_j^{i_0})。$$

因为 $\mathrm{DMU}_j^{i_0}$ 为合作有效，故存在最优解 $(\omega^0, \mu^0) \in \mathrm{int}V \times \mathrm{int}U$，使

$$\omega^{0T}\tilde{x} - \mu^{0T}\tilde{y} = \omega^{0T}f_j^{i_0} - \mu^{0T}g_j^{i_0} + \omega^{0T}v^* + \mu^{0T}u^*。$$

又因为 $(v^*, u^*) \neq 0$，不妨设 $v^* \neq 0$，$\omega^0 \in \mathrm{int}V$，且 V 为锐锥，所以 $\omega^{0T}v^* < 0$，$\mu^{0T}u^* \leqslant 0$，则

$$\omega^{0T}\tilde{x} - \mu^{0T}\tilde{y} = \omega^{0T}f_j^{i_0} - \mu^{0T}g_j^{i_0} + \omega^{0T}v^* + \mu^{0T}u^* \leqslant \omega^{0T}f_j^{i_0} - \mu^{0T}g_j^{i_0}。$$

这与定理 15.2 矛盾。所以 $(f_j^{i_0}, g_j^{i_0})$ 为（VP）相对于锥 $V^* \times U^*$ 的非支配解。

证毕。

定理 15.4 若合作单元 $\mathrm{DMU}_j^{i_0}$ 为弱治理有效，则 $(f_j^{i_0}, g_j^{i_0})$ 为多目标规划（VP）相对于锥 $\mathrm{int}V^* \times \mathrm{int}U^*$ 的非支配解。

证明过程与定理 15.3 类似，不再赘述。

通过以上分析可知，若合作单元相对于样本单元治理无效，则至少存在一个样本单元的生产状况优于该单元，即在不减少产出的情况下，投入可以按一定比例减少，或者在不增加投入的情况下，产出可以按一定比例增加；否则，该合作单元相对于样本单元治理有效，此时不存在哪个样本单元的生产状况优于该合作单元，它的特征指标已经没有改进的可能。

第三节　乡村经济地理谱系优化有效性分析

　　治理无效的合作单元,尤其在乡村经济地理谱系优化的要素合作中扮演重要角色的合作单元,其较低的治理效率将影响合作单元群的整体效率。因此,根据实际情况对这些合作无效单元提出内部优化的方案和措施是十分必要的。

　　记 $\widehat{X}_j = (f_j^{i0}, \bar{x}_{j1}, \bar{x}_{j2}, \cdots, \bar{x}_{jn_j}^-)$, $\widehat{Y}_j = (g_j^{i0}, \bar{y}_{j1}, \bar{y}_{j2}, \cdots, \bar{y}_{jn_j}^-)$,
$$L = \{(x, y) \mid \omega^{*T}x - \mu^{*T}y = 0\}.$$

　　定义 15.6　若存在 $\omega^* \in \mathrm{int}V$, $\mu^* \in \mathrm{int}U$ 使得 $\omega^{*T}\widehat{X}_j - \mu^{*T}\widehat{Y}_j \geqslant 0$, $L \cap T \neq \varnothing$, 则称 L 为 T 的有效面, $S = L \cap T$ 为生产可能集 T 的有效生产前沿面。

　　定理 15.5　当且仅当 (f_j^{i0}, g_j^{i0}) 位于生产可能集 T 的某个有效生产前沿面上, 合作单元 DMU_j^{i0} 治理有效。

　　对合作单元 DMU_j^{i0}, 继续考虑如下的目标规划, 有以下结论。

$$(\varepsilon - C)\begin{cases} \max(\hat{e}^T s^- + e^T s^+) = V_\varepsilon, \\ \text{s.t.} \quad \bar{X}_j\lambda - (1-\lambda_0)f_j^{i0} + s^- = 0, \\ \qquad (\lambda_0 - 1)g_j^{i0} + \bar{Y}_j\lambda - s^+ = 0, \\ \qquad \lambda_0 \geqslant 0, \lambda \geqslant 0, \\ \qquad s^- \in -V^*, s^+ \in -U^*, \end{cases} \qquad (15.10)$$

其中 $s^- = (s_1^-, s_2^-, \cdots, s_{m_j}^-)^T$, $s^+ = (s_1^+, s_2^+, \cdots, s_{s_j}^+)^T$。

　　定理 15.6　合作单元 DMU_j^{i0} 为治理有效当且仅当 $(\varepsilon - C)$ 的最优值 $V_\varepsilon = 0$。

　　证明

　　当且仅当 (f_j^{i0}, g_j^{i0}) 为多目标规划 (VP) 相对于锥 $V^* \times U^*$ 的非支配解时, DMU_j^{i0} 治理有效。

　　当且仅当不存在 $(\tilde{x}, \tilde{y}) \in T$, 使得 $F(\tilde{x}, \tilde{y}) \in F(f_j^{i0}, g_j^{i0}) - (V^*, U^*)$, $F(\tilde{x}, \tilde{y}) \neq F(f_j^{i0}, g_j^{i0})$。

　　当且仅当不存在 $\lambda \geqslant 0$, $\lambda_0 \geqslant 0$ 满足 $(1-\lambda_0)f_j^{i0} \geqslant \lambda\bar{X}_j$, $(1-\lambda_0)g_j^{i0} \leqslant \lambda\bar{Y}_j$, 且至少有一个不等式严格成立。

　　当且仅当不存在 $\lambda \geqslant 0$, $\lambda_0 \geqslant 0$ 满足 $(s^-, s^+) \geqslant 0$, 使得 $\bar{X}_j\lambda - (1-\lambda_0)f_j^{i0} + s^- = 0$, $(\lambda_0 - 1)g_j^{i0} + \bar{Y}_j\lambda - s^+ = 0$ 成立。当且仅当 $(\varepsilon - C)$ 的最

优值 $V_\varepsilon = 0$。

证毕。

定义 15.7 设规划 $(\varepsilon - C)$ 的一个最优解为 $(\lambda^0, \lambda_0, s^-, s^+)$，令 $\hat{f}_j^{i0} = f_j^{i0} - s^-$，$\hat{g}_j^{i0} = g^{i0} + s^+$，称 $(\hat{f}_j^{i0}, \hat{g}_j^{i0})$ 为 (f_j^{i0}, g_j^{i0}) 在生产可能集 T 的有效生产前沿面上的投影。

定理 15.7 若规划 $(\varepsilon - C)$ 的最优解为 $(\lambda, \lambda_0, s^-, s^+)$，最优值不为零，则 (f_j^{i0}, g_j^{i0}) 在生产可能集 T 的有效生产前沿面上的投影 $(\hat{f}_j^{i0}, \hat{g}_j^{i0})$ 为合作有效。

证明

假设 $(\hat{f}_j^{i0}, \hat{g}_j^{i0})$ 不为合作有效，由定义 15.4 知存在 $(\tilde{x}, \tilde{y}) \in T$ 使

$$F(\tilde{x}, \tilde{y}) \in F(f_j^{i0}, g_j^{i0}) - (V^*, U^*), \ F(\tilde{x}, \tilde{y}) \neq F(f_j^{i0}, g_j^{i0}).$$

即存在 $\lambda' \geqslant 0$，$\lambda_0' \geqslant 0$，使得 $f_j^{i0} - s^- = \hat{f}_j^{i0} \geqslant \tilde{x} \geqslant \lambda' \bar{X}_j$，$g_j^{i0} + s^+ = \hat{g}_j^{i0} \leqslant \tilde{y} \leqslant \lambda' \bar{Y}_j$，且至少有一个不等式严格成立。

取 $s^{-*} = (1 - \lambda_0') f_j^{i0} - \bar{X}_j \lambda'$，$s^{+*} = (\lambda_0' - 1) g_j^{i0} + \bar{Y}_j \lambda'$，$\lambda_0' = 0$，可知 $(\lambda', \lambda_0', s^{-*}, s^{+*})$ 为 $(\varepsilon - C)$ 的可行解，且 $\hat{e}^T s^- + e^T s^+ < \hat{e}^T s^{-*} + e^T s^{+*}$。

这与 $(\lambda, \lambda_0, s^-, s^+)$ 为规划 $(\varepsilon - C)$ 的最优解矛盾。证毕。

以上分析表明：若 $(\lambda, \lambda_0, s^-, s^+)$ 为 $(\varepsilon - C)$ 的最优解，且 $(\varepsilon - C)$ 的最优值不为零，由定理 15.6 知 DMU_j^{i0} 为合作无效，治理无效的原因主要表现在其特征指标还有改进的可能性，改进的尺度可用 s^- 和 s^+ 刻画，调整后的合作单元 $(f_j^{i0} - s^-, g_j^{i0} + s^+)$ 位于有效生产前沿面上，为治理有效。

第四节 乡村经济地理谱系优化效率的整体度量及评价步骤

4.1 乡村经济地理谱系优化效率的整体度量

在乡村经济地理谱系优化尤其是合作效率评价工作的具体实施阶段，除了需要针对不同合作单元的特征准确选择合作效率的评价模型外，还要对合作单元群的效率进行整体评估，以此考察乡村经济地理谱系优化的实际效果。其中，合作治理有效性的判定针对的是合作单元相对于样本单元

的效率度量问题,而一个合作方案的优劣往往取决于合作单元群整体的运行状态[12, 13]。设乡村经济地理谱系优化整体效果的评价标准为 τ,则 τ 应是在考虑了决策者意愿的前提下合作单元效率和样本单元效率的函数。记 $\tau = \tau(V_{\mathrm{DMU}_j^i}, V_{T^*}, \sigma)$,其中 $V_{\mathrm{DMU}_j^i}$ 为某一合作方案下所有合作单元的效率,V_{T^*} 为该合作方案下每一个合作单元对应的所有样本单元的效率,$V_{\mathrm{DMU}_j^i}$ 和 V_{T^*} 为取值 0—1 的变量,σ 为决策者意愿。当确定了函数关系和变量取值后,评价标准 τ 为一个正数。以下给出合作单元群整体效率度量的几种典型形式。

(1) 关键单元效率法。在考察乡村经济地理谱系优化合作治理有效性时,若决策者仅考虑某些关键单元的效率,当这些关键单元的效率达到或超过了预定的水平,就认为合作单元群实现了治理目标,则有如下定义。

定义 15.8 假设某种合作治理方案对应的合作单元集为 T_{DMU}^{i0},关键合作单元的集合为 $\bar{T}_{\mathrm{DMU}}^{i0}$,$\bar{T}_{\mathrm{DMU}}^{i0} \subseteq T_{\mathrm{DMU}}^{i0}$,$a$ 是一个正常数,若对任意 $\mathrm{DMU}_j^{i0} \subseteq \bar{T}_{\mathrm{DMU}}^{i0}$,都有 $V_{\mathrm{DMU}_j^{i0}} \geqslant a$,则称该合作治理方案下合作单元群为关键型整体有效。

该定义表明,若关键合作单元的效率都不小于预定的水平,则认为该合作方案下合作单元群整体有效。

特别地,若决策者认为任何合作单元对合作的贡献都是不容忽视的,则有 $\bar{T}_{\mathrm{DMU}}^{i0} = T_{\mathrm{DMU}}^{i0}$。

(2) 平均效率法。若决策者以各合作单元效率的加权和作为考察对象,则有如下定义。

定义 15.9 假设某种合作治理方案对应的合作单元集为 T_{DMU}^{i0},a 是一个正常数,若 $\sum_{j=1}^{n} \delta_j V_{\mathrm{DMU}_j^{i0}} \geqslant a$,则称该合作治理方案下合作单元群为平均型整体有效。

该定义表明,当所有合作单元对合作的贡献和影响都不容忽视,且合作单元群整体效率的加权和不低于某一水平时,即认为该合作治理方案下合作单元群整体有效。

特别地,若决策者认为合作单元的地位平等,则有 $\delta_j = \dfrac{1}{n}$,$j = 1$,2,$\cdots$,n。

(3) 最优效率法。当决策者以所有合作治理方案下合作单元群整体效率(采用平均效率法确定,其他情况与此类似)的最大值为考察对象时,有如下定义。

定义 15.10 假设某种合作治理方案对应的合作单元集为 T_{DMU}^{i0},若对所有合作治理方案都有 $\sum_{j=1}^{n} \delta_j V_{\mathrm{DMU}_j}^{i0} = \max\{ \sum_{\mathrm{DMU}_j^i \in T_{\mathrm{DMU}}^i} \bar{\delta}_j V_{\mathrm{DMU}_j} \mid T_{\mathrm{DMU}}^i \in T_{\mathrm{DMU}}\}$，则称该方案为最优合作治理方案。

当然，不同的乡村经济地理谱系优化行为或对资源的不同处置方式，都将造成合作单元群整体效率度量方法上的差异，因此在评价合作治理的整体效率时，需要根据实际情况重新设置上述定义中的相应系数和参数，或者构造更符合实际要求的度量方法。

4.2 乡村经济地理谱系优化效率的评价步骤

应用以上给出的合作单元(群)合作治理有效性的判定方法和治理效率的优化分析方法可以对乡村经济地理谱系优化实践进行效率评估。为了便于应用，以下给出综合评价乡村经济地理谱系优化效率的工作步骤。

步骤1 对乡村经济地理谱系优化的要素合作方案集 $T_{\mathrm{DMU}} = \{ T_{\mathrm{DMU}}^1, T_{\mathrm{DMU}}^2, \cdots, T_{\mathrm{DMU}}^M \}$ 进行筛选，确定合作单元集 $T_{\mathrm{DMU}}^{i0} = \{ \mathrm{DMU}_j^{i0} \mid j = 1, 2, \cdots, n \}$ 以及各合作单元资源投入的种类和数量。

步骤2 资源经过共享后，重新确定合作单元的输入、输出指标(f_j^{i0}, g_j^{i0})。

步骤3 选择与合作单元对应的样本单元集 $T^* = \{ (\bar{x}_{jp}, \bar{y}_{jp}) \mid p = 1, 2, \cdots, \bar{n}_j, j = 1, 2, \cdots, n \}$，并构造相应的生产可能集 T。

步骤4 按照合作治理效率综合评价的实际要求，选择合作治理效率评价模型。

步骤5 确定偏好锥 V, U 和 V^*, U^*，通过相应的效率分析模型计算出合作单元 DMU_j^{i0} 相对于样本单元集 T^* 的相对效率集 $V_{T_{\mathrm{DMU}}^{i0}} = \{ V_{\mathrm{DMU}_j^{i0}} \mid \mathrm{DMU}_j^{i0} \in T_{\mathrm{DMU}}^{i0}, j = 1, 2, \cdots, n \}$。

步骤6 根据定义 15.8—15.10 对合作单元群的整体有效性进行判定。

步骤7 若合作单元群整体有效，停止。否则根据规划($\varepsilon - C$)对合作无效单元进行调整，使该合作单元效率和合作单元群的整体效率得到改进。

步骤8 若步骤7的调整无效，返回步骤3，重新确定样本单元集，或者返回步骤6，由决策者根据具体情况作出判定。

第五节 应 用 举 例

在对乡村经济地理谱系优化问题进行研究时,如果借助样本对其整体概貌进行分析和研判,能够获得一些深层次的信息。为此,项目组于2018 年 3—10 月,重点选取和调查了浙江省、江苏省、山东省、吉林省、陕西省、宁夏回族自治区、天津市等宏观样本采集区,最终选取了由地方高校A、乡镇企业 B、农业科研所 C 达成乡村经济地理谱系优化协议的东部某省为评价对象。同时假设,为了综合评价合作单元和合作单元群的运行效率,分别在各合作单元所属领域(行业)内各选取 6 个样本单元作为参照,同时根据资源共享方式构建相应的评价指标体系。合作单元及样本单元(由 Ai、Bi、Ci 表示)的投入产出数据如下表所示。

表 15.1 地方高校 A 及代表性高校的投入产出数据

DMU	投入				产出		
	教学经费(万元)	副教授以上教师数(人)	图书总量(万册)	科研经费(万元)	毕业生签约农业领域的比率(%)	涉农学术论文平均影响因子*	涉农奖励数量(项)
A	5 890.9	571	201.71	2 216.38	0.23	0.64	7
A1	4 528.4	520	225.01	2 209.21	0.19	0.44	7
A2	3 234.9	459	167.44	1 704.33	0.35	0.58	11
A3	5 446.7	590	202.04	1 983.45	0.20	0.49	8
A4	6 012.7	677	161.25	2 134.75	0.18	0.47	9
A5	4 355.6	602	154.48	1 988.27	0.24	0.62	12
A6	4 908.8	489	221.52	2 133.28	0.17	0.65	6

* 该列数据为高校发表的学术论文所在期刊影响因子的平均水平

表 15.2 乡镇企业及行业内代表性企业的投入产出数据

DMU	投入				产出		
	固定资产净值(百万元)	主营业务成本(百万元)	员工人数(人)	农业R&D投入强度**	主营业务收入(百万元)	主营业务利润(百万元)	乡村市场占有率(%)
B	10 086.46	17 788.07	16 671	0.37	19 885.21	2 017.57	12.90
B1	89 226.97	99 981.65	38 875	0.56	126 608.00	2 531.01	11.45

（续表）

DMU	投入				产出		
	固定资产净值（百万元）	主营业务成本（百万元）	员工人数（人）	农业R&D投入强度**	主营业务收入（百万元）	主营业务利润（百万元）	乡村市场占有率(%)
B2	24 162.26	32 489.22	17 466	0.48	40 746.03	3 058.53	9.21
B3	7 656.65	13 407.07	19 912	0.32	14 598.95	1 119.20	6.37
B4	9 162.49	18 127.28	14 016	0.69	19 815.64	1 595.80	7.22
B5	3 255.54	18 995.48	4 019	0.71	20 182.45	1 140.94	5.99
B6	3 220.04	9 320.92	2 715	0.47	10 643.14	1 283.09	8.27

** 该列数据为R&D农业经费投入强度和R&D支农人员投入强度的综合数据,取值0.00—1.00,数值越大,强度越高

表 15.3　农业科研所 C 及代表性同类机构的投入产出数据

DMU	投入				产出		
	运营费用（百万元）	科研人员（人）	设备费用（百万元）	科研经费（百万元）	核心论文（篇）	专利（个）	支农科技奖励（项）
C	100.27	563	523.40	398.53	304	8	7
C1	114.33	476	321.72	610.33	237	6	8
C2	91.29	657	334.70	578.35	422	9	6
C3	89.77	539	523.93	332.57	344	16	12
C4	97.56	440	455.76	300.50	542	17	10
C5	91.02	627	590.10	334.61	379	11	5
C6	123.77	812	616.39	340.98	380	24	3

　　按照乡村经济地理谱系优化效率的评价步骤,首先以样本单元为参照,令 $V=E_{mj}^+$,$U=E_{sj}^+$,应用模型(PC-1)对上述数据进行分析。然后,为了突出显示基于资源共享的乡村经济地理谱系优化的效果,将各指标数据标准化后,将地方高校 A、乡镇企业 B 和农业科研所 C 的输出指标的重要程度分别设定为 μ_1、μ_2、μ_3,且 $\mu_1=\mu_3 \geqslant 2\mu_2$,$\mu_3 \geqslant 1.5\mu_2 \geqslant 3\mu_1$,$\mu_3 \geqslant 2\mu_2 \geqslant 3\mu_1$(输入指标无约束),在(PC-C²WH)模型下,对合作单元继续进行效率评价。评价结果如表 15.4 所示。

　　从以上分析可知,在不考虑指标偏好的情况下,根据定义 15.2 和定义 15.3,地方高校 A 同乡镇企业 B、农业科研所 C 均为合作治理无效,合作单

表 15.4 评价结果

DMU		(PC-1)			(PC-C²WH)	
	A	B	C	A	B	C
θ	0.937 19	0.920 95	0.614 08	0.919 24	1.000 00	0.578 11
均值***	0.946 12	0.978 41	0.897 68	0.875 05	0.978 41	0.811 33
松弛变量 s_1^-	0.116 33D+05	0.000 00D+00	0.000 00D+00	0.144 95D+05	0.000 00D+00	0.000 00D+00
s_2^-	0.000 00D+00	0.000 00D+00	0.350 18D+02	0.000 00D+00	0.000 00D+00	0.640 42D+02
s_3^-	0.000 00D+00	0.562 43D−01	0.803 10D+01	0.000 00D+00	0.000 00D+00	0.317 85D+02
s_3^+	0.559 32D+02	0.909 92D−02	0.412 76D+02	0.857 56D+02	0.000 00D+00	0.518 47D+02
剩余变量 s_1^+	0.000 00D+00	0.000 00D+00	0.000 00D+00	0.000 00D+00	0.260 40D−18	0.691 71D−02
s_2^+	0.000 00D+00	0.322 01D−01	0.281 72D+01	0.000 00D+00	0.000 00D+00	0.334 62D−01
s_3^+	0.285 20D+01	0.576 89D−01	0.000 00D+00	0.688 95D−01	0.788 04D−16	0.000 00D+00

* 指合作单元和各样本单元相对效率的算术平均值

元的特征指标都存在改进的可能,如果改进的量分别以松弛变量和剩余变量为标准,无效单元相对于样本单元可以修正为有效。在合作单元群整体效率的评价方面,根据定义 15.8 和定义 15.9,若选取 a 为三个行业平均效率的算数平均值,当以全部合作单元为考察对象,无论用合作单元群整体效率的哪种方法度量,此次针对乡村经济地理谱系优化的合作都不是整体有效的。在增加对指标的偏好后,合作单元的效率、松弛变量和剩余变量都发生了较大变化。具体分析如下。

在合作效率方面,地方高校 A 和科研机构 C 的效率值 θ 由不加指标约束的 0.937 19 和 0.614 08 分别下降到 0.919 24 和 0.578 11,不同的是,地方高校 A 由低于平均效率 0.946 12 变为高于平均效率 0.875 05,而科研机构 C 却没有改善。乡镇企业 B 的合作效率为 1,高于平均效率,为弱治理有效;在合作单元群整体效率度量方面,若选取地方高校 A 和农业科研所 C 为"关键单元",a 为这两个领域平均效率的算数平均值,以"关键单元效率法"为度量标准,根据定义 15.8,此次合作是整体有效的,若以合作单元群整体为考虑对象,a 为这三个领域平均效率的算数平均值,以"平均效率法"为度量标准,根据定义 15.9,此次合作不是整体有效的;在合作效率改进方面,地方高校 A 与其他高校在教学经费、科研经费投入方面的差距明显,松弛变量分别由 0.116 33D＋05 和 0.559 32D＋02 增加到 0.144 95D＋05 和 0.857 56D＋02,涉农科技奖励方面的差距在减少,剩余变量由 0.285 20D＋01 降低为 0.688 95D－01,这说明地方高校 A 应该通过乡村经济地理谱系优化提升教学资源的使用效率。比如,可以利用闲置教室、线上资源开发更多教育资源,让"教有余力"的教师针对乡镇企业、农民群体、村办企业的实际需求开展培训和再教育工作。同时,也可以面向学生开展农业领域的实践教学等。

此外,要降低教学和科研实践中的资源浪费情况,将经费资助重点放在学生就业(尤其在农业领域就业)、涉农科学研究、农业科技成果转化方面。乡镇企业 B 在此次合作中获益最大,除效率值得到显著提升外,其投入产出指标也得到了极大优化,员工人数和 R&D 投入强度的松弛变量都由 0.562 43D－01 和 0.909 92D－02 转变为 0,主营业务利润和市场占有率的剩余变量分别由 0.322 01D－01 和 0.576 89D－01 降低为 0 和 0.788 04D－16,说明该企业通过与地方高校、科研机构的合作,共享了合作伙伴的人力资源和技术资源,使其通过较少的人员和 R&D 投入换取了更高的产出,主营业务利润和市场占有率达到了合理的水平。农业科研所 C 在合作中的表现较差,不但没有得到任何改进,效率值与均值的差距反而更为明显,科研人员、设备费用和科研经费的松弛变量分别由 0.350 18D＋02、0.803 10D＋01 和 0.412 76D＋02 增加到0.640 42D＋02、0.317 85D＋02 和 0.518 47D＋02,这主要是该机构的投入存在过多冗余所致。为此,一方面应通过相应政策设置科研人员的合理数量和结构,避免人浮于事。上级主管部门也应该严格控制对其设备购置费用和科研经费的审批,降低公共资源的低效率运行,另一方面,可以通过增强与地方高校、乡镇企业基于乡村经济地理谱系优化的合作力度,提高对现有资源的利用率,以此提升自身的效率,比如,通过多种途径承接乡镇企业的横向支农科研项目,成立下属农业科技企业,与地方高校共同申报和完成支农科研项目,将部分科研经费用于奖励科研人员从事乡村经济地理谱系优化,等等,这些都有助于消化现有资源,也能使各方从中受益。

本章小结

乡村经济地理谱系优化的已有经验表明,在开展这一工作的过程中,除了需要发挥好政府机构、村民群体和农民协会的作用外,还需要充分调动城市、学校、企业、金融机构等乡村社会主体的积极性,共同致力于乡村现代化建设,最大限度提升乡村经济地理谱系优化的合作治理绩效。为此,还需在以下几个方面同时努力。

首先,通过加强城乡之间的交流合作,形成城市带动乡村发展、城乡互利合作的模式,以此发展和壮大乡村经济实力,实现城乡一体化目标。其次,高等院校是培训教育农民的有效平台,推动学校制定各种教学计划、课程体系、讲座报告对农民进行农业技术指导,提升农民的文化素质,帮助农民冲破传统小农意识的束缚。再次,政府推动和鼓励大型企业在乡村兴办各类项目、产业基地和工业园区,为农民就业、创业开拓新渠道,创造新机会,防止村民大量外流出现"富人转村、能人弃村、穷人留村"的现象,并且企业应通过创新农业运营模式,优化乡村产业结构,致力于构建乡村新型生产结构,以此带动乡村经济发展。最后,乡村金融机构,包括农村信用合作社、农村商业银行、乡村保险公司等,能够最大限度地整合社会经济资源,因地制宜地发挥功能优势,实现乡村经济的稳定有序。在此过程中,乡村金融机构也创造了巨大的经济效益,实现了乡村社会的优质发展。

此外,通过本章的分析可知,乡村经济地理谱系优化是不同类型组织间资源共享的一种典型方式。合作治理涉及合作前的准备(合作伙伴选择、谈判等)、合作的组织和控制以及合作效果的评估和反馈等方面,本章所做的工作位于该程序的最后一个环节,给出的综合评价乡村经济地理谱系优化效率的方法,在传统数据包络分析方法的基础上又试探性地进行一些突破:它将评价范围从系统内部扩大到了系统间,若时间序列数据失去可比性,可以将评价方向从不可比的纵向转移为可比的横向,同时结合各个合作单元的相对效率,构造了合作单元群整体效率的度量方法,使得对乡村经济地理谱系优化效率的评价既考虑了合作单元的投入产出情况,也考虑了合作整体的运行状况,构造了从组织的微观领域最终指向宏观范畴的技术路线。当然,乡村经济地理谱系优化是一个需要不断创新的课题,无论合作治理形式、深度和广度,都会随着时代的更高要求持续演化出新的内容,比如合作伙伴的选择、最优合作模式的确定、合作的控制机制等,都需要进行更深层次和更广泛的研究。因此,本章的工作只是该庞大知识系统中的一个组成部分,需要不断地修正和完善。在后续工作中,还应分别从微观、中观、宏观层面,不断寻求和开发出新的、有效的、可行的乡村经济地理谱系优化方案。

参考文献

[1] 李平原,刘海潮. 探析奥斯特罗姆的多中心治理理论——从政府、市场、社会多元共治的视角[J]. 甘肃理论学刊,2014(3):127-130.

[2] 王丛虎,王晓鹏. "社会综合治理":中国治理的话语体系与经验理论——兼与"多中心治理"理论比较[J]. 南京社会科学,2018(6):60-66.

[3] 魏守华,吴贵生,吕新雷. 区域创新能力的影响因素——兼评我国创新能力的地区差距[J]. 中国软科学,2010(9):76-84.

[4] 郁俊莉,姚清晨. 多中心治理研究进展与理论启示:基于2002—2018年国内文献[J]. 重庆社会科学,2018(11):36-46.

[5] 魏权龄. 数据包络分析[M]. 北京:科学出版社,2004.

[6] 平狄克,鲁宾菲尔德. 微观经济学[M]. 北京:中国人民大学出版社,2000.

[7] Cooper W W, Seiford L M, Thanassoulis E, et al. DEA and Its Uses in Different Countries [J]. European Journal of Operational Research, 2004, 154 (2):337-344.

[8] Cook W D, Joe Zhu. Allocation of Shared Costs among Decision Making Units: A DEA Approach[J]. Computers & Operations Research,2005,(32):2171-2178.

[9] Cooper W W, Ruiz J L. Choosing Weights from Alternative Optimal Solutions of Dual Multiplier Models in DEA[J]. European Journal of Operational Research, 2007,180(1):443-458.

［10］马占新. 样本数据包络面的研究与应用［J］. 系统工程理论与实践,2003
(12):32-37.

［11］Charnes A,Cooper W W,Rohodes E. Measuring the Efficiency of Decision Making
Units［J］. European Journal of Operational Research,1978,2(6):429-444.

［12］马占新,吕喜明. 带有偏好锥的样本数据包络分析方法研究［J］. 系统工程与电子
技术,2007(8):1276-1281.

［13］吕喜明. 基于 C^2WH 模型的样本数据包络分析方法研究［D］. 内蒙古大学,2005.

［14］周悦. 国内外青年发展规划建设研究——基于多中心治理理论［J］. 中国青年社
会科学,2018(2):46-53.

［15］王彬彬,李晓燕. 基于多中心治理与分类补偿的政府与市场机制协调——健全农
业生态环境补偿制度的新思路［J］. 农村经济,2018(1):34-39.

第十六章　乡村经济地理微观谱系优化
——乡村聚落视角

聚落是人类最初活动的场所，它既是人们居住、生活、休息和进行各种社会活动的聚集地，也是人们进行劳动生产的场所，通常包括乡村聚落与城市聚落两类。我国乡村地域广大，目前仍有大量人口生活在乡村，乡村聚居依然是我国人口的主要聚居形式，而自然因素是乡村聚落形成和发展的基础。因此，研究与乡村聚落建设有着密切联系的自然地理环境具有重要的现实意义[1]。乡村聚落的形成和发展演变受自然条件和人文社会等因素的影响，乡村聚落的演变日益受到学者的关注。尤其在全球急速工业化和城市化的背景下，人居环境发生巨大变化。20世纪中叶以来，西方学者对乡土聚落展开了大量研究，对各种聚落形态特征及其形成的原因要素进行了广泛的挖掘和探寻，新的研究视角、思路和方法不断涌现，形成了较为丰富的理论论述[2-4]。目前对乡村聚落的研究主要集中在对乡村聚落的空间分布、演变及其驱动机制，对乡村聚落的空间格局优化等方面[5]。马晓冬、朱彬、张小林等对江苏省的乡村聚落空间分布格局、地域差异及影响因素作了系列研究。郭晓东等以甘肃省多个县为例，对乡村聚落的空间分布及影响因素开展了系列研究。李骞国等利用ArcGIS空间分析模块分析了乡村聚落在地形梯度上的演变特征，并提出聚落分布格局与耕地关系的五个空间格局优化的模式。邢谷锐等认为乡村聚落空间的演变受到用地、人口、产业、设施和观念等多方面因素变化的影响，并归纳出三类乡村聚落的空间演变类型。从研究区域来看，大多数研究的范围都基于省或者县的行政区划。接下来，就以乡村聚落为视角，对乡村经济地理微观谱系优化问题进行分析和探讨，希望借此为构建新型乡村经济地理结构提供有价值的启示与借鉴。

第一节　乡村聚落演变及驱动机制

乡村聚落是我国农耕时代的产物,其形态折射出人们的生产和生活,反映着特定的技艺与审美,成为地域文化基因的一部分[6]。我国是一个发展中大国,即使今后我国城市化水平不断提高,在相当长的时间内仍将有数以亿计的人口生活在乡村。研究乡村聚落生态问题无论对改善广大乡村生态环境、优化乡村经济地理谱系,还是推动全面建成小康社会,都具有重要的现实意义。

1.1　乡村聚落的发展历程

1.1.1　原始乡村聚落

在传统社会中,人类生活方式基本上还是流动的,未能形成固定居民点。人类依附于自然的采集、狩猎等经济活动,在居住和生活的场所附近通常有河流。原始居住地多建于森林茂密的低山林区,山中或河谷有飞禽走兽,还有种类繁多的植物,为人类的繁衍提供了食物供给和物质保障。无论狩猎还是采集,资源均易枯竭,不利于长久定居,因此,居住地也多为临时性的。农业革命后,农业和畜牧业的发展使人类结束了频繁的迁徙生活,从而得以定居[7]。建造的聚落最重要的是定居地附近有无水源,其次是附近有无渔猎采集和农耕的场所。此外,考虑到交通的方便性,乡村聚落多分布在平原河流两边或平坦的谷地。因此,居住地也容易发生洪水灾害,从而迫使人们迁移到地势稍高的地点定居或者修筑堤防。在传统时期的江汉平原地区,为躲避洪水的侵袭,人们建造房屋一般选址在地势较高的自然墩台、长冈。原始时期乡村聚落的形成受惠于自然环境,同时也受制于自然环境的变化。可见,乡村聚落的形态与自然环境密切相关,如江汉平原地区的聚落形式在传统时期以散居为主。

1.1.2　城市产生后的乡村聚落

在人类社会的发展过程中,由于自然条件和社会条件的差异,不同地区的乡村聚落空间形态和结构差别逐渐增大。平原地区,乡村居民点主要呈团聚状分布;岩溶山区,聚落分布格局则呈现多样化、不规则的形状;半山区河谷地带,居民点主要以带状分布,如重庆三峡库区平行岭谷低山、中高丘陵地区乡村聚落空间分布沿槽谷、河道呈带状伸展;在水资源缺乏的陇中黄土丘陵区,其聚落空间分布具有明显的水源指向性。人类社会的第二次大分工后,聚落的产生出现了根本变化,出现了专门从事商业、手工业的城镇,村落则以农牧渔业为主。在城市扩张的过程中,近郊乡村大量农田被侵占。受城镇规划与建设的影响,乡村社区聚落的形态和功能快速转型。例如在1928年"大上海城市规划"的影响下,上海五角场地区乡村聚落的空间格局发生了较大的变化:一些原有村落因土地被圈,居民迁入附近村落,而苏北等地移民却又在当时未及经营的土地上搭棚栖身,从而形成新的村落,导致聚落空间分布重新调整。城市化过程同时也带来河流污染,对流域内乡村聚落灌溉和生活用水造成影响。城市化改变了传统农业社会乡村聚落的人口构成、经济结构。在长江三角洲地区,乡村经济快速发展,生活污水、含有大量化肥的农田径流、禽畜粪便及乡镇企业排污等成为乡村河流强大的面源污染源,以致部分河段丧失基本功能,进而对区域生产生活用水安全造成威胁。乡村聚落区域的生态环境退化,给其社会经济发展造成了一定的阻力。纵观原始时期和城市化背景下的聚落,环境与乡村聚落关系中的主要矛盾从人类开发利用自然环境能力的制约转变为自然环境脆弱性和有限性的制约。环境变化对乡村聚落发展演化的影响并没有随着科学技术的进步而减弱,反而在很大程度上加强了。

1.2　乡村聚落演变的驱动机制

1.2.1　内部驱动

人类的各种需求是内部最主要的动力。在乡村聚落的演变过程中,在文化观念、人口变化、经济发展等因素的共同作用下,聚落居民成为其演变的主要驱动者,其根本动力来源于人们的物质和精神需求。早期聚落形态的生长主要受到风水观念、宗族血缘、传统民俗等传统文化思想的影响,人们往往自发地组织聚落营建,聚落形态演变呈缓慢有序的发展态势。中华人民共和国成立初期,经济发展缓慢,人们对居住的需求不强,主要是对原有宅院的重组或少量扩建,新建院落以村内传统院落为原型,继承与发展地方传统建设经验,说明聚落的生长依然以满足受传统文化思想影响的人们的精神需求为主要驱动力,表现出聚落演变的内部原动力——自组织性,聚落的发展演变呈现有序的状态,是一种遵循着聚落生长的内在秩序,仍能保持其相对稳定和自主演变的动态变化。中国共产党成立后,随着经济的快速发展,产业结构变化以及人们对城市生活的向往,居民生活观念变化,聚落快速拓展,从内核发展到外围,新建宅院与巷道肌理单调或无序,部分区域无序蔓延。

1.2.2　外部驱动

外部驱动力主要包括政府调控、城市发展等力量。政府通过制度、政策、规划和建设等手段对聚落的发展及演变施加影响和干预,政府职能作用发挥得好,推动聚落演变的优化,作用不到位,可能导致盲目无序甚至严重破坏。早期聚落生长具有较强的自发性,随着社会的发展,特别是中华人民共和国成立后,政府的各种制度政策间接导致很多传统空间被破坏,聚落文化特色削弱;另外,聚落在新宅院规划建设时,村委会以传统院落为模板,适当继承发展当地特色,使聚落的拓展一定程度地延续原有肌理,体现引导的积极作用。城市一直是聚落形态演化的重要外部驱动力。城市与聚落的紧密联系形成聚落演化的动态因子,推动聚落的动态演化。聚落物质形态演化过程中一直受到城市阻力及引力的双重作用。作为聚落的外边界,城市一定程度制约着聚落的无序蔓延,且推动聚落的交通发展。同时随着古城墙的拆除,城市化进程的加快,旅游业的兴盛,聚落被纳入城市交通网络中,聚落边缘区受到城市外向力的作用,开始表现出一些异质化。而聚落内部空间则趋于均质化,呈现明显的城市同化现象,与聚落原有的形态有较大差异。

第二节　乡村聚落空间演化的影响因素与类型

自进入 21 世纪以来,随着城市化进程的快速推进,给城市空间带来显著变化的同时,也对乡村聚落空间产生了不同程度的冲击和影响。城市化是区域人口变迁、社会经济转型和地域空间重构的过程,它主要表现在以下三方面:农业人口向非农业人口的转变;人们生产生活方式由乡村型向城市型的转变;农业用地向非农业用地的转变[8]。从城市地理学的角度看,城市化更强调的是一个地域空间过程,即城市化的过程是一定地域范围内的空间形式与内容发生转化的过程。城市化离不开对乡村尤其是城市周围乡村的影响,城市化的过程也是乡村人口、社会、经济和文化发生变化或演变的过程。从地域空间范围上来说,城市空间演进的过程也就是乡村聚落空间的发展演化过程。自中国共产党成立以来,城市化快速推进,城市空间迅速扩张,城市面貌发生了翻天覆地的变化,同时,乡村聚落空间的变化也很值得关注。

2.1 乡村聚落空间演化的影响因素

城市化对乡村聚落空间的影响过程，也是城市化过程中各因素对乡村地域空间的作用过程。其影响因素概括起来主要体现在以下几个方面。

（1）城市用地扩张。城市用地扩张对城市及其区域聚落空间特征的演变具有直接而显著的作用。城市用地扩张的过程，既是自身聚落不断延展的过程，也是对周边乡村聚落空间的侵入过程。城市化过程对乡村聚落空间的影响，主要体现在以下几方面。第一，直接侵并。城市用地对周边乡村聚落的直接侵蚀与吞并，使原有乡村聚落直接成为城市发展区的一部分。第二，迁并与整合。城市空间的扩张还会导致村庄发生迁移、撤并，以达到土地集约化和空间集聚化。第三，间接影响。城市用地扩张缩短了乡村聚落与城市的空间距离，加强了城乡发展要素的联系。

（2）城乡人口流动。城市人口的增长，在相当大的程度上直接来源于乡村剩余劳动力的空间迁移。城市的发展、城乡收入差距的扩大以及乡村人口对城市生活的趋向，为人口从乡村向城市方向的流动提供了强大的推动力；城市化进程的加快及城市劳动密集型产业的强烈需求更促成了乡村人口的大规模流动。乡村人口转移的主要特征表现在——具有较强生产能力的青壮年纷纷外出到城市务工，乡村人口逐渐呈现出老龄化、幼年化迹象，并导致乡村聚落居住环境的不断弱化，聚落空间也逐步荒废、瓦解。

（3）产业结构变化。城市化的过程，是城市产业升级转移和城乡产业调整的过程。其对乡村聚落空间产生的影响主要表现在以下几方面。第一，城乡产业转移与承接。城市产业的发展与外迁，周围乡镇对转移产业的承接和用地布置，及由此带来的乡村就业结构的变化、外来人口增加以及居住空间的变动，都会对传统的乡村聚落空间产生直接影响。第二，乡村工业化发展。指乡村聚落通过工业化生产和经营实现乡村非农化的发展方式，这是乡村产业发展及空间演变的内生转化过程。第三，农业生产技术进步。工业生产技术的推动改变了"一户一分田"式的传统耕作模式，也扩展了农民的生产及生活活动空间。

（4）基础设施建设。交通网络的发展为聚落空间的演变提供必要的外部引导。长期以来，乡村聚落偏僻、闭塞的外界感知状态是不发达的交通设施条件和相对落后的交通方式带来的直接后果。城市化的快速发展加强了城市交通的对外延伸与连接，尤其是城乡共同发展思路下的区域交通网络的构筑，把乡村空间纳入城乡网络发展构架，实现了城乡的有效连接和乡村聚落对外交通条件的改善，从而加速了城乡之间的人员、物质、资金和信息等要素的往来,并最终有助于乡村环境的改善。城市化发展在促使城市基础设施水平显著提升的同时,也诱发了乡村设施的逐步配备与完善(且乡村的规划建设将会受到更多的关注)。同时,乡村设施的配备也给乡村聚落空间提出了新的发展要求,如公共设施的选址与安排,居民公共活动空间及活动范围的扩大等。此外,信息化时代的到来,现代信息交流方式在发达地区乡村的不断普及,使乡村居民获得了更快捷直观的外界感知,并根据自身的条件和偏好进行环境选择与行动判断。

(5)乡村居民观念转变。人始终是空间联系中最活跃、最积极的影响要素,这其中又包括了人的观念转变的作用。乡村居民进城务工,除了其收入水平和生活状态得到提高和改善,他们的生活观念也发生了转变。返乡后,他们将根据自己的经济能力改建或新建住房,同时,还把自己的亲身体验和生活观念同其他村民交流、共享,在乡村居民群体中形成广泛的传播,进而引导更多的乡村居民进城打工。此外,城市化潮流的推动也会自觉或不自觉地把城市生活的意识观念灌输到乡村居民心中,使居民的价值观、就业观、生活观和消费观等发生改变,并对自身的居住行为或活动空间作出选择,从而使聚落空间达到不断集聚或分散的效果,如"空心村"现象的形成就是一个典型的例子[9]。

2.2 乡村聚落空间演化的类型与特征

城市化对乡村聚落空间的作用,在地域空间上体现为城市空间的往外扩张、城市对乡村的侵蚀,以及"城市-乡村"聚落空间关系的变化等特征[10]。在城市化背景下,乡村聚落发展随着城乡之间的距离、发展水平及城乡间联系的紧密程度等差别而各不相同。从空间演变结果来看,乡村聚落既有在空间规模和性质特征上积极主动的改造,如乡村的城市化改造等;也有被迫的空间接受,如乡村聚落被转化为城市用地;还有乡村聚落的消极存在甚至逐步消亡等。基于这种乡村聚落空间演变的趋向及城乡空间发展特征的差异性,接下来把发生空间演变的乡村聚落分为主动型、被动型和消极型三种不同类型分别进行阐述,并对其特征进行同步解读。

2.2.1 主动型

城市化的发展,不仅仅是城市聚落的发展与空间扩张,还包括乡村聚落的自我成长乃至实现城市化或城镇化蜕变的过程。这种发生主动式发展并在空间变化上能体现积极加入城市化发展热潮的乡村聚落属于主动型乡村聚落空间演化,主要包括逾越发展式、集聚扩展式和无序扩张式等三种形式。

(1)逾越发展式——乡村聚落空间的蜕变和升级。乡村和城市是两种不同的人类活动聚居地,在城市化加快的背景下,乡村聚落发展可以实现向着城市化的逾越和转变。这种乡村城市化或城镇化的演变特征,又以在我国城市化发展中具有典型意义的苏南模式和珠江模式为主要代表。①发展背景。在前文的分析中已经指出,苏南地区是指江苏南部的苏州、无锡、常州地区,以及南京、镇江的部分地区。苏南模式指的是苏南地区依托乡镇企业集体经济带动城市化的乡村经济发展道路和乡村城市化模式。它主要依赖苏南地区优越的地理环境、雄厚的经济产业基础、浓重的官本位意识,以及周边大城市的辐射与中小城市带动的外部发展环境。珠江模式是指珠江三角洲地区通过引进大量外资带动乡镇发展的乡村经济发展道路和乡村城市化道路。珠江模式的发展与珠江三角洲地区特有的外向型经济环境是分不开的。与苏南模式不同,珠江模式的乡村城市化发展主要依靠毗邻特大城市的独特的区位优势和良好的投资环境。②演变特征。从发展规模和空间形态来看,大量的人口与企业集聚,使原有的乡村聚落迅速扩张,并在其空间规模和经济社会发展达到一定程度以后蜕变成为城市聚落或具有城镇景观特征的新型乡村聚落形态(如华西村等苏南乡镇)。同时,传统的农业耕作也被持续发展扩张的工业经济所替代,原有的村舍居住模式和农业生产格局也不复存在,取而代之的是日益增加的厂房和楼房。此外,乡村聚落的设施建设也因为发展需求的带动而逐步发展完善,且呈现出大尺度、高标准的空间特征,为聚落空间的进一步扩张提供必要的设施环境。从乡村聚落演变的整体空间效应来看,不同的发展背景产生不同的空间形态特征。苏南模式的乡村城市化发展,其城镇空间显现出相对均质化的态势,这与苏南地区乡镇较为均衡的发展背景和经济条件有直接的关系;而珠江模式的发展动力主要来自外来资本的大量投入,而这种投资的概率和力度同城乡间的地缘特性密切相关。这样,珠江三角洲内的乡村聚落的发展将主要取决于与港澳台等大城市地区的相对地缘优势,从而获得不同程度的经济社会发展,并主导其聚落空间的发展,因此,其乡村城市化发展的结果是形成非均质的、规模不一的、散乱的空间形态特征。

(2)集聚扩展式——乡村聚落空间的集聚与整合。①发展背景。受城市化热潮的影响和推动,村庄与城市(城镇)之间、乡镇之间的联系与交流也日益紧密和频繁,逐步由原来的交通联系发展到物质、信息、技术和人员的多要素流动和重新匹配,加上乡村自身的规模条件,最终促使其持续集聚扩大。同时,城市化的空间扩展和基础设施的延伸也诱导了乡村聚落的空间集聚与扩展,乡村居民在新的发展环境和设施条件下对生产居住环境进行再选择[11]。此外,土地集约利用、乡村整合发展,客观上也要求一定范围内的乡村必须进行适当整合和集中发展,这最终导致乡村聚落的聚合演变。②演化特征。同发生在前一类乡村聚落的非渐进或逾越式空间特征演变不同,该类型的乡村聚落由于发展环境及条件的局限性,在城市化作用下并没有发生聚落空间特征的本质蜕变,而是在原有聚落空间基础上逐步集聚与扩张,主要体现在乡村聚落规模的逐渐扩大,空间形体不断膨胀;邻近较小乡村聚落单元趋于逐步集中、整合;新的乡村聚落实体在交通服务便利地段形成并不断集聚扩展。

(3)无序扩张式——空心村聚落形态的形成与发展。①发展背景。中国共产党成立以来,随着乡村经济的迅速发展,许多农民在村外或公路附近建设新房,乡村建设用地外延内空,乡村聚落逐步空心化,导致很多乡村都出现了不同程度的村庄中心衰败、外围扩展无序的空心村现象。空心村是主观、客观以及外部软环境三种矛盾对立和深化的结果。城市化发展带来的产业转移、乡村剩余劳动力输出以及乡村剩余资金市场的活跃是空心村形成的物质条件,同时,基础设施条件的差异和居民生活观念的转变为空心村的形成提供了动力基础。②演变特征。空心村的形成,最直观的空间特征变化是出现单核或多核同心圆式的聚落空间形态。乡村的核心不断被空心化,村庄沿外围不断铺摊和蔓延。相距较近的村庄可能连接成片或成块,从而形成多核同心圆式的空心村空间形态。与城市距离较近的空心村则可能被扩展后的城市建成区包围,成为城中村。物质建设空心化导致了人口、设施条件和聚落景观的空心化,同时也带来了聚落中心环境恶化等诸多问题。需要指出的是,城市化发展水平和自然条件不同,空心村的发展也表现出地区差异(如江苏的苏南、苏中和苏北地区);城乡间距离不同,空心村的空间表现形式也不同。一般来说,在城镇的近郊区,空心村的发展程度要高于中郊区,而中郊区的发展程度又要高于远郊区。

2.2.2 被动型

被动型的空间演变是指乡村聚落被动接受城市化的扩张作用并实现空间性质转化的演变特征,主要体现为被包围的乡村聚落和被撤并的乡村聚落两种形式。

(1)被包围的乡村聚落——城中村的发展形成。①发展背景。城中村是随着城市化快速发展、城市用地迅速扩张而形成的一种具有村社特质的城市社区,这是一种内嵌于城市空间之中的新型村庄聚落。我国长期以来的城乡二元结构和制度是城中村形成的基本制度环境,而特有的乡村集体经济组织模式、村庄宅基地制度和被征用土地价值的提升是城中村发展形成的直接推动力;同时,城中村的形成,也是城市政府、村庄集体及其居民的利益诉求的博弈结果。②演变特征。城中村发展形成,乡村聚落被城市用地包围,并成为城市空间景观的组成部分。聚落空间发展也逐渐显现出集聚化、密集化的特征,如"握手楼""一线天"等高密度建筑群的出现。从人口发展演变的角度讲,受城市化的同步推进影响,城中村聚落人口初期产生回流,并致力于迅速升值的宅基地经营,脱离传统农业生产,主要以经营小商店和出租廉租房为生;发展后期则吸收了大量的外来人口租住,并成为城市外来人口的主要聚居地;同时,城中村的发展形成也使原有的村集体经济组织模式逐步向私人承包经营方式转变。

（2）被撤并的乡村聚落——村庄消亡或重现。①发展背景。乡村的撤并和村庄的集聚扩张或被侵蚀是同步发展和出现的。在城市空间快速扩张的作用下,乡村聚落被城市空间包围并产生城中村这样一种聚落空间形态;与此同时,还有相当部分的村庄消失于乡村广域空间及城市化进程中。②演化特征。排除自然力摧毁作用的影响,相当一部分村庄是由于城市发展和城市用地扩张而被迫迁移至其他地区形成新的聚落空间,或根据聚落空间集中建设、土地集约利用和城市功能空间布局的现实要求,加上自身规模或发展能量的不足,一定范围内的村庄被强制性地进行集中安排与建设(如在城乡结合部地区)[12]。这使得原有的乡村聚落消失在城市发展扩张和原有的乡村地域空间中,或者在新的区域形成新的聚落空间并发展扩大。

2.2.3　消极型

在城市化的作用下,乡村聚落除了发生主动式的空间蜕变或集聚扩展、被动式的被包围或被撤并以外,还有相当数量的村庄,其发展变化既没有同城市发生空间躯体上的冲撞或牵连,导致其被侵蚀或撤并,也没有实现从乡村到城市(城镇)的质变,而只是在城市化背景下消极或勉强存在。因此,把该类型的村庄称为消极型。①发展背景。在同样的城市发展背景和外部条件下,消极型乡村聚落主要受制于其内生发展的推动力弱于城市的吸引力,主要体现为城乡间较大的空间距离、远离城市发展的辐射影响和城市设施建设对乡村发展的微弱拉动,以及乡村聚落内部发展的消极性,包括城乡人口流动和村民生活观念的外趋性等。②演化特征。消极型乡村聚落的演变机制虽然同样具有被动变化的特性,但它只是脱离于城市发展区域以外的一种空间缓变状态，并没有因城市空间的扩张而被吞食，也没有实现空间的集聚扩展和逾越发展，而是偏离自身发展的演变方向，人口外移、物质空间建设停滞与衰败、农业用地荒废、乡村聚落实体景观不断衰落并逐渐消失于乡村广域空间中。

第三节　乡村聚落重构的模式与走向

我国的乡村聚落空间格局随着经济社会发展而不断演进。历史上，由于传统小农社会的封闭性与稳定性，乡村空间处于自发的周期性演替过程。自中国共产党成立以来，在过去的 100 年间，乡村聚落经历了几次大的改造过程：一是近代的农业商品化(乡村工业萌芽)和乡村建设运动，二是中华人民共和国成立后的土地改革和公社化运动，三是改革开放后的快速城市化和工业化进程。我国乡村受政治、经济、社会体制等方面重大变革的影响而经历了一个曲折的重构过程，乡村空间由分散、均等向分化发展[13]。改革开放之后，伴随着由计划经济向市场经济体制的重大转型，城市化和工业化的快速推进，我国乡村聚落空间由过去的"同质同构"转变为"异质异构"，逐步趋向差异化发展路径和多元化发展目标。尤其在我国经济发达地区，乡村聚落空间的格局、要素、结构和组织关系等方面呈现出加速变动和重构的趋向。乡村聚落空间以多种方式迅速改变着原有面貌——有的向城市化发展，有的向专业化方向演变，有的出现了既有扩张又存在内部空心村的现象，有的则发生了衰退乃至消失，展现出我国乡村聚落空间重构的多种场景。

3.1　乡村聚落重构的内涵

乡村聚落是乡村土地利用和乡村经济地理谱系优化的重要组成部分，是农民生产和生活等综合功能的承载体。长期以来，在农民观念、利益驱使、生产方式等内外部因素的综合作用下，乡村聚落呈现出用地粗放、乡村空心化、一户多宅等诸多问题，与当前社会主义新农村建设相悖，不利于乡村振兴和全面小康社会建设。随着"以工促农，以城带乡""城乡发展一体化""乡村振兴"相关政策举措的制定与落实，中国广阔的乡村正发生着巨大的社会转型、经济转型、文化转型。传统乡村聚落发展格局被打破，乡村聚落空间结构、形态发生显著变化，在此背景下，乡村聚落重构亦迎来了新的发展契机，成为当前乡村振兴的主要议题之一。乡村聚落的空间分布特点体现了在不同生产力水平下人类生产、生活及他们与周围环境的关系。乡村聚落分布的特点、规模大小、动态迁移等除受到众多环境因子的制约外，还受制于社会经济发展状况、历史渊源、文化习俗及一些突发因素（如战争、灾害）等影响。而在城乡统筹发展过程中，产业的集聚发展、农民的集中居住和资源的集约利用，都必然伴随着乡村人口向城市的转移，乡村居民点的搬迁与适度集中，乡村聚落空间因此被重构。在此过程中，注定要有一部分乡村居民点走向衰落乃至消失。这不仅有利于改善农民居住过度分散，还能在一定程度上节约土地，促进乡村聚落的发展。而在城乡统筹发展过程中，伴随着一定程度的村庄数目的缩减（消失的自然村主要位于城市的边缘地带，但其并未在城市化过程中获益），需要对乡村聚落进行重构。其间，要以科学发展观为指导，全面贯彻落实城乡统筹发展战略，实施集经济、社会、空间重构为一体的乡村发展战略。通过乡村经济社会的可持续发展，物质文明与精神文明的提升，以及空间布局的合理组织，建立起社会主义市场经济体制下的平等、和谐、协调发展的工农关系和城乡关系，改变城乡分割的二元体制和经济社会结构，实现城市与乡村的良性互动。乡村聚落重构的根源是乡村发展，乡村聚落重构主要包括：乡村聚落经济重构、乡村聚落社会重构和乡村聚落空间重构。其中，乡村空间重构是城市化过程中必然的结果，乡村空间重构的目标体系涵盖了产业、居住和资源等多个方面，是乡村经济地理谱系优化在微观层面需要重点关注的议题。

3.2 乡村聚落重构的类型与特征

在乡村聚落重构的问题上，有学者首先将乡村聚落变化分为三类：近便地区的乡村、"鬼村"和更新的旅游村[14]。其中"鬼村"是指即将消亡的乡村，其消亡的主要原因是这类村落地理环境恶劣、农田水利等基础设施破败，导致人口大量外迁，最后导致村庄的衰落、消失。这三类乡村聚落代表了乡村经济地理谱系"优化"的不同类型、阶段和结果，上述类型的乡村聚落主动或者被动选择了发展、消亡或者复兴。在我国实施城乡统筹发展与乡村振兴战略的当下，需要紧跟乡村经济发展进入转型阶段的根本要求，针对不同类型的乡村聚落进行有选择的扶持、发展，也可以引导其退出"历史舞台"。接下来，就对乡村聚落重构的类型和特征进行归类、总结。

3.2.1 政策性乡村聚落重构

我国政策性重构的乡村聚落占乡村经济地理谱系优化的绝大多数。

主要分为两类，一是受国家决策而产生的乡村聚落重构（国家层面上），二是各级地方政府实施的区域政策（地区层面上）导致的部分乡村聚落重构。

（1）国家政策引起的乡村聚落重构。这类重构主要包括国家重大工程、生态移民等。国家重大工程的实施在一定程度和范围内要求相应的乡村聚落迁移及居民点的整理。如从构想设计到建设运行，历时 18 年的三峡工程，区域性移民搬迁涉及重庆、湖北两地的 20 个县（市、区），移民总数超过 100 万人；大量村庄被淹没、消亡，其中也包括一些历史久远的古镇、古村。再如生态移民，宁夏中南部地区是全国 18 个集中连片贫困地区之一，由于干旱缺水、交通不便、资源匮乏等多方面原因使这一地区目前仍有 100 余万人生活在贫困线以下，有 35 万人居住在不适宜人类生存、发展的地方。为彻底解决这些地区的生产、生活、生态问题，政府在原有的"吊庄移民""异地扶贫搬迁"等移民工程的基础上，启动实施生态移民工程。"十三五"期间，对中南部 9 个县（区）91 个乡镇 684 个行政村 1 655 个自然村的 35 万人实施扶贫移民搬迁。此外，还有诸如高铁项目建设、高速公路项目建设、沿海开发工程等，均导致部分乡村聚落的强制性衰落乃至消失。

（2）地区政策引起的乡村重构。当前，我国乡村聚落空间正面临着新的重构，如土地集中和规模经营、村镇布局调整等。各级政府都提出了一系列促进城乡统筹发展和引导乡村聚落空间重构的政策，开展了一系列的土地整治、村庄整理工程。以江苏省实施的土地整治项目为例。几年来，江苏省国土资源厅提出了土地整治的想法，措施主要是通过构建城乡挂钩的运作机制，以"有效集聚潜在资源，有序统筹城乡发展"为核心内容，以土地整理项目为载体，以实施城乡建设用地增减挂钩政策为抓手，为城乡统筹发展提供了强大的动力，为改造传统乡村聚落、推进农业的规模化、现代化探索了一条有效的途径。为此，当地积极探索农村宅基地的退出机制，农民集体资产收益分配的新形式，农业适度规模经营的新模式。当地政府着力构建新型城乡关系，实现城乡社会一体化发展，推动农民以农村土地承包经营权换取城镇养老社会保障，引导农村宅基地和住房置换城镇住房。通过将乡村居民迁移到城镇，集约利用建设用地资源，建成大面积、连片的高标准农田，优化区域土地利用布局，实现乡村耕地资源、市场需求与公共服务资源的有效集聚，实现农地集中、居住集聚、用地集约、效益集显目标。通过土地整治和乡村聚落的整理，大量乡村居民点被整合，以达到集中居住、资源集约的目的。

可见，无论是国家实施的重大工程还是地方政府的区域性战略，都对乡村聚落空间结构产生重大影响，导致了部分乡村聚落的消失，这部分乡村聚落一般都处于各级政府重大项目所在地，它们的消失有很大的偶然性。

3.2.2 自发性乡村聚落重构

在乡村经济地理谱系优化的过程中，乡村聚落的自发性重构指的是没有强制因素介入，村庄随着外界的发展而逐步趋向没落衰败，最后消失。这里认为主要有两类：一是未能在城市化过程中获益的乡村（"两空村"和偏远的山村），它们中的一部分会逐步消失，可称之为"边缘性的村落重构"；二是从城市化过程中获益，受城市化影响，村民对城市充满期待和向往的村庄，大量乡村人口流向城市或者城郊，这类村庄逐步被城市包围，成为"城中村"或者完全被改造为城市，这类村落的走向可称之为"包围型的村落重构"。所谓"两空村"是指空心村与空壳村。20世纪90年代以来，随着乡村经济的发展，农民收入的提高，我国乡村住宅的空间布局以及村内不同年龄层次的居民的空间布局发生了很大变化。村庄外围涌现大量新楼房，而村内却基本上是式样陈旧，甚至是闲置的旧房。从年龄结构布局上来看，外围大部分是青壮年居民，村内则大部分是孤寡老人，外围繁华，村内冷清，这种现象称为"空心村"。相对于空心村而言，空壳村的分布范围或许较为狭窄，但其问题却更为严重[15]。空壳村一般是指那些经济衰落、基础设施年久失修、村民普遍具有外迁心理、正在消失的村庄。空壳村的形成与其地理位置欠佳、生态环境恶化、人才过度流失和城市化进程缓慢有关。空心村的问题主要是土地闲置、村容不整、基础设施老化；而空壳村则是人心思迁、村落萧条、经济衰落。如果不采取有效措施，这些空壳村在不久的将来必然会消失。

我国的空心村主要存在三种模式：一是单核模式（同心圆模式），二是扇形模式，三是多核心模式。单核同心圆式模式是比较典型的，这种形式在村庄规模较大、相隔间距较远的地区比较容易出现，其表现形式是围绕村庄的中心向外围扩散。这种模式的村庄到中晚期以后，由于农户逐步迁向村外围，村内的改造环境变得相对宽松，因此，村庄在向外扩展的同时也开始向内发展，新建农宅的比率一般在70%以上。村庄开始表现出新建农宅的同构现象，出现空心村的"复兴"。扇形模式一般出现在靠近大路，交通较方便的村庄，旧村一般位于大路的一侧。人们为追求出行方便，构建的新房一般向大路两侧延伸。由于交通的带动作用，该类型空心村到中晚期以后会出现两边新住宅区的分离，而中心村进一步走向衰败，乃至消失。多核模式一般出现在村庄稠密且住宅连片的地区。人们选择新房地址时,可能会选择村庄内的几个点。这种类型在平原地区比较常见。这种模式的村庄如有更好的经济机遇带动的话,周边的核会进一步壮大、扩展,最后多核出现交融,进而给中心村带来复兴的机遇,否则,中心村会逐步消失。综合而言,并不是所有的空心村都会消失,外围发展型的空心村会出现中心村的复兴,而出现中心村周围多核的村庄,有可能导致中心的空心村衰败乃至消失。

空壳村不同于空心村,可将空壳村描述为"没有生命力"的村庄。如在陕北地区,乡村劳动力转移正经历着由离土不离乡,到临时性外出,再到离土离乡举家外出的变化。越来越多的青壮年外出务工,使得乡村居住人口急剧下降,孤弱老病留守,有的地方基层建设严重"缺血",甚至连种地也有"断层"现象,出现了一批劳动力缺乏、丧失活力的空壳村。空壳村的成因类型有很多,有的是因为区位条件差、缺乏发展潜力导致;有的是因为资源枯竭、生态环境恶劣导致;有的是基层管理错位导致,最后结果是个人主动外迁或者是政府协调下的搬迁,村庄废弃乃至为了补偿生态环境导致消失。除非有政府强有力的行政干预,否则大部分空壳村会逐步走向衰亡。

3.2.3　引导性乡村聚落重构

在相关调查中发现,我国有很多乡村聚落处在城市辐射力能够辐射到的"半径"之内。比如,江西省某地级市所辖的一个乡村聚落,在 2000 年时有 300 多户人家居住,近 800 多人口。乡村聚落处于群山环抱的谷盆地带,交通闭塞,只有一条路与外界相通,村庄离集镇较远。村中有一条小河流过,南北流向,从村北两山相夹而成的豁口处蜿蜒而出。小河东岸为居住区,西岸为农田区。到 2020 年春节,该村只剩 72 户人家,居住人口211 人。这个行将消失的聚落之所以会出现如此"光景",可以从被访居民的回答中归纳出以下几个原因:一是离集市较远,10—35 千米不等;二是交通不便,村庄不是在半山腰或山顶上,就是在山那边的山脚下,属于山区中的山区;三是村庄间分散,相距虽近但路程遥远;四是居住的人不多,每个村只有几十户人家。这类区域在我国中西部地区广泛存在,它们位置偏僻,受城市化影响较小,一旦村民的经济社会生活与外界接触、整合,为改变自身落后的经济、生活、教育等方面的状况,会引发当地人口大规模流动,进而引起人员的外迁,于是,有能力的村民最先行动,通过外出经商、务工等途径逐步带动其他人员,这部分村落经过长期的分化最终也会走向衰落。但无论如何,这类乡村聚落都处在城市的"包围"之中,"包围圈"或大或小,但虹吸效应是无处不在的。这些乡村聚落的衰败正是由于正常的城市化引起的。此外,在一些新兴的工业体和商业中心的区域边缘,常会由于中心城镇的吸引,使一些条件相对较差的乡村聚落的村民流入城镇,使村落各种公共设施的修建和维护更加困难,城镇和乡村之间生存环境的差距进一步拉大。更为重要的是,在"榜样村民"的带动下,越来越多的村民开始向周边城市不断迁移,而这直接导致了这些条件相对较差的处于区域边缘的乡村聚落一步步走向衰落。当然,还有部分乡村聚落处于城市的新旧城区之间,被"包入"城市建设用地范围内,而成为"城中村"。综合而言,这类村庄的重构与城市化进程相关,城市近郊在城市辐射范围内的区域有可能最先被改造,逐步发展成为城中村或者完全被城市化。

3.3 乡村聚落重构的可行模式

3.3.1 政策性重构

在这一模式下,乡村聚落的居民安置受国家或区域性决策影响,在重构过程中体现人性化、科学性显得尤为重要。通常,要重点完成以下工作。

（1）完善征地标准。在此过程中,不仅要考虑土地、农作物、住房数量等实体价值,还要进一步关注乡村聚落的房屋质量、周围环境、区位价值、交通和通信的便利程度、居民的拆迁成本(包括心理成本、感情成本、经济成本)、居民的就业压力等。

（2）完善拆迁补偿内容,帮助居民身份转型,尤其对于要融入城市生活的居民,要帮他们做好从农业产业(兼业)向非农产业转变的准备工作。由于新旧产业的管理方式、技术水平以及运营模式等都有很大的差异,需要经过很多周折才能成为新市民,身份上融入容易,而精神上契合城市的发展需要一个较长的过程。

（3）关注乡村聚落居民的养老、就业、培训等问题,要使失去村落的居民能安居乐业,"安居"就是他们能重新建立自己的家园,有生活休憩的场所,满足正常的生活需求,并在此基础上"乐业"。其间,农民失去了土地等宝贵资源,政府要为其提供一份满意的工作,让他们可以养家糊口,实现自己的价值。

3.3.2 改造性重构

这种重构模式主要针对空心村或者空壳村。对一般意义的空心村建议进行改造,而非让它走向消失。针对空心村,要全面开展乡村用地规划,加强宅基地整理和管理工作[16]。科学规划建筑物的结构布局,整理旧宅区。制定科学的村庄建设规划,综合考虑社会、经济与生态效益,把宅基地整理、小城镇建设、中心村发展与撤村并点结合起来,使村庄建设既不浪费土地,又能满足广大群众生产、生活需要,促使土地的集约利用和村庄的美化。村庄规划还应与旧村改造相结合,改善村内的卫生条件和空气质量。此外,提高乡村土地的边际生产力。提高乡村土地的边际生产力,增加农业生产收益是改善乡村经济、促使农民节约用地的根本途径,也是改造空心村的长远方针。在城郊区域,可以将中心村进一步改造、完善,作为城市居民养老、休憩的空间。也有一部分空心村因经济水平的差异而显示出不同的特点并因此影响以后的发展趋势。比如,苏南地区正处在晚期的空心村,由于村庄农宅更新率大、农宅质量好、居住水平高,再加上人口向城镇转移的因素,因此,空心村将逐步走向衰亡。对于正处在中期的空心村来说,由于农宅正处在低水平农宅向高水平农宅的转换高峰,要加以引导,可以尽快使之进入晚期。如引导不当,也会逐步重蹈覆辙,走向消失。部分地区由于工业化的发展领先于城镇化,使得大量的乡村劳动力以"两栖"的形式涌入城市,即工作地和家庭成员分离。一些基础薄弱的乡村,老人逝去,青壮年外出务工,因而出现"空壳"现象。对一些基本空壳和已经空壳的自然村,要进行整合,合理引导其走向消失。对一些仍是贫困村但不是空壳村的村庄,政府要下定决心进行建设,通过产业发展和土地的流转来整合空壳村资源。陕西长安、杨凌等地已经出现了土地托管、土地银行等多种发展模式,而山西省左权县也利用空壳村撂荒的耕地和水、电、路、房屋等闲置资源,以植树造林为主,搞生态庄园式经济开发等来"复活"空壳村。在城乡统筹发展的背景下可以开展乡村集中居住,这样对集约用地、发展农业产业化经营与产业集聚、生态环境保护、提升农民消费水平、走新型城镇化与新型工业化道路、提升城市能级及社会主义新农村建设都有重要意义。促进农民因地制宜、因势利导地适度集中居住,是实现城乡统筹发展,推进农村城镇化、农业现代化、农民职业化与市民化的必然选择,是乡村经济、社会、政治、文化等各种因素共同推动的产物,是中国共产党成立之后我国乡村经济变迁的一种特殊表现与内在要求。要做好土地的整理规划、"双重置换"(农民土地承包经营权置换土地股份合作社股权、农村宅基地使用权置换城镇住房和商业用房收益权)与"三集中"(农民向社区集中、工业向园区集中、土地向规模化经营集中)。如四川省开展农民集中居住的主要模式有:城镇发展带动型、移民安置型、农业园区催生型、乡村旅游发展型以及土地整理驱动型。这些做法也为该类乡村聚落的合理消失与重构提供很好的思路。

3.3.3 解围性重构

在我国,"被包围"的乡村聚落往往处于城市边缘或成为城中村,大多受城市化的辐射或者新城区的开发征用。这些乡村聚落的消失带有一定的政策强制性,容易引发社会矛盾,为此,应加强引导,避免认识上出现"统筹城乡发展就是把农民变成市民,甚至消灭农民"的误区[17]。20 世纪 90 年代初期的开发建设热潮,使村民在"城中村"中建设了大量的多层高密度、市政设施不配套、环境恶劣的住宅,用以出租,这样导致了"城中村"居住环境的进一步恶化。此外,"城中村"还存在着乡村型建设管理体制和城市多部门管理的问题。因此,在确定这类村庄要被取消时,政府首先要解决的是拆迁居民的安置问题,要合理引导和疏理。我国目前处于经济社会发展的转型时期,城市化的推进日新月异,城乡关系在经历多种复杂局面之后也逐步走向协调。乡村发展正进入一个新阶段,乡村聚落空间面临分化重组的新格局。在这个新的发展阶段,乡村聚落重构的目标需要重新定位,在城乡统筹发展的视角下重构乡村聚落的空间体系。对在此过程中出现的"乡村聚落重构"问题需要各级政府、学者、居民共同参与,统筹协调。这是因为,"乡村聚落重构"是一个崭新的、重要的时代命题,如何看待、解决这个问题,需要各利益群体共同努力,更需要人们进行更深入的探讨、甄别和实践。

3.4 乡村聚落重构的空间走向

作为乡村经济地理谱系优化的重要内容,乡村聚落空间重构是在城镇化背景下,乡村受到各种内外因素的共同作用,引起乡村聚落空间格局出现阶段性的转变,属于乡村聚落转型发展的过程。因此乡村聚落重构可能会出现以下不同的空间走向。

(1)在不同重构动力下选择不同的空间走向。在乡村聚落重构的问题上,无论是自然因素主导还是城镇化、工业化等社会经济因素主导,身处不同时期的乡村聚落,其重构动力、重构模式等都可能存在差异。因此,对于不同地区、不同阶段的乡村聚落,要采取不同的重构模式,然后针对不同模式的内涵、机理,采取不同的重构措施。通常而言,不同乡村聚落的经济发展阶段不同,乡村聚落建设的特点也不一样,需要采取不同的拆迁补偿方式和补偿标准、不同的安置与迁建模式及不同的土地经营流转模式等。比如,我国江浙一带乡村聚落空间正在历经从零散的随机分布到无序的空间扩张再到空间多样性的分化,最终,乡村聚落会在空间重构的过程中,逐步走向居住的集约化。

（2）城乡资源空间重构是未来的创新路径。城乡资源的空间重构为改造传统乡村、推进农业的规模化、现代化探索了一条有效的途径。推进城乡资源空间重构，就是从城乡发展一体化角度，以城乡发展功能分工为基础，立足于以土地资源为核心的城乡要素空间配置与优化。推进城乡资源空间重构包括四方面的内容。一是人口和劳动力资源从乡村向城镇的集聚，帮助农民实现就地、就近就业，让离土离乡和离乡不离地的农民，得到妥善安置，充分享受城镇生活。二是建设用地的空间整合。城乡建设用地整合是促进城乡一体化发展的有效手段，为城乡发展一体化提供了强大的动力。通过城乡建设用地增减挂钩等途径，节约建设用地。三是农地资源的综合整治。经过统一规划和综合整理，对田、水、路、林、村的综合整治，建成有一定规模的优质田，耕地质量显著提高，既增加了耕作面积，又改善了农业生产条件和生态环境，提高农业产出水平。四是公共设施的集中布局。通过推动大量的农民离开分散的农庄而集中居住，可以集中布局基础设施和公共设施。

（3）"四力驱动"是乡村聚落空间重构的导向。在城乡转型发展的进程中，乡村聚落功能逐步由单一的"生活功能"转向"生产、生活、生态"的多功能复合。从主导作用力来看，理想的乡村聚落空间受"四力驱动"：受自然条件的基础影响，与自然环境相融合，构建一个生态的乡村聚落空间，受生态的驱动；受工业化和农业现代化发展影响，乡村聚落空间发展受到限制，乡村聚落是一个集约化的空间，受集约的驱动；受城乡一体化发展的影响和驱动，乡村聚落空间是一个城乡变动的空间，受城乡统筹发展的驱动；受以人为本的和谐思想和乡村空间生产理论的影响，体现乡村空间的公平和正义，乡村聚落空间又是一个正义的空间，受正义的驱动。

对上述问题，党的"十八大""十九大"报告都曾指出，未来要优化国土空间开发格局，建设美好家园。从乡村经济地理谱系优化的视角来看，在可预见的将来，需要实现乡村聚落生产空间集约、乡村聚落生活空间适宜和乡村聚落生态空间安全。在乡村聚落空间重构的高级阶段，要推动实现乡村聚落空间的集约和优化，并在充分尊重并合理利用自然条件、统筹城乡社会经济、政府调控得到积极响应并充分实现、交通等基础设施完备、各项社会保障措施逐步落实、空间正义得到伸张的前提下，形成一个生产、生态、生活互相协调的理想乡村聚落空间。未来理想的乡村聚落空间，应当是与自然环境充分融合，实现宜居的生态环境空间；与生产（农业、工业等）空间相匹配，实现集约高效的生产空间；与社会经济发展相适应，达到城乡一体化的统筹空间；与政策调控相统一，体现以人为本的公平与正义的乡村空间。

第四节　社会转型期乡村聚落重构路径
——基于 BL 村的演化实证

聚落是人类各种居住地的总称，是人口空间分布的载体。当前我国新型城镇化的背景下，乡村聚落正发生剧变，对社会转型期乡村聚落重构路径问题进行研究具有重要的现实意义[18]。接下来，针对具有客家历史文化气息的古村落——BL 村，其乡村聚落形态自村民迁徙至该村到现在的演化进行研究。借助 ArcGIS 将乡村聚落空间可视化，并基于社会转型的视角，对 BL 村半月形乡村聚落形态的演变特征、原因以及机制进行研究，对客家乡村聚落形态演变模式进行预测，以期为乡村聚落重构和乡村经济地理谱系优化提供可以借鉴的决策参考。

4.1　调查对象及乡村聚落形态演变

4.1.1　BL 村概况

BL 村位于东经 115°14′—115°15′，北纬 26°24′—26°25′，村庄属亚热带季风气候，雨量充沛，光照充足四季分明，具有雨热同期的气候特点。BL 村属于江南丘陵地貌区，山丘连绵，岗坳交错，溪流小而密集，迂回曲折分布其中。村庄东西大约长 1 千米，南北宽约 0.5 千米，因鹭溪流经此处时遇山体转弯，整个村庄布局呈半月状。因地方偏僻，聚落景观丰富并显现出巨大反差，且村庄不同区域分布着不同时期的不同聚落空间形态。如今 BL 村共有 13 个村小组，近 600 户人家，3 000 余人，旅游业是其主导产业。

4.1.2　BL 村聚落形态演变与特征

BL 村的半月形聚落形态经历了聚落形成期、聚落发展期、聚落成熟期、聚落扩张期四个发展过程(图 16.1)。每一个时期相应有一个新的聚落空间，并且不同时期新增的聚落空间都有着不同的空间形态特征。同时原有的聚落形态也在发生着变化，经过四个时期的演变，BL 村半月形密集聚落空间布局形态最终形成。结合马晓冬等学者对江苏省乡村聚落的形态分异——低密度团簇型、中密度弧带型、高密度条带型等 8 个聚落形态的总结，对 BL 村不同时期的聚落形态作以下归纳。

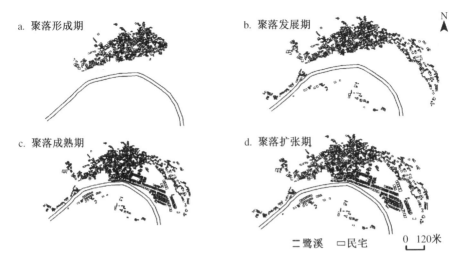

图 16.1　BL 村不同时期聚落形态分布图[①]

（1）聚落形成期——高密度团聚状（图 16.1a）。该聚落形态主要形成于南宋绍兴六年到清朝晚期（1136—1876 年）。这个时期形成的聚落呈密集团状分布。BL 村主要以钟氏宗祠、王太夫人祠、恢烈公祠等重要祠堂展开布局，同时这些聚落又紧紧联系在一起。每一个祠堂都有偏厅，同时围绕祠堂有相应的民居建筑，每一个祠堂其实就形成了一个小的核心。这是典型的多核团聚型南方乡村聚落类型。但是这种多核又与其他村庄的多核不同，因为在这个村里所有聚落核心几乎都是钟氏人，虽然有多核，但都是同宗同源的钟氏人，钟氏人口对高密度团聚状聚落形态起决定性作用。

（2）聚落发展期——低密度弧带状（图 16.1b）。BL 村在原有高密度团聚状聚落形态的基础上向东南方向发展，新增的聚落较聚落形成期的聚落更加分散，各个民居之间距离较大，没有明显的核心。单个聚落的面积也相对减小，聚落形态呈现出分散而小的分布特点，同时紧挨东南方向弧形的山坡分布，聚落形态也呈弧带状。整个 BL 村聚落空间分布是高密度团聚状＋低密度弧带状，并且整体上有围绕原有密集型团状聚落村扩展的态势。随着村落与相邻村落交往增加，加之与外姓联姻使钟氏与非钟氏关

---

① 引自张爱明,陈永林,陈衍伟.基于社会转型的客家乡村聚落形态演化研究——以赣县白鹭村为例[J].赣南师范大学学报,2017(3)：92-97.

系更加密切,有少部分非钟氏人口在村庄东南部定居,促进了低密度弧带状聚落形态的形成。在聚落发展期 BL 村半月形聚落形态初步形成。

(3)聚落成熟期——高密度规则线状(图 16.1c)。该形态形成的时间主要是中华人民共和国成立到新农村建设时期(1949—2005 年)。村庄聚落空间在经历了向东南方向发展之后转向鹭溪北岸河滩区域发展,同时东南部条状聚落空间也有一些民居出现,但这个时期聚落空间呈现的主要特点是高密度线状布局。圩镇是这个时期最主要的功能结构,这些聚落分布密集而且秩序明了,主要是沿着主街两侧面向街道线状分布。聚落之间距离较小,却又非常规整。另外,主街之外还有一条距离车站较近的街道,街道两侧同样规划了整齐的聚落,但规模没有主街大。随着街道的建立,商业得到快速发展,在以钟氏为主体、非钟氏人参与下高密度规则线状聚落形态形成了。聚落空间分布又一次呈现出集中分布的态势,BL 村半月形聚落形态形成。

(4)聚落扩张期——中密度散点型(图 16.1d)。该形态大致形成于新农村建设时期至今(2005—2020 年)。该时期村庄聚落扩张位置较分散,包括鹭溪南岸河滩、鹭溪北岸村庄西南角和村庄东南角入口处,聚落空间呈现出多点散布、点内规则的分布特点。村庄入口处车站的建筑整体较高,占地面积大。在鹭溪南岸河滩上的建筑,是这个阶段这些建筑的典型代表,这些聚落规划整齐,单体建筑占地面积大,一般在 4 层左右。部分相对富裕的非钟氏人选择在生态良好的鹭溪南岸定居,促成了聚落形态多样化发展,但是整体面积不大,呈现出小规模立体分布的格局,BL 村半月形聚落形态得到完善。

4.2 BL 村聚落形态演化历程与机制分析

4.2.1 BL 村聚落形态演化历程

不同时期的乡村聚落形态是相对应时期政治、经济、文化等的综合反映,社会转型带来的是政治、经济、文化等方面的重大变化,因而乡村聚落形态的演变是社会转型的一个缩影。对 BL 村来说,其聚落形态演化历经了如下过程。

(1)高密度团聚状聚落形态是明末清初(17—18 世纪),统一的多民族国家进一步巩固和封建制度特别是宗族制度得到强化的反映。BL 村人就是以宗族的组织形式,建起了高密度团聚状的村落。同时,BL 村人集中居住是解决生存问题,一起面对自然灾害的需要,是当时自然经济占统治地位的经济基础所决定的,虽然出现了"十字街"小型商品交易场所,但是当时相对活跃的商品经济仍然未能撼动自然经济的统治地位。聚族而居不仅仅是当时 BL 村人对和谐安定生活的向往,更是当时人们思想文化方面封闭,排斥外界的表现。

(2) 低密度弧带状聚落形态的增加是甲午战争后到五四运动前(19 世纪末至 20 世纪初),中国由传统农业社会向现代工业社会转型的见证。低密度弧带状聚落形态的增加反映出社会多领域的变化。其一,BL 村向东南方向新增的聚落的形态不再是高密度聚族而居,而是相对分散地建在了村庄东南方,聚落相对宽敞明亮。这正是因为我国中央高度集权的封建帝制结束,以宗族制为纽带聚族而居的形式被打破,自由平等观念逐步深入人心并付诸实践。正如《中国通史》所言:"至于政治思想,则介绍西洋资本主义社会中所流行的自由平等之说。"其二,BL 村人相对分散的聚落居住形式是以对自然经济的依赖减弱为前提的,村民通过经商来帮衬家里,反映出当时自然经济逐步解体,新兴经济得到发展。其三,新增聚落宽敞明亮,较以前封闭狭小的聚落更加科学,更能满足村民的需要。这与该时期思想文化方面由保守迷信到"新文化运动"倡导的民主与科学的转变不谋而合。

(3) 高密度线状聚落形态的增加是改革开放到"十五大"召开(1979—1997 年)我国经济、政治、文化繁荣的体现。BL 村最明显的变化就是高密度规划整齐的街道(圩场)建立。聚落沿道路密集整齐分布是该时期聚落空间的主要特点。BL 村线状高密度街道的建立正是市场经济在中国广大乡村得到发展的重要体现。增加的聚落整齐成线状高密度分布是当时人口急剧增加造成人多地少的现实环境所决定的。街道两旁出现个体经营户,旅游业也得到重视,这是我国多种所有制经济共同发展的体现。同时随着饮食、节日等西方文化如潮水般涌入中国,人们的思想和生活方式不断走向现代化,西式风格的建筑便在村中出现。街道聚落形态正体现出人们生活方式的现代化。

(4) 中密度散点型聚落形态的增加是十七届五中全会以来(2010 年至今)的新时期改变经济发展方式,追求有尊严的幸福生活的体现。2010 年 3 月 14 日通过的《政府工作报告》,字里行间渗透着"让人民生活得更加幸福、更有尊严"的铮铮誓言。增加的聚落较之前更加宽敞,而且模仿古代建筑造型更能体现家的温馨,对生活品质有更高的追求,对幸福感和受尊重有新的理解和要求。仿古散点聚落中配套的健身设备是政府完善公共服务设施,提高居民生活水平的重要体现,也将有利于全面建成小康社会。

4.2.2　BL 村聚落形态演化机制分析

乡村聚落形态的演变是一个动态的现实空间过程,是多种因素共同作用的结果。动力机制的主要构成要素包括动力产生、动力实施、动力形成、动力反馈等。在 BL 村聚落形态的演变过程中,社会变迁产生动力,产生的动力通过"人-政府-村"对聚落产生作用,动力形成后便出现了 BL 村高密度半月形聚落形态。在政治方面,政府不仅可以通过税收增减、政策倾向、基础设施建设等直接对 BL 村聚落空间的演变与发展产生影响,还可以通过影响当地村民间接对聚落空间的演变与发展产生影响,街道的建设以及仿古建筑的出现就很大程度上受政策的影响;经济方面,村民是乡村聚落空间的建设者、管理者和拥有者,村民根据家族发展的需要,遵循政府政策指导,极力配合家族经济发展需求,通过产业和住宅区位的选择直接对乡村聚落形态的形成与发展产生决定性的作用。为发展旅游业,古建筑的保护与旅游设施的建立都改变着聚落形态。文化方面,BL 村民求安求稳以及封建迷信和宗法观念的淡化,对开放理性思想的接收,使得 BL 村出现了西式风格与传统文化相结合的聚落。社会生活中,家庭分化、经济分化等的出现,让 BL 村聚落变得更加规整密集。由此可见,BL 村乡村聚落形态演化的动力机制是一个循环作用的过程,其主要过程包括"动力产生—动力实施—动力形成—动力反馈"四个环节,各环节相互制约、相互作用。在聚落形态演变过程中,因为每一个地方在不同时期具有特殊性,驱动机制在起作用的过程中经常出现某种因素起主导作用,而其他因素作用不足的现象,但是村民始终是乡村聚落形态形成与演变的主要动力提供者。

4.3　社会转型期 BL 村聚落演化方向与尺度

在当前我国社会转型期,BL 村聚落发展呈现出一些新特点。以政策为引导对乡村聚落进行整合,特别是根据城乡建设用地增减挂钩政策,对乡村聚落进行整合,就显得十分必要。社会转型的本质是同以人为中心、为目的的社会发展的根本目标一致的,是为了促进人的全面发展和社会的全面进步,因而在乡村聚落规划与发展中,公共基础服务设施的建设得到重视。村民对居住类型的选择更多元化,在新时期村民至少可以选择县城楼房、本村旧楼房、本村新楼房。多种聚落形式间的选择空间,使得聚落形态呈现多元化的特点(图 16.2)。

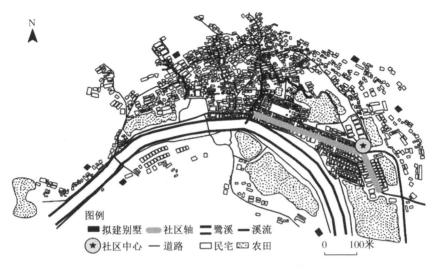

图 16.2 BL 村拟建别墅与社区[①]

（1）村落边缘低密度散点型最美民俗别墅聚落形态的发展。民俗别墅将促进最美民俗村——BL 村的发展。要建设美丽中国，就得建设美丽城市、美丽乡村。BL 村是一个保存完好的民俗村落，特别是民居建筑民俗文化深厚，被称为"明清古建筑博物馆"，BL 村扩张期的建筑就是具有明清古建筑特点的民居。民俗别墅不仅仿照明清古建筑风格满足人们情感需求，同时结合现代别墅华美、实用等特点，满足人们生活需要。民俗别墅主要点状散布在原有村落的边缘，一般分布在靠近森林的缓坡上。村落边缘点状分布不仅可以提供足够的空间，而且可以拥有一个安静的居住环境。分布在村落边缘，又不远离村落，不仅可以满足村民对生活品质的追求，还迎合了新型城镇化过程中"集中"分布的要求。

（2）以街道为中心的高密度集聚型新型乡村社区的发展是社会转型在 BL 村的具体体现。乡村社区是指一定乡村地域上具有相对稳定和完整的结构、功能、动态演化特征以及一定认同感的社会空间，是乡村社会的基本构成单元和空间缩影。新型城镇化的政治号召，要求 BL 村结合村落特点走出一条就地城镇化的道路，而乡村社区的建立是重要的一步。在政治、经济、文化和社会因素共同作用下形成的新型乡村社区将以主街的车

①　引自张爱明，陈永林，陈衍伟.基于社会转型的客家乡村聚落形态演化研究——以赣县白鹭村为例[J].赣南师范大学学报，2017（3）：92-97.

站为社区中心，以主街与分街为两轴，依靠 BL 村 429 县道和 BL 乡乡道的便利交通，在街道上配以高速网络取代相对过时的低俗宽带，进一步完善 BL 村车站空地、超市和公祠等公共基础设施，建立一个高密度集聚型的新型社区。这种社区是在原有聚落分布基础上进一步完善整合起来的，以进一步提高村民的生活水平。

实际上，在"乡土中国"向"城市中国"转变的过程中，快速城镇化进程助推了中国乡村发展转型与空间重构的升级。伴随着城乡人口的流动与经济社会发展要素的重组，非农化与多元化为乡村发展注入了强大的动力，为"三农"问题的解决提供了有效路径与经济支撑，同时也加速了生态环境破坏与农用地的流失；过疏化与空心化导致乡村社会丧失了应有的"秩序"与"活力"，乡村文化的衰落加速，城乡公共服务均等化的推进面临着严峻挑战。为适应这些变化、缓解这些问题，乡村聚落作为乡村经济社会发展的空间载体，必然要作出相应的调整，乡村聚落空间格局正面临着重构。依据《国家新型城镇化规划（2014—2020 年）》，以人的城镇化为核心、合理引导人口流动、有序推进农业转移人口市民化等是中国新型城镇化推进的重要方向，而如何适应乡村人口转移和村庄变化的新形势，在尊重农民意愿的基础上，优化乡村聚落空间，也是新型城镇化推进过程中亟需解决的问题之一。因此，在当前背景下，如何认识乡村聚落的最优规模问题、空间格局问题等，如何通过乡村聚落空间的合理组织，建构满足农民生产生活需求的乡村聚落空间，使乡村聚落不仅成为破解"乡村病"的重要支点，而且逐步发展成为独具魅力和富有竞争力的美好家园，是乡村经济地理理论研究亟待解决的重要问题。

本章小结

近年来，随着中国新农村建设的不断推进，乡村发展问题日益受到学术界的重视。作为聚落地理学重要分支的乡村聚落地理学重新受到关注。了解乡村聚落地理学的研究现状，掌握其研究趋向，不仅是学术发展的需要，也是促进中国城乡协调发展，推动新农村建设的需要。我国的乡村聚落空间格局随着经济社会发展而不断演进。历史上，由于传统小农社会的封闭性与稳定性，乡村空间处于自发的周期性演替过程。近代以来，乡村聚落经历了三次大的改造过程，让乡村聚落空间由分散化、均等化走向分化发展。改革开放之后，伴随着由计划经济向市场经济体制的重大转型，城市化和工业化的快速推进,我国乡村聚落空间由过去的"同质同构"转变为"异质异构",逐步趋向差异性发展路径和多元化发展目标。尤其在我国经济发达地区,乡村聚落空间的格局、要素、结构和组织关系等方面呈现加速变动和重构的趋向。乡村聚落空间以多种方式迅速改变着原有面貌——有的向城市化发展,有的向专业化方向演变,有的出现了既有扩张又存在内部空心村的现象,有的则发生了衰退乃至消失,展现出我国乡村聚落空间重构的多种场景。基于这样的事实,本章首先阐述了乡村聚落的发展历程和乡村聚落演变的驱动机制,探讨了乡村聚落空间演化的影响因素、类型与特征;然后从现有事实——乡村聚落耕地面积大量减少,经济发展凋敝等出发,探讨了乡村聚落重构的内涵、类型与特征、可行模式和空间走向等;最后以基于 BL 村的实证,进行了乡村聚落形态演化历程与机制分析,给出了社会转型期乡村聚落演化的方向与尺度等。这些工作的开展,能够为后续乡村经济地理中观、宏观谱系优化提供必要的参照。

参考文献

[1] 李红波,张小林. 城乡统筹背景的空间发展:村落衰退与重构[J]. 改革,2012(1):148-153.

[2] 邢谷锐,徐逸伦. 城市化背景下乡村聚落空间演变特征研究[J]. 安徽农业科学,2007(7):2087-2089.

[3] 席鸿,肖莉,刘瑞强,余咪咪. 古城边缘带乡村聚落演变特征及驱动机制——以陕西韩城庙后村为例[J]. 地域研究与开发,2018(2):158-162.

[4] 杜国明,刘艳,罗奇云. 黑龙江省乡村聚落分布特征分析[J]. 东北农业大学学报,2015(3):95-102.

[5] 陈昆仑,唐婉珍,谢启姣,宋鄂平. 环境变化与乡村聚落演变研究综述[J]. 湖北民族学院学报(自然科学版),2014(4):469-473.

[6] 张爱明,陈永林,陈衍伟. 基于社会转型的客家乡村聚落形态演化研究——以赣县白鹭村为例[J]. 赣南师范大学学报,2017(3):92-97.

[7] 唐承丽,贺艳华,周国华,曾山山,肖路遥. 基于生活质量导向的乡村聚落空间优化研究[J]. 地理学报,2014(10):1459-1472.

[8] 李红波,张小林,吴启焰,王亚华. 发达地区乡村聚落空间重构的特征与机理研究——以苏南为例[J]. 自然资源学报,2015(4):591-603.

[9] 郑瑞强,朱述斌,沈墨. 连片开发扶贫行为逻辑与作用机制分析[J]. 华南农业大学学报(社会科学版),2016(2):30-34.

[10] 张小鹣,付英,马燕玲. 农村扶贫开发动态评价指标体系构建研究——以兰州市为例[J]. 浙江农业学报,2016(1):229-234.

[11] 蒋和平,崔凯,张成龙."十三五"农业现代化发展目标研究[J].农业经济问题, 2017(4)：30-39.

[12] 李铜山.论乡村振兴战略的政策底蕴[J].中州学刊,2017(12)：1-6.

[13] 刘彦随,周扬,刘继来.中国农村贫困化地域分异特征及其精准扶贫策略[J].中 国科学院院刊,2016(3)：269-278.

[14] 刘彦随,严镔,王艳飞.新时期中国城乡发展的主要问题与转型对策[J].经济地 理,2016(7)：1-8.

[15] 卫龙宝,张艳虹,高叙文.我国农业劳动力转移对粮食安全的影响：基于面板数据 的实证分析[J].经济问题探索,2017(2)：160-167.

[16] 周腰华,王振华,张广胜.中国县域经济增长的影响因素及其空间溢出效应分析 [J].云南财经大学学报,2017(1)：35-47.

[17] 韩彦红.新形势下我国农村经济体制改革问题研究[J].经济评论,2017(4)： 109-113.

[18] 余侃华,刘洁,蔡辉,等.基于人本导向的乡村复兴技术路径探究：以"台湾农村再 生计划"为例[J].城市发展研究,2016(5)：43-48.

第十七章 乡村经济地理中观谱系优化
——格局重塑视角

在全国人民为"两个一百年"奋斗目标不懈努力的过程中,乡村经济发展水平和乡村经济地理谱系优化效果,直接关系到上述目标的最终实现。因此,需要牢牢把握中国特色社会主义发展新方向,深入实施以大国区域经济发展空间新格局为主体的国家区域发展总体战略,并借此重塑乡村经济地理谱系。在此期间,一方面需要从乡村聚落视角对乡村经济地理进行微观谱系优化,从空间治理视角对乡村经济地理进行宏观谱系优化;另一方面,要以大国区域经济发展空间新格局构建和国家区域发展总体战略为时代背景,在中观层面对乡村经济地理进行谱系优化,在充分发挥不同地区比较优势、深化区域间合作、促进乡村经济地理要素合理流动的过程中,加速推进乡村经济一体化,构建"乡村经济共同体",并以此形成多层次、全方位的乡村经济地理空间格局[1]。为此,需要以建设乡村现代经济体系为切入点,推动乡村经济高质量发展,使之成为重塑乡村经济地理的基石。同时,要继续深化乡村经济改革和农业扩大对外开放,加快推进重塑乡村经济地理的步伐。在这一问题上,为了达到更为理想的谱系优化效果,除了要遵循重塑乡村经济发展规律,深入进行构建与完善乡村经济发展空间新格局理论外,还要通过实践和探索,不断疏通城市与乡村之间的阻隔、消除两种经济空间的分隔,在推动中国城乡一体化建设的过程中,深入把握乡村经济地理谱系优化的特点和趋势,探索出新的有效的优化思路。在这方面,诸多学者为此展开了一系列研究。郭先登(2018)从新时代的视角出发,对大国区域经济发展空间新格局和重塑经济地理问题进行了分析和探讨;付金存、赵洪宝、李豫新(2014)研究了新经济地理理论视域下地区差距的形成机制,并给出了政策启示;刘松涛、严太华(2014)基于新经济地理视角下的理论分析与数值模拟,对知识关联、劳动者迁移与城镇化格局问题进行了研究;侯新烁、杨汝岱(2017)从空间异质互动效应的视角,分析了政策偏向、人口流动与省域城乡收入差距之间的关系;王文静(2017)针对转型期中国城乡空间形态的建构问题,给出几点有价值的建议;陈得文、苗建军(2018)基于 2008—2017 年中国省域面板数据,分析了空间集聚与区域经济增长内生性问题;李永刚、赵海益、张宇(2016)基于全球竞争力指数,对发达经济体与新兴经济体竞争力进行了综合比较……通过上述研究可以得出结论,即从中国共产党成立以来,中国经历了长达多年的高速经济增长,但与经济增长表现优异并存的却是乡村经济地理格局的固化[2]。因此,很多学者从不同的理论和视角——生产关系视角、政策制度视角、社会结构视角等去寻求答案[3-6],对了解乡村经济地理谱系现状和相关对策的指导意义有很大帮助。接下来,就以格局重塑为视角,对乡村经济地理中观谱系优化问题进行分析和探讨。

第一节 乡村经济地理格局与要素形态

1.1 乡村经济地理的组成与格局

1.1.1 地域——乡村经济地理格局重塑的物质基础

在已有的关于空间、空间经济的若干研究中,很多学者都强调空间的地理学、经济学意义。涂尔干在其《社会分工论》一文中指出,经济空间概念与社会群体居住的地理区域直接相关。以帕克和伯吉斯等人为代表的美国社会学芝加哥学派将生态学的观点引入城市社会空间的研究中,他们投入了大量精力研究城市经济区域,总结了多种城市经济空间结构模型,如同心圆模型、扇形模型、多核心模型等。这些具体的研究案例对经济地理学和乡村经济地理学理论的发展具有奠基作用。但是需要明确的是,经济空间不等同于地域空间,地域仅仅作为经济空间的条件而存在。经济空间与地域空间具有明显的区别。乡村经济空间具有延展性且"并不终止于它的地理的边界线上",其发挥作用的领域可以扩展到更广阔的地理区域,这对于乡村经济地理空间而言尤为明显,一个乡村可以借助精神的、经济的、政治的力量,将自己的意义和作用扩大、延伸至更大的地域空间。这是因为,乡村是基于农业化生产和生活方式而聚集形成的社会空间,是第一、第二、第三产业差序分布的地域,土地一直是乡村产业和空间发展的紧缺资源。这意味着乡村经济空间对于地域有着强烈的渴求。乡村经济也是基于农业生产与生活方式而聚集形成的经济空间。这一空间地域面积广阔、人口密度低,一方面,土地作为一种重要的经济资源,使得乡村经济空间具有重大的经济价值;另一方面,乡村经济地理与自然生态直接相关,乡村自然地理环境具有重要的自然审美价值、健康养生价值、生态维护价值[7]。但是乡村经济的地域空间功能利用单一、经济效用低下,在空间资源的使用上处于劣势地位,为乡村经济空间的扩张提供了可能。近年来,加速城镇化的一个典型外显形式是城市空间在地域上向乡村空间不断扩张。也就是说,随着城市化、城镇化进程的加快,城市空间会不断对乡村经济空间产生作用、影响和渗透,促使乡村空间在地域上不断扩张,侵占更多地域空间。

1.1.2 行动者——乡村经济地理格局重塑的行为主体

与“社会”的概念一样,乡村经济地理空间的讨论同样离不开行动者。关于经济空间与个体的关系,涂尔干认为空间所表达的关系隐藏在个体意识之中,但是空间不是个体意义上的。社会个体“通过感觉所了解到的空间,都是以我为中心的,其中各种事物的分布都与我有关。这种空间不可能是一般意义上的空间”。但他认为经济空间是个体合作的条件和基础,需要被社会个体清晰把握。布迪厄基于对传统主客观二元对立论的超越这一理论目标,对空间的理解同时关注到了结构和行动者。首先,行动者参与了空间的建构。每个经济空间都不是一成不变的,而是一种不断得到维系或被改变的关系构型。在这样的空间里,行动者根据他们在空间里所占据的位置展开争夺,以求改变或力图维持其空间的范围或形式。其次,行动者在经济空间中的位置由行动者拥有的资本的数量和结构决定。资本可以操作化为经济资本、文化资本、社会资本和象征资本四种基本的类型。在乡村经济地理谱系优化进程中,经济空间的行动者主要包括乡村居民、农业转移人口等。乡村中的社会成员从事第一、第二、第三产业,由于第一、第二、第三产业所包含的职业、岗位的多样性导致乡村社会成员无论是在资本总量还是资本结构上都存在很大差异;更为重要的是,在乡村经济体系中,社会成员主要从事第一产业,其职业、岗位相对单一。乡村居民向城市空间的不断迁移是城乡发展的另外一个外显形式。从城乡发展的进程来看,城乡间的社会流动越来越频繁,无论是社会成员的横向流动还是纵向流动,都会促使乡村经济空间结构的不断丰富、发展和演化。另外,社会成员的空间流动和迁移也是乡村经济地理其他要素流动的必要条件。

1.1.3 规范——乡村经济地理格局秩序的建构准则

经济空间的边界无法通过其地理边界来识别,但边界内的经济空间具有共同归属性，并依此与其他群体或空间区分。在单一的经济空间内部，存在着只服从自己的准则的世界，该空间的运行自成一体，区别于周围其他的世界而自我呈现。也就是说，空间受其运行规范的影响而具有相对独立性。空间规范规定了该空间的权力所属与分配、行动者的权利与义务以及资源和机会等。空间成员可以对空间规范进行建构，同时需要习得、内化并执行这些规范[8]。空间规范与布迪厄的"惯习"概念有相似之处，惯习是外在的社会结构、历史等内化于个人身心进而形成的，"是通过体现于身体而实现的集体的个人化，或者是经由社会化而获致的生物性个人的'集体化'"。惯习是积淀在个人身上的一种主观精神结构，其表现形式为知觉、评判和行动的各种身心图式。空间规范依据其功能可以分为资源型规范和控制型规范。其中，资源型规范是指通过正式或非正式的方式确定资源和利益分配的规范，如社会保障制度、社会福利政策，土地、村集体资产的分配规则以及传男不传女的习俗等；控制型规范是指其功能主要是对社会成员的行为进行引导和监督的规范。空间规范依据其存在形式可以分为正式规范和非正式规范。正式规范一般源于空间外部的秩序或安排，是社会组织一致行动的结果，体现了空间的各种"嵌入性"事实，主要以国家或地方的法律、法规、守则等形式存在，可以统称为"法"；非正式规范一般是空间内部自我生成的，是地方性知识或库存知识传承的结果，体现了空间的各种历史延续性事实，主要以习俗、道德、惯例、传统、信仰等形式存在，可以统称为"礼"。乡村经济空间中同时存在着"法"和"礼"的空间规范，只是在其作用的发挥上有所不同。在传统的乡村经济空间中，社会成员较少迁徙，互动密切、频繁，组成空间较为封闭的熟人社会，"礼"是传统乡村经济空间"公认合式的行为规范"，社会互动的主要纽带是血缘、人情和信任。"礼"作为非正式的沿袭性规范作用力往往局限于各个不同的社会群体内部。"法"作为外在的制度性规范，对乡村经济空间的约束力不强。乡村经济空间中，社会成员流动频繁，空间边界日益被打破，形成开放的陌生人社会，维系社会秩序的主要规范是"法"，理性、利益和契约成为社会互动的纽带。

1.2 乡村经济地理的组成要素形态

纵观历史，中国城乡经济空间关系的发展历程大致可划分为两大阶段：第一阶段是以乡村为主导的城乡经济空间主动融合过程，第二阶段是以城市为主导的城乡经济空间被动分隔过程。急剧推进的城镇化与工业化进程占用了大量城镇郊区和城乡结合部农民的土地，侵占乡村经济空间,破坏乡村空间规范,迫使乡村居民成为城市经济空间的"打工者",卷入城市生活,成为城市空间生产和运行中的一环。各种要素在城市空间与乡村空间之间频繁流动并反复重置,导致新的经济空间内各要素之间的相互依赖度不够,空间完整性不足,而一旦经济空间出现隔离,就会形成以下几种新的空间形态。

1.2.1 地域改造

这一乡村经济空间形态主要由乡村经济空间颠覆式侵占更多乡村空间的方式产生。此类经济空间的建构,以乡村经济空间对乡村其他地域的占领为开端,延伸的新乡村经济空间与原来的经济空间之间实行合理分工和密切合作,功能上实现一体化。新空间通过对乡村经济空间社会分工的重建与现代企业制度的嵌入,迫使空间中的原居民重新习得和执行乡村经济空间的控制型规范,维系传统乡村经济空间秩序的控制型规范遭到外部具有强制性的空间"法"的冲击和侵犯。而作为该地域空间的新居民,外来非乡村人口则同样面临着多种空间规范的分歧、对立与冲突。另一方面,资源型规范对新空间居民选择性发挥作用,外来人口、失地农民与城市居民之间出现了不同程度的空间隔离,导致经济空间陷入失序状态,容易造成空间规范的结构性断裂,空间内的社会成员之间缺乏统一的规范和共同归属性,经济空间就难以整合[①]。这类空间存在两方面问题:一是原乡村居民离土不离乡,在原地域空间接受"就地改造",作为行动者,其空间转变的动力不足,缺乏空间改造的积极性和参与性,有时甚至可能成为空间转变的阻力;另一方面,新空间规范的冲突、矛盾以及选择性发挥作用不利于新的乡村经济空间秩序的建构。

1.2.2 行动者迁移

这一乡村经济空间形态主要由乡村空间散点式侵占城市空间的方式产生。此类经济空间的建构以乡村居民离开乡村地域空间向城市地域空间流动为开端,然后通过乡村转移居民对城市空间控制型规范的主动习得和执行,使乡村经济空间中的原居民内化城市空间控制型规范。另一方面,转移农民通过自己选择性地执行乡村经济空间控制型规范,使不同空间的控制型规范在同一地域空间内较好地维持平衡。而与上一类模式类似,资源型规范对新的乡村经济空间居民选择性地发挥作用,转移农民与

[①] 在社会学视角下,频繁、剧烈的动荡、变革不仅会打乱旧的秩序,甚至会打乱在现代化进程中可能正在形成和生长着的回应现代生活的规则,使社会生活无法形成秩序。

城市居民之间出现了不同程度的空间隔离,成为新空间失序的诱发性因素。这一类空间的形成是乡村居民空间迁移和流动的结果。这类社区居民离土又离乡,基于对城市文明的向往或基于经济利益的追求,主动向城市空间迁移,他们要么在"离土"之前已经部分习得城市空间规范,要么在"离土"之后积极习得城市规范。他们具备在城市社会中建构一个区别于传统乡村和城市的新社会空间的主观意愿和参与性,但是城市空间资源性规范作用范围的局限性不利于乡村经济新空间的建构。

1.2.3 规范嵌入

这一乡村经济空间形态主要由乡村空间自发式蜕变成城市空间的方式产生。乡村基于自身的发展需要,在地域空间不变的前提下,其生产和生活方式自发地向城市文明靠拢,正式的控制型规范越来越取代非正式控制型规范成为空间运行的主要准则。在空间转型过程中,以先进的城市文明和规范的嵌入为开端,乡村居民在选择性地承袭乡村空间规范的基础上,积极习得有利于乡村生产和生活的城市空间控制型规范。部分外来人口作为该地域空间的新居民,同时面临着原乡村经济空间和城市经济空间控制型规范的分歧、对立与冲突,行动上往往会陷入两难。而资源型规范对新空间居民选择性发挥作用,造成原乡村居民与外来非城市人口之间的空间隔离。这一类经济空间的产生是乡村自发式城市化的结果,例如城中村、城乡结合部、村改居社区等就属于此种类型的空间。这类空间中的原居民有些离土不离乡,有些不离土也不离乡,在原地域空间内依靠发展惯性推动空间类型的转变,行动者存在一定的主观能动性,但由于自发式转变需要有相当长的时间因素作为保障,因此空间转变相对缓慢。而新空间规范的冲突、矛盾以及选择性发挥作用同样不利于新的空间秩序的建构。

由以上论述可以看出,三种新的乡村经济空间形态各具不同的特点,在空间发展过程中都存在这样或那样的问题。但不论何种形态,都是由乡村空间向城市空间转变而来。

1.3 乡村经济地理的组成系统耦合

在我国,区域经济系统是由乡村经济系统和城市经济系统两大子系统构成,两者之间相互耦合协调的作用效果直接决定了整个区域经济系统的发展状况。从系统论原理出发,沿着"要素→结构→功能"这一主线,分析区域经济系统发展的城镇化和乡村发展耦合协调关系,对优化乡村经济地理谱系很有必要。

（1）要素耦合。城市化和乡村经济耦合发展首先应该是以城乡之间要素的合理流动为前提。当前我国城镇化进程中存在的以空心村为代表的"乡村病"以及"城市病"在很大程度上是由城乡之间要素未能合理配置引起。为此，应该鼓励城镇的资金、先进技术、政策保障、就业需求以及高素质人才向乡村地区流动，而乡村地区的剩余劳动力、闲置土地、市场需求流向城镇，使城市和乡村各自的优势资源要素能够得到充分利用，通过有序合理的要素流动，优化整个区域经济系统内部要素结构。

（2）结构耦合。城市和乡村发展反映着工业和农业的关系，而多年来我国以工业和城市优先的发展策略导致农村和农业发展落后，在一定程度上拉大了城乡之间差距，造成了城乡二元结构问题。因此，乡村地区在发展农业的基础上，有必要注重乡村工业的发展，以便为乡村经济地理谱系优化提供更多产业支撑。例如 20 世纪 80 年代以后，以苏南乡镇企业发展为代表的乡村工业化极大推进了乡村经济的增长，对乡村建设起到巨大作用。同时要转变发展思维，从二产思维下的农业发展向农业三产化转变，革新农业新印象，提高农业附加值，使农业企业从食品生产商向生活服务商转变。

（3）功能耦合。城市经济和乡村经济的耦合能够促进工农业的有序发展，平衡三次产业的比例，促进国民经济健康稳步发展。其间，乡村经济发展的多元化需求与乡村经济地理空间的差异化发展，使不同乡村具有不同的功能。自中国共产党的十九大以来，中国的乡村越来越被视为一个开放的系统，除传统的农业生产功能，还具有服务、管理、协调、集散和创新等功能。近年来，随着都市农业等新兴产业的迅速发展，农业功能表现出非常活跃的多样性特点，乡村地区特有的生态环境和舒适的生活节奏逐渐吸引了城镇居民，进一步激发了其生态功能和生活功能。

第二节　乡村经济地理格局重塑的时代要求

2.1　打造新时代乡村经济共同体

城乡地域功能互补，反映了地域功能多样化的特点，有助于推动城乡一体化与城乡等值化建设。自党的十八大以后，以习近平同志为核心的党中央创造性推进建设中国特色社会主义伟大实践，在实践中实现了马克思主义中国化、时代化、大众化的伟大理论创新，形成习近平新时代中国特色社会主义思想，成为指导中国特色社会主义继续前进的强大思想理论武器，成为世界公认的伟大不朽治国理政科学学说[9-11]。党的十九大确立全面解决经济社会发展"主要矛盾"的基本方略，标定稳居世界政治经济舞台中心的中国方位，以先进性、开拓性、稳定性为基本特征，带领全国人民进行以"强起来"为鲜明标志的新中国第三次伟大历史性转折。中华人民共和国建立初期，以毛泽东同志为核心的中国共产党第一代领导集体，带领全国人民进行以"站起来"为鲜明标志的新中国第一次伟大历史性转折，形成符合当时生产力发展水平的乡村经济地理空间格局；1978 年前后以邓小平同志为核心的中国共产党第二代领导集体，率领中国人民进行以改革开放"富起来"为鲜明标志的、使中华民族自豪于世界民族之林的第二次伟大历史性转折，引领重塑乡村经济地理空间新格局之后的又一次伟大历史性转折，开创了重塑乡村经济地理空间更新格局的新局面。如今，站在历史新起点上，如何在第三次伟大历史性转折中，高举习近平治国理政伟大学说的光辉旗帜，分"两步走"开创新时代中国特色社会主义，全面完成"两个百年目标"，重塑乡村经济地理空间新格局，就成为一个紧迫而必须回答的问题，而打造新时代乡村经济共同体就成为其中的一个重要选项，具体表现在以下几个方面。

（1）深刻认识党的十八大后，中国经济社会发展取得史无前例的伟大辉煌新成就，新时代实施以大国区域经济发展空间新格局为主体的国家区域发展总体战略，需要进行理论与实践的新探索①。深刻认识新时代重塑乡村经济地理既是中国特色社会主义生产关系重大调整，也是乡村生产力全要素新方位再组合的空间新布局。其间，要彻底从过去的乡村经济发展模式、方式、手段、行为、思维的束缚中解放出来，以治理体系和治理能力现代化为主题，优化党、政府及群团等组织机构设置与职能配置的改革，更加使上层建筑适应经济基础，形成通过制度性改革重塑乡村经济地理的强大动力。

（2）以"不断提高改革精准化、精细化水平，坚定不移把全面深化改革推向前进"的科学论断为指导，以重整行装再出发的新姿态面对新机遇，牢固树立担当担责，"逢山开路，遇水架桥，将改革进行到底"的精神，不断提高乡村经济地理格局优化水平，创造创新适应重塑乡村经济地理操作运行新模式。其间，要认识到"重塑乡村经济地理谱系"的本质内容是以协调的乡村生产关系、合理的生产力布局和取得最佳经济效果的科学运行体系，

---

① 习近平总书记多次强调："一个国家、一个民族要振兴，就必须在历史前进的逻辑中前进、在时代发展的潮流中发展。"

构建优化的乡村经济空间结构,构建合理的以乡村经济发展目标、水平状态、质量结构等为评价标准的乡村经济空间布局。此外,要找到彻底摆脱绝对贫困、实现共同富裕的全新模式,合力打造乡村经济共同体。

2.2 推动乡村经济高质量发展

党的十九大报告深刻指出,"我国经济已由高速增长阶段转向高质量发展阶段,正处在转变发展方式、优化经济结构、转换增长动力的攻关期"。这是保持经济持续健康发展的必然要求,是适应我国社会主要矛盾变化和全面建成小康社会、全面建设社会主义现代化国家的必然要求,是遵循经济规律发展的必然要求①。面对世界大调整、大变革、大变局的新形势,只有形成以富有特色与拥有核心竞争力的现代化经济体系为鲜明标志的高质量发展新格局,并成为重塑乡村经济地理的基石,才能圆满完成既定的"百年目标",并在完成由现代产业体系向现代化经济体系新跨越的过程中,夯牢夯实重塑乡村经济地理的"基石"。

(1)坚定不移地实施科技创新驱动乡村经济发展战略。党的十八大后,中国科技创新越来越显现出它是经济发展强大的新引擎,创新为主导的知识产权产出指标爆发式增长。要加快提高新旧动能转换水平,使之生发越来越重要的建成现代化经济体系的"第一内容"。

(2)坚定不移地实施人才战略。新时代重塑乡村经济地理谱系需要使科技生产力空间布局摆脱传统模式的束缚,始终把人才空间合理布局放在重要位置。中国特色社会主义制度优势之一是能用人、会用人、用好人,要做到"三突出":突出把忠于党、国家、人民的人的能量充分发挥出来,形成多模式人才"硅谷"和人才"新磁场",在更大范围、更高层次、更大程度上推进并持久开展以人才为支撑的乡村经济活动,建成高度发达的乡村人才创新经济轴带。

(3)加快发展以智能农业为标志的乡村经济。以智能化、数字化、网络化为鲜明标志,聚焦核心技术攻关和科技成果转化应用,加快推进重大技术装备攻关,以此加快发展以生态型农林牧产品为标志的现代化农业新经济。其间,要聚焦以农村电子商务、农资套餐、种植技术、农机装备、农业金融、粮食储备及农产品销售等为主要内容的农业解决方案,多角度、多途径创造并提高农业现代化、社会化服务水平;把打造以泛农发展为导向、科

---

① 这"三个必然要求"决定了高质量平衡协调充分发展,已经成为人民日益增长的对美好生活需要的保障,成为中国完成由经济大国向经济强国的历史性伟大跨越的重要保障。

技创新为支撑、新体制新机制为核心的现代农业试验示范区"农谷"，作为建设现代化经济体系的伟大工程；聚焦乡村三次产业高度融合、农业要素集约集聚、经济生态协调发展等。

2.3 深入挖掘乡村经济地理新要素

党的十九大后，中国加快推进乡村经济发展，取得了巨大成就。站在历史的新起点上，要使新型乡村经济成为建设现代化经济体系最强拉动力。为此，要突出以智慧型服务为标志的乡村服务业新经济，使之与农业实现协同发展；突出提高共享经济建设现代化水平，精准发力、分类施策、拓宽渠道、落实资金、长短结合、建管并重、激发内力，优先安排乡村居民最期盼的项目，优先解决群众反响最强烈的问题，建设现代化农业核心区；突出发展国际服务贸易经济，打造新业态，如深刻认识乡村旅游经济已经成为国际服务贸易经济最大组成部分；突出创造国际经贸新模式，化解因各种"贸易战"带来的挑战，实现挑战变机遇，聚焦生产服务模式创新、流通服务模式创新、消费服务模式创新；突出搭建国际国内农产品消费中心平台，不断提升农产品质量和便利化、现代化水平，注重解决流通领域乡村经济发展不平衡、不充分问题，着力完善乡村地区消费供给体系、建设放心消费环境等，构建现代消费供应链，结合各地情况，执行好国家实施的"消费升级行动计划"，加快重塑乡村经济地理步伐。新时代要突出增强以保障经济、普惠经济、健康经济为主要内容的共享经济优先发展力度。特别要加快提高乡村经济发展水平，面对60岁人口已经超过2亿人、老龄化越来越严重的趋势，通过重塑乡村经济地理谱系，创造创新居家养老与社区养老并举的乡村经济新业态、新模式，以适应建设老龄化幸福社会的客观需求；深刻认识由引领性与探知性为鲜明标志的新兴与未来农业产业新经济，是建设现代化乡村经济体系的最强推进力。随着人类智慧水平不断提高和科学技术快速发展，决定了地球空间经济与太空空间经济在融合发展中形成越来越多具有引领性的探知型高端新业态，推进人类经济社会全时域迈向"天陆海"一体化，重塑乡村经济地理的新时代。此外，要以"最强推进力"新理念为指导，通过更多基于乡村经济地理谱系优化的工程项目的落成，开创新兴的未来型乡村经济大发展、大繁荣新局面。实证研究显示，一次又一次科技革命推动了一轮又一轮新兴产业的崛起；一轮又一轮新兴产业崛起，促使着未来产业的出现与兴起；新兴的未来产业合力形成的新经济不断改变着乡村社会的生产方式与生活消费方式，成为建设现代化乡村经济体系的亮点，开创了重塑乡村经济地理的新局面。

2.4 构建乡村经济全新格局

重塑乡村经济地理谱系是一项复杂的系统工程,需要以协同发展机制、协作联动机制、共享共建机制、互利共赢机制、平台创新机制,构建与完善乡村经济发展空间新格局的理论与实践新探索。为此,需要重点关注以下几个方面。

(1)新时代重塑乡村经济地理谱系,需要充分认识乡村相对于国家大局,必然是处于"局部"的历史地位。中国特色社会主义政治经济学深刻揭示,无论是省域及省辖以下市县域空间,还是乡域空间,所有的地方空间相对于国家的大局都是局部。在建设现代化乡村经济体系的问题上,任何一个"局部"都不可能建成完整的现代化经济体系。新时代构建与完善大国区域经济发展空间新格局的大趋势,决定了从国家大局出发看乡村经济体系建设,其中的任何一个"局部"都必然因资源、人才、区位等影响,存在着没有必要去刻意弥补的"一定程度的产业缺陷与短板"。

(2)从大局观出发,按照党和国家的战略部署,充分发挥乡村经济地理比较优势,在发展进程中扬长避短,与其他区域拥有的乡村经济地理比较优势实现完全的优势互补,联合开创实施国家区域发展总体战略新局面,实现乡村经济地理的平衡充分发展。其间,要遵循乡村经济地理空间格局构建规律,真正明辨乡村经济所处的方位,在时间与空间同步中抓住"主要矛盾",理解"适应新常态、把握新常态、引领新常态的总要求和大逻辑"。充分发挥乡村比较优势,深化乡村合作,促进乡村经济地理要素合理流动,推进乡村经济一体化。

(3)在乡村经济一体化的高质量平衡与充分发展过程中,构造多层次主体发展新空间,促使乡村经济地理谱系精准确立在国家大局中的"局部"历史定位,完成重塑乡村经济地理谱系的伟大使命[14]。而在重塑乡村经济地理谱系的过程中,应正确认识中国乡村正面临着的历史性和平发展机遇期、经济发展机遇期、协调协同与合作共赢发展机遇期等基本特征和变化趋势;正确认识不同内容的发展机遇期,会在不同历史发展阶段给不同的经济社会领域带来差异性的发展机遇;正确认识不同乡村的域际与领域,需要精准打开必须抓住的若干大小不同的机遇窗口。这样,乡村作为国家大局中的"局部",要以大视野、广思考、远前瞻"对表对标",坚定不移地按照党和国家确立的经济社会发展总目标、总任务、发展方向、总体布局、协调布局、战略布局、发展方式与动力、实施步骤、国内外环境、保障体系等基本方针,把握住国内外发展新变化带来的新机遇;以"科学预判风险是消除忧患的前提,时刻警惕风险是把握好历史性发展机遇的关键"这一新思维,不断提高忧患意识和风险意识,不断提高抢抓机遇的站位水平,精准确立乡村经济在大国区域经济发展空间新格局中的地理位置和区位比较优势。

（4）不断创造沿海沿江(河)沿线沿路经济轴带,实现乡村经济的平衡充分协调发展。着力健全市场机制、合作机制、补偿机制,促进乡村经济地理关键要素的有序自由流动,提高乡村资源空间配置效率,不断拓展乡村经济地理空间和提升发展质量;着力打造乡村经济合作利益共享体。按照"三个着力"要求做到"三突破":突破行政区划造成的影响"一体化"发展的体制束缚,以多类型港口创造创新单体经济轴带乡村经济空间内不同行政管辖区之间、不同轴带空间之间的无缝连接、合作发展新形态;突破传统发展模式,如坚定不移地落实"以共抓大保护,不搞大开发为导向推动长江经济带发展"的科学论断,以新手段推动创造长江经济新轴带形成具有新比较优势的新模式;突破经济国际化发展的障碍,不断提升沿海沿江(河)沿线沿路经济轴带乡村经济发展水平,形成越来越多的乡村经济发展新增长极。实证研究显示,中国创造的"雅鲁藏布江＋怒江＋澜沧江"沿江经济新轴带,随着国际影响力不断扩大,通过中国与缅甸、柬埔寨、老挝、泰国、越南五国建立"澜沧江—湄公河"合作机制,形成跨国的"澜湄经济带",提高了乡村经济地理谱系优化水平,形成了中国西南大区域乡村经济新的增长极①。

（5）按照新时代构建与完善大国区域经济发展空间新格局的基本要求,乡村经济地理谱系优化要明晰发展战略定位,准确对接国家战略,抓住"弯道超车、变道换向"的发展机遇,强化乡村经济空间当好新旧动能转换第一主体性空间的历史担当。乡村经济面对第三次伟大历史性转折和改革开放第五次浪潮,要以"再出发"的新姿态,加快推进质量变革、效率变革、动力变革的步伐,坚决破解阻碍重塑乡村经济地理谱系的难题,培育越来越强的新增长动能,开创乡村经济地理格局重塑的新局面。同时,要通过规划和立法,明晰确定乡村人口、耕地、能源、安全等在乡村经济地理谱系优化中具有基础性作用的约束指标,推动乡村经济发展,实现由规模粗放型扩张向精明增长型的转变,向构建网络化、多中心、组团式、集约型空间体系转变,向公共服务水平更高、要素使用效率更高、能耗更低、风险更

---

① 广西正是借力"澜湄经济带"及北部湾经济合作机制等,抓住机遇窗口,倾力打造沿边金融综合改革试验区、国家重点开发开放试验区、粤桂合作特别试验区等,构建跨境产能合作示范基地和创造中国—马来西亚"两国双园"对接"一带一路"的"南宁渠道"新模式,提高了域际重塑乡村经济地理的全球化水平。

低的方向发展。

第三节 乡村经济地理的要素转移与区域协调

3.1 新经济地理下乡村经济地理要素转移思路

作为应对地区差距的政策工具,区域协调发展战略的主要理论基础仍然是新古典经济理论。根据这一理论,乡村经济地理要素的流动能够使区际要素供给相对均等化,从而有助于缩小地区差距[15]。然而新古典理论强调的空间经济单调连续性特征却未能在现实世界得到印证[16]。新经济地理理论则认为,乡村经济在规模报酬递增作用下呈现非线性和非连续特征。这就使得新经济地理理论在分析地区差距形成的机制方面展现出与新古典经济理论不同的基本逻辑根据。根据上述分析,可按以下思路对乡村经济地理要素转移模式、途径和尺度进行调整。

(1)转变传统的区域经济协调发展观。中国三大地带的"第一自然"存在较大的差异,基于生产者和消费者最优化行为形成的乡村经济系统内在的循环累积因果机制,必然导致乡村经济地理要素的空间集聚和地区差距的出现。在此条件下,区域协调发展政策的目标并非是扭转由规模报酬递增导致的乡村经济地理要素空间集聚趋势,而是在于构筑有利于乡村经济地理要素集聚于落后地区的中观环境,加快落后乡村的发展。所以,区域协调发展政策设计的目的不是要消除地区差距,而是在尊重经济规律的前提下实现乡村经济地理错落有致、公平有效的竞争式发展。

(2)逐步完善发达地区与乡村之间的对口帮扶机制。乡村经济地理格局的形成取决于经济系统内在的集聚力与抑制力的大小,然而在多数情况下,抑制力比集聚力小得多,从而使乡村经济空间集聚被锁定于某一特定区域。这种情况下,力度较小的区域协调发展政策虽然能够实现各个乡村经济的共同增长,却无法改变"核心-边缘"的经济格局。只有强劲的政策介入才能改变这一状况。在当前精准扶贫、乡村振兴战略持续推进的政策背景下,应逐步细化政策实施,借鉴"对口援疆""对口援藏"的有益经验,在中西部地区内部建立发达地区和乡村地区间的对口帮扶机制,形成中央政策和地方政策协同推进的帮扶网络。

(3)给予乡村地区更为优惠的发展条件。在经济系统内在机制的作用下,乡村经济地理谱系有可能出现多重均衡。区域政策的偏向将改变地区间外在条件的对比。因此,中国区域协调发展政策的调整应具备一定的倾向性,尤其是在产业政策、人才引进政策等方面适当向中西部不发达乡村倾斜。

（4）根据乡村经济发展情况的不同,构建有梯度的、差别化的乡村经济发展政策体系。消除地区间资本、劳动力等乡村经济地理要素跨区流动的壁垒,实现乡村经济一体化,是当前区域（城乡）协调发展政策的主流思路。然而在"块状经济"的现实世界中,完全的一体化只会引导乡村经济地理要素向发达地区加速流动,不仅不能实现区域协调发展,反而进一步扩大区域间经济差距。因此,中国区域协调发展应摒弃"一刀切"式的区域一体化政策,转而根据乡村经济发展水平的差异,充分发挥乡村自身的比较优势,实施循序渐进的经济政策,而发达地区实行更加开放的经济政策,也即在发达地区和乡村之间实施有梯度、差别化的发展策略。

3.2　乡村经济地理要素转移方向和重点

要实现乡村经济地理谱系优化,除了要在新经济地理学视角下创新乡村经济地理要素转移思路,还要确定乡村经济地理要素转移方向和重点,最大限度地减小乡村经济地理要素转移过程中的机会决策损失。为此,根据要素转移的动力机制和原理,提出以下政策建议。

（1）根据要素转移的动力机制,制定恰当的公共政策来提高乡村经济地理要素的资源空间配置效率。要素转移不是简单的设备迁移,还包括能力和产业机会的转移。全要素生产率是乡村经济发展的先导指标,由于市场价格变动滞后于全要素生产率的变动,当要素转移的内在动力出现时,市场价格机制不能反映这一信息。此外,由于乡村管理水平、风险偏好、对市场信息的处理能力等多重异质性以及决策者非完全理性等因素的影响,导致众多的乡村不能及时作出正确决策,失去了获得更高空间配置效率的机会,造成决策损失。只有乡村经济地理全要素生产率具有较为明显的比较优势时,该区域才具备了该要素转移的基本条件。所以,在制定乡村经济发展政策时,一定要考察转移的目标要素是否具备这一条件。同时,要提高信息的透明度,提高市场主体对要素转移机会的捕捉能力,为要素的转移和承接创造良好的条件。

（2）注重乡村地区人力资本、物质资本、技术、金融市场的协调发展。人力资本、物质资本和技术的协调发展至关重要,只有三者合理配置才能避免短板效应,提高乡村经济运作效率。人力资本是能动性生产要素,又是技术与管理方式创新和改良的实施者。人力资本的恰当引进和培育是首要的。其形成不像物质资本那样迅速,因此,必须重视技术人才的培养。在培训内容和技术选择上要注意发挥后发优势,建立专项资金,选拔实践经验丰富、有发展潜力的人才到相关专业院校进行深造培养。通过金融资本市场和产权市场发展,为转移乡村产业折旧资金提供良好的资金空间转移通道,加快产业转移的增量资金的区位转移;构筑技术淘汰与创新平台,对被转移存量资源进行调整,避免简单的设备更换造成要素的浪费。

（3）注重承接乡村闲置存量资源,对转移要素所需的原材料规模化经营提供政策性扶持。注重承接产业闲置存量资源,尤其是形成人才引进与技术交流的机制,避免东部乡村地区被转移要素,如存量技术人才和交易资源的浪费。同时,要有预见性地优先发展原材料产业,对承接的产业形成区域拉力。

3.3　乡村经济地理要素迁移的现实要求

截至目前,中国乡村经济整体发展处于中度集聚水平,而大城市（如北京、天津、上海）郊区和西部（如西藏、青海、宁夏）贫困生态脆弱区的平均集聚水平偏低。其中,前者乡村集聚水平偏低是因为大城市主导产业是工业和服务业,农业产业发展相对不足;后者由于自然资源禀赋不足,种植业的发展受到诸多限制,从而导致集聚水平偏低。这两类地区,由于产业结构本身的特点和自然资源的限制,不应以种植业为切入点提高其集聚水平,而应将特色产业作为着力点。因此,因地制宜发展特色农业是提升乡村经济地理集聚发展的有效手段。具体来说,需要在对地区特色农业经济发展的历史背景、地理条件、资源禀赋充分了解的基础上,把握地区特色农业产业化发展特点、方向,积极培育市场前景好、具有比较优势的特色农作物。构建、完善并扩大地区地理标志产品的标准化生产示范区。明确地区特色农业发展的定位后,在此基础上进行科学规划,积极构筑并扩大地区地理标志产品的标准化生产示范区。

（1）强化专业化优势区域行业生产。分行业来看,经济作物的平均专业化水平较高,粮食作物专业化水平普遍偏低。经济作物应强化特定产业生产,并以此作为地区的主导产业和重点产业。以水果类为例,在水果类专业化水平较高的地区,应将进一步推进水果产业化经营作为工作重点。具体来说,一是要大力开展水果标准园创建,打造水果精品园。二是要以市场为导向,加快水果品种、品质结构调整。三是完善基础设施建设,提升深加工能力。四是强化品牌农业建设,鼓励龙头企业、专业合作社等经营主体强强联合,推动跨区域发展,提高知名品牌的辐射带动作用,提升其发展潜力、市场价值。粮食作物由于受地形、气候、土壤等自然条件的约束较强,从而导致专业化水平偏低。中国地区间自然禀赋和地理条件差异较大,而谷物类种植业又是一种典型的资源型产业,自然资源占据核心地位,地区间地形、气候、土壤条件的巨大差异决定了谷物类作物在省区间种植的非均衡性。因此,强化行业优势区域的专业化生产是提升粮食作物专业化生产水平的有效手段。以水稻专业化生产为例,一是要加强高标准农田建设,改善农业生产条件。二是继续提高高产创建的统一要求。三是重视地方专业市场建设。专业市场规模越大,其辐射带动能力越强,越能吸引一定区域范围的企业汇集于市场内,为产业区内的企业、经纪人提供多样化的共享性资源,从而促使产业内不同行为主体的空间集聚,加速产业区的形成。

(2)增强区域空间自相关性。通过各行业生产的空间自相关分析,发现只有近半数的行业存在显著的空间依赖性,并且其中还有部分作物的空间自相关程度呈下降趋势。由于行业间依赖性不足、关联性降低不利于区域间技术、知识的溢出,从而不利于集聚效应的扩散,因此依赖性不足、空间关联性降低是一个值得担忧的问题。缓解这一问题的方法就是有效增强区域间空间自相关性,弱化区域间空间独立性。总体而言,应加强地区间产业发展的沟通交流,构建空间关联网络,完善经济、技术溢出渠道。形成专业化连片生产区,促进产业集聚的深化,将集聚区的自主研究与开发能力带来的溢出效应最大化,使其品种研发技术、生产技术、加工技术、营销技术等多重技术在不断的持续改进与升级中,带动周边地区的生产和技术创新;建立健全有形、无形的传输网络,增加知识的流通渠道,促进技术创新的扩散。为此,政府应着力于两点,其一,扶持集聚区的知识创新,构建并完善激励机制。比如建立技术交流中心,提供地区间合作对话的平台;设立产业基金,投资研发机构;鼓励企业与科研院所开展产学研合作,努力搭建产学研合作平台;引进技术先进的国外企业,带动本地技术创新活动;完善知识产权制度,鼓励创新、保护创造力。其二,弱化地区间的知识、技术交流阻碍。比如弱化"行政区划"概念,鼓励跨区合作,加强地区间贸易往来,通过集聚区带动周边资源禀赋相似区域的产业发展。

(3)提升集聚区比较优势。在改造传统农业的过程中,提高农业土地生产率和劳动生产率是必经之路[①]。当前,对集聚区形成起主导作用的生产率优势并不十分突出。因此,显著提升集聚区生产率相对优势,变相对

[①]　诺贝尔经济学奖得主舒尔茨(2006)曾指出把"弱小的传统农业改造成为一个高生产率的经济部门",而这正是在中国特定经济背景下优化乡村经济地理谱系的有效手段。

优势为绝对优势,是保障集聚区稳定发展的关键。首先,要进一步提高集聚区土地生产率的比较优势。一是根据土地适宜性,合理规划土地利用方向。要充分发挥不同土地类型的比较优势,做到物尽其用。二是集聚区政府要进一步推动、加强地区内部土地流转,走集约化发展道路。要以完善土地流转机制为抓手,重点培育土地流转中介服务组织,建立土地流转信息公开机制和土地流转纠纷解决机制。三是提高土地投入中的活劳动和物化劳动。要善于向土地中追加投资,不断改良土地,从而达到提升土地生产率的目的。其次,要进一步提升集聚区农业劳动生产率。可以从两方面着手,一是合理确定和优化农业生产布局。要依据自然禀赋、历史因素等约束性条件,合理确定集聚区的农业生产布局。二是积极培育新型农民。要建立健全农民的再教育体系,积极开展各项培训工作,让农民懂技术、会技术。三是加强技术创新,规范新型农业科技推广体系建设。要加大农业科技研发的资金投入;保障科技推广部门、合作社、企业对公益性、准公益性科技以及私人技术的有效供给。四是推动土地适度规模经营。将劳动力和土地资源配置进一步优化,以提高劳动生产率。此外,在提升集聚区土地生产率、劳动生产率的过程中,应正确处理二者的内在关系,在努力提高土地生产率的基础上致力于提升劳动生产率。

3.4　乡村经济地理对经济外部性的强化

在对乡村经济地理要素流变空间外部性进行考察后发现,在乡村经济地理集聚形成过程中,空间外部性因素的作用非常突出,但也存在一些问题,比如在技术外部性方面,目前乡村人力资本对乡村经济地理谱系优化的影响显著为负。这可能是人均受教育水平提高后,乡村劳动力从事非农生产的可能性提升,说明在这个过程中农业生产的比较收益仍然较低,与非农业生产所得相比处于劣势。这也在一定程度上反映出,地区专门农业人才的缺乏[17]。因此,提高集聚率的可行突破口之一是培育农业企业家。一方面,农民企业家具备新知识、敢于行动的果断性格,促使其引入新的生产要素;另一方面,农民企业家具备较强的组织能力、领导能力,能打破固有的农业生产经营形式,促进生产要素配置优化,促进农民思想意识形态的转变。其间,政府应该鼓励外出务工者积极回乡建设,鼓励大学生村官在当地创业。要为他们创造良好的政策体制环境、基础设施环境,并适当地给予资金、技术等方面的支持。在产业集聚发展状态良好、专业分工明显的地区,通过出台优惠政策,积极吸引外部企业家进入该区域,促使集聚区稳定、快速发展,培植大规模的产业集群。机械化水平能够显著促进地理集聚的形成,说明机械化生产在推进农业产业化、专业化生产,形成集聚过程中发挥着重要作用。因此,提高机械化生产和管理的规模,是加速产业地理集聚的重要途径。一是要合理优化农机购置补贴政策等措施,提高农机使用效率。二是要抓好农业装备技术的推广应用。解决农业机械的供需矛盾,实地调查农户的技术需求,改善农业机械市场的信息不对称。由于各地区地形的差异以及不同产业机械需求的多样性,机械化生产管理的推广也要因地而异。在南方水稻主产区,抓好水稻集中育秧、秸秆还田、测土配方施肥等关键技术的推广应用,推动良种良法配套、农机农艺融合。外部性方面,公路密度对农业集聚有显著正向促进作用,证实了运输成本在农业集聚过程中的重要影响。因此,加强公路建设,提高公路密度,降低运输成本,是加快产业地理集聚的有效手段。一方面,农产品的运输主要依赖公路,公路密度越高意味着运输网络更为完善,为农业生产要素的流动提供更多便利,促进区域产业布局优化。另一方面,农业具有生产的地域性和产品消费的分散性双重特征,交通运输网络的进一步完善,可以更有效地解决农产品产地和销地分散的难题。总之,全面落实乡村公路建设投资规划,进一步提高公路密度、降低运输成本是推进产业集聚的必要举措。比如,制度方面,政府对产业的支持作用并未通过显著性检验。而实际上,农业生产对政府的依赖程度较高,农业产业集聚区的形成、产业集群的培育离不开政府的引导,通过政府的支持,吸引主导产业的龙头企业在当地开展集中生产,发展产业集聚格局。因此,一方面,在农业产业集聚区的形成过程中,政府应致力于提供公共物品及服务,而不能代替市场去创造农业产业区。因为产业集聚区的形成是自然演化和社会演化的统一,除受自然气候、地质、地形、自然资源等自然环境因素的约束,产品属性、产业关联、社会历史文化的作用也逐渐加强。另一方面,在地区产业集聚水平达到一定高度之后,政府应该准确把握、科学制定农业产业集群规划和发展政策,创造良好的基础设施条件,提供健全的公共物品服务,完善社会化服务体系,为发展产业集群构建良好的外部环境。

第四节　乡村经济地理格局优化的内容与方法

4.1　以城镇化优化乡村经济地理格局

中国城镇化高速发展不仅带动了中国经济的高速增长,而且带动了人类历史上罕见的大规模乡村人口向城镇的流动。"十八大"报告明确提出，坚持走中国特色新型工业化、信息化、城镇化、农业现代化道路，推动信息化和工业化深度融合、工业化和城镇化良性互动、城镇化和农业现代化相互协调，促进工业化、信息化、城镇化、农业现代化同步发展。快速发展的新型城镇化，正在成为中国经济增长和人口迁移的强大引擎。然而，中国城镇化具有浓烈的行政主导色彩，对城镇化进程和劳动力流动的内在规律缺乏应有的关注。经济学家斯蒂格利茨曾预言，中国的城市化与美国的高科技发展将是深刻影响 21 世纪人类发展的两项重大课题。因此，研究和分析乡村劳动力流动和城镇化进程的内在规律，促进乡村劳动力流动与城镇化发展良性互动，具有重要的理论意义和现实意义。在知识资本自由流动和劳动者自由迁移的情况下，城镇化空间格局演化包括产业空间格局演化和人口空间格局演化两个方面，其内生动力分别来源于知识资本收益率差异、劳动者福利水平差距及其循环积累因果作用。也就是说，知识资本收益率差异为现代产品企业在城市地区和乡村地区之间迁移提供了内生动力，劳动者福利水平差距为劳动者在城市地区和乡村地区之间迁移提供了内生动力，且这两种动力因"本地市场放大效应""知识扩散效应""成本关联效应""需求关联效应"而呈现出自强化的循环积累因果作用。最终，城乡经济系统可能形成两种稳定的"核心-边缘"型城镇化空间均衡格局，这种均衡格局的差异取决于城乡贸易自由度以及由现代产品支出份额、现代产品替代弹性、技能劳动者份额决定的临界值。为此，在以城镇化优化乡村经济地理格局时，要做到以下几点。

（1）优化城镇化政策目标。长期以来，我国从中央到地方在很多时候把城镇化和城乡一体化混为一谈，不加区分。但事实上，城镇化的政策目标是乡村人口向城镇转移，非农产业向城镇聚集，而城乡一体化的政策目标是把工业与农业、城市与乡村、市民与农民整合为一个整体，促进城乡规划建设、产业发展、市场信息、政策措施、生态环境保护、社会事业发展的一体化，实现城乡在政策上的平等、产业发展上的互补、国民待遇上的一致。不难看出，城镇化政策目标有明显的单边化倾向，强调城乡经济系统的空间格局以城镇为导向，而城乡一体化政策目标有明显的均等化倾向，从发展的角度来看，更多体现在提高乡村公共服务、农业产出和农民福利水平。因此，城镇化与城乡一体化在政策目标方面要做到尽量一致，以助力乡村经济地理的谱系优化。

（2）优化城镇化政策取向。从我国的城镇化实践来看，我国从中央到地方都在积极为城市外来务工人员创造更多的就业机会和更好的生活环境,从而增加城市外来务工人员的福利水平,从政策作用方向上来讲扩大了城乡劳动者福利差距,强化了劳动者向城市地区迁移的内生动力;但同时也从社会和谐出发,积极推进乡村和城市公共服务的均等化,从政策作用方向上来讲缩小了城乡劳动者福利差距,弱化了劳动者向城市地区迁移的内生动力。因此,城镇化与城乡一体化的政策作用方向是存在一定冲突的,这种冲突只能在城乡发展中加以解决,并把握好城乡福利差距的动态变化,避免出现"乡村地区经济停滞""逆城市化"等偏离政策预期的极端局面。

（3）优化城镇化政策组合。从增强内生动力来看,着力提高乡村人口和经济活动向城市地区集聚,可考虑的政策包括但不限于:疏通乡村经济地理要素流通渠道,减少要素流通环节,降低要素流通费用,提高城乡贸易自由度。积极推动城乡技术共享与交流,特别是农业技术集中研发与下乡推广,促进城乡知识扩散,充分发挥经济增长效应和支出转移效应。大力开展劳动者职业技能培训,加快普通劳动者向技能劳动者的转变,充分发挥高技能劳动者在人口和经济活动空间格局演化过程中更强的循环积累因果作用。

（4）优化城镇化层次格局。从完善城镇体系来看,我国大城市综合承载能力有限,加之交通、住房等生活成本较高,已经成为影响劳动力福利效应的重要负面因素,对乡村劳动力向城市迁移已经产生了明显的弱化甚至逆化效应,近年来出现的"逃离北上广"现象就是非常深刻的例证。另一方面,我国中小城市分布广泛,数量众多,已经积累了一定的城镇化基础,具有较大的承载力空间,且生活成本较低,对广大乡村地区而言具有独特的地理邻近优势,对劳动力向城市迁移具有强大的吸引力和广阔的吸纳空间。因此,积极发展中小城市,提高中小城市公共福利水平,不仅可以拓展和提高乡村劳动力向城镇转移的内生动力,而且可以缓解大城市在吸纳劳动力转移方面的压力,在避免"大城市病""逆城市化"等方面发挥重要作用。

4.2　以乡村经济发展推动乡村经济地理变迁

伴随着中国城乡转型和经济全球化发展,农业生产的区域化、基地化与乡村发展的城镇化、产业化倾向将日趋明显。因此,在推进中国新农村建设与新型城镇化的问题上,亟需乡村经济地理与乡村发展专业理论创新与学术成果的有力支撑。对此,中国应深入学习和吸收发达国家在工业化中后期,解决乡村经济发展问题的经验和教训,结合中国国情前瞻性地探

索快速城镇化进程带来的特殊的、复杂的区域农业与乡村发展新问题、新
课题。面向国家战略需求和服务地方决策需要,中国乡村经济地理与乡村
发展领域的创新研究将面临诸多更加复杂、更加综合的科学命题。结合国
际上乡村地理学新近研究进展,联系中国乡村转型发展进程和新型城镇化
推进中存在的实际问题,认为未来中国乡村经济地理谱系优化需重点关注
以下两个方向。

(1)构筑助推城乡转型发展的村镇建设格局。构筑乡村地区县城、重
点镇、中心镇、中心村(社区)的空间布局、等级关系及其治理体系,以打破
城乡二元结构、破解三农问题。其核心是村镇发展新主体、新动力、新战
略、新制度的培育与塑造,推进形成具有中国特色的城市、村镇、农业、生态
"四位一体"的国土空间新格局,主要包括:探索乡村地区人口、土地、产
业、生态协调耦合新模式,探索发挥企业创新、新型农民主体性、乡村空间
有序性的科学途径;推进以村镇化、镇城化为主要特色的就近就地城镇化,
构建城镇村空间体系、综合治理体系,激发村镇治理、转型、提质的活力与
动力,协同推进城乡等值化与乡村现代化。

(2)重构支撑城乡一体化发展的乡村"三生"空间。在构筑的新型城
乡发展村镇建设格局内,通过开展乡村土地综合整治,重构乡村生产、生活
和生态空间,为推进新农村建设和城乡一体化发展搭建新平台。其核心是
通过产业发展集聚、农民居住集中和资源利用集约优化调整乃至根本变革
乡村地域上的生产、生活和生态空间,主要包括:通过提升当地自然和人
力资源的价值来改进乡村经济的发展模式、途径及相关政策机制;注重区
域生物自然特性和经济社会发展的阶段性,因地制宜开展区域乡村土地整
治工程技术、乡村空间重构助推机制与模式的创新研究,以及关于对重构
的乡村空间的动态监控、预警预报和科学调控的系统研究。

4.3 以高质量发展塑造全新乡村经济地理

遵循分割、距离、集聚、异质四大地理特性,被视为重塑乡村经济地理谱
系的"成功之道"。我国乡村人口众多、幅员辽阔,中国乡村经济奇迹"高速增
长"关键因素在于适应高速增长的需要重塑了乡村经济地理结构。从重塑
方式来看,可以概括为:点、线、面、体、能、质、度七个相互作用的方面。

(1)从发展节"点"来看,要适应"一带一路"建设和新一轮全球化的要
求,在巩固提高北京、上海、香港、广州、深圳等全球化城市的地位和作用的
同时,大力培育周边乡村经济,形成以全球化城市为引领、和谐宜居、富有
活力的乡村经济地理体系。

（2）从发展轴"线"来看，要适应区域协调发展战略需要，优化国家集聚发展轴线的战略布局，着力提升沿海集聚发展轴线，重点拓展沿长江、京广—京哈、京九、陇海集聚发展轴线，高度重视形成沪昆、京兰、青（岛）银（川）、包昆、兰渝黔桂新轴线以及北起钓鱼岛、南至南沙群岛的海岛链状经济轴线，理顺乡村经济地理格局。

（3）从发展"面"域来看，要适应协调东中西、平衡南北方、统筹海内外的要求，在坚持推进精准扶贫、乡村振兴等发展格局的基础上，不断深入实施城乡协同发展、城乡一体化战略，适时将规划建设山东城市群和渤海大湾区上升为国家重大战略，以鼓励支持沿海地区乡村率先实现农业现代化；不断深入建设长江经济带、珠江—西江经济带，形成新时代西部大开发新格局，将规划建设黄河生态经济带、淮河生态经济带上升为国家重大战略，以支撑和引领周边乡村共同发展。

（4）从发展"体"量即密度来看，要按照生态文明建设的要求，进一步完善乡村地区经济制度和配套政策，加大中央财政对乡村地区转移支付力度，完善横向补偿机制，引导土地开发区位选择、控制开发强度、调节国土空间人口和经济密度，使乡村人口分布、乡村经济布局、生态环境相协调，形成集约紧凑、疏密有致的可持续国土开发格局。

（5）从发展动"能"来看，要按照建设现代化经济体系的要求，以点、线、面、体为地域依托，正确处理乡村经济旧动能和培育新动能，推进乡村经济供给侧结构性改革，协调乡村产业转移升级，促进乡村经济发展动力协同转换，建设充满活力、各具特色、一体化发展的现代化乡村经济体系，形成全国现代化乡村经济体系的合理布局。

（6）从发展地方品"质"来看，要按照实现基本公共服务均等化，基础设施通达程度比较均衡，人民生活水平大体相当的要求，适应城乡协同发展的客观趋势，依据城乡融合、区域同城的原则，丰富发展乡村经济地理空间不可转移品数量、多样性、质量和布局，培育发展通勤高效、一体化发展、和谐宜居的现代化乡村群落，形成多层次的美丽乡土生活圈。

（7）从制"度"来看，要按照建立更加有效的区域协调发展新机制要求，贯彻竞争中立原则，深入推进基于规则的制度型开放，进一步建立健全乡村经济地理要素充分自由流动、统一市场充分发挥作用的制度；探索创新乡村财税制度安排，引入政府间协商议价机制，完善乡村政府间合作互助机制；深入推进乡村经济地理空间精治、共治、法治改革，努力形成政府机制、市场机制、社群机制协同发挥作用的乡村经济地理空间治理体系。

4.4 以异质互动重塑乡村经济地理范式

在我国,城乡收入差距不能简单以经济阶段变迁来解释,政策的引导和人口空间流动的影响不可忽视。因此,政府在城市发展和乡村发展上有偏向的政策关注和安排所导致的非平衡发展过程,以及政策与人口流动互相影响而产生的效应应得到关注,并以异质互动重塑乡村经济地理范式。

(1)政策层面,安排好对城市和乡村的同步发展举措,推进城镇化也不能忽视乡村经济建设,不将城镇化看作"简单的人口比例增加和城市面积扩张",要努力推进真正的人口"乡—城"转变,也要处理好乡村经济社会发展问题,使留在乡村的人也得到发展。

(2)人口流动层面,外来人口或者人口的流出是发展禀赋在跨省空间上再配置的过程,如何利用外来劳动力加快地区发展、促进城乡融合,如何引导本省外流人口"回流",是各地方政府合理关注人口流动、发挥人口交流正效应的具体要求。

(3)正确引导政府经济参与行为,以财政手段调节城乡关系,保障乡村享有发展权利。这就要求政府努力做好对农支持工作,做到精准发力改变乡村贫困面貌。在财政支持引导上,不仅要注重基础设施和再生产资本投入,还应关注农业基础设施建设和教育资本的积累,以长远目光审视当下的行动。

(4)以新常态下的乡村人口流动方向再调整为契机,积极通过政策偏向调整发挥交互作用,实现乡村人口的再聚集和空间重构。各级政府有必要采取一系列相应的政策来抵消以往政府工作和政策偏向的单边发展影响,注重把握局部地区具有异质性的空间互动效应,识时势,循规律,发挥空间互动过程的正效应,促进城乡协调共进。时至当下,城乡区域协调发展已经被列为需要"正确处理的重大关系",实践如何展开仍有待细化和有步骤地分解。其间,需要合理利用政策引导"城乡转换"的正外部性,包括乡村人力资本的培育、发展教育和公共服务事业等。

本章小结

党的十九大报告指出,中国社会的主要矛盾已转化为人民日益增长的美好生活需要和不平衡不充分的发展之间的矛盾。建设乡村现代化经济体系是紧扣新时代中国社会主要矛盾转化,落实中国特色社会主义经济建设布局的内在要求。在现阶段,解决乡村经济发展问题的核心是实现城乡平衡、区域协调发展,以劳动生产率和区域(城乡)比较优势为关键指标,优化产业布局、优化产业链条和合理配置生产要素。其间,需要注意的是,我国乡村经济区域差异大,经济长期高速非均衡发展,积累下了各地区发展不协调、不可持续等问题。因此,在优化乡村经济地理谱系的问题上,一方面要逐步缩小城乡区域间发展差距,在全国范围内实现乡村经济地理要素的良性流动,促进乡村人口、经济、资源、环境的空间均衡分布,以全面推动乡村经济在实现高质量发展上不断取得新进展。另一方面,要坚持协调发展理念,推行城乡区域协调发展战略,在中观层面建立起更加有效的乡村经济地理谱系优化机制。鉴于此,本章以格局重塑为视角,首先阐述了乡村经济地理的组成与格局、组成要素形态、组成系统耦合等问题,给出了乡村经济地理格局重塑的时代要求——打造新时代乡村经济共同体、推动乡村经济高质量发展、深入挖掘乡村经济地理新要素、构建乡村经济全新格局。接下来,讨论了新经济地理下乡村经济地理要素转移思路、转移方向和重点,乡村经济地理要素迁移的现实要求和对经济外部性的强化等问题。最后,给出了乡村经济地理格局优化的内容与方法,包括以城镇化优化乡村经济地理格局、以乡村经济发展推动乡村经济地理变迁、以高质量发展塑造全新乡村经济地理、以异质互动重塑乡村经济地理范式等。这些工作的开展,有助于实现城乡之间的良性互动和城乡融合发展,有助于在统筹乡村经济地理要素流变中,更加有效地开展乡村经济地理谱系的空间治理,塑造出区域协调发展的新格局。

参考文献

[1] 郭先登. 新时代大国区域经济发展空间新格局重塑经济地理研究[J]. 环渤海经济瞭望,2018(10)：5-12.

[2] 郭先登. 大国区域经济发展空间新格局下建制市"全域宜游"的研究[J]. 经济与管理评论,2017(1)：90-94.

[3] 付金存,赵洪宝,李豫新. 新经济地理理论视域下地区差距的形成机制及政策启示[J]. 经济评论,2014(5)：43-47.

[4] 刘松涛,严太华. 知识关联、劳动者迁移与城镇化格局——基于新经济地理视角的理论分析与数值模拟[J]. 华东经济管理,2014(4)：27-35.

[5] 龙花楼,刘彦随,张小林,乔家君. 农业地理与乡村发展研究新近进展[J]. 地理学报,2014(8)：1145-1158.

[6] 侯新烁,杨汝岱. 政策偏向、人口流动与省域城乡收入差距——基于空间异质互动效应的研究[J]. 南开经济研究,2017(6)：59-74.

［7］王文静. 转型期中国城乡空间形态的建构[J]. 山东社会科学,2017(7)：163-167.

［8］马力阳,罗其友. 我国城镇化与农村发展耦合协调时空特征及机制[J]. 地域研究与开发,2017(6)：45-49.

［9］唐毓璇,李宇轩,石琳,张辉. 宏识、宏图、宏业——践行新发展理念建设现代经济体系——第七届"北大经济国富论坛"综述[J]. 经济科学,2017(6)：5-10.

［10］陈得文,苗建军. 空间集聚与区域经济增长内生性研究——基于 2008-2017 年中国省域面板数据分析[J]. 数量经济技术经济研究,2018(1)：78-82.

［11］刘伟. 坚持新发展理念建设中国特色社会主义现代经济体系[J]. 2017(6)：13-16.

［12］魏杰,施戍杰. "市场决定论"与混合所有制经济——什么样的产权安排能够促进共同富裕[J]. 社会科学辑刊,2017(6)：95-101.

［13］王卉彤. 国家治理视角下的现代经济体系建设[J]. 山东社会科学,2017(12)：40-46.

［14］李永刚,赵海益,张宇. 发达经济体与新兴经济体竞争力比较——基于全球竞争力指数视角[J]. 统计与信息论坛,2016(11)：230-236.

［15］谭秀杰,周茂荣. 21 世纪"海上丝绸之路"贸易潜力及其影响因素——基于随机前沿引力模型的实证研究[J]. 国际贸易问题,2015(2)：60-65.

［16］岑丽君. 中国在全球生产网络中的分工与贸易地位——基于 TiVA 数据与 GVC 指数的研究[J]. 国际贸易问题,2015(1)：20-24.

［17］孟连,王小鲁. 对中国经济增长统计数据可信度的估计[J]. 经济研究,2016(10)：112-116.

第十八章　乡村经济地理宏观谱系优化
——空间治理视角

　　自中华人民共和国建立以来,按照竺可桢提出的"地理学要为农业服务"方针,我国在乡村地理学方面实现了迅猛发展,产生了一批国家级的重大科研成果。在过去的 70 多年间,中国乡村经济因地制宜、因时制宜,完成了包括中国农业区划、黄淮海平原中低产田改造等一系列引领中国高新农业科技发展的科技成果[1]。自改革开放以来,工业化与城镇化的快速推进使得中国乡村经济地理谱系优化发展问题日益凸显。尤其是进入 21 世纪,中国乡村经济步入转型的新阶段,一方面要对国际贸易竞争、经济全球化、快速城镇化、产业与就业结构调整作出积极反应,在应对巨大变革和挑战中不断优化乡村经济地理空间格局;另一方面,要在对乡村经济地理要素流变和谱系优化进行综合性、前瞻性、系统性研究的同时,通过切实深入的实践,实现乡村经济和城镇经济的协同发展。在这方面,已有的相关研究理论、方法和研究成果,可以为我国乡村经济地理空间格局的优化提供很好的借鉴。刘自强、李静、鲁奇(2010)对京津冀地区乡村经济类型的时空格局演变进行了研究,得出了一些有价值的结论;王可(2011)对中国区域人口的均衡分布问题进行了分析,指出中国乡村人口分布依旧延续着"胡焕庸线"两侧的分布规律;杜宇玮(2019)以新经济地理格局为视角,对我国区域协调发展的路线、尺度等问题进行了解读;单良、马雪娇、董晓菲(2018)和陈明星、李扬、龚颖华、陆大道、张华(2016)分别针对"一带一路"助推破解"胡焕庸线"和"胡焕庸线"两侧人口分布与城镇化格局问题进行了解读,并尝试回答"李克强总理之问"。需要指出的是,乡村经济地理谱系优化问题直接关系到区域经济协调发展。因此,在这方面,徐康宁(2014)阐述了区域协调发展的新内涵与新思路;程必定(2013)对新市镇这一城乡发展一体化的空间载体进行了"解构";王进、赵秋倩(2017)针对合作社嵌入乡村社会治理问题进行了实践检视,对其合法性基础和现实启示等问题进行了解读。综上种种,在宏观层面,中国乡村经济地理谱系优化需要解决长期以来我国乡村存在的发展不平衡、不均衡等问题[2]，通过探究乡村经济区域协调发展的新内涵与新目标，致力于实现城乡以及不同乡村间经济发展机会的均等、发展利益的一致[3]。接下来，就以空间治理为视角，对乡村经济地理宏观谱系优化问题进行分析和探讨，希望借此为实现乡村振兴提供有价值的启示与借鉴。

第一节　乡村经济协调发展的新常态与新内涵

1.1　乡村经济协调发展的新常态

自古以来，中国就是东南一带地狭人稠，西北边疆地广人稀，人口分布极不平衡。胡焕庸教授提出中国人口分布界线至今已超过 80 年，中国无论是乡村经济地理要素流变还是谱系格局，都无时无刻不在发生着巨大的变化。但是，单就人口分布而言，今天和 100 年前相比，虽在"胡焕庸线"两侧的分布上存在细节差别，总体分布特征依然没有大的变化。这说明，在乡村经济发展过程中，很容易出现发展不均衡的问题，这是一种常见的现象。除了像新加坡、卢森堡这类因面积很小而不存在区域发展问题的国家，世界上几乎所有的国家都存在着乡村经济地理谱系优化问题，都不同程度存在城乡经济发展不均衡等问题。比如，面积仅约 10 万平方千米的韩国，其工业化和城市化程度很高，产业十分发达，已经步入现代化发展阶段[4]。但是，即便是韩国这样一个不大的经济比较发达的国家，内部仍然存在着乡村经济发展不平衡问题。在韩国，经济活动过度地集中于首尔及周围地区，首都经济圈集中了全国一半的人口和七成的经济产出，首尔的现代化水平与欧美国家的大都市基本齐平，但距首尔仅百余千米的内部腹地，经济则相对落后，城市稀落，差距很大。韩国在卢武铉时期曾计划迁移首都，除了考虑到国土安全因素外，很大程度上也是希望通过迁都来缩小地区发展的差距尤其是城乡之间的发展差距。那些国土辽阔、内部自然地理条件差异较大的国家，乡村经济发展不均衡的矛盾就更为突出。美国是世界上经济最为发达的国家，但依然存在着内部区域发展差距明显的问题。对于像中国、俄罗斯这样的地域广阔、区域发展基础迥异的大国，乡村地区的资源禀赋、区位因素、历史条件、人力资本水平等存在着巨大的差异，这些差异必然对乡村经济发展产生很大影响，而且是长期的影响，乡村经济发展不均衡的现象就更为突出。

结合考察世界其他国家的经验，长期来看，一国内部的乡村经济发展总是不均衡的，长期积累的结果就是区际差异的存在。认识到这一点非常重要，这有助于把握乡村经济地理不同区域之间发展的均衡与非均衡之间的辩证关系。换句话讲，不能盲目追求绝对的乡村经济均衡发展，或一时的无差异发展，必须充分考虑各地区的自然、地理、历史条件，考虑到各地区资源禀赋、基础设施、区位因素等方面存在的差异，允许地区之间存在一定的发展差距。尤其是对于中国而言，内部区域间的自然地理环境差异很大，不充分尊重客观存在的自然地理条件以及自然约束与人类发展之间的辩证关系，简单地通过人为指向的经济发展活动改变这种关系，并不符合自然的规律和乡村经济发展的规律。当然，虽然区域之间的非均衡发展已成为常态，但地区差距还是应该控制在一定的范围内，并且随着乡村经济的不断发展，发展成果还是应该在更广泛的区域内得到普及和享用。在新时代中，若想在区域协调发展上取得乡村经济地理谱系优化的重要突破，关键在于认识和践行真正的区域协调发展，并在此过程中遵循促进区域协调发展的新思维。

1.2 乡村经济协调发展的新内涵

所谓乡村经济区域协调发展，是指在既定的条件和环境下，各地区的发展机会趋于均等，发展利益趋于一致，总体上处于发展同步、利益共享的相对协调状态。区域之间协调发展的重点诉求应由发展速度的协调转向发展利益的协调，由发展结果的均等转向发展机会的均等[5-7]。事实证明，简单地追求各地区发展结果的均等，不仅违背了客观规律，而且容易造成新的不协调①。由于地理环境以及比较优势的不同，各地区不必追求一样的发展速度和一样的发展结果，而应该注重发展机会的均等。例如，对于不适合集聚大城市的地方，城市化应该着重于小城镇和乡村的发展，并同时给予希望并有能力到大城市发展的居民以同样的机会，即赋予各地区民众相同的迁徙权和居住权（比如向乡村地区迁移）。还有，我国中西部地区之所以落后于东南沿海地区，一个很重要的原因在于前者没有后者的开放机会，使得发展环境与机遇都远不如后者，现在则应当给予中西部乡村地区更多的开放机会，尤其是通过扩大对周边国家的开放促进中西部地区获

---

① 例如，我国东南沿海地区的城市化发展很快，出现了大城市密集发展或城市群的格局，一些中西部地区要复制这一模式，也要发展自己的大城市甚至大城市群，结果出现了一系列的造城运动，造成了比较负面的影响。

得更多的开放机遇。在今天的时代背景下,区域协调发展不能着眼于各地区发展速度的同步化,而是应该着眼于发展利益的协调和发展机会的协调。事实也证明,地区之间发展速度的趋同是很难实现的,即便实现往往也要付出巨大的代价。和以往相比,今天的乡村经济协调发展应当要有新内涵:一是乡村经济发展利益的综合协调,以福利共同增进作为防止乡村经济发展差距扩大的主要努力方向;二是乡村经济之间发展的互利协调,乡村经济地理谱系优化与国土的整体开发利用战略协调一致;三是乡村经济发展与生态环境的自然协调,乡村经济的开发与建设有利于资源的节约和环境的保护。所谓区域发展利益的综合协调,是指各地区在发展中应得的利益方向一致、大体协调,所有的乡村都会随国家的整体发展而得到相对一致的福利增进,并以福利的共同增进为衡量乡村经济发展差距相对缩小程度的重要标准。同时,不出现少数地区以牺牲其他地区利益而获得特殊发展机会的现象。由于资源禀赋、历史基础、区位条件的不同,一个国家内部允许不同乡村间存在发展差距,甚至是较大的差距,但一国的国民,除去特殊的原因,应该在享受福利方面保持一致,其范围包括教育、医疗、文化、交通、通信、养老、社会救助等各个方面。也只有这种社会阶层之间的流动性,才能够促进乡村经济地理要素的合理流变,并通过福利的共同增进在一定程度上保证各地区乡村经济之间差距的某种缩小[①]。现阶段,强调乡村经济协调发展,应该更加强调不同乡村之间福利的共同增进,以体现区域发展利益的综合协调。所谓乡村之间发展的互利协调,是指某一具体乡村的发展要与周围乡村紧密一致,形成互利协调关系,同时,乡村经济发展在战略上要与国土的整体开发利用相协调,任何乡村的发展都应该服从国土的整体开发利用战略。任何一个乡村的发展都不能脱离周围的区域而实现单独发展,客观上存在着乡村间发展的互利联动关系,不尊重这种关系,一味地想实现某一乡村的单独发展,结果反而会欲速则不达。过去 100 年间,国家在促进乡村经济协调发展方面做了很多努力,出台了很多政策,努力使落后乡村能够赶上东部发达地区乡村的发展步伐,但往往由于政策相对单一,对区域之间发展的互利协调关注不够,缺少区域间的联动发展机制,所以效果并不明显。这些年出台了很多针对乡村经济发展的战略,许多还上升为国家战略(比如"乡村振兴"战略),但

[①]　一个基本的事实是,这些年来,我们的视角总是放在地区经济发展水平的缩小上,既没有如愿地缩小区域之间的发展水平差距,也忽视了区域间福利的共同增进,结果使得不同地区不仅出现巨大的经济发展落差,而且也出现了国民基本福利水准上的巨大落差。

全国尚未有一个明晰的国土开发利用总体战略，在后者缺失的情况下，一些乡村经济发展规划即便上升为国家战略，也往往顾此失彼，区域之间不尽协调。

第二节　乡村经济地理谱系的空间治理范式

中国作为一个发展中大国，乡村经济发展不平衡问题由来已久。究其原因，除了自然地理、资源禀赋条件以及历史因素，很大程度上还与中华人民共和国建立之初实施的区域经济非均衡发展战略有关[8]。自20世纪90年代特别是进入21世纪以来，区域经济差距问题开始得到越来越多的重视，更有效地促进乡村经济协调发展已成为党和政府的重要施政目标之一。党的十八大以来，"一带一路"倡议、京津冀协同发展、长江经济带发展规划、上海自贸区建设等国家层面战略规划的出台，意味着我国开始进入强调拓展优化乡村经济地理空间的区域经济一体化协调发展阶段。党的十九大报告明确提出，实施区域协调发展战略，要建立更加有效的区域协调发展新机制。因此，积极重塑乡村经济地理谱系，健全乡村经济协调互动机制，已然成为新时代中国乡村经济加快迈向高质量发展阶段的重要任务之一。

2.1　第一轮开放背景下乡村经济空间治理的短板

在前文的分析中已经指出，在第一轮出口导向型开放战略下，我国东部沿海地区凭借其区位优势和政策优势，首先吸纳并集聚了来自全国各地，尤其是乡村的廉价劳动力、剩余劳动力，率先形成了一批国际代工制造业和加工贸易产业，进而成为了带动我国乡村经济持续多年快速增长的"火车头"。在这种开放型经济背景下，我国乡村经济地理主要表现出以下三个特征。

（1）"外强内弱"，即外需产业较强，而内需产业较弱。我国以出口导向型经济为主要特征的第一轮开放重点强调对外开放，走的是一条依赖外需市场，吸收FDI（外国直接投资）发展加工贸易出口产业的国际化道路。然而，这种过于强调通过出口来拉动乡村经济增长的发展模式，在乡村经济地理空间上表现为农产品出口市场导向型产业过度集聚，而国内市场导向型产业则发展不足。这导致了农业结构中的外需产业过度膨胀而内需产业相对萎缩，使得乡村经济增长过度倚重出口，加大了潜在的经济风险。而且，在出口导向型模式的低成本竞争条件下，我国产业工人的工资收入水平也难以显著提高,进而直接降低了乡村居民的消费能力,产生消费遏制效应,导致缺乏支撑内需产业发展和升级的有效市场规模。

(2)"东强西弱",即东部沿海地区乡村经济较强,而中西部内陆地区乡村经济较弱。改革开放之初,我国经济发展的基本指导思路是主张"让一部分人、一部分地区先富起来"的"两个大局"战略构想,即第一步让沿海地区先发展,第二步沿海地区帮助内陆地区发展,从而达到共同富裕。在这种以效率为导向的非均衡发展思想指导下,珠三角、长三角、环渤海等东部地区的经济核心区域和增长极得以率先快速发展,成为中国经济奇迹的最大受益者。但与此同时,广大中西部地区则受区位条件和政策因素限制,经济规模、产业结构、基础设施、公共服务等各方面水平都严重落后于东部地区。这是因为,一方面东部沿海地区出口导向型经济的发展,建立在中西部地区(尤其是乡村地区)作为廉价劳动力和自然资源等低级要素供应者的基础之上;另一方面,正是由于东部地区对"世界加工厂"的低端定位,割裂了产业在地区间的技术经济关联效应,使中西部乡村都沦为纯粹的原材料和劳动力等生产要素的供应地,抑制了中西部乡村地区发展劳动密集型产业的空间和可能性,从而导致中西部乡村地区的增长发生了普遍"塌陷"。最终,东部、中部、西部三大地带之间的区域经济差距明显拉大,这种区域差异明显的乡村经济地理格局,也引发了产业结构、资源配置、收入分配、生态环境和民族关系等方面的一系列经济社会矛盾,从而成为制约我国乡村经济稳定和可持续发展的巨大障碍。

(3)"海强江弱",即沿海地区经济较强,而沿江地区经济相对较弱。中国共产党成立以来,我国的对外开放主要在东部沿海,而沿江开发相对不足,因而存在"海强江弱"的国情。"六五"规划以来,沿海地区优先发展战略得到党和国家的大力支持。这段时期内,国家在东部沿海地区成立了深圳、珠海等 5 个经济特区。随后,相继开放了 14 个沿海港口城市,并将长三角、珠三角、闽南三角、环渤海等地区划分为沿海经济大开放区,由此形成了东部沿海地区整体的对外开放和高速发展态势。然而,以长江沿岸为代表的沿江地区虽然得益于水运便捷通达的天然优势,形成了数目众多的沿江产业园区,但是这些园区发展方式粗放,集聚的多为高能耗、高污染的重化工产业和落后产能,而且产业园区布局混乱,同质化竞争严重,让作为后备支撑的乡村经济发展极为缓慢①。

---

① 在供给侧改革的推动下,这类产业的外向化程度不高,市场往往局限于内需市场,不仅容易因内需不足导致产能过剩,而且还无法享受对外开放带来的技术溢出效应。

2.2 扩大开放背景下乡村经济空间治理的合作与联动

鉴于"三强三弱"的乡村经济地理特征，加强内外联动、东西联动与江海联动这"三个联动"，至少在逻辑上成为新时代乡村经济协调发展目标要求下乡村经济地理谱系优化的关键所在。

（1）加强内外联动，发展基于内需的经济全球化。在经济全球化背景下，只有充分利用国内外市场，才能真正发挥市场在资源配置中的基础性作用，实现乡村经济地理要素资源的最优配置和利用。如果说出口导向型经济全球化战略是基于过去低收入条件下国内市场发育不足的现实，主张利用外需市场并通过集聚和扭曲使用国内低级生产要素，进而切入由发达国家跨国公司主导和控制的全球价值链的低附加值环节，那么基于内需的经济全球化战略，则是强调通过利用内需市场的巨大规模优势，吸引、集聚和有效使用国内外先进的高级生产要素，构建由本土跨国公司主导和治理的国内价值链，进而融入全球价值链和全球创新链的高附加值环节。这种立足内需扩大对外开放的战略模式，旨在通过对内开放深化对外开放，从而获取国际分工与贸易利益分配的主动权。随着国内居民收入水平的提高，巨大乡村人口规模下的内需市场潜力无限。因此，必须把对外开放战略的重心转向开拓和利用广阔的国内市场，以内需促开放，进而提升对外开放层次与水平。

（2）加强东西联动，促进乡村经济产业链梯度分工发展。促进东中西部地区之间的协调发展，必须在深化东部地区对外开放的同时，做好向西开放的文章。随着东部沿海地区要素成本和商务成本不断上升，当地加工贸易产业面临着产业外移的局面。中西部地区完全可以充分利用自身的要素成本优势，积极承接东部地区的代工制造环节转移，取得乡村经济增长与产业发展的空间。同时，这种较低代价的国内区域间产业转移也能减缓东部地区要素成本的上升速度，减少产业升级的难度，从而为其从制造基地向总部基地转型创造足够的时间和有利条件。在这过程中，西部乡村地区应立足各自的资源禀赋和产业基础，发展具有比较优势的产业和产业链环节，实施产业梯度转移，培育新型产业集群，促进产业跨区域联动发展。一方面，各地乡村需要明确各自在乡村经济地理新格局中的功能定位，在主导产业的选择上要各具特色，避免重复建设和恶性竞争，防止产业过度同构；另一方面，各区域的产业集群不能是孤立的产业园，而是相互之间有明确合理的梯度分工，从而形成一系列比较完整的国内价值链和产业链。

（3）加强江海联动，构建纵横交叉的全方位对外开放网络。我国具有通江达海的地理优势，有条件也有必要加强江海联动开发，使得沿江和沿海地区乡村的优势实现互补、互促、互动，做到互利互惠、共赢共荣，从而实现由增长极向增长带再向增长域转变，促进从出口导向转向内外融合，全方位提高对外开放水平。江海联动发展，不仅是交通运输体系上的联动，更是要利用东部沿海地区现有的对外开放优势，依托内陆沿江沿岸地区的广阔腹地，同时借力沿海开发的国家战略，强化基础设施和载体功能支撑。着力促进乡村产业互补、乡村经济地理要素有序自由流动和市场深度融合，推进沿江开发区与沿海开放区的协同发展，使得我国产业在国际分工中实现全球价值链与国内价值链的互动融合。

2.3　新经济地理格局下乡村经济地理协调发展的路径与方略

在新经济地理格局下，在宏观层面优化乡村经济地理谱系，需要重点把握以下几条关键路径。

（1）培育具有较强国际竞争力的特色城市群，以城市群发展带动乡村经济发展和乡村经济地理谱系优化。在新时代，党中央正积极推进和统筹实施"乡村振兴"等国家战略，并以"一带一路"和长江经济带发展为核心的"两大支撑带"，以京津冀协同发展、粤港澳大湾区以及长三角一体化建设为核心的"三大城市群"发展战略组合，形成了东中西互动、优势互补、相互促进、共同发展的空间新格局，带动乡村经济地理谱系优化。可以预见，城市群将逐渐成为我国乡村经济的新增长极，构成国家和乡村经济发展的重要支撑点，从而成为乡村经济地理谱系优化最显著的标志。需要指出的是，城市群之间的融合协调发展，不仅是地理空间意义上的交通连接畅通，还包括乡村经济地理要素资源的充分自由流动、产业的合理分工以及公共服务的合作共享。除了要积极发挥北京、上海、广州、深圳、南京、杭州、武汉、重庆等各区域中心城市的辐射效应，还必须培育一大批具有国际化基础设施、国际级城市管理水平和符合国际惯例标准之营商环境的中小城市，同时鼓励中小城市"抱团"发展，合力构建差异化和具有协同错位发展功能的特色乡村群落，最终以乡村群落形态融入区域分工，从而促进区域协同发展。

（2）打造国内统一大市场，促进农产品和乡村经济地理要素资源在区域间充分自由流动。农产品和乡村经济地理要素充分自由流动的统一开放的国内市场体系，是区域经济协调发展的题中应有之义。十八届三中全会决议提出"建设统一开放、竞争有序的市场体系"，这就要求促成国内市场一体化发展。市场一体化发展意味着各区域之间要互相协调,共同清理阻碍农产品和乡村经济地理要素合理流动的地方性政策法规,打破区域性市场壁垒,实施统一的市场准入制度和标准,加强区域间市场服务功能的完善与合作。在农产品流动方面,需要通过加快国内各类专业市场体系的整合与提升,构建现代化、国际化、规范、高端的专业农产品交易平台;同时统筹规划和优化整合机场、港口、轨道交通,构建和扩张各乡村地区与各城市之间的高铁、高速公路、信息通信等基建网络,打破地理边界,推动基础设施一体化发展。在乡村经济地理要素流动方面,需要从土地制度、户籍制度、融资体制、能源供给等方面深化要素市场化配置改革;同时通过构建更加有效的乡村经济协调发展制度网络,打破行政边界,实施教育、医疗、就业和社会保障等方面的公共服务一体化。

（3）建立健全区域共享互利机制,促进乡村经济地理要素的分工与合作。区域经济协调发展是国家层面的全局性问题,其谋划需要跳开局部的行政辖区和狭窄的经济空间边界,从更高层面、更大视野进行统筹协调,加强区域之间的产业分工合作和要素资源共享。在乡村经济地理谱系优化内容上,要积极拓宽要素流变的领域,除了工业项目等经济领域的合作之外,还可以延伸至社会事业、环保等民生领域的合作,也可以涉及科技、金融、人才、信息等要素领域的合作①。在产业分工布局上,要以区域生态环境承载力为准绳,进行乡村经济地理的合理规划和布局,促进乡村人口、乡村经济与自然环境协调发展。在产业合作方式上,要联合推进各区域重叠的农业项目,从而促成乡村经济地理要素资源的合理有效配置[10]。

第三节 "一带一路"对乡村经济地理空间的优化

针对目前我国乡村经济发展极不均衡的谱系现状,中央、地方各级政府以及社会各界专家学者等纷纷提出政策措施及建议,旨在解决中国发展道路上的这一难题。而"一带一路"倡议的提出和推进,能够在很大程度上优化乡村经济地理谱系,为乡村经济发展提供新的思路与途径。

---

① 已有的一种可以参照的经验是,通过设立区域合作发展基金,共建乡村经济地理联盟,以及发挥乡村协会等第三方机构的中介和协调作用,推动乡村聚落和产业集群间的交流合作,以实现不同乡村之间互利、联动和协调发展。

3.1 以"新丝路"交通带动乡村经济地理要素演化

基础设施是人类生存发展的必要条件,完善的基础设施不仅能为我们提供更好的人居环境,还能提高乡村经济活动发生的可能性。尤其是铁路网,更是乡村经济发展的大动脉。同时,交通通道建设更是让乡村经济融入"一带一路"建设的关键举措,只有交通顺畅,东部地区的产业、资金、人才等才能借助"一带一路"顺路而来。但是长久以来,由于地形、技术的限制,中西部地区乡村交通落后,极大地制约了乡村经济的发展。为改变地区落后面貌,必须改善交通等基础设施的落后现状。为此,需要做到以下几点。

(1)重点加强铁路网建设,扩大铁路覆盖范围。重点建设国内国际综合运输大通道,同时建设城际中短途铁路,实现中西部乡村铁路网全覆盖。同时,要对现有交通线路进行改造与提升,进一步完善综合运输大通道设施空间布局。推动既有大通道向西部地区、口岸地区延伸,加大中西部地区综合运输通道密度,扩展海西等地区通道覆盖程度。强化东部经济发达地区对中西部地区的经济辐射和带动作用,推动大通道双向开放、全方位开放格局的形成。不断提升综合运输大通道的服务能力。依托铁路客货运输分离提高综合运输大通道专业化水平,同时通过线路扩能改造、新增线路、打通断头路、航道能力升级、强化干支衔接、打通"最后一公里"等举措,提高通道全线或局部通行能力。

(2)公路航空、管道交通、邮电通信基础设施建设统筹推进。根据市场需求,增设现有机场班次,对符合条件的地区,加快建成机场;同时,要严格按照国家《中长期铁路网规划》要求,使高速公路实现更广范围的乡村覆盖;对于偏远落后的乡村地区,要改造乡镇小路和居住地环境,重点对土路实施硬化,同时尽快使建制村实现全部直接通邮;注重维护中西部地段重要的油气运输管道,确保国家能源安全。

(3)注重交通通信线路的国际衔接。国家之间尤其是两国边境地区要建立协调机制和合作平台,共同建设国际交通干线、跨境电力与输电通道、跨境光缆等通信干线网络等,促进国际通关、换装、多式联运有机衔接,逐步形成兼容规范的运输规则,共同推进农产品国际运输便利化。

3.2 以"命运共同体"梳理乡村经济地理格局

乡村经济以发展为根本,乡村经济地理谱系优化以乡村经济协调发展为前提,只有将中西部地区的乡村经济发展上去,才能真正突破"胡焕庸线"。在"一带一路"建设中，为提高中西部地区乡村经济发展水平，可以从以下几方面入手。

（1）对乡村产业进行升级与布局调整。一方面，中西部乡村要积极承接东部地区劳动密集型、环境友好型产业，同时大力发展乡村服务业，解决乡村剩余劳动力就业问题。重点培育西部乡村特色优势产业，比如推进能源资源就地就近加工转化，形成能源资源深加工的上下游一体化产业链；积极推动风电、太阳能、水电等清洁、可再生能源的开发利用。大力发展新一代信息技术、生物、新能源、新材料等新兴产业，使之服务于乡村经济。优化乡村产业布局，在资源条件优越、产业基础良好、基础设施完善的地区设立产业园区，促进乡村产业集聚。

（2）发展农产品国际贸易，引导当地农业企业走出去，吸引国外农业企业走进来。需要注意的是，提出"一带一路"倡议的目的就是引领中国各个地区对外开放，通过同沿线国家的交流与合作，促进乡村资源、乡村经济地理要素的自由流动与高效配置，共同打造开放、包容、均衡、普惠的乡村经济合作架构。因此，开展农产品贸易合作、促进乡村经济政策协调应成为"一带一路"建设的重点内容。要积极支持西部乡村地区的农产品对外贸易，引导当地与沿线国家交流合作，消除贸易壁垒，增强政治互信，共同构建良好的营商环境。西部乡村地区应积极拓宽农产品贸易领域和渠道，取长补短，互惠互利，促进农产品贸易平衡。在发展乡村传统产业与新兴产业的基础上创新贸易方式，巩固和扩大传统贸易，大力发展乡村现代服务贸易。另外，把投资和贸易有机结合起来，以投资带动农产品贸易发展。

（3）注重资金、技术、人才的投入与引进。资金、技术、人才是乡村经济的重要支撑，也是中西部地区乡村经济发展要重点解决的问题。在融资方面，政府要加大对中西部乡村的资金投入，尤其是在乡村交通等基础设施建设上，给予更多的政策倾斜与扶持。同时，加强与"一带一路"沿线国家的资金融通，建立货币稳定体系、投融资体系和信用体系。另外，要拓宽融资渠道，引导商业性股权投资基金、社会资金与丝路基金共同参与"一带一路"倡议中有关农业发展的重点项目建设。在人才的投入上，一是要大力培养适应乡村经济建设与乡村现代化建设的高素质专业型人才。其间，当地高校要加快转变人才培养方式，对学科设置、内部管理等进行适时调整，加强职业教育，注重培养大学生的专业技能；在教育领域同样实行对外开放，加强交流与合作，学习国外先进培养理念，不断提升我国大学的国际化办学水平。同时，要提高偏远乡村地区的薪资与福利待遇，对高层次人才实施更多的物质与精神奖励制度等[12]。

3.3　以"丝路"旅游盘活乡村经济地理要素资源

在我国西部乡村,不仅有高山峡谷、荒漠草原等神奇的自然景观,还拥有众多历史古迹、少数民族风俗等人文景观。独特的异域风情受到许多国内外探险家、旅游者的青睐。然而由于距离与交通等因素的限制,众多游客望而却步,西部乡村的旅游产业亟待开发。过去,我国对旅游产业的发展不够重视,导致很多乡村旅游景点知名度不高、旅游资源保护不到位、旅游市场环境混乱等一系列问题。如今,随着各个国家对旅游产业的重视,其已发展成为许多国家和地区主要财政收入来源,也是提高就业率、带动相关产业发展的主导产业之一。而拥有得天独厚旅游资源的西部乡村更要把握"一带一路"重要机遇,实现旅游产业的国际化。为此,西部乡村地区要切实做好以下几方面工作。

(1) 对内整合旅游资源与市场,提升旅游产业自身质量。对西部各省的乡村旅游资源进行差异定位,重点开发特色优势旅游景点,整合乡村旅游资源,重组乡村旅游产品,提高乡村旅游资源的质量,打造各省的乡村旅游招牌景点及线路。完善景区交通基础设施,在"一带一路"大通道建设的同时,重点提升乡村旅游目的地的可达性,增加主要客源地与目的地之间的铁路、航空以及公路线路,西部乡村各景区之间也要增加交通路线,打造方便、快捷的"丝路"乡村旅游交通网。完善景区与乡村旅游业相关的配套服务,如提高周边餐饮、住宿场所的数量与质量,畅通景区信息,培养高素质导游与专业人才,带动乡村其他产业的发展等。同时,要完善相关法律法规,规范乡村旅游市场与环境,坚持开发与保护并重,尤其要注重维护自然景区的乡村生态环境,走可持续发展之路。

(2) 对外加强乡村旅游合作,打造国际知名旅游品牌。加强与"一带一路"沿线国家的乡村旅游合作,建立多层次、多渠道、全方位的乡村旅游合作交流机制,通过共同签署合作备忘录,简化人民往来的流程与手续。策划丝绸之路文化旅游专线,开发世界级精品旅游线路,打造乡村旅游产品,通过举办国际性的乡村旅游推广周、宣传月等活动,提升乡村旅游产品的知名度。此外,可以增设国际航班,建立各国之间互联互通的乡村旅游交通、信息和服务网络,培养面向境外游客的高素质综合性乡村旅游专业人才。

3.4　以边境贸易优化乡村产业布局

长期以来,东部沿海是我国人口与产业活动的主要集聚地,它们凭借优越的自然环境和区位优势,铸就我国经济发展的黄金海岸带[13]。虽然"胡焕庸线"西侧的区位条件难以与东侧相提并论,但是我国陆上国界线大部分位于西侧。在"一带一路"倡议的推动下,中西部尤其是西部乡村地区可以大力发展边境贸易,打造与我国东南沿海相呼应的"陆上黄金海岸带"。

（1）与毗邻国家加强合作。发展边境贸易,必须与邻近国家加强政策沟通,友好往来,建立乡村经济合作机制,推进跨境监管程序协调,破除农产品贸易的体制机制障碍和贸易壁垒等。积极开展双边多边合作,加强农业技术交流,在互惠互利中合作共赢。

（2）加强边境地区的乡村基础设施建设与管理。改善国际物流通道过境设施,完善航空、陆路口岸规划布局,提升通关能力。划定边境农产品贸易区范围,制定相关管理条例,对区内的农产品进行统一监督管理,实施优惠政策,给予财政补贴等。同时要维护边境治安,创造良好环境。

（3）加强乡村产业园区建设。重点建设一批通商口岸,如新疆巴克图、阿拉山口、红其拉甫、霍尔果斯、红山嘴、老爷庙,西藏樟木、普兰、吉隆口岸,内蒙古二连浩特、满洲里等,在这些经济较发达、基础设施较完善的城市建设具有特色的产业园区,打造一批乡村经济增长极和增长带。积极吸引东部地区的企业投资和产业转移,同时,鼓励当地农业企业走出去,建立跨境农产品贸易合作区和农业产业园区,开发境外投资渠道。尝试在边境设立自由贸易试验区,借鉴以往自贸区先进经验,在边境重点乡村地区开展试点先行。

3.5　以"网上丝路"扩展乡村经济地理空间

推进"一带一路"倡议过程中,在促进沿线国家政策、设施、贸易、资金、民心互联互通方面,互联网扮演了重要角色。同样,西部乡村地区在承接"一带一路"建设时,也要借助互联网技术,提高信息基础设施水平和国际通信出入口能力,打造和平、安全、开放、合作的"网上丝绸之路",最大限度缩小城乡经济发展差距。

（1）发展"网上丝绸之路",信息化规划要先行。国内有条件的乡村应共同建立基于乡村经济的数据交流平台,对信息技术落后的中西部地区实施帮扶政策。在国际方面,要共同构建互联网线上与线下沟通合作相融合的协同平台与沟通渠道,按照《推动共建丝绸之路经济带和21世纪海上丝绸之路的愿景与行动》指示,共同推进跨境光缆等通信干线网络建设,提高国际通信互联互通水平,畅通网上丝绸之路,为国家之间的乡村经济合作、农业资金融通、农业技术人员往来提供便捷的服务。

（2）重点加快互联网企业的发展，助力乡村经济地理谱系优化。互联网企业是"网上丝绸之路"建设的主体，因此，要着重突出互联网企业在我国乡村经济发展中的地位。中西部地区（尤其是乡村地区）信息技术比较落后，要积极培育和引进科技与人才，大力发展 IT 行业、电子商务、软件开发等互联网行业。在对外发展中，支持互联网企业走出去，加强政策协调，破解海外发展瓶颈，注重本地需求，建设一批先进的国际化互联网企业。

（3）积极引导互联网与当地乡村经济结合。在信息技术大变革时代，"互联网＋"逐渐成为众多行业发展的新模式，互联网凭借云计算、云服务、大数据等强大功能，被广泛应用于工业、金融、商贸、交通、旅游、医疗、教育、农业等领域。"胡焕庸线"西侧乡村若想迅速发展，必须抓住信息革命带来的机遇，依靠互联网技术实现各个领域的变革。以"互联网＋交通"为例，为了使乡村居民出行更加方便、快捷，交通部门运用互联网云服务、大数据、高连通等优势，改造传统交通服务业。交通运输部应联合打造数据共享平台和服务系统，完善各个乡村、各类交通以及相关行业的信息。推进各种运输方式信息互联互通、便捷查询，让交通运输服务迈向智能化。再比如，"互联网＋农产品贸易"也可以改变乡村居民的消费方式，让乡村经济地理谱得到优化。需要注意的是，在"胡焕庸线"西侧乡村地区，生态环境脆弱，许多资源濒临枯竭，电子商务可成为这些乡村未来发展的出路之一。在正确引导和监督的前提下，可以大力支持跨境电商的发展，继续扩大出口农产品的规模、类型，助力当地乡村经济发展。

第四节　"胡焕庸线"曲化与乡村经济空间治理

通过上面的分析，"总理之问"似乎无解。但是，仔细品读李克强总理提的问题，就会发现总理关心的实际问题是有解的[14]。也就是说，"胡焕庸线"是能够被突破的。需要注意的是，不同的乡村区域有不同的环境承载力，我们不能忽视自然环境的这种客观规律。西北乡村地区在资源环境上先天不足，我们不能要求这样恶劣的生态环境能承载与东部地区相同密度的乡村人口或具有相同的乡村经济容量[11]。在突破"胡焕庸线"时，我们追求的目标是依据西北半壁自身特性，将其发展潜力最大程度地释放出来，缩小与东南半壁的发展差距，从而实现两侧乡村经济的相对均衡发展。因为，总理关心的实际问题是让中西部地区的老百姓在家门口也能分享城镇化和现代化的成果，换句话说是让中西部乡村地区也实现更高水平的城镇化和现代化。接下来,重点解析"胡焕庸线"曲化与乡村经济空间治理问题,并在遵循"胡焕庸线"客观规律的基础上,通过合理的乡村人口、城镇与产业布局,实现乡村经济地理的谱系优化。

4.1　适度加快西部地区城镇化进程

从城镇化发展阶段看,我国西部地区进入了快速发展阶段,城镇化增速超过了全国平均水平。同时,已有研究表明各地的城镇化与乡村经济发展水平之间关系类似"马太效应",经济欠发达的中西部地区城镇化水平略显滞后于经济发展水平。因此,中西部地区部分省份的城镇化进程可以适度加快。其中,重庆两江新区、甘肃兰州新区、陕西西咸新区、贵州贵安新区、成都天府新区等国家级新区的陆续设立,为西部乡村经济发展提供了实验区;重大交通基础设施建设,促进了乡村和城市间的联系,强化了交通对乡村经济的支撑和引导作用。"十三五"时期,西部乡村地区城镇化进程还处在快速发展阶段。在可预见的将来,当地应抓住机遇,积极探索和走出一条具有西部特色的新型城镇化道路。从西部地区城镇化所面临的机遇看,具有多重叠加优势。近年来,国家发布了《国家新型城镇化规划》,提出紧紧围绕全面提高城镇化质量,加快转变城镇化发展方式,走以人为本、四化同步、优化布局、生态文明、传承文化的中国特色新型城镇化道路,提出引导约 1 亿人在中西部地区就近城镇化,通过打造"向西开放"新格局,西部乡村地区就会从过去的对外开放的末端变成前沿,形成具有国际影响力的乡村经济开放合作新平台。

4.2　有序推进农业转移人口市民化

国家新型城镇化规划明确提出城镇化侧重质量提升,将有序推进农业转移人口市民化作为主要任务。其间,不要搞刻意的人为城镇化,要水到渠成地推进城镇化,地方政府淡化城镇化率的增长指标,更不能列为约束性考核指标。走新型城镇化道路的核心是扎实有序推进农业转移人口市民化。按照尊重意愿、自主选择、因地制宜、分步推进、带动增量的原则,以农业转移人口为重点,统筹推进户籍制度改革和基本公共服务均等化。围绕这个核心,加快户籍制度改革与分类,综合考虑地区城镇人口规模和资源环境承载能力,推进符合条件的农业转移人口在不同等级城镇落户;重点考核地区户籍人口城镇化率与常住人口城镇化率之间差距,引导逐步缩小两个统计口径的城镇化率水平差异;考核农业转移人口享有的城镇基本公共服务水平。增强城镇的流动人口集聚能力,为地方经济社会发展注入活力。引导西部农民工就近城镇化,涉及接纳东中部返乡农民工、本地转移农业劳动力以及外地迁移打工者,兼顾高校和职业技术院校毕业生、城镇间异地就业人员和城区城郊农业人口。

4.3　吸引乡村人口向非农产业转移

近年来,我国很多省份相继出台了一些促进符合条件的农业转移人口市民化的政策,但是效果一般,主要原因在于西部乡村地区农民工市民化制约因素并不主要在于落户制度安排,而在于产业吸纳就业的能力较弱。因此,需要大力扶持劳动力密集型企业、服务业、小微企业发展,加大吸引东部地区劳动力密集型产业转移的力度。从当前产业转移情况看,市场资本趋向于西部地区的资源型产业,劳动密集型产业转移相对不快。政府可对劳动密集型产业转移给予相应的政策支持,促进产业与城镇发展相协调。中小城市和小城镇重点发展优势产业和劳动密集型产业,大力扶持与农业生产相衔接的农产品加工业和面向农村农民的生产性服务业,引导西部乡村地区要走大、中、小城市和小城镇协调发展的城镇化道路[15]。需要注意的是,不同类型、不同等级规模的乡村,有着不同的地位、功能和作用,彼此之间既相互制约也相互促进。同时,西部乡村地区存在缺乏活力的现象,但小城镇在推进西部农业转移人口就地市民化过程中优势明显,其优势就在于准入门槛低,特别是生活成本、居住成本和社会成本低。更为重要的是,西部乡村和小城镇自身发展过程中通过吸纳农业转移人口,扩大城镇规模,能发挥出基础设施投资的效益,进而更好地提供公共服务。此外,随着西部就近城镇化步伐的加快,以及在东中部打工的一代农民工向西部地区回流,可以采纳"大集中、小分散"的方针,引导乡村人口向资源环境承载力较强的城市群地区集聚。在城市群内部,要促进乡村人口主要向中心城市以外的中小城市分散,避免中心特大城市过度超载,以及适度向沿边口岸城镇集聚,提高西部地区城市群人口等综合集聚承载能力。

经过近些年的发展,西部城市群已经初具形态与规模,除了国家政策对西部地区城市群的形成起到积极引导作用,推动西部城市群快速发育发展的因素还包括城市群所在地区相对比较良好的资源环境基础、区位优势、交通优势、产业基础和相对集中的人口等。"十三五"时期,要进一步提高西部地区城市群人口占比,引导乡村人口与产业向城市群地区集聚,提升城市综合承载能力,有序扩大人口规模,提高建成区人口密度,强化产业功能和服务功能,全面提升乡村经济实力和现代化水平,发展壮大西部地区城市群,提高其乡村人口比重和乡村经济比重。当然,促进西部地区城市群发展也应符合西部特色,而不是盲目地和东部城市群攀比,西部不适合大规模巨型城市连绵区式的开发方式,必须实施集聚式、紧凑型的城镇化模式,在促进城镇化集约、集聚、集中发展的同时,致力于优化乡村经济地理谱系[①]。

4.4 优化乡村经济空间组建模式

通过以点轴模式、组团结构、串珠式拓展为核心的空间优化战略,打造以城市群为主体形态的"三横一纵"多层次乡村经济空间结构。强化由包昆通道、陆桥通道、长江黄金水道以及西江通道等交通轴线组成的城镇化综合发展一级轴线,强化国际性门户城市作用,发挥重要新区的发展率先示范效应,培育壮大成渝城市群、关中—天水城市群等,形成以城市群为主体形态的乡村经济发展外部环境。在此过程中,要注重城市群的内部分工协作,着力集聚乡村人口、乡村经济和乡村产业,进一步提高乡村经济发展活力,有选择地发展重点镇。对沿边地区、高寒地区以及绿洲地区等,乡村经济发展要遵循自然地理条件约束,城镇化建设宜以串珠状或点状分布。同时,要充分结合当地实际,选择适合乡村经济特点的城镇化发展模式和路径,探索建设一批具有西部乡村地区特色的新型城镇化发展模式:例如绿洲城镇化、山地城镇化、民族地区城镇化、边境口岸地区城镇化模式等。

第五节 乡村经济地理的要素资源优化

5.1 乡村经济资源的空间治理趋势

在优化乡村经济地理谱系的问题上,要促进乡村地区形成内生增长机

---

① 在该问题上,可以借鉴部分发达国家的做法:在城市群内部,引导东中部回流农民工以及本地农业转移劳动力等向城市群内部的中小城市分散转移,壮大边境口岸城镇,促进沿边地区的稳定、发展与繁荣。

制,引导地区间的发展关系趋于平衡。首先是建立与乡村经济发展同步的
转移支付机制。转移支付机制虽然不能解决城乡发展不平衡的全部问题,
却是解决这一问题的必要手段,如果使用得当,可以取得较好的效果①。我
国采用转移支付的方式促进乡村经济发展,已经实行了很多年。但现在的
问题是,转移支付缺少与乡村经济发展同步挂钩的机制,应当有一个使转
移支付的规模随着乡村经济的发展而稳定增长的机制。此外,应当筹建专
门用于促进乡村经济协调发展的基金,完善现有的地方对口支援的做法,
以克服各地区由于"结对"不同而苦乐不均和资金投向使用效率不高等问
题,发展的方向应当以运作统一的乡村经济发展基金为主,地方对口支援
为辅。其次是均衡地区间的基础设施建设。落后乡村如果不在基础设施
上有一个明显的改善,乡村间的发展差距就难以控制,甚至越拉越大。虽
然我国中西部乡村地区的基础设施建设成本很高,且短期内较难产生可观
的经济效益,但仍要适当地超前规划和建设高标准的基础设施,把长远的
发展目标和考量放在第一位。也许目前在中西部地区建铁路、高速公路、
机场等基础设施成本高、经济效益低,但这些基础设施是乡村经济起飞和
当地民众享受基本公共服务不可或缺的必要条件,从长远看,这些基础设
施的建设仍然十分必要。"十三五"以及"十四五"期间,我国的基础设施建
设的重点应当转向中西部地区,并通过基础设施的空间均衡来促进乡村经
济和乡村社会发展的空间均衡。第三是促进乡村经济地理要素的良性空
间配置。中国共产党成立 100 年来,在市场机制的诱导下,加上地理、交
通、环境等因素,大量的乡村经济地理要素聚集于发达的东部地区,甚至中
西部地区的部分原有生产要素也出现向东部地区迁移的趋势,生产要素在
空间上的配置严重不均衡,东部地区经济增长动力十足,生产要素充裕,而
中西部地区经济增长相对缓慢,生产要素明显短缺。解决地区发展差距过
大的问题,必须从乡村经济地理要素的配置入手,必须使落后的地区也能
尽快集中更多的生产要素,形成内生的发展能力,促进乡村经济地理要素

---

① 在该问题上,德国的做法值得借鉴。1990 年德国统一后,政府面对占国土面积近三分之
一的落后的原东德地区,如何缩小原东西德地区的巨大发展差距成为经济政策的重中之
重。德国政府采用的第一个办法就是力度很大的转移支付措施,向全体国民征收 7.5%
(后来降至 5%)的"统一税",用于原东德地区的建设和经济发展。虽然这项政策遭到国
内尤其是原西德地区民众的普遍反对,但德国政府最终坚持下来,过去 20 多年为原东德
地区的发展注入了相当于数千亿欧元的资金,有效改善了原东德地区的发展条件,缩小
了地区发展差距。1990 年德国统一时,原东德地区的发展水平不及联邦德国的一半,20
年之后,无论是人均 GDP,还是综合发展水平,原东德地区的发展水平已经达到原西德地
区的 80%左右。德国政府预计,到 2030 年,东西德地区的发展差距将基本消除。

在空间上的配置出现良性化的趋势。促进生产要素实现良性的空间均衡。同时,促进西部乡村发展更多当地产业,或让更多的产业流向落后乡村——这是调节乡村经济地理要素空间配置的最好方式。有必要指出的是,在工业化尚未完成的时期,产业发展主要是指工业化或与工业化有关的产业,对于大部分地区而言,发展产业或吸收产业转移主要是指工业或与工业化有关的产业。在强调差异化发展和追求新型发展道路的背景下,一些乡村提出不同于东部发达地区的发展模式和发展思路,如希望不通过走工业化的道路而一步实现经济发达、社会繁荣的局面,或者认为只发展旅游业、文化创意产业就能缩小与发达地区的差距,除了极少数特殊地区(而且是范围较小的特殊地区),大部分地区是很难实现这一点的①。

5.2 乡村经济资源均衡分配的未来路径

虽然乡村经济资源的均衡分布有其必要性——能够促进我国乡村人口的均衡分布。但总的原则应是通过促进产业转型升级和改变乡村经济发展方式来推动乡村人口自觉迁移。在此过程中,政府应合理引导、妥善安排,帮助落后地区形成竞争优势,促进人口向不发达地区(尤其是乡村地区)迁移。

(1) 因地制宜提高生育水平,加强乡村人口规划工作。国家应在稳步提升生育水平的前提下,遵循因地制宜、分类指导的原则,不断完善生育政策,并进一步完善计划生育利益导向机制。我国是一个区域发展差异极大的国家,各地区的文化环境不尽相同。所以,要打破城乡人口二元结构,统筹城乡一体化发展,实施一个发达地区带动一个贫困乡村的扶持政策,促进乡村经济发展以及乡村人口合理均衡分布。

(2) 转变乡村经济增长方式,加大对乡村人口稳定区和人口疏散区的财政投入。中国发展研究基金会的相关报告指出:预计到 2030 年我国的城镇化率将达 70% 以上,累计还将有 3 亿以上乡村人口转移到城镇。如果延续现有的发展模式,每年需新增城镇建设用地 1 000—1 200 平方千米,新增就业岗位 830 万—980 万个,经济增长 8%—9%,各方面的压力不言而喻。因此,调整发展思路、转变经济增长方式已迫在眉睫。人口转变与二元经济发展过程有着共同的起点、相关和相似的发展路径。由于同样的投入在发达地区的边际收益要远小于欠发达地区,因此国家对于"胡焕庸线"以西人口稳定区和人口疏散区的投入可以创造更大的收益,从而促使人口往这些乡村地区自觉迁移。比如,国家可出台相关政策鼓励大学毕业

---

① 从一般规律看,绝大部分欠发达地区还是要吸收从发达地区转移过来的产业,而且要加快这种产业转移的步伐。

生面向西部、面向乡村、面向贫困落后地区就业,而对于大学生在西部地区、乡村以及贫困落后地区创业可给予创业基金补助等。

（3）加强主体功能区的规划工作,促进乡村人口向稳定区合理迁移。使乡村人口向"胡焕庸线"以西地区迁移要防止一个现象的出现,即不能往人口限制区迁移,否则会导致生态环境的恶化,最好的去向是往人口稳定区迁移。由于每个人口稳定区的具体情况不尽相同,因此应针对不同地区的特点,引导人口自愿合理迁移,促进区域平衡发展和人口均衡分布。比如,河西走廊城市带设有 7 个城市、13 个县城和 227 个小城镇,人口 460 万,是上海市的四分之一,而 8.9 万平方千米的面积却是上海市的 30 倍。目前,该区域大部分居民从事着畜牧业和农业生产,而且生活、生产用地与林区互相交错,没有得到合理的规划,致使生态环境遭到了一定程度的破坏。对此,应该按照科学发展观重新布局、合理规划,促使人口迁移和均衡,可依托酒泉风电基地大力发展新能源高新技术产业,打造新能源产业基地,调整区域经济发展结构与发展方式;还可依托处于欧亚大陆桥"喉管"的区位优势,借助我国与中亚等区域国家建立的自由贸易协定,把河西走廊城市带变为重要的贸易集散地和产品加工地。

（4）大力开发少数民族农牧区的经济文化,促进人口向疏散区合理迁移。由于历史的原因,我国的少数民族往往聚居在偏远的边疆地区,自然环境、交通条件、文化科技水平都较为落后,有些地区目前仍然是以牧业为主的发展方式。如果将沿海地区较为发达的第二、第三产业转移到这些偏远的边疆地区,不仅会使社会资源消耗过大,而且也不利于环境保护,因此,集聚在"胡焕庸线"以西的少数民族地区应该走以牧兴商、以商促牧、带动地区经济的发展之路。事实上,有些人口稀疏的少数民族地区,历史上就与中亚、西亚和阿拉伯国家有着经济互通和文化交流的良好传统,因此可借助与中亚等区域国家签订的自由贸易协定等,大力开发少数民族地区的乡村资源,加强这些地区与外界的经济联系。

（5）用文化手段促进人口合理迁移。我国的人均矿产拥有量、人均耕地面积和人均水资源等都在世界上排名靠后。对于我国这样一个人口大国而言,如何撤弃旧观念,实现一种先进的人口文化,关系着我们中华民族的未来和希望。因此,应在广大乡村地区和欠发达地区大力发展文化产业,以先进的文化促进人口均衡分布。需要注意的是,文化产业链条的形成与文化产业园区的创建并非一纸文件或一项拨款那么简单,它是一项复杂而又系统的工程,一个文化产业园区的形成至少需要三种产业链条的共存,一是逻辑产业链条,二是协同链条,三是整合链条。为了使中西部乡村地区的文化产业更具核心竞争力,中央政府应对不发达的人口非密集地区的文化产业进行直接投资,而地方政府应采用鼓励政策使一些具有市场潜力的文化公司脱颖而出。

5.3　空间正义视角下的城乡均衡发展策略

空间资本化和空间政治化是造成城乡不平衡发展的两个主要原因。推进城乡均衡发展的总体思路是实现对资本和权力的有效制约,改变现有的空间生产主体结构,使城乡空间生产的过程能够在空间正义的轨道上不偏不倚地运行。这是乡村经济地理谱系优化的题中应有之义。

(1)以人民为中心的空间生产——城乡空间使用价值的回归。党的十九大报告指出,社会主要矛盾的解决,必须坚持以人民为中心的发展思想。人民的空间需要和空间权益是衡量城乡空间生产正义与否的标尺,只有坚持以人民为中心的空间生产才具有可持续性。因此,在城乡空间生产的过程中必须回答一个问题:发展是为了谁,是服务于资本逐利的目的还是人民的需求?空间具有作为商品的价值属性和满足人民需要的使用价值属性两个方面:前者使空间成为资本追逐利益的工具,而后者是实现空间正义的关键。资本主导的空间生产以追逐空间的剩余价值最大化为目标,这必然与民众追求空间的使用价值相冲突。从这个角度来说,城乡空间生产是满足资本逐利的目的还是满足民众主体的使用价值需求,是社会主义和资本主义空间生产的本质区别。我们必须高度重视空间资本化带来的种种问题,在充分利用和发挥资本的正向作用的同时,也要警惕资本带来的空间排斥、空间隔离和空间剥夺等消极作用。一个行之有效的办法是在城乡空间生产的过程中,根据使用目的对空间进行合理的规划和分配,在保障人民的基本空间需求和空间利益得到满足的前提下,再将剩余的空间资源分配到市场。换言之,人民群众的基本空间需求和空间利益应当是社会主义中国城乡空间生产的出发点和根本宗旨,这种空间需求具有价值优先性。总而言之,人民是社会的主体,城市化的最终目的是为了满足人民对美好生活的需要,而不是其他。因此,我国的城乡空间生产必须高度重视资本逐利的隐形影响,呼唤空间使用价值的回归,这是真正实现城乡均衡发展的前提。

(2)人民满意的服务型政府——城乡空间生产中的政府重塑。资本主导的空间生产无法解决公共物品、外部性和消息不对称等问题,即市场经济条件下的城乡发展不可能自动朝着空间正义的方向发展,资本逐利的逻辑会带来市场失灵。市场失灵导致的城乡空间不平衡发展呼唤着政府的积极作为,即政府应当强化正义供给的职能。但如果政府过度干预城乡空间生产过程也会带来问题:一是过于集中而又缺乏制约的权力往往会导致权力寻租,以维护公共利益之名行谋取个人或小团体的利益之实,形成权力运行的名实分离;二是一般来说市场体制是实现资源优化配置最主要的途径,权力过度干预又可能会损害生产效率。政府角色的缺位、错位和越位都难以实现社会正义的有效供给,因此如何准确定位政府在空间生产中的角色是城乡均衡发展的关键。新时代,积极转变政府职能,建设"人民满意的服务型政府"是对政府在国家发展中的总体角色定位。也就是说,人民的满意程度是衡量政府在城乡空间生产中角色定位是否准确、功能发挥是否有效和目标是否达成最重要的标准。具体到城乡空间生产过程,"人民满意的服务型政府"主要体现为:公共利益的维护和实现在城乡空间规划、重组和配置过程中具有价值优先性;正义是制度的首要原则,城乡发展的制度设计和公共政策制定以正义价值为轴心,使空间生产成果惠及人民,尤其是弱势群体和边缘人群;对人民空间需求的有效回应是政府权力运行的核心目标。

(3)人民平等参与的空间生产——民众空间权利的保障。现实生活中政府不是万能的,政府在努力应对资本导致的市场失灵的过程中,干预过度容易产生权力寻租、交易成本增加、生产效率低下等问题,即政府也会失灵。如果政府也失灵,就难以保障城乡空间生产的正义性。这就引出了一个重要的概念——城市权利,即用公民权利来限制政府权力①。城乡空间发展进程中,保证民众有平等的权利和机会进入空间生产的过程,进而反映和主张他们的意志和利益诉求,是应对政府失灵的一个重要手段。因此,要充分保障人民平等参与城乡空间生产和平等享有空间收益的权利,增强民众参与空间生产的知情权和话语权。其中,发展和完善社会主义协商民主制度是保障民众参与空间生产权利的重要制度设计。比如,在城乡规划、城乡发展预算和城乡空间改造等与民生紧密相关的项目中,通过建立和完善行政听证制度、民生专题协商座谈会、民主恳谈和网络协商等方式,使公民能够参与决策,并影响政府行为。简单来说,应当在我国的城乡空间发展过程中建立以政府为主导,以企业为主体,社会组织和公众共同参与的多元主体体系,兼顾城乡空间生产的技术理性和价值理性。

---

① 民众不仅有进入城市空间获得发展的权利,而且有参与空间生产实践过程的权利,城市规划、城市空间更新和城乡发展战略等要体现民众的意志和要求。这是列斐伏尔在寻求消解城市空间异化和空间压迫之道时提出的"城市权利理论"的主要内容。

（4）共享共赢的空间分配——城乡同步健康发展。城乡发展过程中，由于城乡的自然禀赋差异、权力结构不均衡、权益制度不对等和信息不对称等因素的影响，造成资源向城市空间的大量倾斜以及城市对乡村的剥夺。从长远来说，这种非均衡的发展必然使乡村不断走向衰败甚至解体，城市也就失去了乡村提供的原料、劳动力和发展空间，进而导致城市化的中断。城市化的本意并不意味着通过城市空间的不断扩张去挤压和剥夺乡村空间，良性的城市发展应当是城市通过适度的空间扩展谋求发展，再以反哺的形式促进乡村发展，避免城乡之间的断裂。这就要求城乡发展必须秉持空间分配正义的价值取向，确保乡村居民能够平等共享城乡发展的成果，促使城乡之间从二元对立转向共享共赢。城乡发展的资源配置，应当在没有任何一方情况变坏的前提下，至少有一方变得更好。换言之，在城乡发展的资源分配中，城市的发展不能损害乡村，更理想的状态是不仅没有任何一方受损而且双方都变得更好，即实现共享共赢。因此，城乡发展必须高度重视弱势群体空间权益的保障，防止资源不平衡分配带来的贫富差距，而影响空间权益的主要因素是城乡二元户籍制度。我国的户籍制度与过去相比已有很大的改观，但依然严重地影响着城乡资源的分配，为此还需继续推进户籍制度的深化改革。总之，新时代的乡村经济地理谱系优化要以城乡均衡发展为切入点，深入贯彻共享发展理念，从过去的空间剥夺甚至二元对立走向共享共赢。

5.4 基于乡村经济地理空间重塑的新市镇建设

新市镇作为一种新型的城镇形态，对乡村经济地理谱系优化是一个重要"选项"。为此，有必要推进"乡村型"小城镇向"城市型"小城镇的转型。就每一个乡村来说，建设道路应该不同，但就新市镇的新功能、新形态、新布局、新居民的共性特征来说，应该存在具有共性的一般路径。概括起来看，乡村的新市镇建设路径一般可以归纳成以下方面。

（1）产城一体化。产城一体化指的是以产业发展为前提建设城镇，以城镇建设为基础发展产业，产业发展与城镇建设相互融合、联动推进的过程。推进"乡村型"小城镇向"城市型"小城镇的转型并在此基础上建设新市镇，关键是推进产城一体化。提出产城一体化，是现阶段我国县域经济社会发展的基本状况和发展趋势所决定的。从总体上看，我国已进入工业化中期阶段，工业化将大面积地向县域延伸，工业文明也向农村、农业、农民推进和渗透；而工业化进入中期阶段的显著特征，是工业化与城市化的融合与联动，城市化处于快速发展阶段，城市化也会向县域延伸，在县域层面形成工业化与城镇化的融合与联动。这样,全国工业化、城市化的快速发展与融合联动,必然地传递到和体现在县域层次,小城镇作为工业化的空间载体,产业发展就成为城镇发展的前提,城镇建设也成为产业发展的基础。在这种趋势下,一个小城镇要建设成为新市镇,必须走产城一体化的道路。产城一体化是新市镇生存和发展的基本保障。因为就业问题是城市化发展的关键问题,而城市化的实质正是劳动者就业的城市化,并非仅是人口居住的城市化。同样地,新市镇建设的首要问题也是解决就业问题,而产城一体化的新市镇建设正是以产业发展为前提,从而会创造就业岗位,吸引乡村劳动力向城镇转移。进镇者"乐业"才可能"安居","安居"才可能消费,消费才能催发城镇的繁荣。因此,产城一体化就会以居民为中心构建起城镇发展链,是新市镇生存和发展的基本保障。"乡村型"小城镇的根本缺陷,正是没有形成产城一体化,从而导致小城镇发展缓慢,一些小集镇甚至逐渐走向衰落;东部沿海发达地区及中西部发达县的小城镇顺利实现了向"城市型"小城镇的转型,正是因为走上了产城一体化的发展道路。不同类型的小城镇要根据区位、资源和市场情况,选择具有发展条件和发展潜力的产业。由于产业关乎新市镇生存和发展的前途,选择什么产业,如何发展产业,产业发展的空间与城镇功能分区建设如何合理衔接等,都是新市镇产城一体化的重大问题,需要充分论证、科学规划、精心培育、合理引导,保障新市镇的健康持续发展。

（2）基础设施城市化。这指的是按照城市标准规划与建设新市镇的基础设施和市政公共工程,完善基础设施功能,提高基础设施水平,为新市镇居民有较好的生活质量、较高的工作效率和优美的生态环境,提供充分的支撑条件。我国绝大多数小城镇存在的普遍问题,是基础设施等级低、配套差、功能弱,市政公共设施更是落后,生态环境也逐渐恶化,即使是规模较大的县域,这些问题也普遍存在,缺乏"城市性"。正因如此,我国小城镇总体上仍处于"乡村型"阶段。而一些"城市型"小城镇的一个基本特征,就是基础设施的城市化或准城市化。因此,对新市镇建设提出基础设施城市化的要求,是非常必要的。新市镇的基础设施城市化指的是"质"而不是"量",也就是说,并不是照搬城市的基础设施求"全",而是要对照城市的标准求"好"。因为新市镇的规模总是小于城市,未必像城市那样什么设施都有,但只要是已有的设施,应该具有城市那样的功能和作用。随着新市镇人口与建成区规模的扩大,基础设施和市政公共设施也应该按城市标准新建,在发展中保持基础设施的城市化。新市镇的基础设施可分局域性和广域性两大类型,所谓局域性的基础设施,是指服务于局部地区的基础设施,比如供水、供电、通信、文化、教育、卫生、公园、绿地等市政工程；所谓广域性的基础设施，是指服务于更广地区的基础设施，比如机场、港口、高速公路等。对于新市镇来说，局域性的基础设施建设要城市化，不仅求全，而且求好，不仅做到等级高、配套好，而且要达到城市标准；广域性的基础设施可实行多镇共建同享，邻近城市的小城镇可与城市"接轨"共享，实现基础设施"同城化"，直接提高新市镇基础设施的城市化水平。

（3）社会文化现代化。这指的是推进小城镇的社会建设、管理与文化由传统式向现代化的转型，实现社会建设与新市镇发展相适应，社会管理与新市镇运行相协调，城镇文化与现代文明相吻合，在社会文化方面提升小城镇的"城市性"和"现代性"，提升新市镇的"软实力"，塑造新市镇的新风貌。新市镇的社会建设由传统式向现代化的转型，需要扩大社会建设的范围，提高社会建设的水平，推进新市镇社会事业的新发展。社会建设包括教育、科技、文化、卫生、体育和社会保障等广泛领域，小城镇的传统式社会建设不仅范围小，而且水平低，不能满足城镇居民的需求，限制了小城镇的发展，必须向现代化社会建设转型，根据居民需求扩大社会建设内容，特别要加强社会公共服务建设，扩大公共服务的受益面，提升城镇居民的幸福感和归属感，从居民个体到城镇整体，从人的心灵到城镇面貌，都能体现出新市镇社会建设的现代化进程。新市镇的社会管理由传统式向现代化的转型，需要运用现代方式管理社会事务，构建政府负责、社会协同、公众参与的新市镇社会管理新格局，努力造就民主法治、人与自然和谐相处的新环境。由于新市镇不断吸引新居民，社区建设不断发展，社区管理就是新市镇社会管理现代化的基础，特别要构建和发展以公众参与为特征的社区自治管理，不断完善社区功能，把社区建设成为管理有序、服务完善、文明祥和的社会生活共同体，应该是新市镇社会管理由传统式向现代化成功转型的基本标志。新市镇的文化由传统式向现代化的转型，需要通过多种载体和居民喜闻乐见的形式，推进先进文化向小城镇渗透，不断提高新市镇发展的文化含量。加强惠及全体居民的公共文化建设，继承和弘扬中华民族文化的基本价值观和当地乡土文化的精华，克服"乡村型"文化中落后、封闭的部分，承接城市文化中先进、开放的部分，倡导高雅文明的文化消费习惯，在潜移默化中推进居民思想文化观念的城市化转型，不断提高居民的文化素养和"文化自觉性"，在文化层面提升新市镇发展的"软实力"。

（4）县域城镇组团化。这指的是相邻城镇的组团式发展。随着交通条件的改善、产业发展相关性和县域城镇化水平的提高，相邻城镇在规模扩张和经济发展中的联系会越来越密切,在县域空间层次,就会逐渐形成各具特色、功能分工的组团式城镇体系发展新格局。走新型城市化道路,如果说在跨行政区的广域范围是相邻城市的集群,城市群必然会出现,那么,走新型城镇化道路,在县这样的基层行政区的局域范围,则会出现相邻城镇的集群,城镇发展组团化也就具有必然趋势。在城镇发展组团化过程中,那些基础设施落后的"乡村型"小城镇,会逐步整合、提升为"城市型"小城镇。因此,县域城镇发展组团化不仅具有必然性,而且对提升县域城镇化水平和加快县域经济社会发展,更具有长远的战略意义。

本章小结

长期以来,我国乡村经济地理谱系优化一直与城乡之间的非有效联动发展关联在一起,这直接导致了乡村经济地理空间的割裂,极大制约了乡村产业升级和乡村经济发展。为此,需要在乡村经济地理谱系微观、中观优化的基础上,进一步对乡村经济地理空间进行调整,促进乡村经济空间从大规模地域扩张走向要素渗透和产业延伸,让乡村经济从单一分散落后走向多元紧凑繁荣。与此同时,要加速城乡经济之间的融合和区域经济空间的一体化。基于这样的思考,本章以空间治理为视角,探讨了乡村经济地理宏观谱系优化问题。首先,对乡村经济协调发展的新常态和新内涵进行了解读,分析了乡村经济地理谱系的空间治理范式,内容涉及第一轮开放背景下乡村经济空间治理的短板、扩大开放背景下乡村经济空间治理的合作与联动、新经济地理格局下乡村经济地理协调发展的路径与方略。然后,针对"一带一路"对乡村经济地理空间的优化问题进行了阐述,重点内容包括以"新丝路"交通带动乡村经济地理要素演化、以"命运共同体"理念梳理乡村经济地理格局、以"丝路"旅游盘活乡村经济地理要素资源、以边境贸易优化乡村产业布局、以"网上丝路"扩展乡村经济地理空间等。接下来,分析了"胡焕庸线"曲化与乡村经济空间治理问题,指出在当前乃至今后一段时期,要适度加快西部地区城镇化进程、有序推进农业转移人口市民化、吸引乡村人口向非农产业转移、优化乡村经济空间组建模式,以此实现乡村经济空间结构从低水平均衡发展到非均衡(核心-边缘二元结构),再到高水平均衡(经济空间一体化)的转变。最后,在多个层面上探讨了乡村经济资源的空间治理趋势,给出了乡村经济资源均衡分配的未来路径和空间正义视角下的城乡均衡发展策略,并从"新市镇"建设的视角,讨论了乡村经济地理空间重塑问题，为乡村经济地理谱系优化提供了一个新的"选项"。

参考文献

［1］刘自强,李静,鲁奇. 京津冀地区乡村经济类型的时空格局演变研究［J］. 地域研究与开发,2010(6)：12-17.

［2］沃勒斯坦. 现代世界体系(第1卷)［M］. 尤来寅等,译. 北京：高等教育出版社,1998：464.

［3］王可. 中国区域人口的均衡分布［J］. 西安交通大学学报(社会科学版),2011(3)：23-26.

［4］杜宇玮. 新经济地理格局下的区域协调发展之路［J］. 国家治理,2019(3)：90-93.

［5］单良,马雪娇,董晓菲. "一带一路"助推破解"胡焕庸线"［J］. 党政干部学刊,2018(4)：57-63.

［6］陈明星,李扬,龚颖华,陆大道,张华. 胡焕庸线两侧的人口分布与城镇化格局趋势——尝试回答李克强总理之问［J］. 地理学报,2016(2)：179-193.

［7］徐康宁. 区域协调发展的新内涵与新思路［J］. 江海学刊,2014(2)：72-77.

［8］程必定. 新市镇：城乡发展一体化的空间载体［J］. 城市发展研究,2013(5)：17-23.

［9］张康之,张桐. 论普雷维什的"中心—边缘"思想——关于世界经济体系中不平等关系的一个分析框架［J］. 政治经济学评论,2016(1)：33-51.

［10］夏立平. 论世界经济体系向板块与网络状并存结构转型［J］. 世界经济研究,2017(4)：27-34.

［11］许光建,许坤. 以经济周期性回暖为契机,加快推进供给侧结构性改革——2017年上半年宏观经济形势及下半年走势分析［J］. 价格理论与实践,2017(6)：40-43.

［12］罗兰. 转型与经济学［M］. 张帆,潘佐红,译. 北京：北京大学出版社,2012：45.

［13］王进,赵秋倩. 合作社嵌入乡村社会治理：实践检视、合法性基础及现实启示［J］. 西北农林科技大学学报(社会科学版),2017(5)：38-44.

［14］苑鹏,张瑞娟. 新型农业经营体系建设的进展、模式及建议［J］. 江西社会科学,2016(10)：47-53.

［15］冯雷. 开放型经济体系的多元平衡发展战略［J］. 全球化,2018(1)：9-11.

下篇总结

为了形成"乡村经济地理的要素流变与谱系优化"的完整研究框架,本篇做了以下几方面工作。第一,以"乡村振兴"为视角,阐述了乡村经济地理谱系优化的总体目标和总体方向,给出了乡村经济地理谱系优化的总体原则,并从要素合作的视角给出了乡村经济地理谱系优化的总体方法。第二,针对传统效率分析方法无法突破决策单元具有"可比性"的限制和无法依据任意参考面提供评价信息的弱点,建立了带有约束锥的评价乡村经济地理要素流变效率的广义样本数据包络分析模型(PU-C^{2}WH),分析了该模型刻画的有效性及弱有效性与相应的多目标规划非支配解之间的关系,探讨了被评价对象在样本可能集中的投影性质和无效单元效率改进的途径和尺度,确定了要素流变效率的度量方法和评价步骤,并给出了乡村经济地理要素流变的优化路径。第三,以要素合作为视角,研究了乡村经济地理谱系优化问题。通过建立要素合作视角下乡村经济地理谱系变迁评价模型和指标体系,给出了乡村经济地理谱系优化效率的整体度量及评价步骤,并分别从乡村经济地理主体多元化、多维度释放乡村经济地理要素价值、适时适当推进乡村经济组织建设、构建乡村经济地理多元协作机制的视角,给出了乡村经济地理谱系优化的创新路径。第四,以乡村聚落为视角,研究了乡村经济地理微观谱系优化问题。明确了乡村聚落演变及驱动机制,阐述了乡村聚落空间演化的影响因素与类型,给出了乡村聚落重构的模式与走向。第五,以格局重塑为视角,研究了乡村经济地理中观谱系优化问题。在"乡村振兴"和"乡村治理"的大背景下,阐述了乡村经济地理格局重塑的时代要求,重点探讨要素转移与区域协调问题,并在城镇化、乡村经济发展、全新乡村塑造、异质互动等层面上给出了乡村经济地理格局优化的内容与方法。第六,以空间治理为视角,研究了乡村经济地理宏观谱系优化问题。解读了乡村经济协调发展的新常态与新内涵,给出了乡村经济地理的空间治理范式,分别以"一带一路"和"胡焕庸线"曲化为视角,探讨了乡村经济地理空间优化和乡村经济空间治理问题,并以乡村经济地理资源优化为依托,研究了乡村经济资源的空间治理趋势、乡村经济资源均衡分配的未来路径、空间正义视角下乡村经济地理的治理策略、基于乡村经济地理空间重塑的新市镇建设等问题。

通过本篇的分析可知,乡村经济地理谱系优化是实现乡村振兴的重要任务。无论是为了实现中华民族伟大复兴的"中国梦"还是"两个一百年"奋斗目标,都要通过多种手段发展乡村经济和推行乡村治理。在此过程中,一方面要对乡村经济地理与乡村经济发展的关系进行解读,对乡村经济地理的要素流变效率进行评价;另一方面,还要以要素合作为视角,积极寻找乡村经济地理谱系优化的方向和内容,只有促进乡村经济地理关键要素的有序、高效流动,才能助力乡村经济地理的谱系优化。这不但是提升乡村经济发展质量的现实要求,更是实现乡村振兴的重要任务。

后 记

在全面建成小康社会的背景下,关注历史上的乡村经济地理要素流变与谱系优化问题并对其进行学术层面的分析,成为近年来学界研究热点之一。其间,乡村经济地理始终是中国历史变迁的主体内容,其要素流变与谱系优化从更深层次代表了中国的历史和传统。将当前的乡村经济地理要素流变与谱系优化置于近代历史进程中加以审视,有助于厘清其形势和演变的趋向,认清其时代特征。为此,有必要对中国共产党成立以来中国的乡村经济地理要素流变与谱系优化作必要的梳理分析,认识其特有的现实关注点,进而产生持久的学术生命力。随着信息化的不断推进,互联网极大地改变了城乡的空间距离,乡村不再只是提供农产品的生产基地,其生态、文化、社会价值对满足人民的美好生活需要发挥着越来越显著的作用,互联网还为新技术、新产业、新业态、新模式在乡村的发展开辟了广阔的道路,使乡村的多元发展获得新动能,从而成长为推动城乡二元结构变革的内生动力,以此构成了中国乡村经济发展的历史性变迁图景。当历史的长河交汇于"农业中国"向"工业中国"跨越、"乡村中国"向"城镇中国"跨越的关键节点,党的十九大提出乡村振兴战略,2020年中央一号文件指出,要更好地破解城乡二元结构以应对城乡发展不平衡、乡村发展不充分的问题,释放改革红利形成乡村经济可持续发展新动能,加快农业农村现代化进程。

本书对乡村经济地理的要素流变和谱系优化等问题进行了研究,得出了一些有参考价值的结论。但是,由于研究内容属于一个全新领域,文献检索和实地考察存在诸多局限,使得针对乡村经济地理关键要素的分析不够全面和深入。下一步要继续扩大文献检索范围、加大考察半径和深度,以提高研究结论的实效性。同时,由于研究跨度从1921年开始,到2021年结束(中国共产党成立后的100年),限于资料存量、作者经验和能力,难以对该时间段内乡村经济地理要素流变、谱系优化的过程、内容、形式和效果进行"全景"描述。下一步要针对其中的关键问题寻找有针对性的解决方案,以提高研究结论的客观性。此外,由于乡村振兴战略还处在实施过程中,虽然对该战略的最终效果持乐观态度,但身处其中的乡村经济地理要素流变和谱系优化势必是一项长期、动态的系统工程。接下来,需要对复杂的内外部环境进行准确研判、全面梳理、深度解读,以提高研究结论的准确性。也只有对乡村经济地理的要素流变与谱系优化等问题予以及时、有效的关注,在劳动力供给、金融供给、土地供给等方面进行利益调适,才能最大限度地缓解不断变迁的乡村结构与旧有的乡村经济地理之间的冲突。否则,乡村经济地理危机就会凸显出来。因此,唯有搭建起稳定且有效的乡村经济地理结构,才能实现乡村经济体系向现代经济体系的转型,才能培育新的乡村经济地理结构,产生新动力、新动能,为乡村经济发展注入新的活力。